Unsere letzte Chance
Der Reader zur Klimakrise

Blätter für deutsche
und internationale Politik (Hg.)

Unsere letzte Chance

Der Reader zur Klimakrise

Edition Blätter
Blätter Verlagsgesellschaft mbH, Berlin

www.blaetter.de

2. Auflage, Februar 2020

© Blätter Verlagsgesellschaft mbH
Berlin 2020
Alle Rechte vorbehalten.
ISBN 978-3-9821323-0-3
Fotonachweis, Umschlagtitel: joexx /photocase.de
Druck und Bindung: LOCHER Print + Medien GmbH, Lohmar

9 Editorial

11 Die Beiträge in Kürze

I. WIE WIR DIE NATUR AUFS SPIEL SETZEN

19 **Der schrumpfende Planet**
Bill McKibben

36 **Ausblick auf das Höllenjahrhundert**
Warum wir im Kampf gegen die Klimakrise
keine Sekunde mehr verlieren dürfen
David Wallace-Wells

47 **Raubbau an der Erde:**
Unser Krieg gegen den Boden
Florian Schwinn

60 **Die Artenvielfalt stirbt – und wir schauen zu**
Tanja Busse

72 **Bolsonaros Brasilien:**
Die Vernichtung der grünen Lunge
Julia Schweers

77 **Ein Meer aus Plastik:**
Die Vermüllung unserer Ozeane
Nadja Ziebarth

85 **Kreuzfahrt in die Klimakatastrophe**
Wie Megaliner Natur und Mensch bedrohen
Wolfgang Meyer-Hentrich

96 **Welterfahrung und Weltzerstörung**
Tourismus in Zeiten der Klimakrise
Steffen Vogel

104 **Schmutziges Licht: Die Abschaffung der Nacht**
Josiane Meier

II. DER NORDEN – VERANTWORTLICH, ABER IGNORANT

113 Unsere schöne imperiale Lebensweise
Wie das westliche Konsummodell
den Planeten ruiniert
Markus Wissen und Ulrich Brand

**121 Schicksalsfrage Anthropozän:
Wie wir die Erde aufs Spiel setzen**
Michael Müller, Eckart Kuhlwein und Kai Niebert

128 »Lasst sie doch absaufen«
Umweltrassismus und die Ausweitung der Opferzone
Naomi Klein

142 Zerstörung und Flucht
Von der Hierarchie der Märkte zur Migrationskrise
in Europa
Elmar Altvater

153 Kettenreaktion außer Kontrolle
Vernetzte Technik und das Klima der Komplexität
Jürgen Scheffran

III. GRÜNE VISIONEN

**163 Ökologisch und sozial:
Eine Ökonomie des guten Lebens**
Kate Raworth

175 Gerechtigkeit im Treibhaus
Für eine Neuausrichtung der Klimapolitik
Wolfgang Sachs

182 Nutzen wir unsere letzte Chance!
Alexandria Ocasio-Cortez und der Kampf
für einen Green New Deal
Naomi Klein

189 **Bioökonomie: Wie eine grüne Idee gekapert wird**
Christiane Grefe

200 **Die fünf Klimawandel**
Progressive Politik in Zeiten des Umbruchs
Anton Hofreiter

210 **Der alltägliche Kommunismus**
Eine neue Ökonomie für eine neue Linke
Wolfgang Streeck

IV. WAS KONKRET ZU TUN IST

223 **Die Entscheidung: Kapital vs. Klima**
Naomi Klein

239 **Scientists for Future:
Aufklärung gegen die Klimakrise**
Gregor Hagedorn

247 **Die Krise des Wachstumsdogmas**
Ein Plädoyer für eine intervenierende
Sozialwissenschaft
Ulrich Roos

257 **Verhindert die Heißzeit!**
Wie wir den Kohleausstieg schaffen
Inken Behrmann

265 **Mobilität ohne Auto**
Plädoyer für eine umfassende Verkehrswende
Winfried Wolf

275 **Die klimaneutrale Stadt**
Paul Chatterton

282 **Klima der Extreme:
Die Risiken des Geo-Engineering**
Jürgen Scheffran

V. WIDERSTAND STATT RESIGNATION

291 »Wir haben keine Ausreden mehr«
Greta Thunberg

295 »Fridays for Future«: Der Kampf um die Empörungshoheit
Wie die junge Generation um ihre Stimme gebracht werden soll
Albrecht von Lucke

305 Buen Vivir – auch im globalen Norden?
Julia Fritzsche

317 Resignation oder Widerstand
Wie wir durch unser Verhalten das Klima retten können
Jonathan Safran Foer

325 Earth first: Der Preis des Lebens
Jürgen Tallig

335 Mehr Zukunft wagen
Zeit für Wirklichkeit – aber eine andere
Harald Welzer

347 Autorinnen und Autoren

350 Nachweise

EDITORIAL

Die drohende Klimakatastrophe lässt sich nicht mehr ignorieren. Vorbei ist die Zeit, als die meisten Europäerinnen und Europäer extreme Wetterereignisse nur aus den Medien kannten. Mehr noch: Heute gemahnen die Bilder von brennenden Regenwäldern oder entfesselten Tropenstürmen auf erschreckende Weise an die Verletzlichkeit der eigenen Umwelt: Schier endlose Hitzesommer, verheerende Waldbrände und schwere Dürreperioden sind vom Mittelmeerraum bis nach Skandinavien längst mehr als nur spektakuläre Ausnahmeerscheinungen einer eigentlich gemäßigten Klimazone. Immer deutlicher wird damit: Die Erhitzung unseres Planeten ist eine Bedrohung ungekannten Ausmaßes – für die gesamte belebte Natur und damit auch für die menschliche Zivilisation.

Dennoch hält sich bei vielen hartnäckig der bequeme Glaube, der präzedenzlosen Krise des Weltklimas ließe sich unter Rückgriff auf das Altbekannte begegnen: Technische Innovationen sollen ein ungehindertes Wirtschaftswachstum mit grünem Anstrich garantieren, vorsichtige Konsenspolitik soll die ressourcenverschlingende Lebensweise der westlichen Mittel- und Oberschicht absichern. Dieses gespaltene Bewusstsein ist gerade in Ländern wie der Bundesrepublik weit verbreitet, die seit Jahrzehnten für die meisten Kohlenstoffemissionen verantwortlich zeichnen. Im schlimmsten Fall gelingt es der fossilen Industrielobby gar, den Klimaschutz weitgehend zu hintertreiben wie in den USA und Australien.

Dabei liegen gangbare Alternativen längst auf dem Tisch: von bewusstem Konsumverzicht über massive Wiederaufforstung bis hin zu den großangelegten Strukturreformen eines Green New Deal. Und anders als früher sind die Fürsprecherinnen und Fürsprecher eines sozial-ökologischen Wandels heute unüberhörbar laut: Fridays for Future hat weltweit eine ganze Generation von Schülerinnen und Schülern politisiert – und ihre älteren Verwandten in die Verantwortung genommen. Auch dank dieser Proteste werden die Erkenntnisse der Klimaforscherinnen und Klimaforscher zunehmend Allgemeingut. Für Resignation und Fatalismus ist es also noch deutlich zu früh: Der Kampf um eine lebenswerte Zukunft auf diesem, unserem Planeten ist in vollem Gange.

Die „Blätter für deutsche und internationale Politik" haben die Klimakrise frühzeitig zum Thema gemacht. Dieses Buch versammelt die wichtigsten Texte der vergangenen Jahre. Es ist zugleich der dritte Band unserer Globalisierungs-Reihe, nach „Der Sound des Sachzwangs. Der Globalisierungs-Reader" (2006) und „Mehr geht nicht! Der Postwachstums-Reader" (2015).

Der erste Teil des Buches, „Wie wir die Natur aufs Spiel setzen", zeigt, wie der Kapitalismus, aber auch das ganz normale Alltagsleben zunehmend das Klima schädigen – und welche dramatischen Folgen das hat und haben wird.

Diese fatalen Auswirkungen sind zwar bereits weltweit deutlich spürbar, die Verantwortung dafür trägt aber vor allem der globale Norden. Dem widmet sich der zweite Teil unter dem Titel „Der Norden – verantwortlich, aber ignorant".

Welche grundlegenden Alternativen es zu unserer selbst-zerstörerischen Wirtschafts- und Lebensweise gibt, beleuchtet der dritte Teil „Grüne Visionen". Die Leitfrage dabei lautet: Wie muss eine Ökonomie beschaffen sein, die unsere natürlichen Lebensgrundlagen respektiert und dabei soziale Gerechtigkeit herstellt?

Doch große Strukturreformen sind nicht die einzige Antwort auf die drohende Klimakatastrophe – und schließen politisches Handeln auf anderen Ebenen nicht aus. Im vierten Teil „Was konkret zu tun ist" stehen daher weitere Alternativen im Mittelpunkt: von der Aufklärung über Klimafakten bis zur autofreien Innenstadt.

Veränderung kann es aber nur geben, wenn genügend Menschen sich für sie einsetzen. „Widerstand statt Resignation" heißt dementsprechend der fünfte und letzte Teil. Hier stehen die Akteure im Mittelpunkt: kritische Konsumenten, die Aktivistinnen von Fridays for Future, aber auch all jene, die etwa in Genossenschaften schon jetzt anders leben und produzieren.

Alle diese Beiträge verbindet die Erkenntnis: Noch haben wir eine Chance, ein kleines Zeitfenster, die Klimakatastrophe abzuwenden – es könnte allerdings unsere letzte sein.

DIE BEITRÄGE IN KÜRZE

I. WIE WIR DIE NATUR AUFS SPIEL SETZEN

Bill McKibben: Der schrumpfende Planet, S. 19-35

Alle reden über den Klimawandel. Dennoch vergegenwärtigen wir uns nur selten dessen bereits sichtbare Folgen, so der Umweltaktivist Bill McKibben. Dabei bieten die Temperaturrekorde der vergangenen Jahre nur einen Vorgeschmack darauf, was uns noch bevorsteht: Steigende Meeresspiegel, Hitzezonen und wachsende Wüsten drohen die bewohnbaren Regionen des Planeten buchstäblich schrumpfen zu lassen – und zwar rasend schnell.

David Wallace-Wells: Ausblick auf das Höllenjahrhundert. Warum wir im Kampf gegen die Klimakrise keine Sekunde mehr verlieren dürfen, S. 36-46

Noch glauben viele, der Klimawandel schreite so langsam voran, dass ein schrittweises Gegensteuern ausreiche. Das aber ist ein brandgefährlicher Irrtum, warnt der Journalist David Wallace-Wells. Vielmehr zeigen die Prognosen der Klimaforscher: Weite Teile der Erde drohen in wenigen Jahrzehnten unbewohnbar zu werden. Wollen wir das Aufkommen eines Höllenjahrhunderts verhindern, müssen wir rasch und konsequent handeln.

Florian Schwinn: Raubbau an der Erde: Unser Krieg gegen den Boden, S. 47-59

Auch in unseren hochtechnologischen Gesellschaften bleibt der Mensch auf fruchtbaren Boden angewiesen. Obwohl dies zum überlieferten Wissen gehört, zerstört der Mensch seine Lebensgrundlage in rasender Geschwindigkeit. Um entschieden gegenzusteuern, plädiert der Journalist Florian Schwinn für politische Allianzen zwischen Bauern und Umweltschützern zum Schutz des Bodens als der Lebensgrundlage des Menschen.

Tanja Busse: Die Artenvielfalt stirbt – und wir schauen zu, S. 60-71

Dass Arten aussterben, galt lange als etwas völlig Normales. Heute jedoch geschieht dies in unvorstellbarer Schnelligkeit. Wir erleben das sechste Massenaussterben der Erdgeschichte, analysiert die Journalistin Tanja Busse. Obwohl diese Erkenntnis seit Jahren bekannt ist, wird sie nach wie vor verharmlost und ignoriert. Um endlich gegenzusteuern, benötigen wir dringend eine andere Wirtschaftsweise in der Landwirtschaft.

Julia Schweers: Bolsonaros Brasilien: Die Vernichtung der grünen Lunge, S. 72-76

Wenn der Amazonas-Regenwald stirbt, gerät das gesamte Weltklima ins Wanken. Schon jetzt sind die Folgen der Abholzung verheerend – insbesondere in Brasilien. Die Sozialwissenschaftlerin Julia Schweers analysiert, wie eine skrupellose Agrarlobby mit dem Klimawandel-Leugner und Präsidenten Brasiliens, Jair Bolsonaro, gemeinsame Sache macht und dabei ein gesamtes Ökosystem aufs Spiel setzt.

Nadja Ziebarth: Ein Meer aus Plastik: Die Vermüllung unserer Ozeane, S. 77-84

Die schiere Masse des in die Umwelt beförderten Plastiks übersteigt mittlerweile jegliche Vorstellungskraft. Fischernetze, Tüten und Verpackungen sind nur die Spitze des maritimen Müllbergs. Vor allem Mikroplastik schadet den Meeren wie den Menschen, warnt die Leiterin des BUND-Meeresschutzbüros, Nadja Ziebarth. Nur wenn die Politik entschieden handelt, lässt sich diese schleichende ökologische Katastrophe noch aufhalten.

Wolfgang Meyer-Hentrich: Kreuzfahrt in die Klimakatastrophe. Wie Megaliner Natur und Mensch bedrohen, S. 85-95

Kreuzfahrten sind so beliebt wie nie. Aber die ökologischen und sozialen Konsequenzen des Massentourismus auf dem Meer sind verheerend, analysiert der Autor Wolfgang Meyer-Hentrich. Die Folgen reichen von Todeszonen in den Ozeanen bis zu dramatisch überfüllten Altstädten. Es ist daher höchste Zeit, dass Verbraucher und Regierungen Verantwortung übernehmen und die Kreuzfahrtgiganten nachhaltig ihren Kurs ändern.

Steffen Vogel: Welterfahrung und Weltzerstörung. Tourismus in Zeiten der Klimakrise, S. 96-103

Die enorme Ausweitung des Massentourismus verschärft die Klimakrise – und zwar vor allem zu Lasten jener Bewohner des globalen Südens, die selbst nicht reisen können. Daher, so „Blätter"-Redakteur Steffen Vogel, muss sich das Reisen radikal ändern. Er plädiert für ein „Slow Travelling", das der Beschleunigung von Lebens- und Arbeitswelt einen anderen Umgang mit Raum und Zeit entgegensetzt.

Josiane Meier: Schmutziges Licht: Die Abschaffung der Nacht, S. 104-112

Was sehen wir, wenn wir unseren Blick zum Nachthimmel heben? Josiane Meier analysiert die Geschichte der künstlichen Beleuchtung und warnt vor den negativen Folgen für Menschen, Tiere und Pflanzen.

II. DER NORDEN – VERANTWORTLICH, ABER IGNORANT

Markus Wissen und Ulrich Brand: Unsere schöne imperiale Lebensweise. Wie das westliche Konsummodell den Planeten ruiniert, S. 113-120

Steigende Temperaturen und zunehmende Ressourcenkonflikte veranlassen immer mehr Menschen, sich auf den Weg nach Europa zu machen. Dort stoßen sie auf eine Politik der Zurückweisung. Dabei ist es vor allem die imperiale Lebensweise des globalen Nordens, so die Politikwissenschaftler Markus Wissen und Ulrich Brand, die den Klimawandel verschärft.

Michael Müller, Eckart Kuhlwein und Kai Niebert: Schicksalsfrage Anthropozän: Wie wir die Erde aufs Spiel setzen, S. 121-127

Der Mensch ist zur geophysikalischen Kraft aufgestiegen und prägt ein eigenes Erdzeitalter, das Anthropozän. Damit stellt er aber zugleich die Grundlagen seiner eigenen Existenz in Frage, so die SPD-Politiker Michael Müller und Eckhart Kuhlwein sowie der Naturwissenschaftler Kai Niebert. Um sich vor dem selbstverschuldeten Untergang zu bewahren, muss der Mensch eine Utopie jenseits des Wachstumsprimats entwickeln.

Naomi Klein: »Lasst sie doch absaufen«. Umweltrassismus und die Ausweitung der Opferzone, S. 128-141

Ausgerechnet jene Menschen, die direkt vom Klimawandel betroffen sind, können am wenigsten gegen ihn ausrichten. Ihre Heimat wird von anderen kurzerhand zur „Opferzone" degradiert, sie selbst als „andersartig" herabgestuft, so die Publizistin Naomi Klein. Dem Klimawandel liegt also ein institutioneller Rassismus zugrunde, den es zu bekämpfen gilt.

Elmar Altvater: Zerstörung und Flucht. Von der Hierarchie der Märkte zur Migrationskrise in Europa, S. 142-152

Die Globalisierung hat die Kontinente untrennbar verbunden. Gleichzeitig ist die ganze Menschheit mit der Umweltzerstörung und deren sozialen Folgen konfrontiert. Der Politikwissenschaftler Elmar Altvater sieht die tieferen Ursachen dafür in den entbetteten Märkten und deren fataler Hierarchie. Dagegen hilft nur: die Transformation des Kapitalismus.

Jürgen Scheffran: Kettenreaktion außer Kontrolle. Vernetzte Technik und das Klima der Komplexität, S. 153-162

Unsere Welt wie unsere Technik werden immer komplexer. Doch die erhöhte Komplexität hat Auswirkungen auf die Stabilität technischer und sozialer Systeme. Jürgen Scheffran, Professor für Integrative Geographie, beschreibt unkontrollierte Kettenreaktionen und daran anschließende Eskalationsdynamiken: Hochtechnisierte Kriege, der Klimawandel und die dadurch ausgelösten Flüchtlingsbewegungen zeugen davon.

III. GRÜNE VISIONEN

Kate Raworth: Ökologisch und sozial: Eine Ökonomie des guten Lebens, S. 163-174

Trotz der globalen Finanzkrise, der wachsenden sozialen Ungleichheit und der voranschreitenden Klimaerwärmung hat das notwendige Umdenken in der Ökonomie bis heute nicht stattgefunden. Dabei wäre dies, so die Wirtschaftswissenschaftlerin Kate Raworth, längst überfällig. Ein neues ökonomisches Narrativ dürfe Soziales und Ökologisches nicht länger gegeneinander ausspielen.

Wolfgang Sachs: Gerechtigkeit im Treibhaus. Für eine Neuausrichtung der Klimapolitik, S. 175-181

Angesichts des voranschreitenden Klimawandels hängt die künftige Gestalt der Welt davon ab, ob langfristig die Stärkung des Rechts oder aber das Recht des Stärkeren die Oberhand gewinnt, schreibt der Soziologe Wolfgang Sachs. Er mahnt Solidarität mit den Opfern unserer imperialen Lebensweise an – und einen grundlegenden Wandel der Klimapolitik.

Naomi Klein: Nutzen wir unsere letzte Chance! Alexandria Ocasio-Cortez und der Kampf für einen Green New Deal, S. 182-188

Donald Trump sabotiert den Kampf gegen den Klimawandel. Er unterschätze allerdings, so die Globalisierungskritikerin Naomi Klein, wie sehr die US-Öffentlichkeit nach entschlossenem Handeln gegen die Krise dürstet. Bei der Wahl 2020 müssten die Demokraten daher einen sozial-ökologischen Green New Deal ins Zentrum ihrer Kampagne rücken.

Christiane Grefe: Bioökonomie: Wie eine grüne Idee gekapert wird, S. 189-199

Bioökonomie, das war das Versprechen einer ökologischen Form des Wirtschaftens. Doch was einmal für einen grundlegenden Wandel hin zu einer nachhaltigen Gesellschaft stand, steht heute für „grünes Wachstum" und industrielle Biotechnik. Die Buchautorin und „Zeit"-Reporterin Christiane Grefe warnt vor dem Glauben, Nachhaltigkeit könne allein durch technische Lösungen erreicht werden. Ihr Plädoyer: Die Definition ökologischen Wirtschaftens darf nicht der Industrie überlassen werden.

Anton Hofreiter: Die fünf Klimawandel. Progressive Politik in Zeiten des Umbruchs, S. 200-209

Die Welt steht vor immensen Herausforderungen. Doch die bisherige Politik der Trippelschritte und des Kapitals ist unfähig, diesen zu begegnen. Anton Hofreiter, Fraktionsvorsitzender der Grünen im Bundestag, analysiert einen fünffachen Klimawandel: der Globalisierung, der Gesellschaft, des Klimas, der Technologie und des Politischen. Nur mit einer globalen progressiven Allianz kann der fatalen Entwicklung Einhalt geboten werden.

Wolfgang Streeck: Der alltägliche Kommunismus. Eine neue Ökonomie für eine neue Linke, S. 210-222

Gemeineigentum bildet das Fundament einer funktionierenden kapitalistischen Gesellschaft. Im Neoliberalismus ist dieser „alltägliche Kommunismus" allerdings in Vergessenheit geraten. Der Soziologe Wolfgang Streeck fordert eine Rückbesinnung auf die staatliche Aufgabe, soziale Infrastrukturen wie Schienen-, Gesundheits- und Bildungssysteme zu dekommodifizieren. Besonders regionale Ansätze werden sich in Zukunft als erfolgversprechende Alternativen zur gegenwärtigen Kapitalisierung knapper Ressourcen erweisen.

IV. WAS KONKRET ZU TUN IST

Naomi Klein: Die Entscheidung: Kapital vs. Klima, S. 223-237

Auf ihrer Democracy Lecture der „Blätter" plädierte die kanadische Publizistin Naomi Klein im Vorfeld der Weltklimakonferenz 2015 in Paris dafür, den Kampf für Klimagerechtigkeit mit dem Kampf gegen den globalen Kapitalismus und seine fatale Wachstumsideologie zu verbinden. Nur dann bestehe Hoffnung, zumindest die schwerwiegendsten Folgen des Klimawandels noch zu verhindern.

Gregor Hagedorn: Scientists for Future: Aufklärung gegen die Klimakrise, S. 239-246

Viel zu lange schaute die Politik der sich abzeichnenden Klimakrise tatenlos zu. Verantwortlich dafür ist aber, so der „Scientist for Future"-Mitbegründer Gregor Hagedorn, nicht nur der Einfluss mächtiger Unternehmen, sondern auch die unzureichende Vermittlung wissenschaftlicher Erkenntnisse. Daher gelte es, die Wissenschaftskommunikation zu verbessern und so die Klimakatastrophe noch abzuwenden.

Ulrich Roos: Die Krise des Wachstumsdogmas. Ein Plädoyer für eine intervenierende Sozialwissenschaft, S. 247-256

Wissenschaftliche Studien belegen seit langem, dass das Wirtschaftswachstum an ökologische Grenzen stößt. Dennoch zeigen sich die sozialen Bewegungen in dieser Frage gespalten, so der Konfliktforscher Ulrich Roos: Die einen möchten von weiterem Wachstum profitieren, während es die anderen radikal einschränken wollen. Hier muss die Sozialwissenschaft vermitteln: Denn der Einsatz für eine intakte Umwelt und gegen die wachsende soziale Ungleichheit sollte Hand in Hand gehen.

Inken Behrmann: Verhindert die Heißzeit! Wie wir den Kohleausstieg schaffen, S. 257-264

Die alljährlichen Hitzewellen unterstreichen die Dramatik des Klimawandels. Doch noch immer fehlt der politische Wille zum dringend nötigen Ausstieg aus der Kohleverstromung, kritisiert die Politikwissenschaftlerin und Campaignerin für Klimaschutz bei Campact e.V. Inken Behrmann. Dabei könne ein radikaler Strukturwandel in den Kohleregionen gelingen – mit alternativen Modellen regionaler Entwicklung.

Winfried Wolf: Mobilität ohne Auto. Plädoyer für eine umfassende Verkehrswende, S. 265-274

Ob Dieselgate oder Kartellabsprache: Die Krise der deutschen Automobilindustrie ist unübersehbar. Von den unbedingt erforderlichen Maßnahmen zur Senkung der CO_2-Emissionen kann dagegen weiter keine Rede sein. Der Journalist Winfried Wolf beschreibt, wie eine umwelt- und gesundheitsfreundlichere Verkehrspolitik aussehen müsste. Statt der Verbreitung von Elektroautos sollte die Macht der Lobbyisten gebrochen und eine grundlegende Verkehrswende eingeleitet werden.

Paul Chatterton: Die klimaneutrale Stadt, S. 275-281

Bald wird der Großteil der Menschheit in Städten leben. Doch schon heute erzeugen diese drei Viertel der weltweiten Treibhausgase. Wir müssen daher unser Leben in den Metropolen grundlegend umgestalten, so der Urbanist Paul Chatterton. Zugleich gibt uns das die Gelegenheit, viele andere Probleme heutiger Städte zu beheben – und somit Armut, Entfremdung und Gewalt den Kampf anzusagen.

Jürgen Scheffran: Klima der Extreme: Die Risiken des Geo-Engineering, S. 282-290

Die globale Klimapolitik steckt in der Sackgasse. Auch aus diesem Grund finden Befürworter des sogenannten Geo-Engineering mehr und mehr Gehör, so der Professor für Integrative Geographie Jürgen Scheffran. Er warnt eindringlich vor den hohen Risiken einer Klimabeeinflussung mittels technischer Methoden – für das Klima selbst, aber auch für die politische Weltlage.

V. WIDERSTAND STATT RESIGNATION

Greta Thunberg: »Wir haben keine Ausreden mehr«, S. 291-294

Im Jahr 2030 droht die Klimakatastrophe unaufhaltbar zu werden. Dennoch dominiert in den Industrienationen die Angst vor Wohlstandverlust statt vor dem möglichen Ende unserer Zivilisation, so die „Fridays For Future"-Initiatorin Greta Thunberg. Doch es kann nicht weitergehen wie bisher. Vielmehr müssen wir unsere Lebensweise radikal verändern – selbst wenn wir uns das Ausmaß dieser Veränderung noch gar nicht vorstellen können.

Albrecht von Lucke: »Fridays for Future«: Der Kampf um die Empörungshoheit. Wie die junge Generation um ihre Stimme gebracht werden soll, S. 295-304

Seit Jahren herrscht klimapolitischer Stillstand bei gleichzeitiger Verschlechterung der objektiven Lage. Doch 2018 ist erstmals eine neue Umweltbewegung in Erscheinung getreten. „Blätter"-Redakteur Albrecht von Lucke analysiert, wie „das Establishment" aus Autolobby und verbandelten Medien den Protest der jungen Generation um jeden Preis mundtot machen will und warum dies auf keinen Fall verfangen darf.

Julia Fritzsche: Buen Vivir – auch im globalen Norden?, S. 305-315

Wir müssen unsere Lebensweise ändern, wollen wir den Planeten retten – diese Einsicht motiviert die derzeit weltweit für einen konsequenten Klimaschutz demonstrierenden Schülerinnen und Schüler. Doch was bedeutet diese Erkenntnis konkret? Die Journalistin Julia Fritzsche beleuchtet, was wir im globalen Norden vom indigenen Konzept des „Buen Vivir", des guten Lebens für alle, lernen können. Sie zeigt: Gemeinschaftsgärten, Ernährungsräte und solidarisches Wirtschaften stehen schon heute für ein maßvolles Leben auch hierzulande.

Jonathan Safran Foer: Resignation oder Widerstand. Wie wir durch unser Verhalten das Klima retten können, S. 317-324

Weil politische Initiativen zur nachhaltigen Reduktion von Treibhausgasen ausbleiben, glauben immer weniger Menschen noch an die Rettung unserer Erde. Eine solch fatalistische Sichtweise lehnt der Schriftsteller Jonathan Safran Foer entschieden ab. Vielmehr könne individuelles Handeln andere dazu inspirieren, ihr Verhalten zu überdenken. Am Ende könne daraus sogar eine hoffnungsvolle Massenbewegung hervorgehen.

Jürgen Tallig: Earth first: Der Preis des Lebens, S. 325-334

Die Erde geht in einen lebensfeindlichen Systemzustand über. Dennoch sind wir noch immer nicht bereit, unsere Wirtschafts- und Lebensweise radikal zu ändern. Den Grund dafür sieht der Politikwissenschaftler Jürgen Tallig in dem viel zu niedrigen Preis für Energie und Rohstoffe. Gerade aber weil die Leistungen der Natur schier unersetzlich sind, muss deren Preis um ein Vielfaches ansteigen. Andernfalls zahlen wir buchstäblich mit unserem Leben.

Harald Welzer: Mehr Zukunft wagen. Zeit für Wirklichkeit – aber eine andere, S. 335-346

Über 70 Jahre lang zog die westliche Nachkriegsgesellschaft ihren Antrieb aus der Vorstellung einer erreichbaren wie erstrebenswerten Zukunft. Gegenwärtig mangelt es jedoch an einer derartigen Perspektive. Nach Ansicht des Soziologen Harald Welzer sind wir gefangen in einer Gegenwart aus totalem Konsumismus und der Dystopie einer ökologischen und sozialen Katastrophe. Dagegen benötigen wir dringend wieder attraktiverer Zukunftsbilder, an die eine Politik der Utopie anknüpfen könnte.

I. WIE WIR DIE NATUR AUFS SPIEL SETZEN

Der schrumpfende Planet

Von **Bill McKibben**

Vor 30 Jahren erschien im „New Yorker" ein langer Artikel über den Treibhauseffekt. Ich hatte ihm den Titel „The End of Nature" gegeben. Damals war ich jung und stand allein auf weiter Flur – die Klimaforschung steckte noch in den Kinderschuhen. Aber die Daten waren so überzeugend wie bestürzend: Wir pusteten so viel Kohlenstoff in die Atmosphäre, dass die Menschheit die einst übermächtige Natur bedrängte. Und mit unserer Umtriebigkeit und Kopflosigkeit hatten wir es geschafft, jeden Kubikmeter Luft auf dem Planeten, jeden Zentimeter seiner Oberfläche, jeden Tropfen seines Wassers in Mitleidenschaft zu ziehen. Zehn Jahre später griffen Wissenschaftler diese Sichtweise auf und bezeichnen unsere Epoche fortan als Anthropozän, in dem der Mensch als geologischer Faktor wirkt.

Meine Erkenntnisse waren beunruhigend, aber es schien so, als würde die Gesellschaft das Schlimmste verhindern wollen. Im Präsidentschaftswahlkampf 1988 versprach George Bush sen., er werde „den *Green House effect* mit dem *White House effect*" bekämpfen, also im Weißen Haus energisch gegen den Treibhauseffekt vorgehen. Getan hat er nichts dergleichen, auch seine Nachfolger und andere Staatschefs blieben untätig, und so ist das abstrakte Risiko inzwischen beinharte alltägliche Realität geworden. Während ich im November 2018 diesen Text schreibe, steht Kalifornien in Flammen: Ein riesiger Waldbrand bei Los Angeles macht die Evakuierung von Malibu erforderlich und ein noch größeres Feuer am Westrand der Sierra Nevada hat sich zum schwersten Brand ausgewachsen, den es in dem Bundesstaat je gegeben hat. Nach einem Sommer mit beispiellos hohen Temperaturen und einer herbstlichen „Regensaison" mit weniger als 50 Prozent der üblichen Niederschlagsmenge verwandelt der Feuersturm eine Stadt namens Paradise binnen einer Stunde in ein Inferno, macht mehr als zehntausend Gebäude dem Erdboden gleich und fordert mindestens 85 Todesopfer. Die Behörden setzen Leichenspürhunde ein und versuchen, die Opfer mittels DNA-Tests zu identifizieren; unterstützt werden sie von Anthropologen der California State University in Chico, die Leichen anhand verkohlter Knochenreste bestimmen können.

In den vergangenen Jahren hat man voller Optimismus beobachten können, wie sich die Lebensbedingungen der Menschen weltweit verbessern: Kriege sind seltener geworden, Armut und Hunger gehen zurück, Alphabetisierung und Bildung kommen voran. Neuere Anzeichen aber sprechen dafür, dass der menschliche Fortschritt an Kraft verliert. Die fortschreitende Schädigung der Umwelt wirft nun die Frage auf, ob der Weg des Menschengeschlechts holpriger wird – oder gar zu Ende geht. Vor zwei Jahren meldete ein UN-Ausschuss, die Anzahl der chronisch unterernährten Menschen weltweit habe wieder zugenommen: Nachdem sie zehn Jahre rückläufig gewesen war, ist sie 2016 um 38 Millionen auf 815 Millionen Menschen gestiegen, und dieser „Zuwachs ist weitgehend zurückzuführen auf die Zunahme gewaltsamer Konflikte und klimatischer Erschütterungen". Im Juni 2018 teilte die Welternährungsorganisation FAO mit, dass auch die Kinderarbeit, „teils bedingt durch zunehmende Konflikte und klimatisch bedingte Katastrophen", nach Jahren des Rückgangs wieder zunehme.

Vor dem Hintergrund dessen, dass sich die Erde im Vergleich zum vorindustriellen Zeitalter bereits um etwas mehr als ein Grad Celsius erwärmt hat, einigten sich die Staaten der Welt auf der UN-Klimakonferenz in Paris 2015 auf das Ziel, die Erderwärmung im 21. Jahrhundert möglichst auf 1,5 Grad, mindestens aber auf 2 Grad Celsius zu begrenzen. Im Oktober 2018 legte der Weltklimarat (IPCC) dann einen Sonderbericht vor, in dem es heißt: „Die globale Erwärmung erreicht 1,5 Grad Celsius *wahrscheinlich* zwischen 2030 und 2052, wenn sie mit der aktuellen Geschwindigkeit weiter zunimmt." Haben wir etwa eine rote Linie in den Sand gezogen und sehen nun zu, wie die Flut sie verschluckt? Unerwähnt blieb in dem Bericht, dass die Pariser Gipfelteilnehmer die Emissionen anfangs nur soweit hatten senken wollen, dass die Erderwärmung im 21. Jahrhundert auf 3,5 Grad begrenzt werden würde – ein solcher Anstieg aber wäre eine in Ausmaß und Tempo so tiefgreifende Veränderung, dass sie unsere heutigen Gesellschaften in ihrer Existenz gefährdete.

Eine Katastrophe ungekannter Art

Wissenschaftlerinnen und Wissenschaftler warnen seit Jahrzehnten, der Klimawandel werde zu Wetterextremen führen. Hurrikan „Michael" ist ein Beispiel dafür, der stärkste Sturm, den der Nordwesten Floridas je erlebt hat. Im Oktober 2018, kurz vor der Veröffentlichung des IPCC-Berichts, verursachte er Schäden von mehr als 30 Mrd. US-Dollar und kostete 45 Menschen das Leben. Zwar besuchte Präsident Donald Trump, der die Erderwärmung als „einen völligen, aber sehr teuren Unsinn" bezeichnet hatte, die Halbinsel und machte sich vor Ort ein Bild von den Zerstörungen. Vor Journalistinnen und Journalisten erklärte Trump aber, er werde seine Entscheidung zum US-Rücktritt vom Pariser Klimaschutzabkommen wegen des Hurrikans nicht überdenken. Und am IPCC-Bericht interessierte ihn ausdrücklich nur, „wer den verfasst hat". (Die Antwort: 91 Wissenschaftlerinnen und Wissenschaftler aus 40 Ländern.) Später meinte er, sein „natürlicher Instinkt" für die Wissenschaft stimme ihn zuversichtlich, dass der Klimawandel bald „wieder zurückgehen" werde. Einen Monat später machte Trump „schlechtes Forstmanagement" für die Brände in Kalifornien verantwortlich.

Für die Menschheit sind Kriege und Waffenstillstände, Katastrophen und Erholungsphasen, Hungersnöte und Terrorismus nichts Neues. Wir haben Tyrannen ertragen und absurde Ideologien überstanden. Aber der Klimawandel ist etwas Anderes. Eine Forschergruppe schrieb 2018 in der Fachzeitschrift „Nature Climate Change", die physikalischen Veränderungen des Planeten durch den Menschen werden „über einen längeren Zeitraum anhalten als die gesamte bisherige Menschheitsgeschichte".

Den höchsten Preis dafür zahlen die Ärmsten und Schwächsten. Doch auch in den wohlhabendsten Gegenden laufen wir vielfach schon nicht mehr durch hohe Wiesen, weil es wegen des wärmeren Klimas mehr Zecken, sprich: mehr potentielle Borreliose-Überträger, gibt. Und an vielen Stränden kann man nicht mehr schwimmen, weil die Quallenpopulationen anwachsen und das Meer übernehmen; ein Grund dafür ist das Artensterben in den immer wärmeren Ozeanen. Der Erddurchmesser beträgt unverändert 12 750 Kilometer und die Erdoberfläche ist immer noch rund 510 Mio. Quadratkilometer groß, aber für uns Menschen schrumpft die Erde inzwischen – unter unseren Füßen und in unseren Köpfen.

Die rasende Beschleunigung des Klimawandels

Ähnlich wie „Zersiedelung" und „Waffengewalt", ist auch der Begriff „Klimawandel" inzwischen so geläufig, dass wir ihn oft überlesen. Dabei sollten wir angesichts unserer Taten erstarren: In den letzten 200 Jahren haben wir unglaubliche Mengen an Kohle, Gas und Öl verfeuert, in Automotoren, Heizungsanlagen, Kraftwerken und Stahlfabriken. Und daraufhin haben sich die Kohlenstoffatome mit Sauerstoffatomen aus der Luft verbunden und Kohlendioxid gebildet. Gase wie Kohlendioxid und Methan haben Sonnenenergie in Erdnähe zurückgehalten, die sonst wieder in den Weltraum abgestrahlt worden wäre.

In der 500 Millionen Jahre langen Geschichte tierischen Lebens auf der Erde gab es mindestens vier weitere Phasen, in denen CO_2 in größeren Mengen in die Atmosphäre gelangt ist – aber wohl niemals ging dieser Prozess so schnell vonstatten wie zuletzt. Selbst am Ende des Perm, als sich Vulkane durch Kohleflöze brannten, für gigantische CO_2-Einträge sorgten und so zum „Großen Artensterben" führten, stieg der CO_2-Gehalt in der Atmosphäre vielleicht mit einem Zehntel des gegenwärtigen Tempos. Vor 200 Jahren lag die CO_2-Konzentration in der Atmosphäre bei 275 Anteilen pro Million (oder ppm – parts per million), heute beträgt sie 400 ppm und steigt jedes Jahr um weitere 2 ppm. Die Energie, die wir dadurch tagtäglich in Erdnähe zurückhalten, entspricht der Energie von 400 000 Atombomben der Hiroshima-Klasse. Folglich verzeichneten wir in den vergangenen 30 Jahren alle 20 heißesten Jahre seit Beginn der Wetteraufzeichnung. Das Abschmelzen der Polkappen und Gletscher sowie der Anstieg des Meeresspiegels, die ursprünglich für das Ende des Jahrhunderts vorhergesagt worden waren, haben Jahrzehnte früher eingesetzt. Dementsprechend zitiert das Portal „Grist" die neuseeländische Polarforscherin Christina Hulbe: „Ich war noch nie auf einer Klimakonferenz, wo es hieß ‚die Entwicklung verlief langsamer als erwartet'." Und im Mai 2018 bezifferte eine Expertengruppe der University of Illinois die Wahrscheinlichkeit auf 35 Prozent, dass sich auch das ungünstigste Klimazenario der UNO aufgrund der unerwartet dynamischen Weltwirtschaft als zu optimistisch erweisen werde. Nachdem das Jahr 2016 weltweit die bisherigen Hitzerekorde gebrochen hatte, erklärte der damalige Direktor der Klimaforschungsabteilung bei der Weltorganisation für Meteorologie, David Carlson, im Frühjahr 2017: „Wir haben es hier wirklich mit einer *terra incognita* zu tun."

Schmelzende Eisschilde

Ja, uns fehlen ganz buchstäblich verlässliche Karten. Im August 2018 war ich in Grönland. Dort verließ ich als Teil einer kleinen Gruppe von Wissenschaftlern und Aktivisten das Dorf Narsaq, mit dem Boot fuhren wir zu einem Gletscher in einem nahegelegenen Fjord. Wir durchquerten gerade eine breite Bucht, als ich auf den Bildschirm über dem Steuerrad blickte: Ein blinkender Punkt zeigte, dass wir uns bereits anderthalb Kilometer im Inland befanden. Der Kapitän erklärte mir, die elektronische Karte sei fünf Jahre alt und damals wäre das Meer hier noch ein Eisschild gewesen. Organisiert hatte die Fahrt der amerikanische Glaziologe Jason Box, der auch den Landungspunkt auswählte: „Wegen seiner Form haben wir die Formation ‚Adlergletscher' getauft". Aber auch dieser Name ist fünf Jahre alt: „Kopf und Flügel des Tieres sind weggeschmolzen. Ich weiß nicht, wie wir den Gletscher jetzt nennen sollen, aber der Adler ist tot."

Mit an Bord waren zwei Dichterinnen, Aka Niviâna aus Grönland und Kathy Jetñil-Kijiner von den Marshallinseln, die nur knapp aus dem Pazifik herausragen – dort sind unlängst Springfluten durch die Wohnzimmer gerollt und haben auch die Friedhöfe umgepflügt. Seit Jahrtausenden hatte ein kleines Süßwasserreservoir Leben auf den Marshall-Atollen ermöglicht, aber wegen des eindringenden Salzwassers verdorren die Brotfrucht- und Bananenpflanzen nun und sterben ab. In dem Maße wie das Eis Grönlands unter unseren Augen abschmilzt, wird der Ozean die Heimat von Jetñil-Kijiner überfluten. Rund ein Drittel des Kohlenstoffs, der für diese Entwicklung verantwortlich ist, wurde in den Vereinigten Staaten ausgestoßen.

Wenige Tage später begleiteten die beiden Dichterinnen und ich die Forschergruppe zu einem anderen Fjord, um die Speicherkarte einer Kamera auszuwechseln, die den Rückzug des Eisschilds aufzeichnet. Als wir auf dem Rückweg wieder abhoben und über die riesige Gletscherzunge flogen, brach ein Stück von der Größe eines achtstöckigen Hauses ab und stürzte ins Meer. Noch nie hatte ich etwas derart Gewaltiges gesehen – sechs Meter hohe Wellen stiegen auf, als der Brocken in den dunklen Wassern versank. Man kann sich leicht vorstellen, wie solche Wellen über die Marshallinseln hinwegrollen. Fast meinte man, dieser Eisbrocken habe den Meeresspiegel ein stückweit angehoben – an der Promenade von Mumbai, die an stürmischen Tagen bereits überschwemmt wird, ebenso wie am Battery-Park in Manhattan, wo die Ufermauer die Wasseroberfläche um nur einige Zentimeter überragt.

Die Menschheit auf dem Rückzug

Wenn ich sage, die Welt schrumpft, dann meine ich das wörtlich. Bisher haben wir Menschen uns ausgebreitet, von unserer Wiege in Afrika über die ganze Welt, langsam zunächst und dann sehr viel schneller. Mit dem Verlust von Teilen menschlichen Lebensraums aber setzt nun eine Phase der Kontraktion ein. Mitunter wird der Rückzug überstürzt und brutal erfolgen; die Evakuierung der brennenden Städte Kaliforniens erfolgte in den engen Straßen derart chaotisch, dass viele Menschen in ihren Autos starben. Doch das Gros unseres Abzugs wird langsamer vonstatten gehen, zunächst an den Küstenstreifen des Planeten: Jährlich verlassen rund 24 000 Menschen das äußerst fruchtbare Mekong-Delta in Vietnam, weil Salzwasser die Felder verunreinigt. Weil das Meereis vor der Küste Alaskas schmilzt, sind die Städte, Ballungsräume und Indigenendörfer den Wellen schutzlos ausgeliefert. Und in Mexico Beach, Florida, das von Hurrikan „Michael" völlig verwüstet wurde, erklärte ein Einwohner der „Washington Post": „Für die älteren Leute gibt es keinen Wiederaufbau, für sie persönlich ist es zu spät. Wer wird hier bleiben? Und wen wird das noch interessieren?"

Ende 2017 las ich Berichte aus dem US-Bundesstaat Louisiana, wo die offiziellen Planungen zur Umsiedelung tausender Menschen bereits weit fortgeschritten sind, denn der Golf von Mexiko steigt an: „Nicht alle werden ihren Lebensmittelpunkt behalten und ihren Lebensstil fortsetzen können, und das ist eine bittere, eine aufwühlende Wahrheit, der wir nun ins Auge sehen müssen", erklärte ein Beamter. Ich las über Hawaii, wo einer neuen Studie zufolge in den nächsten Jahrzehnten Küstenstraßen auf 60 Kilometern Länge unpassierbar werden, und über die Zehn-Millionen-Stadt Jakarta in Indonesien, deren Straßen die ansteigende Javasee überflutet hatte. Schließlich flutete Anfang 2018 ein *Nor'easter*, ein Nordoststurm, die Innenstadt von Boston. Nach dem Sturm trieben Container und Autos durch das Bankenviertel der Stadt: „Wer die Erderwärmung in Frage stellt, soll sich einfach ansehen, wo die Überschwemmungsgebiete heute liegen", erklärte Bürgermeister Marty Walsh vor Journalisten, „vor 30 Jahren sind nicht alle diese Gebiete überschwemmt worden."

Sollten die UN-Klimaziele nicht eingehalten werden, so schätzt eine Studie des britischen National Oceanography Centre, ist im 22. Jahrhundert weltweit mit jährlichen Schäden von nicht weniger als 14 Billionen Dollar zu rechnen, die durch den Anstieg der Ozeane verursacht werden. „Ob es einem gefällt oder nicht, wir werden uns in nicht allzu ferner Zukunft von den meisten ländlichen Küstengebieten der Welt zurückziehen", schreibt der Meeresspiegelspezialist der Duke University, Orrin Pilkey, in seinem Buch „Retreat from a Rising Sea" („Der Rückzug vom ansteigenden Meer"). Er fährt fort:

„Wir können jetzt planen und uns strategisch-systematisch zurückziehen, oder aber wir kümmern uns später darum und ziehen uns, getrieben von verheerenden Stürmen, taktisch-chaotisch zurück. Anders gesagt, entweder wir bewegen uns überlegt fort oder wir fliehen Hals über Kopf."

Wohin aber können wir ausweichen? Nicht nur die ansteigenden Ozeane, auch steigende Temperaturen schmälern bereits – im Inneren der Kontinente – die Grenzen menschlichen Lebensraums. Neun der zehn tödlichsten Hitzewellen der Menschheitsgeschichte ereigneten sich seit dem Jahr 2000. Seit 1960 hat der Temperaturanstieg in Indien von gut 0,5 Grad Celsius die Wahrscheinlichkeit massiver hitzebedingter Todesfälle um 150 Prozent gesteigert. Nicht zuletzt der Sommer 2018 brach vielerorts alle verzeichneten Rekorde: Im Juni überschritten die Temperaturen in pakistanischen und iranischen Städten tagelang die Marke von 54 Grad Celsius und damit die absolute, je verlässlich gemessene Höchstmarke. In Küstennähe zum Persischen Golf und zum Golf von Oman kam zu diesen hohen zweistelligen Temperaturen noch eine sehr hohe Luftfeuchte hinzu und führte zu einem Hitze-Index von mehr als 60 Grad Celsius. Dort verzeichnete man am 26. Juni 2018 auch die wärmste Nacht der Weltgeschichte: In der Stadt Quriyat sanken die Thermometer über 24 Stunden hinweg nicht unter 42,6 Grad Celsius. Im Juli forderte dann eine Hitzewelle im kanadischen Montreal mehr als 70 Tote, und das Death Valley in Kalifornien und Nevada, wo häufig amerikanische Rekordtemperaturen gemessen werden, verzeichnete den bisher heißesten Monat auf unserem Planeten. Der afrikanische Kontinent maß Spitzentemperaturen im Juni, die koreanische Halbinsel im Juli und Europa im August. Wie die „New York Times" berichtete, legten die Beschäftigten einer Raffinerie in Algerien ihre Arbeit nieder, als die Temperaturen an der 50-Grad-Celsius-Marke kratzten: „Wir konnten einfach nicht mehr", erklärte ein Arbeiter den Journalistinnen, „es war ganz unmöglich zu arbeiten."

Das ist keine Einbildung, Teile der Erde werden für Menschen zu heiß. Die Zunahme von Hitze und Luftfeuchte haben, so die Wetter- und Ozeanografiebehörde der Vereinigten Staaten (NOAA), das potentielle Arbeitsvolumen im Außenbereich schon um zehn Prozent reduziert und für 2050 werden 20 Prozent prognostiziert. Seit etwa zehn Jahren beschäftigen sich australische und amerikanische Forscher mit der maximalen nicht-tödlichen „Kühlgrenztemperatur" des Menschen. Den Ergebnissen zufolge versiegt die Kühlwirkung des Schwitzens auch in „gut belüfteter und schattiger Umgebung", wenn die Temperatur 35 Grad Celsius übersteigt und die Luftfeuchte mehr als 90 Prozent beträgt. Die Überlebensdauer des Menschen beläuft sich dann auf nur „einige Stunden, wobei das genaue Zeitfenster von der individuellen körperlichen Verfassung abhängig ist".

Die Erderwärmung erhöht für die zweite Hälfte des 21. Jahrhunderts dieses Temperaturrisiko in einer sichelförmigen Region mit Teilen Indiens, Pakistans und Bangladeschs sowie in der nordchinesischen Ebene, wo mit rund 1,5 Milliarden Menschen ein Fünftel der Weltbevölkerung lebt. In diesen Regionen könnten extreme Hitzewellen, die aktuell einmal pro Generation vorkommen, am Ende des Jahrhunderts „alljährlich auftreten und die

Temperaturen über mehrere Wochen hinweg nahe an die Überlebensgrenze treiben; das dürfte zu Hungersnöten und Fluchtbewegungen führen". Wenn die Treibhausgasemissionen auf gegenwärtigem Niveau bleiben, müssen die tropischen Regionen, die heute einen Tag sehr drückender feuchter Hitze im Jahr verzeichnen, bereits in 50 Jahren mit 100 bis 250 Tagen jährlich rechnen. Glaubt man dem Klimaforscher Radley Horton vom Lamont-Doherty Earth Observatory, dürften die meisten Menschen schon in kürzerer Frist „mit schrecklichen Problemen zu kämpfen haben". Die Auswirkungen, so Horton, werden „alle Betätigungsfelder des Menschen radikal verändern – Wirtschaft, Ernährung, Militär, Erholung".

Sterbende Tiere, abnehmende Ernten

Wir Menschen sind natürlich nicht allein auf der Welt. Aber wir haben es schon geschafft, durch die Umweltzerstörung seit 1970 rund 60 Prozent der Wirbeltierarten weltweit auszurotten – nun fordern auch die Temperatursteigerungen ihren Tribut. So rechnet eine neue Studie damit, dass Bergvögel ganz aussterben werden, weil sie selbst in höheren Lagen keine Abkühlung mehr finden. Auch die Korallenriffe, die einer Vielzahl von Lebewesen Raum bieten, schrumpfen wohl bald auf ein Zehntel ihrer derzeitigen Größe.

Während einige Menschen vor Luftfeuchte und steigenden Meeren flüchten, werden andere wegen Wassermangels umsiedeln müssen. Ende 2017 zeigte ein Zwei-Grad-Celsius-Szenario der University of East Anglia unter Leitung von Manoj Joshi, dass bereits im Jahr 2050 ein Viertel der Erde mit schweren Dürren und Wüstenbildung konfrontiert sein wird. Und die Vorzeichen sind eindeutig: Tagelang hatte São Paulo 2017 mit akuter Wasserknappheit zu kämpfen, so wie Kapstadt im Frühjahr 2018. Im September 2018 drückte die Rekorddürre in Deutschland den Wasserstand der Elbe auf 45 Zentimeter, nachdem sie die Maisernte um 40 Prozent geschmälert hatte. Das Potsdam-Institut für Klimafolgenforschung zeigt in einer Studie von 2018, dass die Weizen-, Soja- und Maisernten im US-Getreidegürtel zwischen 22 und 49 Prozent zurückgehen, wenn die Tage mit Temperaturen über 30 Grad Celsius zunehmen. Die Grundwasservorkommen, die unter den meisten Kornkammern der Welt liegen, haben wir bereits übermäßig in Anspruch genommen. Fehlt es künftig an Bewässerungsmöglichkeiten, müssen wir uns auf eine neue *Dust Bowl* („Staubschüssel") wie in den 1930er Jahren einstellen, die durch Erosion infolge der „Urbarmachung" und durch Dürren entstanden war – aber diesmal werden wir das Problem nicht lösen können. Damals flohen die Einwohner Oklahomas nach Kalifornien, aber heute ist Kalifornien keine grüne Oase mehr: Einhundert Millionen Bäume starben in der Dürre, die den goldenen Staat seit fast zehn Jahren fest im Griff hat. Dieses Totholz begünstigte dann, und davor hatten Wissenschaftlerinnen und Wissenschaftler noch zu Jahresbeginn 2018 gewarnt, die Ausbreitung der Feuerwalzen im Herbst.

Vor dreißig Jahren glaubten einige, höhere Temperaturen würden unseren Spielraum erweitern und in der Arktis neue Flächen erschließen. Der damalige ExxonMobil-Vorstand Rex Tillerson meinte noch 2012 heiter: „Wetterveränderungen verschieben die Pflanzenanbaugebiete einfach, damit kommen wir klar." Aber im hohen Norden gibt es keinen fruchtbaren Mutterboden, stattdessen besteht die Landmasse der Nordhalbkugel zu einem Fünftel aus Permafrostboden – taut der ab, setzt er noch mehr Kohlenstoff frei. Die auftauende Erdschicht bricht Straßen auf, sorgt für Risse in den Häusern und entwurzelt Bäume (Wissenschaftler bezeichnen das Phänomen als *drunken forests*, „betrunkene Wälder"). In einer gemeinsamen Studie kamen 90 Wissenschaftlerinnen und Wissenschaftler 2017 zu dem Schluss, dass sich die wirtschaftlichen Kosten der arktischen Erwärmung im Laufe des Jahrhunderts auf nahezu 90 Billionen Dollar summieren und damit bei weitem die Einsparungen übersteigen dürften, die mit den kürzeren Schifffahrten durch eine eisfreie Nordwestpassage einhergehen würden.

Am Ufer der Hudson Bay liegt in der kanadischen Provinz Manitoba die Kleinstadt Churchill. Deren einzige Verbindung zum Rest des Landes ist eine Eisenbahntrasse – die im Frühjahr 2017 während einer tagelangen Überschwemmung zu großen Teilen unterspült wurde. Das Bahnunternehmen OmniTrax versuchte nun, seinen Leistungsvertrag mit Verweis auf „höhere Gewalt" zu kündigen: Die Firma hafte nicht, so die Anwälte, für ein unerwartetes und unabwendbares Ereignis. Im Juli 2018 erklärte ein beteiligter Ingenieur vor der Presse: „Problemlösung in Zeiten des Klimawandels heißt: Man löst ein Problem und weiß, eine dauerhafte Lösung ist das nicht." Die Strecke wurde Ende 2018 wiedereröffnet, nachdem die kanadische Regierung für Instandsetzung und Betrieb 117 Mio. Dollar bereitgestellt hatte – rund 190 000 Dollar pro Kopf in der Kleinstadt. Wir haben keinen Grund anzunehmen, dass das eine dauerhafte Lösung ist, aber allen Grund zu vermuten, dass unsere Welt dauerhaft schrumpfen wird. All dies hat sich mehr oder weniger so ereignet, wie es die Warnungen der Wissenschaftlerinnen und Wissenschaftler erwarten ließen – nur schneller. Was deutlich langsamer als die Erwartungen ausfiel, war die Geschwindigkeit der Antwort.

»Raubtierkapitalistische Obstruktion«

Schon vor über 30 Jahren klärte der NASA-Klimaforscher James E. Hansen den US-Kongress über die Gefahren des vom Menschen verursachten Klimawandels auf. Seitdem jedoch sind die Kohlenstoffemissionen jährlich gestiegen (die einzige Ausnahme bildete das Krisenjahr 2009), und die jüngsten Daten weisen für 2019 abermals neue Spitzenwerte aus. Wie erklärt sich dieser Widerspruch? Eine zentrale Rolle spielten schlicht Trägheit und die menschliche Neigung, kurzfristigen Vorteilen den Vorzug zu geben. Den größten Schaden aber richtete die fossile Brennstoffindustrie an. Für ihre Politik prägte der Umweltpublizist Alex Steffen den Begriff „raubtierkapitalistische Obstruktion", sprich: „die Blockade oder Verschleppung notwendiger Veränderungen, um zwischenzeitlich aus untragbaren und ungerechten Systemen Profit zu schlagen". Ein Paradebeispiel dafür ist das Verhalten der

Mineralölkonzerne, die für das vielleicht folgenschwerste Täuschungsmanöver der Menschheitsgeschichte verantwortlich zeichnen.[1]

Wie Journalisten von „Inside Climate News" und der „Los Angeles Times" 2015 berichteten, wusste der weltgrößte Ölkonzern Exxon schon ein Jahrzehnt vor Hansens Anhörung im Kongress, dass die Produkte des Unternehmens zum Klimawandel beitragen. Bereits im Juli 1977 klärte James F. Black, ein hochrangiger Wissenschaftler des Konzerns, das Exxon-Management in New York über die ersten Forschungsergebnisse zum Treibhauseffekt auf: „Wissenschaftler sind sich weitgehend einig, dass die Menschheit höchstwahrscheinlich durch Kohlendioxidemissionen aus der Verbrennung von fossilen Treibstoffen das Weltklima beeinflusst", so das Skript der Rede, die auch aufgezeichnet wurde und bei „Inside Climate News" vorliegt. Im Jahr darauf hielt Black einen weiteren Vortrag vor der Exxon-Führung: Eine Verdopplung der Kohlendioxidkonzentration in der Atmosphäre würde die globale Durchschnittstemperatur demnach um schätzungsweise zwei bis drei Grad Celsius erhöhen, an den Polen stiege die Temperatur gar um zehn Grad.

Für die Erforschung dieser Problematik wandte Exxon Millionen von US-Dollar auf: Man rüstete den Öltanker „Esso Atlantic" mit CO_2-Detektoren aus und stellte Mathematiker ein, um einerseits das Tempo zu messen, mit dem die Meere überschüssigen Kohlenstoff aufnehmen, und andererseits komplexe Klimamodelle zu erstellen. Bereits 1982 kam man zu dem Schluss, die früheren Schätzungen seien wahrscheinlich zu niedrig angesetzt gewesen. In der konzerninternen Studie hieß es, um eine Erwärmung der Erdatmosphäre und „potentiell katastrophale Folgeereignisse" abzuwenden, sei eine „erhebliche Reduktion der Verbrennung fossiler Ressourcen erforderlich".

Die Täuschungsmanöver der Ölindustrie

Wie Recherchen der „L.A. Times" ergaben, hat das Exxon-Management diese Warnungen ernst genommen. So erforschte eine Arbeitsgruppe die positiven und negativen Folgen der Erderwärmung für die Aktivitäten des Konzerns in der Arktis. Geleitet wurde sie von Ken Croasdale, einem hochrangigen Wissenschaftler einer kanadischen Exxon-Tochter. Croasdale stellte 1991 fest, dass die Zunahme der Treibhausgase auf die Verbrennung fossiler Brennstoffe zurückzuführen ist, und erklärte: „Diese Tatsache ist unumstritten." Ein Jahr später schrieb Croasdale, die „Erderwärmung dürfte lediglich die Kosten für Exploration und Erschließung [in der Beaufortsee] senken": Die arktische Bohrsaison, so prognostizierte er zutreffend, werde sich von zwei auf ganze fünf Monate ausdehnen. Gleichzeitig würde der Anstieg des Meeresspiegels die Infrastruktur an Land bedrohen, ein stärkerer Seegang könne Offshore-Bohranlagen beschädigen und das Abtauen des Permafrostbodens bringe die Erde unter Gebäuden und Pipelines in Bewegung. Mit diesen Erkenntnissen in der Tasche bereiteten Exxon und andere Erdölkonzerne

---

1 Vgl. dazu auch Benjamin Franta, Sie wussten, was sie tun, in: „Blätter", 11/2018, S. 37-38.

ihr Engagement in der Arktis vor und erhöhten zudem vorsorglich die Decks ihrer Bohrinseln. Diese Enthüllungen sind frappierend: Nicht nur wussten Exxon und andere Konzerne, dass Wissenschaftler wie Hansen recht hatten, sondern sie prognostizierten mit Hilfe der NASA-Klimamodelle auch, wie stark die Bohrkosten in der Arktis letztlich sinken würden. Hätten Exxon und andere Ölkonzerne ihr Wissen an die Öffentlichkeit weitergegeben, würde die Erdgeschichte heute ganz anders aussehen: Der Klimawandel wäre als Problem wohl nicht gelöst, aber die Krise würde höchstwahrscheinlich schon abklingen. Etwas ähnliches gelang mit dem seit 1989 geltenden internationalen Verbot künstlicher chlorhaltiger Chemikalien, die die Ozonschicht der Erde angegriffen hatten: Ende 2018 konnten Forscher berichten, dass sich die Ozonschicht erhole und bis 2060 wohl gänzlich wiederhergestellt sein werde. Das aber ist eine verhältnismäßig einfache Schlacht gewesen, denn die betreffenden Chemikalien wie FCKW waren keineswegs zentral für die Weltwirtschaft, und die Hersteller hatten bald Ersatzstoffe im Angebot. Doch an der Erderwärmung sind fossile Brennstoffe schuld, sprich: die lukrativste Ware der Welt – also entschieden sich die verantwortlichen Konzerne für eine andere Strategie.

Wie ein der „L.A. Times" vorliegendes Dokument belegt, empfahl ein anonymer „PR-Manager" von Exxon – nur vier Wochen nach Hansens Anhörung 1988 – in einem internen Memo, die Firma solle im Umgang mit den wissenschaftlichen Daten zum Klimawandel deren „Ungewissheit betonen". Rasch schlossen sich Exxon, Chevron, Amoco und weitere Konzerne in einer Global Climate Coalition (GCC) zusammen, um „die Beteiligung der Wirtschaft an der internationalen Debatte [über die Erderwärmung] zu koordinieren". Die GCC verständigte sich mit der National Coal Association und dem American Petroleum Institute auf eine Brief- und Telefonkampagne, um eine Steuer auf fossile Brennstoffe abzuwehren. Man produzierte auch ein Video mit der Behauptung, die Kohlendioxid-Zunahme würde „den Hunger auf der Welt beseitigen", schließlich stimuliere CO_2 das Pflanzenwachstum. Mit solchen Methoden gelang es, eine Opposition gegen das Kyoto-Protokoll, also gegen die erste globale Klimaschutz-Initiative, auf die Beine zu stellen.

Widerstand gegen das Kyoto-Protokoll

Zwei Monate vor Beginn des Kyoto-Gipfels trat der World Petroleum Congress im Oktober 1997 in Peking zusammen. Dort behauptete Exxon-Vorstandschef Lee Raymond – der zuvor die Forschungsabteilung geleitet hatte, die in den 1980er Jahren für die Erkenntnisse zum Klimawandel verantwortlich war – in einer Rede, faktisch kühle die Erde sich ab. Raymond argumentierte, schon der Gedanke, die Reduktion fossiler Brennstoffabgase könne sich positiv auf das Klima auswirken, widerspreche dem gesunden Menschenverstand. Er erklärte weiter: „Es macht höchstwahrscheinlich keinen Unterschied für die Temperaturen Mitte des nächsten Jahrhunderts, ob politische Maßnahmen jetzt ergriffen werden oder in 20 Jahren." Jede einzelne dieser Behauptungen war bereits zuvor durch Exxons eigene Wissenschaftler widerlegt worden. An einem Dezembermorgen des Jahres 1997 gelangten die Industriestaaten nach einem nächtlichen Verhandlungsmarathon im Kyoto Convention Center zu einem provisorischen Klimaschutzabkommen. Die Delegierten lagen in ihren Anzügen erschöpft auf den Sofas oder gar dem Fußboden im Flur, die meisten aber lächelten: So begrenzt und dürftig das Abkommen auch war, die Bekämpfung des Klimawandels schien doch in Gang gekommen zu sein. Während ich die fröhlichen und applaudierenden Delegierten beobachtete, drehte sich ein amerikanischer Lobbyist zu mir um, der einen Großteil der Opposition gegen das Abkommen koordiniert hatte, und sagte: „Ich kann es kaum erwarten, wieder in Washington zu sein, wo wir die Sache im Griff haben."

Und er behielt recht. Am 29. Januar 2001, neun Tage nach der Amtseinführung von George W. Bush, besuchte Lee Raymond seinen alten Freund, den neuen Vizepräsidenten Dick Cheney, der gerade seinen Posten als Vorstandsvorsitzender des Öldienstleisters Halliburton aufgegeben hatte. Cheney half dabei, Bush von seinem Wahlversprechen abzubringen, Kohlenstoffdioxid als Luftschadstoff einzustufen. Und 2001 erhob Frank Luntz, ein republikanischer Berater Bushs, die zehn Jahre alte Strategie der GCC zur Regierungsdoktrin: „Die Wähler meinen, es gebe bezüglich der Erderwärmung keinen Konsens in der wissenschaftlichen Gemeinschaft", schrieb Luntz in einem internen Memorandum, das der in Washington ansässigen Nichtregierungsorganisation Environmental Working Group heute vorliegt: „Sollte die Öffentlichkeit zu der Überzeugung gelangen, der wissenschaftliche Streit sei beigelegt, wird sich ihre Haltung zur Erderwärmung entsprechend ändern. Daher muss die mangelnde wissenschaftliche Gewissheit weiterhin ein Hauptthema in der Debatte bleiben."

Die Vernebelung der öffentlichen Meinung

Diese Strategie der Vernebelung der öffentlichen Sicht auf die Klimaforschung hat sich als äußerst wirksam erwiesen: Noch 2017 erschienen Umfragen, wonach fast 90 Prozent der Amerikaner nicht bekannt war, dass über die Erderwärmung längst ein wissenschaftlicher Konsens bestand. Lee Raymond selbst setzte sich Ende 2005 mit einer Abfindung von 400 Mio. Dollar zur Ruhe, nachdem der Konzern den größten Unternehmensgewinn seiner Geschichte eingefahren hatte. Sein Nachfolger Rex Tillerson unterzeichnete einen 500-Milliarden-Dollar-Vertrag über die Exploration von Ölvorkommen in der rasch abtauenden russischen Arktis – und erhielt 2012 den russischen Orden der Freundschaft. Kurz bevor er für kurze Zeit das Außenministeramt unter Donald Trump übernahm, erklärte Tillerson 2016 auf seiner letzten Hauptversammlung als Konzernchef: „Die Welt wird weiterhin fossile Treibstoffe nutzen müssen, ob ihr das gefällt oder nicht."

Unklar ist, ob die Täuschungen und Irreführungen durch Exxon gegen das Gesetz verstoßen: Gerne behauptet der Konzern, man habe „den wissenschaftlichen Konsens zum Klimawandel begleitet" und seine „Forschung zu dem Problem" sei „in öffentlich zugänglichen Fachzeitschriften veröffentlicht worden". Auch deckt der erste US-Verfassungszusatz mit der Meinungsfreiheit das Recht, zu lügen. Gleichwohl hat die New Yorker Staatsanwältin Barbara D. Underwood im Oktober 2018 Klage gegen ExxonMobil wegen der – strafbaren – Täuschung von Investoren eingereicht. Fest steht aber, dass uns die Kampagne der Konzerne um die Bemühungen einer ganzen Generation gebracht hat, die im Kampf gegen den Klimawandel vielleicht den Ausschlag hätten geben können. Das Gebaren von ExxonMobil ist erschreckend, aber keine große Überraschung: Bevor sich die Regierung gegen „Big Tobacco" wandte, verbreitete etwa auch der Zigarettenhersteller Philip Morris Lügen über die Folgen des Rauchens. Das Rätsel, vor dem künftige Historikerinnen und Historiker stehen werden, lautet: Was lief in unserer Verwaltung und Kultur so schief, dass wir im Grunde nichts unternahmen, um uns gegen die fossile Brennstoffindustrie zu erheben?

Sicherlich gibt es unzählige rationale, psychologische und politische Ursachen für unsere Untätigkeit. Aber ich glaube, eine wichtige Rolle spielte auch die aus Russland stammende Autorin Ayn Rand: Viele amerikanische Politiker und Ökonomen bewundern ihre Abhandlungen über die „Tugend des Egoismus" und den entfesselten Kapitalismus – darunter der ehemalige Sprecher des Repräsentantenhauses, Paul Ryan, Ex-Außenminister Tillerson, der aktuelle Außenminister und frühere CIA-Chef Mike Pompeo, der Vorstand der Fast-Food-Holding CKE und verhinderte Arbeitsminister Andrew Puzder sowie der Präsident selbst. Trump bezeichnete Rands Roman „Der ewige Quell" als sein Lieblingsbuch und erklärte, es „handelt von der Wirtschaft und der Schönheit, vom Leben und von geheimen Gefühlen. Das Buch handelt von [...] allem." Auch lange nach Rands Tod im Jahre 1982 beeinflusst das libertaristische Evangelium des Romans noch immer unsere Politik: Regieren ist etwas Schlechtes, Solidarität heißt Unfreiheit und Steuern sind Diebstahl. Die Brüder Charles und David Koch, deren Vermögen großteils aus der Förderung und Verarbeitung von Öl und Gas stammt, gehen mit einer ähnlichen Botschaft hausieren und unterstützen damit Bestrebungen, die Exxon-finanzierte Gruppen wie der GCC bereits seit Ende der 1980er Jahre verfolgen.

Die Lobby der Leugner

Hersteller fossiler Brennstoffe und Stromversorger leisten seit Jahren erbitterten Widerstand gegen einen Wandel, oftmals mit Hilfe von Gruppen aus dem Umfeld der Kochs: In Kansas kämpften die Koch-Alliierten erfolgreich dafür, verbindliche Ziele im Bereich erneuerbarer Energien in eine freiwillige Selbstverpflichtung der Industrie umzuwandeln. In Wisconsin, wo bis vor kurzem der republikanische Gouverneur Scott Walker regierte, verbot der Aufsichtsrat seinen Liegenschaftsbeamten, über den Klimawandel zu sprechen. In North Carolina hinderte das Parlament im Verbund mit der Immobilienbranche die zuständigen Behörden faktisch daran, wissenschaftliche

Prognosen über den Anstieg des Meeresspiegels in die Küstenplanung einzubeziehen. Bereits zuvor hatte Americans for Prosperity, die zentrale Vorfeldorganisation der Kochs, eine Kampagne gegen neue Bus- und S-Bahn-Linien in Tennessee gestartet und sich dabei auf die Freiheit des Individuums berufen: „Wer frei genug ist, seine Bewegung und sein Tun selbst zu bestimmen, entscheidet sich gegen den öffentlichen Nahverkehr", erklärte eine Sprecherin der Gruppe. In Florida argumentierte man bei einem Referendum über die Subventionierung erneuerbarer Energien mit dem „Wahlrecht des Stromverbrauchers für oder gegen Solarenergie".

Solche Bemühungen erklären auch, warum der Zuwachs privater Solaranlagen in den USA bereits seit 2017 stagniert – also noch bevor Präsident Trump im März 2018 den Import von Solarmodulen mit 30 Prozent besteuerte – und warum die Anzahl der Beschäftigten in der US-Solarwirtschaft nach einem zehnjährigen Boom der Branche erstmals rückläufig ist. Im Februar 2018 veröffentlichte US-Energieminister Rick Perry – der einmal sogar der (letztlich erfolglosen) Anklageerhebung in zwei schweren Strafsachen gegen ihn ferngeblieben war, um eine Veranstaltung der Koch-Brüder zu besuchen – einen neuen Plan und verkündete, die USA würden ihre Kohlenstoffemissionen bis 2050 nicht senken: Das heißt, die Vereinigten Staaten würden das gesamte verbleibende Kohlenstoffbudget der Erde aufbrauchen, das für die Erreichung des 1,5-Grad-Ziels noch zur Verfügung stünde. Skepsis gegenüber dem wissenschaftlichen Konsens, so erklärte Perry der Presse 2017, weise einen „klugen, geistig eigenständigen Menschen" aus.

Die katastrophalste aller umweltpolitischen Entscheidungen der Trump-Administration war aber sicherlich der Rückzug vom Pariser Klimaabkommen im Jahr 2017. Damit sind die USA – der größte Kohlenstoffemittent der Geschichte – das einzige Land der Erde, das sich an den internationalen Bemühungen zur Kohlenstoffkontrolle nicht beteiligt. Wie die „Washington Post" berichtete, war der Rückzug das Ergebnis einer breiten Zusammenarbeit: Zu den libertaristischen Ideologen und Lobbyisten fossiler Brennstoffe, die hierfür verantwortlich zeichnen, zählt auch Myron Ebell. Er stand bei der Verkündung des US-Austritts aus dem Abkommen im Rosengarten des Weißen Hauses an Trumps Seite und hatte schon mit der Stiftung „Frontiers of Freedom" dazu beigetragen, eine „komplexe Kampagne der Einflussnahme" zugunsten der Tabakindustrie aufzusetzen. Ebell ist Leiter des 1984 gegründeten Competitive Enterprise Institute (CEI), das sich den „Prinzipien der Begrenzung staatlicher Lenkung, dem freien Markt und der individuellen Freiheit" verschrieben hat und die Cooler Heads Coalition finanziert – „ein informeller Verein mit dem dezidierten Ziel, die Märchen der Erderwärmung zu entzaubern". Dessen Vorsitzender ist niemand anderes als Myron Ebell selbst. Mit von der Partie waren auch das berüchtigte Heartland Institute sowie die Americans for Prosperity der Gebrüder Koch. Nach der Wahl Trumps erinnerten sie ihn schriftlich an sein Wahlversprechen zum Rückzug Amerikas, und das CEI warb im Fernsehen: „Mr. President, hören Sie nicht auf den Sumpf. Halten Sie Wort." Und Trump hielt Wort, trotz der Einwände der Mehrheit seiner Berater. Diese Gruppen setzten ihre Macht ein und bremsten uns in genau dem Moment aus, in dem wir eigentlich hätten auf die Tube drücken müssen. Die Folgen sind absehbar: Die spezifische, 50 Jahre lang unveränderte Politik eines einzigen Landes wird die geologische Geschichte der Erde verändern. Wir wandeln der Selbstzerstörung entgegen, doch unabänderlich ist unser Schicksal keineswegs: Solarmodule und Windkraftturbinen gehören heute zu den kostengünstigsten Arten der Energieproduktion. Stromspeicher sind billiger und effizienter als je zuvor. Wenn wir wollen, können wir schnell agieren, aber wir müssten uns für Solidarität und Zusammenarbeit auf globaler Ebene entscheiden – und die Chancen dafür stehen schlecht. Russland ist der nach den USA zweitgrößte Erdölproduzent der Welt, und Präsident Wladimir Putin glaubt, der „Klimawandel könnte mit globalen Zyklen auf der Erde oder gar im planetarischen Raum zusammenhängen". Mit Saudi-Arabien versuchte der drittgrößte Ölstaat, den 2018 veröffentlichten Sonderbericht des Weltklimarats (IPCC) zu verwässern, und der brasilianische Präsident Jair Bolsonaro beschleunigt die Rodungen im weltgrößten Regenwald im Amazonas drastisch.

Währenddessen sprach sich ausgerechnet ExxonMobil für eine CO_2-Steuer von 40 Dollar pro Tonne aus. Darauf wolle man mit einem Budget von einer Mio. Dollar hinarbeiten – allerdings entspricht dieses Budget nur rund einem Hundertstel dessen, was die Firma monatlich für die Suche nach neuen Öl- und Gasvorkommen ausgibt. Auf der Pressekonferenz zum IPCC-Sonderbericht mussten einige der Verfasser lachen: Jemand hatte gefragt, ob zum jetzigen Zeitpunkt eine CO_2-Steuer als alleiniger Anreiz noch genügen könne.

Rascher Wandel ist möglich

Damit ein rascher Wandel möglich wird, bedarf es breiter Bewegungen, mit denen die Menschen auf den Zeitgeist einwirken. In den letzten Jahren war ich nahe daran zu verzweifeln, weil die Fortschritte zu langsam ausfielen. Aber ich war zugleich einer von vielen, die gegen Pipelines protestierten und die Aufmerksamkeit auf die Manöver der Ölbranche richteten. Und die Bewegung wächst: Im Vorfeld des Pariser Klimagipfels 2015 haben 400 000 Menschen in New York protestiert, und seither waren Aktivistinnen und Aktivisten – oft unter der Führung von indigenen Gruppen und Gemeinschaften, die dem Klimawandel an vorderster Front ausgesetzt sind – recht erfolgreich: Sie haben Pipelines blockiert, die Eröffnung neuer Kohlebergwerke verhindert, die Ölkonzerne von der amerikanischen Arktis ferngehalten und Dutzende Kommunen von einer Selbstverpflichtung auf „100 Prozent Erneuerbare" überzeugt.

Jede dieser Kraftanstrengungen erfolgte im Schatten einer unermüdlichen Kampagne der Industrie, die ihre Gewinne maximieren und Veränderungen um jeden Preis verhindern will: Vor einem Referendum im Bundesstaat Washington zeichnete sich Ende 2018 ursprünglich eine Mehrheit für die Einführung einer CO_2-Steuer ab. Die bescheidene, unter anderem auch von Bill Gates befürwortete Abgabe wäre landesweit die erste ihrer

Art gewesen. Doch die Ölgesellschaften gaben Rekordsummen aus, um die Stimmung zu kippen. In Colorado scheiterte eine ähnlich bescheidene Volksabstimmung – für Fracking-Bohrtürme sollte ein größerer Abstand zu Siedlungen und Schulen vorgeschrieben werden –, nachdem die Ölbranche 40 Mal so viel Geld einsetzte wie die Bürgerinitiativen. Derweil beschloss das kalifornische Parlament im Herbst 2018, die Stromerzeugung bis 2045 ganz auf erneuerbare Energien umzustellen – ein echter Erfolg in der fünftgrößten Wirtschaftsmacht der Welt. Doch der Gouverneur vergibt weiterhin Genehmigungen für neue Ölbohrungen, selbst in den von Asthma-Erkrankungen überdurchschnittlich betroffenen Großstädten Kaliforniens.

Und immer wieder entstehen auch neue Aktionsformen: So sorgte der individuelle Schulboykott von Greta Thunberg im Herbst 2018 erst in Skandinavien und dann weltweit für Aufmerksamkeit. Seit Oktober 2018 tritt ein ursprünglich britisches Netzwerk für gewaltfreien Widerstand in Erscheinung – sein Name „Extinction Rebellion" (Auslöschung Rebellion) spiegelt ebenso eine entsetzliche Erkenntnis wider, wie er eine potentiell energische Reaktion andeutet. Und Mitte November wurden 51 Jugendliche bei einem Sit-in im Büro von US-Oppositionsführerin Nancy Pelosi verhaftet – sie hatten gefordert, die Demokraten sollten einen „Green New Deal" verabschieden, der in Reaktion auf die globale Klimakrise Arbeitsplätze im Bereich erneuerbarer Energien schafft. Anscheinend haben sie auf das richtige Pferd gesetzt: Mehrere Umfragen zeigen, dass sich sogar Republikaner mehr Solarbeihilfen seitens der Regierung wünschen. Diese gigantische Schlacht ist noch nicht entschieden: Sollten wir das 2-Grad-Ziel verfehlen, werden wir gegen einen Anstieg um drei Grad kämpfen, und dann gegen den um vier Grad. Der Weg im Fahrstuhl zur Hölle ist lang.

Die Flucht ins All ist keine Lösung

Im Juni 2018 fuhr ich nach Cape Canaveral, um beim Raketenstart von Elon Musks „Falcon 9" dabei zu sein. Und es war genauso, wie ich es mir immer vorgestellt hatte: die austretenden Dampfwolken schon Minuten vor dem Start, dann die unglaublich hell hervorschießende Flammensäule. Bemerkenswert langsam stieg die Rakete auf und die Schwerkraft gab der Gewalt ihrer Triebwerke nach. Es ist das beeindruckendste technologische Spektakel, das Menschen je zustande gebracht haben. Der Paypal-Pionier Elon Musk, Amazon-Gründer Jeff Bezos und VirginChef Richard Branson zählen zu den Milliardären, die einen Teil ihres Vermögens für die Raumfahrt ausgeben[2] – ein letzter verzweifelter Versuch, den menschlichen Lebensraum zu erweitern. Im November 2016 prognostizierte Stephen Hawking der Menschheit ein Zeitfenster von tausend Jahren, um die Erde zu verlassen – sechs Monate später revidierte er die Frist auf ein Jahrhundert. Im Juni 2017 erklärte er öffentlich, „auszuschwärmen und neue Sonnensysteme zu

---

2   Vgl. Torben David, Die Kolonialisierung des Weltalls, in: „Blätter", 11/2017, S. 113-120.

entdecken, könnte die einzige Möglichkeit sein, die uns vor uns selbst rettet", und fügte hinzu: „Die Risiken für die Erde sind so vielfältig, dass es mir schwerfällt, optimistisch zu sein." Doch den Trümmerhaufen zu verlassen, ist und bleibt wohl eine Phantasie. Selbst wenn Astronauten die 56 Millionen Kilometer zum Mars zurücklegen, könnten sie dort nur unter der Oberfläche überleben. Was soll das? Auch der millionenschwere Versuch, in der Wüste Arizonas eine „Biosphäre" zu errichten, scheiterte 1993 ganz erbärmlich. Sehr deutlich hat Kim Stanley Robinson, der Autor einer Romantrilogie über die Kolonisierung des Mars („Roter Mars", „Grüner Mars", „Blauer Mars"), solche Projekte vor Kurzem als „Rationalitätsfalle" *(moral hazard)* bezeichnet: „Die Leute glauben, wenn wir es hier auf der Erde verbocken, können wir immer noch zum Mars oder ins All. Das ist mordsgefährlich."

Der Traum einer interplanetaren Kolonisierung lenkt uns auch von der überwältigenden Schönheit jenes Planeten ab, den wir bereits bewohnen. Am Tag vor dem Start erkundete ich in Begleitung des NASA-Öffentlichkeitsbeauftragten Greg Harland und des Biologen Don Dankert das enorme Gelände des Kennedy Space Center. Zuvor hatten mich andere NASA-Mitarbeiter gewarnt, das Thema der Erderwärmung nicht anzusprechen. Doch die Zwickmühle der NASA war spätestens dann offenkundig, als wir eine Düne erklommen hatten und auf die Startanlage LC-39 hinabsahen, wo die Apollo-Missionen zum Mond gestartet waren und wo wahrscheinlich eine künftige Mars-Mission beginnen dürfte: Die Startrampe ist keine fünfhundert Meter vom Ozean entfernt. Die perfekte Wahl in dem Sinne, dass die Raketen (falls etwas schiefgeht) ins Meer stürzen – nicht mehr ganz so perfekt aber angesichts des steigenden Meeresspiegels. Die NASA macht sich etwa seit der Jahrhundertwende darum Gedanken und betreibt nun aktiven Dünenschutz.

Obwohl Hurrikan „Sandy" 2012 mehrere hundert Kilometer entfernt vorbeizog, türmte er Wellen auf, die die schützenden Dünen entlang der Atlantikküste durchbrechen konnten und die Startanlagen um Haaresbreite überschwemmt hätten. Dankert ließ daraufhin Millionen Kubikmeter Sand von einem nahegelegenen Luftwaffenstützpunkt herbeischaffen und sorgte für die Anpflanzung von 180 000 einheimischen Strauchpflanzen, damit der Sand an Ort und Stelle bleibt – bisher haben die neuen Dünen den Stürmen und Hurrikans standgehalten. Mehr als die Dünen beeindruckte mich aber die hohe Wertschätzung der beiden Männer für ihre Umgebung: „Das Kennedy Space Center grenzt an das Merritt Island Wildlife Refuge", sagte Harland, „und wir nutzen weniger als zehn Prozent der Fläche für unsere Zwecke." „Der Strand sieht noch so aus wie das Florida der 1870er, es ist der längste unberührte Küstenstreifen am Atlantik", sagte Dankert: „Aus einem Naturschutzgebiet heraus schießen wir Menschen in den Weltraum. Das ist doch toll!"

Die beiden Männer sprachen lange über ihre heimischen Lieblingsarten, die dicht über dem Meeresspiegel dahingleitenden Braunpelikane und die Florida-Buschhäher. Bei der Erneuerung der Dünen hatte man sorgfältig Dutzende von Georgia-Gopherschildkröten eingesammelt und umgesiedelt. Bevor ich losmusste, fuhren die beiden mich eine halbe Stunde lang durch das Sumpfland zu einem Teich unweit des Space-Center-Hauptgebäudes, nur um mir einige Alligatoren zu zeigen: Man sah die gefährlichen Mäuler knapp unter der Wasseroberfläche, aber interessanter fand ich die Schilder an allen vier Ecken des Teiches: Alligatoren sind Wild- und keine Haustiere. Weiter hieß es da, „angefütterte Alligatoren werden aggressiv und müssen vernichtet werden". Das Schild berührte mich zutiefst. Es wäre ein Leichtes gewesen, den Teich zu vergiften, wie es auch ein Kinderspiel gewesen wäre, die Dünen aufzuschütten, ohne einen Gedanken an die Schildkröten zu verschwenden. Das aber hatte die NASA nicht getan, denn auch in vielen Gesetzen spiegelt sich ein wachsendes Verständnis dessen, wer oder was wir sind.

Ein neues Verständnis unserer selbst

Erste ketzerische Gedanken über die Bedeutung des Menschseins kamen John Muir, einem der ersten westlichen Naturschützer, bei seiner mehr als 1600 Kilometer langen Wanderung von Kentucky nach Florida im Jahr 1867. „Die Welt sei, so sagt man, ganz für den Menschen gemacht – eine Annahme, die faktisch überhaupt nicht belegt ist", schrieb Muir in seinem Tagebuch: „Ein zahlenmäßig starker Typ Mensch ist schmerzlich überrascht, wenn er in Gottes unendlichem Universum auf irgendetwas stößt, ob lebendig oder tot, das er nicht essen oder sich sonst, wie es heißt, zunutze machen kann." Muirs Beweis für die Irrigkeit einer solchen Egomanie war der Alligator, den er in den Sümpfen Floridas unweit seines Camps hören konnte und der dem Menschen eindeutig zumeist ein Ärgernis war. Doch seien diese Tiere gleichwohl wunderbar, hielt Muir fest: bemerkenswerte Kreaturen, die perfekt an ihren Lebensraum angepasst sind. „Ich habe nun, da ich sie in ihrer Heimat gesehen habe, eine bessere Meinung von den Alligatoren", schrieb er. In seinem Tagebuch wandte er sich an die Geschöpfe selbst: „Ehrenwerte Großechsen, Vertreter einer früheren Schöpfung, möget ihr euch lange Zeit eurer Lilien und eures Schilfs erfreuen, gesegnet seiet ihr hin und wieder mit einem Maul voll schreckerfülltem Menschen als Leckerbissen."

Am selben Abend zeichneten Harland und Dankert mir eine Karte, damit ich einen Strand zwischen dem Luftwaffenstützpunkt Patrick und der Stelle finden konnte, an der Barbara Eden 1965 – in der ersten Folge von „Bezaubernde Jeannie" – aus einer Flasche auftauchte und ihren Astronauten begrüßte. Dort, sagten sie, könnte ich die Stunden bis zum frühmorgendlichen Raketenstart verbringen und würde vielleicht eine Unechte Karettschildkröte zu Gesicht bekommen, die an Land ihre Eier legt.

Und so setzte ich mich in den Sand. Der Strand war verlassen und im Lichte eines beinahe vollen Mondes sah ich eine Schildkröte aus dem Meer aufsteigen und zielgerichtet auf eine Stelle unweit der Düne zusteuern, wo sie mit ihren kräftigen Flossen ein Loch in den Sand grub. Eine Stunde lang legte sie ihre Eier, und selbst aus gut 25 Metern Entfernung hörte man sie im Rauschen der Brandung schwer atmen. Und nachdem sie ihr Gelege zugedeckt hatte, steuerte sie wieder auf den Ozean zu, so wie andere vor ihr in den letzten 120 Millionen Jahren.

Ausblick auf das Höllenjahrhundert
Warum wir im Kampf gegen die Klimakrise keine Sekunde mehr verlieren dürfen

Von **David Wallace-Wells**

Es ist schlimmer, viel schlimmer, als Sie denken. Das langsame Voranschreiten des Klimawandels ist ein Märchen, das vielleicht ebenso viel Schaden anrichtet wie die Behauptung, es gäbe ihn gar nicht. Aber fangen wir damit an, wie schnell die Veränderungen ablaufen.

Die Erde hat vor dem Massenaussterben, das wir gerade durchmachen, bereits fünf andere erlebt, von denen jedes einzelne den Bestand der Lebewesen so umfassend reduzierte, dass es einem Drücken des Reset-Knopfs gleichkam.[1] Der phylogenetische Baum der Erde dehnte sich immer wieder aus und zog sich zusammen, wie eine Lunge: Vor 450 Millionen Jahren waren 86 Prozent aller Arten ausgestorben, 70 Millionen Jahre später dann 75 Prozent, wiederum 100 Millionen Jahre später 96 Prozent, noch einmal 50 Millionen Jahre später 80 Prozent und 150 Millionen Jahre danach erneut 75 Prozent.[2]

Wenn Sie dem Teenageralter entwachsen sind, haben Sie in der Schule wahrscheinlich gelernt, dass diese Massenaussterben auf Asteroideneinschläge zurückzuführen seien. Doch in Wahrheit hingen alle – bis auf die Katastrophe, die die Dinosaurier auslöschte – mit einem Klimawandel durch Treibhausgase zusammen.[3] Das berüchtigtste Ereignis spielte sich vor 252 Millionen Jahren ab: Es begann damit, dass die Temperatur auf der Erde durch Kohlendioxid um fünf Grad anstieg; dann nahm es an Fahrt auf, als durch diese Erhitzung Methan freigesetzt wurde – ein anderes Treibhausgas –, und endete damit, dass bis auf einen kleinen Bruchteil alles Leben auf unserem Planeten tot war.[4]

1 Diese Massenaussterben ereigneten sich am Ende des Ordoviziums, im oberen Devon, am Ende des Perms, am Ende der Trias und am Ende der Kreide. Ein sehr guter, auch für Laien verständlicher Überblick über jedes einzelne von ihnen findet sich in Peter Brannen, The Ends of the World, New York 2017.
2 All diese Zahlen sind Schätzwerte, und unterschiedliche Untersuchungen kommen oft zu unterschiedlichen Ergebnissen. Manche Studien des Aussterbens am Ende des Perms legen beispielsweise nahe, dass damals nur etwa 90 Prozent der Lebewesen ausgelöscht wurden, während in anderen von 97 Prozent die Rede ist. Die hier genannten Zahlen stammen aus: The big five mass extinctions, https://cosmosmagazine.com.
3 Brannen, a.a.O.
4 Welche Kombination von Umweltfaktoren das Massenaussterben am Ende des Perms nun genau herbeigeführt hat (Vulkanausbrüche, Mikroben, Methan aus der Arktis) wird viel diskutiert, aber eine Zusammenfassung der Theorie, dass vulkanische Aktivität für einen Temperaturanstieg auf der Erde sorgte, was dazu führte, dass Methan freigesetzt wurde, was die Erwärmung wiederum

Heute setzen wir der Atmosphäre deutlich schneller Kohlendioxid zu – den meisten Schätzungen zufolge etwa zehnmal so schnell.[5] Das ist hundertmal so schnell wie zu jedem anderen Zeitpunkt in der Geschichte der Menschheit vor dem Beginn der Industrialisierung.[6] Und schon jetzt befindet sich ein Drittel mehr Kohlendioxid in der Atmosphäre als je zuvor in den letzten 800 000 Jahren[7] – vielleicht sogar in den letzten 15 Millionen Jahren.[8] Damals gab es keine Menschen. Der Meeresspiegel lag mehr als 30 Meter höher.[9]

Viele Menschen verstehen den Klimawandel im Grunde als moralische und wirtschaftliche Schulden, die sich seit dem Beginn der industriellen Revolution angehäuft haben und jetzt nach mehreren Jahrhunderten zurückgezahlt werden müssen. Dabei ist mehr als die Hälfte des durch das Verbrennen fossiler Energieträger in die Atmosphäre beförderten Kohlendioxids in den letzten drei Jahrzehnten dorthin gelangt.[10] Das heißt, dass wir dem Planeten und seiner Fähigkeit, Menschen und ihrer Zivilisation ein Zuhause zu bieten, in der Zeit, die verstrichen ist, seit Al Gore sein erstes Buch über den Klimawandel veröffentlicht hat, mehr Schaden zugefügt haben als in allen Jahrhunderten – allen Jahrtausenden – zuvor.

Die Vereinten Nationen gaben 1992 die Klimarahmenkonvention heraus, in der sie der Welt unmissverständliche Forschungsergebnisse präsentierten; demnach haben wir also mittlerweile genauso viel Schaden wissentlich angerichtet wie unwissentlich. Die Erderwärmung mag uns wie ein aufgeblähtes Moralstück vorkommen, das sich während mehrerer Jahrhunderte abspielt und eine Art alttestamentarische Strafe über die Urururenkel derer bringt, die dafür verantwortlich sind, da es die im 18. Jahrhundert in England einsetzende Kohleverbrennung war, die alles, was später kam, auslöste; doch diese Erzählweise weist die Schuld historischen Schurken zu und spricht uns, die wir heute leben, davon frei – unberechtigterweise.

Der Großteil des Kohlendioxids gelangte erst in die Atmosphäre, als die erste Folge der amerikanischen Sitcom „Seinfeld" schon ausgestrahlt wor-

beschleunigte, findet sich hier: Uwe Brand u.a., Methane Hydrate: Killer Cause of Earth's Greatest Mass Extinction, in: „Paleoworld", 12/2016, S. 496-507.
5 „Sowohl beim PETM [Paläozän/Eozän-Temperaturmaximum] als auch gegen Ende des Perms wurden maximal eine Milliarde Tonnen Kohlendioxid ausgestoßen, und momentan sind es zehn Milliarden Tonnen", erklärte mir Lee Kump, ein Geowissenschaftler von der Penn State University, der zu den führenden Fachleuten auf dem Gebiet der Massenaussterben zählt.
6 Jessica Blunden, Derek S. Arndt und Gail Hartfield (Hg.), State of the Climate in 2017, in: „Bulletin of the American Meteorological Society", 8/2018.
7 Rob Moore, Carbon Dioxide in the Atmosphere Hits Record High Monthly Average, Scripps Institution of Oceanography, 2.5.2018. Wie Moore es formuliert: „Vor dem Beginn der industriellen Revolution schwankte der CO_2-Gehalt über die Jahrtausende hinweg, aber die Grenze von 300 ppm hat er in den letzten 800 000 Jahren niemals überschritten."
8 Siehe z.B. Aradhna K. Tripati, Christopher D. Roberts und Robert A. Eagle, Coupling of CO2 and Ice Sheet Stability over Major Climate Transitions of the Last 20 Million Years, in: „Science", 12/2009, S. 1394-1397. „Als die Kohlendioxidwerte zum letzten Mal so hoch waren wie heute – und auf dem Level verharrten –, lagen die Temperaturen weltweit etwa 2,5 bis fünf Grad höher als heute", erklärte Tripati in der Pressemeldung der UCLA zur Studie. „Der Meeresspiegel war rund 20 bis 35 Meter höher, das Meer in der Arktis war nicht dauerhaft von einer Eisschicht bedeckt, und auch in der Antarktis und auf Grönland gab es wenig Eis."
9 Ebd.
10 Carbon Dioxide Information Analysis Center, Oak Ridge National Laboratory, Global, Regional and National Fossil-Fuel CO_2 Emissions, 2017. Es gibt unterschiedliche Berichte und Schätzungen dazu, wie hoch der CO_2-Ausstoß in früheren Zeiten war, aber laut dem Oak Ridge National Laboratory sind es seit dem Jahr 1751 1578 Gigatonnen (Gt) durch fossile Brennstoffe, davon 820 Gt seit 1989.

den war – also nach dem Jahr 1989 [Anm. d. Red.]. Seit dem Ende des Zweiten Weltkriegs sind es etwa 85 Prozent.[11] Die Geschichte dieses Kamikazeflugs der industrialisierten Welt umfasst nur eine einzige Lebensspanne.

Es ist auch die Lebensspanne vieler der Wissenschaftler, die als Erste auf das Problem des Klimawandels aufmerksam machten, und einige von ihnen sind, so unglaublich es auch klingt, bis in die heutige Zeit aktiv – so schnell sind wir an dieser Klippe angelangt. Roger Revelle, der erste Klimatologe, der darauf hinwies, dass sich die Erde aufheizt, starb bereits 1991, aber Wallace Smith Broecker, der zur Verbreitung des Begriffs „Erderwärmung" beitrug, fuhr bis zu seinem Tod Anfang 2019 immer noch jeden Tag von der New Yorker Upper West Side über den Hudson River zu seiner Arbeitsstelle ins Lamont-Doherty Earth Observatory und nahm sein Mittagessen manchmal in einer ehemaligen Tankstelle in New Jersey ein, die mittlerweile ein Hipster-Lokal ist. In den 1970er-Jahren betrieb er seine Forschungen mit Mitteln von Exxon, einem Unternehmen, das sich mittlerweile einer Reihe von Klagen ausgesetzt sieht, in denen es um die Verantwortung für die auf uns zurollende Klimaentwicklung geht, die Teile der Erde bis zum Ende des Jahrhunderts – vorbehaltlich eines Kurswechsels in Bezug auf die fossilen Brennstoffe – für Menschen mehr oder weniger unbewohnbar zu machen droht.

Denn das ist der Pfad, den wir heute so unbekümmert beschreiten – hin zu einer Erwärmung um mehr als vier Grad bis 2100.[12] Laut einigen Schätzungen würde das bedeuten, dass große Gebiete in Afrika, Australien und den Vereinigten Staaten, die Teile von Südamerika, die nördlich von Patagonien liegen, und ganz Asien südlich von Sibirien durch Hitze, Verwüstung und Überschwemmungen unbewohnbar wären.[13] Ganz sicher wären sie und viele weitere Regionen unwirtlich. So sieht unser Fahrplan für die Zukunft aus, zumindest sind das die Eckpunkte. Und wenn unser Planet innerhalb der Lebensspanne einer Generation bis an den Rand einer Klimakatastrophe gebracht wurde, bedeutet das, dass die Verantwortung dafür, das abzuwenden, ebenfalls einer einzigen Generation zufällt. Wir wissen auch, wem – uns.

Die kommende Flut – die kommende Flucht

Dabei ist dieser Klimawandel nicht nur die massivste Gefahr, der das menschliche Leben auf der Erde je ausgesetzt war, sondern schlicht eine Bedrohung von einer ganz neuen Größe und Reichweite. Denn sie betrifft das menschliche Leben in seinem gesamten Umfang.

Ab 2011 strömten ungefähr eine Million syrische Flüchtlinge nach Europa, die ein durch den Klimawandel und Dürren befeuerter Bürgerkrieg aus ihrer

---

11 Gemäß dem Oak Ridge National Laboratory sind es seit 1946 insgesamt 1376 Gt, was 87 Prozent von 1578 entspricht.
12 IPCC, Climate Change 2014: Synthesis Report, Summary for Policymakers, 2014, S. 11.
13 Gaia Vince, How to Survive the Coming Century, in: „New Scientist", 25.2.2009. Diese Einschätzung ist teilweise recht extrem, aber es trifft unbestreitbar zu, dass weite Teile jener Regionen durch eine Erwärmung dieses Ausmaßes gemäß allen Standards, die wir heute ansetzen, extrem lebensfeindlich würden.

Heimat vertrieben hatte – und ein großer Teil des „populistischen Moments", das der gesamte Westen gerade erlebt, ist eine Folge der Panik, die diese Massenmigration ausgelöst hat.[14] Die bevorstehende Überflutung von Bangladesch droht, die Anzahl der Flüchtlinge mindestens zu verzehnfachen und sie in eine Welt zu entsenden, die noch stärker durch das Klimachaos destabilisiert und – so muss man befürchten – umso weniger aufgeschlossen ist, je brauner die Haut der Menschen in Not ist.[15] Hinzu kommen die Flüchtlinge aus weiteren Regionen Südasiens, den Ländern Afrikas, die südlich der Sahara liegen, und aus Lateinamerika – 140 Millionen bis 2050, schätzt die Weltbank,[16] also mehr als hundertmal so viele wie im Verlauf der europäischen Syrien-„Krise".[17]

Die Vorhersagen der Vereinten Nationen sind noch erschreckender.[18] Sie prognostizieren 200 Millionen Klimaflüchtlinge bis 2050.[19] Das entspricht der gesamten Weltbevölkerung in der Blütezeit des Römischen Reiches. Und das obere Ende dessen, was in den nächsten 30 Jahren denkbar ist, sieht laut den Vereinten Nationen deutlich schlimmer aus: „eine Milliarde oder mehr Gefährdete, die kaum eine andere Wahl haben, als zu kämpfen oder zu fliehen"[20]. Eine Milliarde oder mehr. Das sind mehr Menschen, als heute in Nord- und Südamerika zusammen leben, und so viele, wie es noch 1820, als die industrielle Revolution im vollen Gange war, auf der ganzen Welt gab.[21]

Das legt nahe, dass wir die Geschichte nicht als eine Abfolge von Jahren auf einem Zeitstrahl betrachten sollten, sondern eher als einen sich immer weiter aufblähenden Ballon des Bevölkerungswachstums, das dafür sorgt, dass sich die Menschheit immer weiter über den ganzen Globus ausbreitet, bis der Ballon eine pralle Kugelform erreicht. Einer der Gründe, warum der Kohlendioxidausstoß in der letzten Generation so stark angestiegen ist, bietet gleichzeitig eine Erklärung dafür, warum die Geschichte so viel schneller abzulaufen scheint und überall jedes Jahr so viel mehr passiert: So ist es eben, wenn es derart viel mehr Menschen gibt. Schätzungen zufolge sind 15 Prozent aller menschlichen Erfahrungen im Verlauf der Geschichte Menschen zuzuordnen, die heute noch am Leben sind und ihren ökologischen Fußabdruck auf der Erde hinterlassen.[22]

Diese Flüchtlingszahlen sind hoch gegriffen; sie wurden vor Jahren von Forschungsgruppen ausgegeben, die damit Aufmerksamkeit auf einen bestimmten Zweck oder ein bestimmtes Ziel lenken wollten. Die realen Zahlen werden mit großer Sicherheit geringer ausfallen, und Wissenschaftler

14 Phillip Connor, Most Displaced Syrians Are in the Middle East, and About a Million Are in Europe, Pew Research Center, 29.1.2018.
15 „Bis 2050 wird schätzungsweise jeder siebte Bewohner Bangladeschs durch den Klimawandel aus seiner Heimat vertrieben worden sein", sagte Robert Watkins von den Vereinten Nationen 2015; siehe Mubashar Hasan, Bangladesh's Climate Change Migrants, ReliefWeb, 13.11.2015.
16 Weltbank, Groundswell: Preparing for Internal Climate Migration, 2018, S. xix.
17 „Nach sieben Jahren Konflikt im Land haben fast 13 Millionen Syrer ihre Heimat verlassen", berichtet Phillip Connor, Most Displaced Syrians, a.a.O.
18 Baher Kamal, Climate Migrants Might Reach One Billion by 2050, ReliefWeb, 21.8.2017.
19 U.S. Census Bureau, Historical Estimates of World Population, https://census.gov, 5.7.2018.
20 UN Convention to Combat Desertification, Sustainability. Stability. Security, www.unccd.int, 26.4.2016.
21 U.S. Census Bureau, Statistical Abstract of the United States: 2012, S. 835. Demnach werden im Jahr 2020 595 Millionen Menschen in Nord- und 440 Millionen in Südamerika leben.
22 Eukaryote, The Funnel of Human Experience, LessWrong, 9.10.2018.

schenken heute eher Projektionen Glauben, in denen von Dutzenden Millionen statt von Hunderten Millionen Menschen die Rede ist.

Aber die Tatsache, dass die großen Zahlen nur das obere Ende der Skala des Möglichen darstellen, sollte uns nicht in Selbstzufriedenheit wiegen – wenn wir das Worst-Case-Szenario außen vor lassen, verfälscht das unsere Sicht auf wahrscheinlichere Entwicklungen, weil wir diese dann als Schreckensszenarien betrachten, auf die wir uns nicht gewissenhaft einstellen müssen. Grenzwerte zeigen, was denkbar ist, damit wir aus dem, was dazwischen liegt, besser ablesen können, was wahrscheinlich ist. Und vielleicht stellen sie sich sogar doch als die besseren Richtwerte heraus, führt man sich vor Augen, dass die Optimisten in dem halben Jahrhundert der Klimafurcht, das wir bereits hinter uns haben, niemals richtig gelegen haben. Aber die Diskussion möglicher Auswirkungen blieb auf einen täuschend engen Bereich begrenzt, fast ausschließlich auf den Anstieg des Meeresspiegels. Ebenso besorgniserregend war, wie optimistisch die Berichterstattung alles in allem klang. Dabei galt schon 1997, als das grundlegende Kyoto-Protokoll unterzeichnet wurde, eine Erwärmung um zwei Grad als Grenzwert zur Katastrophe: überflutete Städte, dramatische Dürren und Hitzewellen, eine Erde, die täglich von Wirbelstürmen und Monsunregengüssen heimgesucht wurde, die wir bisher unter dem Begriff „Naturkatastrophen" kannten, aber bald wohl einfach „schlechtes Wetter" nennen werden. Vor Kurzem hat der Außenminister der Marshallinseln eine weitere Bezeichnung für einen derartigen Temperaturanstieg in den Raum geworfen: „Völkermord".[23]

Es besteht kaum eine Chance, dieses Szenario abzuwenden. Das Kyoto-Protokoll hat praktisch nichts bewirkt; in den 20 Jahren, die seit der Unterzeichnung vergangen sind, haben sich unsere Emissionen trotz aller Bemühungen, Gesetze und Fortschritte im Bereich der erneuerbaren Energien im Vergleich zu den 20 Jahren davor erhöht. 2016 wurde die Erwärmung um höchstens zwei Grad im Pariser Klimaabkommen als globales Ziel festgeschrieben, und geht man nach den Zeitungen, ist eine Erwärmung um diesen Wert ungefähr das schlimmste Szenario, das man sich ausmalen darf, ohne als verantwortungslos zu gelten. Doch ein paar Jahre danach macht kein Industrieland Anstalten, seine Zusagen einzuhalten, und das Zwei-Grad-Ziel wirkt nun eher wie ein Best-Case-Szenario, dessen Erreichen im Augenblick schwer vorstellbar scheint. Jenseits davon erstreckt sich eine ganze Glockenkurve schlimmerer Möglichkeiten, die aber sorgsam vor der Öffentlichkeit verborgen werden.[24]

Für diejenigen, die über das Klima berichten, gilt es mittlerweile irgendwie als unschicklich, diese hässlichen Szenarien zu erwähnen – und die Tatsache, dass wir unsere Chance vertan haben, in der besseren Hälfte der Kurve zu landen. Die Gründe dafür sind zu zahlreich, um sie alle aufzulisten, und so unbestimmt, dass man sie besser als Impulse bezeichnet. Vielleicht haben wir

---

23 Marshalls Likens Climate Change Migration to Cultural Genocid, Radio New Zealand, 6.10.2015.
24 Genau genommen handelt es sich nicht um eine Glockenkurve, sondern um eine Verteilungskurve, weil es statt einer gleichmäßigen Verteilung optimistischer und pessimistischer Szenarien einen langen Schwanz negativer Ausgänge gibt (das heißt, die Anzahl der schlimmstmöglichen Ausgänge ist deutlich höher als die der bestmöglichen).

aus Anstandsgründen beschlossen, nicht über eine Welt zu reden, die sich um mehr als zwei Grad erwärmt, oder aus Angst, der Panikmache bezichtigt zu werden. Vielleicht war es, weil wir vom Erfolg technischer Errungenschaften überzeugt sind – was im Grunde nichts anderes ist als Marktgläubigkeit – oder aber aus purem Desinteresse am Schicksal weit in der Zukunft liegender Ökosysteme. Die wissenschaftlichen Zusammenhänge, die vielen Fachbegriffe und die schwer zu durchblickenden Zahlen verwirrten uns, oder wir befürchteten zumindest, dass sie andere verwirren könnten.

Wir brauchten zu lange, um das Tempo des Klimawandels zu verstehen, gingen halb konspirativ von der Verantwortlichkeit der globalen Eliten und ihrer Institutionen aus – oder huldigten umgekehrt diesen Eliten und Institutionen, was auch immer wir von ihnen hielten. Vielleicht wollten wir auch nicht an furchterregendere Voraussagen glauben, weil wir einfach gern Auto fuhren, Fleisch aßen und lauter andere Dinge taten, über die wir nicht zu genau nachdenken wollten. Vielleicht lag es daran, dass wir gefährlich gut darin waren, schlechte Nachrichten in eine immer absurder werdende Vorstellung von „Normalität" einzubinden, oder dass wir aus dem Fenster schauten und dort doch noch alles gut aussah. Vielleicht hatten wir auch einfach zu viel Angst um unsere Jobs und unsere Wirtschaft, um uns über die Jobs und die Wirtschaft der Zukunft Gedanken zu machen. Doch egal, ob es eine Frage des Nichtwollens oder des Nichtkönnens war: Wir haben uns den wissenschaftlichen Erkenntnissen einfach nicht gestellt.

4 statt 2 Grad Erwärmung

Doch trotz dieser Einschränkungen sprechen die Forschungsergebnisse eine klare – eine erschreckend klare – Sprache. Der Intergovernmental Panel on Climate Change der Vereinten Nationen (IPCC oder Weltklimarat, wie er im Deutschen oft genannt wird) liefert den Goldstandard, wenn es um die Einschätzung des Zustands unseres Planeten und den wahrscheinlichen Verlauf des Klimawandels geht – auch deshalb, weil es sich um eine konservative Institution handelt, die nur absolut unstrittige Forschungsergebnisse berücksichtigt.

Der nächste Sachstandsbericht des Weltklimarats wird für das Jahr 2022 erwartet, aber schon der letzte, von 2014 [Anm. d. Red.], besagte, dass wir, selbst wenn wir umgehend gegen die Emissionen vorgehen und sofort alle Maßnahmen in Angriff nehmen, die wir im Pariser Klimaschutzabkommen zugesagt, aber noch lange nicht umgesetzt haben, mit einer Erderwärmung um etwa 3,2 Grad rechnen müssen, also um knapp das Dreifache des Anstiegs, der sich seit Beginn der Industrialisierung ereignet hat.[25] Das würde das eigentlich undenkbare Schmelzen der Eisschilde der Erde nicht nur in den Bereich des Möglichen rücken, sondern es sogar ganz real

---

[25] Die vielleicht beste Referenz für die verschiedenen Vorhersagemodelle ist der „Climate Action Tracker", der berechnet hat, dass sich die Erde, wenn alle bestehenden Klimaschutzzusagen umgesetzt würden, bis 2100 um 3,16 Grad erwärmen würde.

machen.²⁶ Dann würden irgendwann nicht nur Miami und Dhaka unter Wasser stehen, sondern auch Shanghai, Hongkong und 100 weitere Städte auf der Welt.²⁷

Der Kipppunkt für diese Entwicklung soll bei rund zwei Grad liegen, und in der jüngeren Vergangenheit haben mehrere umstrittene Studien ergeben, dass wir selbst dann mit einem solchen Anstieg bis Ende des Jahrhunderts rechnen müssten, wenn wir ab jetzt jeden CO_2-Ausstoß unterbänden.²⁸

Die Verheerungen durch den Klimawandel werden 2100 kein plötzliches Ende nehmen, nur weil die meisten Modelle üblicherweise an jenem Punkt enden. Deshalb bezeichnen manche Forscher, die sich mit der Erderwärmung befassen, die darauffolgenden 100 Jahre bereits als das „Höllenjahrhundert".²⁹ Der Klimawandel geschieht schnell, viel schneller, als wir es anscheinend begreifen und anerkennen können, aber er hält lange an, fast länger, als wir in der Lage sind, uns vorzustellen.

Besonders beunruhigend sind jüngste Untersuchungen der weit in der Vergangenheit liegenden Erdgeschichte, die nahelegen, dass unsere aktuellen Klimamodelle das Ausmaß der Erwärmung, das bis 2100 erreicht sein wird, um etwa die Hälfte unterschätzt haben.³⁰ Anders formuliert: Die Temperaturen könnten letztendlich um das Doppelte dessen steigen, was der Weltklimarat voraussagt. Selbst wenn wir die Vorgaben des Pariser Abkommens umsetzen, würde die Erwärmung dann vier Grad betragen, was eine grüne Sahara und eine von Bränden dominierte Savanne anstelle der tropischen Regenwälder zur Folge hätte.³¹ Da es um so „kleine" Zahlen geht – eins, zwei, drei oder vier Grad –, neigen wir dazu, die Unterschiede zwischen ihnen zu verwischen. Die bisherigen Erfahrungen und die Geschichte der Menschheit bieten keine guten Anhaltspunkte dafür, was uns bei diesen Werten erwartet, aber ähnlich wie bei Weltkriegen oder wiederkehrenden Krebstumoren gilt: Wir wollen nicht einmal einen davon erleben.

26 Alexander Nauels u.a., Linking Sea Level Rise and Socioeconomic Indicators Under the Shared Socioeconomic Pathways, in: „Environmental Research Letters", 10/2017. 2017 erklärten Nauels und seine Kollegen, dass schon bei einer Erwärmung um nur 1,9 Grad der Kipppunkt für das Schmelzen der Eisschilde erreicht sein könnte.

27 Der totale Zusammenbruch der Eisschilde würde den Meeresspiegel Schätzungen zufolge letztendlich um mehr als 60 Meter ansteigen lassen, aber die genannten Städte würden auch schon bei einem weitaus geringeren Anstieg überflutet: Miami liegt knapp zwei Meter über dem Meer, Dhaka zehn. Bei Shanghai sind es vier Meter, während sich Teile von Hongkong auf einer Höhe mit dem Meeresspiegel befinden – deshalb berichtete die South China Morning Post schon 2015, dass eine Erwärmung um vier Grad in diesen beiden Städten 45 Millionen Menschen aus ihren Häusern vertreiben könnte. Li Ching, Rising Sea Levels Set to Displace 45 Millions People in Hong Kong, Shanghai and Tianjin If Earth Warms 4 Deg from Climate Change, in: „South China Morning Post", 9.11.2015.

28 Thorsten Mauritsen und Robert Pincus, Committed Warming Inferred from Observations, in: „Nature Climate Change", 31.7.2017; Adrian E. Raftery u.a., Less than 2°C Warming by 2100 Unlikely, in: „Nature Climate Change", 31.7.2017; Hubertus Fischer u.a., Paleoclimate Constraints on the Impact of 2°C Anthropogenic Warming and Beyond, in: „Nature Geoscience", 25.6.2018.

29 Brady Dennis und Chris Mooney, Scientists Nearly Double Sea Level Rise Projections for 2100, Because of Antarctica, in: „The Washington Post", 30.3.2016.

30 Alvin Stone, Global Warming May Be Twice What Climate Models Predict, UNSW Sydney, 5.7.2018.

31 Die Verfasser eines kürzlich veröffentlichten Artikels vertraten sogar die Meinung, dass die Temperaturen sogar noch stärker steigen könnten – selbst bei einem kompletten Wegfall der Emissionen seien vier oder fünf Grad denkbar, was die Bewohnbarkeit der Erde ernsthaft gefährden würde. „Hitzekammer Erde" nannten sie dieses Szenario. (Will Steffen u.a., Trajectories of the Earth System in the Anthropocene, in: „Proceedings of the National Academy of Sciences", 14.8.2018, S. 8252-8259.)

Bei zwei Grad begännen die Eisschilde zu verschwinden,[32] 400 Millionen Menschen würden an Wassermangel leiden, die Großstädte rund um den Äquator würden unbewohnbar und selbst in den nördlichen Breitengraden würden Hitzewellen jeden Sommer Tausende Menschen das Leben kosten.[33] Es gäbe 32 Mal so viele extreme Hitzeperioden in Indien wie heute, von denen jede einzelne fünfmal so lange andauern würde und die insgesamt 93 Mal so viele Menschen beträfen.[34] Das ist das Best-Case-Szenario.

Bei drei Grad würde Südeuropa dauerhaft verdorren, während die durchschnittliche Trockenzeit in Mittelamerika 19 Monate und in der Karibik 21 Monate länger andauern würde. In Nordafrika wären es 60 Monate mehr – fünf Jahre. Im Mittelmeerraum würde doppelt so viel Fläche Waldbränden zum Opfer fallen, in den USA sechsmal so viel oder noch mehr.

Bei einer Erwärmung um vier Grad gäbe es allein in Lateinamerika jährlich acht Millionen mehr Denguefieber-Fälle und fast jährlich eine globale Nahrungsmittelkrise.[35] Die Anzahl der hitzebedingten Todesfälle könnte um 9 Prozent steigen.[36] Die Schäden durch über die Ufer tretende Flüsse würden sich in Bangladesch verdreißigfachen, in Indien verzwanzigfachen und in Großbritannien sogar versechzigfachen. An manchen Orten wäre es möglich, dass sechs klimabedingte Naturkatastrophen gleichzeitig auftreten, und die Schäden könnten weltweit über 600 Billionen Dollar betragen – das übersteigt das gesamte Vermögen, das es heute auf der ganzen Welt gibt. Die Anzahl der Kriege und Konflikte könnte sich verdoppeln.

Selbst wenn wir es doch noch schaffen sollten, die Erwärmung bis 2100 auf unter zwei Grad zu begrenzen, enthält die Atmosphäre dann 500 ppm Kohlendioxid – vielleicht mehr. Das letzte Mal, als das der Fall war, vor 16 Millionen Jahren, war die Erde nicht zwei, sondern zwischen fünf und acht Grad wärmer, was zu einem Anstieg des Meeresspiegels um knapp 40 Meter führte.[37] Einige dieser Prozesse laufen über Jahrtausende ab, aber sie sind unumkehrbar und daher dauerhaft. Niemand sollte sich daher der Hoffnung hingeben, den Klimawandel wäre einfach rückgängig zu machen. Das geht nicht. Er wird uns davonlaufen.

Das alles trägt dazu bei, dass der Klimawandel das ist, was der Wissenschaftler Timothy Morton ein „Hyperobjekt" nennt – ein Konzept, das so groß und komplex ist, dass es nie vollständig erfasst werden kann, wie das Internet.[38] Viele Aspekte des Klimawandels – sein Umfang, seine Tragweite, seine Brutalität – erfüllen diese Definition schon ganz allein; zusammen könnten

---

32 Nauels, a.a.O.
33 Robert McSweeney, The Impacts of Climate Change at 1.5°C, 2°C and Beyond, www.carbonbrief.org, 4.10.2018
34 Ebd.
35 Felipe J. Colon-Gonzalez u.a., Limiting Global-Mean Temperature Increase to 1.5-2°C Could Reduce the Incidence and Spatial Spread of Dengue Fever in Latin America, in: „Proceedings of the National Academy of Sciences", 6/2018, S. 6243-6248.
36 Ana Maria Vicedo-Cabrera u.a., Temperature-Related Mortality Impacts Under and Beyond Paris Agreement Climate Change Scenario, in: „Climatic Change", 10/2018, S. 391-402.
37 Wie bei allen Untersuchungen des Paläoklimas gehen die Ansichten auch hier auseinander, aber diese Zusammenfassung stammt aus Howard Lee, What Happened the Last Time It Was as Warm as It's Going to Get at the End of This Century, Ars Technica, 18.6.2018.
38 Timothy Morton, Hyperobjects: Philosophy and Ecology After the End of the World, Minnesota 2013.

sie ihn in eine noch höhere und noch unbegreifbarere begriffliche Kategorie aufsteigen lassen. Aber was unserem Geist vielleicht am meisten zu schaffen macht, sind die zeitlichen Dimensionen: Die schlimmsten Auswirkungen treffen so viel später ein, dass wir ihnen reflexhaft ihre Existenz absprechen.

Der Klimawandel als »Rache der Zeit«

Das ist gemeint, wenn der Klimawandel als „Rache der Zeit" beschrieben wird. „Das menschengemachte Wetter entsteht nie in der Gegenwart", schreibt Andreas Malm in „The Progress of This Storm", seinem eindrücklichen Entwurf einer politischen Theorie für eine Zeit des Klimawandels. „Die Erderwärmung ist ein Ergebnis vergangener Taten."[39]

Doch irgendwann werden diese Auswirkungen uns und unsere Wahrnehmung vorführen. Die ökologischen Dramen, die wir durch die Bodennutzung und das Verbrennen fossiler Energieträger – ein Jahrhundert lang ganz allmählich und seit ein paar Jahrzehnten sehr rasch – verursacht haben, werden sich noch über Jahrtausende hinziehen, über einen längeren Zeitraum, als es bisher Menschen gibt; zum Teil werden Lebewesen und Umgebungen eine Rolle spielen, die wir noch gar nicht kennen und die überhaupt erst durch die Kräfte der Erwärmung entstehen werden. Und daher haben wir mit uns selbst die praktische Abmachung getroffen, ohnehin nur den Teil des Klimawandels zu betrachten, der in diesem Jahrhundert zu beobachten sein wird.

Bis 2100 wird sich die Erde laut den Vereinten Nationen um 4,5 Grad erwärmt haben, wenn wir so weitermachen wie bisher.[40] Das wäre weiter von dem Weg entfernt, den das Pariser Abkommen vorgibt, als der Weg des Pariser Abkommens vom Zwei-Grad-Ziel entfernt ist, das die Schwelle zur Katastrophe darstellt und das wir dann um mehr als das Doppelte verfehlen würden.

Für das Weiter-so-Szenario findet sich in der Einschätzung des Weltklimarats aus dem Jahr 2014 ein Maximalwert – also ein Worst-Case-Wert einer Worst-Case-Entwicklung – von acht Grad. Dann wäre es am Äquator und in den Tropen so heiß, dass die Menschen dort sich nicht im Freien bewegen könnten, ohne zu sterben.[41] Doch in einer acht Grad wärmeren Welt wären die direkten Auswirkungen der Hitze noch das geringste Problem: Der Meeresspiegel würde irgendwann um 60 Meter ansteigen,[42] sodass zwei Drittel der heute größten Städte der Welt unter Wasser ständen,[43] auf kaum einer Landfläche ließen sich noch effizient die Pflanzen anbauen, von denen wir

---

[39] Der Tenor dieses Buches, Malms nächstem Werk nach „Fossil Capitalism", besteht darin, dass wir zwar glauben mögen, dass die „Natur", als Gegensatz zur „Gesellschaft", verschwunden sei, dass die Erderwärmung sie aber mit all ihrer strafenden Macht wieder zurückbringt.
[40] IPCC, Climate Change 2014: Synthesis Report, S. 11.
[41] Steven C. Sherwood und Matthew Huber, An Adaptability Limit to Climate Change Due to Heat Stress, in: „Proceedings of the National Academy of Sciences", 5/2010, S. 9552–9555.
[42] Jason Treat u.a., What the World Would Look Like If All the Ice Melted", in: „National Geographic", 9/2013.
[43] Das ist eine Zahl, die oft von Klimaforschern genannt wird, unter anderem von Katharine Hayhoe in: Jonah Engel Bromwich, Where Can You Escape the Harshest Effects of Climate Change?, in: „The New York Times", 20.10.2016.

uns heute ernähren;⁴⁴ Wälder würden von tobenden Feuerstürmen und Küsten immer häufiger von immer heftigeren Wirbelstürmen heimgesucht. Die Tropenkrankheiten würden sich nach Norden ausbreiten und sich wie eine erstickende Decke selbst über Teile der Welt legen, die wir heute als Arktis bezeichnen,⁴⁵ ungefähr ein Drittel der Erde wäre durch die direkte Hitze unbewohnbar und das, was für uns heute buchstäblich beispiellose und unerträgliche Dürren und Hitzewellen sind, würde dann zum Alltag der Menschen gehören, die unter diesen Umständen noch fortbestehen.

Diese acht Grad werden wir so gut wie sicher nicht erreichen. Einige kürzlich erschienene Artikel legen sogar nahe, dass selbst der Weiter-So-Pfad im schlimmsten Fall „nur" zu einem Anstieg um fünf Grad bis zum Ende des Jahrhunderts führen würde und es wahrscheinlich eher vier Grad wären.⁴⁶ Aber fünf Grad sind fast so unvorstellbar wie acht, und vier Grad sind nicht viel besser: Die Welt würde auch dann an einem ständigen Lebensmittelmangel leiden, und die Alpen wären so trocken wie das Atlasgebirge.⁴⁷

Können wir uns – und vor allem die Politik – ändern?

Zwischen diesem Szenario und der Welt, in der wir jetzt leben, liegt daher nur eine offene Frage – nämlich die nach dem Verhalten des Menschen. Eine gewisse weitere Erwärmung ist uns aufgrund der verzögerten Reaktion unseres Planeten auf die Treibhausgase heute schon sicher. Aber welchen der aufgezeichneten Pfade wir einschlagen – eine Erwärmung um zwei, um drei, um vier, fünf oder sogar acht Grad –, hängt in überwältigendem Maß davon ab, welche Entscheidungen wir jetzt treffen. Das einzige, was uns vor vier Grad bewahren könnte, ist unser Wille, einen neuen Kurs einzuschlagen. Diesen Willen müssen wir allerdings erst noch unter Beweis stellen. Wenn wir nichts gegen den Kohlendioxidausstoß unternehmen, wenn die Industrie in den kommenden 30 Jahren genauso weitermacht wie bisher und immer mehr CO_2 freisetzt, wird das Leben in weiten Regionen dieser Erde bis zum Ende des Jahrhunderts völlig unerträglich geworden sein.

Die Zukunft unseres Planeten hängt größtenteils davon ab, wie das Wachstum in den Schwellen- und Entwicklungsländern verläuft – denn dort leben die meisten Menschen, in China und Indien und vermehrt auch in dem Teil Afrikas, der südlich der Sahara liegt. Aber das ist kein Freifahrtschein für den Westen, wo der Durchschnittsbürger allein durch seine Gewohnheiten deutlich mehr Kohlendioxid erzeugt als fast jeder Bewohner Asiens.

---

44 Wenn jedes Grad Erwärmung die Erträge der Nutzpflanzen um 10 bis 15 Prozent sinken ließe, wie David Battisti und Rosamond Naylor darlegen – wobei sich höhere Temperaturen schlimmer auswirken als niedrigere –, würde ein Temperaturanstieg um acht Grad dazu führen, dass in den heutigen Anbauregionen der Welt kaum noch Nahrung produziert werden kann.
45 Als die Erde das letzte Mal auch nur fünf Grad wärmer war, war das, was wir heute als Arktis bezeichnen, eine tropische Region, wie Peter Brannen in Ends of the World aufzeigt.
46 Peter M. Cox u.a., Emergent Constraint on Equilibrium Climate Sensitivity from Global Temperature Variability, in: „Nature", 1/2018, S. 319-322.
47 Mark Lynas, Six Degrees: Our Future on a Hotter Planet, London 2007. Dieses Buch liefert eine wertvolle Übersicht darüber, wie unsere Zukunft durch die Erwärmung aussehen könnte.

Das ist alles nicht nötig. Aber es ist auch nicht nötig, dass die Menschen im Westen den Lebensstandard der Armen übernehmen. 70 Prozent der Energie, die der Planet hervorbringt, gehen Schätzungen zufolge in Form von Wärme verloren.[48] Wenn der durchschnittliche Amerikaner seinen ökologischen Fußabdruck dem seines europäischen Gegenstücks anpassen müsste, würde der CO_2-Ausstoß der USA um mehr als die Hälfte sinken.[49] Wenn die reichsten zehn Prozent der Erde sich auf diesen Fußabdruck beschränkten, würden die weltweiten Emissionen um ein Drittel zurückgehen.[50] Und warum sollten sie das nicht müssen? Während die Nachrichten aus der Wissenschaft immer düsterer werden, verschaffen sich liberale Schichten im Westen fast schon als Prophylaxe gegen die Klimaschuld dadurch ein ruhiges Gewissen, dass sie ihr eigenes Konsumverhalten in ein moralisch und umwelttechnisch betrachtet makelloses Lehrstück verwandeln – weniger Fleisch, mehr E-Autos, weniger Transatlantikflüge. Doch einzelne Lebensstilentscheidungen bringen insgesamt gesehen kaum etwas, wenn sie nicht in die Politik eingehen. Oder anders ausgedrückt: Bioprodukte zu essen ist gut, aber wer das Klima retten will, sollte lieber wählen gehen.

Führen Sie sich vor Augen, dass es schon heute alle Hilfsmittel gibt, die nötig wären, um die Entwicklung aufzuhalten: die CO_2-Steuer und politische Instrumentarien, um die Nutzung der schmutzigen Energien rasch zu beenden, einen neuen Ansatz für die Landwirtschaft und eine weltweite Abkehr von Rindfleisch und Milchprodukten sowie öffentliche Investitionen in grüne Energien und die Kohlendioxidabscheidung.

Dass diese Lösungen offensichtlich und auch verfügbar sind, ändert jedoch nichts daran, dass das Problem scheinbar überwältigend ist. Wie viel werden wir tun, um die Katastrophe aufzuhalten – und wie schnell? Das sind heute die einzigen Fragen von Bedeutung, um die Klimakrise doch noch zu bewältigen.

---

[48] Nicola Jones, Waste Heat: Innovators Turn to an Overlooked Renewable Resource, Yale Environment, 29.5.2018. „In den USA erreichen die meisten mit fossilen Brennstoffen betriebenen Kraftwerke heute eine Effizienz von etwa 33 Prozent", schreibt Jones, „während Heizkraftwerke üblicherweise eine Effizienz von 60 bis 80 Prozent haben."

[49] Die Weltbank schätzte die CO_2-Emissionen der USA für das Jahr 2014 auf 16,49t pro Kopf, während der Durchschnittsbürger aus der EU in dem Jahr nur für 6,379t verantwortlich war (Weltbank, CO_2 Emissions; Metric Tons per Capita).

[50] Die reichsten 10 Prozent der Welt sind verantwortlich für rund die Hälfte aller Emissionen, berechnete Oxfam im „Extreme Carbon Equality"-Bericht von 12/2015. Der durchschnittliche ökologische Fußabdruck eines Mitglieds des reichsten einen Prozents ist laut der Studie 175 Mal größer als der von jemandem, der zu den ärmsten 10 Prozent der Welt gehört.

Raubbau an der Erde:
Unser Krieg gegen den Boden

Von **Florian Schwinn**

Viele tausend Jahre lang wussten die Bauern, dass sie ohne das Leben im Erdboden verloren waren. Auch wenn sie von dem Bodenleben selbst im Einzelnen noch gar nichts wussten, so doch von der natürlichen Fruchtbarkeit des Bodens. Sie waren angewiesen darauf, dass die Wälder und Wiesen, die sie nutzten, und die Äcker, die sie umgebrochen hatten und auf denen sie säten und ernteten, mehr Leben hervorbrachten, als die Böden brauchten, um sich selbst am Leben zu erhalten. Die Menschen und ihre Tiere lebten von diesem Überfluss. Sie lernten aber auch, dass der endlich ist, dass der Erdboden bald nichts mehr abgeben konnte, wenn sie ihm nichts zurückgaben von den Nährstoffen, die sie ihm nahmen. Sie wussten um ihre Abhängigkeit von der Fruchtbarkeit der Erde, die sie bebauten.

In den entwickelten Ländern der Erde, die zuletzt auch ihre Landwirtschaft industrialisiert haben, ist die eigenständige Fruchtbarkeit der Böden heute kein Problem mehr. Zumindest scheint es so. Denn ein großer Teil der Böden wird inzwischen so bewirtschaftet, als gäbe es gar kein Leben im Boden, als sei die Erde nur das Substrat, in dem die Pflanzen sich festhalten.

Tatsächlich haben wir längst bewiesen, dass es auch ohne lebendige Erde geht, ja überhaupt ohne Erde. Wir können Pflanzen auch in Kügelchen aus Ton oder auf Steinwolle wurzeln lassen und künstlich bewässern und ernähren. Letztlich geht es sogar ohne Wurzeln: mit pflanzlichen Einzellern in Bioreaktoren. Nur ist das mit hohem technischem Aufwand bei der Gewinnung der Nährstoffe und der Produktion der Biomasse verbunden. Und mehr als das ist das Ergebnis dann auch nicht: Biomasse. Immerhin gut genug, um damit Biogasanlagen oder Biospritraffinerien zu füttern.

Für unsere Nahrungsmittel sind wir aber noch immer auf die fruchtbaren Böden dieser Erde angewiesen. Unser derzeitiger Umgang damit ist aber ein Vernichtungsfeldzug. Wir betonieren, asphaltieren ihn zu, baggern ihn weg, planieren und versiegeln. Täglich gehen auch in Deutschland noch immer sechzig Hektar Land verloren. Um es anschaulich zu machen, der gängige Vergleich: Das sind knapp 150 Fußballfelder. Eigentlich wollte die Bundesregierung den Flächenfraß bis 2020 auf täglich dreißig Hektar begrenzen. Es bleiben aber mehr, denn diese selbstgesetzte Vorgabe ist eines der vielen nicht erreichten Umweltziele. Und selbst wenn das ursprüngliche Ziel erreicht würde, wären das immer noch täglich dreißig Hektar, oder 74 Fußballfelder, zu viel. Denn, wenn uns schon die Welt groß genug erscheint, um sie immer weiter auszubeuten – das kleine Deutschland dürfte für jeden so überschaubar sein, dass leicht zu erkennen ist, dass die Ressource Land endlich ist und wir es uns nicht leisten können, jeden Tag dreißig Hektar zu verlieren. Aber selbst da, wo kein Quadratmeter Fläche überbaut wird, geht Boden verloren. Denn die sogenannte moderne Landwirtschaft ist in ihrer industrialisierten Form an dem Vernichtungsfeldzug gegen das Leben beteiligt; auch sie sorgt dafür, die fragile Schicht fruchtbaren Bodens abzutöten und abzutragen, von der die Pflanzen und alle Landtiere leben – und also auch wir.

Noch nie in der Geschichte der Menschheit sind wir derart flächendeckend weltweit gegen unsere eigenen Lebensgrundlagen – im Wortsinn – „zu Felde" gezogen. Tatsächlich ziehen wir uns selbst den Boden unter den Füßen weg. Auch das wieder wörtlich gemeint, denn unsere Form der Bodenbearbeitung tötet nicht nur das Leben im Boden, sondern sorgt auch für massive Erosion durch Wind und Wasser.

„Die Erde unter unseren Füßen ist eines der wertvollsten Vermögen der Menschheit", betonte die Geschäftsführerin des Umweltprogramms der Vereinten Nationen (UNEP), Inger Andersen, in ihrer Videobotschaft bei der Vorstellung des jüngsten Sonderberichts[1] des Weltklimarats zum Schutz von Böden und Wäldern: „Wir müssen die Nutzung unserer Landflächen an den Klimawandel anpassen, damit wir die Nahrungsmittelproduktion für die heutige und für zukünftige Generationen sicherstellen können."

Was passiert, wenn dies nicht geschieht, kann man sich in der Sahelzone anschauen, wo der Raubbau an den Böden zu dauerhafter Verwüstung geführt hat. Man muss dafür aber nicht einmal nach Afrika fahren. Im Süden Spaniens lassen sich malerisch verfallene Fincas besichtigen, ehemals profitable Bauernhöfe, die jahrhundertelang die Menschen ernährten. Jetzt stehen sie in einer von tiefen Erosionsgräben durchzogenen, stetig wachsenden Wüste. Und auch die von Touristen gern besuchten Karstlandschaften des Balkans und Süditaliens sind Zeugen vergangenen Raubbaus. Der Wald, der dort einstmals wuchs, ist nie wiedergekommen. Wenn aber die flache Schicht fruchtbaren Bodens erst einmal fort ist, gelingt es uns kaum mehr, das Land wieder urbar zu machen. Die natürlichen Prozesse der Bodenbildung laufen in zeitlichen Dimensionen ab, mit denen wir Menschen nichts zu tun haben. Die Spanne eines einzigen Menschenlebens allerdings reicht uns, um die Fruchtbarkeit ganzer Landstriche auf Dauer zu vernichten. Denn die oberste Schicht der Erde, auf der und von der wir leben, hat zwar Millionen Jahre des Aufbaus gebraucht, ist aber doch nur eine Winzigkeit, die schnell wieder verloren sein kann.

Vergleicht man den Aufbau unseres Planeten mit dem eines Apfels – eine früher in der Schule gern gezeigte Vorstellung –, dann ist das Fleisch des Apfels der flüssige Kern der Erde, und die Apfelschale stellt die feste steinerne Erdkruste dar. Abgesehen davon, dass auch dieser Vergleich mal wieder hinkt, weil die Apfelschale im Verhältnis viel zu dick ist – wäre in diesem

---

[1] IPPC, Climate change and land, www.ipcc.ch, 8.8.2019.

Bild der Staub auf der Apfelschale jene äußerste Erdschicht, die alles Landleben auf dem Erdball möglich macht. Wobei dieses „Häutchen" auf dem Erdball „eine im Vergleich gar nicht darstellbar dünne Staubschicht" wäre, wie schon 1922 Raoul Heinrich Francé feststellte, der Vater der modernen Bodenforschung.[2] Vielleicht hilft uns der hinkende Vergleich dennoch, endlich wieder zu bemerken, dass der feste Boden, auf dem wir zu stehen glauben, nichts ist als ein Stäubchen – und dass unser Leben und das Überleben der ganzen Menschheit mit diesem Stäubchen hinweggefegt werden kann.

In Tausenden von Jahren aufgebaut, in wenigen Jahren vernichtet

Was mit hinweggefegt wird, wenn der Boden im Sturmwind davonfliegt, was mit untergeht, wenn der Boden im Sturzregen abgeschwemmt wird, was unter Beton und Asphalt stirbt, das ist der vielfältigste Lebensraum der Erde. Nirgendwo ist das Leben so dicht gepackt wie in der obersten fruchtbaren Erdschicht. In einem einzigen Kubikmeter gesunden Oberbodens leben mehr Organismen, als es Menschen auf der Erde gibt. Wenn auf einer gut eingewachsenen, intakten Weide zwanzig Rinder grasen, die zehn bis fünfzehn Tonnen Lebendgewicht auf die Grasnarbe bringen, dann sorgen in und unter der grünen Pflanzendecke gut 250 Tonnen Bodenorganismen dafür, dass die Pflanzen und damit auch die Rinder da oben satt werden. All diese Asseln, Fadenwürmer, Springschwänze, Doppel- und Hundertfüßer, Algen, Pilze, Milben, Regenwürmer und Mikroorganismen arbeiten unermüdlich daran, in und auf diesem Boden Leben zu ermöglichen. Allerdings ist diese stark belebte und fruchtbare Schicht des Bodens an vielen Stellen weniger als einen halben Meter dick und entsprechend schnell zerstört. An anderen Stellen existiert sie fast gar nicht oder nur in Nischen.

In immer mehr Gebieten der Erde wird den kleinen und kleinsten Helferlein zudem das Überleben im Boden immer schwerer gemacht, weil wir Menschen wirtschaften, als wüssten wir gar nichts von ihnen. Wir ignorieren sie und ihre Funktion, ihre „Dienstleistungen"[3] für uns. Dabei umfassen diese weit mehr als nur die Funktion, die fruchtbare Erde bereitzustellen, die wir seit dem Bioland-Vordenker Hans Peter Rusch „Mutterboden"[4] nennen. Sie speichert Wasser, verhindert Überflutungen, sie filtert es zu sauberem Grundwasser. Sie versorgt die Pflanzen. Sie klimatisiert das Land.

Wir könnten die Bodenorganismen sogar nutzen, um unseren größten Umweltfrevel zu reparieren: den Klimawandel. Bei ihrer vielfältigen Zerset-

---

2 Raoul H. Francé, Das Leben im Boden: Untersuchungen zur Ökologie der bodenbewohnten Mikroorganismen, Kevelaer 2012, S. 9.
3 Tatsächlich sprechen Ökologen von Ökosystem-Dienstleistungen, um zu benennen, welche Funktion bestimmte Biotope für uns Menschen haben – so als sei die Natur ein Gewerbeverband, der für uns arbeitet. Dahinter steckt die Idee, den Menschen ihre Abhängigkeit von der Vielfalt funktionierender natürlicher Lebensräume klarzumachen. Eine Idee, die bislang ohne Breitenwirkung blieb.
4 Der Begriff geht zurück auf den Arzt und Mikrobiologen Hans Peter Rusch. Er bezeichnet in seinem Hauptwerk „Bodenfruchtbarkeit" die Muttererde oder den Mutterboden als Organismus, in dem Humus kein Stoff sei, sondern „ein Ausdruck der tätigen Beziehung zwischen dem Mutterboden und allen anderen Organismen".

zungsarbeit, der Umwandlung von Streu und Dung, von totem pflanzlichen und tierischen Material in organische Nährstoffe, entsteht Humus: organisches Material im Boden. Die Basis der aktuellen und zukünftigen Nährstoffe der Pflanzen und des Wasserreservoirs im Oberboden. Bei der Humusbildung lagern die Bodentiere und -pflanzen, die Pilze und Mikroorganismen auch Kohlenstoff im Boden ein; bei ungestört wachsenden Böden wie unter Wäldern und Weiden wird der Kohlenstoff dauerhaft im Boden gespeichert. Auch in intaktem Ackerboden wird Humus gebildet, wenn er nicht ständig gepflügt wird und nicht wochen- und monatelang ohne Pflanzendecke vor sich hin dämmert. Würden wir nun auf allen landwirtschaftlich genutzten Böden dieser Erde in jedem Jahr auch nur vier Promille mehr Humus wachsen lassen, dann wäre der gesamte jährliche Kohlendioxid-Ausstoß der Menschheit im Boden gespeichert. Bei der Klimakonferenz in Paris,[5] bei der sich die Staaten endlich auf ein Klimaabkommen einigen konnten, hat Gastgeber Frankreich genau das vorgeschlagen: eine weltweite 4-Promille-Initiative.

Das ist einer der vielen guten Gründe für die unbedingt nötige Humuswende: Die Landwirtschaft könnte vom Klimazerstörer zum Klimaretter werden. Welch grandioser Imagewandel!

Der andere wichtige Antrieb für den radikalen Wandel muss aber das schlichte Überleben der Menschen sein – oder sagen wir ruhig: der Menschheit. Denn es geht ums Ganze, es geht darum, uns die wenigen fruchtbaren Böden dieser Erde so zu erhalten, dass wir von ihnen leben können. Und wenn wir es ganz toll treiben wollen, dann könnten wir sogar Leben zurückbringen in manche Böden und etwas von dem reparieren, was wir schon zerstört haben oder gerade noch zerstören. Auch das ist möglich. Wenn denn endlich die Humuswende kommt.

Wie nämlich steht es um den Humus in unseren landwirtschaftlich genutzten Böden? Das hat das Thünen-Institut, eine selbstständige Bundesbehörde im Geschäftsbereich des Bundeslandwirtschaftsministeriums, in einer aufwendigen Untersuchungsreihe zum ersten Mal für Deutschland erhoben. Von 2012 bis 2018 wurden über 120 000 Bodenproben in über 3000 landwirtschaftlichen Betrieben in allen Regionen des Landes gezogen und untersucht. Das Ergebnis: Die landwirtschaftlich genutzten Böden sind – von ihrer Kapazität her – besser als der deutsche Wald. Sie speichern im Mittel 128 Tonnen organischen Kohlenstoff pro Hektar – wissenschaftlich abgekürzt als Corg – im oberen Meter des Bodens. Im Waldboden sind das im Durchschnitt nur einhundert Tonnen. Wobei man dazu wissen muss, dass der Wald tendenziell nur auf den ärmsten Böden stehen gelassen wurde, also da, wo sich Landwirtschaft nicht lohnt. Zudem wurden viele Moore entwässert, und auf den generell humusstarken Moorböden wird heute geackert. Was an sich schon ein Frevel ist, da diese Moore nicht mehr weiterwachsen und neuen Kohlenstoff einlagern können, da durch ihre Trockenlegung außerdem viel Kohlenstoff frei geworden und in die Atmosphäre gelangt ist und da sie als Biotope für bedrohte Arten verloren sind. Außerdem wird auch Landwirt-

---

5   Die 21. UN-Klimakonferenz von 2015, COP21, verabschiedete das „Übereinkommen von Paris" als Nachfolger des Kyoto-Protokolls von 1997.

schaft betreiben auf sogenannten anmoorigen Böden. Das sind sehr feuchte Standorte mit sehr hohem Grundwasserstand, in denen die Landwirtschaft viel Schaden durch die Verdichtung der Böden mit schweren Bearbeitungsmaschinen verursachen kann.

Wundermaterial Humus

Und was macht die Landwirtschaft tendenziell mit den Böden? Oder einfach gefragt: Nimmt der Humusgehalt zu oder ab?

Um zu einer Einschätzung der Entwicklung des Kohlenstoffgehalts im Boden zu kommen, haben Wissenschaftler vom Thünen-Institut mit sechs verschiedenen Modellen gerechnet: einem deutschen, einem dänischen, einem schwedischen, einem finnischen, einem britischen und einem US-amerikanischen. Diese Modelle gehen alle davon aus, dass die Bewirtschaftung der Böden und ihre Versorgung mit organischer Düngung in den nächsten Jahren gleichbleiben. Und sie gehen davon aus, dass es für jeden Boden einen Gleichgewichtszustand gibt, eine je nach Art des Bodens unterschiedliche Sättigung mit Humus, also auch mit organischem Kohlenstoff.

Leider gehen die Modelle auch davon aus, dass das Klima bleibt, wie es ist. Obwohl wir wissen, dass das nicht so sein wird. Aber auch wenn das Klima tatsächlich den Bodenmodellen und nicht den Modellrechnungen der Klimaforscher und der eigenen Dynamik folgen würde, sieht es nicht gut aus für die Bauern in Deutschland. „Für Ackerböden zeigen die Modelle im Mittel einen Verlust an organischem Kohlenstoff in Höhe von 0,19 Tonnen pro Hektar für die nächsten zehn Jahre."[6]

Das wäre ein jährlicher Verlust von fast 1,5 Promille Humus, gemessen am Mittelwert des Kohlenstoffgehalts aller landwirtschaftlich genutzten Böden in Deutschland, inklusive der Moorböden und anmoorigen Böden. Das hört sich wenig an, ist aber sehr viel, wenn wir uns in Erinnerung rufen, dass die Franzosen bei der Klimakonferenz in Paris 2016 das 4-Promille-Ziel ausriefen. Die zugehörige internationale Deklaration ist von Deutschland als Erstunterzeichner mitgetragen worden. Auch die EU unterstützt die Deklaration. Die Daten des Thünen-Instituts[7] zeigen jedoch, dass unsere Landwirtschaft in die andere Richtung unterwegs ist.

Aber wieso eigentlich? Wie kommt es, dass uns eine derartige Menge an Humus verlorengeht, anstatt dass wir ihn aufbauen – wo die Bauern doch immer wussten, dass der Boden Zufuhr an organischem Material braucht? Und das lange bevor sie etwas vom vielfältigen Leben im Boden überhaupt wissen konnten. Irgendwie war doch immer klar, dass man etwas hinfahren muss auf den Acker, wenn man etwas weggenommen hatte – die Ernte. Und

---

6 Anna Jacobs u.a., Landwirtschaftlich genutzte Böden in Deutschland. Ergebnisse der Bodenzustandserhebung, Braunschweig 2018, S. 2.
7 Axel Don u.a., Die 4-Promille-Initiative „Böden für Ernährung und Klima" – Wissenschaftliche Bewertung und Diskussion möglicher Beiträge in Deutschland, Braunschweig 2018.

dass das, was man hinfährt, aus dem Bereich des Lebendigen stammen muss: Kompost, Stallmist, Gülle. Und dass man dafür sorgt, dass „Mutter Boden" (Hans Peter Rusch) bedeckt ist und nicht bloß daliegt. Ist dieses alte Wissen in wenigen Generationen von Kunstdünger und Agrochemie tatsächlich komplett verschüttet worden?

Die Industrialisierung der Landwirtschaft

Die Hauptursache des ständigen Humusverlustes liegt in der Industrialisierung der Landwirtschaft, insbesondere in deren Trend zu immer größeren Feldern und der dadurch ausgelösten Erosion. Je länger die Hänge sind, die so bewirtschaftet werden, desto besser kann das Wasser fließen. Und je länger es dauert, bis der Boden von den eingesäten oder gesetzten Pflanzen durchwurzelt und gehalten wird, desto größer die Gefahr. Hackfrüchte wie Rüben, Kartoffeln und Gemüse, oder auch Mais, sollten an erosionsgefährdeten Hängen also eher gar nicht angebaut werden, denn sie bedecken und durchwurzeln in der konventionellen Bewirtschaftung auch in voller Größe nur rund ein Drittel der Oberfläche des Bodens. Was nicht ganz so schlimm wäre, wenn man quer zum Hang arbeiten würde.

Doch was früher selbstverständlich war, muss heute vorgeschrieben werden. Das Bundesland Hessen verpflichtet daher seine Landwirte, beim Ausbringen erosionsanfälliger Kulturen in gefährdeten Lagen quer zum Hanggefälle zu arbeiten und die Sohlen der Kartoffeldämme mit Winterweizen einzusäen und so zu durchwurzeln und zu befestigen. Wie viele der ehemaligen Maisäcker sind heute im Winter nur von den alten Stoppeln bestanden, die gar nichts mehr aufhalten können, weder die Erosion durch Wasser noch durch Wind? Wie viele Äcker liegen überhaupt im Winter ohne Schutz da – blanker Boden, bereit, fortgeschwemmt und weggeweht zu werden?

Seit dem Jahr 2000 wird in Niedersachsen die Bodenerosion auf gefährdeten Ackerflächen gezielt beobachtet. Nach gut zehn Jahren wurde eine erste Bilanz gezogen, und die fiel erschreckend aus. Der durchschnittliche Bodenverlust auf den beobachteten Flächen reichte von 1,4 Tonnen pro Hektar bis 3,2 Tonnen. Bei einzelnen Starkregenereignissen waren bis zu fünfzig Tonnen Boden je Hektar Fläche verlorengegangen. Was das bedeutet, formuliert das Umweltbundesamt so: „50 Tonnen Boden entspräche einem Bodenverlust von circa fünf Millimeter pro Jahr und im Laufe eines Menschenlebens dem kompletten Verlust der fruchtbaren Ackerkrume."[8] Das niedersächsische Umweltministerium bilanziert 2018, dass knapp zehn Prozent der Landesfläche von Wassererosion betroffen ist. Die geschätzten Bodenverluste durch Ausspülungen liegen auf den gefährdeten Flächen im Jahresmittel bei fünf Tonnen pro Hektar. Winderosion bedroht sogar drei Viertel der Landesfläche, vor allem im Norden, wo es mehr Standorte mit leichten, sandigen Böden gibt.

8 Umweltbundesamt, Erosion, www.umweltbundesamt.de, 29.07.2019.

Es kann also sein, dass der Vater, der dort jetzt ackert, seiner Tochter oder seinem Sohn nichts mehr hinterlassen kann, wenn die den Hof übernehmen wollen. Weil da schlicht nichts mehr ist, was man bewirtschaften könnte.

Schäden für die »Ewigkeit« – aber keine Ahndung

Schon Charles Darwin hat einst beobachtet und gemessen, wie die Regenwürmer im Verbund mit all den anderen Milliarden von Bodenorganismen den Boden aufwachsen ließen um den großen Stein herum, den er im Garten platziert hatte. Das waren rund zwei Millimeter im Jahr. Wenn die oberste fruchtbare Bodenschicht fortgeschwemmt oder fortgeflogen ist, die gerade in erosionsgefährdeten Lagen oft nur dreißig Zentimeter stark ist, wie lange brauchte es dann, bis sie wiederaufgebaut wäre? Im Idealfall wohl 150 Jahre. Vorausgesetzt, da wäre überhaupt noch Bodenleben oder man könnte es dorthin zurückbringen und dann auch noch ein passendes Darwinsches Gartenklima für das unterirdische Leben schaffen.

Die Bundesanstalt für Geowissenschaften und Rohstoffe, BGR, stellt heute bundesweite Landkarten im Maßstab 1:1 000 000 mit erosionsgefährdeten Standorten zur Verfügung. Beim niedersächsischen Landesamt für Bergbau, Energie und Geologie sind die Karten auf 12,5 Meter genau. Dem 2018 neu aufgelegten Hessischen Erosionsatlas liegt ein digitales Geländemodell mit einer Auflösung von fünf Metern zugrunde. Im Kartenmaßstab also 1:5000. In der frei zugänglichen Internetanwendung BodenViewer Hessen kann jeder Landwirt seine Ackerflächen finden und ihre Gefährdung erkennen. Für die Einschätzung der Erosionsgefahr für die Böden durch Wind und Wasser gibt es Normen nach DIN, also Deutsche Industrienormen, und nach ISO, also Normen der Internationalen Organisation für Normung. Es ist alles geregelt, kartiert und offengelegt.

Der Landwirt, der seinen Kindern und uns allen einen durch Erosion zerstörten Acker hinterlässt, auf dem nichts für uns Verwertbares mehr wächst, wird also schlecht sagen können, er hätte nichts von der Gefahr und den Folgen seines Handelns gewusst. Er hätte es sogar sehr genau wissen können, auf 12,5 oder fünf Meter genau.

In vielen Fällen muss die Information aber auch gar nicht so genau sein, wie sie uns vorliegt. Es würde reichen, sich an das „Gesetz zum Schutz vor schädlichen Bodenveränderungen" zu halten. Dieses Bundesbodenschutzgesetz zeigt in seinem vierten Teil, in dem es um die landwirtschaftliche Bodennutzung geht, sehr klar auf, was unter „guter fachlicher Praxis in der Landwirtschaft" zu verstehen ist. Durch deren Beachtung nämlich kommt der Landwirt seiner Vorsorgepflicht zum Schutz des Bodens[9] nach: „Grundsätze der guten fachlichen Praxis der landwirtschaftlichen Bodennutzung sind die nachhaltige Sicherung der Bodenfruchtbarkeit und Leistungsfähigkeit des Bodens als natürlicher Ressource."[10]

9 Paragraph 7 Bundes-Bodenschutzgesetz.
10 Paragraph 17 Abs. 2 Bundes-Bodenschutzgesetz.

So steht es im Gesetz. Und dann folgt eine Liste von sieben Punkten, zu denen auch gehört, dass „die Bodenbearbeitung unter Berücksichtigung der Witterung grundsätzlich standortangepasst zu erfolgen hat", dass außerdem „Bodenverdichtungen, insbesondere durch Berücksichtigung der Bodenart, Bodenfeuchtigkeit und des von den zur landwirtschaftlichen Bodennutzung eingesetzten Geräten verursachten Bodendrucks, so weit wie möglich vermieden werden" und Erosionen, im Gesetz „Bodenabträge" genannt, „durch eine standortangepasste Nutzung, insbesondere durch Berücksichtigung der Hangneigung, der Wasser- und Windverhältnisse sowie der Bodenbedeckung, möglichst vermieden werden".

Entsprechend steht ja auch im Bodenschutzgesetz, dass Bodenverdichtungen zu vermeiden seien. Nur, was passiert eigentlich, wenn die Rübenerntemaschine, der Köpfrodebunker, genau dann kommt, wenn er unter Berücksichtigung der Witterung grundsätzlich nicht standortangepasst eingesetzt werden kann, also praktisch gesetzeswidrig erntet? Was der Landwirt, der die Rüben gesät und gepflegt hat, übrigens meist nicht verhindern kann, weil der Einsatzplan von Maschine und Personal ganz woanders gemacht wird. Er könnte nur ganz auf deren Einsatz und damit auf die Ernte verzichten.

Muss er aber nicht, es passiert nämlich gar nichts, wenn er gegen das Bodenschutzgesetz verstößt. Das wäre nur der Fall, wenn der fragliche Acker offiziell zu den gefährdeten Flächen gehörte. Dann greift das europaweit geltende Cross-Compliance-System zum „Erhalt der landwirtschaftlichen Flächen in einem guten landwirtschaftlichen und ökologischen Zustand". So nennt das die Europäische Union, wenn sie den Landwirten, die Direktzahlungen von der EU bekommen, also quasi allen, vorschreibt, wie sie mit der Ressource Boden umzugehen haben. Ins Gesetzesdeutsch übersetzt heißt das dann „Agrarzahlungen-Verpflichtungenverordnung".[11]

Die Subventionsgießkanne als Grundübel

Die Direktzahlung ist die Subventionsgießkanne der GAP, der Gemeinsamen Agrarpolitik der EU – und ein weiteres Grundübel. Den größten Teil davon – nämlich 73 Prozent der Agrarmittel der Europäischen Union, etwa 40 Mrd. Euro jährlich, gibt es nämlich ohne Gegenleistung, einfach für die Fläche. Ursprünglich wollte man damit nach dem Zweiten Weltkrieg die landwirtschaftliche Produktion ankurbeln und gleichzeitig verhindern, dass die Landwirte gesellschaftlich abgehängt werden, entwickelte sich doch ihr Einkommen langsamer als in vielen anderen Bereichen.

Dabei hat es sich die EU aber allzu einfach gemacht. Sie gibt nämlich schlicht für jeden Hektar Geld, fast egal, was auf dem Land passiert. Je größer die bewirtschaftete Fläche, desto mehr Subvention kommt aus Brüssel. Wenn die Landwirte ihre Äcker gepachtet haben, dürfen sie das Geld über die Pacht allerdings gleich weiterreichen an die Eigentümer. Man muss also

---

11 Im Wortlaut: „Verordnung über die Einhaltung von Grundanforderungen und Standards im Rahmen unionsrechtlicher Vorschriften über Agrarzahlungen", abgekürzt: AgrarzahlVerpflV.

kein Bauer sein, um Agrarsubvention zu kassieren: Auch industrielle Großgrundbesitzer und Landspekulanten werden bedient. Und die Agrarindustriellen sowieso, die auf ihren tausende Hektar großen Betrieben Verwalter wirtschaften lassen.

Ein ökologischer Kassensturz tut not

Immerhin ist seit 2005 ein Teil der Direktzahlungen mit ein paar Umwelt- und Naturschutzverpflichtungen verbunden, die je nach Sichtweise als anspruchsvoll gelten oder als Papiertiger. Jedenfalls gilt seit damals: Wer Direktzahlungen haben möchte, muss sich an Auflagen halten und könnte auch kontrolliert werden. Bei groben Verstößen gegen die Verpflichtungen aus den Agrarzahlungen könnten dann Subventionskürzungen folgen. „Könnten", der Konjunktiv ist hier Programm. Wirklich spürbare Auflagen gelten ohnehin nur für Äcker und Wiesen in Gewässernähe, für offiziell als erosionsgefährdet eingestufte Gebiete und für landwirtschaftliche Flächen, die nach EU-Verordnung „als im Umweltinteresse genutzte Flächen anzusehen sind".[12] Wobei es mit der Kontrolle nicht weit her sein kann, sonst hätte der letzte heiße Sommer nicht sämtlichen Pressefotografen auf dem Land wunderbare Bilder von Mähdreschern liefern können, die kilometerlange Staubfahnen hinter sich herzogen. Das waren Bilder aus den nach den offiziellen Karten durch Winderosion stark gefährdeten Gebieten.

Immerhin steht aber etwas von Erosion in den Verordnungen. Man könnte die also umsetzen, was hieße: durchsetzen. Das Wort Bodenverdichtung kommt dagegen in der deutschen und in der Verordnung der EU gar nicht erst vor. Aber Paragraph 7 der deutschen Verordnung ist dann tatsächlich überschrieben mit „Erhaltung des Anteils der organischen Substanz im Boden". Da wird doch nicht etwas über das Leben im Boden, den Mikrokosmos unter der Erde stehen, der ja diese organische Substanz in den Boden schafft? Nein, da steht ein einziger Satz: „Stoppelfelder dürfen nicht abgebrannt werden." Das war's, Ende der Ansage. Ein Ende dieser Art der inspirationslosen Agrarsubventionen, die die Großen fördert und die Entstehung von agrarindustriellen Strukturen begünstigt, fordern die europäischen Umweltorganisationen seit Langem. Es hat auch schon Landwirtschaftsminister gegeben, die die Direktzahlungen auslaufen lassen wollten. 2013, als die Europäische Union das letzte Mal ihren siebenjährigen Agrarsubventionszyklus diskutierte, war das zum Beispiel Till Backhaus aus Mecklenburg-Vorpommern. Er sagte das medienwirksam auf der Grünen Woche in Berlin, der größten Agrarmesse der Welt, und hatte doch keinen Erfolg damit.

Jetzt gäbe es wieder mal eine Chance, denn wieder sind sieben Subventionsjahre nahezu vorüber. Bis 2021 muss die Europäische Union ihr Agrarsystem also turnusmäßig neu aufstellen. Und die Umweltschützer sind auch diesmal nicht alleine mit ihrer Kritik und ihren Forderungen. Sie werden

---

12 Art. 46 Abs. 2 der Verordnung (EU) Nr. 1307/2013 des Europäischen Parlaments und des Rates.

unterstützt von der europäischen Agraropposition, einem Dachverband der bäuerlichen Betriebe, in Deutschland vertreten vom AbL, dem Arbeitskreis bäuerliche Landwirtschaft.

Selbst der Wissenschaftliche Beirat für Agrarpolitik beim Bundeslandwirtschaftsministerium[13] forderte „eine gemeinwohlorientierte gemeinsame Agrarpolitik der EU". In seiner Stellungnahme kommt der Beirat zu einem vernichtenden Urteil über die Brüsseler Agrargießkanne: „Diese Zahlungen, die zum großen Teil ausdrücklich Einkommenszielen dienen sollen, sind verteilungspolitisch nicht zu rechtfertigen: Sie sind weder an der Aufrechterhaltung der gesellschaftlichen Funktionen der Landwirtschaft noch an der betrieblichen oder der personellen Bedürftigkeit der Landwirte ausgerichtet und werden zudem über den Bodenmarkt zu einem großen Teil an Bodeneigentümer durchgereicht. Schließlich fehlen diese Mittel für eine gezielte Honorierung von Gemeinwohlleistungen. Dies gilt umso mehr, als die mit den Direktzahlungen verbundene Förderung von sogenannten ökologischen Vorrangflächen (Greening) sich unter Umweltgesichtspunkten als weitgehend wirkungslos erweist."[14]

Das hier angesprochene Greening ist eine Subvention, die es obendrauf gibt auf die Basisprämie für die Fläche. Beim Greening ist es dann nicht mehr ganz so egal, was der Landwirt macht. Da müssen dann Blühstreifen angelegt oder Zwischenfrüchte angebaut werden. Der Begriff ist allerdings irreführend, handelt es sich doch um ökologisch weitgehend wirkungslose Zusatzausgaben, wie der Beirat bemerkt.

Der Bundeslandwirtschaftsministerin scheint ihr Beirat indes ziemlich schnuppe. Sie hat schon durchblicken lassen, dass sie an den Direktzahlungen festhalten will und auch die Kürzung bei 60 000 und die Kappung bei 100 000 Euro pro Betrieb, die die EU-Kommission vorgeschlagen hat, nicht mitmachen möchte. So haben schon ihre Vorgänger im Amt bei den vergangenen agrarpolitischen Beratungen agiert.

Dieses Mal allerdings – und das ist wirklich neu – mischt sich der oberste Aufseher über die Milliarden der Europäischen Union ein. Klaus-Heiner Lehne, der Präsident des Europäischen Rechnungshofes, bemängelte 2018, als die Verhandlungen zur Zukunft der Gemeinsamen Agrarpolitik Fahrt aufnahmen, dass die EU nicht die Bauern, sondern die Agrarindustrie subventioniere, zu der inzwischen Aktiengesellschaften zählten, während die klassische bäuerliche Aufgabe der Landschaftspflege in vielen Regionen nur noch unzureichend erfüllt werde.[15] „Auf der anderen Seite werden die Umweltschäden, die durch die Agrarindustrie entstehen, zum Teil mit EU-Programmen wieder bekämpft", sagte der oberste Rechnungsprüfer der EU und forderte: „Man muss die Agrarförderung viel stärker auf kleine und mittelständische Betriebe konzentrieren." Klare Ansage. Allein, die Agrar-

---

13 Wissenschaftlicher Beirat für Agrarpolitik, Ernährung und gesundheitlichen Verbraucherschutz, Für eine gemeinwohlorientierte Gemeinsame Agrarpolitik der EU nach 2020: Grundsatzfragen und Empfehlungen. Stellungnahme, Berlin 2018.
14 Ebd., S. 1.
15 Christian Kerl, Rechnungshof fordert Kurskorrektur bei EU-Agrarförderung, in: „Berliner Morgenpost", 24.9.2018.

lobby gehört zu den mächtigsten Lobbyorganisationen in Brüssel, und sie vertritt nicht die Interessen der Landwirte, schon gar nicht die der kleinen und mittelständischen Bauern.

Ewigkeitskosten und die Jahrhundertkatastrophen

Insgesamt gibt es nur drei Industrien in Europa, denen zugestanden wurde, das Antlitz der Erde flächendeckend und dauerhaft zu verändern: Das sind, in der historischen Reihenfolge ihres Auftretens, die Bergbau- und Energieindustrie, die Autoindustrie und die zuletzt entstandene Agrarindustrie.

Die jüngste dieser Industrien ist erst nach dem Zweiten Weltkrieg überhaupt dazu geworden. Davor waren die Bauern weit von industriellen Strukturen entfernt. Die landwirtschaftliche Nutzung des Bodens hat zwangsläufig Landschaften verändert und geprägt, aber sie hat sie jahrhundertelang nicht nach industriellen Maßstäben der Bearbeitungseffizienz zugerichtet. Das geschieht erst seit Kurzem, mit allerdings drastischen Folgen.

So häufen sich in letzter Zeit die Jahre und Ereignisse mit dem Vornamen „Jahrhundert": Jahrhunderthochwasser, Jahrhundertflut, Jahrhundertdürre, Jahrhundertsommer. Sie werden gerne mit diesem dramatischen Zusatz bestückt, obwohl wir alle längst bemerkt haben, dass die so bezeichneten Ereignisse keineswegs hundert Jahre auseinanderliegen.

Die sogenannten Naturkatastrophen neigen offenbar zu einer besonderen Art der Beschleunigung, die unser ohnehin beschleunigtes Leben noch überholt. Wobei es viele Anzeichen dafür gibt, dass unser immer schnelleres und immer grenzenloseres Leben und Wirtschaften die treibende Kraft hinter der Beschleunigung der katastrophalen Ereignisse ist. Zumindest wenn diese als Wetter daherkommen und die immer wiederkehrende Diskussion anregen, ob es sich dabei überhaupt noch um Wetter handelt oder eben doch schon um Klima. Kein Meteorologe mag diese Frage mit einem klaren Ja beantworten, denn Wetterextreme gab es schon immer. Aber hatten die Klimaforscher nicht prophezeit, dass die Veränderungen im weltweiten Klimasystem mit extremen Wetterereignissen einhergehen?

Das hatten sie vielfach getan, und das schon vor vielen Jahren, als noch Zeit gewesen wäre, das Eintreffen der Prophezeiungen zu verhindern.

Inzwischen wird jedes dieser Wetterereignisse von angeregten Diskussionen über die Resilienz unserer Städte begleitet, also über ihre Widerstandsfähigkeit, ihre Selbstbehauptungskraft. Wie muss gebaut oder umgebaut werden, um den nächsten zu erwartenden Jahrhundertsommer auch in der Stadt ertragen zu können? Was muss geschehen, um die vom Himmel stürzenden Fluten abzuleiten, die die Tendenz haben, die Regenmenge ganzer Monate an einem Tag abzuliefern? Die Gebäude ertüchtigen, die Kanalisation erweitern, Tiefgaragen und Unterführungen umgestalten, die Plätze umbauen, wieder mit Brunnen ausstatten, Schattenraum schaffen, das Stadtgrün mit dürreresistenten exotischen Bäumen und Sträuchern erweitern. Alles in der Diskussion, vieles schon in Planung und manches bereits im Bau oder umgesetzt.

Was aber geschieht auf dem Land? Wer schützt die Tiere und die Pflanzen, von denen und mit denen wir leben? Wer schützt unsere Nahrungsproduktion? Wer unsere Äcker, wenn sie im Dauerregen ersaufen – weil wir eben keine Überschwemmungslandwirtschaft betreiben wie die alten Ägypter. Die nährte der Nil, der jedes Jahr einmal über die Ufer trat und das umliegende Land mit seinem Sediment düngte und mit seinen Fluten bewässerte.

Unsere Felder und die auf ihnen gezogenen Pflanzen können dagegen mit zu viel nicht umgehen, egal woraus dieses Zuviel besteht. Wir leben in den gemäßigten Breiten, vom Wetter eigentlich verwöhnt, im Weizen- und Reisgürtel der Erde. Alles hier ist auf Mittelmaß ausgerichtet, das in diesem Fall nichts Mittelmäßiges meint, sondern nur das Fehlen der Extreme benennt. Die klimatisch gemäßigten Breiten ermöglichen hohe landwirtschaftliche Erträge und ernähren entsprechend viele Menschen. Wenn es aber so kommt, wie es in den letzten Jahren kam, dann kommt es dick – viel zu dick.

Was aber sollte folgen auf die Einsicht, wenn nicht die Aktion? Handeln ist heute das Gebot der Stunde. Das Wissen um die Unersetzlichkeit unserer belebten Böden, die im wahrsten Wortsinn unsere Lebensgrundlage sind, in Aktion münden lassen. Wie wäre es zum Beispiel, jenen fast schon sprichwörtlichen Hamburger Reeder, der in Pommern eine ehemalige LPG aufgekauft hat, oder auch andere der vielen „landwirtschaftsfernen Investoren" mal darauf anzusprechen, welche Verantwortung sie mit dem Land übernommen haben? Womöglich möchte auch ein Milliardär mal etwas Gutes tun, über das geredet wird. Ein solches Beispiel könnte Schule machen.

Wie wäre es, die staatliche Bodenverwertungs- und Verwaltungsgesellschaft (BVVG) dazu zu bringen, beim Verkauf des restlichen Landes aus DDR-Erbe, das sie als Nachfolgerin der Treuhand noch verwaltet, darauf zu achten, wie die Landwirte mit dem Boden umgehen, den sie erwerben wollen? Immerhin hat es da ja schon einmal funktioniert mit der Einflussnahme. Nach hörbarem Protest verkauft die BVVG heute keine großen, zusammenhängenden Tranchen Land mehr, die für Investoren interessant sein können.

Wie wäre es, den Ansatz der Biostiftung Schweiz auf ganz breite Füße zu stellen und einen Wettbewerb auszuschreiben für die „Humussammler" unter den Bauern? Mit finanzieller Unterstützung austesten, was geht in Sachen Humusaufbau, um dabei Erfahrungen auf unterschiedlichen Böden und mit verschiedenen Methoden zu sammeln und gleichzeitig die Landwirte zu interessieren. Dabei kann man nicht nur Biobauern ansprechen, sondern auch die konventionell wirtschaftenden Landwirte. Das könnte auch ein Schritt in Richtung „Ökologisierung" sein.

Wie wäre es, die Annäherungen zwischen den Umweltverbänden und den Landwirten auszubauen? So wie das der WWF mit seiner Kasseler Arbeitsgruppe zum Bodenschutz gemacht hat. In Baden-Württemberg hat der Naturschutzbund Nabu ein Projekt ins Leben gerufen, bei dem der Mais, der als Futter für die Biogasanlagen gesät wird, durch eine Mischung aus Sonnenblumen, Malven und Klee ersetzt wird. Das bringt zwar weniger Energie für die Biogasanlage, muss aber nicht gespritzt und kaum gedüngt werden und ist Bienenweide auf dem Acker. Außerdem Erosionsschutz und

Förderung des Bodenlebens. Die Umweltstiftung des Versandunternehmers Michael Otto hat den Nabu und den Bauernverband in ein Projekt namens „Franz" geholt; ausgeschrieben heißt das: „Für Ressourcen, Agrarwirtschaft & Naturschutz mit Zukunft". Das Projekt ist auf zehn Jahre angelegt und soll klären, was konventionell wirtschaftende Landwirte für den Artenschutz tun können, ohne dabei wirtschaftliche Einbußen hinnehmen zu müssen. Zehn Musterbetriebe in den unterschiedlichen Regionen Deutschlands sind dabei, unter anderem mit mehrjährigen Blühstreifen und Hecken. Ein konkreter Versuch der Ökologisierung der konventionellen Landwirtschaft. Mehr solcher Projekte würden die oft unnötige Konfrontation zwischen Landwirten und Naturschutz entschärfen und könnten den Umgang mit den Agrarsubventionen verändern. Der Naturschutz könnte die Agroforst-Initiativen unterstützen und dabei auch mitgestalten. Wenn sich das für die Landwirte lohnt, sehen die Äcker bald anders aus.

Handeln ist heute das Gebot der Stunde

Wie wäre es, wenn die Umweltverbände mit den Bauernverbänden zusammen und nicht nur mit der Agraropposition eine Reform des Bodenschutzgesetzes erarbeiten und vorlegen würden, ohne zu warten, bis es die Politik doch nicht tut? Und eine die ländliche Entwicklung stärkende und den Bodenschutz sichernde Renovierung des Erneuerbare-Energien-Gesetzes gleich dazu. Das nämlich ist, gerade im Bereich Biogas, ein Paradebeispiel für die Unkenntnis von gesetzlicher Ursache und Wirkung auf dem Acker.

Wie wäre es, wenn die Wissenschaftler, die in der letzten Zeit immer mehr zum Bodenleben forschen, ihre Erkenntnisse wieder mehr mit den Landwirten teilen würden? Mehr praxisorientierte Forschung, die Wissen über die Zusammenhänge von Bodenleben und Pflanzenbau und die Auswirkungen der Erntemethoden und des Chemieeinsatzes zu den Bauern bringt und letztlich bis in die Ausbildung trägt. „Forschung heißt, Verantwortung für die Zukunft zu tragen", sagte Altkanzler Helmut Schmidt und sprach von einer Bringschuld der Wissenschaft.[16]

Wie kein anderes Lebewesen auf dieser Erde sind wir Menschen in der Lage, uns Szenarien auszudenken und uns deren Umsetzung vorzustellen. Wir können alles Mögliche durchspielen, und in unseren Köpfen ist auch das Unmögliche möglich. Und manches scheinbar Unmögliche wird dann auch gemacht. Viele der ehemaligen Utopien sind heute gesellschaftliche Realität. Die Sklaverei ist abgeschafft, fast überall. Dabei war dies vor zweihundert Jahren für die meisten Menschen so unrealistisch wie noch 1988 der Mauerfall. „Seid realistisch, fordert das Unmögliche!", war eine der witzig ernsthaften Parolen der Achtundsechziger. Heute ist diese Art von Realismus dringender denn je. Ignoranz ist dagegen die dümmste aller Todesursachen, schon gar für eine ganze Gattung.

16 Zitat aus einer Rede Helmut Schmidts aus dem Jahr 2011 zum 100. Geburtstag der Kaiser-Wilhelm-Gesellschaft, bei einem Festakt der Max-Planck-Gesellschaft.

Die Artenvielfalt stirbt – und wir schauen zu

Von **Tanja Busse**

Wir befinden uns mitten im sechsten großen Artensterben der Erdgeschichte.[1] Das erste liegt etwa 500 Mio. Jahre zurück: Damals brachen so viele Vulkane aus, dass sich die Zusammensetzung der Meere und der Atmosphäre stark veränderte und in der Folge viele Arten ausstarben. Vor 443 Mio. Jahren driftete dann der Urkontinent Gondwana nach Süden und die Erde kühlte sich ab. Dabei starben vermutlich mehr als 85 Prozent aller Meeresbewohner. Als größtes Massenaussterben aller Zeiten aber gilt der Übergang vom Erdaltertum zum Erdmittelalter etwa zweihundert Mio. Jahre später, bei dem nach gigantischen Vulkanausbrüchen in Sibirien beinahe alles Leben weltweit vernichtet wurde. Das große Sterben zog sich damals mindestens über Tausende von Jahren hin. Erdgeschichtlich gesehen war das ein recht schnelles Aussterben in kurzer Zeit, aber im Vergleich zu dem, was heute passiert, war es *slow motion*.

Bis vor etwa zweihundert Jahren wussten die Naturforscher nicht einmal, dass Arten aussterben können. Sie konnten es sich nicht vorstellen, weil es die Idee des Aussterbens einfach nicht gab. In der Zeit vor Darwin hatte jedes Lebewesen seinen Platz in einer immerwährenden göttlichen Ordnung – obwohl damals längst Knochen von ausgestorbenen Tieren entdeckt worden waren. Erst der Naturforscher Georges Cuvier hatte – bei der Betrachtung des Backenzahns eines Mastodons – einen Aha-Moment, der ihn zu der Erkenntnis brachte, dass es früher Tierarten gegeben haben musste, die es jetzt offenbar nicht mehr gab. Dass diese Arten also ausgestorben sein mussten. Er entdeckte, dass das Leben selbst eine Geschichte hat.[2] Das war ein Gedanke, der bis dahin undenkbar gewesen war. Was wir uns heute wiederum kaum mehr vorstellen können, weil es für uns so offensichtlich ist. Keiner, der im Berliner Naturkundemuseum unter dem riesigen Brachiosaurierskelett entlangspaziert ist, könnte noch bezweifeln, dass Arten aussterben können. Doch früher war das eine disruptive Information, und viele Wissenschaftler verweigerten sich dem neuen Paradigma. Vielleicht werden sich die Menschen in 200 Jahren nicht vorstellen können, dass wir Menschen des frühen 21. Jahrhundert so blind vor der globalen Bedrohung standen wie

---

1 Vgl. Elizabeth Kolbert, The Sixth Extinction. An Unnatural History, New York 2014.
2 Vgl. Manabu Sakamoto u.a., Dinosaurs in decline tens of millions of years before their final extinction, in: „Proceedings of the National Academy of Sciences of the USA", 5/2016, S. 5036-5040.

einst Cuviers Zeitgenossen vor den Mammutknochen? Heute wissen wir, dass das Aussterben von Arten etwas völlig Normales ist, Evolution eben. Die Wissenschaftler bezeichnen das gewöhnliche Entstehen und Vergehen von Arten in Zeiten ohne kosmische oder geologische Katastrophen als Hintergrundrate. Bei Säugetieren nimmt man an, dass etwa zwei von zehntausend Arten pro Jahrhundert aussterben.

Der mexikanische Biologe Gerardo Ceballos und seine Kollegen haben diese Rate mit den in den letzten Jahrhunderten ausgestorben Säugetierarten verglichen (ohne die vielen gefährdeten und vom Aussterben bedrohten mitzurechnen) und sie sind zu dem beunruhigenden Schluss gekommen, dass die aktuelle Aussterberate bis zu hundert Mal höher als die Hintergrundrate liegt. Andere Forscher gehen vom Tausendfachen aus. In Zukunft könnte die Aussterberate sogar zehntausend Mal so hoch sein.[3] Doch selbst Ceballos vorsichtige Schätzungen lassen nur einen Schluss zu: nämlich, dass wir uns tatsächlich mitten im sechsten Massenaussterben der Erdgeschichte befinden.[4]

Die Menschheit hat versagt

Das ist eine ungeheure Erkenntnis, die jahrelang ungeheuer gelassen aufgenommen wurde. Außer ein paar Wissenschaftlern und Naturschützern hat diese Tatsache die Medien und die Menschen viel zu lange kaum interessiert. Erst als der Weltbiodiversitätsrat IPBES im Mai 2019 die ungeheure Zahl von einer Million bedrohter Arten verkündete, machte das Massensterben Schlagzeilen auf den Titelseiten.

Dabei schreien die Forscher ihre Erkenntnisse schon sehr lang sehr laut in die Welt hinaus. 1992 veröffentlichte der Physik-Nobelpreisträger Henry Kendall eine Warnung an die Menschheit, der sich 1700 Wissenschaftler, darunter viele Nobelpreisträger anschlossen: Die Menschheit befinde sich auf Kollisionskurs mit der Natur. Von den vielen Zerstörungen natürlicher Ressourcen sei der irreversible Verlust der Arten besonders ernst zu nehmen, schrieben Kendall und seine Kollegen vor einem Vierteljahrhundert. Kendall war Mitbegründer der *Union of Concerned Scientists,* der Vereinigung besorgter Wissenschaftler, die sich nicht damit begnügen, Entscheidungsträgern Forschungsergebnisse auf den Tisch zu legen. Sie fordern vielmehr *science-based action*, also politisches Handeln, das aus der Arbeit der Wissenschaftler die richtigen Schlüsse zieht – zur Rettung der Menschheit. Kendall ist 1999 gestorben, er hat nicht erleben müssen, dass die US-Amerikaner 2016 einen Präsidenten gewählt haben, der alle wissenschaftliche Evidenz ignoriert und selbst ausgedachte „alternative Fakten" an ihre Stelle setzt. 2017 wiederholten Kendalls Nachfolger seine Warnung, und dieses Mal unterschrieben mehr als 15 000 Wissenschaftler aus der ganzen Welt.

---

3   Vgl. Elizabeth Kolbert, a.a.O., S. 93 ff.
4   Vgl. Jurriaan M. de Vos, Estimating the normal background rate of species extinction, in: „Conservation Biology", 26.8.2014.

In „Warning to humanity, a second notice" bringen sie die Entwicklung seit 1992 auf den Punkt: Mit Ausnahme des Lochs in der Ozonschicht ist kein Problem gelöst worden, im Gegenteil. „Humanity has failed", schreibt das Autorenteam um den Ökologen William J. Ripple. Die Menschheit hat versagt. Sie hat nicht genug unternommen, um den möglicherweise katastrophalen Klimawandel zu bremsen. Und darüber hinaus hat sie ein Massenaussterben entfesselt – das sechste in 540 Mrd. Jahren – das bis zum Ende dieses Jahrhunderts viele der gegenwärtigen Lebensformen auslöschen könnte.[5]

Fatale Apokalypseblindheit

Der Philosoph Günther Anders, der Ex-Mann von Hannah Arendt, hat über die Haltung vieler Menschen in den Jahren nach dem Zweiten Weltkrieg gegenüber der atomaren Bedrohung geschrieben und sie als Apokalypseblindheit bezeichnet. Mit der Erfindung von Atombomben hat sich die Menschheit als Ganze in die Lage gebracht, sich mit ihren eigenen Waffen selbst auslöschen zu können. Und die ganze Welt, wie wir sie kennen, gleich mit. Eine entsetzliche Erkenntnis, offenbar zu entsetzlich, um sich damit auseinanderzusetzen. Was bliebe übrig, wenn die Bombe eingesetzt würde? „Ein Trümmerfeld, unter dem alles, was Geschichte einmal gewesen, begraben läge. Und wenn der Mensch doch überlebte, dann nicht als geschichtliches Wesen, sondern als ein erbärmlicher Überrest: als verseuchte Natur in verseuchter Natur." So habe Albert Einstein die Lage beurteilt, schreibt Günther Anders und er ergänzt: „Und wir lesen es in den Zeitungen. Und wie reagieren wir darauf? Eben so, wie wir auf Zeitungsnachrichten reagieren: gar nicht."[6]

Warum aber ist das so, warum wiederholt sich die Blindheit gegenüber den nuklearen Gefahren heute gegenüber dem Artensterben? Günther Anders glaubte, dass die Gefahr zu groß sei für unser Vorstellungsvermögen. Dass wir unseren eigenen Produkten und deren Folgen phantasie- und gefühlsmäßig nicht gewachsen seien. Anfang der fünfziger Jahre hat der Philosoph das geschrieben. Ein Vierteljahrhundert später, 1979, ergänzte Anders: „Die drei Hauptthesen: dass wir der Perfektion unserer Produkte nicht gewachsen sind; dass wir mehr herstellen als vorstellen und verantworten können: und dass wir glauben, das, was wir können, auch zu dürfen, nein: zu sollen, nein: zu müssen – diese drei Grundthesen sind angesichts der im letzten Vierteljahrhundert offenbar gewordenen Umweltgefahren leider aktueller und brisanter als damals."[7]

Die chillige Ruhe, mit der wir bis vor Kurzem die länger werdenden Roten Listen ignoriert haben, gibt Günther Anders ein Vierteljahrhundert nach seinem Tod noch einmal Recht. Die Gelbbauchunke verschwindet? Der Feldhamster? Der Schierlingswasserfenchel? Schade, aber auch nicht sooo

---

[5] Vgl. Gerardo Ceballos u.a., Accelerated modern human-induced species losses: entering the sixth mass extinction, in: „Science Advances", 6/2015.
[6] Günther Anders, Über die Bombe und die Wurzeln unserer Apokalypse-Blindheit, in Anders, Gütnher: Die Antiquiertheit des Menschen, Band 1 (1956), München 1988, S. 263.
[7] Anders, a. a.O., S. VII.

schlimm, also für uns nicht, wir Menschen sterben ja nicht aus, wir werden ja immer mehr und es geht uns immer besser. Diese Alltagserfahrung hat uns lange Zeit apokalypseblind gemacht. Dass das stille Verschwinden der possierlichen kleinen Tierchen um uns herum Teil eines globalen Massenaussterbens sein könnte, das auch das Leben der Menschen bedrohen wird, haben wir lange Zeit einfach nicht verstanden. Das übersteigt, hätte Günther Anders gesagt, unser Vorstellungsvermögen, dazu waren wir zu apokalypseblind, nein: dazu wurden wir zu lange apokalypseblind gemacht.

Es verschwinden nicht nur die Bienen

Doch immerhin, das ändert sich, seit die Krefelder Studie über das große Insektensterben ein weltweites Medienecho ausgelöst hat.[8] Die Krefelder Entomologen haben einen Nerv getroffen. Sie haben uns aus einem Schlaf gerissen und aufgeweckt.

So standen im Februar 2019 Millionen Bayern bei Regen und Kälte vor den Rathäusern Schlange, um für das Volksbegehren Artenvielfalt zu unterzeichnen. Und die Warnung des Weltbiodiversitätsrates, des IPBES – eine Million Arten vom Aussterben bedroht! – hat es in die Nachrichten und auf die Titelseiten der großen Zeitungen gebracht. Dass gehandelt werden muss, steht jetzt im Raum. Immerhin. Doch gleichzeitig ist die Diskussion auf merkwürdige Weise auf Insekten und vor allem auf Bienen beschränkt geblieben. Dieser enge Fokus könnte zu falschen Entwarnungen verleiten, fürchtet der Entomologe Udo Heimbach, weil wir über die Gefährdung vieler anderer Arten so viel weniger wissen.

Seit 2017 wird sehr viel über Blühstreifen als Beitrag zum Insektenschutz geredet, als könnte man mit einer schmalen bunten Blumenzierde um Äcker und Betonwüsten unsere lebensvernichtende Landnutzung umkehren. Ökologen wie Thomas Fartmann halten nicht viel von solchen Blühstreifen, vor allem nicht im konventionellen Ackerbau, weil sie die verbliebenen Insekten an die Ränder von Feldern mit gefährlicher Ackerchemie locken: Ökologische Falle nennt man das.

Viele Landwirte haben solche Streifen angelegt, weil sie beunruhigt waren über die Funde der Entomologen und selbst etwas gegen das Verschwinden der Insekten tun wollen. Die Kritik der Ökologen hat sie deshalb getroffen. Denn natürlich sind blühende Ackerränder besser als gar keine Ränder. Und die Blühstreifen haben noch einen großen Wert, den Ökologen vielleicht nicht erkennen: In der landwirtschaftlichen Ausbildung spielt Biodiversität so gut wie keine Rolle. Für die viele Landwirte sind die Blüten am Ackerrand ein erster Schritt zu Naturschutz auf den eigenen Flächen. So kann man die einjährigen Blühstreifen entlang der Agrar- oder Betonwüsten als Versuch

---

8 Das Online-Wissenschaftsmagazin „Plos One" veröffentlichte im Oktober 2017 einen Aufsatz von Mitgliedern des Entomologischen Vereins Krefeld e. V. 1905, die zusammen mit drei Professoren der Universität Nijmegen und anderen Forschern aus den Niederlanden und England ihre Ergebnisse aus fast dreißig Jahren Feldforschung wiedergaben. Sie stellten darin einen Rückgang von „mehr als 75 Prozent von Biomasse von Fluginsekten während der letzten 27 Jahre" fest.

interpretieren, das *business as usual* weiterzuführen wie bisher, nur eben mit kleinen Korrekturen, etwas verziert sozusagen, als Zeichen für die trügerische Hoffnung, dass ein paar Sommerblüten am Feldrand reichen werden, um die Insekten in ihrer ganzen Vielfalt wieder aufzupäppeln. Aber man kann sie auch als Zeichen deuten, dass viele Landwirte bereit sind für eine andere, vielfältigere Landwirtschaft. Blühstreifen sind nicht genug, aber sie sind die Symbole eines Aufbruchs auf dem Land.

Biodiversität ist eine Überlebensfrage für die Menschheit

Denn wenn man sich durch die Veröffentlichungen der Wissenschaftler und Umweltverbände arbeitet, versteht man nach wenigen Seiten, dass es ohne eine andere Wirtschaftsweise in der Landwirtschaft nicht gehen wird und dass es dazu andere Lebensmittelpreise braucht und andere Ernährungsstile. Das Verschwinden der Insekten ist kein isoliertes Einzelproblem, das irgendwie aus den dicht verwobenen Nahrungsnetzen der Ökosysteme herauszutrennen wäre. Es ist Teil des großen Massenaussterbens. Man muss es als Indikator für einen drohenden ökologischen Zusammenbruch sehen. Je mehr Insekten sterben, desto größer wird diese Gefahr. Wenn die Masse der Insekten weiter abnimmt, werden weitere insektenfressende Vögel verhungern. Ganz gleich, ob dabei einzelne Arten aussterben oder in geringer Zahl überleben, das Ergebnis werden zerrissene Nahrungsnetze in leeren Landschaften sein. Defaunation nennen das die Wissenschaftler.

Ressourcenforscher und Ökologen warnen vor dieser Zerstörung und einer weltweiten Defaunation – nicht, weil ausgeräumte leblose Landschaften deprimierend auf uns wirken, sondern weil sie gefährlich werden können, lebensgefährlich, und zwar auch für uns. Biodiversität ist eine Überlebensfrage für die Menschheit – so hat es auch der schwedische Ressourcenforscher Johan Rockström auf den Punkt gebracht. Im Jahr 2009 hat er mit Kollegen die beunruhigende Studie „A safe operating space for humanity" in „Nature" veröffentlicht, die so etwas wie der Bericht des Club of Rome für die Nullerjahre geworden ist. Rockström, der seit 2018 das renommierte Potsdam-Institut für Klimafolgenforschung leitet, ist heute einer der meistzitierten Wissenschaftler der Welt. Zusammen mit seinen Kollegen hat er das Konzept der *planetary boundaries* entwickelt, der planetaren Grenzen, die eingehalten werden müssen, wenn die Erde ein sicherer Ort für die Menschheit bleiben soll. Eben ein *safe operating space for humanity*, wie im Titel seines berühmten Aufsatzes. Rockström warnt: Werden diese Grenzen überschritten, müssen wir mit unkalkulierbaren Veränderungen und desaströsen Folgen rechnen. Drei dieser Grenzen aber seien schon überschritten, schrieben Rockström und Kollegen 2009, und zwar beim Klima, beim Stickstoffkreislauf – und beim Verlust der Biodiversität.

Warum aber ist es für uns Menschen so wichtig, ob in einer Landschaft nun viele oder wenige Arten leben? In den meisten Fällen bemerken wir es ja gar nicht, wenn eine Art nicht mehr da ist. Vermutlich wird deshalb auch so oft über Artenschutz gespottet, etwa wenn ein Feldhamster eine Autobahnbaustelle blockiert oder ein paar schrumpelige Wechselkröten einer Tunnelbohrung im Wege stehen. Weil sich die Bedeutung der seltenen Tiere für die Ökosysteme den meisten Menschen eben nicht erschließt. Wie auch, wenn selbst die Wissenschaftler sagen, dass sie im komplexen Zusammenwirken der Arten eines Ökosystems nicht genau vorhersagen können, was passieren wird, wenn an der einen oder anderen Stelle ein Loch in das Nahrungsnetz gerissen wird. Viele Arten, vor allem Insekten und anderes kleines Getier, könnten aussterben, bevor wir genau verstanden haben, was sie eigentlich geleistet haben.

Warum also zählt Johan Rockström das Schwinden der Biodiversität zu den Entwicklungen, die das Überleben der Menschheit gefährden? Dem Ökologen geht es – mit dem Blick auf die planetaren Grenzen – nicht um einzelne Pflanzen oder Tiere und ihren Eigenwert, sondern um ihre Funktionen für die jeweiligen Ökosysteme und damit für uns Menschen. *Ecosystem services* oder Ökosystemleistungen, so heißt das Zauberwort, mit dem die Wissenschaftler vermitteln, dass im Zusammenspiel der Lebewesen eines Ökosystems Stoffe produziert werden, ohne die wir Menschen nicht überleben können: Blattläuse produzieren Zucker, Springschwänze zersetzen abgefallene Pflanzenteile, Mistkäfer zersetzen Kothaufen und machen sie gemeinsam mit vielen anderen Organismen wieder zu Pflanzennahrung, Insekten bestäuben Blüten, die nur so zu Früchten werden, Blattläuse produzieren Nahrung für andere Insekten, die Singvögeln als Nahrung dienen, der lebendige, von Milliarden Mikroorganismen belebte Boden filtert schmutziges Wasser, aus dem wir Trinkwasser gewinnen und so weiter. Hinter all diesen Dienstleistungen stehen Tausende und Abertausende von Arten, die wir zum Teil gar nicht kennen wie etwa die vielen winzigen Bodenlebewesen, ohne die wir weder sauberes Wasser noch nährstoffreichen Humus hätten und auch keinen Boden mit Schwammstruktur, der Regengüsse aufsaugt und uns vor Überschwemmungen und Erosion schützt. Diese Leistungen der Ökosysteme scheinen uns so selbstverständlich, so *natürlich* eben, dass wir uns gar nicht klarmachen, dass ein ganzes Netz von unterschiedlichen Lebewesen daran beteiligt ist und dass wir gut daran tun, dieses Netz nicht aus Unkenntnis zu zerreißen.

Überall dort, wo die Vielfalt schwindet, können sich einzelne Arten so gut ausbreiten, dass sie zur Plage werden, etwa Quallen in überfischten Meeresgewässern, Buchdrucker oder andere Borkenkäfer im Kiefernforst oder die kleinen Maiszünsler auf großen Maisfeldern. Und noch etwas ist unter Wissenschaftlern völlig unstrittig, und das ist die enorme Bedeutung von hoher Biodiversität für die Ernährung der Menschen. Die Welternährungsorganisation FAO hat deswegen eine deutliche Warnung ausgesprochen: Wenn wir die Biodiversität weiter reduzieren, gefährden wir damit unsere Ernährung.[9] Eine hohe Biodiversität ist unerlässlich für die Welternährung, so argumentiert die FAO in ihrem Bericht zur genetischen Vielfalt aus dem Jahr 2019,

---

9 Vgl. FAO Commission on Genetic Resources for Food and Agriculture, The State of the World's Biodiversity for Food and Agriculture, Rom 2019.

aber diese Biodiversität ist gefährdet: Die Länder berichten, dass viele Arten, die zu lebenswichtigen Ökosystemleistungen beitragen, etwa Bestäuber, natürliche Feinde von Schädlingen, Bodenorganismen und wilde essbare Pflanzen, im Niedergang sind – als Folge von Zerstörung oder Degradierung ihrer Lebensräume, Übernutzung oder Umweltverschmutzung. Das Bevölkerungswachstum, der Verlust von traditionellen Lebensstilen, die Urbanisierung, die Industrialisierung von Landwirtschaft und Lebensmittelverarbeitung – all das trage dazu bei, dass traditionelles Wissen über Biodiversität und ihren Nutzen für die Ernährung verloren gehen, schreibt die FAO.

Meine Großeltern sammelten noch wilde Pilze, Kamille und Lindenblüten für Tees und Schlehen, um daraus Schnaps zu machen, und ihre Art der Landwirtschaft vertrug sich gut mit den Bedürfnissen von Heuschrecken, Turteltauben und Lerchen. Die Biodiversität auf ihren Feldern und Weiden war beeindruckend groß: Dort wuchsen Frühäpfel und Spätäpfel, Birnen, Zwetschgen, Eierpflaumen, Sauerkirschen, Mirabellen, Haselnüsse, Walnüsse, Holunderbeeren, rote Johannisbeeren, schwarze Johannisbeeren, Stachelbeeren, viele unterschiedliche Gemüsesorten im Garten und auf den Feldern: Hafer, Roggen, Gerste, Weizen, Ackerbohnen, Leinsaat und Zuckerrüben. Das hat sich in kurzer Zeit fundamental geändert. Die meisten Gemüsegärten sind verschwunden, viele Streuobstwiesen auch, und auf den Feldern wachsen vor allem Winterweizen, Mais und Raps. Die Welt hat in den letzten Jahrzehnten einen unfassbaren Schwund der Vielfalt der Kulturpflanzen erlebt: In Mexiko sind seit 1900 achtzig Prozent der Maissorten verloren gegangen, in Indien 90 Prozent der Reissorten. Im gleichen Zeitraum sind in den USA 90 Prozent der alten Gemüse- und Fruchtsorten verschwunden.[10] Wir produzieren immer mehr aus immer weniger Sorten – und vernichten dabei Biodiversität und die Grundlagen für unser Überleben.

Todeszonen in der Ostsee

Denn die Befürchtungen der Ökologen gehen noch weiter. Bei schwindender Biodiversität sehen sie nicht nur einzelne Ökosystemleistungen gefährdet, sondern die Ökosysteme als Ganzes. Rockström erklärt das so: „Wir verstehen immer besser, welche große Bedeutung funktionale Biodiversität hat, um zu verhindern, dass Ökosysteme bei Störungen in unerwünschte Zustände kippen."[11] „Unerwünschte Zustände" klingt etwas harmlos, denn gemeint sind ökologische Desaster wie umgekippte Seen oder Todeszonen in den Meeren. Rockström argumentiert: Je größer die funktionale Biodiversität in einem Ökosystem ist, also je mehr Tier- oder Pflanzenarten in einem Ökosystem leben und darin bestimmte Aufgaben übernehmen, desto widerstandsfähiger, resilienter sind die Systeme. Und umgekehrt: Je geringer diese funktionale Biodiversität, desto größer ist die Gefahr, dass Ökosysteme

---

10 Angaben des Welttreuhandfonds für Kulturpflanzenvielfalt, des Global Crop Diversity Trust, Vortrag der Exekutivdirektorin des Fonds im Januar 2019 in Berlin.
11 Johan Rockström u. a., A safe operating space for humanity, in: „Nature", 2009/461, S. 472-475.

bei Störungen quasi kollabieren. Einen solchen Kollaps oder etwas freundlicher ausgedrückt: ein plötzliches Umkippen vom erwünschten in den unerwünschten Zustand bezeichnen die Forscher als *regime shifts*.

„In der Ostsee ist das schon passiert", sagt der Meeresbiologie und Ostseeforscher Christian Möllmann. Der Professor leitet die Abteilung Marine Ökosystemdynamik an der Universität Hamburg und er hat viel über die komplexen Zusammenhänge der *regime shifts* in der Ostsee geforscht. Seit 2019 ist er einer der Leitautoren des Weltklimaberichts IPCC. „Durch die Flüsse gelangen große Menge Dünger in die Ostsee, vor allem Stickstoff- und Phosphat aus der Landwirtschaft", berichtet Möllmann. Dieser Dünger wirkt im Wasser wie an Land: Er lässt die Pflanzen wachsen, Raps, Mais und Weizen auf den Feldern und Algen im Meer. In der Ostsee sind das Kiesel- und Grünalgen und auch die gefürchteten giftigen Cyanobakterien, die Blaualgen. Alles zusammen nennen die Meeresforscher Phytoplankton. „Wenn das Phytoplankton abstirbt und nach unten sinkt, wird es von Mikroorganismen zersetzt. Dabei wird sehr viel Sauerstoff verbraucht, sodass extrem sauerstoffarme Zonen entstehen, in denen keine Fische mehr leben können." Deshalb ist die Eutrophierung, die Anreicherung mit großen Nährstoffmengen, so gefährlich. Zu viel Dünger schadet einem Gewässer – etwa so, wie dauerhaft zu viel Zucker einen Menschen krank macht. Die Ostsee ist hier besonders gefährdet, wie Christian Möllmann erklärt: „Die Ostsee hat tiefe Becken, in denen das Tiefenwasser keinen Austausch mit dem sauerstoffreicheren Wasser der Oberfläche hat. Früher strömte frisches sauerstoffreiches Wasser aus der Nordsee in die Ostsee, doch dieser Austausch hat seit den achtziger Jahren abgenommen – bedingt durch den Klimawandel."[12]

In dieser Situation kommt die Bedeutung der Biodiversität ins Spiel: „Durch die Überfischung des Kabeljaus ist das oberste Raubtier im Nahrungsnetz der Ostsee auf ein sehr niedriges Niveau reduziert", sagt der Meeresbiologe. „Die Sprotten haben also kaum noch Fressfeinde und deshalb vermehren sie sich sehr stark. Sie ernähren sich vom sogenannten Zooplankton – das sind die vielen kleinen Krebschen, die in der Ostsee leben. Je größer die Sprottenbestände werden, desto mehr kleine Krebstierchen vertilgen sie. Also sinken die Bestände des Zooplanktons. Das aber ernährt sich von Phytoplankton, von dem es durch die Eutrophierung viel zu viel in der Ostsee gibt." Es gibt also zu wenig Zooplankton für zu viel Phytoplankton in der Ostsee. „Die Überfischung des Kabeljaus in der Ostsee hat eine trophische Kaskade ausgelöst", erläutert Möllmann, „diese Kaskade verstärkt die Folgen der Eutrophierung in den tiefen Becken der Ostsee."

Trophische Kaskaden sind die Folgen und die Folgen der Folgen und deren Folgen, die auftreten, wenn ein Loch in das Nahrungsnetz gerissen wird, wenn zum Beispiel das oberste Beutetier verschwunden ist. Und eine solche Ursachenverkettung hat in der Ostsee die Entstehung von sauerstoffarmen lebensfeindlichen Zonen begünstigt. Oder andersherum: Gäbe es in der Ost-

---

12 Christian Möllmann und Rabea Diekmann, Marine Ecosystem Regime Shifts Induced by Climate and Overfishing: A Review for the Northern Hemisphere, in: „Advances in Ecological Research" 47/2012, S. 303-347.

see mehr Kabeljau, wäre sie resilienter gegen die Entstehung von Todeszonen. So also geht *regime shift*: Oben fehlt der Kabeljau und unten stirbt das Meer. Natürlich ist es nicht ganz so simpel, denn bei *regime shifts* geht es immer um ein sehr komplexes Zusammenspiel von sehr verschiedenen natürlichen, menschlichen und klimatischen Einflüssen. „Das alles ist schwer auseinanderzuhalten", sagt Christian Möllmann. „Die trophische Kaskade ist durch die Überfischung des Kabeljaus ausgelöst, doch der leidet – wie die meisten Fischbestände auch – am Klimawandel." Nur deshalb haben die hohen Fangquoten den Beständen so zugesetzt, dass von den einstigen riesigen Schwärmen nur noch einzelne Fische übriggeblieben sind. „Klimawandel und Übernutzung wirken negativ zusammen", so bringt es der Meeresbiologe auf den Punkt. Die funktionale Biodiversität ist bei diesen Veränderungen ein wichtiges Puzzlestück in einem größeren Bild. Und dieses Bild zeigt ein Fünftel der Ostsee in einem *unerwünschten Zustand* – nach einem *regime shift* vom sauerstoff- und fischreichen Gewässer, das die Menschen ernährt, zu einer toten Zone. 2012 haben sich die Todeszonen auf einer Fläche von 60 000 Quadratkilometern in der Ostsee ausgebreitet, die größte erstreckt sich von Fehmarn bis Sankt Petersburg.[13] Für die Urlauber am Ostseestrand sieht das Meer immer noch schön blau aus, doch darunter ist das Leben über weite Flächen erstorben. Nur wenn massenhaft tote Fische an den Strand gespült werden, wie im September 2017 in Eckernförde, sehen sie, dass etwas nicht stimmt im Meer.[14] Man muss sich das Ausmaß dieser Zonen an Land vorstellen, um zu verstehen, was dieser *unerwünschte Zustand* bedeutet: Es ist, als würde man von Fehmarn die ganze Ostseeküste entlang bis zur polnischen Grenze und noch weiter reisen und dabei nichts Grünes, Lebendiges entdecken. Tagelang sähe man eine lebensfeindliche Umgebung, eine einzige Einöde. Eine Unterwasser-Defaunation, sehr *unerwünscht*.

Ökosysteme sind längst nicht mehr resilient

Der schwedische Ökologe Carl Folke hat zusammen mit Wissenschaftlern aus drei Kontinenten untersucht, unter welchen Umständen Ökosysteme von einem guten zu einem schlechten Zustand kippen.[15] Es sei evident, schreibt er, dass das Risiko für *regime shifts* steige, wenn Menschen in die Diversität von Ökosystemen eingreifen und ganze funktionale Gruppen daraus entnehmen und gleichzeitig die Ökosysteme durch Abfall, Schadstoffe und den Klimawandel noch weiter unter Druck setzen. All diese Effekte – miteinander kombiniert und sich oft gegenseitig verstärkend – machen Ökosysteme anfälliger für Veränderungen, die im früheren Zustand leichter aufgefangen worden wären. Wir müssen uns die Ökosysteme als komplexe anpassungsfähige Systeme vorstellen, die sich nicht-linear entwickeln und vor allem nur

---

13 Vgl. Extreme Ausdehnung von Todeszonen in der Ostsee, in: „Süddeutsche Zeitung", 31.3.2014.
14 Vgl. Daniel Friederichs und Arne Peters, Massenhaft tote Fische an Ostseestränden, in: „Eckernförder Zeitung", 14.9.2017.
15 Vgl. Carl Folke u.a., Regime Shifts, Resilience, and Biodiversity in Ecosystem Management, in: „Annual Review Ecology, Evolution, and Systematics", 35/2004, S. 557-581.

begrenzt vorhersehbar sind, so erklärt es Folke. Früher hätten die Menschen eine stabile resiliente Umwelt einfach als selbstverständlich vorausgesetzt. So ist die Welt, so war sie ja schon immer. Äpfel wachsen an den Bäumen und im Meer schwimmen Fische, so ist das in der Natur, so war das ja immer. Folke fordert nun einen Paradigmenwechsel für das Verständnis von unserer Umwelt und der Rolle der Menschen darin: Wir müssen weg vom alten Paradigma von *command-and-control,* das eine stabile „optimale" Produktion für möglich hält, also weg von der Vorstellung, dass wir Menschen am Steuer sitzen und das Optimum aus der Umwelt herausholen können. Wir müssen uns klarmachen, dass wir die Fähigkeit der Ökosysteme zur Selbst-Reparatur nicht einfach als selbstverständlich voraussetzen dürfen. Stattdessen müssen wir endlich verstehen, dass Resilienz, die Widerstandskraft gegen Störungen, in Ökosystemen schwinden kann. Deshalb schlägt Folke ein neues Paradigma vor: Wir sollten uns künftig als Manager der Resilienz unter unsicheren Umweltbedingungen verstehen.

Der WWF, eine der größten internationalen Umweltorganisationen, kommt in seinem Report *Living Planet 2018* zum selben Schluss: „Eine zukünftige menschliche Entwicklung ist ohne ökologisch vielfältige, funktionsfähige und damit nachhaltig nutzbare Ökosysteme kaum möglich."[16] Um den ökologischen Zustand der Erde zu messen, hat der WWF einen Gradmesser mitentwickelt, den Living Planet Index, der zeigt, wie sich die Bestände von Wirbeltieren weltweit entwickeln, also von Säugetieren, Vögeln, Fischen, Reptilien und Amphibien. Untersuchungen über mehr als 16 000 Populationen und 400 Arten sind in diesen Index eingeflossen, und das Ergebnis ist ähnlich niederschmetternd wie die Krefelder Studie: Überall Niedergang. Für die Zeit von 1970 bis 2014 hat der WWF einen Rückgang um 60 Prozent errechnet. Über vierzig Jahre lang sind die Bestände zurückgegangen, am stärksten in den achtziger und neunziger Jahren. Wer mag, kann sich am Ende des Tunnels wähnen, denn mit der Jahrtausendwende scheint der Absturz etwas gebremst.

Doch für Optimismus gibt es keinen Grund, denn neben die leicht sinkende Sterberate der Wildtiere hat der WWF eine lange Reihe von Graphiken gestellt, die allesamt in die andere Richtung weisen: steil nach oben. Sie zeigen, was die Forscher der schwedischen Forschungseinrichtung Stockholm Resilience Center als „Die Große Beschleunigung" bezeichnen, nämlich ein exponentielles Wachstum von so gut wie allem, was die Menschen weltweit tun: Dünger- und Wasserverbrauch, Energienutzung, Verkehr, große Staudämme, internationaler Tourismus und so weiter.[17] Alle diese Graphen folgen der gleichen Form. Bis etwa in die fünfziger Jahre steigen sie leicht an und ziehen dann steil nach oben. Nur zwei der vielen Kurven zeigen seit einigen Jahren wieder abwärts: Einmal die für den Ozonverlust in der Stratosphäre (denn bei der Bekämpfung des Ozonlochs hat wissenschaftliche Erkenntnis wunderbarerweise zu wirkungsvollem politischem Handeln geführt) und

---

16 WWF, Living Planet Report 2018, deutsche Kurzfassung, S.11, https://wwf.panda.org.
17 Vgl. Steffen Will u.a., The trajectory of the Anthropocene. The Great Acceleration, in: „The Anthropocene Review 2", 1/2015.

zweitens die Entwicklung des Meeresfischfanges. Aber das liegt nicht etwa an gelungener *marine stewardship*, also an einem verantwortungsvollen koordinierten Vorgehen der Fischerei, schreibt Will Steffen vom Stockholm Resilience Center, sondern schlicht und einfach an der Erschöpfung der weltweiten Fischbestände. Mit immer mehr Aufwand wird immer weniger aus dem Wasser gezogen, einfach weil nichts mehr da ist.[18]

Der WWF hat noch mehr von diesen Steilkurven zusammengestellt: Konzentration von Kohlendioxid, Stickoxid und Methan in der Atmosphäre, Versauerung der Meere, Stickstoffeintrag in Küstengewässer, Schädigung der Biosphäre. Die Muster zeigen: Wir kommen da nicht raus. Das menschliche Handeln findet unmittelbaren und messbaren Niederschlag in den natürlichen Stoffkreisläufen. Willkommen im Anthropozän!

Der WWF hat zusammen mit Wissenschaftlern vom Tyndall Centre for Climate Change an der University of East Anglia analysiert, wie sich der Klimawandel auf die ohnehin schon gefährdete Biodiversität auswirken wird, und die Lektüre zeigt, dass beide Entwicklungen zusammengedacht werden müssen. Die Umweltschützer haben dazu 35 Schüsselregionen ausgewählt, in denen die Biodiversität besonders hoch ist. Manche Regionen werden stärker, andere weniger betroffen sein. Doch insgesamt sind die Aussichten trübe: „Bei einer Erwärmung um 4,5 °C sind fast 50 Prozent aller derzeit in den Schlüsselregionen beheimateten Arten vom lokalen Aussterben bedroht", schreiben die Forscher. „Selbst wenn wir den Anstieg der weltweiten Durchschnittstemperatur auf 2 °C begrenzen können, verlieren nach den Vorhersagen viele Schlüsselregionen einen bedeutenden Anteil ihrer Arten, für die sich das Klima nicht mehr eignet. Selbst beim Zwei-Grad-Szenario sind fast 25 Prozent der Arten in den Schlüsselregionen vom lokalen Aussterben bedroht."[19] Vor allem Pflanzen werden Schwierigkeiten haben, sich schnell genug an die gestiegenen Temperaturen anzupassen. Eine natürliche Ausbreitung in passende Klimaregionen könnte den gefährdeten Arten helfen, aber dafür brauchen die Pflanzen Korridore, auf denen sie sich ausbreiten können. Dabei geht es nicht darum, ob ein seltenes Pflänzchen irgendwo blüht oder nicht, sondern um tiefgreifende Veränderungen von Ökosystemen. Die Klimaforscher des Tyndall Centres und ihre Kollegen vom WWF kommen zum gleichen Schluss wie Rockström und Kendall und Ripple und zwei Generationen von besorgten Wissenschaftlern: Es geht ums Ganze. Wir müssen was tun. Und zwar jetzt.

Was wir tun müssen

Die gute Nachricht ist: Es gibt einen großen Konsens unter Wissenschaftlern und Naturschützern darüber, welche Regelungen es bräuchte, um Biodiversität nicht nur an einzelnen Orten, sondern überall zu bewahren. Das gemein-

---

18 Vgl. ebd., S. 10.
19 WWF, Artenschutz in Zeiten des Klimawandels: Die Auswirkungen der Erderhitzung auf die biologische Vielfalt in den WWF Schlüsselregionen, www.wwf.de, 2018.

same Gutachten zum flächenwirksamen Insektenschutz, verfasst vom Sachverständigenrat für Umweltfragen und vom Wissenschaftlichen Beirat für Biodiversität und genetische Ressourcen sei nur als ein prominentes Beispiel genannt. Der Sachverständigenrat berät die Bundesregierung, der Beirat das Bundeslandwirtschaftsministerium, beides sind also Gremien mit Gewicht. Die wichtigsten Forderungen der beiden Räte: Wir müssen die Agrarförderung an ökologischen Belangen ausrichten. Wir müssen vielfältige Landschaftsstrukturen fördern. Wir brauchen weniger Pflanzenschutzmittel und Nährstoffeinträge. Wir müssen die bestehenden Schutzgebiete stärken, die künstliche Beleuchtung verringern und den Flächenverbrauch reduzieren.

Und auch die politischen Instrumente, die wir zur Umsetzung dieser Forderungen bräuchten, sind längst bekannt. Es gibt sehr viele gute Vorschläge, mit welchen Steuerungsinstrumenten die uralten Prinzipien des Umweltrechts – das Vorsorgeprinzip und das Verursacherprinzip – endlich angewendet werden könnten, damit die Biodiversität und Nachhaltigkeit generell flächendeckend über die guten einzelnen Projekte hinaus gestärkt werden kann.

Das erste und wichtigste wäre eine grundsätzliche Biodiversitätsprüfung für alle neuen Gesetze, Verordnungen, Durchführungsbestimmungen und für sämtliche staatlichen Subventionen und Wirtschaftsförderungsmaßnahmen. Es ist offensichtlich, dass Gesellschaften dauerhaft nur in einer stabilen Umwelt überleben können, und es ist ebenso offensichtlich, dass unser politisches System diesem langfristigen Überlebensziel bis jetzt nicht genug Rechnung trägt. Eine verbindliche Biodiversitäts- und- Nachhaltigkeitsprüfung würde deshalb besser gewichten, was systemrelevant und überlebenswichtig ist und was nicht. Alles, was als *too important to fail* eingestuft würde, müsste dann politischen Vorrang haben und dürfte nicht gefährdet werden. Wenn wir die planetaren Grenzen nicht noch weiter überschreiten wollen, muss die Umwelt- und Ressourcenpolitik künftig den Rahmen für alle anderen Ressorts festlegen. Die planetaren Grenzen müssen der Maßstab für alle zukünftige Politik sein.

Bolsonaros Brasilien: Die Vernichtung der grünen Lunge

Von **Julia Schweers**

Dem Amazonas droht der Kollaps: Die Fläche des größten Tropenwaldes der Erde könnte schon bald so stark schrumpfen, dass er nicht mehr genug Regen produziert, um sich selbst am Leben zu erhalten. Die Folgen wären dramatisch – und zwar nicht nur für den größten Amazonas-Staat, Brasilien, sondern für das gesamte Weltklima. Denn wenn die „grüne Lunge des Planeten" stirbt, setzt das mehrere Milliarden Tonnen Kohlenstoffdioxid frei.[1] Und ist der Wald einmal vernichtet, kann er auch kein weiteres CO_2 speichern. Das würde einen Teufelskreis in Gang setzen: Die CO_2-Konzentration in der Luft würde sich verdoppeln, die Temperaturen würden weltweit stärker steigen, und Wasserzyklen kämen so ins Schleudern, dass verheerende Dürren und Überschwemmungen zum Alltag gehörten.[2]

Das Erschreckende: Von solch einem Worst-Case-Szenario sind wir gar nicht weit entfernt. Das haben spätestens die Waldbrände im brasilianischen Amazonas vom Sommer 2019 mit aller Wucht vor Augen geführt. Durch massive Brandrodungen, gepaart mit Trockenheit, loderten zeitweilig 150 000 Feuer gleichzeitig – und zwar vor allem im Westen Brasiliens, wo bislang der Amazonas-Tropenwald am unberührtesten war. Für ein paar Wochen machten die Bilder des brennenden Regenwaldes Schlagzeilen. Dabei entstanden die Feuer nicht aus heiterem Himmel. Vielmehr haben sich die Ereignisse des Sommers 2019 schon lange zuvor abgezeichnet. Spätestens mit der Amtseinführung des brasilianischen Präsidenten Jair Bolsonaro im Januar 2019 schien das Schicksal des Amazonas besiegelt.

Zerstörung mit Ansage

Denn Bolsonaro hatte seinen Wahlerfolg nicht zuletzt einer Gruppe zu verdanken: der in Brasilien äußerst mächtigen Agrarlobby. Das zeigt auch sein besonders starkes Abschneiden im agrarisch geprägten und zugleich noch bewaldeten Westen Brasiliens. In den Bundesstaaten Mato Grosso und Rondônia erhielt er im zweiten Wahlgang teilweise sogar über 70 Prozent der

---

1 Vgl. Dom Phillips, Amazon rainforest ‚close to irreversible tipping point', in: „The Guardian", 23.10.2019.
2 Vgl. Tom Crowther, Stirbt der Amazonas, droht eine Klimakatastrophe, www.derbund.ch, 23.8.2019.

Stimmen. Zwar hat auch hier sicherlich die Klaviatur der Ängste aus Rassismus, Sexismus und Homophobie gewirkt, derer sich der Rechtsextremist bediente. Vor allem aber erklärt sich das Wahlergebnis aus den materiellen Erwartungen seiner dortigen Wählerschaft. Denn die Landwirte erhoffen sich von Bolsonaro vor allem eins: dass er die Politik des Naturschutzes und der Respektierung der Rechte indigener Völker – so unvollkommen diese zuvor auch immer waren – beendet und den weiteren Raubbau an der Natur legalisiert.

So versprach denn auch Bolsonaro im Wahlkampf, „keinen Zentimeter" der Reservate der traditionell lebenden indigenen Bevölkerung übrig zu lassen. Diese umfassen gut ein Zehntel des brasilianischen Territoriums und große Teile des Amazonas-Regenwaldes und schützten den Wald bislang mehr oder minder gut vor Ausbeutung und Zerstörung durch Landwirtschaft und Bergbau. Dieses zentrale Wahlversprechen scheint Bolsonaro seitdem mit aller Kraft einlösen zu wollen. Bolsonaro gelobte außerdem, es US-Präsident Donald Trump gleichzutun und aus dem Pariser Klimaabkommen auszutreten. Zwar fügte er später einschränkend hinzu, diesen Schritt nur gehen zu wollen, falls er die Hoheitsgewalt Brasiliens durch das internationale Abkommen gefährdet sehe. Doch was genau damit gemeint ist, bleibt der Phantasie überlassen. In dieser Hinsicht bietet auch die Berufung des brasilianischen Außenministers Ernesto Araújo keinen Grund zur Hoffnung: Der Diplomat hält den Klimawandel für eine Verschwörung „kultureller Marxisten", die das Wachstum westlicher Wirtschaften zu bremsen und das von China anzukurbeln versuchten.[3]

Zwar hält Brasilien bislang zumindest formal am Abkommen fest, es stellt sich jedoch die Frage, wie lange noch. Denn spätestens seit der Brandkatastrophe 2019 demonstriert die Regierung Bolsonaro ihren absoluten Unwillen, die vereinbarten Ziele überhaupt weiter anzustreben: Im Klimaabkommen hatte sich die Vorgängerregierung verpflichtet, die illegale Abholzung des Amazonas bis 2020 zu stoppen und bis 2030 eine Fläche von 120 000 Quadratkilometern wieder aufzuforsten. Genau das wäre auch dringend nötig, um den globalen Klimawandel noch zu begrenzen. Denn Wälder sind der größte CO_2-Speicher der Erde. Schätzungen des Weltklimarats zufolge sind rund zwölf Prozent der weltweiten Kohlendioxid-Emissionen allein auf den Verlust an CO_2-speichernden Wäldern zurückzuführen. Und in Brasilien war sogar schon vor den Bränden von 2019 die Abholzung für die Hälfte des Kohlendioxid-Ausstoßes verantwortlich. Wie viel höher der Anteil nach der Brandkatastrophe liegt, ist bisher noch nicht absehbar.

Ein drittes Wahlversprechen Bolsonaros war die Abschaffung des Umweltministeriums und dessen Integration in das Ministerium für Landwirtschaft. Zwar war dieses Vorhaben schon kurz nach der Wahl wieder vom Tisch – denn Kritik kam nicht nur von Umweltschützern, sondern auch aus der Landwirtschaft. Zu unterschiedlich seien die Aufgaben der beiden Ministerien, um sie zusammenzulegen, hieß es. Jedoch demontiert Bolsonaro seit

---

3 Vgl. Jonathan Watts, Brazil's new foreign minister believes climate change is a Marxist plot, in: „The Guardian", 15.11.2018.

Amtsbeginn stattdessen die staatliche Behörde für Indigenenschutz, Funai (Fundação Nacional do Índio), indem er nach und nach seine Leute in entsprechende Positionen bringt und so die Behörde zur „Anti-Indigenen-Organisation" umformt.[4] Auch hier ist offensichtlich, woher der Wind weht: Es geht um die Lockerung von Umweltauflagen und Kontrollen im Sinne der Agrarwirtschaft.

Diese hat sich seit der wirtschaftsliberalen Reform der Landwirtschaft in den 1990er Jahren eine starke Verhandlungsmacht in Brasilien gesichert, und zwar auf zweierlei Weise: Zum einen setzten internationale Agrarkonzerne wie Monsanto vermehrt auf den Abschluss von öffentlich-privaten Partnerschaften. Zum anderen ist es ihnen gelungen, eigene Interessenvertreter in höchsten politischen Ämtern zu platzieren. So ist Blairo Maggi, der ehemalige Agrarminister und frühere Senator des Bundesstaats Mato Grosso, zugleich Geschäftsführer der Amaggi Group, des weltweit größten Sojaproduzenten und -exporteurs.

Brasiliens innerer Kolonialismus

Die Agrarwirtschaft ist also schon lange politisch einflussreich. Die ganz besondere Nähe der Landwirte zu Bolsonaro beruht allerdings auf ihrer Verbundenheit zur Militärdiktatur, die zwischen 1964 und 1985 in Brasilien herrschte. Schließlich war sie es, die den Aufbruch der Landwirte in den Westen Brasiliens überhaupt erst ermöglicht hat. In den 1960er Jahren setzte sie ein staatliches Modernisierungsprogramm auf, durch das der armen Bevölkerung preiswert Land zur Bewirtschaftung zur Verfügung gestellt werden sollte, und legte damit den Grundstein für die Kolonialisierung, sprich Rodung und Urbarmachung des Amazonasgebietes. Unter dem Slogan „Land ohne Menschen für Menschen ohne Land" siedelte das eigens dafür gegründete „Amt für Kolonialisierung und Agrarreform" zwischen Mitte der 1960er und Mitte der 1990er Jahre 16 219 Familien allein nach Mato Grosso um.[5] Zugleich verkaufte es im selben Bundesstaat bis 1990 rund vier Mio. Hektar Land an Privatinvestoren, die ihrerseits Land an die Siedler verpachteten. Die größte Siedlergruppe stellten jedoch jene Glücksritter, die abseits legaler Wege ihre Chance im Wilden Westen Brasiliens suchten. Im Zuge der Abholzungen für Städtebau, Autobahnen, Felder und Weideflächen kamen viele indigene Gruppen zum ersten Mal in Kontakt mit dem Rest der Welt. Für die Indigenen brachte dies nicht nur die verheerende Ansteckung mit für sie neuen Krankheiten mit sich, sondern vielfach auch die euphemistisch als „Umsiedlung" titulierte Vertreibung.

Der Bundesstaat Mato Grosso – dessen Name so viel heißt wie „dichtes Unterholz" – hat sich seitdem zum größten Sojaproduzenten Brasiliens entwi-

---

4 Milibi Figueiredo, ‚Funai está sendo transformada em agência contra índios', dis director exonerado, www.brpolitico.com.br, 16.10.2019.
5 Vgl. Lisa Rausch, Convergent Agrarian Frontier in the Settlement of Mato Grosso, Brazil, in: „Historical Geography", 42/2014, S. 276-297, hier: S. 280.

ckelt. Und Soja ist mittlerweile, angetrieben durch die große Nachfrage nach Futtermitteln aus China, Brasiliens mit Abstand wichtigstes Exportgut – mit einem Exportwert von rund 19 Mrd. US-Dollar jährlich.[6]

Von mangelhaft zu abgeschafft

Doch die konventionelle Landwirtschaft, mittels derer das Soja angebaut wird, gleicht einem Teufelskreis, der die Abholzung des Regenwaldes immer weiter befeuert. Denn die dünne tropische Humusschicht ist schnell ausgelaugt und von dem einst dunklen Boden bleibt nur staubig gelber Sand übrig. Um konkurrenzfähig zu bleiben, muss also den sinkenden Erträgen entgegengewirkt werden: entweder, indem neues Land durch Waldrodungen urbar gemacht wird oder durch Investitionen in ertragreicheres hybrides Saatgut und in Düngemittel. Letzteres ist deutlich kostenintensiver. So machen die Ausgaben für Saatgut, Düngemittel und Pestizide – die von internationalen Großkonzernen stammen – mittlerweile mehr als die Hälfte der Produktionskosten aus, deutlich mehr also als die menschliche Arbeitskraft, deren Anteil bei nur drei Prozent der Produktionskosten liegt.[7]

Obgleich die brasilianische Regierung ab 1988 die illegale Abholzung des Regenwaldes zu kontrollieren versuchte, scheiterte die Durchsetzung auch schon vor Bolsonaro allzu oft an dezentralen, uneinheitlichen Zertifizierungssystemen für legale Rodung – und an Korruption.[8] Auch das Moratorium von 2006, in welchem sich internationale Rohstoffhändler verpflichteten, auf den Kauf von auf illegal gerodeten Flächen angebautem Soja zu verzichten, hatte nicht den erhofften Erfolg: Das belegen Satellitenaufnahmen, die zahlreiche Neurodungen dokumentieren. Durch den Verkauf über Zwischenhändler ist es außerdem ein Leichtes, die Herkunft der Ernte zu vertuschen und also auch das auf illegal gerodeten Flächen angebaute Soja zu verkaufen.[9] Immerhin sank die jährlich abgeholzte Fläche zwischen den Jahren 2004 und 2014 – also während der Amtsjahre der brasilianischen Arbeiterpartei PT – von 27 000 auf 5000 Quadratkilometer, wie die Daten des brasilianischen Nationalen Instituts für Raumforschung INPE zeigen. Doch schon unter Dilma Rousseff, obgleich auch von der PT, nahm die Rodung wieder zu; nicht zuletzt aufgrund spärlicher Kontrollen.[10]

Bereits vor der Wahl Bolsonaros waren also die Bedingungen für den Schutz des brasilianischen Amazonasgebiets alles andere als optimal. Und schon zum Zeitpunkt seines Amtsantritts waren die ökologischen Folgen der Kolonialisierung des Amazonasgebiets erschreckend: Allein der Bundesstaat Rondônia war schätzungsweise zu 43 Prozent gerodet. Doch unter Bolsonaro

---

6 Vgl. The Observatory of Economic Complexity, Brazil, www.atlas.media.mit.edu.
7 Vgl. Antonio A. Ioris, Encroachment and Entrenchment of Agro-Neoliberalism in the Centre-West of Brazil, in: „Journal of Rural Studies", 51/2017, S. 15-27, hier: S. 21.
8 Vgl. Greenpeace, Imaginary Trees, Real Destruction, www.greenpeace.org, 20.3.2018.
9 Vgl. C. A. Silva und Mendelson Lima, Soy Moratorium in Mato Grosso: Deforestation undermines the agreement, in: „Land Use Policy" 71/2018, S. 451f.
10 Vgl. Tjerk Brühwiller, Brasiliens Präsident Bolsonaro: Kommandant der Kettensägen, in: „Frankfurter Allgemeine Zeitung", 5.11.2018.

beschleunigt sich die Abholzung enorm. Allein in den ersten sechs Monaten seiner Amtszeit wurden 60 Prozent mehr Fläche des Amazonasgebiets zerstört als noch im Vorjahr. Ein Vergleich aktueller Vegetationskarten Brasiliens mit jenen der 1950er und 1970er Jahre zeigt auf eindrückliche Weise, wie die Versteppung des Landes selbst in den tropischen Niederschlagszonen des Amazonasgebiets immer weiter fortschreitet.[11] Die klimatischen Folgen dieses Verlustes sind längst spürbar: Allein zwischen 2012 und 2017 stieg die Durchschnittstemperatur in Nord-Rondônia um zwei Grad Celsius.[12] Bereits 2005 erlebte das Amazonasbecken eine ausgeprägte Dürre, die damals als Jahrhundert-Dürre bezeichnet wurde. Nur fünf Jahre später, 2010, ereignete sich jedoch abermals eine Dürre gleichen Ausmaßes. Dass solche Trockenperioden in den Tropen im direkten Zusammenhang mit der Abholzung stehen, belegt auch eine Studie des Potsdamer Instituts für Klimafolgenforschung. Die Forscher konnten zeigen, wie der Waldverlust den Wasserkreislauf des Amazonaswaldes aus dem Gleichgewicht bringt und somit regionale Trockenheit verstärkt – was wiederum ein weiteres Fortschreiten des Waldsterbens zur Folge hat.[13]

Doch Umweltschutz ist in Brasilien lebensbedrohlich, und das schon vor Bolsonaro: Über 100 Indigene wurden in den vergangenen Jahren jährlich in Brasilien im Zusammenhang mit Landnahme ermordet.[14] Und mit der Naturzerstörung unter Bolsonaro nimmt das Morden neue Ausmaße an; ganze Dörfer wurden seitdem ausgelöscht. Schon 2017 stellte Brasilien nicht zum ersten, und wahrscheinlich auch nicht zum letzten Mal einen traurigen Rekord auf: Nirgendwo sonst auf der Welt wurden so viele Umweltschützerinnen und Umweltschützer ermordet.[15] Dass Bolsonaro angesichts dieser Entwicklungen plötzlich einlenkt, ist kaum vorstellbar. Dabei machen Temperaturanstieg und Trockenheit im Südosten des Landes auch den Landwirten zu schaffen. Allenfalls könnte ein Sinneswandel in Richtung Klimaschutz früher oder später also von Brasiliens Landwirten selbst ausgehen. Darauf allerdings sollten sich Klimaschützer wie die internationale Staatengemeinschaft keinesfalls verlassen. Sie müssen Druck auf Brasilien ausüben. Wirtschaftssanktionen sind dabei jedoch keine Lösung, im Gegenteil: Die in der Folge der Brandkatastrophe eingefrorenen internationalen Hilfsgelder für den Amazon Fund, Brasiliens Fond für Waldschutz, schwächen erst recht die Umweltaktivisten vor Ort und kommen so letztlich Bolsonaro und der Agrarlobby zugute. Stattdessen sollte die internationale Gemeinschaft erst recht mehr Geld in die Hand nehmen für den Naturschutz in Lateinamerika und zeigen, dass sie mehr kann, als sich zu empören.

11 Vgl. Richard Dehmel (Hg.), Diercke Weltatlas, Braunschweig 1967 [1957], S. 140; Ferdinand Mayer (Hg.), Diercke Weltatlas, Braunschweig 1974, S. 163; National Geographic Society (Hg.), Concise Atlas of the World, Washington D.C. 2012, S. 42.
12 Vgl. Dom Phillips, Bolsonaro backers wage war on the rainforest, in: „The Guardian", 25.10.2018.
13 Vgl. Delphine C. Zemp et al., Teufelskreis aus Dürre und Waldverlust am Amazonas, www.pik-potsdam.de, 23.3.2017.
14 Vgl. Relatório aponta 53 mortes em MS de indígenas envolvendo conflitos no campo e desnutrição de crianças, https://g1.globo.com, 30.9.2018.
15 Vgl. Jonathan Watts, Almost four environmental defenders a week killed in 2017, in: „The Guardian", 2.2.2018.

Ein Meer aus Plastik: Die Vermüllung unserer Ozeane

Von **Nadja Ziebarth**

Ein Leben ohne Plastik scheint heutzutage kaum mehr vorstellbar. Von der Zahnbürste über den Computer bis zur Folienverpackung der Biogurke im Supermarkt sind wir von Plastik umgeben. Der überwiegend aus Erdöl hergestellte Kunststoff ist so selbstverständlich in unserem Leben, dass wir meist nicht darüber nachdenken, wo wir ihn überall benutzen – und welche Folgen das hat. Kein Wunder – Produkte und Verpackungen aus Plastik sind langlebig, billig und leicht. Doch die extreme Haltbarkeit erweist sich am Ende als Fluch: Denn werden die Plastikteile nicht recycelt, sondern landen auf der Straße oder im Meer, braucht es mehrere hundert Jahre, bis sich das Material zersetzt hat. Bis dahin bleiben sie in der Umwelt und richten Schaden an. Dennoch wächst die Produktion Jahr für Jahr: Bis 2020 gehen Schätzungen von jährlich 500 Mio. Tonnen neuer Plastikprodukte aus; das entspricht im Vergleich zu den 1980er Jahren einem Anstieg um 900 Prozent.[1] Ironischerweise wuchs damit parallel zum Anstieg des ökologischen Bewusstseins ausgerechnet der Einsatz von Kunststoffen.

Diese enormen Mengen an Plastik werden jedoch nur in den wenigsten Teilen der Welt ordentlich entsorgt und recycelt: Viel öfter gelangen die Abfälle über die Küstenregionen, Flüsse, durch Überschwemmungen oder direkt auf See in die Meere. Zwar gibt es in Deutschland keine offenen Mülldeponien mehr, aber in vielen anderen Meeresanrainerstaaten sind sie noch weit verbreitet. So weht der Wind Müllreste bis in die Flüsse und Meere. Auch Folien, die in der Landwirtschaft verwendet werden, finden den Weg ins Meer – durch Stürme oder unsachgemäße Entsorgung. Ein 2013 im Mittelmeer geborgener toter Pottwal enthielt in seinem Magen ganze 17 Kilo Plastik in 59 verschiedenen Plastikteilen, darunter insgesamt 30 Quadratmeter dicke Plastikfolie. Teile davon stammen mit großer Wahrscheinlichkeit aus der Landwirtschaft, wo die Folie dazu führt, dass Insekten und Wildpflanzen weniger Lebensraum zur Verfügung steht.

Aber auch Alltagsgegenstände und -verpackungen gelangen vielfach in die Meere: die nach kurzem Gebrauch weggeschmissene Plastiktüte, am Strand liegengelassene Plastikflaschen oder der Coffee-to-go-Becher aus dem übervollen Mülleimer am Flussufer. Achtlosigkeit, Abfallbehälter, die

---

1 Vgl. Michael Weiland, Genug Geredet. Greenpeace-Aktivisten protestieren bei Marine Litter Conference in Bremen, www.greenpeace.de, 1.6.2017.

nicht vor Tieren geschützt sind, oder auch zerrissene Gelbe Säcke sorgen selbst in Ländern mit einer funktionierenden Müllentsorgung dafür, dass Müll in der Umwelt landet. Jede Ware, die in Kunststoffen verpackt ist, birgt somit die Gefahr, dass alltägliche Materialien in die Umwelt und letztlich ins Meer gelangen.

So finden sich am Strand häufig auch Reste von Luftballons. Nach einer Bewertung der Organisation *Ocean Conservancy*, die Müllsammelaktionen am *International Coastal Cleanup Day* auswertete, nehmen diese den dritten Platz des an Stränden angespülten Meeresmülls ein, getoppt nur von Plastiktüten und Fischernetzen.

Die Fischerei und Handelsschifffahrt, Freizeitschiffe, Offshore-Anlagen und Aquakulturen für Zuchtfische sorgen ihrerseits für Müll in den Meeren. Zwar ist es nach den Regularien der Internationalen Maritimen Organisation (IMO) verboten, Abfälle über Bord zu werfen. Allerdings können einige Fundstücke bei Strandräumungsaktionen eindeutig auf die Schifffahrt zurückgeführt werden. Dazu kommen die zahlreichen Netzteile, die beispielsweise an den Nordseeküsten gefunden werden. Sie deuten darauf hin, dass die Fischerei einen erheblichen Anteil des Plastikmülls in den Meeren verursacht. Bis die Netze am Strand gefunden werden, sind sie meist schon über längere Zeiträume als sogenannte Geisternetze durchs Wasser getrieben.

Müll gelangt auch dadurch in die Meeresumwelt, dass Container auf See oder beim Verladen über Bord gehen: Auf den Weltmeeren sind im Durchschnitt 40 000 Handelsschiffe unterwegs, die meisten davon sind Frachtcontainer, die 90 Prozent des weltweiten Warenverkehrs transportieren. Pro Tag befinden sich auf den Gewässern rund um den Globus fünf bis sechs Mio. Container. Davon gehen jährlich geschätzte 1600 Container samt Inhalt bei Schiffshavarien oder Sturm über Bord. Beispielsweise spülte die Nordsee nach den diesjährigen Winterstürmen im Januar massenhaft Überraschungseierkapseln und Legoteile auf der niedersächsischen Insel Langeoog an. Tagelang waren zahlreiche Helferinnen und Helfer damit beschäftigt, den Strand zu säubern. Darüber hinaus fanden sich Räder, Möbelteile und Star-Wars-Figuren, Kabel, Plastikstreifen und sogar Gestelle von Kinderwagen.[2]

Mehr Müll als Plankton

Insgesamt wird der jährlich in die Weltmeere gelangende Müll auf zehn Millionen Tonnen geschätzt – das entspricht durchschnittlich einer LKW-Ladung pro Minute. Drei Viertel des Mülls, der am Strand gefunden wird, besteht aus Plastik in allen Größen, von Mikroplastik bis zu langen Fischernetzen. Weil Plastik enorm langlebig ist und 300 bis 450 Jahre braucht, um zu verrotten, ist er zu einer kumulativen Bedrohung für die Meeresumwelt geworden. Schätzungen gehen davon aus, dass 70 Prozent des Mülls auf den Meeresboden sin-

---

2 Ü-Eier am Strand von Langeoog, www.tagesschau.de, 7.1.2017.

ken, verteilt von den Polarregionen bis zur Tiefsee. Weitere 15 Prozent befinden sich in Bewegung in der Wassersäule, also allen Wasserschichten, und ein weiterer Anteil von 15 Prozent an den Stränden. Eine Ausnahme von dieser Verteilung bilden riesige Müllstrudel, bei denen Abfälle durch Strömungen zusammengetrieben werden. Dort schwimmen laut Hochrechnungen sechsmal mehr Plastikteile als Planktonorganismen. Sie bedecken riesige Flächen im Meer und sind mittlerweile schon vom Weltraum aus zu erkennen.[3]

Die Auswirkungen des Plastikmülls auf die Ökosysteme des offenen Meeres und des Meeresbodens sind immens. Mehr als 663 Tierarten sind von der Verschmutzung betroffen; weltweit sterben jährlich eine Million Vögel und 100 000 Meeressäuger daran. Die Tiere verheddern sich im Plastikmüll oder verwechseln Plastikteile im Meer mit Nahrung. Die Folgen sind Verletzungen, Strangulationen und plastikgefüllte Mägen, aufgrund derer die Tiere verhungern, weil sie keine weitere Nahrung mehr aufnehmen können. 94 Prozent der Eissturmvögel in der Nordsee hatten laut einer Studie verschluckten Meeresmüll in ihren Mägen, im Durchschnitt waren es 27 Partikel pro Vogel.[4] Da der Eissturmvogel auf See lebt und somit seine Nahrung ausschließlich aus dem Meer stammt, dienen die Totfunde der Vögel als Indikator für die Müllbelastung der Nordsee und des Nordostatlantiks.

Neben dem offensichtlichen Plastikmüll, den wir an unseren Küsten, Flussufern und in den Meeren finden, belasten mikroskopisch kleine Kunststoffteile die Gewässer, das sogenannte Mikroplastik. Darunter werden feste, unlösliche und nicht biologisch abbaubare synthetische Polymere (Kunststoffe) verstanden, die kleiner als fünf Millimeter sind. Sogenanntes sekundäres Mikroplastik entsteht beim Zerfall größerer Kunststoffteile durch Wellenbewegung und Sonneneinstrahlung. Das im Verwitterungsprozess immer kleiner werdende Plastik bleibt so über Jahrhunderte in den Meeren und wird mit den Strömungen verbreitet.

Vom Badezimmer ins Meer: Mikroplastik in Kosmetika

Doch Kunststoff steckt nicht nur dort, wo er auf den ersten Blick erkennbar ist: Auch in Sonnencremes, Duschgel und Wimperntusche finden sich sogenannte primäre Mikrokunststoffe, in fester, flüssiger, wachs- oder gelartiger Form – auch diese gelangen irgendwann über das Abwasser zum Teil in den Wasserkreislauf. Die Kosmetik- und Körperpflegeindustrie setzt diese synthetischen Polymere in einer Vielzahl von Produkten ein. Synthetische Polymere dienen unter anderem als Peelingpartikel, Bindemittel, Filmbildner und Füllmittel in Shampoos, Peelings und dekorativer Kosmetik.[5] Der Kunststoffgehalt in einem Produkt kann zwischen weniger als einem und mehr als 90 Prozent variieren.

3 Vgl. dazu auch Mengen und Verbreitung von Müll und Mikroplastik im Meer, http://litterbase.awi.de.
4 Vgl. Nils Guse, Stefan Weiel, Nele Markones und Stefan Garthe, OSPAR Fulmar Litter EcoQO – Masse von Plastikmüllteilen in Eissturmvogelmägen, Kiel 2012, www.bfn.de.
5 Vgl. BUND, Einkaufsratgeber „Mikroplastik – Die unsichtbare Gefahr", Berlin 2017, www.bund.net.

Diese Kunststoffe unterliegen einer Größenklasseneinteilung, die von Millimeter über Mikrometer bis in den Nanometerbereich reicht. Ab einer Größe von unter 1000 Nanometer wird von Nanomaterialien gesprochen. Diese werden aufgrund ihrer Beschaffenheit als besonders kritisch angesehen: Es ist nicht ausgeschlossen, dass sie über die Haut aufgenommen oder eingeatmet werden können und dass sie im Körper unerwünschte Reaktionen hervorrufen oder den Hormonhaushalt beeinflussen können.[6] Nachdem diese potentiellen Risiken lange Zeit unbeachtet blieben, unterliegen Nanopartikel – anders als Mikroplastik – inzwischen immerhin einer Deklarationspflicht bei Kosmetika. Doch leider geht aus den Inhaltsstoffangaben der Hersteller weder die Größe noch die Formmasse der verwendeten synthetischen Polymere hervor.

Alle Polymerstrukturen sind empfindlich gegenüber Umwelteinflüssen, beispielsweise Salzgehalten, was unter anderem zu Verklumpungen führen kann und deren Umweltverhalten verändert. Da Abbauwege und Umweltauswirkungen von flüssigen Kunststoffen ungeklärt sind und ein nachträgliches Entfernen aus der Umwelt nicht möglich ist, muss gemäß dem Vorsorgeprinzip verhindert werden, dass diese in die Umwelt gelangen – doch von verbindlichen gesetzlichen Vorgaben sind wir hierzulande noch weit entfernt.

Zwar wird die Problematik des Mikroplastiks in Kosmetikprodukten seit drei Jahren politisch und öffentlich diskutiert. Der BUND hat damals bereits ein EU-weites Verbot von Mikroplastik in Kosmetika gefordert. Das Bundesumweltministerium verabredete jedoch stattdessen in Gesprächen mit Kosmetikherstellern eine freiwillige Vereinbarung zum Ausstieg aus dem Einsatz von Mikroplastik. Der Inhalt dieser Vereinbarung blieb allerdings unveröffentlicht, daher ist sowohl der genaue Wortlaut als auch der Zeitpunkt des Ausstiegs nicht bekannt. Im Jahr 2014 hatten einige Hersteller diesen für 2016 angekündigt. Aktuell wird der Ausstieg auf 2020 datiert. Um zu überprüfen, ob der Anteil an Kosmetika mit Mikroplastik zwischen 2014 und 2016 abgenommen hat, wurden in einer Studie die gesammelten Daten der „Codecheck"-App ausgewertet. Codecheck zeigt Verbraucherinnen und Verbrauchern über den Barcode der Produkte deren Inhaltsstoffe an und bewertet sie. In dieser Mikroplastik-Studie wurden insgesamt rund 103 000 Kosmetikprodukte (44 386 in 2014 und 58 404 in 2016) aus 19 Kategorien untersucht. Zahnpasta fand keine Berücksichtigung, da sie mittlerweile kein Mikroplastik mehr enthält – ein positives Beispiel dafür, dass der Ausstieg aus Plastik als Inhaltsstoff von Kosmetika gelingen kann. Das zeigen auch die Hersteller zertifizierter Naturkosmetik, die generell auf Mikroplastik verzichten.[7]

Doch bei konventioneller Kosmetik ist kein großer Fortschritt zu verzeichnen. Die Verwendung der Mikroplastikstoffe hat nicht signifikant abgenom-

---

6 Vgl. BUND, „Nanos überall, Nanotechnologie im Alltag", Berlin 2016, www.bund.net; Greenpeace, Vom Waschbecken ins Meer. Zu den Umweltfolgen von Mikrokunststoffen in Kosmetik- und Körperpflegeprodukten, Berlin.
7 Vgl. BUND, Einkaufsratgeber, a.a.O.

men: So sank zwar der Polyethylen-Anteil in Gesichtspeelings von 34 auf 30 Prozent. In den meisten anderen untersuchten Kategorien aber war sogar eine leichte Zunahme von Polyethylen zu verzeichnen. Insbesondere bei der dekorativen Kosmetik ist der Mikroplastikanteil besonders hoch. Make-ups wie Foundations, Puder oder Concealer bedecken die Haut mit einem feinen Plastikfilm verschiedenster Polymere.[8]

Auch Augenkosmetik wie Mascara, Lidschatten oder Eyeliner enthält einen oder mehrere Mikroplastikstoffe. Und auch in dekorativer Lippenkosmetik befindet sich Mikroplastik. In rund 17 Prozent der untersuchten Produkte findet sich Polyethylen. Mit vielen Duschgelen tragen sich Verbraucher ebenfalls synthetische Polymere auf die Haut. Und Mikroplastik befindet sich ebenfalls nach wie vor in Cremes und im Sonnenschutz. Etwa 12 Prozent der untersuchten Gesichtscremes beinhalten Acrylates/ C10-30 Alkyl Acrylate Crosspolymer. Und auch in 31 Prozent der untersuchten Sonnenschutzprodukte ist der Emulsionsbildner enthalten.[9]

In Deutschland werden jährlich rund 790 000 Tonnen kosmetische Mittel produziert, die zumeist täglich Verwendung finden. Laut dem Umweltbundesamt werden pro Jahr in Deutschland allein 500 Tonnen Polyethylen in Kosmetika eingesetzt, daneben gibt es noch zahlreiche weitere synthetische Stoffe wie Polyamid oder Silikone. Diese synthetischen Polymere gelangen über die lokalen Abwässer zu den Kläranlagen. Obwohl hierzulande das Wasser viele Filterstufen durchläuft, können die Anlagen Mikroplastik nur bedingt herausfiltern; zwar wird ein Teil im Klärschlamm zurückgehalten, doch ein Rest gelangt in Meere und Flüsse. Bereits behandeltes Abwasser kann noch bis zu 100 Plastikpartikel pro Liter enthalten.[10] Vor allem sehr kleine Partikel werden im Restwasser der Kläranlagen gefunden.

Mikroplastik in der Umwelt

Die wissenschaftlichen Veröffentlichungen der letzten Jahre bekräftigen die Aussage, dass Mikroplastik sowohl in Gewässern als auch Sedimenten weit verbreitet ist. Einmal im Meer angekommen, können diese Kunststoffe nicht mehr entfernt werden und belasten die Meere über Hunderte von Jahren. Mikroplastik wurde in Oberflächengewässern, Flachgewässern, in Tiefseesedimenten und in den Verdauungstrakten einer Vielzahl von Organismen in diesen Lebensräumen gefunden. Die Hauptwege von Mikroplastik ins Meer sind lokale Abwasser und Regenwasser. In der Nordsee wurden bereits 20 Partikel pro Kubikmeter gemessen, im arktischen Eis eine Million Partikel pro Kubikkilometer. Je kleiner das Mikroplastik ist, desto wahrscheinlicher ist es, dass Meeresorganismen wie Zooplankton, Muscheln, Würmer, Fische und Säugetiere dieses aufnehmen.

8 Rund 8 Prozent aller untersuchten Make-up-Produkte enthielten Polyethylen, rund 15 Prozent aller untersuchten Make-up-Produkte enthielten Nylon-12, rund 8 Prozent enthielten Polymethyl Methacrylate.
9 Vgl. Codecheck AG, Mikroplastik-Studie 2016, Zürich 2016, www.corporate.codechek.info.
10 Vgl. die umfangreichen Verweise in: BUND, Mikroplastik im Meer, Bremen 2017, www.bund.net.

Dies geschieht passiv durch Filtration oder dadurch, dass Lebewesen die Plastikpartikel für Nahrung halten bzw. Tiere fressen, die bereits Mikroplastik aufgenommen haben. Diese Kunststoffe wirken direkt und indirekt auf die Organismen ein: Sie können zu Gewebeveränderungen bzw. Entzündungsreaktionen führen, bis hin zu inneren Verletzungen und Todesfällen.[11] So zeigte sich beispielsweise, dass umherschwimmendes Mikroplastik im Wasser das Schlüpfen von Fischlarven sowie deren Verhalten und Ernährung negativ beeinflusst und auch ihre Lebenserwartung verringert.

Das aufgenommene Mikroplastik kann entlang der Nahrungskette weitergegeben werden: Abgesunkenes Mikroplastik wird durch Filtration von Wasserpflanzen aufgenommen, zum Teil wieder ausgeschieden, von Kleinstlebewesen und Fischen gefressen und über die jeweils größeren Fressfeinde immer weitergereicht. So fand eine Untersuchung Mikroplastik in 69 Prozent von rund 400 untersuchten Fischen in der Nord- und Ostsee.[12] Auch wenn dieses im Nahrungstrakt gefunden und somit zumeist nicht vom Menschen verspeist wird, ist unklar, ob damit nicht auch eine Gefahr für die menschliche Gesundheit besteht. Denn zum einen bindet Mikroplastik im Wasser befindliche Schadstoffe wie beispielsweise Pestizide wie ein Magnet an sich, die im Organismus wieder freigesetzt werden und sich im Fleisch der Tiere anreichern können. Zum anderen können sich aus den Plastikstoffen mit der Zeit chemische Zusatzstoffe lösen, die bei der Herstellung eingesetzt werden. Diese sammeln sich im Wasser und in den Lebewesen.

Bei diesen Stoffen – wie beispielsweise Bisphenol A (BPA) oder Phtalate, die als Weichmacher eingesetzt werden – handelt es sich um „endokrine Disruptoren": Sie sind hormonell wirksam und können in den Stoffwechsel von Lebewesen eingreifen. Nachdem lange Jahre die von BPA ausgehende Gefahr geleugnet wurde, ist seit 2011 immerhin ein Verbot des Stoffs in Babyflaschen europaweit gültig. Manche Länder gehen noch darüber hinaus: Dänemark etwa verbietet den Stoff auch für alle Lebensmittelbehälter für Kleinkinder, Frankreich plant ein Verbot für alle Lebensmittelverpackungen.[13] Für 2017 hat die Europäische Behörde für Lebensmittelsicherheit eine Neubewertung des Stoffs angekündigt. Bisher lieferte diese allerdings keine Ergebnisse.[14]

Verbindliche Regeln sind nötig

Auch wenn die G20-Staaten im Juni 2019 erneut einen Aktionsplan gegen Meeresmüll verabschiedet haben, sind wir von einheitlichen Regelungen zum Umgang mit Mikroplastik noch weit entfernt: Bislang gibt es erst in wenigen Ländern gesetzliche Vorgaben für dessen Verwendung.

---

11 Emma L. Teuten, Steven J. Rowland, Tamara S. Galloway und Richard C. Thompson, Potential for plastics to transport hydrophobic contaminants, in: „Environmental science & technology", 22/2007, 7759-7764.
12 Vgl. Umweltbundesamt, Auch deutsche Meere leiden unter Plastikmüll, www.umweltbundesamt.de, 7.6.2017; Umweltbundesamt: Zu viel Müll an Nordseeküste, www.ndr.de, 9.6.2017.
13 Vgl. BUND, Achtung Plastik! Chemikalien in Plastik gefährden Umwelt und Gesundheit, Berlin, S. 12ff.
14 Vgl. Bisphenol, www.efsa.europa.eu.

Zwar verabschiedeten die USA Ende 2015 einstimmig ein Verbot von Herstellung und Verkauf mikroplastikhaltiger Kosmetika zum Schutz der Ozeane und Gewässer, das seit Januar 2017 gilt. Allerdings bezieht sich das Verbot nur auf Polyethylen in sogenannten Rinse-off-Kosmetika. Diese Einschränkung auf Produkte, die bei der Nutzung direkt in die Abwässer gelangen, wie Seifen und Duschgel, ist nicht wirklich nachvollziehbar. Damit sind Make-up und Cremes ausgenommen, obwohl auch diese Stoffe irgendwann abgewaschen werden und somit ebenfalls in die Umwelt gelangen. Auch Kanada, Großbritannien und Italien haben inzwischen gesetzliche Regelungen für ein Verbot von bestimmten Mikroplastikstoffen, in Schweden gibt es seit 2018 zumindest ein Verkaufsverbot. In der Schweiz allerdings wurde der Antrag gegen Mikroplastik in Kosmetika des Grünen-Politikers Balthasar Glättli mit der Begründung abgelehnt, andere Mikroplastikquellen seien viel problematischer.

Auch wenn Mikroplastik und andere synthetische Kunststoffe in Kosmetik- und Körperpflegeprodukten nur für einen Teil der Gewässerverschmutzung verantwortlich sind, lässt sich diese Quelle für die Belastung der Umwelt leicht austrocknen. Ihre Verwendung in diesen Produkten sollte daher umgehend verboten werden – in jeglicher Größe und Formmasse.

Die Bundesregierung könnte mit gutem Beispiel vorangehen und sich endlich für die erfolgreiche Umsetzung der europäischen Meeresstrategie-Rahmenrichtlinie (MSRL)[15] stark machen: Darin hat sie sich verpflichtet, bis zum Jahr 2020 den Eintrag von Müll in die Nord- und Ostsee um 50 Prozent zu reduzieren. Um die Verunreinigung der Meere zu verhindern, bedarf es ganz konkreter, effektiver und verbindlicher Maßnahmen.

So sollten Hersteller auch für die Verpackungen ihrer Produkte in die Verantwortung genommen werden. Dies beinhaltet die Förderung eines nachhaltigen Produktdesigns, die Schaffung von Anreizen für die Wiederbenutzung und das Recycling von Plastik. Auf der Basis des Kreislaufwirtschaftsgesetzes müssen Produkte von vornherein langlebiger konzipiert werden. Wir dürfen nicht länger hinnehmen, dass Produkte kurz nach dem Ende der Gewährleistungsfrist von zwei Jahren ohne Eigenverschulden unbrauchbar werden und nicht mehr repariert werden können.[16]

Bund, Länder und Kommunen sind aufgefordert, Abfallvermeidungsprogramme aufzustellen, in denen sie konkrete Ziele und Maßnahmen, beispielsweise die Förderung von Mehrwegverpackungen, benennen. Dazu gehört länderseitig auch die Verankerung des Themas in Bildungszielen und Schulmaterialien. Plastiktüten dürfen nicht mehr kostenfrei, sondern nur noch gegen angemessen hohe Gebühren ausgegeben werden; zugleich sollte geprüft werden, ob ein Pfand- und Rückgabesystem sinnvoll sein kann. Gleichzeitig muss in der Öffentlichkeit für die Nutzung von Mehrwegtaschen und anderen umweltverträglichen Alternativen geworben werden.

15 Meeresstrategie-Rahmenrichtlinie, Richtlinie 2008/56/EG des Europäischen Parlaments und des Rates vom 17.6.2008.
16 Vgl. Jürgen Reuß und Cosima Dannoritzer, Kaufen, wegwerfen, neu kaufen. Wie wir unsere Welt zugrunde konsumieren, in: „Blätter", 1/2014, S. 93-102.

Darüber hinaus sollte verboten werden, Klärschlamm auf Feldern zu Düngezwecken auszubringen. Bundesweit werden noch immer 30 Prozent des Klärschlamms auf Feldern verteilt. Damit gelangt jenes Mikroplastik, das bei „guten" Klärwerken aus den Abwässern gefiltert wurde, wieder in die Umwelt und landet schließlich doch wieder im Wasserkreislauf.

Die Rettung des blauen Planeten

Auch für das Verhalten auf der See muss es verbindliche Vorgaben geben: Die Verschmutzung durch Fischernetze – sei es vorsätzlich oder bedingt durch Unfälle und ungewollte Verluste beim Fischen – muss weitgehend reduziert werden. So könnten in den Häfen Rückgabestellen eingerichtet sowie Netze gekennzeichnet und mit Sendern versehen werden, um Sanktionsmöglichkeiten zu eröffnen und die Bergung der Netze zu ermöglichen. Gleichzeitig muss die Forschung und Entwicklung alternativer Materialien und Methoden vorangetrieben werden, um beispielsweise schädliche Auswirkungen des planmäßigen Verschleißes von Scheuernetzen in der grundberührenden Fischerei zu unterbinden. Der Einsatz von abbaubaren Materialien für Netze muss geprüft und gegebenenfalls verbindlich eingeführt werden.

Um die illegale Müllentsorgung auf See kontrollieren zu können, bedarf es außerdem eines Verbotes der Müllverbrennung auf See. Zwar ist die Schiffsführung verpflichtet, ein Mülltagebuch zu führen, allerdings ist nicht kontrollierbar, ob bei der derzeit noch legalen Müllverbrennung an Bord auch wirklich alles im Ofen und nicht doch im Wasser landet. Nur bei einem Verbot der Müllverbrennung kann das Mülltagebuch eine effektive Überprüfung der Müllentsorgung bieten und eine Strafverfolgung bei illegaler Abfallentsorgung ermöglichen.

Hierzulande reinigen die Kommunen der Küstenbundesländer während der Saison die touristisch genutzten Strände und Küstenabschnitte. Allerdings bleibt die Reinigung der nicht touristisch genutzten Gebiete oftmals dem Einsatz von Ehrenamtlichen, meist Umweltorganisationen, überlassen. Besonders auf den Nordseeinseln betrifft dies große Flächen, die somit nur unzulänglich gereinigt werden. Programme der Bundesländer sollten sicherstellen, dass alle Gebiete berücksichtigt werden. Wo keine Ehrenamtlichen aktiv sind, müssen staatliche Stellen die Reinigung übernehmen.

Zwar ist die Dimension des Plastikproblems inzwischen in der Gesellschaft angekommen. Um Kunststoff allerdings wieder als Rohstoff auf Basis von Öl zu begreifen und entsprechend sorgsam mit ihm umzugehen, ist entschiedenes Handeln nötig. Hier müssen Industrie, Politik, aber auch die Bürgerinnen und Bürger aktiv werden. Der Aktionsplan gegen Meeresmüll der G20 kann ein Anfang sein – wird er denn tatsächlich ungesetzt. Dafür aber müssen den bislang noch sehr unkonkreten Absichtserklärungen auch Taten folgen: Ohne Gelder und rechtlich verbindliche Maßnahmen bleibt die stolz verkündete Rettung der Meere ein rein symbolischer Akt. Soll der blaue Planet auch in hundert Jahren noch seinen Namen verdienen, bedarf es weit mehr.

Kreuzfahrt in die Klimakatastrophe
Wie Megaliner Natur und Mensch bedrohen

Von **Wolfgang Meyer-Hentrich**

Ein gigantisches Schiff gleitet in behäbigem Tempo durch den Ozean. Laute Popmusik mit knalligen Beats ertönt aus den Lautsprechern. An Bord befinden sich fast 7000 Passagiere und 2000 Besatzungsmitglieder, die den Reisenden ein angenehmes Leben auf dem Meer ermöglichen sollen. Die Menschen amüsieren sich, verzehren Unmengen von Lebensmitteln, faulenzen in Liegestühlen, flanieren durch Shoppingmalls, rackern sich in Fitnessstudios ab, trinken an unzähligen Bars, zocken in Spielkasinos, besuchen Shows und tanzen bis in die frühen Morgenstunden.

Das Gebiet, das der monströse Wellenbrecher durchpflügt, ist allerdings organisch tot. Unterhalb seines Kiels, in den Tiefen des Meeres, existieren weder Fische noch Krebse, Muscheln oder Plankton. Die Passagiere wissen nichts davon oder es ist ihnen gleichgültig. Sie wollen das Produkt genießen, das ihnen angepriesen wurde und wofür sie bezahlt haben: eine „Erlebnisreise auf dem Meer", wie es in der Werbung hieß.

Eine düstere Zukunftsvision? Wer das meint, verkennt die Gegenwart. Über fünfhundert solcher abgestorbenen Bereiche gibt es inzwischen in den Weltmeeren. Dazu gehören die Buchten von New York und Montevideo, Teile der Ostsee, der Ägäis und des Gelben Meers, der Golfe von Oman und Mexiko sowie Areale vor der südamerikanischen Pazifikküste und der westindischen Küste. Manche dieser Todeszonen sind größer als Irland. Ständig werden es mehr. Und die stählernen Ungeheuer, die mit Tausenden von Passagieren über sie hinweggleiten, zählen zu den Verursachern solcher Todeszonen.

Das Phänomen des Massentourismus auf den Weltmeeren ist jüngeren Datums. Vor dem Jahr 2000 waren Kreuzfahrtschiffe mit mehr als 1000 Passagieren in Europa eine absolute Ausnahme. Auf den Meeren des Kontinents verkehrten nur knapp über 50 Kreuzfahrtschiffe, etwa 22 davon standen dem deutschen Markt zur Verfügung. Weltweit gab es gegen Ende des 20. Jahrhunderts etwa 200 Kreuzfahrtschiffe, von denen die meisten in amerikanischen Gewässern operierten. Heutzutage sind es mehr als doppelt so viele, und die Zahl der Deutschen, die eine Kreuzfahrt unternehmen, liegt deutlich über zwei Millionen pro Jahr. Daran hat AIDA einen großen Anteil. Ursprünglich dem Rostocker Nachfolgeunternehmen des DDR-Betriebs „Deutsche Seereederei" zugehörig, wurde die Marke 2003 von der amerikanischen „Carnival Cruise Line" übernommen, die inzwischen zum Platzhirsch der großen vier Schifffahrtsgesellschaften[1] weltweit avancierte. Um den deutschen Markt aufzurollen, wurde AIDA systematisch zu einer der größeren Tochtergesellschaften ausgebaut. Zwischen 2007 und 2013 wurde jedes Jahr ein neues Schiff auf den Markt gebracht; alle waren annähernd baugleich und für den deutschen und europäischen Markt mit einer Kapazität von rund 2500 Passagieren ungewohnt groß. Der Umsatz von AIDA vervierfachte sich von 2005 bis 2016.

Später als AIDA baute TUI Cruises – seit dem Zusammenschluss mit Royal Caribbean 2008 zum Zweitplatzierten der vier großen Schifffahrtskonzerne aufgestiegen – eine Flotte auf, die heute über sechs große Schiffe verfügt. Alle heißen „Mein Schiff" und sind fortlaufend nummeriert. Mit ihren All-inclusive-Angeboten praktiziert TUI Cruises ein etwas anderes Konzept als AIDA, setzt aber in ähnlicher Weise auf Masse und große Schiffe. Die Auslastungsquoten haben alle Erwartungen übertroffen. Beide Unternehmen haben sich den Mammutanteil des Kreuzfahrtgeschäfts in Deutschland gesichert. Der Weltverband der Kreuzfahrtunternehmen CLIA sieht die Entwicklung des deutschsprachigen Markts weiterhin positiv und rechnet hier für das Jahr 2020 mit mehr als drei Millionen Kreuzfahrtgästen.

Für die einen Urlaub, für die anderen Arbeit

Je mehr Reisende es gibt, um so mehr Personal wird auf den Schiffen benötigt: Die Cocktails wollen gerührt oder geschüttelt, die Buffets drapiert und die Kabinen gesäubert werden. Längst setzen sich die Schiffsmannschaften aus vielen Ländern zusammen. Rund 250 000 Seeleute stammen mittlerweile aus den Philippinen, fast jeder dritte Mitarbeiter auf Kreuzfahrtschiffen kommt von dort. Die Armut treibt die Menschen dazu, Arbeit in der Fremde zu suchen. Fast zehn Prozent der Bevölkerung arbeiten außerhalb des Landes, um sich selbst und ihre Familien zu ernähren, und leisten damit einen erheblichen Beitrag zum Sozialprodukt ihres Staates. Kreuzfahrtschiffe sind bei den Männern und Frauen begehrte Arbeitsplätze, dort verdienen sie deutlich besser als in ihrer Heimat, wo 2018 die durchschnittlichen Monatslöhne eines Arbeiters je nach Branche zwischen 220 und 270 US-Dollar lagen.

In Manila gibt es viele große Jobagenturen, die sich darauf spezialisiert haben, Crewmitglieder für Kreuzfahrtschiffe zu vermitteln. Sie bieten Ausbildungskurse für Köche, Bäcker, Stewards, Mechaniker oder Kellner an. Auf dem Areal einer dieser großen Agenturen in Manila wurde das Innere eines Kreuzfahrtschiffes der Art, wie sie bei Costa und AIDA in Betrieb sind, originalgetreu nachgebildet. Alle Tätigkeiten und Berufe, die an Bord gebraucht werden, können dort erlernt werden. Dafür müssen die Bewerber selbst aufkommen. Eine viermonatige Ausbildung zur Kellnerin kostet rund

---

1 Gemessen an der Passagier- und Kabinenkapazität beträgt der Anteil der „Großen Vier" am Weltmarkt heute 92 Prozent: Carnival Cruise Line: 52,2 Prozent, Royal Caribbean International: 23,5 Prozent, Norwegian Cruise Line: 9,3 Prozent, MSC Cruises 7 Prozent. Damit bilden diese Gesellschaften ein Oligopol, das es so in kaum einer anderen Branche gibt. Schon die beiden größten Konzerne stellen 75,7 Prozent des gesamten Weltmarkts.

750 Euro, die sechsmonatige Ausbildung zum Bordbäcker etwa 2500 Euro. Wer Koch werden will, muss rund 3300 Euro bezahlen.

Alle großen Kreuzfahrtgesellschaften rekrutieren ihr Personal bei den Agenturen in Manila. Magsaysay, die größte davon, hat weit über 10 000 Menschen unter Vertrag, die als Leiharbeiter auf Kreuzfahrtschiffen tätig sind. Die meisten Philippiner, die an Bord arbeiten, bekommen ihr Gehalt von solchen Vermittlungsagenturen. Die Kreuzfahrtunternehmen erhalten auf diese Weise gut ausgebildetes Personal, das über Qualitäten verfügt, die bei Bewerbern aus anderen Ländern nicht selbstverständlich sind. Die Philippiner verfügen über schulische Bildung und sprechen in der Regel akzentfreies Englisch. Schiffseigner schätzen an ihnen, dass sie kaum Alkohol trinken, fleißig sind, klaglos Überstunden machen und sich geschickt anstellen. Außerdem gelten sie als freundlich und als mitunter weniger anspruchsvoll als Kollegen aus anderen Ländern.

Ein skrupelloses System der Ausbeutung auf hoher See

Die Qualitäten des philippinischen Personals stehen allerdings in keinem Verhältnis zu seiner Bezahlung. Das Kreuzfahrtportal crew-center.com hat im Januar 2016 die Gehaltsliste von MSC Cruises veröffentlicht. Die Angaben decken sich mit Zahlen aus anderen Quellen. Die Einkommen sind exemplarisch für die großen Kreuzfahrtkonzerne und gelten auf deren Schiffen weltweit.[2] Da es kein Tarifrecht gibt, orientieren sich die Unternehmen an den Gehältern ihrer Mitwettbewerber, was zu einer globalen Vereinheitlichung der Löhne nach unten führt. Auch die großen deutschen Kreuzfahrtunternehmen sind da nicht besser und halten sich an das international Übliche. Als sich die Stiftung Warentest Anfang 2019 mit Kreuzfahrtschiffen beschäftigte, kam sie hinsichtlich der Situation des Personals zu dem Ergebnis: „Extremes Pensum, niedrige Löhne."

Aus einer ganz anderen Liga sind die Gehälter und Vergütungen der Topmanager der großen Kreuzfahrtunternehmen, die die Webseite Cruise Industry News regelmäßig veröffentlicht. Rekordverdiener war im Jahr 2017 Richard Fain, der Vorstandsvorsitzende (CEO) von Royal Caribbean, der es auf 13,343 Mio. US-Dollar brachte. Sein Kollege Arnold Donaldson, Gesamtchef von Carnival Cruise Line, verdiente im gleichen Jahr 13,046 Mio. US-Dollar. Frank del Rio, CEO von NCL, erhielt im Geschäftsjahr 2017 knapp 10,5 Mio. US-Dollar an Vergütungen. Um das zu verdienen, was ein Vorstandsvorsitzender einer der drei größten Kreuzfahrtunternehmen der Welt an Vergütungen und Aufwandsentschädigungen in einem Jahr bekommt, müsste ein einfacher Kabinensteward über 1000 Jahre arbeiten. Die Entlohnung von Crewmitgliedern auf Kreuzfahrtschiffen ist aber nicht nur wegen der Höhe beschämend ungerecht. Viele Mannschaftsangehörige werden schlichtweg aufgrund ihrer Herkunft benachteiligt. „Die Zeit" referierte 2016

---

2 So erhalten Küchenhilfen wie das Kabinenpersonal als Grundgehalt 657 US-Dollar, der erste Koch 1250 Dollar – bei freier Kost und Logis.

die Erklärung eines AIDA-Sprechers, wonach „die Vergütungen für Positionen im Hotelservice auf den Philippinen nur 150 bis 250 US-Dollar im Monat betrügen, an Bord von AIDA hingegen durchschnittlich 700 bis 900 US-Dollar plus Kost und Logis. Erhielten diese Crewmitglieder allerdings den deutschen Mindestlohn, kämen sie auf mehr als 2000 US-Dollar."

Der Hinweis auf das durchschnittliche Einkommen in den Heimatländern des Personals, das für ein paar Hundert US-Dollar auf den Kreuzfahrtschiffen arbeitet, ist nicht nur zynisch, sondern auch ein klarer Verstoß gegen das Gebot der Gleichbehandlung und Gleichbezahlung. In Deutschland und anderen Ländern der EU würde eine ungleiche Entlohnung, die nur aufgrund der Herkunft zustande kommt, völlig zu Recht als Diskriminierung und daher als ungesetzlich betrachtet. Doch auf dem Meer und den Billigflaggenschiffen gilt ja schon ein preiswertes staatliches Recht, das der „Flaggenstaaten". Die Internationale Transportarbeiter-Föderation (ITF) versucht schon lange, die Methoden der Reeder an den Pranger zu stellen und die Interessen ihrer Mitglieder zu wahren. Doch die juristische Situation der Seeleute ist miserabel. Nichtsdestotrotz setzt sich die ITF dafür ein, die Seeleute aller Nationalitäten vor der Ausbeutung durch Schiffseigner zu schützen. Den Aktivitäten der Organisation ist es immerhin zu verdanken, dass es 2006 zu einem Übereinkommen der Internationalen Arbeitsorganisation (Maritime Labour Convention) gekommen ist, in dem zumindest weltweit verbindliche Minimalstandards der Arbeits- und Lebensbedingungen von Seeleuten verankert wurden.

Gleichwohl können die Kreuzfahrtgesellschaften darauf verweisen, dass niemand zu dieser Tätigkeit gezwungen wird und es zur Vertragsfreiheit der Parteien gehört, solche Jobs anzunehmen oder nicht. Tatsächlich sind die Zeiten längst vorbei, in denen Seeleute trickreich betrunken gemacht, zu einer Unterschrift überlistet und dann zur Arbeit an Bord verschleppt wurden. Der Bevölkerungszuwachs und die Armut im globalen Süden sorgen dafür, dass den global operierenden Kreuzfahrtunternehmen Arbeitskräfte in unbeschränkter Masse zur Verfügung stehen. Und sie nutzen diese Situation schamlos aus. Manchen Kreuzfahrtunternehmen sind sogar die gut ausgebildeten philippinischen Fachkräfte zu teuer geworden. In den letzten Jahren wurden zunehmend Menschen aus armen Ländern wie Bangladesch, Indonesien, Indien, Madagaskar oder aus mittelamerikanischen Staaten rekrutiert, die bis dahin keinerlei seemännische Erfahrung aufzuweisen hatten.

Doch was gern als Ausdruck einer kosmopolitischen und multikulturellen Einstellung präsentiert wird, als bunte und rassismusfreie Welt, ist in Wirklichkeit ein modernes skrupelloses System der Ausbeutung auf hoher See, das es in keinem entwickelten Land der Welt so geben könnte. Der Druck auf die Beschäftigten ist immens. Jedem von ihnen wird klargemacht, dass es in irgendeiner Gegend dieser Erde Menschen gibt, die für noch weniger Geld bereit sind, ihren Platz einzunehmen. Eigentlich sind alle Reeder weltweit zur Einhaltung des Seearbeitsübereinkommens der Internationalen Arbeitsorganisation verpflichtet. Dessen Regelungen begrenzen die wöchentliche Arbeitszeit auf maximal 72 Stunden und sehen mindestens einen freien

Arbeitstag pro Woche vor. Doch selbst diese verhältnismäßig großzügigen Vorschriften finden nicht überall Beachtung. So setzen sich Reedereien wie Costa, MSC Cruises und AIDA einfach darüber hinweg. Das berichtete das „Zeit-Magazin" im Januar 2019 in einer ausführlichen Titelgeschichte zur Situation der Beschäftigten auf den „Albtraumschiffen" der großen Kreuzfahrtunternehmen. 16-Stunden-Arbeitstage sind danach keine Seltenheit. „Auf dem Kreuzfahrtschiff ist es wie in einem Gefängnis: Wir kommen nie runter vom Schiff, wir sind den Schikanen unserer Vorgesetzten ausgesetzt, und wir arbeiten, bis wir nicht mehr können", zitieren die Autoren einen philippinischen Kellner.[3]

Würde man dem Personal bei Massenkreuzfahrten faire Löhne bezahlen, müssten die Kreuzfahrtanbieter die Kabinen ihrer Großschiffe wesentlich teurer anbieten, als dies im Moment der Fall ist. Dies hätte jedoch zur Folge, dass sich die Auslastung der Schiffe verschlechtern würde. Die Unternehmer müssten nicht nur ihre Profiterwartung drastisch reduzieren – das ganze System der bis an die Grenzen ausgereizten Gewinnmaximierung stünde auf dem Spiel. Kreuzfahrten auf Massenschiffen sind ohne Ausbeutung deshalb kaum realisierbar. Das preiswerte Dolcefarniente an Bord ist nur möglich, weil andere zu Billiglöhnen dafür arbeiten.

Verpestete Luft – in den Häfen, auf den Schiffen und an entlegensten Orten der Welt

Der Boom der Kreuzfahrten wird jedoch nicht nur auf dem Rücken der Angestellten ausgetragen: Mittlerweile gibt es Reisen zu den entlegensten Orten der Welt – mit gravierenden Folgen für die dortigen Bewohner. Beispielhaft dafür steht Longyearbyen im arktischen Eismeer. Die nördlichste Stadt der Welt liegt auf der zu Norwegen gehörenden Inselgruppe Spitzbergen. Selbst dort legen die Riesenschiffe auf ihrer Nordlandtour inzwischen an. „Im Reich der Eisbären" lautet die Überschrift für dieses Etappenziel meistens. Das rudimentäre Straßennetz rund um die ehemalige Bergarbeiterstadt mit ihren 2000 Einwohnern ist etwa 40 Kilometer lang. Genug, um die Busse für die Passagiere zum Einsatz kommen zu lassen. Die Einheimischen wundern sich über die seltsamen Menschenströme in ihrem Städtchen und die Preise, die die Fremden für banale Spaziergänge in die Umgebung zahlen. Vor allem sind sie froh, wenn die Passagiere am frühen Abend an Bord gehen und sie wieder ihre Ruhe haben.

Spitzbergen hatte einmal die sauberste Luft der Welt. Da es kaum Straßen gibt, sieht man in Longyearbyen nur wenige Autos. Geheizt wird mit Strom und Fernwärme, die von dem Kohlekraftwerk der Stadt generiert werden. Es ist das letzte Kohlekraftwerk Norwegens. Die Einwohner Spitzbergens wollen es durch eine saubere Alternative ersetzen. Politiker haben sich dafür ausgesprochen, ein 1000 Kilometer langes Kabel zwischen Longyearbyen

---

3 Zit. nach: Anne Kunze und Miguel Helm, Unter Deck, in: „Zeit-Magazin", 2/2019.

und dem Festland zu verlegen, um den Überschuss der sauberen Windund Wasserkraftwerke Norwegens nach Spitzbergen zu bringen. Aber was nutzt es, das Kraftwerk stillzulegen, wenn größere Schadstoffproduzenten im Hafen anlanden? Das Kraftwerk von Longyearbyen produziert 40 Tonnen Kohlendioxid (CO_2) im Jahr. Die großen Kreuzfahrtschiffe, die im Sommer am Pier des kleinen Hafens liegen, stoßen ein Vielfaches davon aus. Mit der guten Luft in Longyearbyen ist es jedenfalls zu dieser Jahreszeit vorbei.

Denn durch den Verbrennungsprozess in den Schiffsmotoren entstehen Emissionen, die durch den Schiffskamin in die Atmosphäre ausgestoßen werden. Auf diese Weise gelangen Schadstoffe in die Luft. Die wichtigsten davon sind Schwefeloxide (SO_x), Stickoxide (NO_x) Kohlenstoffdioxid (CO_2) sowie Rußpartikel und Feinstaub (PM_x – PM steht für „Particular Matter"). Zudem enthalten Schiffsabgase noch Anteile von Schwermetall, Asche, Sedimente und flüchtige organische Verbindungen. Die Menge und die Schädlichkeit der Abgase hängen von der Zusammensetzung des Treibstoffs ab, den die Schiffe verwenden. Schweröl – der am meisten verwendete Kraftstoff auf Schiffen – verpestet die Luft am stärksten.

Zudem setzen sich aus den Kaminen der Hochseeschiffe Stickstoffemissionen und Feinstaubpartikel im Meerwasser ab. All diese Stoffe nähren Algen und fördern deren ungehemmtes Wachstum. Sterben die Algen ab, sinken sie auf den Meeresgrund und werden von Bakterien zersetzt. Bei diesem Vorgang wird dem Meerwasser vor allem in den tieferen Zonen der Sauerstoff entzogen. Hinzu kommt, dass sich durch die Erderwärmung die Oberflächenschichten des Wassers stark aufheizen und den Sauerstoffaustausch mit den tieferen Zonen behindern. Der Sauerstoffgehalt wird dort auf diese Weise so stark reduziert, dass Meeressäuger, Fische, Krebse, Muscheln und Korallen ihre Lebensgrundlage verlieren. Wissenschaftler des Helmholtz-Zentrums für Meeresforschung aus Kiel haben dazu Messdaten der letzten fünf Jahrzehnte ausgewertet. Sie kamen zu dem Ergebnis, dass die Weltmeere im Vergleich zu 1960 bereits zwei Prozent weniger Sauerstoff enthalten, was der Menge von sieben Mrd. Tonnen entspricht. Kein Wunder, dass sich die Zahl der Todeszonen in den letzten 40 Jahren vervierfacht hat. Meeresforscher haben weit über 500 festgestellt. Im Golf von Oman ist eines dieser biologisch abgestorbenen Gebiete bereits größer als Österreich.

Wissenschaftler und die Internationale Schifffahrtsorganisation (IMO) gehen davon aus, dass der gesamte Schiffsverkehr auf den Weltmeeren gut drei Prozent der klimaschädlichen CO_2-Emissionen ausmacht. Der weltweite CO_2-Ausstoß der Seeschiffe beträgt etwa eine Milliarde Tonnen – das sind mehr als die gesamten CO_2-Emissionen Deutschlands und macht rund drei Prozent des von Menschen verursachten Kohlendioxids aus. Nach Berechnungen des Umweltbundesamts betragen die Umweltschäden durch den Kohlenstoffdioxidausstoß rund 130 Mio. Euro im Jahr.

Selbst wenn man kein Freund der Mega-Kreuzfahrtschiffe ist, muss man allerdings konstatieren, dass Containerschiffe, Tanker, Massengut- und Stückgutfrachter erheblich mehr zur Umweltverschmutzung beitragen als sie. Laut Umweltbundesamt verkehren auf den Weltmeeren 50 000 gewerbliche Schiffe mit mehr als je 400 Tonnen Gesamtverdrängung. Die meisten davon sind Handelsschiffe wie Containerschiffe, Massen- und Stückgutfrachter und Tanker, hinzu kommen größere Fischerboote, Militärschiffe, Fähren und Kreuzfahrtschiffe. Nur etwa 500 Kreuzfahrtschiffe operieren weltweit auf den Ozeanen – das macht etwa ein Prozent aller Schiffe aus.

Tatsache ist jedoch auch, dass die Kreuzfahrtindustrie seit Beginn des Jahrtausends überwiegend Großschiffe auf den Markt gebracht hat. Und diese setzen mehr Emissionen frei als vergleichbar große Containerschiffe, weil sie mehr Energie und damit mehr Treibstoff benötigen. Die größten Containerschiffe und die größten Kreuzfahrtschiffe der Welt haben ungefähr die gleichen Ausmaße. Der Verbrauch der Kreuzfahrtschiffe, die über 6700 Passagiere und 2100 Besatzungsmitglieder zu versorgen haben, liegt fast ein Drittel über dem des Containerschiffs.

Müllkippe Meer

Die Abgase aus den Kaminen sind jedoch längst nicht die einzigen Umweltprobleme, die Hochseeschiffe verursachen. Ihr Rumpf wird unterhalb der Wasserlinie von Seepocken, Muscheln und anderen Organismen bewachsen, das sogenannte Fouling. Es verlangsamt die Fahrt der Schiffe oder erhöht den Kraftstoffverbrauch. Die dadurch entstehenden Mehrkosten können bis zu 30 Prozent betragen. Um diese organischen Anhaftungen zu bekämpfen, benutzen Frachtschiffe und Kreuzfahrtschiffe hochgiftige Beschichtungen.

Meistens werden biozidhaltige Anstriche verwendet. Aber diese vernichten nicht nur die Organismen am Schiffsrumpf, sondern geben permanent giftige Stoffe ins Wasser ab, die von Mikroorganismen in den Ozeanen aufgenommen werden und so in die Nahrungsketten von Fischen und sonstigen Meeresbewohnern gelangen.

Zudem sammelt sich bei allen Schiffen auf hoher See im untersten Raum über dem Kiel („Bilge") Wasser an, das trotz aller Abdichtungen durch den Schiffsrumpf eindringt. Dieses Bilgewasser wird regelmäßig mit Maschinenöl und Kraftstoffresten verunreinigt und bildet eine übel riechende Flüssigkeit, die auch „Kieljauche" genannt wird. Dieses Bilgewasser soll in Tanks gepumpt und in den Häfen sachgerecht entsorgt werden. Viele Schiffe sparen sich die Kosten dafür jedoch und leiten die schmutzige Brühe direkt ins Meer. Mitten auf dem Ozean und in tiefer Nacht bleibt das fast immer unentdeckt. Ähnliches gilt für das Ein- und Auspumpen des Ballastwassers, das zur Stabilisierung der Schiffe in speziellen Ballasttanks aufbewahrt wird. Mit dem Wasser werden auch Organismen und Meerestiere aufgenommen, in fremde Regionen transportiert und durch das Auspumpen in die lokale Meeresfauna entlassen. Dort haben sie oft keine natürlichen Feinde und können sich auf Kosten der einheimischen Arten ungehindert ausbreiten. Bekannte Beispiele dafür sind die Verbreitung der chinesischen Wollhandkrabben oder der Wandermuscheln. Nach einer Vorschrift der Internationalen Seeschifffahrtsorganisation (IMO) aus dem Jahr 2017 darf Ballastwasser nicht mehr ungereinigt ausgewechselt werden. Doch einige Reeder und Kapitäne scheuen die mit dem Einbau und Betrieb von Filtern und Reinigungssystemen verbundenen Kosten und tauschen das Seewasser nach wie vor direkt auf dem Meer aus. Sogar im Hamburger Hafen erwischt die Wasserschutzpolizei immer wieder Schiffe dabei, wie sie ihr Ballastwasser ablassen.

Das ist noch längst nicht alles, was Schiffe ins Meer leiten. Ein Kreuzfahrtpassagier verbraucht durchschnittlich zwischen 200 und 300 Liter Wasser pro Tag. Dieses Wasser kommt aus dem Meer und wird durch energieaufwendige Entsalzungsanlagen in Trinkwasser umgewandelt. Nach dem Gebrauch wird es ins Meer zurückgeleitet. Laut den Bestimmungen der IMO dürfen Abwässer nur außerhalb der Zwölfmeilenzone vor der Küste ins Meer abgeleitet werden. Zwei Arten von Abwässern fallen an Bord an. Beim Schwarzwasser handelt es sich vor allem um fäkal belastetes Schmutzwasser aus den Toilettensystemen. Doch auch Medikamentenreste, Bakterien, Hormone und Mikroplastik finden sich darin. Unter Grauwasser versteht man die Abwässer aus den Duschen und Waschbecken, dem Swimmingpool oder der Küche. Sie sind weniger verschmutzt als das Schwarzwasser, können aber ebenfalls Arzneimittelreste und Rückstände von Körperpflegemitteln enthalten.

Eine Belastung für das Meer sind ferner die Lebensmittelreste, die auf den Kreuzfahrtschiffen anfallen. In den großen Buffetrestaurants werden den Passagieren Unmengen von Essen angeboten. Strenge Hygienevorschriften, aber auch die Unsitte von Passagieren, den Teller vollzuladen und dann nur wenige Happen zu essen, führen zu gewaltigen Mengen organischer Abfälle. Bei einem größeren Kreuzfahrtschiff können es 30 Tonnen oder mehr pro Woche sein. Und die werden ins Meer verklappt – von allen Schiffen. Das geschieht durchaus im Einklang mit den Regularien der IMO. Die Lebensmittelabfälle sind zwar nicht giftig, aber die enthaltenen Nährstoffe tragen zur Eutrophierung und damit zur Überdüngung und Algenbildung im Meer bei.

Fataler Hypertourismus in den Ausflugsorten

Akureyri ist mit 18 000 Einwohnern die viertgrößte Stadt Islands. Sie liegt etwa 50 Kilometer unterhalb des Polarkreises am Ende des Eyjafjörður-Fjords und lebt überwiegend von der Fischerei und dem Handwerk. Wie bei allen isländischen Städten sind die Gebäude neueren Datums. Eigentlich gibt es nichts, was die Ortschaft zum Touristenmagneten prädestinieren würde. Doch sie dient Kreuzfahrtpassagieren als Ausgangspunkt für landschaftliche Erkundungen im Hinterland. Hohe Wasserfälle, geothermische Areale, aus denen es raucht und dampft, sowie bizarre Berglandschaften sind lohnende Ausflugsziele. Außerdem steht der Golfplatz von Akureyri im Angebot, angeblich der nördlichste der Welt.

Die Kreuzfahrtsaison dauert von Mai bis Ende August. Ungefähr 200 Schiffe unterschiedlicher Größe legen dann in der Stadt an; an manchen Tagen liegen zwei oder drei Schiffe gleichzeitig an den Piers. Eine Armada von Bussen und Jeeps wartet vor dem Hafen auf die Passagiere. Deren Großteil verschwindet mit den Fahrzeugen und kommt ein paar Stunden später wieder zurück. Andere nehmen an Mountainbike- oder Pedelectouren ins Hinterland teil oder können in einem Ponyhofgelände auf Islandpferden reiten. Unter dem Motto „Islands unberührte Natur entdecken" bietet AIDA für 270 Euro pro Person eine siebenstündige Fahrt mit Geländewagen an, die zu einigen Wasserfällen und über enge Gebirgspässe führt. Der offensichtliche Widerspruch, dass eine Natur nicht unberührt sein kann, durch die täglich Scharen von Menschen mit Allradantrieb brettern, dürfte den Anbietern zwar bewusst sein, doch der Verkaufsslogan kommt trotzdem immer gut an.

Am Ausgang des Fjords halten sich während der Saison Minkwale, Buckelwale und sogar Entenwale auf, weshalb „Whale Watching"-Touren angeboten werden. Mit den großen Ausflugsbooten kostet so ein Trip 110 Euro; mit den Schlauchbootflitzern, die den Walen bis auf wenige Meter auf die Pelle rücken, kostet er das Doppelte. Wenn ein Schiff mit 2000 Passagieren den Ort wieder verlässt, können die Tourenmanager sich über einen Umsatz von weit über 200 000 Euro freuen. Für die Probleme, die sie dem Städtchen machen, fühlen sie sich nicht zuständig. Die sind in ihren Augen Sache der örtlichen Autoritäten. Da nicht alle Passagiere an den Ausflügen teilnehmen oder manche schon nach drei Stunden Ausflug wieder zurück sind, ergießt sich während der Kreuzfahrtsaison ein Strom von Spaziergängern durch die Fußgängerzone und die Straßen der Stadt. Es gibt keine öffentlichen Toiletten und kaum Cafés. Die Infrastruktur der Stadt ist auf Tourismus schlichtweg nicht eingestellt und die Saison für aufwendige Investitionen zu kurz. Außerdem verzehren die Kreuzfahrttouristen dort nichts, weil sie Essen oder Trinken an Bord jederzeit umsonst bekommen.

Thorny Bardadottir, Sozialwissenschaftlerin an der Universität Akureyri und Mitarbeiterin des Icelandic Tourism Research Center, beklagt in einem norwegischen Fernsehbericht nicht nur die mangelnde Bedeutung des Schiffstourismus für die einheimische Wertschöpfung, sondern vor allem die fehlende soziale Nachhaltigkeit. Die Besucher benähmen sich wie zu Hause, hätten aber keinerlei Verständnis und Sensibilität dafür, dass die Menschen, bei denen sie zu Gast sind, Distanz, Achtung und Respekt erwarten.

Wo immer ihre Schiffe anlegen, machen die Kreuzfahrtkonzerne die Einheimischen zu Sehenswürdigkeiten für ihre Kundschaft. Die ortsansässige Bevölkerung wird im wahrsten Sinne des Wortes entfremdet, weil sie von den Touristen zum Objekt gemacht wird. Sie gehört zu dem Warenpaket, für das die Touristen bezahlt haben.

Der Vorgang der Entfremdung bezieht sich sowohl auf die Menschen selbst als auch auf deren Heimat. Die Ortsansässigen registrieren die unangenehme Veränderung ihrer Quartiere und empfinden dies als Verlust ihres Territoriums und von Heimat. Plätze, die immer zum täglichen Leben gehört haben, gehen auf einmal verloren, weil sich fremde Gastronomen und Touristen dort breitmachen. Der Tourismus verbindet die Menschen nicht. Er spaltet sie und macht Fremde und Einheimische zu Gegnern.

Die Kreuzfahrtmanager betonen jedoch immer wieder, dass ihre touristischen Strategien ausgewogen sind und den Prinzipien der sozialen Nachhaltigkeit entsprechen. Es hat den Anschein, dass „sustainability" zum Lieblingswort aller Kreuzfahrtmanager geworden ist. Doch wenn Kreuzfahrtmanager auf ihren Schiffen 3000, 4000 oder 6000 Touristen transportieren, erledigt sich der Begriff der Nachhaltigkeit von selbst. Massentourismus und Nachhaltigkeit sind ein antagonistischer Widerspruch. Der Massentourismus ist eine Form von unkontrollierter Gewalt, gegen die die ortsansässigen Bürger sich schlecht wehren können. Wer vorgibt, den Massentourismus zum sanften Tourismus umfunktionieren zu können, ist so glaubwürdig wie ein Feldherr, der einen gewaltfreien Krieg führen möchte.

Die Verantwortung von uns allen

Man könnte daher das moderne Phänomen des Massentourismus auf hoher See als zivilisierte Barbarei oder als Erscheinungsform einer barbarischen Zivilisation bezeichnen. Die zivilisierten Aspekte sind in diesem Zusammenhang vor allem in dem hohen Maß an Organisation und Logistik sowie dem technischen Know-how zu sehen, das diese Form des Reisens erst möglich macht. Das barbarische Element zeigt sich in der Ignoranz gegenüber der Natur, dem rücksichtslosen Streben nach schnellen Profiten, der monströsen Banalität der Unternehmens- und Erlebnisphilosophien sowie der ignoranten und parasitären Einstellung gegenüber der Kultur und den Lebensgewohnheiten der Menschen in den Anlaufregionen.

Die Menschen, die es auf die schwimmenden Ferienfabriken zieht, tragen Verantwortung dafür, was auf und mit den Weltmeeren passiert. Man wird ihre Einstellung nicht nur durch Aufklärung ändern können. Wenn die einheimische Bevölkerung sich immer stärker gegen den Massentourismus wehrt und ihren Protest energisch zum Ausdruck bringt, setzt das dem Ansturm der unerwünschten Besucher mitsamt seinen negativen Effekten spürbare Grenzen.

Dennoch lassen sich die Probleme des Kreuzfahrttourismus nicht allein durch den guten Willen oder solidarisches Handeln der Verbraucher aus der Welt schaffen. Sie müssten vor allem dadurch bekämpft werden, dass nationale und internationale Institutionen ihre Aufsichts- und Kontrollfunktionen wahrnehmen. Dies bedeutet aber, dass die politischen Repräsentanten anfangen, sich kritischer mit der Kreuzfahrtindustrie und dem Massentourismus auseinanderzusetzen.

Ein konsequentes Umdenken gegenüber dem fragwürdigen Geschäftsgebaren der großen Kreuzfahrtunternehmen sowie den negativen Begleitumständen des Kreuzfahrt- und Massentourismus ist dringend notwendig. Auch deshalb ist es wichtig, immer wieder auf die soziale und ökologische Unverträglichkeit der Massenkreuzfahrten hinzuweisen und institutionelle Restriktionen durchzusetzen. Einlaufverbote für Großschiffe, die keine Abgasreinigungsanlagen haben, – so wie es die Umweltschutzorganisation NABU für Hamburg fordert – können zum Beispiel ein Schritt in die richtige Richtung sein.

Statt systematisch Monster- und Albtraumschiffe anzulocken und zu umgarnen, sollten sich Regierungen, Institutionen und Städte eher Gedanken darüber machen, wie man sie erfolgreich abwehrt und vergrämt. Die Kreuzfahrtriesen profitieren immens von der Inanspruchnahme der Infrastrukturen, die von den Anlaufhäfen und den Gastländern zur Verfügung gestellt werden. Doch für die Unterhaltung dieser aufwendigen Systeme werden sie bisher kaum zur Kasse gebeten. Auch für die ökologischen Schäden, die sie anrichten, leisten sie keinerlei Entschädigungszahlungen. Das Mindeste wäre, für sie die Liegegebühren in den Häfen zu erhöhen und angemessene Einlaufabgaben zu fordern. Nicht zuletzt sollten die Staaten des globalen Nordens dafür Sorge tragen, dass der Grundsatz der fairen Entlohnung und gleichen Bezahlung auf den Schiffen beachtet wird.

Die Giganten der Kreuzfahrtbranche sollten nicht mehr als willkommene Partner der Politik gesehen werden, sondern realistisch als das, was sie von Anfang an waren: profitgierige, trickreiche, egoistische und expansive Unternehmen. Ihre Gewinne sind so ungewöhnlich hoch, dass deren Reduzierung zwar Hedgefonds und Großaktionäre schmerzen würde, aber sonst keine gravierenden Konsequenzen hätte.

Wenn der Begriff der Nachhaltigkeit nicht zur bloßen Sprachhülse entwertet werden soll, müssen drei wichtige Bedingungen erfüllt werden: Dazu braucht man Schiffe, die weitgehend umweltneutral eingesetzt werden können, eine faire Bezahlung aller Mannschaftsangehörigen sowie einen ökologisch, kulturell und sozial verträglichen Tourismus in den Zielorten. Die modernen Großschiffe der Kreuzfahrtveranstalter erfüllen keine einzige dieser Bedingungen. Schon allein aufgrund ihrer Dimensionen können sie gar nicht ökologisch betrieben werden: Ihr Energiebedarf ist gewaltig, Emissionen und Abfälle sind enorm, die Beeinträchtigungen und Zerstörungen der maritimen Flora und Fauna vielfältig. Die Geschäftsgrundlage der Betreiber beruht im Wesentlichen darauf, Löhne und Gehälter zu zahlen, die weit unterhalb des Standards entwickelter Staaten liegen. Und wenn Tausende von Passagieren in Orte strömen, die sowieso schon im Fadenkreuz des Massentourismus stehen, oder in kleine Orte einfallen, denen jede Infrastruktur für einen solchen Ansturm fehlt, kann von soziokultureller Nachhaltigkeit keine Rede sein.

Wer heute eine Kreuzfahrt unternehmen möchte, sollte sich daher für Qualitätsreisen entscheiden, die den sozialen und ökologischen Nachhaltigkeitsstandards einigermaßen entsprechen. Doch das sind nur wenige kleinere und nicht eben preiswerte Schiffe. Für Schnäppchenpreise sollte das Meer jedenfalls nicht mehr zu haben sein.

Welterfahrung und Weltzerstörung

Tourismus in Zeiten der Klimakrise

Von **Steffen Vogel**

„Gute Reisende sind herzlos", schrieb Elias Canetti schon vor gut 50 Jahren.[1] Der Schriftsteller hatte bei einem Marrakesch-Besuch mit unverhohlenem Interesse blinde Bettler beobachtet, die religiöse Litaneien deklamierten. Und obwohl in seiner Beschreibung noch die ursprüngliche Faszination durchscheint, spiegelt sie doch auch das Erschrecken über sein respektloses Verhalten. Ein weitaus stärkeres Erschrecken müsste eigentlich heutige Touristen befallen. Denn ein „guter Reisender" lebt nun mit ungleich größeren Widersprüchen. Auch er unterhält jenes konsumistische Verhältnis zu seinem Gastland und dessen Attraktionen, wenn nicht gar zur Welt selbst, für das Canetti sich schämte. Aber heute haben ein verschärfter Wettbewerb und eine massive Beschleunigung längst Lohnarbeit und Lebenswelt erfasst. Für Hotelpersonal und Reinigungskräfte am Urlaubsort gilt – wie für viele Individuen generell –, „dass wir immer schneller laufen müssen, um unseren Platz in der Welt zu halten", wie der Soziologe Hartmut Rosa treffend schreibt.[2] Dem gestressten Personal tritt also der getriebene Reisende gegenüber, der oft geradezu in den Urlaub hetzt – und den schnellen Weg per Flugzeug wählt.

Das aber fordert einen hohen Preis: Jenes Elend, das Canetti so ungebührlich reizvoll fand, droht durch den massenhaften Tourismus noch verschärft zu werden. Denn jeder Ferienflieger verstärkt mit seinem CO_2-Ausstoß den Klimawandel und trägt somit erheblich zur Zerstörung ebenjener natürlichen Räume, Kulturlandschaften und Städte bei, um derentwillen die Reisenden überhaupt aufbrechen. Das wirft die dringende Frage auf: Wie könnte eine andere Art des Reisens aussehen, die schonender für Mensch und Planeten ist – und die ein anderes Verhältnis zur Welt ermöglicht?

Mittlerweile entfallen auf den Tourismus nicht weniger als acht Prozent der weltweiten Treibhausgasemissionen.[3] Und diese Tendenz dürfte sich noch verschärfen, denn die Branche wächst seit Jahren ungebremst. Über sieben Mrd. Urlaubsreisen wurden im bisherigen Rekordjahr 2018 weltweit

---

1 Elias Canetti, Die Stimmen von Marrakesch. Aufzeichnungen nach einer Reise, München 2004 [1968], S. 24.
2 Hartmut Rosa, Resonanz. Eine Soziologie der Weltbeziehung, Berlin 2016, S. 692.
3 Manfred Lenzen et al., The carbon footprint of global tourism, in: „Nature Climate Change", 2018, S. 522-528.

verzeichnet, davon 1,4 Mrd. ins Ausland. Fernreisen verkaufen sich überall dort, wo eine Mittelschicht existiert – oder gerade entsteht. Am meisten zieht es zwar nach wie vor Deutsche, US-Amerikaner und Briten in die Ferne. Aber auf dem vierten Platz folgen bereits die chinesischen Touristen, und der stärkste Zuwachs zeigt sich in aufstrebenden Schwellenländern wie Brasilien oder Indien. Diese milliardenstarke Wanderung erreicht längst alle Kontinente.[4]

All diese kleinen Alltagsfluchten geschehen zu einer Zeit, da die Folgen des Klimawandels vielerorts längst ihre ganze zerstörerische Wucht entfalten. Bis der eben noch auf Instagram verewigte Traumstrand in Vietnam unterhalb des Meeresspiegels liegt, werden zwar noch einige Jahre vergehen. Doch Kapstadt hat bereits Anfang 2018 den Wassernotstand ausgerufen und strenge Rationierungen erlassen. Und das legendäre Great Barrier Reef ist schon jetzt so geschädigt, dass die australische Regierung ein Rettungsprogramm aufgelegt hat. Dieser Verlust trifft die Reisenden jedoch an letzter Stelle. Sie profitieren vom größtmöglichen – und zugleich perversen – Luxus, die Umweltfolgen ihres Tuns permanent externalisieren zu können. Nach dem Urlaub kehren sie ins zumeist gemäßigte Klima jener reichen Länder zurück, die am ehesten über die Finanzmittel verfügen, um sich den Gegebenheiten auf einem erhitzten Planeten anzupassen. Für ihre Gastgeber im globalen Süden geht es hingegen oft buchstäblich um alles, und die Zerstörung von Ökosystemen erweist sich meist als irreparabel. Aus Sicht der Reisenden aus dem Norden jedoch gilt: Die Sintflut findet woanders statt.

Die Stadt als Themenpark

In anderer Form zeigen sich die unerwünschten Auswirkungen des Reisens, wenn ganze Strände zu Partymeilen umfunktioniert werden oder mittelalterliche Innenstädte zu Themenparks verkommen. Darunter leiden schon länger auch die wohlhabenden Reiseländer Europas. Fachmagazine und Reiseblogs diagnostizieren in solchen Fällen treffend auf *Overtourism* – „Übertourismus" wie „Übernutzung". Und tatsächlich sind manche Städte und Regionen schlicht überlaufen: Island mit seinen 330 000 Einwohnern zählte 2017 rund 2,5 Millionen Touristen. Und gut 30 Millionen Besucher drängen sich jährlich in Venedigs engen Gassen.

Dieser Andrang ist allerdings vielerorts politisch gewollt. Insbesondere Schwellen- und Entwicklungsländer bauen auf Einnahmen aus dem Tourismus und hoffen auf stetig anschwellende Besucherströme. So will Peru bis 2021 doppelt so viele Touristen anlocken wie bisher, nämlich sieben Millionen pro Jahr. Vietnam setzt auf einen jährlichen Zuwachs von 30 bis 50 Prozent und möchte jährlich 13 bis 15 Millionen Reisende beherbergen. Und selbst die kleinen Malediven streben 1,5 Millionen ausländische Besucher im Jahr an. Auch europäische Politiker stehen dem oft in nichts nach. Für wirtschaftliche

---

4 Françoise Hauser, Ungebrochene Reiselust, in: „Frankfurter Allgemeine Zeitung", Verlagsspezial Fernreisen, 24.5.2018.

gebeutelte Eurostaaten wie Griechenland oder überschuldete Metropolen wie Berlin ist das Gastgewerbe ein willkommener Wachstumsmotor.[5]

Die Schattenseiten des Booms zeigen sich im Lebensalltag all jener Menschen, die sich zuweilen wie Statisten in einer Ferienlandschaft fühlen. Angesichts der schieren Masse an Besuchern ist auf dem Markusplatz in Venedig, den Ramblas in Barcelona oder der Simon-Dach-Straße in Berlin zu bestimmten Tageszeiten kaum ein Durchkommen. Wer kann, geht andere Wege. Diese schlagen aber auch distinktionsbewusste Individualreisende ein, die sich von den Pauschaltouristen gestört fühlen. Auf der Suche nach dem Authentischen mieten sie sich per Airbnb ein Altstadtzimmer auf Zeit – und machen die Lage für die Ortsansässigen nur noch schlimmer. Mietwohnungen werden in Ferienappartements umgewandelt und einstige Wohnviertel mutieren zu Touristenquartieren, in denen so mancher keine dauerhafte Bleibe mehr findet. Zur Entfremdung gegenüber der einst vertrauten Umgebung tritt dann noch die ökonomische Verdrängung. In Spanien klagt man analog zur Gentrifizierung schon über *turistificación*.[6] Man braucht die Touristen, aber man hasst sie auch.

Die Branche in die Schranken weisen

In vielen klassischen Urlaubsgegenden ist die Geduld der Einheimischen längst erschöpft. „Jede Stadt, die sich auf dem Altar des Massentourismus opfert, wird von ihren Bewohnern verlassen, wenn sie sich die Kosten für Wohnraum, Essen und andere lebensnotwendige Alltagsgüter nicht mehr leisten können", warnte bereits 2014 die damalige stadtpolitische Aktivistin Ada Colau.[7] Heute ist sie Bürgermeisterin von Barcelona und versucht, die Branche in die Schranken zu weisen. Selbst jene, die vom Tourismus leben, verzweifeln also vor dem Ansturm und ergreifen Gegenmaßnahmen. Dafür steht Colau prominent, aber keineswegs allein. Auch in anderen spanischen Regionen haben Bürgerproteste den Anstoß gegeben, zumindest die schlimmsten Auswüchse des Besucherandrangs zu bekämpfen, darunter auf der Deutschen liebster Ferieninsel Mallorca. Die linke Regionalregierung hat unter anderem die Touristensteuer mehrfach erhöht und die Bettenzahl gesetzlich beschränkt. Wohin man schaut, zeigt sich ein ähnliches Bild: Amsterdam, Paris und Berlin gehen verstärkt gegen die Vermietung von Wohnungen an Touristen vor und nehmen dabei nicht zuletzt Plattformen wie Airbnb ins Visier. Mancherorts werden keine Hotelneubauten mehr genehmigt oder sie werden zumindest – wie auf den Seychellen – in ihrer Größe beschränkt. Venedig hat gar Drehkreuze in der Innenstadt errichten lassen, an denen bei Überlastung nur noch Einheimische passieren dürfen, damit sie überhaupt noch in den Genuss der eigenen Stadt kommen. Zuweilen erfolgen

---

5 Jonathan Tourtellot, „Overtourism" Plagues Great Destinations; Here's Why, www.blog.nationalgeographic.org. 29.10.2017.
6 ¿Hasta cuándo podremos vivir en el centro de las ciudades? Así nos afecta la turistificación, in: „El País", 22.3.2018.
7 Ada Colau, Mass tourism can kill a city – just ask Barcelona's residents, in: „The Guardian", 2.9.2014.

solche Beschränkungen schlicht, um die schlimmsten ökologischen Folgen abzuwenden. So sperrten thailändische Behörden im Mai vergangenen Jahres die Maya Bay, die 2000 durch den Film „The Beach" von Danny Boyle popularisiert wurde, da die dortigen Korallenriffe massiv geschädigt sind. Bis zu 5000 Touristen hatten sich zuvor täglich auf dem nur 200 Meter breiten Strand getummelt. Nahezu gleichzeitig richteten Bewohner der Stadt Shimla im indischen Himalaya über soziale Medien einen dringenden Appell an mögliche Besucher: Sie sollten vorübergehend einen Bogen um die Stadt machen, um die dortige Wasserknappheit nicht noch zu verschärfen. Bis zu 30 000 Reisende verschlägt es zum Saisonhöhepunkt im Juni täglich nach Shimla, 45 Mio. Liter Wasser werden dann am Tag benötigt, und weit weniger als die Hälfte stand zuletzt zur Verfügung.

Fernweh und Erkenntnis

Diese Gegenmaßnahmen können gestressten Einheimischen ein wenig Entlastung verschaffen, doch sie werden den Drang in die Ferne nicht gänzlich bremsen können. Denn das Reisen entspricht nicht nur den Konsummustern der Mittelschicht, sondern hinter ihm steht auch eine Antriebskraft, die elementarer ist als das Geschäft mit Erholung und Alltagsflucht: das Fernweh. Alfred Andersch beschrieb dieses Gefühl einst so: „Wie lange lebte man denn? Dreißig, fünfzig, siebzig Jahre vielleicht. Musste in dieser Zeit den Dschungel gesehen haben, die Wüste, die Kette des Himalaya, von Darjeeling aus, und die Türme von Manhattan. Wozu war einem sonst die Welt gegeben?"[8] Der Schriftsteller formulierte dies rückblickend auf seine Jugend in den 1930ern – als Vertreter jener Generation von Europäern, die ihr Fernweh in jungen Jahren zumeist nur bei den mehr oder weniger realitätsnahen Schilderungen von Autoren wie Karl May, Emilio Salgari oder Jack London stillen konnten. Sie selbst kamen kaum über den nächsten Marktflecken hinaus – außer als Soldaten im Krieg. Die Ferne versprach ihnen Aufregung und Ausbruch. Erst im Erwachsenenalter erlebten sie die Anfänge des Massentourismus mit.

Dieses Fernweh war noch nie so einfach zu stillen wie heute. Paradoxerweise tritt es wohl auch deshalb kaum noch in Reinkultur auf, sondern eher warenförmig und damit banalisiert. So ist die Anmutung des Abenteuers zwei Generationen später – in wenig mehr als einem halben Jahrhundert – einem routinierten globalen Flugreisetourismus gewichen. Wo Anderschs europäische Altersgenossen als Jugendliche noch kaum einen Urlaub an der nächstgelegenen Küste ins Auge fassen konnten, erschlossen sich ihre Kinder auf der westlichen Seite des Eisernen Vorhangs schon weite Teile des Kontinents. Den Wagemutigsten unter ihnen war Griechenland, das in den 1970er Jahren noch beinahe als exotisch gelten durfte, schon nicht mehr weit genug. Sie zog es nach Goa, Gomera oder Marrakesch – Ziele, die Anderschs Enkelgeneration nun bequem von allen größeren europäischen

---

8 Alfred Andersch, Die Kirschen der Freiheit. Ein Bericht, Zürich 1993 [1952], S. 32.

Flughäfen aus ansteuert. Schon die Bahn und später Autos haben die Überwindung größerer Distanzen zu einer verhältnismäßig bequemen Angelegenheit gemacht. Aber seit Beginn des kommerziellen Luftverkehrs vor gut 60 Jahren ist der globale Tourismus um nicht weniger als das Vierzigfache gewachsen. Daran haben Billigflieger einen nicht geringen Anteil: Ein Flug von Berlin nach Rom ist unter Umständen günstiger als eine Zugfahrt von Berlin nach Köln – und dauert nur etwa halb so lange. Diese Bequemlichkeit triumphiert nur allzu oft über das schlechte Gewissen. So ist der europäischen Mittelschicht der eigene Kontinent längst zu klein geworden, selbst für den Erholungsurlaub: Malediven statt Mallorca lautet die Devise.[9]

Die Erfahrungen, Begegnungen und Irritationen, die Anderschs literarisches Alter Ego noch suchte, sind dabei nur noch optional. Wer will, kann in Nebenstraßen, Kleinstädten oder abgelegenen Dörfern noch das normale Alltagsleben seines Gastlandes ausfindig machen. Wer diesen Aufwand jedoch scheut, ist mit standardisierten Hotels, täglich gesäuberten Stränden und kompetenten Guides überall auf der Welt gut bedient. Im Extremfall ist Reisen heute gleichbedeutend mit der Flucht in künstliche Welten, die Rundumbetreuung in der eigenen Muttersprache bieten und Ignoranz gegenüber der Ökologie und Politik des Gastlandes gestatten. Dann trifft man sich auf stetig bewässerten Golfplätzen im trockenen Andalusien, zum Schnorcheln am Roten Meer unter dem Schutz von al Sissis Schergen oder zum Ritt auf dauergestressten Elefanten in Sri Lanka.

Das widerspricht scheinbar jenem gerade unter Gebildeten noch immer lebendigen Ideal der klassischen Bildungsreise. Ihr Modell ist jene *Grand Tour*, die ebenso kulturinteressierte wie betuchte Nordeuropäer ab dem 17. Jahrhundert ins damals noch weit entfernte Italien führte. Goethe, Tieck und andere zog es typischerweise über Venedig und Rom bis nach Neapel: „Es war der Blick auf die Altertümer und die Werke der Kunst, das Interesse an der enzyklopädischen Erkundung seiner Besonderheiten, die Begeisterung für die Schönheiten der Natur und manches andere, was die Reise nach Italien zum umfassenden ‚Curriculum der Welterfahrung und Selbstbildung' gemacht hat", so der Literaturwissenschaftler Dieter Richter.[10]

Auch die damaligen Reisenden konnten allerdings bereits auf eine gewisse Infrastruktur zurückgreifen. Reiseführer und die Berichte der Rückkehrer informierten mehr oder weniger treffend über die Gegebenheiten vor Ort, wo Gasthäuser und Mietkutschen schon auf die ausländischen Gäste warteten. Es dauerte daher, bis sich die ersten Nordeuropäer in die Gegend südlich von Neapel vorwagten, in der all diese Annehmlichkeiten zunächst fehlten. Zudem ging schon damals das Interesse an neuen Einsichten einher mit dem Wunsch, ein bestimmtes Idealbild bestätigt zu sehen: von schönen Menschen, die ein müßiges Leben unter südlicher Sonne führen. Viele bis heute virulente Klischeebilder über Südeuropa finden sich schon in der zeitgenössischen Reiseliteratur. Aber auch die aktuelle Kritik am Reisen wurde damals vorformuliert. Adlige des 19. Jahrhunderts bedachten die aufstreben-

---

9 Vgl. Anne Britt Arps, Ryanair: Der hohe Preis des billigen Fliegens, in: „Blätter", 10/2017, S. 21-24.
10 Dieter Richter, Der Süden. Geschichte einer Himmelsrichtung, Berlin 2009, S. 145.

den Bürger mit Spott: Als „Touristen" bezeichneten sie erstmals abfällig die so bildungshungrigen Reisenden auf der *Grand Tour*.[11]

Das demokratische Paradox

Diese Begriffsgeschichte führt zum Kern des Problems: Aus dem immer noch elitären Bürger wird der gewöhnliche Tourist, der heute gleich millionenfach auftritt. Das Reisen ist fundamental demokratisiert worden – auf Kosten ökologischer Zerstörungen. Wenn aber beim Reisenden das aufklärerische Interesse oder der Wille zum kulturellen Austausch gar nicht mehr notwendigerweise vorhanden sein müssen, dann entfällt auch die letzte Rechtfertigung für die Schädigung des Klimas. Wozu, so könnte man Andersch variieren, ist einem sonst die Welt gegeben, wenn nicht, um sie zu bewahren? Also liegt es nahe, Beschränkungen zu fordern und – wo sie nicht freiwillig erfolgen – auch durchzusetzen: mit Anlegestopps für Kreuzfahrtschiffe, einem persönlichen CO_2-Budget oder mit einer hohen Kerosinsteuer, die das Geschäftsmodell der Billigflieger und Pauschalreiseanbieter unmöglich machen würden.

Eine solche Politik wäre ökologisch konsequent, erzeugt aber ein demokratisches Paradox. Denn einerseits ist offensichtlich: Wer das Reisen begrenzt, droht in die Falle des Elitismus zu tappen –, vor allem dann, wenn verteuerte Fernreisen erneut zum Privileg der Wohlhabenden werden. Der Philosoph Jacques Rancière hat diese Gefahr einmal so auf den Punkt gebracht: „Es ist nicht erstaunlich, dass die Repräsentanten der Konsumleidenschaft, die aufseiten unserer Ideologen die größte Wut auslösen, im Allgemeinen dieselben sind, deren Konsumfähigkeit am eingeschränktesten ist." Sprich: Die Bildungsbürger ärgern sich über die reisenden „Proleten", die auf Billigangebote angewiesen bleiben. Damit, so Rancière, falle eine bestimmte Art von Konsumkritik auf das „Denken der Zensus- und Wissenseliten des 19. Jahrhunderts zurück: Die Individualität ist etwas Gutes für die Eliten, doch sie wird zu einem Desaster der Zivilisation, sobald sie für alle zugänglich ist."[12] Die individuelle Wahl des Reiselandes wenigen vorzubehalten, während die Mehrheit nur regional unterwegs sein kann, würde jene Ungleichheiten vertiefen, die schon jetzt für erhebliche Spannungen in den Ländern des Nordens sorgen. Denn ein politisch durchgesetzter Verzicht träfe zunächst – und trifft teilweise schon jetzt – die weniger begüterten Urlauber, während die gebildeten, gutsituierten Individualreisenden auch bei einer Verknappung des Angebots noch in die Ferne aufbrechen könnten. Sie können sich auch verteuerte Flugtickets leisten und verfügen über genügend kulturelles Kapital für eine selbstorganisierte Erkundung fremder Länder.

Andererseits kollidiert der Anspruch, jedem das Reisen zu ermöglichen, mit einem mindestens ebenso fundamental demokratischen Bestreben, den globalen Tourismus zu begrenzen. Dieses wird etwa von all jenen Mallorquinern ganz direkt geäußert, die durch Bürgerprotest und Wahlverhalten auf das

---

11 „Wir alle hassen Touristen", Interview mit Marco d'Eramo, www.spiegel.de, 25.5.2018.
12 Jacques Rancière, Der Hass der Demokratie, Berlin 2011, S. 37-38.

Recht drängen, über den Charakter ihrer Insel zu bestimmen. Ganz massiv kollidieren demokratische Prinzipien aber, wenn die Bewohner des globalen Nordens, selbst noch in Gestalt seiner Arbeiteraristokratien, mit ihrem CO_2-Ausstoß den Bürgern des globalen Südens – die weitgehend so stationär sind wie der junge Andersch – die Lebensgrundlage entziehen. Was aus Sicht der Mittelschichten eine Demokratisierung des Reisens bedeutet, erweist sich für die Armen dieser Welt als zutiefst undemokratisches Vorrecht auf Schädigung des gemeinsamen globalen Lebensraumes. Nicht minder ungerecht stellt sich das aus Sicht kommender Generationen dar, die auch wegen der Reiselust des globalisierten Menschen des Nordens einen verheerten Planeten vorzufinden drohen. Daher ist eine Beschränkung des Massentourismus schlicht unvermeidbar geworden: Die Begrenzung der Erderwärmung, auf die sich die übergroße Mehrheit der Staaten im Pariser Klimavertrag verpflichtet hat, dürfte ohne eine Reduzierung des Flugverkehrs – wie des Tourismus allgemein – kaum zu haben sein.

Slow Travelling

Dieses demokratische Paradox lässt sich nicht leicht auflösen: Beschränkung ist nötig, Verzicht aber oft ungerecht. Richtig gedacht, sollte daher nicht das Reisen an sich in Frage stehen – wohl aber das Reisen in seiner derzeitigen Form. Es muss sich radikal ändern. Den Reisenden, denen dieses Problem oft genug schmerzlich bewusst ist, bietet die Branche neben Nischenangeboten wie Ökotourismus bislang vor allem kosmetische Korrekturen. Wer fliegt, kann eine Abgabe zahlen, mit der die Fluggesellschaften einen „CO_2-Ausgleich" leisten wollen, beispielsweise über Wiederaufforstung von Regenwäldern. Doch abgesehen davon, dass dieser säkulare Ablasshandel kaum genutzt wird, behebt er eher Symptome als das eigentliche Problem: unseren Umgang mit Zeit und Entfernung. Billigflieger locken schließlich nicht nur mit niedrigen Preisen, sondern – wie jede Luftreise – mit der Verkürzung des Raums: Man ist schneller vor Ort, schneller im Urlaub und spart kostbare Freizeit. Damit unterwirft sich der Reisende noch in den Ferien jenem Beschleunigungsimperativ, der allzu oft auch seinen Alltag prägt. Eine bessere Art zu Reisen setzt demgegenüber einen anderen, nicht-instrumentellen Umgang mit Zeit voraus. Denn wer sich die Welt so anverwandeln will, „dass sie *zum Sprechen gebracht* wird"[13], muss sich Zeit nehmen.

Es gilt also, eine neue kulturelle Norm zu etablieren, weg vom schnellen Konsum austauschbarer Zielorte, hin zu bewusstem Genuss – ein „Slow Travelling". Die Reisenden würden sich dann nicht wegen ihres schlechten Gewissens oder höherer Steuern von klimaschädlichen Fliegern abwenden, sondern weil sie ihren Urlaub intensiver – und auch erholsamer – erleben wollen. Es geht um ein Reisen um des Reisens willen, das nicht zwangsläufig nur im regionalen Nahbereich stattfinden muss. So lässt sich Peking

---

13 Rosa, Resonanz, a.a.O., S. 692, Hervorhebung im Original.

beispielsweise vom europäischen Festland aus bequem per Bahn erreichen, über Moskau mit der Transsibirischen Eisenbahn, die obendrein häufiges Aussteigen erlaubt: Welterfahrung als ein Er-Fahren der Welt.

Eine solche Art des Reisens ist natürlich aufwendiger und anspruchsvoller, was ihrer Verallgemeinerbarkeit Grenzen setzt. Zudem ist sie an Voraussetzungen gebunden, die sich teilweise dem Einfluss der Individuen entziehen: Zeit und Infrastruktur. Wie so oft bei der Bekämpfung des Klimawandels gilt auch hier: Individuelle Anpassung und kultureller Wandel sind nötig, reichen aber alleine nicht aus. Vielmehr müssen die Bedingungen für eine andere Art des Reisens nicht zuletzt politisch geschaffen werden. Die Bahn etwa wäre auch für breite Schichten eine stärkere Konkurrenz zum Flieger, wenn ihre Tickets günstiger und ihre Angebote besser auf Reisende zugeschnitten wären, etwa mit mehr Nachtzügen. Das kann sie aber besser, wenn sie kein gewöhnliches Unternehmen ist, das auf Effizienz und Gewinn getrimmt wird, sondern ein fundamentaler Bestandteil der öffentlichen Infrastruktur, der vor allem erschwingliche und flächendeckende Mobilität garantiert und dabei auch Verluste machen darf. Eine so verstandene öffentliche Bahn könnte nicht nur eine Verteuerung des Flugverkehrs zumindest teilweise kompensieren, sondern schon zuvor ein attraktiveres Reisemittel werden.

Langsames und längeres Reisen scheitern aber vor allem an der enormen Verdichtung und Prekarisierung der Lohnarbeit. Dieser ökonomische Druck lässt selbst Wohlhabende vor einer monatelangen *Grand Tour* zurückschrecken, außer in Form eines Sabbatjahres. Ein Schritt, um dem politisch zu begegnen, wäre eine Verlängerung der Urlaubszeit. Je weniger knapp die Zeit bemessen ist, desto eher gelingt der Ausbruch aus der alltäglichen Hetze. Und je mehr Zeit zur Verfügung steht, desto eher wächst die Bereitschaft, auf den Geschwindigkeitsvorteil des Fliegens zu verzichten. Für einen solchen Schritt wirbt auch einer der jüngsten Berichte an den Club of Rome. Eine Verkürzung der Jahresarbeitszeit wäre demzufolge ein wichtiger Schritt weg vom Wachstums- und Beschleunigungsparadigma, dieser „Eskalationstendenz" der Moderne (Rosa): „Mehr Freizeit für die Menschen wird die Vergrößerung ihres ökologischen Fußabdrucks verlangsamen. Statt ihre Zeit mit der Produktion von Waren zu verbringen und dabei Ressourcen zu verbrauchen und zur Umweltzerstörung beizutragen, werden die Menschen mehr Freizeit genießen."[14]

Mit dem verlängerten Urlaub erführe die Geschichte des Massentourismus ihre würdige Fortsetzung. Denn nach Adel und wohlhabendem Bürgertum eroberten die Arbeiter erst dann das Reisen massenhaft für sich, als „Ferien für alle" eingeführt wurden: 1936 garantierte die Volksfront unter dem Sozialisten Léon Blum erstmals allen Franzosen vier Wochen bezahlten Jahresurlaub.[15] Heute könnten mehr freie Tage nicht nur für eine andere Gewichtung zwischen Lohnarbeit und Freizeit sorgen, sondern ein anderes Verhältnis zur Welt befördern – und ein Reisen, das Muße gestattet.

---

14 Jorgen Randers und Graeme Maxton, Ein Prozent ist genug. Mit wenig Wachstum soziale Ungleichheit, Arbeitslosigkeit und Klimawandel bekämpfen, München 2016, S. 154.
15 Marco d'Eramo, Die Welt im Selfie. Eine Besichtigung des touristischen Zeitalters, Berlin 2018.

Schmutziges Licht: Die Abschaffung der Nacht

Von **Josiane Meier**

Künstliches Licht ist aus unserem Alltag kaum mehr wegzudenken. Von Schreibtischlampen und Deckenstrahlern über Straßenlaternen und Fassadenilluminationen bis hin zu Werbetafeln und Weihnachtsdekoration – elektrische Beleuchtung ist allgegenwärtig. Sie ermöglicht es uns, auch nach Anbruch der Dunkelheit allen Tätigkeiten nachzugehen, die wir tagsüber ausüben. Die existentielle Bedeutung des künstlichen Lichts stand auch im Zentrum des *Internationalen Jahres des Lichts und der Lichttechnologie* der UNESCO, das im Dezember 2015 zu Ende ging. Es sollte auf die Potentiale des Lichts für unser tägliches Leben aufmerksam machen – vor allem mit Blick auf Energieeinsparung, Bildung, Landwirtschaft und Gesundheit.[1] Nur ein Jahr zuvor, im Dezember 2014, erhielten die japanischen Forscher Isamu Akasaki, Hiroshi Amano und Shuji Nakamura den Physik-Nobelpreis für die bahnbrechende Entwicklung der blauen Leuchtdiode. Sie erlaubt weißes LED-Licht, wodurch einer breiten Anwendung der neuen und hocheffizienten Lichttechnologie nichts mehr im Wege stand.

Bei aller Begeisterung über das künstliche Licht kommen die negativen Folgen künstlicher Beleuchtung in der öffentlichen Debatte allerdings erheblich zu kurz. Sie werden unter dem Schlagwort „Lichtverschmutzung" verhandelt. Diese geht auf künstliche Lichtquellen zurück, die nicht zwingend erforderlich, zu hell oder unzureichend abgeschirmt sind. Das Licht blendet daher oder streut in die Atmosphäre. Die genauen Auswirkungen der Lichtverschmutzung sind bislang nur im Ansatz erforscht. Fest steht allerdings schon jetzt: Das künstliche Licht hat seine Schattenseiten – für Menschen, Tiere und Pflanzen gleichermaßen.

Welche Dimension die Erhellung der Nacht bereits angenommen hat, ist besonders gut auf Satellitenbildern des europäischen Kontinents erkennbar. Weit deutlicher als auf Tagaufnahmen treten die großen Städte hervor: Hamburg ist schnell gefunden, München, Berlin, dann Wien, Oslo, Rom, Moskau und London. Aber auch kleinere Städte sind – dank der elektrischen Beleuchtung – selbst aus mehreren hundert Kilometern Höhe gut zu erkennen. Die unbeleuchteten Gebiete erscheinen hingegen wie Inseln im Lichtermeer. Die Satellitenaufnahmen zeigen eindrücklich, wie wir vielerorts die Nacht buch-

---

1 Vgl. www.light2015.org und www.jahr-des-lichts.de.

stäblich zum Tage machen. Was auf den Bildern jedoch nicht sichtbar wird, ist die Dynamik der dahinterliegenden Entwicklung. Denn noch vor 200 Jahren hätte der Anblick aus dem All vollkommen anders ausgesehen.

Erst 1807 wurden auf der Pall-Mall-Straße in London anlässlich des Geburtstags des englischen Königs die ersten öffentlichen Gaslaternen in Betrieb genommen. Bis dahin waren Öllampen, meist mit Walöl gefüllt, die gängige Form der Straßenbeleuchtung. Die Lichtausbeute dieser Laternen war anfangs äußerst gering. Und auch wenn diese durch technische Fortentwicklung im Laufe des 18. und 19. Jahrhunderts immer heller wurden, so wirkten sie doch vornehmlich als Positions- und Orientierungslichter.[2]

Weit ausgeleuchtete Straßen und Plätze, wie wir sie heute kennen (wenn auch weniger hell), erlaubte erst die fortentwickelte Gasbeleuchtung im ausgehenden 19. Jahrhundert. Seitdem ist es überhaupt erst üblich, dass Straßen das ganze Jahr über und die ganze Nacht hindurch beleuchtet werden. Bis dahin blieben die Lampen beispielsweise während der Vollmondphasen aus. Es wurde also ein nicht unerheblicher Regelungsaufwand betrieben, um das damals noch wertvolle Licht zu sparen.

Städte als »Zentren des Lichts«

Der nächste Technologiesprung erfolgte mit der elektrischen Beleuchtung, die in vielen Städten im späten 19. und frühen 20. Jahrhundert die Gasbeleuchtung ersetzte. Besonders rapide hat die Erhellung der Nacht seit Mitte des vergangenen Jahrhunderts – nach dem Zweiten Weltkrieg – zugenommen. Und die Nächte werden auch heute noch immer heller: Nach aktuellen Schätzungen nimmt die künstliche Beleuchtung im weltweiten Mittel jährlich um etwa sechs Prozent zu.

In den Städten prägen die vielen unterschiedlichen öffentlichen wie privaten Lichtquellen das nächtliche Bild. Parkplätze werden genauso beleuchtet wie Kreuzungen, Haltestellen, Bahnhöfe und Tankstellen. Ampeln regeln den Verkehr der mit Scheinwerfern versehenen Fahrzeuge; Kirchen, Rathäuser und Firmenzentralen werden angestrahlt. In Schaufenstern steht die Ware im Rampenlicht, Werbeschilder blinken grell und Riesenposter leuchten von Häuserfronten herab. Himmelsstrahler weisen den Weg zum nächsten Party-Event, das Licht über der Haustür zeigt den Eingang, und durch die Fenster leuchten unsere Wohn- und Arbeitsräume.

Das städtische Licht erhellt dabei weit mehr als nur den Ort, an dem es erzeugt wird. So ist der Lichtschein von Las Vegas noch im über 200 Kilometer entfernten *Death-Valley*-Nationalpark zu sehen, und jener von Berlin lässt sich noch im etwa 100 Kilometer entfernten Westhavelland ausmachen.

Große Lichtkonzentrationen sind zudem längst nicht mehr nur auf dicht besiedelte Gebiete begrenzt. Auch Flughäfen, Einkaufs- oder Logistikzentren, große Industrieanlagen sowie Gewächshäuser werden intensiv beleuch-

---

2   Vgl. Wolfgang Schivelbusch, Lichtblicke. Zur Geschichte der künstlichen Helligkeit im 19. Jahrhundert, Frankfurt a. M. 2004.

tet. Selbst inmitten der Meere werden große Mengen an Licht erzeugt: Unzählige Fischerboote setzen allnächtlich starke Strahler ein, um ihren Fang anzulocken, und bilden auf diese Weise großflächige Lichtteppiche auf dem einst tiefschwarzen Wasser. Und auch die Frackinggebiete in North Dakota sind aus weiter Höhe gut zu erkennen: Licht entsteht hier als Abfallprodukt beim Abfackeln des Erdgases, das bei der Ölförderung austritt.

Die Kolonisierung der Nacht

Indem wir die Nacht zum Tage machen, verändert sich unser Verhältnis zur Zeit grundlegend. Vergleichbar mit einem zu erobernden Territorium wird die Nacht zunehmend als Zeitressource genutzt – für wirtschaftliche Aktivitäten ebenso wie für Freizeit und Vergnügen: ein Prozess, den der Soziologe Murray Melbin als „Kolonisierung der Nacht" bezeichnet.[3]

Diese Kolonisierung schritt im Lauf der Geschichte umso weiter voran, je günstiger das Licht wurde und je einfacher die Lichttechnik zu handhaben war. In frühen Zeiten war der Aufwand, Dunkelheit zu vertreiben, noch recht hoch. Insbesondere der Einsatz von Öl musste abgewogen werden: Es war teuer und lässt sich auch als Lebensmittel einsetzen. Zudem mussten Öllampen fortwährend gepflegt werden, um sie in Betrieb zu halten und die Rußbildung auf ein Minimum zu reduzieren. Gasbeleuchtung, die die Ölbeleuchtung ablöste, bot demgegenüber bereits zahlreiche Vorteile. Sie musste allerdings über lange Zeit individuell angezündet werden; vor allem aber barg sie erhebliche Explosionsgefahren. Das elektrische Licht hingegen fordert uns kaum mehr als einen Knopfdruck ab, es ist „rein", hinterlässt keine Spuren und bringt uns nur noch äußerst selten in Gefahr.

Die gesteigerte Effizienz der Leuchtmittel hat das künstliche Licht auch erheblich günstiger gemacht.[4] Dies hatte jedoch einen Rebound-Effekt zur Folge: So hat sich die Effizienz elektrischer Beleuchtungsmittel in Großbritannien zwischen 1950 und 2000 verdoppelt; gleichzeitig vervierfachte sich jedoch der Lichtverbrauch.[5]

Weil es allgegenwärtig ist, fällt das nächtliche Licht heute kaum mehr auf – außer, es fällt einmal aus. Damit aber haben die künstliche Beleuchtung und ihre Folgen zugleich weitgehend an öffentlicher Aufmerksamkeit verloren. Das Feld wurde stattdessen jenen überlassen, die sich von Berufs wegen damit befassen: Ingenieuren und Technikern in der Industrie, in Tiefbauämtern und in lichttechnischen Gesellschaften. Unter ihnen herrscht weitgehend Einigkeit, wie künstliche Beleuchtung einzusetzen ist. Welche Folgen

---

3 Vgl. Murray Melbin, Night as Frontier. Colonizing the World After Dark, New York/London, 1987.
4 Messen lässt sich dies anhand der sogenannten Lichtausbeute in Lumen pro Watt. Während z.B. eine Kerze um 1800 noch eine Lichtausbeute von 0,1 lm/Watt hatte, schaffte die Gasbeleuchtung um 1875 0,25 lm/Watt, die Wolfram-Glühlampe um 1930 bereits 12 lm/Watt. Mittlerweile sind weiße Leuchtdioden mit über 200 lm/Watt in der Entwicklung. Vgl. u.a. William D. Nordhaus, Do Real-Output and Real-Wage Measures Capture Reality? The History of Lighting Suggests Not, in: Timothy F. Bresnahan und Robert J. Gordon, The Economics of New Goods, Cambridge, MA, 1996.
5 Vgl. Roger Fouquet und Peter J.G. Pearson, Seven Centuries of Energy Services Light: The Price and Use of Light in the United Kingdom (1300-2000), in: „The Energy Journal", 1/2006, S. 139-177.

diese jedoch für uns alle hat, wird bislang nur wenig untersucht. Gerade einmal vor gut 15 Jahren begannen Wissenschaftlerinnen und Wissenschaftler unterschiedlicher Disziplinen damit, sich dezidiert mit den biologischen, ökologischen und gesundheitlichen Konsequenzen der Erhellung der Nacht zu befassen. Und erst jüngst sind Auseinandersetzungen in den Sozial- und Geisteswissenschaften hinzugekommen. Auslöser für diese intensivere Beschäftigung war unter anderem die Beobachtung, dass der Sternenhimmel nur mehr eingeschränkt sichtbar ist. Was zunächst Astronomen bemerkten, weil es ihre Arbeit beeinträchtigte, betrifft mittlerweile den überwiegenden Teil der westlichen Bevölkerung: 2001 wurde geschätzt, dass mehr als zwei Drittel der US-Bevölkerung und über die Hälfte der Europäer die Milchstraße von ihrem Wohnort aus nicht mehr erkennen können – und seither ist es deutlich heller geworden.[6]

Der kulturelle Verlust, der damit einhergeht, ist erheblich. Schließlich verlieren wir ebenjenen alltäglichen, unmittelbaren Bezug zum Sternenhimmel, der seit Jahrtausenden aufs Engste mit der kulturellen und wissenschaftlichen Entwicklung des Menschen verwoben ist – von Kalendern über die Navigation bis hin zu Sagen und Märchen. Und während sich die forschende Astronomie in Observatorien fernab menschlicher Siedlungen zurückgezogen hat, um die Sterne zu beobachten, besteht diese Option für die Mehrheit der Menschen allenfalls noch im Urlaub.

Zugleich verlieren wir mehr und mehr die natürliche Dunkelheit der Nacht – und damit das Pendant zum Tag. Menschen, aber auch Tiere, Pflanzen und mit ihnen die Ökosysteme haben sich über Jahrmilliarden den jahres- und tageszeitlichen Rhythmen von Hell und Dunkel angepasst. Während der Mensch den Tag vorrangig als Aktivitäts- und die Nacht als Regenerationsphase nutzt, ist es bei anderen Lebewesen genau umgekehrt: Rund 30 Prozent der Wirbeltiere und über 60 Prozent der wirbellosen Tiere sind nachtaktiv.[7] Indem künstliche Beleuchtung die einst dunkle Nacht mitunter zum „zweiten Tag" macht, verändern sich die Lebensbedingungen tag- als auch nachtaktiver Arten auf dramatische Weise.

Das Licht als Staubsauger

Besonders bei Tieren sind die Auswirkungen der künstlichen Beleuchtung gut sichtbar. So werden Insektenarten – etwa Nachtfalter – massenhaft von künstlichen Lichtquellen angezogen. Sie umschwärmen Straßenlaternen meist so lange, bis sie infolge von Blendung und Desorientierung erschöpft zu Boden sinken und verenden. Dieser sogenannte Staubsaugereffekt ist – neben Insektiziden und der Zerstörung natürlicher Lebensräume – maßgeblich für den vielfach festgestellten Rückgang von Insekten verantwortlich. Diese feh-

---

6 Vgl. Pierantonio Cinzano, Fabio Falchi und Christopher D. Elvidge, The first World Atlas of the artificial night sky brightness, in: „Monthly Notices of the Royal Astronomical Society", 3/2001, S. 689-707.
7 Vgl. Franz Hölker, Christian Wolter, Elizabeth K. Perkin und Klement Trockner, Light pollution as a biodiversity threat, in: „Trends in Ecology & Evolution", 12/2010, S. 681-682.

len dann andernorts als Nahrungsquelle wie auch als Bestäuber. Auch für Zugvögel birgt das künstliche Licht Gefahren. Zwar sind die meisten Vogelarten tagaktiv, dennoch wandern sie überwiegend bei Nacht; der Sternenhimmel dient ihnen dabei zur Orientierung. Wird dieser jedoch durch Wolken oder Nebel verdeckt, steuern die Vögel zumeist künstliche Lichtquellen an. Diese werden dann oft zu Todesfallen – sei es weil die Vögel vom hellen Licht geblendet werden und mit Gebäuden kollidieren oder weil sie ebenfalls bis zur Ermattung um das Licht kreisen. Nicht nur Hochhäuser stellen für sie eine Bedrohung dar, sondern auch Leuchttürme, beleuchtete Brücken und Windkraftanlagen sowie Bohrinseln, Schiffe und Himmelsstrahler. Bei jährlichen Zählungen im Zentrum der kanadischen Stadt Toronto wurden zu den Hauptzugzeiten pro Jahr durchschnittlich 2750 verendete Vögel aufgefunden, ein Großteil davon nachtwandernde Arten.[8]

Künstliches Licht hat zudem Auswirkungen auf das Brutverhalten von Vögeln. Der Balzgesang von Amseln beginnt in vielen Städten inzwischen nicht erst im Frühjahr, sondern bereits zum Jahreswechsel. Verantwortlich dafür ist wahrscheinlich die künstliche Helligkeit, die den Vögeln vortäuscht, es sei bereits deutlich später im Jahr. So kann es zu verfrühten Brutversuchen kommen, die für die Jungvögel wegen fehlender Nahrung tödlich enden.[9] Und dass die künstliche Erhellung der Nacht Vögel aus ihrem Tag-Nacht-Rhythmus bringen kann, lässt sich dann unmittelbar erleben, wenn tagaktive Arten plötzlich inmitten der Nacht anfangen zu singen.

Das Leben der Pflanzen gerät ebenfalls aus seinem jahrtausendealten Takt. Die industrialisierte Landwirtschaft nutzt künstliches Licht bereits seit langem, etwa um Gemüse zu schnellerem Wachstum zu animieren oder um Blumen termingerecht für den Verkauf zum Blühen zu bringen. Die Auswirkungen künstlicher Beleuchtung in Städten sind ähnlich: Stehen sie in der Nähe einer künstlichen Lichtquelle, werfen bestimmte Baumarten ihre Blätter verspätet oder gar nicht mehr ab. Infolgedessen sind sie dem Winterwetter deutlich stärker ausgesetzt.

Selbst bei Wassertieren wie Meeresschildkröten wirkt sich künstliche Beleuchtung negativ aus. Deren verändertes Verhalten lässt sich besonders gut an den dicht bebauten und damit stark beleuchteten Strandabschnitten Floridas beobachten. Hier vergraben Schildkröten ihre Eier im Sand; die Jungtiere schlüpfen bei Nacht und müssen, nachdem sie sich an die Oberfläche gegraben haben, den Weg ins Wasser finden. Dabei orientieren sie sich instinktiv am Meer, welches das Licht der Himmelskörper reflektiert. Die beleuchteten Strandpromenaden leiten die Jungtiere jedoch in die falsche, entgegengesetzte Richtung. Die Schildkröten sammeln sich unter Straßenlaternen und vertrocknen am nächsten Tag in der prallen Sonne, fallen Fressfeinden zum Opfer oder werden von Autos überfahren. Schätzungen zufolge sterben auf diese Weise jedes Jahr zehntausende Schildkröten. Dies wiegt

---

[8] Vgl. City of Toronto, Migratory Birds in the City of Toronto, Toronto, 2009.
[9] Vgl. Ommo Hüppop, Reinhard Klenke und Anja Nordt, Vögel und künstliches Licht, in: Thomas Posch, Franz Hölker, Anja Freyhoff und Thomas Uhlmann (Hg.), Das Ende der Nacht. Lichtsmog: Gefahren – Perspektiven – Lösungen, Weinheim, 2013, S. 111-137.

umso schwerer, da im Schnitt ohnehin nur zwei Jungtiere aus einem Nest mit etwa einhundert Eiern ein Alter von 20 bis 30 Jahren – und damit die Geschlechtsreife – erreichen.[10]

Lichtverschmutzung – das verkannte Problem

Auch bei uns Menschen verdichten sich Erkenntnisse zu schädlichen Auswirkungen. Licht ist ein wichtiger Zeitgeber für unsere innere Uhr, die den Organismus auf den Wechsel zwischen Aktivitäts- und Regenerationsphasen einstellt. Es unterdrückt die Ausschüttung des „Schlafhormons" Melatonin, wirkt also als Wachmacher. Zu viel Licht zu später Zeit führt daher zu Schlafstörungen und trägt so zum weitverbreiteten Schlafmangel bei.

Dieser wird inzwischen mit zahlreichen Zivilisationskrankheiten in Verbindung gebracht: mit erhöhtem Krebsrisiko, Fettleibigkeit, Diabetes und Depressionen. So ist bereits seit längerem bekannt, dass Nachtarbeiterinnen einem erhöhten Brustkrebsrisiko ausgesetzt sind. Dafür könnte das starke Arbeitslicht verantwortlich sein, weil es den Biorhythmus stört und das Melatonin – ebenfalls ein körpereigenes Antioxidans – an gesundheitsfördernder Wirkung einbüßt.[11]

Besonders empfindlich reagieren Menschen – wie auch viele Tiere – auf die Blauanteile des Lichts. Sie sind vor allem in „kaltem", also weißem Licht vertreten, wie es zum Beispiel Bildschirme, aber auch ein Großteil der LED-Leuchten abgeben. Jüngste Studien deuten darauf hin, dass schon geringe Lichtmengen deutliche Wirkungen zeigen können – etwa wenn das Licht von Straßenlaternen ins Schlafzimmer fällt. Diese modernisieren viele Städte derzeit – oft vom warmen, orange-gelben Licht der Natriumdampflampen zu deutlich kühlerem LED-Licht. Von dem Austausch verspricht man sich neben einer „korrekten" Wiedergabe von Farben bei Nacht insbesondere Einsparungen im Energieverbrauch. Dass das weiße Licht aber zugleich den Tag-Nacht-Rhythmus bei uns Menschen empfindlich stören kann, gerät dabei allzu häufig aus dem Blick.

Wie aber können derlei Negativfolgen der zunehmenden Lichtverschmutzung sinnvoll eingedämmt werden? Zuallererst benötigen wir verbindliche Grenzwerte, die regeln, wann Licht zu Lichtverschmutzung wird. Dass es solche Werte bislang nicht gibt, hängt auch mit unterschiedlichen Auffassungen zusammen, die in der Wissenschaft bestehen. Während manche Wissenschaftler jedwedes künstliche Licht im Außenraum als Lichtverschmutzung sehen, da es die natürlich gegebenen Lichtverhältnisse unweigerlich beeinflusst, verstehen andere unter Lichtverschmutzung nur jene künstliche Beleuchtung, die ungewollt, nicht erforderlich oder störend ist.

---

10 Vgl. Christin Borgwardt, Tony Tucker und Kristen Mazzarella, Meeresschildkröten als Opfer der Strandbeleuchtung, in: Thomas Posch, Franz Hölker, Anja Freyhoff und Thomas Uhlmann (Hg.), Das Ende der Nacht. Lichtsmog: Gefahren – Perspektiven – Lösungen, Weinheim 2013, S. 138-155..
11 Vgl. Richard G. Stevens und Yong Zhu, Electric light, particularly at night, disrupts human circadian rhythmicity: is that a problem? Philosophical Transactions of the Royal Society of London, B 370: 20140120, 2015.

Hinzu kommt, dass die begriffliche Nähe zu anderen Formen der Umweltverschmutzung mitunter als irreführend kritisiert wird. Während etwa bei der Luftverschmutzung die Luft verschmutzt ist, gehe es bei Lichtverschmutzung nicht um eine Verunreinigung des Lichts. Andere halten dagegen, dass der Begriff gerade deshalb passend sei, weil das natürliche Licht etwa des Sternenhimmels durch künstliches Licht verunreinigt wird.

Ungeachtet aller definitorischen Unterschiede: Dem Begriff „Lichtverschmutzung" kommt entscheidende Bedeutung zu, weil er auf die Schattenseiten der künstlichen Beleuchtung hinweist. Die Dimensionen sind dabei ähnlich wie beim Thema Lärm: Schall kann sowohl Klang sein als auch Lärm. Für beide Ausprägungen gibt es Begriffe, die es durch die ihnen eingeschriebenen Werturteile erlauben, die positiven wie negativen Facetten ein und desselben Phänomens zu thematisieren. So ist Licht derzeit noch meist positiv besetzt; erst der Begriff Lichtverschmutzung schafft ein Bewusstsein für das Problem, indem es die Folgen der künstlichen Beleuchtung sichtbar macht.

Um Lichtverschmutzung gezielt reduzieren zu können, müssen zudem die Hauptquellen von Lichtemissionen ausgemacht werden. Im Fokus stehen dabei bislang Abstrahlungen städtischer Siedlungen in den Nachthimmel.

Allerdings gibt es hier große Unterschiede: So strahlen bundesdeutsche Städte erheblich weniger Licht pro Einwohner ab als US-amerikanische Städte ähnlicher Größe.[12] Gründe hierfür könnten etwa Unterschiede in der genutzten Beleuchtungstechnologie oder in der Siedlungsstruktur sein. Selbst innerhalb Europas sind die Unterschiede immens: So erweist sich Berlin im Vergleich zu fünf anderen europäischen Metropolen als die mit Abstand dunkelste Stadt; Madrid hingegen ist die mit Abstand hellste. Auch die neuen und alten Bundesländer strahlen unterschiedlich hell: In ostdeutschen Kommunen liegt die Lichtemissionen pro Kopf um knapp 60 Prozent höher als in westdeutschen. Verantwortlich dafür sind vermutlich Unterschiede in der öffentlichen Beleuchtung – insbesondere die Wahl der Leuchtmittel und wie lange die Modernisierung der Straßenbeleuchtung zurückliegt. Je älter die Lampen, desto dunkler sind sie meist.

Die Repolitisierung des Lichts

Das wird aber nicht mehr lange so bleiben: Denn viele Städte und Gemeinden planen, ihre oft veraltete öffentliche Beleuchtungsinfrastruktur in naher Zukunft zu modernisieren – ohne die negativen Folgen ausreichend zu beachten. Die neuen Beleuchtungslösungen werden uns voraussichtlich die kommenden 30 bis 40 Jahre erhalten bleiben. Da derzeit aber vor allem die Energieeffizienz im Zentrum der Überlegungen steht, wird das Licht vielerorts sowohl deutlich weißer als auch erheblich heller werden.[13] Damit aber

---

12 Vgl. Christopher C. M. Kyba, Stefanie Garz, Helga Kuechly, Alejandro Sánchez de Miguel, Jaime Zamorano, Jürgen Fischer und Franz Hölker, High-Resolution Imagery of Earth at Night: New Sources, Opportunities and Challenges. Remote Sensing, 1/2014.
13 Grund dafür sind insbesondere fehlende Grenzwerte. Viele Kommunen richten sich mangels anderer Vorgaben nach der gesetzlich nicht bindenden Norm DIN EN 13201, die nur Minimalwerte kennt

droht sich das Problem der Lichtverschmutzung weiter zu verschärfen. Aus diesem Grund sind neben Grenzwerten auch ganzheitliche Konzepte dringend erforderlich, die auch ökologische, gesundheitliche und ästhetische Aspekte berücksichtigen. Eine wachsende Zahl europäischer Städte verfügt bereits über lokale nicht-bindende Lichtkonzepte. Sie sehen vor, das nächtliche Stadtbild zu gestalten und eine effiziente öffentliche Beleuchtung zu entwickeln. Als Vorreiter gilt hier Lyon, das erstmals 1989 einen *Plan Lumière* vorlegte.

Erste gesetzliche und damit verbindliche Regelungen gibt es seit vielen Jahren in Italien – Vorreiter war die Lombardei im Jahr 2000 –, in einigen Regionen Spaniens sowie in Slowenien. Sie begrenzen gezielt Lichtemissionen oberhalb der Horizontalen sowie das Anstrahlen von Gebäuden und Werbetafeln bei Nacht; zudem verbieten sie den Einsatz von Himmelsstrahlern. Mitunter wurden sogar Beschränkungen für die Beleuchtungsstärke festgesetzt, die von Lichtquellen im Außenraum an die Fenster von privaten Wohnhäusern gelangen darf. Besonderes Aufsehen erregte Frankreich, als dort im Jahr 2013 ein Gesetz in Kraft trat, wonach ab ein Uhr morgens die Innen- und Außenbeleuchtung von Büros, Geschäften und öffentlichen Gebäuden abzuschalten ist. Sofern in einzelnen Gebäuden länger gearbeitet wird, muss das Licht spätestens eine Stunde nach Verlassen des letzten Mitarbeiters gelöscht werden. Auf diese Weise hofft die Regierung, 250 000 Tonnen CO_2 sowie 200 Mio. Euro an Energiekosten pro Jahr einzusparen.[14]

Der Preis der Dunkelheit

Auch außerhalb Europas tut sich bereits viel. Ebenfalls 2013 trat in Korea der *Light Pollution Prevention Act* in Kraft. Er sieht vor, ein an die Flächennutzung gekoppeltes Zonierungssystem einzurichten, und definiert dafür vier verschiedene Zonen – von Naturschutzgebieten bis hin zu urbanen Zentren, in denen jeweils unterschiedliche Grenzwerte erlaubt sind. Die herrschenden Grenzwerte gelten sowohl für Licht, das von außen an die Fenster von Wohnhäusern dringt, als auch für die Helligkeit diverser Lichtquellen im Außenraum. Verstöße gegen die Beschränkungen sollen mit Geldstrafen von bis zu 10 000 US-Dollar geahndet werden.[15] Auch in den Vereinigten Staaten bahnt sich ein Umdenken den Weg von kleinen Städten in die größten Metropolen. Nachdem im US-Bundesstaat New York im Jahr 2014 der *Healthy, Safe and Energy Efficient Outdoor Lighting Act* verabschiedet wurde, das Einschränkungen für öffentliche Beleuchtungseinrichtungen vorsieht, debattierte das Stadtparlament von New York City – berühmt für seine hell erleuchtete Skyline – im Frühjahr 2015 über die Einführung ähnlicher Regelungen, wie sie bereits in Frankreich gelten.

---

und sich maßgeblich an der Verkehrssicherheit orientiert. Da Lampen im Laufe ihrer Lebensdauer an Strahlkraft einbüßen, wird meist eine noch höhere Helligkeit gewählt als in der Norm empfohlen.
14 Vgl. République Française, Eclairer Pour Rien la Nuit, Paris 2013.
15 Vgl. JS Cha, JW Lee, WS Lee, JW Jung, KM Lee, JS Han und JH Gu, Policy and status of light pollution management in Korea. Lighting Research and Technology, 1/2014, S. 78–88.

Es bleibt zu hoffen, dass diese Beispiele auch hierzulande Schule machen. Gelingt die Eindämmung des Lichts nämlich nicht, wird dies auch gesellschaftliche Folgen haben. Im lichtüberfluteten Europa ist Dunkelheit auf dem besten Wege, ein Luxusgut zu werden. Bereits seit längerem suchen viele Menschen in Zeiten anwachsenden Lärms die Stille. Vergleichbar dazu gewinnt derzeit auch die Dunkelheit an Wert: Vor allem Sternenparks erfreuen sich wachsender Beliebtheit. Auch Urlaube an dunklen Orten liegen im Trend – sei es um Himmelsphänomene zu beobachten oder um der Sinnesüberreizung in Großstädten zu entkommen.

Der Preis für die Dunkelheit wird dabei voraussichtlich steil ansteigen. Denn falls die Erhellung weiter wie bisher voranschreitet, bleiben in naher Zukunft nur noch Fernreisen nach Island, Namibia oder in die chilenische Atacamawüste, um der künstlichen Helligkeit zu entkommen. Dann aber entscheidet vor allem der Geldbeutel darüber, wer noch Sterne zu sehen bekommt.

Im Globalen Süden ist die Situation hingegen genau umgekehrt: Dort herrscht vielerorts Lichtarmut. In weiten Teilen Afrikas, Asiens und Lateinamerikas gibt es noch immer Orte, wo Strom und damit auch künstliches Licht überaus rar und kostbar sind.

Wir stehen somit vor zwei großen Herausforderungen: Vor allem im globalen Norden müssen wir die Lichtverschmutzung stoppen, im globalen Süden hingegen vorrangig die Lichtarmut bekämpfen. Hier wie dort aber gilt: Es ist höchste Zeit, dass wir uns der Risiken, die auch diese moderne Technologie mit sich bringt, bewusst werden. Nur dann werden wir auch unterbinden können, dass das künstliche Licht weiter zu Lasten unserer Umwelt und unserer Gesundheit geht.

II. DER NORDEN – VERANTWORTLICH, ABER IGNORANT

Unsere schöne imperiale Lebensweise

Wie das westliche Konsummodell den Planeten ruiniert

Von **Markus Wissen und Ulrich Brand**

Im Februar 1994 erschien in der Zeitschrift „The Atlantic Monthly" ein Beitrag des US-amerikanischen Journalisten Robert D. Kaplan mit dem Titel „Die kommende Anarchie".[1] Am Beispiel Westafrikas widmet sich der Autor der politischen und gesellschaftlichen Entwicklung der sogenannten unterentwickelten Welt und zeichnet ein äußerst düsteres Bild derselben. Dessen Wirkung wird noch gesteigert durch die suggestiven Fotos von verstopften Straßen in südlichen Mega-Cities, von Slums und verschmutzten Flüssen, von Kindersoldaten und Bürgerkriegsszenen, mit denen der Beitrag unterlegt ist. Die Botschaft ist klar: Nachdem der globale Norden mit dem Ende des Kalten Krieges das Interesse am globalen Süden verloren hat, droht dieser im Chaos zu versinken. Er wird zum Hort von Gewalt, Staatszerfall, Epidemien, „Überbevölkerung" und ökologischer Zerstörung.

Mit seinem Beitrag will Kaplan nicht auf das Leid von Menschen hinweisen oder den Zusammenhängen zwischen dem Reichtum im Norden und den Konflikten im Süden nachspüren. Es geht ihm vielmehr darum, eine Weltordnung zu skizzieren, in der die übersichtliche Konkurrenz zwischen Nationalstaaten durch eine anarchische Vielzahl von „kulturell" und religiös motivierten Konflikten abgelöst wird. Zudem will er vor der Bedrohung der nationalstaatlichen Ordnung auch des globalen Nordens warnen, die aus einer Ausbreitung der Anarchie des Südens sowie aus den Spannungen resultiert, die in den kulturell heterogenen Gesellschaften des Nordens selbst angelegt sind.

Den ökologischen Problemen in Gestalt von zunehmender Ressourcenknappheit und Umweltzerstörung misst Kaplan dabei eine besondere Bedeutung zu: „Es ist an der Zeit, ‚die Umwelt' als das zu begreifen, was sie ist: *die* nationale Sicherheitsfrage des frühen 21. Jahrhunderts. Die politischen und strategischen Auswirkungen von wachsenden Bevölkerungszahlen, sich ausbreitender Krankheit, Entwaldung, Bodenerosion, Erschöpfung von Wasserressourcen, Luftverschmutzung und, möglicherweise, steigenden Meeresspiegeln in kritischen überbevölkerten Regionen wie dem Nildelta und

---

1 Robert D. Kaplan, The coming anarchy, in: „The Atlantic Monthly", 2/1994, S. 44-77.

Bangladesch stellen die zentrale außenpolitische Herausforderung dar, aus der alle anderen Herausforderungen letztlich hervorgehen werden. Denn diese Entwicklungen werden zu massenhafter Migration führen und Gruppenkonflikte anheizen."[2]

Der Klimawandel als Frage nationaler Sicherheit

25 Jahre nach Erscheinen von Kaplans Artikel überbieten sich europäische Politiker bei der Abschreckung und Abschottung gegenüber Menschen, die, getrieben von existenzieller Not oder dem Wunsch nach einem besseren Leben, die EU zu erreichen versuchen. Die Zurückweisung einer im internationalen Vergleich überschaubaren Zahl von Geflüchteten wird zu einer Frage der nationalen Sicherheit stilisiert, Zäune werden gebaut, „Schicksalsgemeinschaften" beschworen und „Obergrenzen" eingeführt. Es scheint, als würde sich die von tiefen Interessengegensätzen entzweite politische Elite Europas einander in dem Bestreben annähern, an den Geflüchteten ein Exempel zu statuieren. Damit will sie anscheinend der von Kaplan imaginierten Bedrohung nationalstaatlicher – und in diesem Fall auch supranationaler – Ordnung geschlossen und mit aller Macht entgegentreten.[3]

Daneben zeigt sich in der Situation des Jahres 2019 noch eine zweite Reminiszenz an Kaplans Diagnose von 1994: Viele der Menschen, die Europa zu erreichen versuchen, scheinen auch aus ökologischen Gründen zu fliehen: Steigende Temperaturen oder Konflikte um knapper werdende Ressourcen in Landwirtschaft und Bergbau berauben sie der Möglichkeit, ein von Not und Gewalt freies Leben zu führen. Auch der Syrienkrieg reiht sich in diese Erzählung ein, und zwar insofern, als ihm eine lange Dürre vorausging, die das gesellschaftliche Konfliktpotential vergrößerte.[4]

Kaplans Katastrophenszenario scheint sich also im Jahr 2019 zu bestätigen. Und nicht nur das: Es liefert der europäischen Abschottungspolitik gleich die Rechtfertigungsgründe mit. Wenn „die Umwelt" zur Frage nationaler Sicherheit wird und wenn es nun mal der globale Süden ist, dem „die Umwelt" besonders übel mitspielt, wenn dieser Süden zudem in einem solchen Chaos versinkt, dass jede Perspektive politischer Stabilität und ökonomischer Entwicklung unter nationalstaatlichen Vorzeichen undenkbar wird, dann muss sich der globale Norden scheinbar auf die Verteidigung seiner zivilisatorischen Errungenschaften konzentrieren – und sich zu ebendiesem höheren Zweck die Menschen aus dem globalen Süden vom Leib halten.

Das Problem ist nur, dass sowohl die Diagnose von Kaplan als auch die heutige Flüchtlingspolitik ihre Legitimation und Plausibilität gerade daraus beziehen, dass sie sich über die beiden entscheidenden Zusammenhänge ausschweigen. Erstens: Menschen werden nicht einfach durch die „Knapp-

---

2 Robert D. Kaplan, The coming anarchy, a.a.O., S. 58.
3 Vgl. Zygmunt Bauman, Die Welt in Panik. Wie die Angst vor Migranten geschürt wird, in: „Blätter", 10/2016, 41-50.
4 Siehe hierzu die differenzierte Einschätzung von Andreas Frey in der „Frankfurter Allgemeinen Zeitung", 22.2.2016.

heit" natürlicher Ressourcen und „den Klimawandel" zur Flucht getrieben. Stattdessen sind es ungerechte gesellschaftliche Verhältnisse – wie der ungleiche Zugang zu Land, Wasser und Produktionsmitteln –, die Ressourcen knapp und den Klimawandel für viele zu einer existenziellen Bedrohung machen.

Zweitens: Diese Verhältnisse lassen sich nur begreifen, wenn man sich von den unmittelbaren Eindrücken löst und den Blick über den Tellerrand der betroffenen Regionen hinaus auf den globalen Kontext richtet. Erst dann nämlich werden ökologische Krisen und gewaltsam ausgetragene Konflikte in ihrer ganzen Komplexität verständlich.

Wohlstand auf Kosten anderer

Hinter den Konflikten sogenannter verfeindeter Ethnien im Kongo etwa zeigt sich der Bedarf des globalen Nordens an Coltanerzen, die für die Herstellung von Mobiltelefonen oder Laptops gebraucht werden. Wasserkonflikte – in vielen Teilen der Welt scheinbar die zwangsläufige Folge einer im Zuge des Klimawandels zunehmenden Trockenheit – erweisen sich als das Resultat der Zerstörung kleinbäuerlicher Produktionsweisen, wie sie von agrarindustriellen Unternehmen des globalen Nordens betrieben wird – im Einklang mit den Interessen lokaler und nationaler Eliten des globalen Südens. Und schließlich gerät als eine Ursache der – mangels anerkannter Fluchtgründe oft als „illegal" gebrandmarkten – Migration afrikanischer Kleinbauern nach Europa die EU-Agrar- und Außenhandelspolitik in den Blick, die mit dem Export hochsubventionierter Agrarprodukte nach Afrika dortige Märkte und Einkommensmöglichkeiten zerstört.[5]

Aus dieser Perspektive verliert die Analyse Kaplans genauso den Anschein der Plausibilität wie die Politik der EU den der Legitimität. Die EU-Politik präsentiert sich als Versuch, einen Wohlstand, der auch auf Kosten anderer entsteht, gegen die Teilhabeansprüche ebendieser anderen zu verteidigen. Sie ist insofern die logische Konsequenz einer Lebensweise, die darauf beruht, sich weltweit Natur und Arbeitskraft zunutze zu machen und die dabei anfallenden sozialen und ökologischen Kosten zu externalisieren: Diese Externalisierung nimmt die Gestalt von CO_2 an, das bei der Herstellung der Konsumgüter für den globalen Norden emittiert und von den Ökosystemen der Südhalbkugel absorbiert wird (bzw. sich in der Atmosphäre konzentriert). Sie tritt in Gestalt von metallischen Rohstoffen aus dem globalen Süden auf, die die unabdingbare Voraussetzung von Digitalisierung und „Industrie 4.0" im globalen Norden darstellen. Sie zeigt sich aber auch in Gestalt jener Arbeitskräfte im globalen Süden, die bei der Extraktion von Mineralien und Metallen, bei der Wiederverwertung unseres Elektroschrotts oder beim Schuften auf pestizidverseuchten Plantagen, die die im

---

5 Vgl. etwa Dorothea Schmidt und Sandra Sieron, Editorial: Ökonomie der Flucht und der Migration, in: PROKLA, 2/2016, S. 172-180; Kristina Dietz, Der Klimawandel als Demokratiefrage. Sozial-ökologische und politische Dimensionen von Vulnerabilität in Nicaragua und Tansania, Münster 2011.

globalen Norden verzehrten „Südfrüchte" hervorbringen, ihre Gesundheit und ihr Leben riskieren.[6]

Die imperiale Lebensweise

Eine Lebensweise, die auf derartigen Voraussetzungen beruht und immer auch die Produktionsweise einschließt, ist *imperial*. Das alltägliche Leben in den kapitalistischen Zentren wird wesentlich durch die Gestaltung der gesellschaftlichen Verhältnisse und der Naturverhältnisse andernorts ermöglicht. Das geschieht durch den im Prinzip unbegrenzten Zugriff auf das Arbeitsvermögen, die natürlichen Ressourcen und Senken im globalen Maßstab.[7] Entscheidend für das Leben in den kapitalistischen Zentren ist die Art und Weise, wie Gesellschaften andernorts – insbesondere im globalen Süden – organisiert sind und ihr Verhältnis zur Natur gestalten. Dies wiederum ist grundlegend dafür, ob der für die Ökonomien des globalen Nordens nötige Transfer von Arbeit und Natur aus dem globalen Süden gewährleistet ist. Umgekehrt strukturiert die imperiale Lebensweise im globalen Norden die Gesellschaften an anderen Orten in hierarchischer Weise entscheidend mit.

Der Ausdruck „andernorts" ist in seiner Unbestimmtheit durchaus bewusst gewählt. In Haushaltsgeräten, medizinischen Apparaten oder Infrastrukturen des Transports sowie der Wasser- und der Energieversorgung stecken Rohstoffe, deren Herkunft nicht sichtbar ist. Das Gleiche gilt für die Arbeitsbedingungen, unter denen diese Rohstoffe ausgebeutet oder Textilien und Lebensmittel hergestellt werden. Und es trifft auch auf den Energieaufwand zu, der dafür erforderlich ist. All dies bleibt beim Kauf, beim Konsum und bei der Nutzung vieler notwendiger Alltagsgegenstände verborgen – dazu gehören auch die „kulturellen Lebensmittel" wie Print- oder digitale Medien. Nur aufgrund dieser unsichtbaren sozialen und ökologischen Voraussetzungen können diese Produkte überhaupt so selbstverständlich gekauft und genutzt werden.

Der Agrarsoziologe Philip McMichael spricht von „Food from nowhere" – Essen aus dem Nirgendwo – und meint das Verdunkeln der Herkunft und Produktion von Lebensmitteln, mit der ihre raumzeitlich unbegrenzte Verfügbarkeit normalisiert wird.[8] Erdbeeren aus China, die im Winter in deutschen Schulküchen angeboten werden, Tomaten, die illegalisierte Migranten in Andalusien für den nordeuropäischen Markt produzieren, und Garnelen, die unter Zerstörung thailändischer oder ecuadorianischer Mangrovenwäl-

---

6 Vgl. Stephan Lessenich, „Weil wir es uns leisten können". Wie und warum wir über die Verhältnisse anderer leben, in: „Blätter", 11/2016, S. 91-102.
7 Senken sind jene Ökosysteme, die mehr von einem bestimmten Stoff aufnehmen, als sie selbst an ihre Umwelt abgeben (wie Regenwälder und Ozeane im Fall von CO_2). Allerdings wären die Begriffe „Ressourcen" und „Senken" weiter zu problematisieren, denn sie beinhalten bereits terminologisch ein instrumentelles Verständnis der äußeren Natur des Menschen: Ressourcen und Senken existieren nicht per se, sondern nur in Bezug auf bestimmte und historisch wandelbare gesellschaftliche Bedürfnisse.
8 Philip McMichael, The World Food Crisis in Historical Perspective, in: „Monthly Review", 3/2009.

der für die Konsumenten im globalen Norden gezüchtet werden, sind Beispiele hierfür.

Die imperiale Lebensweise beruht auf Produktions-, Vertriebs- und Konsumnormen, die tief in die politischen, ökonomischen und kulturellen Alltagsstrukturen und -praktiken der Bevölkerung im globalen Norden – und zunehmend auch in den Schwellenländern des globalen Südens – eingelassen sind. Gemeint sind nicht nur die materiellen Praktiken, sondern insbesondere die sie ermöglichenden strukturellen Bedingungen und die damit verbundenen gesellschaftlichen Leitbilder und Diskurse. Zugespitzt formuliert: Die Standards des „guten" und „richtigen" Lebens, das ja vielfach aus der imperialen Lebensweise besteht, werden im Alltag geprägt, auch wenn sie dabei Teil umfassender gesellschaftlicher Verhältnisse und insbesondere von materiellen und sozialen Infrastrukturen sind.[9]

Der Kauf eines Autos ist beispielsweise eine bewusste Handlung, die sich in infrastrukturell, institutionell oder von gesellschaftlichen Leitbildern vorgegebenen und habituell verinnerlichten Bahnen vollzieht. So beeinflussen zahlreiche überindividuelle und den Individuen nicht notwendigerweise bewusste Faktoren die Kaufentscheidung. Dazu gehören ein zu Lasten des öffentlichen Personentransports ausgebautes Straßennetz und staatliche Kauf- und Nutzungsanreize für PKW, aber auch vorherrschende Männlichkeitsbilder und Vorstellungen individueller Unabhängigkeit. Ebenso wichtig sind Wertschöpfungsketten, die eine billige Aneignung von Ressourcen und Arbeitskräften andernorts ermöglichen, sowie laxe Abgasnormen und eine gesellschaftliche Statuskonkurrenz, die auch über den Autobesitz ausgetragen wird. All diese Faktoren verleihen der Entscheidung fürs Auto erst ihre „Rationalität" und lassen sie normal erscheinen. Sie bringen aber auch die Herrschaft begründenden und reproduzierenden Voraussetzungen, unter denen sie getroffen wird, gegebenenfalls auch ihre Gewaltförmigkeit, zum Verschwinden.

Die Abwälzung der Kosten

Demgegenüber gilt es, sichtbar zu machen, was den Alltag – das Produzieren und Konsumieren – der Menschen im globalen Norden sowie einer größer werdenden Zahl von Menschen im globalen Süden überhaupt erst ermöglicht. Das geschieht meist, ohne die Schwelle der bewussten Wahrnehmung oder gar der kritischen Reflexion zu überschreiten. Denn Normalität ergibt sich gerade, wenn die ihr zugrunde liegende Zerstörung ausgeblendet wird. Mit anderen Worten: Die Alltagspraktiken sowie die ihnen zugrunde liegenden gesellschaftlichen und internationalen Kräfteverhältnisse erzeugen und verstetigen die Herrschaft über Mensch und Natur.

Folglich müssen wir erklären, wie und warum sich so etwas Normalität herstellt – in einer Zeit, in der sich Probleme und Krisen häufen, zuspitzen

---

[9] Dieter Kramer, Konsumwelten des Alltags und die Krise der Wachstumsgesellschaft, Marburg 2016, S. 29.

und überlagern: Das betrifft die soziale Reproduktion und die Ökologie, es gilt für Wirtschaft und Finanzen, aber auch für Geopolitik, europäische Integration und Demokratie.

Um diesen Widerspruch zu verstehen, ist die imperiale Lebensweise zentral. Denn bei ihr handelt es sich um ein Paradoxon, das im Zentrum verschiedenster Krisenphänomene steht: Sie wirkt einerseits in vielen Teilen der Welt verschärfend auf den Klimawandel und die Vernichtung von Ökosystemen, auf die soziale Polarisierung, die Verarmung vieler Menschen und die Zerstörung lokaler Ökonomien oder auf die geopolitischen Spannungen, von denen man noch bis vor wenigen Jahren ausging, sie seien mit dem Ende des Kalten Krieges überwunden worden. Mehr noch: Sie bringt diese Krisenphänomene wesentlich mit hervor. Andererseits trägt sie aber dort, wo sich ihr Nutzen konzentriert, zur Stabilisierung der gesellschaftlichen Verhältnisse bei. So wäre es ohne die auf Kosten von Mensch und Natur andernorts hergestellten und eben deshalb billigen Lebensmittel womöglich weitaus schwieriger gewesen, die Reproduktion der unteren Gesellschaftsschichten des globalen Nordens auch angesichts der tiefen Wirtschaftskrise seit 2007 zu gewährleisten.

Folglich werfen die gegenwärtigen Krisen und Konflikte ein grelles Licht auf die Widersprüchlichkeit der imperialen Lebensweise. Viele Probleme spitzen sich heute auch deshalb derart krisenhaft zu, weil sich die imperiale Lebensweise derzeit zu Tode siegt. Ihrem Wesen nach beinhaltet sie im globalen Maßstab immer den überproportionalen Zugriff auf Natur und Arbeitskraft, mit anderen Worten: auf ein „Außen". Sie setzt also voraus, dass andere auf ihren proportionalen Anteil verzichten. Je weniger diese anderen dazu aber bereit sind bzw. je mehr sie selbst darauf angewiesen sind, auf ein Außen zuzugreifen und ihre Kosten auf dieses zu verlagern, desto eher geht der imperialen Lebensweise die Geschäftsgrundlage verloren.

Und genau das ist derzeit der Fall. Im gleichen Maße, wie sich Schwellenländer wie China, Indien und Brasilien kapitalistisch entwickeln und die dortigen Mittel- und Oberklassen sich „nördliche" Vorstellungen und Praktiken des guten Lebens zu eigen machen, wachsen ihr Ressourcenbedarf und die Notwendigkeit, Kosten etwa in Gestalt von CO_2 zu externalisieren. Sie steigen dadurch nicht nur in ökonomischer, sondern auch in ökologischer Hinsicht zu Konkurrenten des globalen Nordens auf. Das Resultat sind öko-imperiale Spannungen, wie sie sich etwa in der globalen Klima- und Energiepolitik zeigen.

Dazu kommt, dass immer weniger Menschen im globalen Süden bereit sind, sich ihr Leben von der imperialen Lebensweise des globalen Nordens zerstören zu lassen. Die aktuellen Flucht- und Migrationsbewegungen sind auch vor diesem Hintergrund zu sehen. In ihnen zeigt sich zudem die ungebrochene Attraktivität, die die imperiale Lebensweise auf diejenigen ausübt, die bislang nicht an ihr teilhaben konnten: Die Geflüchteten suchen Sicherheit und ein besseres Leben, das unter Bedingungen der imperialen Lebensweise in den kapitalistischen Zentren eher zu realisieren ist als anderswo.

Dies erklärt auch, warum sich die repressive und gewaltförmige Seite der imperialen Lebensweise – in Gestalt von Rohstoffkonflikten oder der Abschottung gegen Geflüchtete – gerade heute so deutlich offenbart. Die imperiale Lebensweise beruht auf Exklusivität, sie vermag sich nur so lange zu erhalten, wie sie über ein Außen verfügt, auf das sie ihre Kosten verlagern kann. Dieses Außen schwindet jedoch, denn immer mehr Ökonomien greifen darauf zu und immer weniger Menschen sind bereit oder in der Lage, die Kosten von Externalisierungsprozessen zu tragen. Die imperiale Lebensweise wird dadurch zum Opfer ihrer eigenen Attraktivität und Verallgemeinerung.

Den kapitalistischen Zentren bleibt dann nur noch der Versuch, ihre Lebensweise durch Abschottung und Ausgrenzung exklusiv zu stabilisieren. Damit bringen die Vertreter dieser Politik, die sich in der Regel selbst als „bürgerliche Mitte" etikettieren, genau das hervor, was sie als ihren Widerpart begreifen: autoritäre, rassistische und nationalistische Bestrebungen. Dass diese derzeit überall erstarken, liegt auch daran, dass sie sich in der Krise als die eigentlichen, weil konsequenteren Garanten jener Exklusivität inszenieren können, die im Normalbetrieb der imperialen Lebensweise immer schon angelegt ist. Und im Unterschied zu ihren „bürgerlichen" Konkurrenten vermögen sie ihrer Wählerschaft ein Angebot zu machen, das diese auf eine subalterne Position festlegt und sie *gleichzeitig* aus ihrer postdemokratischen Passivierung befreit. Nora Räthzel hat diesen Mechanismus im Hinblick auf den Rassismus, wie er sich im Deutschland der frühen 1990er Jahre artikulierte, treffend als „rebellierende Selbstunterwerfung" bezeichnet. Den Akteuren wird es dabei ermöglicht, „sich als Handelnde in Verhältnissen zu konstituieren, denen sie ausgeliefert sind".[10]

Unhaltbare Produktions- und Konsumnormen

Wenn diese Diagnose zutrifft, dann müssen die Anforderungen an eine Alternative radikaler formuliert werden, als dies im Mainstream der Ökologiedebatte geschieht. Es reicht nicht mehr, eine „grüne Revolution"[11] oder einen neuen „Gesellschaftsvertrag"[12] einzufordern. Denn dies lässt, der starken Rhetorik zum Trotz, die politische Ökonomie der Probleme sowie die imperiale Lebensweise unangetastet. Auch greift es zu kurz, implizit oder explizit darauf zu setzen, dass „die Politik" aus der unabweisbaren, da wissenschaftlich immer genauer belegten Tatsache der ökologischen Krise endlich die richtigen Konsequenzen zieht. Damit übersieht man, dass der Staat kein möglicher Gegenpol, sondern ein wesentlicher Garant für die institutionelle Absicherung der imperialen Lebensweise ist.

---

10 Nora Räthzel, Rebellierende Selbstunterwerfung. Ein Deutungsversuch über den alltäglichen Rassismus, in: „links", 12/1991, S. 25. Vgl. auch Christoph Butterwegge, Stolz auf den „Wirtschaftsstandort D", in: „taz", 1.8.2016.
11 Ralf Fücks, Intelligent wachsen. Die grüne Revolution, München 2013.
12 WBGU – Wissenschaftlicher Beirat der Bundesregierung Globale Umweltveränderungen, Welt im Wandel: Gesellschaftsvertrag für eine Große Transformation, Berlin 2011.

Stattdessen kommt es zunächst darauf an, die ökologische Krise als deutlichen Hinweis auf ein grundsätzlicheres Problem anzuerkennen: Die Produktions- und Konsumnormen des globalen Nordens, die sich mit dem Kapitalismus herausgebildet und schließlich verallgemeinert haben, lassen sich selbst in ihrer ökologisch modernisierten Variante nur auf Kosten von immer mehr Gewalt, ökologischer Zerstörung und menschlichem Leid aufrechterhalten – und auch dies nur in einem kleinen Teil der Welt. Aufgrund der autoritären, weiter auf Inwertsetzung der Natur und gesellschaftliche Spaltung setzenden Politik erleben wir derzeit eine beispiellose Anhäufung der Widersprüche. Die Reproduktion der Gesellschaft und ihrer biophysikalischen Grundlagen kann über den kapitalistischen Wachstumsimperativ immer weniger gesichert werden. Wir erleben eine Krise des Krisenmanagements, eine Hegemonie- und Staatskrise.

Darauf antworten wiederum vielfältige Alternativen. Diese gilt es auf ihre Verallgemeinerungsfähigkeit und auf ihre verbindenden, die gesellschaftliche Wirkmächtigkeit steigernden Elemente zu befragen: Inwieweit zeichnen sich in den Bewegungen für Energiedemokratie, Ernährungssouveränität oder solidarische Ökonomie, um nur einige zu nennen, die Umrisse einer Vergesellschaftung ab, die in einem starken Sinne demokratisch ist? Das wäre eine Gesellschaft, die auf dem Prinzip gründet, dass alle, die von den Folgen einer Entscheidung betroffen sind, gleichberechtigt an deren Zustandekommen mitwirken. Und nur ein solches gesellschaftliches Ordnungsprinzip ist eine angemessene Antwort auf die unhaltbar gewordene imperiale Lebensweise.

Schicksalsfrage Anthropozän: Wie wir die Erde aufs Spiel setzen

Von **Michael Müller, Eckart Kuhlwein und Kai Niebert**

Fin de Siècle, so hieß in Europa die von Frankreich ausgehende kulturelle Bewegung, die vom Ende des 19. Jahrhunderts bis zum Zweiten Weltkrieg den Verfall der alten Ordnung humorvoll, provokativ und tiefsinnig zum Thema machte: „Wir, die wir mit einem Fuß schon im zwanzigsten Jahrhundert stehen, sind über alles weit hinaus."[1]

Am Ende des imperialen Europas gab es ein Durcheinander verschiedener Zeitalter, die im Konflikt zueinander standen: Auf der einen Seite die im Kern noch mittelalterliche Ordnung des Adels, der Kirche und des Militärs, aus der sich die reaktionäre Gegenbewegung gegen die Moderne speiste. Auf der anderen Seite die neue Welt des Kapitalismus, in der große Industriekomplexe entstanden, die Städte explosionsartig wuchsen und die Arbeiterschaft zur starken politischen Kraft aufstieg. In Literatur, Musik und Malerei breitete sich damals das intensive Lebensgefühl von Aufbruch und Fortschritt aus. Die Kaffeehäuser in Berlin, Paris und Wien waren geschwängert von überschäumender Zukunftseuphorie, bizarrem Weltschmerz und frivoler Leichtigkeit. Doch das *Fin de Siècle* blieb ein Mythos ohne Glanz, den Hugo von Hofmannsthal 1902 in seinem Stück „Ein Brief" als tiefe Interpretations- und Orientierungskrise beschrieben hat. In diesem Prosa-Werk beklagt Lord Chandos gegenüber seinem väterlichen Mentor Francis Bacon, dessen wichtigste Botschaft „Wissen ist Macht" hieß, eine ihn lähmende Unfähigkeit, die Welt mit Hilfe der Sprache zu ordnen: „Die Worte, deren sich die Zunge normalerweise zu bedienen weiß, zerfallen mir im Mund wie modrige Pilze."[2]

Kulturelle Kreise erlagen den „Verheißungen einer verjüngten, heilenden Welt",[3] auch der verwirrenden Verführungskraft Friedrich Nietzsches, der mit seiner scharfen Kritik an Moral, Religion und Wissenschaft zum Wegbereiter postmoderner Haltlosigkeit wurde.[4] In den Salons des Bürgertums traf die Avantgarde der ästhetischen Moderne bereits auf die ideologischen Wegbereiter des Nationalsozialismus.[5] Überall breitete sich das Krebsgeschwür des Nationalismus aus, auch weil es nicht zu einem Bündnis des aufgeklärten Bürgertums mit der aufstrebenden Arbeiterbewegung kam, um gemeinsam

---

1 Jens-Malte Fischer, Fin de Siècle. Kommentar zu einer Epoche, München 1978.
2 Hugo von Hofmannsthal, Ein Brief, Berlin 1902.
3 Kurt Lenk, Das Problem der Dekadenz seit Georges Sorel, Münster 2005.
4 Volker Gerhardt, Pathos und Distanz. Studien zur Philosophie Friedrich Nietzsches, Stuttgart 1988.
5 Hans Barth, Fluten und Dämme, Zürich 1943.

für Demokratie und Sozialstaat zu kämpfen. So wurde aus dem *Fin de Siècle* ein brückenloser Abgrund, der mit rasender Geschwindigkeit ins „Zeitalter der Extreme" führte.[6]

Heute, mehr als hundert Jahre später, erleben wir erneut einen tiefgreifenden Umbruch. Wir haben es, so bereits der Brundtland-Bericht der Vereinten Nationen, mit einer „überbevölkerten, verschmutzten, ungleichen und störanfälligen Welt" zu tun.[7] Schnell zusammenwachsende globale Märkte, die Machtkonzentration von Banken und Unternehmen, die digitale Vernetzung und die ökologischen Grenzen des Wachstums hebeln die nationalstaatliche Ordnung aus. Dafür hat die Weichen nicht zuletzt die neoliberale Politik gestellt – durch die Deregulierung und Liberalisierung der Märkte, die Kommerzialisierung aller Bereiche und das Diktat der kurzen Frist. Alles mit der Begründung, ein höheres Wachstum zu erreichen. Statt soziale und ökologische Gerechtigkeit zu verwirklichen und miteinander zu verbinden, wird die Demokratie mehr und mehr geschwächt. Und Gewerkschaften und Umweltverbände tun sich schwer, dagegen eine Reformallianz zu schmieden.

Die Entbettung der Ökonomie

Am Beginn des letzten Jahrhunderts führte der Nationalismus mit der Möglichkeiten der Zweiten Industriellen Revolution zu einer Militarisierung Europas, die jeden Vergleich sprengte.[8] Es kam zum Zusammenbruch des europäischen Staatensystem, als im August 1914 der deutsche Kaiser, Wilhelm II, „auf den Knopf drückte".[9] Damit begann der 30jährige Weltkrieg des 20. Jahrhunderts: Dem Ersten Weltkrieg folgte die Weltwirtschaftskrise – durch die „Entbettung der Ökonomie" (Karl Polanyi) aus den gesellschaftlichen Bindungen – und schließlich kamen Hitlerfaschismus, Zweiter Weltkrieg und der Holocaust. Nach dem Grauen erlebten die westlichen Industrieländer drei Jahrzehnte Wohlfahrtsstaat, in der Bundesrepublik die soziale Marktwirtschaft, die ihren Höhepunkt mit den inneren Reformen der sozialliberalen Koalition erreichte. Doch schon Ende der 1960er Jahre kam es in Großbritannien und den USA zu einer krisenhaften Entwicklung. In beiden Ländern herrschte Deflation. Die amerikanische Handelsbilanz war erstmals negativ. Die explodierenden Kosten des Vietnamkrieges trieben die öffentliche Verschuldung auf Rekordhöhe.

Washington versuchte, seine Probleme über die Vorherrschaft des Dollars auf andere Volkswirtschaften abzuwälzen. Durch die Ausweitung der Geldmenge kam es zur Inflationierung der Weltwirtschaft. Als Frankreich zu dem im Vertrag von Bretton Woods festgelegten Satz seine Goldreserven eintauschen wollte, wäre Amerika pleite gewesen. Das wurde zum tiefen Einschnitt im Nachkriegskapitalismus, ohne den der Aufstieg des Finanzkapitalis-

---

6 Eric Hobsbawm, Das Zeitalter der Extreme, München 1994.
7 Volker Hauff, Unsere gemeinsame Zukunft, Greven 1987.
8 Arno J. Mayer, Adelsmacht und Bürgertum, München 1984.
9 Gerd Krumeich, Der Erste Weltkrieg, München 2014.

mus nicht zu erklären ist. Denn am 15. August 1971 kündigte US-Präsident Richard Nixon die Goldbindung des Dollars auf. In Verdrehung der Fakten behauptete Finanzminister John Connally: „Die Ausländer wollten uns abzocken. Unsere Aufgabe war es, sie zuerst abzuzocken."[10]

Die Wall Street übernahm die Macht und katapultierte ausgerechnet die Geldpolitik, die – wenn auch in untauglicher Weise – durch das System von Bretton Woods in Grenzen gehalten werden sollte, an die Spitze der Wirtschaftspolitik. Zwar wollten Deutschland und Frankreich die politische Steuerung der Ökonomie behalten und sie nicht den Banken überlassen, aber sie blieben in der alten Wachstumsökonomie. Damals wurde der Prozess eingeleitet, der über EWS und ECU zum Euroraum führte. Helmut Schmidt und Giscard d'Estaing unterschätzten die Tragweite der Krise. Die Globalisierung der Märkte und die Digitalisierung der Welt trieben den Arbitragekapitalismus, der mit Differenzen in Zeit und Raum auf hohe Gewinne spekuliert, weltweit voran. Die Kurzfristigkeit und Gier der Märkte nahmen die Politik in Geiselhaft. In allen Bereichen kam es zu einer ständigen Ausweitung der Kapitalmarktorientierung und zur erneuten Entbettung der Ökonomie, deren Folgen Karl Polanyi in seiner „Great Transformation" beschrieben hat: Sie „erniedrigt menschliche Tätigkeiten, vertieft soziale Ungleichheiten, erschöpft die Natur und macht die Wirtschaft krisenhaft".[11]

Die Selbstzerstörung der menschlichen Zivilisation

Hundert Jahre nach dem Ende des imperialen Zeitalters befinden wir uns wieder in einer tiefen Interpretations- und Orientierungskrise. Aber ein Zurück zum Keynesianismus der Nachkriegszeit ist nicht möglich, denn wir stoßen bereits an planetarische Grenzen. In neuer Form trifft zu, was 1930 John Maynard Keynes nach der Großen Depression festgestellt hat: „Uns plagt nicht nur Altersrheuma, wir leiden auch an den [...] schmerzhaften Anpassungsprozessen im Übergang von einer Wirtschaftsperiode zu einer anderen."[12] Erneut prallen heute verschiedene Zeitalter aufeinander:[13] die alte nationalstaatliche Welt gegen die globalisierte Welt, die erst lernen muss, mit der Endlichkeit unseres Planeten umzugehen, denn die größte Herausforderung ist, dass wir planetarische Grenzen des Wachstums erreichen.

Damit stellt sich die Frage: Droht erneut ein *Fin de Siècle*, eine Zeit des Irrationalen? Oder sind wir fähig, die Transformation zu gestalten, sozial und ökologisch, also nachhaltig?

Wachstum kann nicht mehr die Lösung alltäglicher Probleme und die Hoffnung auf eine gute Zukunft sein. Dabei werden die großen Versprechen schon seit Anfang der 1970er Jahre in Frage gestellt: Fred Hirsch zeigte die sozialen Grenzen des Wachstums durch die Ausweitung der „Positionsgü-

---

10 Nick Beams, Als das System von Bretton Woods zusammenbrach, www.wsws.org, 2001.
11 Karl Polanyi, The Great Transformation, New York 1943.
12 John Maynard Keynes, Wirtschaftliche Möglichkeiten für unsere Enkelkinder, Madrid 1930.
13 Michael Müller und Kai Niebert, Epochenwechsel, München 2009.

ter" (Statussymbole und Geltungskonsum) auf;[14] der Club of Rome prognostizierte 1972 die ökologischen Grenzen des Wachstums[15] aus der Überlastung der Senken, der Zerstörung der Biotope und dem Raubbau der natürlichen Ressourcen.

Zwar legte der Umweltschutz seitdem eine einzigartige Karriere hin, trotzdem sind wir drauf und dran, die Natur zu verlieren. Der Nobelpreisträger Paul Crutzen, der 1995 für die Erforschung des Ozonabbaus ausgezeichnet wurde, machte im Jahr 2000 den Vorschlag, unsere Erdepoche nicht länger Holozän zu nennen, sondern „Anthropozän – das vom Menschen gemachte Neue".[16] Inzwischen wollen die Wissenschaftler der „International Union of Geological Sciences" (IUGS), die für die erdgeschichtliche Periodisierung eine „International Commission on Stratigraphy" (ICS) eingesetzt hat, wegen der beispiellosen menschlichen Einflüsse auf den Planeten das Anthropozän bereits als neues Erdzeitalter ausrufen – als das vom Menschen entscheidend beeinflusste.[17] Mit den kapitalistischen Wirtschaftsformen und der Ausbeutung der fossilen Kohlenstoffbasis ist der Mensch zur stärksten geophysikalischen Kraft aufgestiegen. Er schafft Monokulturen, rottet Tier- und Pflanzenarten aus, reguliert Flüsse, entfischt Meere und vernutzt Rohstoffe. Tropische Wälder verschwinden in beängstigendem Tempo. Mehr als drei Viertel der eisfreien Landflächen existieren nicht mehr im ursprünglichen Zustand. Feiner Sand besteht an einigen Strandküsten schon bis zu 40 Prozent aus Plastik. Agroindustrie und Geoengineering entfernen den Menschen immer weiter von der Natur. Die Welt wird neu gemacht. Die Menschen wachsen aus ihr heraus.

Die Welt wird neu gemacht

Die meisten Veränderungen in der Atmosphäre, im Wasserkreislauf, in den Böden und in der Biodiversität sind jüngeren Datums, denn zu Beginn des letzten Jahrhunderts wurde nicht mehr als ein Drittel der heutigen Schädigungen festgestellt. Das letzte Jahrhundert wurde von einer bis dahin schier unvorstellbaren Steigerungsdynamik geprägt: Die Weltbevölkerung hat sich vervierfacht, die urbane Bevölkerung nahm um das Dreizehnfache zu, die Weltwirtschaft um das Vierzehnfache und die industrielle Produktion sogar um das Vierzigfache. Die Energienutzung stieg um das Sechzehnfache, die Wassernutzung um das Neunfache.

Crutzen begründete seinen Vorschlag in erster Linie mit dem Klimawandel: „Insofern erscheint es mir angemessen, die gegenwärtige, vom Menschen geprägte geologische Epoche als Anthropozän zu bezeichnen."[18] Die weitere Entwicklung unserer Zivilisation baut auf anthropogen verschobe-

---

14 Fred Hirsch, Social Limits to Growth, Cambridge 1976.
15 Donella Meadows et al., Die Grenzen des Wachstums, Stuttgart 1972.
16 Paul Crutzen und Eugene F. Stoermer, The Anthropocene, www.mpic.de.
17 Meera Subramanian, Anthropocene now: influential panel votes to recognize Earth's new epoch, Nature International Journal of Science, 21. Mai 2019.
18 Paul J. Crutzen, The geology of mankind, in: „Nature Band", 415/2002.

nen Beständen auf. Sogar von „besiegter Natur" ist die Rede.[19] Sogar die Selbstzerstörung der menschlichen Zivilisation wird denkbar: „Der Mensch erschafft neue Landschaften, greift in das Weltklima ein, leert die Meere, erzeugt neuartige Lebewesen. Aus der Umwelt wird eine ‚Menschenwelt' – doch sie ist geprägt von Kurzsichtigkeit und Raubbau."[20] Nur wenige Beispiele dafür seien hier genannt: Das Klimasystem ist so programmiert, dass ohne sofortige radikale Gegenmaßnahmen eine globale Erwärmung um zwei Grad Celsius nicht mehr zu verhindern wäre, die in den dann folgenden Jahrzehnten eintreten würde. Schon weit früher hätte das katastrophale Auswirkungen für die ärmsten Regionen der Welt, die überhaupt nicht über die finanziellen und technischen Mittel verfügen, sich schützen zu können. Aber trotz des Kyoto-Vertrages, der drei Jahre nach dem UN-Erdgipfel von Rio 1995 zustande kam, hat sich der Ausstoß klimaschädlicher Treibhausgase nahezu verdoppelt.[21] Wetterextreme nehmen weiter zu. In weiten Teilen Asiens und Afrikas wird Trinkwasser knapp.[22] Zwischen 20 000 bis 50 000 km^2 Landfläche gehen jährlich durch Bodenerosion verloren. Hungerkatastrophen zwingen Menschen zur Migration.

Mit dem anhaltenden Peak Oil, dem Höhepunkt der Ölförderung, wird eine weitere Bedrohung real. Ohne Öl wären die heutige Massenmotorisierung, die globale Arbeitsteilung und preiswerter Konsum nicht möglich. Doch seit 2008 kommt die Internationale Energieagentur (IEA) zu dem Ergebnis, dass das Plateau der Ölförderung erreicht ist.[23] Zwar gibt es weltweit über 47 000 Ölfelder, aber über 70 Prozent kommen aus rund 400 Giant Fields. An den meisten Förderstellen sinkt das Aufkommen.

Die Erdsystemforschung hat die planetarischen Grenzen ermittelt. Danach kommt ein internationales Team von Umweltwissenschaftlern um Johan Rockström zu dem Ergebnis, dass sie beim Klimawandel, im Stickstoffkreislauf und bei der Aussterberate natürlicher Arten bereits überschritten sind. Bei der Übersäuerung der Ozeane, dem globalen Süßwasserverbrauch und der Landnutzung ist die Situation kritisch. Nur beim Ozonabbau, für den es in Deutschland 1990 zu einem Verbot von FCKW und Halonen kam, verbesserte sich die Lage. Bisher noch nicht quantifiziert werden konnten die Belastungen durch atmosphärische Aerosole und durch Chemikalien.[24]

Das heißt: Die naturzerstörende, auf jeden Fall naturabhängige und naturnutzende Lebens- und Wirtschaftsweise hat in ihrer ausbeuterischen Form keine Zukunft. Die expansive Nutzung der Natur übersteigt die Tragfähigkeit der Erde. Der Glaube, dies löse der technische Fortschritt, ist eine Illusion, auch wenn die Verbesserung der Technik natürlich den Naturverbrauch senken kann.[25] Das belegt der ökologische Fußabdruck, der die Fläche ermittelt, die für einen naturverträglichen Wirtschafts- und Konsumstil

---

19 Franz-Josef Brüggemeier und Thomas Rommelspacher (Hg.), Besiegte Natur, München 1987.
20 Christian Schwägerl, Menschenzeit. Zerstören oder gestalten, München 2010.
21 Auf dem UN-Erdgipfel 1992 kam es zur Klimarahmenkonvention, 1997 im Kyoto-Protokoll zu verbindlichen Zielwerten für Treibhausgase.
22 UNDP Human Development Report, New York 2006.
23 Internationale Energie Agentur, World Energy Outlook (2008-2012), Paris.
24 Johan Rockström et al., A Safe Operating Space for Humanity, Stockholm 2009.
25 Deutscher Bundestag, Schlussbericht der Enquete-Kommission Wachstum, Teil D, Berlin 2013.

notwendig ist. Global liegt er 2,7mal, in Deutschland 4,6mal und den USA sogar 7,2mal höher.[26] Der Welterschöpfungstag wurde 2019 bereits Ende Juli erreicht, derzeit bräuchte die Menschheit 1,75 Erden. Die Natur wird zum limitierenden Faktor. Die entscheidende Frage ist, ob erst irreversible und tiefgreifende Katastrophen zu dieser Einsicht führen werden, wenn es zu spät ist? Oder beginnen wir heute ernsthaft mit der Nachhaltigkeit?

Zerstören oder gestalten, das ist die Frage

Die Zeit des grenzenlosen Wachstums ist vorbei, die Politik muss sich aus ihrer Abhängigkeit lösen. Im Anthropozän bauen sich Naturschranken auf. Das sind keine starren Grenzen, ihr Erreichen ist abhängig von der Wirtschaftsordnung, technischen Innovationen sowie den sozialen Verhältnissen und kulturellen Verständigungen. Doch es gibt diese Grenzen, die zum *Ground Zero* moderner Gesellschaften werden können, wenn es nicht zur sozialökologischen Transformation kommt. Denn vor allem in vier Bereichen spitzen sich die Konflikte zu.[27] Der Klimawandel verteilt sich auf tragisch-ungerechte Weise über die Welt verteilt. Größte Schäden richtet er in den ärmsten Ländern an, von denen einige bereits dem Klimawandel geopfert sind. Die Verknappung von Wasser und Öl wird massive Verteilungskonflikte erzeugen, deren Folgen Migrationsbewegungen und Ressourcenkriege sein können. Bis 2030 werden die landwirtschaftlichen Erträge in Pakistan, Nordwestindien, Südafrika und Mexiko sowie im Maghreb, in der Karibik und der Sahel-Zone im Schnitt um 20 Prozent zurückgehen. Mehr als eine Milliarde Menschen leben in Slums. Laut Schätzungen der UNO wird sich deren Zahl bis 2030 mindestens verdoppeln.

Trotz der Fakten gibt es bisher keinen ernsthaften Diskurs über das Anthropozän, der die Frage nach Freiheit, Verantwortung und Emanzipation des Menschen stellt. Dabei heißt es beispielsweise im Grundsatzprogramm der SPD: „Das 21. Jahrhundert [...] wird entweder ein Jahrhundert des sozialen, ökologischen und wirtschaftlichen Fortschritts, der allen Menschen mehr Wohlfahrt, Gerechtigkeit und Demokratie eröffnet. Oder es wird ein Jahrhundert erbitterter Verteilungskämpfe und entfesselter Gewalt."[28]

Die Aussage blieb folgenlos, denn sie erfordert einen Paradigmenwechsel. Die Idee des Fortschritts baut nämlich auf dem Glauben an Linearität auf. Dabei gilt neben Aufklärung, Bildung und Wissenschaft seit dem 18. Jahrhundert die Entfaltung der Produktivkräfte als Basis jeden Fortschritts. Friedrich Engels begründete diese Weltsicht am Grab von Karl Marx: „Charles Darwin entdeckte das Gesetz der Entwicklung der organischen Natur auf unserem Planeten. Marx ist der Entdecker jenes grundlegenden Gesetzes, das den Gang und die Entwicklung der menschlichen Geschichte bestimmt, ein Gesetz, so einfach und einleuchtend, dass gewissermaßen

---

26 Vgl. www.footprintnetwork.org
27 Mike Davies, Who will build the ark?, in: „New Left review", 1/2010 S. 26-46.
28 SPD, Grundsatzprogramm, Hamburg 2009.

seine bloße Darlegung genügt, um seine Anerkennung zu sichern."[29] Was auf die sozialen Auseinandersetzungen der damaligen Zeit gemünzt war, wurde zu einem allgemeinen Gesetz.

Das Versagen der Linken

Doch die notwendigen Schlussfolgerungen aus dem Erreichen der planetarischen Grenzen werden bis heute nicht gezogen, obwohl die Konsequenzen tief in die wirtschaftlichen, sozialen und gesellschaftlichen Verhältnisse hineinwirken. Zwar ist Öko angesagt und Angela Merkel lässt sich als Klimakanzlerin feiern. Aber wenn es darauf ankommt, bleibt von den Bekenntnissen wenig übrig. Bis heute ist nicht wirklich klar, was unter Nachhaltigkeit konkret zu verstehen ist, welche institutionellen Voraussetzungen notwendig sind und in welcher Wirtschafts- und Gesellschaftsordnung sie machbar wird. Stattdessen wird diese Idee missbraucht, beliebig verwendet und bisweilen auch belächelt.

Die Demontage dieser großen programmatischen Idee ist auch ein Versagen der Linken. Bis heute findet nur eine Auseinandersetzung zwischen den Konzepten von vorgestern gegen die von gestern statt: der Rückfall in die verhängnisvolle Austeritätspolitik gegen die traditionelle keynesianische Nachfrageökonomie – beide allerdings mit dem Ziel einer Steigerung des Wachstums. Ohne Grenzenlosigkeit, ja Maßlosigkeit scheint die Dynamik des Fortschritts auch für viele Linke nicht vorstellbar zu sein. Würde das Überschreiten der planetaren Belastungsgrenzen ernst genommen, müsste es weitreichende Strukturreformen im Wirtschafts- und Gesellschaftsmodell geben, die Frage der fairen Umverteilung des Reichtums gestellt und dem maßlosen Konsum ein Ende gesetzt werden. Unsere Zeit braucht ein utopisches Denken, das sich dem Notwendigen verschreibt und nicht länger dem vermeintlich Machbaren. Nur wenn die Politik soziale und ökologische Gerechtigkeit miteinander verbindet, wird für alle ein gutes Leben möglich.

Doch immerhin, es gibt auch hoffnungsvolle Signale. Seit 2015 kämpfen Umweltverbände und Gewerkschaften gemeinsam gegen Handelsabkommen wie CETA und TTIP, weil sie die Zukunft nicht den Märkten überlassen, sondern die Demokratie stärken wollen.[30] Im September 2019 gingen mehr als 1,4 Millionen Kinder und Jugendliche auf die Straßen, um die Regierung dazu zu bewegen, die Klimakrise zu stoppen. Doch diese Bündnisse brauchen eine programmatische Basis – und das kann im Anthropozän nur eine Gesellschaft sein, die Nachhaltigkeit als ein Wirtschaften begreift, das der Schaffung sozialer Gerechtigkeit dient und gleichzeitig die planetaren Grenzen einhält.

---

29 Marx-Engels-Werke, Band 19, Berlin ^{4}1973.
30 Vgl. Michael R. Krätke, Der Kampf um CETA oder: TTIP durch die Hintertür, in: „Blätter", 9/2016, S. 21-25 sowie das Dossier „TTIP: Freier Handel vs. freie Bürger" auf www.blaetter.de.

»Lasst sie doch absaufen«

Umweltrassismus und die Ausweitung der Opferzone

Von **Naomi Klein**

Edward Said war kein *tree-hugger* – keiner, der Bäume umarmt oder sich zu ihrem Schutz an sie kettet. Er, der von Händlern, Handwerkern und Akademikern abstammte, charakterisierte sich selbst einmal als „Extremfall eines verstädterten Palästinensers, dessen Verhältnis zur ländlichen Welt im Grunde rein metaphorischer Art ist". In „After the Last Sky", seiner Meditation über die Fotografien Jean Mohrs, erforschte er palästinensisches Leben bis in seine intimsten Aspekte hinein, von der Gastfreundschaft über den Sport bis hin zu Lebensstil und häuslichem Ambiente. Noch das kleinste Detail – die Hängung eines gerahmten Bildes, die Trotzhaltung eines Kindes – löste eine wahre Sturzflut Saidscher Einsichten aus. Doch vor Bildern von palästinensischen Bauern – wie sie mit ihrem Vieh umgingen oder Feldarbeit verrichteten – verflüchtigte sich Saids Beobachtungsgabe. Welche Getreidesorten wurden da angebaut? Wie war die Bodenqualität? Gab es genug Wasser? Da kam rein gar nichts. „Ich sehe immer nur ein Volk armer, leidender Bauern, manchmal als Farbfleck, aber unwandelbar und kollektiv", gestand er. Das sei, wie er zugab, eine „mythische" Wahrnehmung – aber er wurde sie nicht los.

War schon das Bauernleben für Said eine fremde Welt, so lebten Menschen, die sich Problemen wie der Luft- und Wasserverschmutzung widmeten, für ihn offenbar auf einem anderen Stern. Im Gespräch mit seinem Kollegen Rob Nixon bezeichnete er ökologisches Engagement einmal als „Luxusbeschäftigung verwöhnter Bäume-Umarmer, denen eine echte Aufgabe fehlt".

Dabei sind die Umweltprobleme des Nahen Ostens für jemanden, der sich in dessen Geopolitik so auskennt wie Said, unmöglich zu ignorieren. Die Region ist außergewöhnlich gefährdet durch Hitze- und Wasserprobleme, ansteigende Meeresspiegel und Wüstenbildung. „Nature Climate Change" veröffentlichte kürzlich eine Studie, der zufolge großen Teilen des Nahen und Mittleren Ostens Ende dieses Jahrhunderts „für Menschen unerträgliche Temperaturen" bevorstehen dürften, sofern wir die Emissionen nicht radikal und sehr schnell absenken. Deutlicher können Klimaforscher sich kaum ausdrücken. Nichtsdestotrotz neigt man immer noch dazu, die Klimaprobleme der Region als nebensächlich oder als Luxusthema zu behandeln.

Das aber liegt weder an Unwissenheit noch an Gleichgültigkeit. Es ist lediglich eine Frage der Bandbreite. Beim Klimawandel handelt es sich zwar um eine ernste Bedrohung, doch die schrecklichsten Auswirkungen werden sich erst auf mittlere Sicht einstellen. Und kurzfristig gibt es stets andere Gefahren, deren Abwehr weitaus dringlicher ist: kriegerische Okkupation, Luftangriffe, systematische Diskriminierung, Embargos. Dagegen scheint kein Kraut gewachsen.

»Zurück aufs Land« – der grün verklärte Zionismus

Doch es gibt weitere Gründe, deretwegen die Ökologie Edward Said als bourgeoise Spielwiese erschienen sein mag. So hat der Staat Israel sein Projekt des *Nationbuilding* lange Zeit grün verpackt – im zionistischen Pionierethos des „Zurück aufs Land" spielte das eine Schlüsselrolle. Und gerade Bäume zählten in diesem Zusammenhang zu den wirkungsvollsten Instrumenten der Landnahme und Okkupation. Ich denke da nicht nur an die zahllosen Oliven- und Pistazienbäume, die gerodet wurden, um Platz zu schaffen für Siedlungen und für Straßen, auf denen dann ausschließlich Israelis fahren dürfen. Ich habe auch die ausgedehnten Pinien- und Eukalyptuswälder vor Augen, die auf den gerodeten Plantagen und dort, wo zuvor palästinensische Dörfer gestanden hatten, angepflanzt wurden. Besonders hervorgetan hat sich dabei der Jewish National Fund (JNF), der sich rühmt, gemäß seinem Slogan „Die Wüste begrünen" seit Beginn des 20. Jahrhunderts 250 Millionen Bäume gepflanzt zu haben. In Werbematerialien charakterisiert der JNF sich selbst als eine grüne NGO unter anderen, die sich um Forst- und Wasserwirtschaft, Parks und Erholungsmöglichkeiten kümmert. Zufällig handelt es sich beim JNF zugleich um den größten „privaten" Landeigentümer im Staate Israel, und ungeachtet einer Vielzahl komplizierter Rechtsstreitigkeiten weigert er sich bis heute, Nichtjuden Land zu verpachten oder zu verkaufen.

Ich selbst bin in einer jüdischen Gemeinschaft aufgewachsen, in der kein wichtiges Ereignis – Geburten und Todesfälle, Muttertag oder Bar Mizwa – vorüberging, ohne dass der betreffenden Person zu Ehren ein JNF-Baum gespendet wurde. Man bekam dafür Zertifikate, mit denen die Wände meiner Grundschule in Montreal geradezu tapeziert waren. Erst als Erwachsene begriff ich, dass diese weit weg angepflanzten Wohlfühl-Koniferen nicht wohltätig waren: nicht einfach etwas, das man pflanzt und später einmal umarmen kann. In Wirklichkeit zählen diese Bäume zu den grellsten Symbolen des israelischen Systems amtlicher Diskriminierung – jenes Systems, das abgeschafft gehört, damit ein friedliches Zusammenleben überhaupt erst möglich wird.

Der JNF bietet ein aktuelles und extremes Beispiel für das, was manche „grünen Kolonialismus" nennen. Dieses Phänomen ist allerdings weder wirklich neu noch auf Israel beschränkt. So blicken beide Amerikas auf eine lange und quälende Geschichte der Umwandlung prächtiger Naturlandschaften in Nationalparks und dergleichen zurück – mit dem Ergebnis, dass die indigene Bevölkerung die Territorien ihrer Vorfahren nicht mehr aufsuchen konnte, um dort zu jagen oder zu fischen – oder ganz einfach dort zu leben. Diese Geschichte hat sich ein ums andere Mal wiederholt.

Eine aktuelle Version des Phänomens bietet die CO_2-Zertifizierung. Von Brasilien bis Uganda – überall muss die indigene Bevölkerung erleben, dass Natur- und Landschaftsschutzorganisationen zu den aggressivsten Landaufkäufern zählen. Da wird etwa ein Waldgebiet plötzlich zur CO_2-Senke erklärt und für die traditionellen Bewohner gesperrt. So hat der Zertifikatemarkt eine ganze Kategorie „grüner" Menschenrechtsverstöße neu geschaffen und bewirkt, dass Bauern und Indigene, wenn sie solche Gebiete betreten wollen, von Park Rangers oder privaten Sicherheitsdiensten physisch attackiert werden. Edward Saids abfälliges Urteil übers Bäume-Umarmen sollte man in diesem Kontext sehen.

Das ist allerdings nicht alles. In Saids letztem Lebensjahr entstand Israels sogenannter Sicherheitszaun, auch *separation barrier* genannt, der große Partien des Westjordanlandes durchzieht und palästinensische Arbeiter von ihren Betrieben, Bauern von ihren Feldern, Patienten von Krankenhäusern abschneidet – und Familien brutal auseinanderreißt. Es gab mehr als genug Gründe, die neue Mauer als menschenrechtswidrig zu kritisieren. Doch von diesen Gründen ließen einige der lautesten Kritiker auf der israelischen Seite sich durchaus nicht beeindrucken. Vielmehr zerbrach sich etwa Jehudit Naot, Israels seinerzeitige Umweltministerin, den Kopf über einen Bericht, dem zufolge der „Sicherheitszaun" für „die Landschaft, für Flora und Fauna, ökologische Korridore und fließende Gewässer schädlich" sei. „Ich möchte die Errichtung des Zaunes gewiss weder aufhalten noch verzögern", erklärte sie, „aber mich beunruhigt die damit verbundene Schädigung der Umwelt." Naots Ministerium und die staatliche Naturschutzbehörde unternahmen denn auch, wie der palästinensische Aktivist Omar Barghouti später feststellte, äußerst einfühlsame Rettungsanstrengungen, etwa indem sie einen gefährdeten Bestand an Irisgewächsen umsiedelten oder für Tiere winzige Mauerdurchlässe schufen.

Das Versagen der Umweltbewegung

Vielleicht muss man sich diesen Kontext vor Augen halten, will man verstehen, woher das zynische Urteil über die Umweltbewegung kommt. Menschen neigen dazu, zynisch zu reagieren, wenn ihr Leben weniger gilt als Blumen oder Reptilien. Nichtsdestotrotz erhellt das intellektuelle Erbe Saids die tieferen Ursachen der globalen Umweltkrise und es enthält zugleich viele Hinweise darauf, wie wir auf diese weitaus inklusiver reagieren könnten, als gegenwärtige Kampagnenmodelle es tun: Hinweise auf Reaktionsweisen, die leidenden Menschen eben nicht abverlangen, ihre Sorgen über Krieg, Armut und systemischen Rassismus zurückzustellen, um erst einmal „die Welt zu retten" – die vielmehr verdeutlichen, wie sehr all diese Krisen miteinander zusammenhängen und wie sehr dies auch für mögliche Lösungen gelten könnte.

Said mag, kurz gesagt, keine Zeit für *tree-huggers* gehabt haben, aber diese sollten sich unbedingt Zeit für Said nehmen – wie auch für viele andere antiimperialistische und postkoloniale Denker. Ohne ihre Erkenntnisse können wir unmöglich verstehen, wie wir in die gegenwärtige Gefahrenlage geraten sind, und ebenso wenig das Ausmaß der Veränderungen begreifen, deren es bedarf, um aus dieser Lage wieder herauszufinden. Deshalb folgen hier einige – den Reichtum seiner Gedanken keineswegs erschöpfende – Überlegungen darüber, was wir in einer immer heißeren Welt aus der Lektüre Saids lernen können.

Edward Said war und bleibt einer unserer beredtesten Denker in Sachen Exil und Heimweh – aber er ließ nie einen Zweifel daran, dass seine Sehnsucht einer Heimat galt, die man so radikal verändert hatte, dass sie in Wahrheit gar nicht mehr bestand. Seine Einstellung war vielschichtig: Energisch verteidigte er das Recht auf Rückkehr, ohne doch je zu behaupten, Heimat sei etwas für alle Zeit Fixiertes, Gesichertes. Worauf es ankommt, war für ihn das Prinzip, dass alle Menschenrechte gleichermaßen respektiert werden müssen, sowie die Orientierung all unserer Handlungen und Zielvorstellungen an der Idee wiedergutmachender Gerechtigkeit.

Diese Auffassung ist gerade heute bedeutsam, in einer Zeit erodierender Küsten, in der ganze Länder unter ansteigenden Meeresspiegeln zu verschwinden drohen; in der Korallenriffe, die hochkomplexe Kulturen erhalten, ausbleichen und absterben, während das arktische Eis schmilzt. Die vergebliche Sehnsucht nach einer – radikal veränderten, ja vielleicht schon gar nicht mehr existierenden – Heimat ist also ein Gemütszustand, der sich rapide und auf tragische Weise globalisiert. Zwei wissenschaftliche Gutachten kamen 2016 zu der alarmierenden Feststellung, dass der Meeresspiegelanstieg erheblich schneller vor sich gehen könnte als bisher angenommen. James Hansen, Koautor einer dieser Studien, ist der vielleicht renommierteste Klimaforscher der Welt. Wenn die Entwicklung unserer CO_2-Emissionen weiter wie bisher verläuft, müssen wir, so Hansen, mit „dem Verlust aller Küstenstädte, der meisten großen Städte der Welt, und ihrer gesamten Geschichte" rechnen – und dies nicht in ferner Zukunft, sondern noch in diesem Jahrhundert. Uns steht, wenn wir uns nicht für einen radikalen Wandel einsetzen, eine Welt bevor, in der allenthalben Menschen nach einer Heimat suchen, die gar nicht mehr existiert.

»Wir saufen nicht ab. Wir kämpfen«

Auch wenn wir uns vorstellen wollen, wie es in einer solchen Welt zugehen mag, kann Said uns weiterhelfen. Er hat zur Popularisierung des arabischen Wortes *sumud* – „Bleiben und Ausharren" – erheblich beigetragen: Es meint die standhafte Weigerung, sein Land zu verlassen, selbst angesichts noch so hartnäckiger Vertreibungsversuche und ungeachtet der Gefahren, die von ringsum permanent drohen. Wer *sumud* sagt, denkt meist an Orte wie Hebron oder Gaza, doch könnte man das Wort heute ebenso auf die Leute beziehen, die in den Küstengebieten Louisianas ihre Häuser auf Stützpfeiler setzen, um der drohenden Evakuierung zu entgehen, oder auf die Bewohner pazifischer Inseln, deren Slogan da lautet: „Wir saufen nicht ab. Wir kämpfen."

Auf den Marshallinseln und in Ländern wie Fidschi oder Tuvalu weiß man, dass der Meeresspiegel unvermeidlich und in absehbarer Zeit so stark ansteigen wird, dass es für sie keine Zukunft geben dürfte. Und doch beschränken diese Länder sich nicht darauf, Umsiedlungspläne zu entwickeln. Sie würden es selbst dann nicht tun, wenn sicherere Länder gewillt wären, ihre Grenzen zu öffnen. (Ein allerdings sehr großes *wenn*, denn das Völkerrecht kennt den Status des Klimaflüchtlings derzeit noch nicht.) Sie leisten vielmehr aktiven Widerstand: blockieren australische Kohlefrachter mit ihren traditionellen Auslegerbooten, stören die Routine internationaler Klimaverhandlungen durch ihr ungebetenes Erscheinen und verlangen, der Klimakatastrophe weitaus energischer entgegenzutreten. Wenn am Pariser Klimaabkommen irgendetwas Lob verdient – und leider gibt es da nicht viel –, dann ist es aufgrund solch prinzipienfesten Handelns zustande gekommen: durch Klima-*sumud*.

Othering – die »Geringschätzung des anderen«

Damit streifen wir allerdings nur die Oberfläche dessen, was in Zeiten der Erderwärmung aus der Said-Lektüre zu lernen ist. Said war ein Riese auf dem Feld der *Othering*-Forschung. Mit dem Begriff *Othering* bezeichnet er in seinem Hauptwerk „Orientalismus" die „Geringschätzung, Essentialisierung und Entblößung einer anderen Kultur, eines anderen Volkes oder einer anderen geographischen Region". Und wenn das *other* – die zugeschriebene Andersartigkeit oder Fremdheit – erst einmal fest etabliert ist, ist Übergriffen jeglicher Art der Boden bereitet: gewaltsame Vertreibung, Landraub, Invasion und Okkupation. Der springende Punkt beim *Othering* besteht nämlich darin, dass der (oder das) Andersartige, Fremde nicht die gleichen Rechte besitzt bzw. nicht gleichermaßen Mensch ist wie jene, die ihn als „andersartig" aussondern.

Aber, mag man fragen, was hat das mit dem Klimawandel zu tun? Alles, möglicherweise.

Wir haben schon jetzt ein gefährliches Maß an Erderwärmung erreicht, und unsere Regierungen weigern sich immer noch, die erforderlichen Schritte zu tun, um dieser Entwicklung Einhalt zu gebieten. Es gab eine Zeit, in der viele ein Recht auf Unkenntnis für sich beanspruchen konnten. Aber seit drei Jahrzehnten, seit der Weltklimarat (IPCC) geschaffen und die Klimaverhandlungen aufgenommen wurden, erfolgt die Ablehnung von Emissionsverminderungen in voller Kenntnis der Gefahrenlage. Und diese Rücksichtslosigkeit wäre unvorstellbar, gäbe es nicht – und sei es auch nur latent – den institutionalisierten Rassismus. Sie wäre nicht möglich gewesen, gäbe es da nicht den, von Said so bahnbrechend erforschten, Orientalismus und die ganze Palette wirksamer Instrumente, die es den Mächtigen gestatten, das Leben der weniger Mächtigen abzuwerten. Diese Instrumente – zur Abstufung der relativen Wertigkeit von Menschen und Menschengruppen – sind es, die es ermöglichen, ganze Nationen und alte Kulturen einfach abzuschreiben. Und sie waren es eben auch – hier schließt sich der Kreis – , die überhaupt erst die Möglichkeit schufen, massenhaft Kohle aus dem Boden zu holen.

Globale »Opferzonen« und der Kampf gegen den Umweltrassismus

Gewiss, fossile Brennstoffe sind nicht die einzigen Verursacher des Klimawandels – neben ihnen wären auch die industrielle Landwirtschaft und die Abholzung der Wälder zu nennen –, aber sie sind die größten. Und die fossilen Brennstoffe sind nun einmal so schmutzig und so giftig, dass man sie nicht fördern kann, ohne Menschen und Orte zu opfern: Menschen, deren Lungen und deren Lebensrechte man der Arbeit in den Kohlegruben opfern kann; Menschen, deren Böden und deren Trinkwasser man der Erschließung von Kohlevorkommen und Ölquellen opfern kann. Noch in den 1970er Jahren bezeichneten wissenschaftliche Berater der US-Regierung bestimmte Teile ihres Landes als „Opferzonen", Gebiete, die als *national sacrifice areas* eingestuft waren. Man denke an die Appalachengipfel, die zur Kohleförderung weggesprengt wurden – weil das *Mountain-top-removal*-Verfahren billiger ist, als Schächte in die Tiefe zu treiben.

Um die Opferung einer ganzen Geographie zu rechtfertigen, braucht man *Othering*-Theorien – Vorstellungen, denen zufolge die dort lebenden Menschen so arm und rückständig seien, dass ihr Leben und ihre Kultur keinen Schutz beanspruchen können. Wenn du ein Hinterwäldler bist, ein *hillbilly*, wer schert sich dann um deine *hills* oder Berge?

Um all die Kohle in Elektrizität umwandeln zu können, bedurfte es zudem einer weiteren *Othering*-Schicht: diesmal für die den Kraftwerken und Raffinerien benachbarten Wohngebiete. In Nordamerika handelt es sich dabei ganz überwiegend um farbige Communities, Schwarze und Latinos, denen die Giftlast unserer kollektiven Sucht nach fossilen Brennstoffen aufgebürdet wird, weshalb sie weit überdurchschnittlich unter Atemwegs- und Krebserkrankungen zu leiden haben. Aus Kämpfen gegen diese Art von „Umweltrassismus" ist schließlich die Bewegung für Klimagerechtigkeit hervorgegangen.

Der gesamte Globus ist heute mit solchen „Opferzonen" geradezu gescheckt. Man denke etwa an das Nigerdelta, das Jahr für Jahr mit auslaufenden Erdölmengen vergiftet wird, deren Volumen dem der „Exxon-Valdez"-Katastrophe entspricht – ein Vorgang, den Ken Saro-Wiwa, bevor seine Regierung ihn ermordete, einen „ökologischen Genozid" nannte. Die Exekutionen von Stammesführern, sagte er, erfolgten „alle für Shell". In meinem Land, Kanada, lief die Entscheidung, die Teersande von Alberta – eine besonders schwere Ölsorte – auszubeuten, darauf hinaus, bestehende Verträge mit *First Nations* zu zerreißen. In diesen Verträgen hatte die britische Krone den indigenen Völkern das Recht garantiert, in den Heimatgebieten ihrer Vorfahren weiterhin zu jagen, zu fischen und ihr traditionelles Leben zu führen. Der Vertragsbruch war unvermeidlich, weil solche Vereinbarungen jeden Sinn verlieren, wenn das Land geschändet, die Flüsse verschmutzt, Elche und Fische gleichermaßen krebszerfressen sind. Doch es kommt noch schlimmer: Fort McMurray – die Stadt im Zentrum des Teersande-Booms, wo viele der Arbeiter leben und viel Ölgeld fließt – leidet immer wieder unter höllischen Waldbränden. Es ist entsetzlich heiß und unglaublich trocken. Und auch das hat etwas mit dem Stoff zu tun, den man hier aus dem Boden holt.

Kultureller Genozid

Selbst dort, wo sie keine derart dramatischen Formen annimmt, ist diese Art der Ressourcengewinnung ein Akt der Gewalt: Land und Gewässer werden so stark geschädigt, dass eine Lebensweise zugrunde geht und Kulturen sterben, die mit dem betroffenen Gebiet untrennbar verbunden sind. Die Verbindung zwischen der indigenen Bevölkerung und ihrer Kultur zu kappen, war in Kanada lange Zeit regierungsamtliche Praxis – oktroyiert durch die zwangsweise Entfernung der Kinder von ihren Familien. Man wies sie in Internate ein, wo ihre Sprache und Gebräuche verboten waren, während dort physischer und sexueller Missbrauch grassierten. Ein 2016 erschienener Wahrheits- und Versöhnungsreport bezeichnet diese Praxis als „kulturellen Genozid". Die mit solch erzwungener Trennung – vom Land, von der Kultur, von der Familie – verbundene Traumatisierung steht in direktem Zusammenhang mit der epidemischen Verzweiflung, die heute so viele *First Nations* erfüllt. So versuchten 2015 in der 2000-Einwohner-Gemeinde Attawapiskat an einem einzigen Samstagabend elf Menschen sich das Leben zu nehmen. In einem Gebiet, das traditionell dieser Gemeinde gehört, betreibt die Firma DeBeers eine Diamantenmine. Wie es bei Extraktionsvorhaben stets geschieht, hatte der Konzern neue Chancen versprochen und Hoffnungen geweckt – und die Menschen bitter enttäuscht.

„Warum sind diese Leute nicht einfach weggezogen?", fragten Politiker und Experten. Doch es ziehen ohnehin viele weg. Zwischen dieser Abwanderung und der Tatsache, dass in Kanada Tausende von indigenen Frauen ermordet wurden oder verschwunden sind, oft in den großen Städten, besteht ein gewisser Zusammenhang. In Presseberichten wird die Beziehung zwischen der Gewalt gegen Frauen und der Gewalt gegen ihr Land – oft zur Förderung fossiler Brennstoffe eingesetzt – nur selten gesehen, doch es gibt sie. Jede Regierung, die neu an die Macht kommt, verheißt zunächst einmal eine neue Ära der Respektierung indigener Rechte. Doch die Versprechungen werden nicht eingelöst.

Dabei enthält die UN-Deklaration über die Rechte indigener Völker auch das Recht, Extraktionsprojekte abzulehnen – selbst wenn derartige Projekte das Wirtschaftswachstum des jeweiligen Landes fördern. Genau hier aber liegt das Problem: Auf Wachstum basiert schließlich unsere Religion, unsere Art zu leben. Auch Kanadas gut aussehender und charmanter neuer Premier zeigt sich deshalb entschlossen – oder genötigt –, neue Rohrleitungen für

Teersande-Öl bauen zu lassen, obwohl indigene Gemeinschaften sich ausdrücklich dagegen wenden, weil sie weder ihr Wasser vergiften lassen noch an der weiteren Destabilisierung des Klimas mitwirken wollen.

Wer fossile Brennstoffe fördern will, ist eben darauf angewiesen, dass es Opferzonen gibt. Das war schon immer so. Doch ein System, das auf der Opferung von Menschen und Orten basiert, kann nicht funktionieren, wenn es nicht immer neue intellektuelle Konstrukte gibt, die diese Opferung rechtfertigen: von Doktrinen wie „Manifest Destiny" oder „Terra Nullius" bis zum Orientalismus, von rückständigen Hinterwäldlern zu zurückgebliebenen Indianern. Für alle gilt: Ohne Opferung keine Ausbeutung – und umgekehrt: Keine Ausbeutung ohne Opferung.

Das Ende der Externalisierung

Oft wird der Klimawandel der „menschlichen Natur" angelastet oder der angeborenen Gier und Kurzsichtigkeit unserer Gattung. Oder man sagt uns, wir hätten unsere Umwelt so massiv und mit derart globalen Auswirkungen verändert, dass wir jetzt eben im Anthropozän lebten – dem Erdzeitalter des Menschen. In solchen Erklärungen der herrschenden Zustände schwingt eine ganz bestimmte, wenngleich unausgesprochene Botschaft mit: nämlich dass die menschliche Natur auf eine Formel reduziert werden kann, derzufolge diese Krise zwangsläufig aus ihr hervorgeht. Die *Systeme*, die bestimmte Mitglieder der Gattung Mensch geschaffen haben und denen andere sich energisch widersetzten, bleiben dabei gänzlich ausgeblendet – Systeme wie Kapitalismus, Kolonialismus oder das Patriarchat.

Dagegen hat es – glaubt man solchen Diagnosen – menschliche Systeme, die das Leben ganz anders organisierten, niemals gegeben: Systeme, die den Menschen abverlangen, sieben Generationen weit vorauszudenken, und fordern, dass sie nicht allein gute Bürger, sondern kommenden Generationen auch gute Ahnen und Erblasser sein sollten; Systeme, in denen die Menschen nicht mehr verbrauchen dürfen, als sie tatsächlich benötigen, und der Umwelt ihrerseits etwas zurückgeben müssen, um deren Regenerationszyklen zu schützen und zu bereichern. Solche Systeme gab es und gibt es bis heute, aber wir verleugnen sie jedes Mal, wenn wir behaupten, die Klimakrise resultiere aus der „menschlichen Natur" und wir lebten jetzt nun einmal im „Anthropozän".

Unmittelbar attackiert werden solche traditionellen, umweltgemäßeren Systeme dort, wo Megaprojekte gebaut werden sollen, etwa die Gualcarque-Staudämme zur Stromerzeugung in Honduras, ein Projekt, das im Übrigen die Umweltschützerin Berta Cáceres das Leben kostete: Sie wurde im März 2016 ermordet. Manche Leute behaupten, so schlimm müsse es ja durchaus nicht zugehen. Wir könnten saubere Formen der Ressourcenextraktion finden. Wir müssten ja nicht so verfahren, wie es in Honduras, im Nigerdelta und im Fall der Teersande von Alberta geschieht. Dumm nur, dass uns die billigen und simplen Möglichkeiten, an die fossilen Brennstoffe heranzukommen, allmählich ausgehen. Aus ebendiesem Grund haben Fracking und Teersandeförderung Konjunktur.

Und genau deshalb stößt der faustische Pakt, auf dem das Industriezeitalter gründete, an seine Grenzen: Die schlimmsten Risiken, besagte dieser, würden ausgelagert, externalisiert, auf andere abgeladen – auf die Peripherien außerhalb, aber auch innerhalb unserer Länder.[1] Durch *Othering, Ver-Anderung* eben. Doch genau das erweist sich zunehmend als nicht mehr möglich. Die Fracking-Methode droht – in dem Maße, in dem die Opferzone sich ausdehnt und die unterschiedlichsten Orte verschluckt, die sich zuvor für unantastbar hielten – einige der malerischsten Partien Großbritanniens zu zerstören. Es geht also nicht einfach nur um den neuesten Aufreger, etwa die hässlichen Umstände der Teersande-Ausbeutung. Was wir endlich begreifen müssen, ist dies: Saubere, sichere und giftfreie Methoden dafür, eine Wirtschaft auf der Basis fossiler Brennstoffe zu betreiben, kann es nicht geben. Es gab sie nie.

Es gibt keine konfliktfreie Ressourcenausbeutung

Dafür, dass es keine konfliktfreie Lösung gibt, sprechen erdrückende Beweise: Das Problem ist struktureller Art. Anders als erneuerbare Energien wie Wind und Sonnenstrom sind die Lagerstätten fossiler Brennstoffe nicht breit gestreut, sondern hoch konzentriert und zwar in ganz bestimmten Zonen – in Gegenden, die die schlechte Angewohnheit haben, sich in den Ländern anderer Leute zu befinden. Ganz besonders gilt das für den wirkungsvollsten und kostbarsten dieser Brennstoffe: Öl.

Ebendeshalb ist das Projekt des Orientalismus, also des *Otherings* von Arabern und Muslimen, seit jeher der stille Begleiter unserer Ölabhängigkeit – und daher unauflöslich mit dem großen Rückschlag namens Klimawandel verknüpft. Wenn Länder und Völker ge-*othert*, ver-*andert*, also als fremdartig eingestuft werden – als exotisch, primitiv, blutrünstig, wie es Edward Said in den 1970ern dokumentierte –, lassen sich viel leichter Kriege und Staatsstreiche gegen sie inszenieren, falls sie auf die verrückte Idee kommen sollten, ihr eigenes Öl unter ihre Kontrolle bringen und den eigenen Interessen gemäß nutzen zu wollen.

1953 taten sich Briten und Amerikaner zusammen, um im Iran die demokratisch gewählte Regierung Mohammad Mossadeghs zu Fall zu bringen, nachdem diese die Anglo-Iranian Oil Company (heute BP) verstaatlicht hatte. Und exakt 50 Jahre später kam es zu einer weiteren UK-US-Koproduktion – zum völkerrechtswidrigen Einmarsch in den Irak und dessen Okkupation. Die Erschütterungen, die jede dieser Interventionen auslöste, halten die Welt noch heute in Atem – ebenso wie die Folgen, die die Verbrennung so riesiger Ölmengen nach sich zieht. Der Mittlere Osten findet sich gegenwärtig im Zangengriff der Doppelgewalt wieder, einerseits erzeugt

---

1 Vgl. auch Stephan Lessenich, „Weil wir es uns leisten können". Wie und warum wir über die Verhältnisse anderer leben, in: „Blätter", 11/2016, S. 91-102 – d. Red.

durch den Kampf um die fossilen Brennstoffe und andererseits durch deren Verbrennung.

Kriege und Aufstände im Zeichen des Klimawandels

In seinem 2015 erschienenen Buch „The Conflict Shoreline" zeichnet der israelische Architekt Eyal Weizman ein revolutionär neues Bild der Überschneidungen, die zwischen diesen Mächten, diesen Gewalten bestehen. Um uns von der Grenzlinie zu den Wüsten des Mittleren Ostens und Nordafrikas eine Vorstellung zu machen, konnten wir uns bisher stets an der sogenannten Ariditätsgrenze orientieren, diesseits derer mindestens 200 mm an Niederschlägen pro Jahr zu verzeichnen sind – jene Regenmenge, die als Minimum für flächendeckenden Getreideanbau ohne künstliche Bewässerung gilt. Diese meteorologischen Grenzlinien stehen allerdings nicht ein für alle Mal fest. Sie fluktuieren, und dies aus unterschiedlichen Gründen: Projekte wie etwa Israels Versuche, die Wüste zu „begrünen" („green the desert"), bewirken Grenzverschiebungen in die eine Richtung, während regelmäßig wiederkehrende Dürreperioden die Ariditätslinie in die entgegengesetzte Richtung – Desertifikation – verschieben.

Heute können die im Zeichen des Klimawandels sich häufenden Dürrekatastrophen die unterschiedlichsten Auswirkungen auf den Verlauf dieser Grenze haben. Weizman weist darauf hin, dass die syrische Grenzstadt Daraa unmittelbar auf der Ariditätslinie liegt. In Daraa sammelten sich nach der schlimmsten Dürreperiode, die Syrien je zu verzeichnen hatte, in den letzten Jahren vor Ausbruch des syrischen Bürgerkrieges brotlos gewordene Bauern in großer Zahl – und Daraa war es auch, wo der syrische Aufstand 2011 begann. Die Dürrekatastrophe war nicht der einzige Faktor, der die Spannungen im Lande auf die Spitze trieb. Doch die Tatsache, dass die Dürre anderthalb Millionen Syrer zu Binnenflüchtlingen machte, hat eindeutig einen Anteil an der politischen Zuspitzung. Der Zusammenhang zwischen Wasserknappheit, hitzebedingten Nöten und gewaltträchtigen Auseinandersetzungen bildet sich entlang der Ariditätsgrenze als wiederkehrendes, sich intensivierendes Muster ab. Ihrem Verlauf folgend stößt man überall auf von Dürre, Wassermangel, sengenden Hitzegraden und militärischen Konflikten gezeichnete Schauplätze – von Libyen und Palästina bis hin zu einigen der blutigsten Schlachtfelder in Afghanistan und Pakistan.

Weizman hat aber zudem – wie er sich ausdrückt – eine „verblüffende Koinzidenz" entdeckt. Trägt man die Ziele westlicher Drohnenangriffe auf Landkarten ein, so zeigt sich, dass „viele dieser Angriffe – vom südlichen Wasiristan über den Nordjemen, Somalia, Mali, den Irak bis nach Gaza und Libyen – unmittelbar auf der 20-mm-Ariditätsgrenze oder in ihrer Nähe" liegen. Die roten Punkte auf seiner Karte markieren einige der Gebiete, in denen eine besondere Konzentration der Drohnenschläge zu verzeichnen ist. Weizman gelingt es damit, uns die brutale Landkarte der Klimakrise eindringlich vor Augen zu führen. Die Konturen dieser Szenerie zeichneten sich schon vor einem Jahrzehnt in einem Bericht des US-Militärs ab. „Der Mittlere Osten", heißt es da, „wurde stets mit zwei Naturressourcen in Verbindung gebracht, mit Öl (wegen der reichen Vorkommen) und Wasser (der Knappheit wegen)." Nur zu wahr. Mittlerweile springen allerdings bestimmte Muster ins Auge: Erst folgen westliche Kampfflieger dem Ölreichtum. Und jetzt markieren westliche Drohnenschläge die Zonen der Wasserknappheit, während Dürrekatastrophen die Gewalttätigkeit der Auseinandersetzung(en) weiter erhöhen.

Die große Flucht – und die Dehumanisierung der Flüchtenden

So wie das Öl Bomben anzieht und die Dürre Drohnen, so folgen in beider Spuren die Boote: Boote voller Flüchtlinge von der Ariditätsgrenze, wo Krieg und Dürre sie bedrohen. Und jetzt bedroht die gleiche Bereitschaft, „Fremde" zu dehumanisieren, die Bomben und Drohnen rechtfertigte, diese Menschen, deren verzweifelte Suche nach Sicherheit paradoxerweise als Bedrohung der unsrigen dargestellt und deren elende Flüchtlingstrecks in eine Art Invasionsarmee umgedeutet wurden. Im Westjordanland und in anderen Besatzungsgebieten erprobte Taktiken halten jetzt auch in Nordamerika und Europa Einzug.

Um seine Mauer an der Grenze zu Mexiko zu verkaufen, sagte Donald Trump im Wahlkampf gerne: „Fragt Israel, die Mauer funktioniert." In Calais macht man Flüchtlingslager mit Bulldozern platt, im Mittelmeer ertrinken die Leute zu Tausenden, und die australische Regierung hält Menschen, die Kriege und despotische Regimes überlebt haben, auf den entlegenen Inseln Nauru und Manus in Lagerhaft. Auf Nauru herrschen derart katastrophale Zustände, dass dort 2016 ein iranischer Flüchtling, um die Weltöffentlichkeit wachzurütteln, sich selbst in Flammen setzte und starb. Wenige Tage danach folgte eine andere Migrantin, eine Einundzwanzigjährige aus Somalia, diesem schrecklichen Beispiel.

Premierminister Malcolm Turnbull kommentierte ungerührt, dergleichen dürfe den Australiern „nicht den Blick trüben" – vielmehr müssten sie jetzt „sehr klar und entschlossen" die „nationale Sache" ins Auge fassen. Man sollte sich an Nauru erinnern, wenn wieder mal ein Murdoch-Kolumnist Australien als Vorbild preist – so wie Katie Hopkins, die im Massenblatt „The Sun" verkündete, für Britannien sei es an der Zeit, „australisch zu werden. Her mit den Kanonenbooten, treibt die Migranten an ihre Küsten zurück und verbrennt ihre Boote."

Nauru hat übrigens auch in anderer Hinsicht Symbolcharakter: Es ist eine der durch den Meeresspiegelanstieg besonders gefährdeten Pazifikinseln. Nachdem Naurus Einwohner mitansehen mussten, wie ihre Heimat für andere zum Gefängnis wurde, stehen sie nun unter dem Druck, wahrscheinlich bald selbst auswandern zu müssen. So hat man die Klimaflüchtlinge von morgen als Gefängniswärter von heute in Dienst genommen.

Wir müssen begreifen, dass aus dem, was auf Nauru vor sich geht, und aus dem, was der Insel selbst widerfährt, ein und dieselbe Logik spricht. Eine

Kultur, die schwarzem und braunem Leben so wenig Wert beimisst, dass sie bereit ist, Menschen unter den Wellen verschwinden zu lassen oder ihre Selbstverbrennung in Internierungslagern in Kauf zu nehmen, wird auch bereit sein, die Länder, in denen schwarze und braune Menschen leben, unter den Wellen verschwinden oder in Hitze und Trockenheit verdorren zu lassen. Und wenn dies geschieht, wird man sich auf Theorien über die Rangfolge menschlicher Leben berufen, um derart monströse Entscheidungen zu rationalisieren: Schließlich müssen wir zunächst einmal für uns selbst sorgen, wird es heißen.

Der Notstand des Südens und das Versagen der Klimadiplomatie

Schon heute nehmen wir, und sei es auch nur implizit, diese Art der Rationalisierung vor. Obwohl der Klimawandel letzten Endes die ganze Menschheit existenziell bedroht, gehen wir doch davon aus, dass er sich auf kurze Sicht durchaus unterschiedlich auswirkt und die Ärmsten zuerst und am härtesten trifft, ob sie nun auf den Dächern von New Orleans während des Hurrikans Katrina ihrem Schicksal überlassen werden oder zu den 36 Millionen zählen, die der UNO zufolge wegen der Dürrekatastrophe im südlichen und östlichen Afrika vom Hunger bedroht sind.

Das ist eine Notstandssituation, und zwar eine gegenwärtige, keine künftige, doch unser Handeln entspricht dem nicht. Das Pariser Abkommen vom Dezember 2015 sieht vor, die Erderwärmung unter 2 Grad Celsius zu halten. Diese Zielvorgabe ist mehr als rücksichtslos. Als sie 2009 in Kopenhagen erstmals formuliert wurde, sprachen die afrikanischen Delegierten von einem „Todesurteil". Mehrere tief liegende Inselstaaten propagieren das Motto „1,5 – um weiterleben zu können". Dem Pariser Abkommen wurde in letzter Minute eine Klausel angefügt, der zufolge die Unterzeichnerstaaten „Anstrengungen zur Begrenzung des Temperaturanstiegs auf 1,5 Grad Celsius" unternehmen werden.

Doch das ist nicht nur unverbindlich, sondern glatt gelogen: Denn wir unternehmen überhaupt nichts dergleichen. Ebenjene Regierungen, die dieses Versprechen abgaben, drängen jetzt auf vermehrtes Fracking und verstärkten Teersandeabbau – beides gänzlich unvereinbar mit der 2-Grad-Vorgabe, von 1,5 Grad ganz zu schweigen. Geschehen kann so etwas, weil die reichsten Leute in den reichsten Ländern der Welt davon ausgehen, dass ihnen nichts passieren wird – dass irgendjemand anderes die größten Risiken ausbaden muss, ja dass sogar dann, wenn der Klimawandel ihre Türschwelle erreicht, für sie schon gesorgt werden wird.

Wenn sich das später als Irrtum erweist, wird es erst recht hässlich werden: Als zum Jahreswechsel 2015/16 weite Teile Englands überschwemmt wurden und 16 000 Häuser unter Wasser standen, konnten wir einen Blick in diese Zukunft werfen. Die betroffenen Gemeinden mussten sich nicht nur mit dem nassesten Dezember seit Menschengedenken herumschlagen, sondern auch damit, dass die Regierung zuvor die öffentlichen Einrichtungen und örtlichen Gremien, die an der Front der Hochwasserbekämpfung stehen, gnadenlos bekämpft hatte. Verständlicherweise gab es viele, die diese Fehlleistung vergessen machen und das Thema wechseln wollten. Warum – fragten sie also – gibt Britannien so viel Geld für Flüchtlinge und Auslandshilfe aus, statt erst mal für sich selbst zu sorgen? „Auslandshilfe, schön und gut", lasen wir in der „Daily Mail": „Wie wäre es mit Inlandshilfe?" Und ein Leitartikel des Londoner „Telegraph" fragte: „Warum sollten britische Steuerzahler weiterhin für Hochwasserschutz im Ausland zahlen, wenn das Geld doch hier gebraucht wird?"

Nun ja, ich weiß nicht recht – aber vielleicht deshalb, weil Britannien die kohlenbeheizte Dampfmaschine erfunden und länger als jedes andere Land dieser Erde fossile Brennstoffe im industriellen Maßstab verbrannt hat? Aber ich schweife ab. Worum es geht, ist, dass diese Hochwassererfahrung vom vergangenen Winter der Moment hätte sein können, in dem wir begreifen, dass der Klimawandel uns alle trifft, weshalb wir eben alle gemeinsam und in gegenseitiger Solidarität gegen ihn vorgehen müssen. Aber der Groschen fiel nicht, und zwar deshalb, weil der Klimawandel nicht allein darin besteht, dass es heißer und nasser wird – unter dem gegenwärtig herrschenden ökonomischen und politischen Modell bedeutet er eben auch, dass es immer niederträchtiger und hässlicher zugeht.

Erkennen wir die Zusammenhänge!

Die wichtigste Lehre aus alledem ist, dass die Klimakrise sich nicht überwinden lässt, wenn wir sie als ein Technokratenproblem behandeln und isoliert betrachten. Sie muss in ihrem Kontext gesehen werden – im Kontext von Austeritäts- und Privatisierungspolitik, von Kolonialismus und Militarismus und der diversen *Othering*-Systeme, deren sie alle zu ihrer Entfaltung bedürfen. Es springt ins Auge, wie sie miteinander zusammenhängen und sich wechselseitig bedingen, und dennoch bleibt der Widerstand gegen sie so oft zersplittert. Die Gegner der Austeritätspolitik erwähnen selten den Klimawandel, und die Klima-Aktivisten reden selten über Krieg oder Okkupation. Die Waffen, die Schwarze in den Straßen amerikanischer Städte oder in Polizeigewahrsam töten, setzen wir kaum in Beziehung zu den weitaus gewaltsameren Mächten, die überall auf der Welt so viele schwarze und braune Menschen auf verdorrtem Land und in seeuntüchtigen Booten sterben lassen.

Die verkannten Zusammenhänge herzustellen und die Bande zu festigen, die unsere diversen Problemstellungen und Bewegungen objektiv miteinander verknüpfen, ist – behaupte ich – die dringlichste Aufgabe für jeden, dem es um soziale und wirtschaftliche Gerechtigkeit geht. Nur wenn wir sie lösen, können wir eine Gegenmacht schaffen, die stark und robust genug ist, jene Mächte zu besiegen, die den hochprofitablen, aber zunehmend unhaltbaren Status quo konservieren.

Auf viele soziale Missstände – Ungleichheit, Kriege, Rassismus – wirkt der Klimawandel wie ein Brandbeschleuniger, doch er kann auch umgekehrt wirken und die Kräfte beflügeln, die sich für wirtschaftliche und soziale Gerechtigkeit einsetzen und den Militarismus bekämpfen. Ja, es könnte sogar gerade die Klimakrise sein, die – indem sie unsere Gattung als solche existenziell bedroht und uns zugleich feste, wissenschaftlich erhärtete Fristen setzt – als der ersehnte Katalysator fungiert, den wir brauchen, um eine Vielzahl mächtiger Bewegungen fest miteinander zu verknüpfen. Was sie verbindet, ist die Überzeugung vom inhärenten Wert eines jeden Menschen und die Zurückweisung der Opferzonen-Mentalität – richte sie sich nun gegen Menschen oder gegen Orte.

Wir sind mit derart vielen sich überschneidenden und wechselseitig verschärfenden Krisen konfrontiert, dass wir es uns gar nicht leisten können, eine nach der anderen anzugehen. Wir brauchen integrierte Lösungen, die die Emissionen radikal senken und zugleich gute, gewerkschaftlich abgesicherte Jobs in großer Zahl schaffen. Zugleich sollten sie denen, die unter der extraktiven Wirtschaftsweise am meisten gelitten haben, Gerechtigkeit verschaffen – eine Gerechtigkeit, die diesen Namen verdient.

2003, im Jahr der Irakinvasion, starb Edward Said. Er musste noch erleben, wie man die Bibliotheken und Museen des Landes plünderte, während dessen Ölministerium zuverlässig geschützt wurde. Doch inmitten dieser Gräuel schöpfte er Hoffnung, zum einen angesichts der weltweiten Antikriegsbewegung und zum anderen aufgrund der neuen, technologisch ermöglichten, Formen einer Graswurzel-Kommunikation. So konstatierte er „die Existenz alternativer Gemeinschaften überall auf der Welt, die aus alternativen Nachrichtenquellen schöpfen und sich der Umwelt- und Menschenrechte wie des Freiheitsstrebens wohl bewusst sind, die uns auf diesem winzigen Planeten aneinander binden".

Als ich vor einiger Zeit Recherchen über die englische Hochwasserkatastrophe anstellte, kamen mir Saids Worte wieder in den Sinn. Unter all den Scheußlichkeiten – der Suche nach Sündenböcken und Möglichkeiten, Verantwortung auf andere abzuwälzen – stieß ich auf die Stimme eines Mannes namens Liam Cox. Der äußerte seine Wut darüber, wie in den Medien manche die Katastrophe instrumentalisierten, um fremdenfeindliche Gefühle aufzuputschen, und schrieb Folgendes:

„Ich wohne in Hebden Bridge, Yorkshire, einer der Gegenden, die das Hochwasser besonders schlimm getroffen hat. Das ist Mist, alles ist völlig durchnässt. Und doch... Ich lebe. Ich bin in Sicherheit. Meine Familie ist in Sicherheit. Wir leben nicht in Angst. Ich bin frei. Hier schwirren keine Kugeln herum. Hier explodieren keine Bomben. Ich bin nicht gezwungen, mein Haus zu verlassen und zu flüchten, und ich werde nicht durch das reichste Land der Welt ausgegrenzt oder von seinen Bewohnern kritisiert. – All diese Idioten, die ihre Fremdenfeindlichkeit auskotzen... über das Geld, das nur ‚für uns' ausgegeben werden sollte – die sollten sich selbst mal genau im Spiegel betrachten. Leute, ihr solltet euch mal eine wirklich wichtige Frage stellen... Bin ich ein anständiger Mensch? Denn zu Hause – das ist nicht nur das Vereinigte Königreich, das ist überall auf diesem Planeten."

Das ist ein ganz ausgezeichnetes Schlusswort, finde ich.

Zerstörung und Flucht

Von der Hierarchie der Märkte zur Migrationskrise in Europa

Von **Elmar Altvater**

Jede Fluchtbewegung ist eine Abstimmung mit den Füßen, und zwar sowohl über die Herkunfts- als auch über die Zielregionen der Flüchtenden. Diese Abstimmung ist selten eine freie Entscheidung Einzelner, sie kommt zumeist kollektiv zustande und wird unter wechselnden Umständen auch mehr oder weniger freiwillig korrigiert. Das wiederholt sich in der Geschichte und die Ergebnisse sind irritierend. In den Jahrzehnten der frühen Industrialisierung Europas mussten nicht zuletzt infolge der Freisetzung einer „Überflussbevölkerung" (*redundant population* nach David Ricardo) von etwa 1820 bis zum Beginn des Ersten Weltkriegs mehr als 50 Millionen Menschen aus Irland, Italien, Spanien oder Deutschland in die „Neue Welt" auswandern, nach Nord- oder Südamerika, Afrika und Australien. Meist reichte der „stumme Zwang der ökonomischen Verhältnisse" (Marx), manchmal wurde politisch und polizeilich bei der „Auswanderung" nachgeholfen. Auch die kriegerische Verwüstung von Landstrichen hat Menschen immer wieder in die Flucht getrieben. Diese Flucht vor dem Krieg hat sich bis heute nur insofern geändert, als die Destruktionsmittel des 21. Jahrhunderts unvergleichlich größer sind als in der bisherigen Geschichte.

Auch die „friedlichen Destruktionsmittel", mit denen die Naturbedingungen des menschlichen Lebens im Normalbetrieb der kapitalistischen Produktions- und Lebensweise beschädigt oder zerstört werden, treiben immer mehr Menschen in die Flucht. Die International Organisation of Migration schätzt die Zahl der Umwelt- und Klimaflüchtlinge auf 50 bis 150 Millionen. Und die Tendenz ist eher steigend als rückläufig. Das macht deutlich, in welch verheerenden Zustand der Planet Erde durch politische Gewalt, ökonomische Krise, finanzielle Spekulation und ökologische Zerstörung geraten ist.

Auch die Zerstörung der Naturbedingungen der menschlichen Existenz ist eine Folge von Migration, von sogenannter Entropiemigration. Die Lagerstätten konzentrierter Mineralien oder fossiler Energiereserven werden zum Wohle der entwickelten Nationen geplündert. Die Abfälle und schädlichen Emissionen, beispielsweise von Treibhausgasen, werden in den Ozeanen oder der Atmosphäre untergemischt und als Abfall überall zerstreut. Die Entropie steigt in der einen Weltregion, während sie anderswo gesenkt werden kann. Per Saldo freilich ist der Entropieanstieg auf Erden unvermeidbar – und auch diese Entropiemigration treibt tausende von Menschen in die Flucht.

Die massenhafte Wanderung von Menschen ist ein historisch vergleichsweise junges Phänomen, obwohl es in der Geschichte immer kontinentale und transkontinentale „Völkerwanderungen" gegeben hat. In der Neuzeit hat die *Emigration* der 50 Millionen „Überflüssigen", von denen schon die Rede war, die europäische Industrialisierung erleichtert und als *Immigration* in der „Neuen Welt" für jene qualifizierte „manpower" gesorgt, die eine Voraussetzung für die ökonomische Entwicklung auf der Bahn der europäischen Weltbeherrschung war und ist. Die Ökonomen würden sagen, dass die Migrationsbewegungen positive externe Effekte mit sich brachten, es also eine *Win-win-Migration* war. Das kann von der heutigen Migration nicht mehr so selbstverständlich gesagt werden. Die einen gewinnen, die anderen verlieren. Tausende von Migrantinnen und Migranten verlieren sogar ihr Leben, viele von ihnen im eigentlich so migrationsgünstigen Mittelmeer, das ein Massengrab geworden ist.

Die heutigen Fluchtbewegungen sind daher eine Aneinanderreihung von Tragödien. Sie zeigen, dass sich Menschen auch als ökonomische Charaktere, als Arbeitskräfte, aus ihrem goldenen Vlies der Staatsbürgerschaft nicht ganz befreien können. Zwar ist die Ökonomie heute globalisiert, aber die Politik ist selbst in der hochintegrierten EU noch weitgehend nationalstaatlich verfasst. Hier kommen zwei Eigenheiten des Kapitalismus zur Geltung: Erstens vollziehen sich unter kapitalistischen Bedingungen gleichzeitig Naturprozesse, also stoffliche und energetische Transformationen und die Evolutionsprozesse in der lebendigen Natur, und Wert- und Verwertungsprozesse. Letztere sind einerseits wie die Wertform substanzlos, verlangen aber andererseits einen substanziellen Zuwachs, einen „return to capital". Die Verwertung und ihre auf Wachstum getrimmte Dynamik treiben die Vorgänge in der Natur an, die ihr wiederum natürliche Grenzen setzen. Hier wird dramatisch erkennbar, was Karl Marx mit dem „Springpunkt" der politischen Ökonomie, mit dem „Doppelcharakter" aller ökonomischen Prozesse gemeint hat und warum er sich in seiner Kritik der politischen Ökonomie nicht nur für die ökonomischen Gesetzmäßigkeiten, sondern auch für die Geologie des Planeten Erde interessierte.[1]

Zweitens müssen die gesellschaftlichen und politischen Auswirkungen wirtschaftlicher Veränderungen und umgekehrt die Einwirkungen der Politik in der Ökonomie und daher auch im gesellschaftlichen Naturverhältnis berücksichtigt werden – auch und gerade wenn es um Ursachen, Verlauf und Folgen von Flucht und Migration geht.

Seit der Bildung eines kapitalistischen Weltsystems im „langen 16. Jahrhundert" – von der „Entdeckung Amerikas" 1492 bis zum Westfälischen Frieden 1648[2] – ist die soziale und ökonomische Entwicklung auf Weltniveau

---

[1] Zum Doppelcharakter der Arbeit vgl. das erste Kapitel im ersten Band des „Kapital", MEW Bd. 23. Auf das Interesse von Marx an der Geologie verweist Martin Hundt, Wie und zu welchem Ende studierte Marx Geologie?, in: „Sitzungsberichte Leibniz-Sozietät der Wissenschaften", 121 (2014), S. 117-133.
[2] Fernand Braudel, Sozialgeschichte des 15.-18. Jahrhunderts, 3 Bände, München 1986.

gehoben worden. Mit dem Industriekapitalismus im letzten Viertel des 18. Jahrhunderts wurde sie dann nochmals beschleunigt. Die Wachstumsrate der Weltwirtschaft sprang in den letzten zwei Jahrtausenden von lang dauernder Stagnation („Nullwachstum") auf 2,2 Prozent pro Kopf und Jahr im Zeitraum von 1820 bis 1998.[3] Das bedeutet eine Verdoppelung des realen Pro-Kopf-Einkommens von einer Generation zur nächsten, das ist tatsächlich eine Revolution. Das liberale Versprechen der klassischen politischen Ökonomie, den „Wohlstand der Nationen" zu steigern, war also nicht falsch.

Aber die Steigerung war ungleichmäßig in den Weltregionen und sie erfolgte ungleichzeitig. Die Auswirkungen auf die Kultur der modernen Gesellschaften sind immens, da qualitative Vielfalt nun in quantitative Ungleichheit der Einkommen, der Vermögen, des Zugriffs auf natürliche Ressourcen sowie auf militärische und politische Macht übersetzt wird. Marktprozesse können aus den qualitativen Bindungen, die soziale Beziehungen oder natürliche Bedingungen unvermeidlich darstellen, „entbettet" werden – was denn auch, wie Karl Polanyi herausgearbeitet, beim Übergang zur modernen Marktwirtschaft mit ihrer selbstreferenziellen Logik geschieht.[4] Hier befindet sich der Ursprung jenes Wachstumsfetischismus, der die moderne Welt beherrscht.

Die Geologie des Weltsystems

Doch hat die industrielle Revolution wegen des erwähnten Doppelcharakters auch enorme geologische Folgen. Geologen sprechen von einer neuen erdhistorischen Epoche, vom sogenannten Anthropozän. Dieses sollte besser als Kapitalozän bezeichnet werden.[5] Denn es sind die menschlichen Aktivitäten unter kapitalistischen Verhältnissen – in Produktion, Investition, Handel, Migration –, die angeregt durch die Gewinnmaximierung nicht nur die Wirtschaft, die Technik und das Alltagsleben der Menschen, sondern sogar die Geologie der Erde, die Gesteinsschichten der Erdoberfläche ver- und umformen. Die Kontinente, die vom ursprünglichen Superkontinent Pangäa fortgetrieben sind und sich auf der Erdkugel als Eurasien, Afrika, Amerika, Australien und Antarktis verteilt haben, werden im kapitalistischen Weltsystem und infolge der vielfältigen wirtschaftlichen Integrationsanstrengungen gewissermaßen noch einmal zu einem „neopangäischen" Superkontinent zusammengefügt: Nun aber nicht als Folge einer neuen geologischen Kontinentalverschiebung, sondern wegen der kapitalistischen Steigerungsdynamik, ausgedrückt in der simplen Formel g – g', aus Geld muss mehr Geld werden.[6]

---

3 Berechnung von Angus Maddison, The World Economy: A Millennial Perspective, Paris 2001.
4 Vgl. Karl Polanyi, The great transformation. Politische und ökonomische Ursprünge von Gesellschaften und Wirtschaftssystemen, Frankfurt 1978.
5 Vgl. Jason Moore, The Capitalocene. Part I: On the Nature & Origins of Our Ecological Crisis; The Capitalocene. Part II: Abstract Social Nature and the Limits to Capital, 2014 (Manuskript); Elmar Altvater, Engels neu entdecken. Das hellblaue Bändchen zur Einführung in die „Dialektik der Natur" und die Kritik von Akkumulation und Wachstum, Hamburg 2015, S. 59-68; Elmar Altvater, El Capital y el Capitaloceno, in: „Mundo Siglo XXI", Mai-August 2014, S. 5-15.
6 Vgl. den fünften Abschnitt des dritten Bandes des „Kapital", MEW Bd. 25.

Um ihr Rechnung zu tragen, wird die ganze Welt, alle Kontinente einbeziehend, zum Marktplatz. Die Erde wird der Ökonomie zuliebe für die Beschleunigung aller Transaktionen physisch und regulatorisch zugerichtet. Dem dienen in der Geschichte die Infrastrukturen der Beschleunigung, von Häfen und Straßen bis zu urbanen Agglomerationen, und eine Vielfalt von Handelsvereinbarungen von der Hanse im 12. bis 17. Jahrhundert bis zum GATT nach dem Zweiten Weltkrieg – und natürlich bis zur EU. In dieser Tradition befindet sich heute auch die Welthandelsorganisation, die erst Mitte der 1990er Jahre gegründet worden ist. Sie wird aber bei der atemlos durchgeführten Liberalisierung der Märkte und ihrer Integration noch übertrumpft von TTIP (Transatlantische Handels- und Investitionspartnerschaft) oder TPP (Transpazifische Handelspartnerschaft). Das sind Brücken zwischen den beiden Seiten des Atlantischen und Pazifischen Ozeans. Alternative Integrationsprojekte wie BRICS (Brasilien, Russland, Indien, China und Südafrika umfassend) werden vereinbart. Auch sie ordnen nicht nur den Markt in der Zirkulationssphäre, sondern die Produktionssphäre, daher auch die Geographie und Geologie des kapitalistischen Weltsystems neu; sie haben daher geopolitische Bedeutung. Diese Anstrengungen können als Versuche interpretiert werden, den alten Superkontinenten *Pangäa*, wenn nicht als geologisches, so doch als ökonomisches Gebilde auferstehen zu lassen. Dieses ist allerdings für die Bewegungen von Menschen, für Flucht und Migration unsensibel, die „neopangäische" Integration ist nicht umfassend. Der Grund ist in einer Hierarchie der Märkte zu suchen, die nun, kontinentale Distanzen überbrückend, integriert werden.

Die hierarchische Ordnung entbetteter Märkte

Karl Polanyi beobachtete Folgendes: Märkte gehorchen der „Logik des Geldes", dabei wird wenig Rücksicht auf gesellschaftliche Verhältnisse genommen, und die Marktakteure haben in der Konkurrenz für empathische Empfindungen daher keine Zeit. Folglich wird die Natur überlastet – die Märkte entbetten sich durch das Wirken der Marktakteure aus Gesellschaft und Natur. Das ist in den Sozialwissenschaften inzwischen eine selten bezweifelte Grunderkenntnis. Freilich ist die Entbettung kein einmaliger Vorgang, sondern ein Prozess, der unterschiedliche Gestalten annehmen kann und die Märkte ganz verschieden mitreißt, die Finanzmärkte, auf denen die gehandelten Waren Geld, Kredit und Wertpapiere sind, sehr viel stürmischer als Güter- und Dienstleistungsmärkte, wo nicht nur Werte getauscht werden, sondern Mineralien, Stoffe und Lebensmittel beschnüffelt werden können. Auf Arbeitsmärkten wird die Ware Arbeitskraft getauscht, die Arbeit jedoch muss von konkreten Menschen geleistet werden. Da sind der Entbettung natürliche, daher auch menschliche Grenzen gesetzt, um deren Respektierung Klassenkämpfe entbrennen.[7]

---

[7] Vgl. Elmar Altvater und Birgit Mahnkopf, Grenzen der Globalisierung. Ökonomie, Politik, Ökologie in der Weltgesellschaft, Münster [7]2007, S. 109ff.

Die Hierarchie der aus Gesellschaft und Naturverhältnissen entbetteten Märkte ist für ihre räumliche Integration und für Migrationsbewegungen von großer Bedeutung. Auf den globalen Finanzmärkten bilden private Akteure, international operierende große Banken und Fonds mit ihrem Anhang von Anwälten, Beratern und Rating-Agenturen die Zinsen und Wechselkurse. Das sind zentrale Preise und daher wichtige Signale für die Entscheidungen über Investitionen und Wachstum. In geringerem Umfang als die privaten Akteure tragen dazu Regierungen, Zentralbanken oder internationale Finanzinstitutionen wie IWF oder Weltbank bei. Die so ermittelten Zinsen und Wechselkurse haben also für Produktion, Standortwahl und Beschäftigung – folglich auch für die Arbeitslosigkeit – einen zentralen Stellenwert.

In der Hierarchie folgen die Märkte für Waren und Dienstleistungen. Dort werden die Produktpreise gebildet, insbesondere die Energie- und Rohstoffpreise (von fossilen Brennstoffen, strategischen Rohstoffen, Strom), die für die Wirtschaftsentwicklung in der modernen Welt entscheidend sind. Auch hier treten vor allem private Akteure in Erscheinung, meist große transnationale Konzerne. Diese Märkte sind heute sehr weitgehend integriert. Dafür sorgen die Intensität des Warenaustausches, Kooperations- und Normierungsvereinbarungen und eben die Integrationsprojekte, die den Weltmärkten Struktur geben.

Am unteren Ende der Hierarchie befinden sich die Arbeitsmärkte. Auf ihnen wird über die Höhe von Löhnen und Gehältern, des Preises der Arbeitskraft also, und über Beschäftigung und Arbeitslosigkeit entschieden, aber auch über Ausmaß und Tendenz der Prekarisierung und Informalisierung der Beschäftigung. Dabei besteht ein entscheidender Unterschied zu den anderen Märkten: Sozialsysteme und Sozialstaat unterliegen selbst in der hochintegrierten EU noch nationalen Grenzen, und die Arbeitsmärkte sind daher nicht so globalisiert wie die Finanz- und Produktmärkte. Vereinfacht kann man die Hierarchie also als eine Kaskade zusammenfassen: Die Zinsen und Kurse bestimmen die Investitionen, die Investitionen die Produktion der Produkte und deren Preis. Dieser wiederum ist bedeutsam für Beschäftigung und Lohnbildung.

Das hat zur Folge, dass die Integration entbetteter Märkte asymmetrisch und prinzipiell unvollständig ist. Auf den Finanz-, Waren- und Dienstleistungsmärkten sind in der EU in einer Reihe von Integrationsschritten schon bis Anfang der 1980er Jahre die Grenzen demontiert worden. Auch hat die EU ernsthafte Bemühungen unternommen, die freie Bewegung von Personen zu erleichtern, beispielsweise durch den sogenannten Schengenraum seit 1985 und die Dublin-II-Regeln. Aber als die Zahl der Flüchtlinge 2015 dramatisch anstieg, wurden in Europa neue Mauern und Zäune aus Nato-Stacheldraht sowie Flüchtlingslager errichtet, in denen humanitäre Mindeststandards sehr oft nicht gelten. Die EU, die 2012 den Friedensnobelpreis erhalten hat, erweist sich beim Umgang mit Flüchtlingen inzwischen als ein Kontinent der Schande.

Die in Europa fast überall herrschenden Neoliberalen stellen also das Regelwerk der Freizügigkeit im Schengenraum in Frage, sobald es in

Anspruch genommen wird. Warum also waren die Liberalisierung und Deregulierung auf den Finanz- und Warenmärkten mehr oder weniger erfolgreich, auf dem Arbeitsmarkt aber nicht?

Den Grund findet man in dem bei der europäischen Integration gewählten Regelwerk. Dieses erlaubte, wie der Wirtschaftsnobelpreisträger Jan Tinbergen schon in den 1950er Jahren festhielt, nur eine „negative Integration". Mit dieser Bezeichnung wollte Tinbergen nicht kritisch bewerten, sondern ein Integrationsprojekt deskriptiv und analytisch erläutern, das vor allem auf der Liberalisierung von Märkten durch den Abbau von Grenzen und Deregulierung beruhte. Diese negative Integration wird treffend ein „Hayek-Projekt" genannt.[8] Denn es war der „Papst des Neoliberalismus", F. A. von Hayek, der am Ende des Zweiten Weltkriegs den zynischen Vorschlag machte, Deregulierung und Liberalisierung auf nationaler Ebene unumkehrbar zu machen, indem sie in ein internationales Vertragswerk eingebunden wurden.[9] Das sollte im Kalten Krieg in der westlichen Welt eine wirksame Waffe gegen politische Tendenzen zur Sozialisierung von Produktionsmitteln sein. Keine nationale Regierung sollte aber die rechtliche Befugnis und politische Legitimation besitzen, um die einmal in Gang gesetzte Deregulierung in der Politik sowie die Liberalisierung von Märkten rückgängig zu machen. Unter den Vorzeichen der negativen Integration hat eine linke Regierung daher in der Tat keine Chance, eine Alternative zu realisieren, sondern muss „die Spielregeln" der kapitalistischen Marktwirtschaft akzeptieren. Diese Lektion wird der griechischen Syriza-Regierung von der Troika bzw. Quadriga mit Hilfe von Hayeks Tochter TINA (There Is No Alternative) eingebläut.

Dabei sind die Folgen von Liberalisierung und Deregulierung weitreichend. Handelsbeziehungen und Investitionsströme sind in den letzten Jahrzehnten sprunghaft angestiegen; dazu haben auch verringerte Transaktionskosten beigetragen. Der intensivierte Wettbewerb hat zur Folge, dass technische Produktnormen angeglichen, rechtliche Regelungen vereinheitlicht, Moden und Stile assimiliert worden sind. Tarifäre und nicht-tarifäre Handelshemmnisse sind auf dem Weltmarkt weitgehend verschwunden.

Besonders folgenreich aber sind die Angleichung der Lohnstückkosten in der Produktion und deren Abwärtstrend wegen des Produktivitätsfortschritts und der auf hochintegrierten Märkten verschärften Konkurrenz. Das ist günstig für die Konsumenten, die alle Produkte wegen der gestiegenen Produktivität billiger bekommen können. Als ungünstig erweist es sich für die Lohnabhängigen, weil Jobs wegfallen und Druck auf Löhne und Gehälter ausgeübt werden kann.

Die negative Integration führt in eine Sackgasse

Zunächst sprachen die Daten lange für einen Erfolg des Projekts der negativen Integration. Sie zeigen einen zwar ungleichmäßigen und zyklischen,

---

8 Vgl. Peter Gowan, Crisis in the Heartland, in: „New Left Review", Januar/Februar 2009, S. 5-29.
9 Vgl. F.A. von Hayek, Der Weg zur Knechtschaft, Zürich 1945.

aber stabilen Aufwärtstrend der Wirtschaftsentwicklung in der EU und später in der Eurozone bis zum Ausbruch der Krise von 2008. Folglich war in der Vergangenheit das Wirtschaftswachstum die treibende Kraft hinter der wirtschaftlichen und politischen Integration, indem es die Lebens- und Arbeitsbedingungen der europäischen Bürgerinnen und Bürger verbesserte. Daher werden die 30 Jahre nach Ende des Zweiten Weltkriegs in Deutschland als das „Wirtschaftswunder" und in Frankreich als „les trente glorieuses" gepriesen. In diesen schönen Jahren bekamen auch Migranten und heute so genannte Wirtschaftsflüchtlinge eine Gloriole. Sie waren „Gastarbeiter", und der millionste bekam ein Moped als Willkommensgeschenk.

Auch wurden in den wilden Jahren des schnellen Wachstums und der europäischen Integration viele Unternehmen in der EU zu Bestandteilen globaler Waren- und Wertschöpfungsketten und gerieten aufgrund der neoliberalen Deregulierung seit den 1970er Jahren mehr und mehr in Abhängigkeit von globalen Finanzmärkten. Seit nun die Wachstumsraten zurückgehen, hoffen die politischen Eliten in der EU ebenso wie auf der anderen Seite des Atlantiks, in den USA und in Kanada, diesen Rückgang durch weitere Marktintegration stoppen zu können. Die ökonomische Integration wird jetzt nicht mehr wegen des hohen wirtschaftlichen Wachstums erleichtert, sondern umgekehrt zu seiner Voraussetzung: Vom inzwischen gestoppten transatlantischen Integrationsprojekt TTIP hatten sich Wirtschaftsforschungsinstitute Gewinne von mehreren hundert Milliarden Euro versprochen. Doch war das Versprechen eines höheren Wachstums durch transatlantisch und transpazifisch ausgreifende Integration der Wirtschaftsräume stets ideologisch aufgeladen, und die kolportierten Wachstumsraten und Wohlstandsgewinne waren absurd überschätzt, auch wenn es richtig ist, dass Freihandel Grundnahrungsmittel wie Getreide verbilligt und die Reproduktionskosten der Arbeitskraft daher senkt, so dass die Profite des Kapitals und kapitalistische Akkumulation und wirtschaftliches Wachstum beflügelt werden.

Heute aber gehören viele Hightech-Produkte wie Autos, elektrische Haushaltsgeräte oder Computer in den Korb der unverzichtbaren Lohnwaren. Daher geht es bei der Marktintegration nicht nur um eine *Handels-*, sondern auch um eine *Investitionspartnerschaft*. Bei TTIP sollten also nicht nur transatlantische Warenketten geschmiedet, sondern auch Industriebetriebe, Rohstoffförderunternehmen und Finanzinstitute in die Zirkulation des Kapitals eingebunden werden. Die Entbettung aus Regulationsräumen erfolgt jetzt nicht nur auf Märkten für Waren und Dienstleistungen, sondern auch an den unterschiedlichen Produktionsstätten, an den *Standorten* im globalen System. Weniger entwickelte Volkswirtschaften können bei einem solchen Integrationsprojekt nicht als gleichberechtigte Partner mithalten, da es ihnen dazu an Hightech-Produktionsstätten und diversifizierten Handelsplattformen mangelt. Auch fehlen ihnen häufig qualifizierte Arbeitskräfte ebenso wie Technologie und Infrastruktur, eine effiziente Verwaltung und nicht zuletzt eine diversifizierte Finanzindustrie an der Spitze der Markthierarchie. Es sind also die entwickelten Marktwirtschaften, die die Wettbewerbsvorteile des freien Handels ernten. Die anderen geraten ins Hintertreffen.

Nicht ohne Grund haben David Ricardo und John M. Keynes in ihren ökonomischen Schriften immer für eine Liberalisierung des Handels von Waren und Dienstleistungen, aber gegen die Liberalisierung der Finanzmärkte argumentiert. Die Hierarchie der freien Märkte hat nämlich zur Folge, dass bei der Liberalisierung der Finanzmärkte Anpassungen auf den Güter- und Arbeitsmärkten erzwungen werden, die schwere gesellschaftliche Verwerfungen mit sich bringen können. Das liegt am schon vermerkten Doppelcharakter ökonomischer Prozesse: Finanzielle Transaktionen haben soziale und ökologische Konsequenzen. Die Handelspartner befinden sich also in einer ungleichen und asymmetrischen Situation.

Denn während Finanzmärkte global sind und ihre Regeln globale Reichweite haben, müssen deren Bedingungen vor Ort erfüllt werden. Das ist der Kern der sogenannten finanziellen Konditionalität. Sie wurde in den 1980er Jahren während der Schuldenkrise der „Dritten Welt" von den Bretton-Woods-Institutionen – der US-Regierung, den großen Banken, Rating-Agenturen und Beratungsfirmen mit Sitz in Washington D.C. – als „Konsens von Washington" formuliert. Die nationale Souveränität wird durch die darin vorgesehenen Maßnahmenpakete untergraben, und die wirtschaftliche Entwicklung wird blockiert. Kreditbeziehungen spalten die Welt, weil sie unterschiedliche Konsequenzen für Schuldner und Gläubiger haben. Wenn beispielsweise die monetären Forderungen der Gläubiger Geldvermögen sind, das verbrieft und dann auf globalen Finanzmärkten in Form von Wertpapieren gehandelt werden kann, werden Schulden zu lästigen Verpflichtungen, die immer wieder die Zahlungsfähigkeit von Schuldnern übersteigen. Denn während die Forderungen monetäre Ansprüche sind, muss der Schuldendienst real erarbeitet werden. Schließlich geben sich die Geldvermögensbesitzer nicht mit wertlosen, aus dem Nichts erzeugten Papieren zufrieden. Real können die Leistungen aber nur vor Ort erbracht werden, aus einem vom Schuldner produzierten Überschuss, der vom Gläubiger angeeignet werden kann.

Auf diese Weise mussten in den 1980er Jahren lateinamerikanische Länder die Schulden, die sie bei global operierenden Finanzinstituten hatten, bedienen. Die damalige Schuldenkrise war vor allem eine lateinamerikanische. In den 1990er Jahren wurde die Schuldenkrise asiatisch, dann, während der New Economy- und später der Subprime-Krise, US-amerikanisch. In den USA ist es aber mit Hilfe finanzieller Innovationen gelungen, die amerikanischen Schuldendienstverpflichtungen aus der Krise ab 2007 zu europäisieren. Als in Europa dann wiederum Verbindlichkeiten sozialisiert und Geldvermögen privatisiert wurden, wurden die Schulden griechisch, irisch, portugiesisch, spanisch oder italienisch.

Diese Nationalisierung von Schulden und Schuldendienst zwang das vereinte Europa zu einer politischen Gewichtsverschiebung zugunsten der Nationalstaaten: Sie kommen für den Schuldendienst auf, nicht die EU. Die Finanzkrise hat seither auch den Euro und damit das Rückgrat des europäischen Integrationsprojekts erfasst. Das bedeutet: Künftig können Fortschritte bei der europäischen Integration und der Überwindung der Krise nicht mehr auf dem Weg der negativen Integration erreicht werden, sondern nur noch mit einem Spurwechsel auf die Bahn der positiven Integration. Der griechische Fall zeigt eindringlich, wie ein souveränes Land mit einer Bevölkerung von etwa elf Millionen Menschen von den europäischen Partnern (von „Brüdern und Schwestern") ins Elend gestoßen wird, weil die Hausordnung des „Gemeinsamen Europäischen Hauses" Unterstützungszahlungen an überschuldete Länder, also eine positive Integration nicht vorsieht. Die negative Integration durch Entbettung der Märkte, durch Liberalisierung, Deregulierung und Privatisierung mündet in wirtschaftliche Not und soziale Desintegration, und sie veranlasst viele Menschen zur Migration – innerhalb der negativ integrierten EU und darüber hinaus.

Die *Push*- und *Pull*-Faktoren, die für die derzeitige Migrationsbewegung verantwortlich sind, haben einerseits einen ökonomischen Ursprung. Denn die Steigerung der Renditen geht häufig auf Kosten von Löhnen und Sozialleistungen und bringt in der Regel eine höhere Arbeitsintensität mit sich. Gleichzeitig hat die Steigerung der Arbeitsproduktivität die Freisetzung von Arbeitskräften zur Folge. So werden die Push-Faktoren der Arbeitsmigration verstärkt, sowohl in Europa, als auch in den Nachbarländern – es kommt zu erhöhter Abwanderung in jene Länder und Regionen, in denen die Lebens- und Arbeitsbedingungen vergleichsweise günstig sind.

Doch bestimmen, wie man weiß, nicht nur Einkommen, Beschäftigung und weitere wirtschaftliche Faktoren Ausmaß und Richtung der Migration, sondern mindestens ebenso die Gefährdung oder der Verlust menschlicher Sicherheit: der sicheren Unterkunft, der politischen Stabilität und öffentlichen Sicherheit sowie der sicheren Naturverhältnisse einschließlich der Sicherheit vor den Folgen des Klimawandels, der Ernährungssicherheit, des Zugangs zu Land und zu grundlegenden öffentlichen Gütern und Dienstleistungen. Ganz entscheidend für die menschliche Sicherheit ist die Abwesenheit von Krieg, selbst wenn das nicht immer schon Frieden bedeuten mag. In all diesen Belangen befindet sich die EU derzeit in einer weit besseren Lage als ihre Nachbarregionen. Daher ist im zweiten Jahrzehnt des 21. Jahrhunderts eine starke Pull-Spannung zwischen der EU und den Ländern des Balkans, der Levante, Nordafrikas oder des Nahen Ostens entstanden. Eine wachsende Zahl von Menschen wird von der EU angezogen und strandet als Flüchtlinge an ihren Außengrenzen. Dort können sie von einer „Willkommenskultur" nur träumen.

Einige Mitgliedsländer der EU haben die Situation durch politische und militärische Interventionen verschärft, indem sie einen Regimewechsel in Ländern wie dem Irak, Afghanistan, Libyen und Syrien erreichen wollen. Als Global Player mischen sie sich in nationalstaatliche Auseinandersetzungen ein, ohne Rücksicht auf lokale wirtschaftliche oder politische Bedingungen und die Lebensverhältnisse der Menschen „vor Ort". Die nachfolgende politische Instabilität löst weitere Wellen der Gewalt und daher der Migration aus. Millionen von Kriegsflüchtlingen sind nach Europa vertrieben worden.

Im europäischen Mainstreamdiskurs jedoch werden die Bürgerkriege im Nahen Osten und in Nordafrika vor allem als Folge von Fanatismus, Korruption und wirtschaftlichen Versäumnissen der dortigen Regierungen wahrgenommen. Europas Regierungen lehnen daher selbstbewusst und selbstgefällig Verantwortung für Auswanderung und Flucht in die EU ab. Auch das Regelwerk globaler entbetteter Märkte und der negativen neoliberalen Integration ohne „soziales Beiwerk" taucht in der europäischen Debatte kaum als Ursache für Fluchtbewegungen auf.

Der blinde Fleck oder: Ein anderer Umgang mit Grenzen ist möglich

Dazu tritt ein weiterer blinder Fleck in der allgemeinen Wahrnehmung: Die legitimen Fluchtgründe werden zu eng gefasst. Künftig werden der Klimawandel, die nukleare Kontamination ganzer Landstriche und andere Umweltschäden zu den wichtigsten Fluchtursachen gehören. Schon jetzt haben viele Flüchtlinge sich aus ökologischen und wirtschaftlichen Gründen auf den Weg an die europäischen Küsten gemacht. Doch für diese Ursachen ist die Genfer Flüchtlingskonvention nicht zuständig. Diese definiert einen Flüchtling als Person, die aus „begründeter Furcht vor Verfolgung wegen ihrer Rasse, Religion, Nationalität, Zugehörigkeit zu einer bestimmten sozialen Gruppe oder ihrer politischen Meinung" gezwungen ist, ihr Land zu verlassen.

Hier wird erneut die Hierarchie der Märkte deutlich. Globalisierte Märkte für Waren, Kapital und Dienstleistungen sind grenzenlos und frei, während die Migration von Menschen reglementiert und mit Grenzzäunen eingedämmt wird. Die Freiheit gilt für das Kapital, nicht aber für die Menschen als Träger der Ware Arbeitskraft. Vorstellungen einer angeblich homogenen ethnischen Nation sowie koloniales und rassistisches Denken rechtfertigen die Grenzlinien, die inzwischen wieder innerhalb der EU aktiviert werden, und zwischen Europa und dem Außen, das geographisch entlang der südlichen Mittelmeerküsten beginnt und sich geistig in den Köpfen der Menschen festsetzt. All dies findet seinen politischen Ausdruck in den jüngsten Änderungen der europäischen Asylpolitik, in der polizeilichen und militärischen Verteidigung der europäischen Grenzen, im Wachstum der rechten, neonationalistischen Bewegungen überall in der EU. Im dominanten politischen Diskurs gilt als das größte Problem nicht die humanitäre Katastrophe vor der Haustür der EU, sondern die „ungleiche Belastung" ihrer Mitgliedsländer mit den Kosten der Migration. Europäer vergessen dabei die Lage in den Ländern der Levante oder Nordafrikas. Derzeit leben 3,7 Millionen Flüchtlinge in der Türkei; im Vergleich dazu hat die EU 2015 nur eine relativ geringe Zahl von Menschen aufgenommen. Auch wird verdrängt, dass viele Europäer, die heute stacheldrahtbewehrte Grenzen gegen Menschen in Not ziehen, noch vor wenigen Jahrzehnten selbst Flüchtlinge waren. Diese hatten, so die Legende, edle Beweggründe, beispielsweise als antikommunistische Freiheitskämpfer. Heute hingegen seien die Flüchtlinge zumeist „Wirtschaftsflüchtlinge", die „das Grundrecht auf Asyl missbrauchen". Dieser Argumentation zufolge hat die EU nichts mit den Fluchtursachen zu tun. Ignoriert wird dabei, dass sehr oft die Arbeitsmarktregulierung die Arbeitsuchenden in illegale oder informelle Tätigkeiten zwingt. Für Arbeitgeber ist das lohnend, für die Beschäftigten haben die rigiden Maßnahmen an den Grenzen sehr häufig unerträgliche Ausbeutung zur Folge. Hier zeigt sich, dass die negative Integration entbetteter Märkte in der Welt von Ware und Geld zu gesteigerten Profiten führen mag, auf dem Arbeitsmarkt aber Migrationstendenzen auslöst, die verheerende Folgen haben – für die Gesellschaft ebenso wie für die einzelnen Betroffenen.

Diese Realitäten sind bitter, zumal auf einem Kontinent, der einst unmittelbar nach 1989 liebevoll „das gemeinsame Haus Europa" genannt worden ist. Heute soll dieses Haus nach dem Willen vieler Europäer nicht jenen Flüchtlingen offenstehen, die Heim und Hof verlassen müssen. Es dominiert die nationalstaatliche und ethnische Borniertheit, die sich im Wunsch nach Abschottung spiegelt. Trotzdem beschwören konservative Politiker unverdrossen und geradezu verbissen die „europäische Wertegemeinschaft", die selbst angesichts der toten Kinder in Kühllastwagen an österreichischen und bulgarischen Straßenrändern unverwüstlich intakt bleibt.

Der kategorische Imperativ Immanuel Kants fordert von den Bürgern auf der „begrenzten Oberfläche" des Planeten Erde gemeinsame Regeln, die ein friedliches und würdevolles Zusammenleben der Menschen aller Nationen, Religionen oder Ethnien erlauben. Die Welt Kants mit universaler „Hospitalität" und freien Möglichkeiten der Bewegung zur Aus- und Einwanderung ist heute eine Utopie, bestenfalls eine „konkrete Utopie" im Sinne Ernst Blochs, weil ihre Verwirklichung bei entsprechenden politischen Anstrengungen immerhin möglich ist. Wenn die Entwicklung aber den Ideologen der entbetteten Märkte überlassen wird, folgt unweigerlich eine TINA-Situation, in der es keine Alternative zu geben scheint.

Das jedoch ist ein folgenschwerer Irrtum. Denn die Menschheit bzw. die internationale Staatengemeinschaft muss nicht nur die Krise bewältigen, die durch Menschen auf der Flucht ausgelöst worden ist. Auch die Entropie migriert: Toxische Abfälle werden in den Ozeanen verklappt, die auch die Plastikabfälle der zivilisierten Welt aufnehmen und zu kleinen Partikeln zermahlen, die sich dann überall in der Welt wiederfinden lassen. Die wohlgeordneten, weil konzentrierten Lager von mineralischen Rohstoffen oder fossilen Energieträgern werden geplündert und die Abfälle werden in den Erdsphären unordentlich zerstreut. Das gilt auch für das CO_2, das einst in Gestalt hochenergetischen Erdöls existierte und nach den kontrollierten Explosionen im Motor und der Umsetzung in Arbeitsenergie, mit der das Fahrzeug bewegt wird, als CO_2-Partikel in die Erdatmosphäre emittiert wird. Das ist Entropiemigration, die Menschen wegen ihrer Wirkung auf das Klima zur Flucht treiben kann. Daher besteht auf lange Sicht tatsächlich keine Alternative (TINA) zur Transformation des Energiesystems und der kapitalistischen Art und Weise des Wirtschaftens. Dann können die negativen Konsequenzen der neopangäischen Integration überwunden werden. Vielleicht bietet die Alternative zur negativen Integration entbetteter Märkte, zur Migration von Entropie und erzwungener Flucht, die im neoliberalen Denken ausgeschlossen ist, die einzige Chance zur Überwindung der Krisen unserer Zeit.

Kettenreaktion außer Kontrolle

Vernetzte Technik und das Klima der Komplexität

Von **Jürgen Scheffran**

Am 11. März 2011 überflutete ein Tsunami – ausgelöst durch ein schweres Seebeben – große Teile der japanischen Küste und kostete mehr als 18 000 Menschen das Leben. In der Folge explodierten im Nuklearkomplex von Fukushima aufgrund der durch Beben und Flut unterbrochenen Stromversorgung mehrere Reaktoren, sodass ein Teil des radioaktiven Inventars freigesetzt wurde und sich über die Atmosphäre und Ozeanströmungen weltweit verbreitete.[1] Das Beben in Japan war ein spektakuläres Beispiel für eine Risikokaskade, in der Natur, Technik und Gesellschaft in eng verkoppelter Weise zusammenwirkten und eine Kette von Ereignissen mit globaler Wirkung in Gang setzten. Direkt oder indirekt davon betroffen waren das japanische Stromnetz, die Nuklearindustrie, Aktienmärkte, der Ölpreis und die Weltwirtschaft. Autohersteller und Elektronikfirmen drosselten weltweit die Produktion, weil wichtige Teile aus Japan fehlten. Die Schockwellen lösten hierzulande die Energiewende aus.

Fukushima führte noch einmal eindrücklich die Risiken der Kernenergie vor Augen, fast genau 25 Jahre nach der verheerenden Katastrophe von Tschernobyl. Am 26. April 1986 explodierte nach einem fehlgeschlagenen Belastbarkeitstest Block 4 des Atomkraftwerks in der nördlichen Ukraine. Durch eine Fehleinschätzung des Kraftwerkspersonals wurde eine unkontrollierte Kettenreaktion in Gang gesetzt. Große Mengen hoch-radioaktiven Materials wurden in die Atmosphäre geschleudert und von Windströmungen großflächig über Europa verteilt. Millionen von Menschen wurden einer erhöhten Strahlenbelastung ausgesetzt, darunter mehrere hunderttausend „Liquidatoren", von denen viele ihre Leben verloren oder schwer erkrankten; hunderttausende Menschen wurden für immer evakuiert. Das radioaktive Feuer von Tschernobyl konnte zwar notdürftig in Beton gegossen werden, doch es brannte weiter, in Mensch und Natur.

Die folgenschwerste Industriekatastrophe der Geschichte hatte ebenfalls einen Einfluss auf die sich im Wandel befindliche Sowjetunion, und für manche Beobachter läutete sie deren Ende ein. Gorbatschows Glasnost wurde

---

1 Vgl. Sebastian Pflugbeil, Tschernobyl in Permanenz. Ein Jahr Fukushima, in: „Blätter", 3/2012, S. 89-97; Fukumoto Masao, Drei Jahre Fukushima – verdrängt und vergessen?, in: „Blätter", 3/2014, S. 21-24; Wolfgang Ehmke, Atom: Und täglich grüßt das Restrisiko, in: „Blätter", 3/2015, S. 29-32; zu den Folgen von Fukushima und Tschernobyl veranstalteten die IPPNW Ende Februar einen internationalen Kongress in Berlin: www.tschernobylkongress.de.

unter der staatlichen Desinformation und weltweiten Protesten verschüttet und die gesellschaftliche Umgestaltung (Perestroika) aufgrund der immensen Kosten und Folgeschäden behindert. Weltweit wurde die Anti-Atom-Bewegung gestärkt: Sie verwies auf die vielfältigen Risiken der Kernenergie über die gesamte nukleare Produktionskette. Tschernobyl avancierte zum Symbol der Risikogesellschaft.[2]

Kipppunkte und Risiko-Kaskaden in komplexen Systemen

Die Nuklearkatastrophen von Tschernobyl und Fukushima zeigen eindrücklich, wie Ereignisse in komplexen Systemen Prozessketten in Gang setzen und miteinander verknüpfen können.[3] Die zugrundeliegenden Verstärkermechanismen lassen sich bei der Kernenergie gut nachvollziehen: Die Entfesselung der gewaltigen Naturkräfte durch die Spaltung des Atomkerns bedarf einer Initialzündung, die stark genug ist, um die stabilisierenden Kernkräfte über einen Kipppunkt hinweg zu überwinden. Danach läuft die Kettenreaktion von selbst ab, in der ein Spaltereignis weitere Spaltungen anderer Kerne in Gang setzt und so eine Kaskade auslöst, die exponentiellem Wachstum entspricht. Die unkontrollierte Kettenreaktion endet, wenn das, was sie nährt, aufgebraucht ist – wie im Fall der Atombombe. Dagegen gibt es im Kernreaktor einen ausgeklügelten Steuermechanismus, der eine permanente Kritikalität aufrecht erhält, um die maximale Energieausbeute zu erreichen, ohne die ganze Vorrichtung zu zerstören. Ausgeschlossen aber ist das bekanntlich nicht: Dazu genügt eine ungeplante Störung, die den Kontrollmechanismus zeitweise außer Kraft setzt, mit den bekannten Konsequenzen, die selbst verschiedene Folgeketten auslösen.

Die Prinzipien und Probleme von Kettenreaktionen wurden von der Komplexitätsforschung aufgenommen, die seit den 1980er Jahren auch andere komplexe Systeme untersucht, die schwer zu verstehen oder zu kontrollieren sind. Vorstellungen der Komplexität sind zu Metaphern der Alltagssprache geworden, beispielsweise der aus der Chaostheorie berühmte Schmetterlingseffekt. Damit verbunden ist die Analyse der Stabilität von Systemen, wonach Störungen so gedämpft werden, dass wesentliche Systemmerkmale innerhalb bestimmter Grenzen bleiben. Gelingt dies nicht, sind Systemumbrüche, Phasenübergänge und Transformationsprozesse die Folge.

Das Wechselspiel zwischen der Komplexität und der Stabilität dynamischer Systeme hat seit Jahrzehnten auch die Ökosystemforschung geprägt: Danach sind natürlich gewachsene Systeme meist robust, resilient und angepasst gegenüber Variationen ihrer Umgebung, während konstruierte Systeme, die nicht flexibel, lernfähig und fehlerfreundlich genug sind, dem Risiko der Instabilität ausgesetzt sind. An der kritischen Schwelle zur Instabilität kön-

---

2 Vgl. Ulrich Beck, Risikogesellschaft: Auf dem Weg in eine andere Moderne, Frankfurt 1986.
3 Jasmin Kominek und Jürgen Scheffran, Cascading Processes and Path Dependency in Social Networks, in: Hans-Georg Soeffner (Hg.), Transnationale Vergesellschaftungen, Verhandlungen des 35. Kongresses der Deutschen Gesellschaft für Soziologie, Wiesbaden 2012 (Tagungs-CD-Rom).

nen geringfügige Änderungen eine Systemveränderung auslösen. Komplexe natürliche Systeme (Klimasystem, biologische Organismen, Ökosysteme) sind das Ergebnis einer längeren Evolution, bei der destruktive Instabilitäten aussortiert und konstruktive Instabilitäten zur Weiterentwicklung genutzt werden. Bei biologischen Populationen gibt es so lange ein exponentielles Wachstum, bis die zugrunde liegenden Umweltressourcen aufgebraucht sind oder die Konkurrenz durch andere Organismen eine Ressourcenverteilung im Sinne einer Koexistenz bewirkt. Unter Ausnutzung von evolutionären Lernprozessen entsteht ein diffiziles Gleichgewicht sich gegenseitig regulierender Kräfte, das trotz hoher Komplexität durch Redundanz und Resilienz stabil bleibt: Beispiele sind der Regenwald und das Korallenriff, die aufgrund ihrer adaptiven Komplexität robuster gegen natürliche Schwankungen sind als eine Monokultur. Aufgrund der massiven Eingriffe durch den Menschen sind sie jedoch inzwischen massiv gefährdet.

Probleme der Komplexität und Stabilität treten auch bei technischen Systemen auf, bei denen ein erheblicher Aufwand getrieben wird, um ihr Funktionieren zu garantieren. Zur Effizienzsteigerung wird die Kopplungsdichte oftmals bis zu der gerade noch machbaren Schwelle getrieben, ohne den Absturz zu riskieren. Dass dieser aber dennoch vorkommen kann, hatte Charles Perrow als „normale Katastrophe" bezeichnet.[4]

Während Systemforscher solche Zusammenhänge für natürliche und technische Systeme schon seit längerem untersuchen, lassen sich entsprechende Fragen auch für globalisierte menschliche Gesellschaften stellen. Wenn im Rahmen einer globalen Vernetzung und Verdichtung alles mit allem zusammenhängt (etwa über Transport- und Kommunikationssysteme, Medien und soziale Netzwerke, Energie- und Stromnetze, Umweltveränderungen und Ressourcenströme, Lieferketten und Märkte, Migration und Flucht, Konzentration von Kapital-, Macht- und Gewaltstrukturen), können dann nicht Ereignisse in einem Teilsystem Folgeketten in anderen Teilsystemen auslösen, die sich zu globalen Risikokaskaden aufschaukeln?

Vernetzte Technik, Gewaltspiralen und komplexe Krisen

Durch technologische Umwälzungen wird die gesellschaftliche Entwicklung rasant beschleunigt, Materie, Energie und Information können über wachsende Entfernungen in immer kleineren Zeiträumen ausgetauscht werden. Die Verdichtung von Raum und Zeit ist ein wesentliches Element technischer Effizienz, wobei durch Kopplung der Teilsysteme eine möglichst verzögerungsfreie Wirkung erzielt werden soll. Alle jederzeit erreichen zu können, bedeutet auch, für alle immer erreichbar zu sein. Der Prozess permanenter Grenzüberschreitung durch Technik bestimmt so die menschliche Lebenswelt und macht immer mehr Lebensfunktionen von technischen Systemen abhängig, die an den Schnittstellen des menschlichen Körpers ansetzen und

---

[4] Charles Perrow, Normale Katastrophen: Die unvermeidbaren Risiken der Großtechnik, Frankfurt a. M. 1987.

die Interaktionen mit der Umwelt multiplizieren. Um den eigenen Einflussbereich durch die Beherrschung komplexer technischer Systeme auszuweiten, bedarf es eines fortwährenden Lernprozesses in technisch konstruierten Welten, die den Menschen zum Teil der Maschinerie machen und ihn deren Gesetzen und Zwängen unterwerfen.

Mit der wachsenden Abhängigkeit von technischen Infrastrukturen nimmt zugleich auch die Verwundbarkeit technisierter Gesellschaften zu.[5] Das Versagen von Technik birgt erhebliche Risiken und Konfliktpotentiale, insbesondere in großtechnischen Systemen, in denen sich kleine Fehler zu Katastrophen aufschaukeln können. Zur Risikogesellschaft gehört, dass mit der Abhängigkeit von Technik auch die Verwundbarkeit gegenüber Angriffen oder Missbrauch zunimmt. Wenn der Mensch Teil der Maschine ist, kann er sie willentlich in den Untergang steuern, indem die eingebauten Wirkmechanismen einem von den Konstrukteuren nicht geplanten Zweck zugeführt werden. Durch den „Missbrauch" wird aus einer nicht intendierten Nebenfolge die konkrete Gefahr, diese absichtlich auszunutzen. Flugzeuge, Fahrzeuge, Schiffe, Reaktoren, die Chemieindustrie, das Internet oder Stromnetze können nicht nur Ziel von Gewalthandlungen sein, sondern auch selbst zur Waffe werden. Durch das Internet erhält das Individuum Zugriff auf riesige Informationsmengen und die Macht, gezielt Knoten des globalen Netzes auszuschalten oder für destruktive, kriminelle und manipulative Zwecke einzusetzen, etwa in der rechten Stimmungsmache gegen Zuwanderer im Netz, um bestimmte Debatten in Politik und Massenmedien zu forcieren.

Mit vernetzter Technik wird auch der Einflussbereich des Staates auf alle gesellschaftlichen Bereiche ausgedehnt. Polizei, Justiz, Militär und Geheimdienste nutzen die neuen Machtmittel und lassen sich nur widerwillig dabei einschränken, wie beim NSA-Skandal ersichtlich. Dabei kann Technik die bestehenden Macht- und Herrschaftsstrukturen verstärken, aber auch überwinden helfen. Im Wettlauf zwischen individueller und staatlicher Macht kommen Innovationen letztlich allen Seiten zugute. Dies gilt auch für die Mittel der Überwachung und Steuerung. Wer glaubt, die Welt durch Spionagesoftware, Drohnen oder Mikroroboter sicherer zu machen, wird sich am Ende durch diese selbst bedroht sehen.

Wissenschaft und Technik kommt eine Schlüsselrolle im Netz globalisierter Gewalt zu. Offenkundig ist die technische Wirkungssteigerung von Gewaltmitteln in Kriegen und anderen Konflikten, die explizit auf Zerstörung ausgerichtet ist. Die Waffe ist die gebündelte Verkörperung von Naturkräften zum Zwecke der Gewalt, die den Zugriff auf weitere Gewaltmittel und Machtressourcen ermöglicht. Die technische Entwicklung heizt so eine Gewaltspirale an und wird in eine Eskalationsdynamik hineingezogen, die

---

5 Vgl. mit weiteren Nachweisen: Jürgen Scheffran, Technikkonflikte in der vernetzten Welt, in: „Wissenschaft und Frieden", 2/2015, S. 6-10; Jürgen Scheffran, Vom vernetzten Krieg zum vernetzten Frieden, in: „FIfF-Kommunikation", 3/2015, S. 34-38; Jürgen Scheffran, Climate Change as a Risk Multiplier in a World of Complex Crises. Beitrag zur Planetary Security Conference, Den Haag (2.-3. 11.2015); Jürgen Scheffran, John Burroughs, Anna Leidreiter und Rob van Riet, A Ware, The Climate-Nuclear Nexus. London 2015; Jürgen Scheffran, Complexity and Stability in Human-Environment Interaction, in: Emilian Kavalski (Hg.), World Politics at the Edge of Chaos, 2015, S. 229-252.

eine Totalität des Krieges ermöglicht, bis hin zur Zerstörung des Planeten. Getrieben vom Streben nach militärischer Überlegenheit macht sich das Militär die Ergebnisse wissenschaftlicher Forschung zu Nutze, von der Grundlagenforschung bis hin zur anwendungsnahen Entwicklung. Atomwaffen und Raketen, Satelliten, Anti-Satellitenwaffen, Raketenabwehr und Lasertechnologie, technische Intelligenz, Drohnen, Robotik und Cyberwar erlauben Macht- und Gewaltprojektionen über den ganzen Planeten und in den erdnahen Weltraum. In den Kriegen des 21. Jahrhunderts geht es um die Vernetzung, Automatisierung und Robotisierung der Gefechtsfelder in der Luft, auf dem Wasser und am Boden, im Weltraum und im Cyberspace, bis hin zu Heimatfront und Medienwelt. Im Cyberkrieg wird das Netz auch direkt Ziel von Gewalthandlungen, daran angebundene Systeme werden zur potentiellen Waffe. Die Vernetzung betrifft auch die Vorbereitung, Planung und Durchführung von Gewalteinsätzen unter Ausnutzung der fließenden Übergänge zwischen zivilen und militärischen Strukturen, bis hin zu den wirtschaftlichen und politischen Entscheidungsebenen. Vermittelt durch Technik durchdringen neue Muster von Gewalt und Krieg alle Dimensionen der Gesellschaft, von kleinsten Räumen über die irdische Lebenswelt bis zum Weltraum.

Wirtschaftswachstum, globalisierte Konkurrenz und Naturzerstörung

Der Multiplikator- und Vernetzungseffekt der Technik steht auch im Zentrum der auf Wachstum ausgerichteten kapitalistischen Ökonomie, die technische Produktionsmittel und Kapital anhäuft. Die von Francis Bacon vor rund 400 Jahren anvisierte Technikvision konnte in Teilen der Welt die Mühsal der menschlichen Existenz erleichtern und dazu beitragen, dass trotz begrenzter Ressourcen rund zehnmal so viele Menschen auf der Erde existieren können wie vor der Industrialisierung. Der von Thomas Malthus vor mehr als 200 Jahren prognostizierte baldige Zusammenbruch der menschlichen Population konnte so mit neuen Erfindungen immer wieder verschoben werden.

Es stellt sich allerdings zunehmend die Frage, wie lange sich Wohlstand noch steigern lässt, ohne dass die Folgen seine Grundlagen untergraben. In der ökonomischen Konkurrenz führen effektivere Produktionstechniken zu Wettbewerbsvorteilen durch Profitsteigerung und letztlich zur Ausschaltung von bzw. Fusion mit Konkurrenten, um deren Kapazitäten einzubinden – ein Äquivalent zur Konzentration in der Gewaltspirale. Der Sachzwang zur maximalen Effizienz führt zu eng gekoppelten und verdichteten Ressourcen- und Warenströmen, global verbundenen Infrastrukturen und Lieferketten *(supply chains)*, bei denen die Kettenglieder nahtlos zusammengefügt werden, um Güter *just-in-time* weltweit zu verteilen. Eine kleine Störung kann schnell den minutiös geplanten Ablauf durcheinander bringen.

Eine zentrale Rolle spielen technische Wirkungssteigerungen zudem sowohl bei der Ausbeutung natürlicher Ressourcen als auch bei den Folgen dieses Technikeinsatzes für die Zerstörung von Ökosystemen, Lebensräumen und der Artenvielfalt. Ging es bei der Industrialisierung darum, Naturressourcen in großem Maßstab für die Erzeugung von Produktions- und Destruktionsmitteln einzusetzen, so werden die Grenzen des expansiven und verschwenderischen Umgangs mit der Natur in Umwelt- und Ressourcenkonflikten sichtbar. Neben dem Naturverbrauch auf der Verursacherseite wird die destruktive Seite der Technik auch auf der Folgenseite deutlich: Dies gilt etwa für die fossile Energieversorgung, die ein breites Feld für Technikkonflikte aller Art war und ist. Neue, unkonventionelle Methoden der Gewinnung fossiler Energieträger sind nicht nur mit steigenden Kosten, sondern auch mit gravierenden Umweltfolgen verbunden, so bei der Gewinnung von Ölsanden, Schiefergas oder Erdgas durch Fracking, was ebenso zu Problemen und Protesten führt wie Ölbohrungen zur See oder in der Arktis.[6]

Besonders deutlich werden die Zusammenhänge von Komplexität und Stabilität bei der globalen Erwärmung, die durch technische und gesellschaftliche Entwicklungen forciert wird und auf diese zurückwirkt. Die Freisetzung fossiler Treibhausgasemissionen droht das Erdsystem zu destabilisieren und erscheint in den Brennpunkten des Klimawandels als Risikoverstärker und Bedrohungs-Multiplikator. Wetter und Klima sind Paradebeispiele für komplexe Systeme, die schwer vorhersagbar, ja chaotisch sind, wobei das Zusammenspiel der Wirkungsketten und Rückkopplungen noch wenig verstanden ist. Gegenüber den langfristigen Trends erscheinen nichtlineare Extremereignisse als spektakulärer, wie Wirbelstürme, Überschwemmungen, Dürren, Hitzewellen und Waldbrände, die ein Klima der Komplexität erzeugen können.[7] Verglichen mit früheren abrupten Klimaänderungen, etwa beim Übergang zwischen Warm- und Eiszeiten, waren die klimatischen Bedingungen in der bisherigen Menschheitsgeschichte relativ stabil. Zu befürchten steht nun, dass das heutige Erdklima gegenüber der massiven Störung durch den Menschen „kippen" könnte, wenn bestimmte Schwellen überschritten und Verstärkereffekte ausgelöst werden: Hierzu gehören die Abschwächung des Golfstroms, das Abrutschen des Eisschelfes in Grönland und der Westantarktis, die Freisetzung von gefrorenen Treibhausgasen wie Methan, oder die Änderung des asiatischen Monsuns. Diese Phänomene und damit verbundene Ereignisketten können zu einer dauerhaften Umwandlung des Erdsystems führen, die auch die Fähigkeiten der stärksten Staaten und Gesellschaften überfordert – ein riskantes Experiment mit ungewissem Ausgang.

Doch selbst wenn der befürchtete Kipppunkt ausbleibt oder noch in ferner Zukunft liegt, gefährdet der ungebremste Klimawandel weltweit schon jetzt die Funktionsfähigkeit natürlicher und sozialer Systeme. In jenen Weltregionen, die in besonderer Weise abhängig von der Landwirtschaft sind, in Küstenzonen, Flussgebieten oder in besonders heißen und trockenen Regionen liegen, beeinflusst der Klimastress die menschliche Sicherheit in vielfacher Weise: etwa durch Verknappung und ungleiche Verteilung von natürlichen Ressourcen wie Trinkwasser und Nahrung, Wäldern und Ackerland, Artenvielfalt und Fischbeständen. Wetterextreme sind jedoch nicht nur eine unmittelbare Gefahr für Gesundheit und Leben von Menschen; sie können auch

---

6 Vgl. Naomi Klein, Die Entscheidung: Kapital vs. Klima, in diesem Buch.
7 Delf Rothe, Securitizing Global Warming: A Climate of Complexity, Routledge 2015.

kritische Infrastrukturen der Gesellschaft außer Kraft setzen, die für die Versorgung mit Wasser, Nahrung und Energie, mit Gütern und Dienstleistungen, für die Bereitstellung von Kommunikations-, Gesundheits-, Transport- und Sicherheitsdienstleistungen essentiell sind: So richtete der tropische Wirbelsturm Katrina 2005 an der Südküste der USA gewaltige Schäden an, kostete etwa 1800 Menschen das Leben, vertrieb hunderttausende und überforderte das Katastrophenmanagement. Die Hitzewelle des Jahres 2003 hinterließ in Europa zehntausende von Todesopfern und mehr als zehn Mrd. Euro Schäden in der Landwirtschaft. Brände zerstörten im Dürrejahr 2018 allein in Deutschland 2300 ha Wald und erreichten 2019 eine globale Dimension, von der Arktis bis in die Regenwälder. Auf der anderen Seite kostet die zunehmende Stärke von Monsunregenfällen, aber auch Erd- und Seebeben in Asien jährlich tausende Menschenleben und ein Vielfaches an Lebensgrundlagen und -räumen.

Das Versagen von Teilsystemen kann über Kopplungen und Kettenreaktionen das gesamte System gefährden und angemessene Hilfe erschweren. Bei großflächigen Blackouts des Stromnetzes sind praktisch alle anderen Versorgungssysteme betroffen. Im November 2005 ereignete sich nach heftigen Schneefällen in Nordrhein-Westfalen und Niedersachsen einer der größten Stromausfälle in der deutschen Geschichte, bei dem rund 250 000 Menschen mehrere Tage ohne Strom blieben und ein wirtschaftlicher Schaden von etwa 100 Mio. Euro entstand. Bei einem größeren Stromausfall in Europa im November 2006 waren Teile von Deutschland, Frankreich, Belgien, Italien, Österreich und Spanien zeitweise von der Stromversorgung abgeschnitten. Auch der Schneesturm in Nordamerika zum Jahreswechsel 2013/2014 bewirkte Stromausfälle für hunderttausende von Menschen und traf Teile des Kommunikations- und Verkehrssystems. Wird ein Versorgungssystem für eine Ressource getroffen, wirkt sich das oft auf andere Ressourcen aus. So beeinflusst der Klimawandel das Wirkungsgeflecht (Nexus) aus Wasser, Energie und Nahrung[8] und befördert Ressourcenkonkurrenzen. Da Kernkraftwerke auf den Zustrom von Kühlwasser angewiesen sind, beeinträchtigen eine Erwärmung der Gewässer, lange Dürreperioden oder Überflutungen die Energiesicherheit. Durch Katrina 2005 waren in der Golfregion von Louisiana mehr als ein Viertel der Offshore-Ölproduktion, fast ein Fünftel der Erdgasproduktion und nahezu die Hälfte der Raffineriekapazität zeitweise außer Funktion, ebenso wichtige Ölpipelines, tausende von Bohrinseln, ein großer Teil des Zugverkehrs und des Schiffstransports. Der Taifun Haiyan, der 2013 auf den Philippinen wütete, zerstörte auch einen Teil der Versorgung des Landes mit erneuerbaren Energien. Die Zerstörungen durch Wirbelstürme erreichten gewaltige Ausmaße, so Hurrikan Maria in Puerto Rico 2017 oder Dorian auf den Bahamas 2019. Anfällig für den Klimawandel sind auch die weltweiten Güter-, Handels- und Finanzmärkte. Beispiele sind Überschwemmungen in Australien 2010/2011 oder das Hochwasser in Thailand 2011, die in den globalen Lieferketten zu Versorgungsengpässen führten.

8 Marianne Beisheim (Hg.), Der „Nexus" Wasser-Energie-Nahrung – Wie mit vernetzten Versorgungsrisiken umgehen?, Berlin 2013.

Klimawandel als Risikoverstärker gesellschaftlicher Destabilisierung

Über die Verknüpfung physischer, wirtschaftlicher und geopolitischer Risiken in einer global vernetzten Welt können Auswirkungen klimabedingter Ereignisse die soziale und politische Stabilität in betroffenen Regionen untergraben und globale Verwerfungen auslösen. Klimawandel verstärkt besonders dort eine Destabilisierung, wo Gesellschaften im Umbruch sind, etwa beim Übergang von autoritären zu demokratischen Regimen. Am Rande der Instabilität können Naturkatastrophen die Legitimität und Fähigkeit von Staaten beeinträchtigen, die Bürger vor Schaden zu bewahren. Der Verlust von Menschenleben, Einkommen, Vermögen, Jobs, Gesundheit, Familie oder Freunden provoziert Widerstände und Unruhen, die den Gesellschaftsvertrag gefährden und die politische Ordnung schwächen. Einige dieser Prozesse tragen langsam zur Erosion der sozialen und politischen Stabilität bei, andere verlaufen rasch und überwältigen die Problemlösungs- und Anpassungsfähigkeit von Gesellschaften. Verschiedene Destabilisierungsprozesse können sich in Brennpunkten verstärken und in Nachbarregionen ausstrahlen. Beim Zerfall der sozialen und politischen Ordnung dringen nicht-staatliche Akteure (private Sicherheitsfirmen, Terrorgruppen, Warlords) in das Machtvakuum vor. Besonders gefährdet sind Staaten mit niedrigem Einkommen und geringen Anpassungsfähigkeiten, während reichere Gesellschaften über bessere Anpassungsfähigkeiten verfügen.

Zu den schwerwiegendsten Folgen gehören Lebensmittelknappheit und damit verbunden ein Anstieg der Lebensmittelpreise, was für arme soziale Schichten existenzbedrohend ist. Im Laufe der Geschichte haben Brot-Proteste und Hungerrevolten immer wieder zu politischen und gesellschaftlichen Veränderungen beigetragen, so in der Französischen und der Russischen Revolution. Hierzu gehören auch globale Versorgungskrisen wie 2008 und 2011, als sich Nahrungsmittel innerhalb kurzer Zeit um das Dreifache verteuerten und die Zahl der hungernden Menschen um 100 Millionen auf eine Milliarde anstieg.[9] Nach Ansicht einiger Experten hatten klimabedingte Wetterextreme und steigende Lebensmittelpreise zur Jahreswende 2010/2011 einen relevanten Einfluss auf den Beginn des Arabischen Frühlings und des Bürgerkriegs in Syrien, die große Flüchtlingsbewegungen auslösten.[10]

Abgrenzung und Ausgrenzung in komplexen Krisen

Die heutigen komplexen Krisen und Konflikte können jedoch nicht alleine durch Technik oder Klimawandel erklärt werden. Zusätzlich müssen die gesellschaftlichen Prozesse und Ursachen in den Blick genommen werden, die beiden Phänomenen letztlich zugrunde liegen. Eine evolutionstheoretische Betrachtung würde Gesellschaft als aus der Natur hervorgehend

---

9 Beisheim, a.a.O., S. 44.
10 Caitlin E. Werrell, Francesco Femia und Anne-Marie Slaughter (Hg.), The Arab Spring and Climate Change, Center for American Progress, Stimson Center 28.2.2013.

betrachten und somit als den natürlichen Gesetzmäßigkeiten und Selektionen unterworfen, was als Natur-Determinismus interpretiert werden kann. Demgegenüber sieht eine kulturtheoretische Perspektive Gesellschaft als vom Menschen konstruiert an und damit den jeweiligen Interessen und Machtstrukturen unterworfen, die in ihrer derzeit vorherrschenden neoliberalen Variante zu einer Diktatur der Freiheit führen, um gesellschaftliche Unterschiede zu rechtfertigen. Beide Erklärungsansätze stoßen an ihre Grenzen, wenn es darum geht, ein hinreichend komplexes und stabiles Verhältnis der Mensch-Natur-Interaktion herzustellen.

Dies wird deutlich an dem westlichen Gesellschaftsmodell, das im Prozess der expansiven Globalisierung die vergangenen Jahrzehnte und Jahrhunderte beherrscht hat. Die westlichen Industriestaaten konnten eine ökonomische und technologische Dominanz entwickeln, deren Akzeptanz auch durch Prinzipien und Werte (Freiheit, Gleichheit, Demokratie, Wohlstand, Toleranz, Menschenrechte und Gewaltfreiheit) hergestellt wird. Während dieses Erfolgsmodell weiter eine hohe Anziehungskraft ausübt, für einen relevanten Teil der Menschheit Wohlstand bedeutet und im Kern stabil erscheint, wirkt es im globalen Maßstab widersprüchlich und destabilisierend.

Mit dem Prinzip permanenten Wachstums gerät die kapitalistische Wirtschaft in Widerspruch zu natürlichen Grenzen, allen Versuchen der wissenschaftlich-technischen Naturbeherrschung zum Trotz. Zudem führt sie zur Akkumulation von Wohlstand in den Händen weniger auf Kosten vieler, die marginalisiert werden. Dies steht im Widerspruch zum propagierten Wertesystem, das nur für einen Teil der Weltgesellschaft realisiert wird. Das Glücks-Versprechen von Wohlstand, Freiheit und Demokratie wird zwar in alle Welt transportiert, lässt sich aber bislang nicht überall einlösen. Aufgrund seiner Widersprüchlichkeit erzeugt das globalisierte Wachstumsmodell Differenzen, Grenzen und Spannungen, die Auslöser für Konflikte und Krisen sind, die sich verdichten und vernetzen. Verstärkt werden die Spannungen durch Krisenerscheinungen im kapitalistischen System, die dessen Attraktivität in Frage stellen – wie die Finanzkrise von 2008 oder die Griechenlandkrise, die tiefgehende Bruchlinien in Kernzonen des Systems offenbaren und Widerstände verstärken. Langfristig sorgen die ökologischen Grenzen des Wachstums aufgrund der begrenzten Verfügbarkeit natürlicher Ressourcen und des Klimawandels für Konfliktpotentiale, die dem Streben nach Wohlstand für alle und der wirtschaftlichen Expansion im Wege stehen.

Das komplexe Ursachengeflecht heutiger Krisen schafft immer neue Gründe für Krisen und Konflikte, die sich zu schwer lösbaren vernetzten Kriegen und Gewaltspiralen aufschaukeln können, wie im Syrienkonflikt offensichtlich. Die Konfliktlinien verlaufen dort, wo das Spannungsgefälle widersprüchlicher Tendenzen am größten ist: im Mittelmeerraum zwischen Südeuropa, Nordafrika und Nahost; innerhalb der Ukraine; in den Drogenanbaugebieten Afghanistans und Mittelamerikas; in den Rohstoffgebieten Afrikas; in den Regenwäldern der Welt; ebenso in den Slumgebieten der Megastädte; an den Bruchlinien der Religionen und generell zwischen

Arm und Reich. Entlang solcher und anderer Konfliktlinien entladen sich die Widersprüche in komplexen Krisen, die sich seit 2015 so verdichteten, dass die unkontrollierte Kettenreaktion bis ins Zentrum Europas reichte und mit der Griechenlandkrise, der Flüchtlingskrise und den Terrorangriffen an der Stabilität des Kerns kratzte, sichtbar in der Brexit-Debatte, der Wahl von US-Präsident Trump und den Ereignissen in der Türkei, die selbst wieder eine Kette von Ereignissen forcierten. Entsprechend übertrafen sich Politik und Medien mit Vergleichen, die Europa auf der Kippe oder schon im Chaos wähnten.

Dass die bisherigen Lösungsansätze nachhaltig geeignet sind, darf bezweifelt werden. Zusammen mit Autokraten in Ungarn, Polen und der Türkei Obergrenzen für Flüchtlinge einzuführen und mit Gewalt durchzusetzen, würde einen Großteil europäischer Prinzipien über Bord werfen und den freien Verkehr in Europa einschränken, der für den deutschen Exportweltmeister so wichtig ist.

Mehr als hundert Mrd. Euro für neue Rüstungsprogramme aufzulegen, dürfte die Gewaltspiralen weiter anheizen. Und mit Geoengineering die Kontrolle über den Planeten zu gewinnen, um das Klimaproblem trotz hoher Emissionen lösen zu können, entspräche dem Versuch, an der Schwelle zur Instabilität das Maximum aus dem Planeten herauszuholen. Wer die Welt als Reaktor organisiert, darf sich nicht wundern, wenn sie explodiert.

Krisen als Chance

Es mag sein, dass die derzeitigen Krisen Vorboten noch tiefergehender Krisen sind, es gibt aber auch die Hoffnung, dass sie nur vorübergehende Phänomene eines Übergangs in eine nachhaltigere Welt sind, in der Erhaltung, Entfaltung und Gestaltung zusammenpassen. Anzeichen für eine solche Transformation gibt es genügend, das Klimaabkommen von Paris und der Druck der jungen Zivilgesellschaft eröffnen zumindest die Chance auf eine Wende. Es wäre fatal, die Welt einer Allianz aus Wachstum, Macht und Gewalt zu überlassen, die sich Mensch und Natur mit Hilfe der Technik zu Diensten macht und dabei deren Belastungsgrenzen überschreitet. Vielversprechender ist es, sich an natürlichen Systemen zu orientieren, die mit Prinzipien der Lern- und Anpassungsfähigkeit, von Resilienz und Robustheit, Selbstorganisation und Viabilität eine Balance zwischen der Komplexität und Stabilität lebendiger Netzwerke herstellt. Vor allem geht es darum, von der hastigen und reaktiven Bewältigung komplexer Krisen in einer Gesellschaft der Kritikalität wegzukommen, hin zu einer kritischen Gesellschaft, die die vorbeugende Vermeidung und Lösung von Krisen als Chance begreift.

III. GRÜNE VISIONEN

Ökologisch und sozial: Eine Ökonomie des guten Lebens

Von **Kate Raworth**

In den vergangenen 60 Jahren hat der menschliche Wohlstand enorm zugenommen. Ein Kind, das 1950 auf dem Planeten Erde geboren wurde, konnte damals durchschnittlich mit einer Lebenserwartung von 48 Jahren rechnen; heute lebt ein solches Kind durchschnittlich 71 Jahre.[1] Allein seit 1990 hat sich die Zahl der Menschen, die in extremer Armut leben – das heißt, mit weniger als 1,90 US-Dollar am Tag auskommen müssen –, mehr als halbiert. Mehr als zwei Milliarden Menschen haben zum ersten Mal Zugang zu Trinkwasser und zu Toiletten erhalten. Zugleich ist in diesem Zeitraum die Weltbevölkerung um fast 40 Prozent gewachsen.[2]

Das ist die gute Nachricht. Doch der Rest der Geschichte ist weniger erfreulich. Viele Millionen Menschen leben nach wie vor in ärmlichsten Verhältnissen. Weltweit hat jeder neunte Mensch nicht genügend zu essen.[3] Im Jahr 2015 sind sechs Millionen Kinder unter fünf Jahren gestorben, wobei mehr als die Hälfte dieser Todesfälle auf leicht zu behandelnde Krankheiten wie Diarrhö und Malaria entfiel.[4] Zwei Milliarden Menschen leben von weniger als 3 US-Dollar am Tag, und mehr als 70 Millionen junge Frauen und Männer finden keine Arbeit.[5] Diese Verhältnisse werden durch wachsende ökonomische Unsicherheit und zunehmende Ungleichheit weiter verschärft. Der Finanzcrash von 2008 löste Schockwellen in der Weltwirtschaft aus und raubte Millionen Menschen ihre Jobs, ihr Heim, ihre Ersparnisse und ihre Sicherheit. Mittlerweile ist die Welt noch wesentlich ungleicher geworden: Im Jahr 2015 entfiel auf das 1 Prozent der Reichsten mehr Wohlstand als auf die restlichen 99 Prozent der Menschheit.[6]

Zu diesen Extremen in Bezug auf menschliche Lebensumstände kommt die sich verschärfende Bedrohung unserer planetarischen Heimat. Die Aktivität des Menschen setzt die lebensspendenden Systeme der Erde auf beispiellose Weise unter Druck. Die globale Durchschnittstemperatur ist bereits um 0,8 Grad angestiegen, und wir müssen damit rechnen, dass sie bis zum

---

1 Max Roser, Life Expectancy, www.ourworldindata.org/life-expectancy, 2016.
2 UNDP, Human Development Report 2015, New York 2015, S. 4.
3 World Food Programme, Hunger, www.wfp.org/hunger, 2016.
4 World Health Organization, Children: Reducing mortality, www.who.int, 2016.
5 ILO, Global Employment Trends for Youth 2015, Genf 2015.
6 Deborah Hardoon, Ricardo Fuentes und Sophia Ayele, An Economy for the 1%: How Privilege and Power in the Economy Drive Extreme Inequality and How this Can Be Stopped, Oxfam Briefing Paper 210, Oxford 2016.

Jahr 2100 um insgesamt fast 4 Grad steigen wird, wodurch Überflutungen, Dürren, Stürme und Meeresspiegelanstiege in einem Ausmaß heraufbeschworen werden dürften, das die Menschheit noch nie erlebt hat.[7] Ungefähr 40 Prozent des Agrarlands sind mittlerweile von Erosion bedroht, und 2025 werden weltweit zwei von drei Menschen in Gegenden leben, die unter Wasserknappheit leiden.[8]

Das sind überwältigende Fakten, doch Wachstumsprognosen verschärfen die Herausforderung noch. Die Weltbevölkerung beträgt gegenwärtig 7,3 Milliarden Menschen, sie soll bis 2050 auf 10 Milliarden wachsen und sich bis 2100 bei rund 11 Milliarden einpendeln.[9] Die globale Wirtschaftsleistung soll – schenkt man den Prognosen Glauben, die von einem Business-as-usual-Szenario ausgehen – bis 2050 um jährlich drei Prozent steigen, wodurch sich die Größe der Weltwirtschaft bis 2037 verdoppeln und bis 2050 nahezu verdreifachen würde.[10] Die globale Mittelschicht – Menschen, die pro Tag zwischen 10 und 100 US-Dollar ausgeben können – wird sich dramatisch vergrößern und bis 2030 von zwei auf fünf Milliarden Menschen steigen, was eine massive Ausweitung der Nachfrage nach Baumaterialien und Konsumerzeugnissen nach sich ziehen wird.[11] Diese Trends bestimmen die Aussichten der Menschheit zu Beginn des 21. Jahrhunderts. Welche Art von Denken benötigen wir also für die Reise, die uns bevorsteht?

Wachstum über alles?

Durch den Finanzcrash von 2008 in die Enge getrieben, alarmiert durch den weltweiten Erfolg der Occupy-Bewegung und unter zunehmendem Druck durch die Folgen des Klimawandels, ist es nicht verwunderlich, dass die Politiker heute nach Begriffen suchen, um mitreißende Visionen von gesellschaftlichem und wirtschaftlichem Fortschritt zu formulieren. Nur kehren sie dabei immer wieder zu einer bestimmten Antwort zurück: Wachstum, das allgegenwärtige Substantiv, das mit einer Vielzahl beeindruckender Adjektive geschmückt wird. Nach der Finanzkrise (und mitten in den Krisen der Armut, des Klimawandels und der sich verschärfenden Ungleichheit) komme ich mir bei den Visionen, die von den politischen Führern angeboten werden, vor, als hätte ich gerade einen Feinkostladen in Manhattan betreten, um mir ein schlichtes Sandwich zu kaufen, und werde dort mit einer unendlichen Auswahl von Belägen konfrontiert. Welche Art von Wachstum hätten Sie heute denn gern? Angela Merkel brachte „nachhaltiges Wachstum" ins Gespräch. David Cameron schlug „ausgewogenes Wachstum" vor. Barack Obama bevorzugte „langfristiges, dauerhaftes Wachstum". Der frühere Präsident der EU-Kommission, José Manuel Barroso, setzte sich für „kluges,

---

7 Climate Action Tracker, www.climateactiontracker.org.
8 Global Agriculture, Soil Fertilty and Erosion, www.globalagriculture.org und UNDESA, International Decade for Action „Water for Life" 2005-2015, www.un.org.
9 United Nations, World Population Prospects: the 2015 Revision, New York 2015, S. 1.
10 PwC, The World in 2050: Will the Shift in Global Economic Power Continue, www.pwc.com, 2015.
11 OECD Observer, An Emerging Middle Class, www.oecdobserver.org, 2015.

nachhaltiges, einschließendes und robustes Wachstum" ein. Die Weltbank versprach „inklusives grünes Wachstum".

Wir wollen offenkundig mehr als nur Wachstum, aber unsere Politiker finden nicht die richtigen Worte, und die Ökonomen haben schon lange aufgehört, sie ihnen zu liefern. Wie aber können wir lernen, wieder über Werte und Ziele zu sprechen, und diese in den Mittelpunkt eines ökonomischen Denkens stellen, das dem 21. Jahrhundert gerecht wird? Ein vielversprechender Anfang kann es sein, sich mit der langen Reihe jener unbekannten Wirtschaftsdenker zu befassen, die das Ziel verfolgten, den Menschen wieder in das Zentrum des wirtschaftlichen Denkens zu rücken.

Im Jahr 1819 bestimmte der schweizerische Ökonom Jean Sismondi das menschliche Wohlergehen, nicht die Mehrung des Wohlstands, zum Ziel und Zweck der Politischen Ökonomie. Der englische Sozialphilosoph John Ruskin griff in den 1860er-Jahren diesen Ansatz auf und erklärte entgegen dem vorherrschenden ökonomischen Denken seiner Zeit, dass es „keinen Reichtum gibt, nur Leben. […] Jenes Land ist das reichste, das die größte Zahl an edlen und glücklichen Menschen hervorbringt und nährt."[12] Als Mahatma Gandhi Anfang der 1900er Jahre Ruskins Werk entdeckte, entschloss er sich, dessen Ideen in einer Kooperative in Indien praktisch umzusetzen und zu versuchen, eine Wirtschaftsform zu entwickeln, die den Menschen als moralisches Wesen fördert. Ende des 20. Jahrhunderts versuchte Ernst Friedrich Schumacher – der vor allem durch sein Buch „Small is Beautiful" bekannt wurde –, Moral und das menschliche Maß in den Mittelpunkt des ökonomischen Denkens zu stellen. Und der chilenische Ökonom Manfred Max-Neef schlug vor, dass wirtschaftliche Entwicklung darauf ausgerichtet werden solle, grundlegende menschliche Bedürfnisse zu befriedigen – wie Ernährung, Teilhabe, Kreativität und das Gefühl von Zugehörigkeit –, und zwar auf eine Art und Weise, die auf den Kontext und die Kultur der jeweiligen Gesellschaft abgestimmt sein sollte.[13] Denker wie diese, die sich mit dem Gesamtbild beschäftigten, haben seit Jahrzehnten alternative Vorstellungen und Visionen über den Sinn des Wirtschaftens entwickelt, doch ihre Ideen wurden den Wirtschaftsstudenten vorenthalten und als gefühlsduselige Schule einer „humanistischen Ökonomie" abgetan (was die Frage aufwirft, was dann die übrige Ökonomie war).

Doch am Ende hat ihr humanistisches Projekt doch noch größere Aufmerksamkeit gefunden und Glaubwürdigkeit erlangt. Man könnte sagen, es begann mit den Arbeiten des Philosophen Amartya Sen – dem ein Nobel-Gedächtnispreis verliehen wurde – in das Mainstream-Denken Einzug zu halten. Wirtschaftliche Entwicklung, erklärte Sen, müsse sich darauf ausrichten, „den Reichtum des menschlichen Lebens zu fördern, anstatt den Reichtum der Wirtschaft, in der die Menschen leben".[14] Anstatt der Messung des BIP die höchste Priorität einzuräumen, sollte das Ziel darin bestehen, die Fähigkeiten der Menschen zu verbessern – wie etwa die Fähigkeit, sich gesund

---

12 John Ruskin, Diesem Letzten. Vier Abhandlungen über die ersten Grundsätze der Volkswirtschaft, Frankfurt a. M. 2017.
13 Ernst Friedrich Schumacher, Small is Beautiful, London 1973 und Manfred Max-Neef, Human Scale Development, New York 1991.
14 Amartya Sen, A More Human Theory of Development, Asia Society 2004, www.asiasociety.org.

zu erhalten, handlungsfähig und schöpferisch zu sein –, damit sie selbst entscheiden können, welche Dinge im Leben sie wertschätzen wollen.[15] Die Verwirklichung dieser Fähigkeiten beruht darauf, dass die Menschen Zugang zu den Lebensgrundlagen haben – abgestimmt auf den Kontext ihrer jeweiligen Gesellschaft –, was von gesunder Nahrung, Gesundheitsversorgung und Bildung bis zu persönlicher Sicherheit und politischer Teilhabe reicht.

Ein Kompass für das 21. Jahrhundert

Schieben wir daher das BIP-Wachstum zur Seite und beginnen wir ganz von vorn mit einer grundlegenden Frage: Was ermöglicht Menschen ein gutes Leben? Es geht um eine Welt, in der jeder Mensch in Würde leben kann, in der ihm Chancen geboten werden und die ihm Gemeinschaft ermöglicht – und all dies können wir erreichen mit den Mitteln unseres lebensspendenden Planeten. Mit anderen Worten, wir müssen „in den Donut gelangen" – ein visuelles Konzept, das ich 2011 entwickelte, als ich noch für Oxfam arbeitete, und das durch die wegweisende Erdsystemforschung inspiriert wurde. In den vergangenen Jahren habe ich dieses Konzept in vielen Gesprächen mit Wissenschaftlern, Aktivisten, Forschern und politischen Entscheidungsträgern überarbeitet und aktualisiert, sodass es nun sowohl die globalen Entwicklungsziele als auch den wissenschaftlichen Erkenntnisstand widerspiegelt.

Was ist der Donut? Vereinfacht gesagt ist er ein radikal neuer Kompass für die Menschheit in unserem Jahrhundert. Und er weist in eine Zukunft, in der die Bedürfnisse jedes Menschen befriedigt werden, während zugleich die lebendige Welt geschützt wird, von der wir alle abhängig sind. Unterhalb des gesellschaftlichen Fundaments des Donuts liegen die Defizite und Unzulänglichkeiten, die jene zu spüren bekommen, denen lebensnotwendige Güter vorenthalten werden, wie Nahrung, Bildung und Wohnen. Oberhalb der ökologischen Decke liegt der überschießende Druck, der auf die lebensspendenden Systeme der Erde ausgeübt wird, etwa durch den Klimawandel, die Versauerung der Ozeane und die chemische Umweltverschmutzung. Zwischen diesen beiden Grenzen befindet sich jener angenehme, ideale Bereich – der unverkennbar die Form eines Donuts aufweist –, der den Menschen einen sicheren und gerechten Raum bietet. Im 21. Jahrhundert stellt sich uns eine völlig neue Aufgabe: Es geht darum, die Menschheit in diesen sicheren und gerechten Raum hineinzuführen.

Der innere Ring des Donuts – das gesellschaftliche Fundament – stellt die grundlegenden Komponenten des Lebens dar, die niemandem vorenthalten werden sollten. Das sind folgende zwölf Elemente: ausreichend Nahrung, sauberes Wasser und funktionierende sanitäre Einrichtungen, Zugang zu Energie und sauberen Kochgelegenheiten, Zugang zu Gesundheitsversorgung und Bildung, angemessenes Wohnen, ein Mindesteinkommen und eine ordentliche Arbeit, Zugang zu Informationsnetzen und zu sozialen

---

15 Amartya Sen, Ökonomie für den Menschen, München 2000, S. 289.

Unterstützungsnetzen. Darüber hinaus gehören dazu Gleichberechtigung, soziale Gerechtigkeit, politische Teilhabe sowie Frieden und Gerechtigkeit.

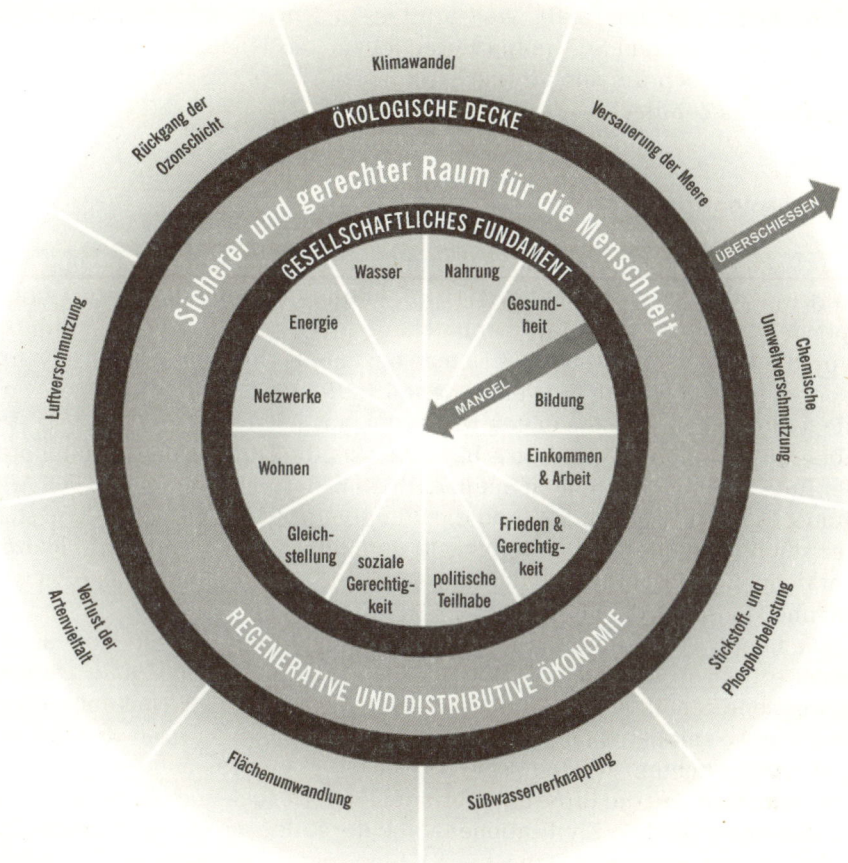

Seit Mitte des 20. Jahrhunderts hat die globale wirtschaftliche Entwicklung Millionen Menschen auf der Welt dazu verholfen, Armut und Not zu entkommen. Diese Menschen und ihre Familien sind die erste Generation, die ein langes, gesundes Leben führen kann, die in Genuss von Bildung kommt, genügend zu essen hat, sauberes Wasser trinken kann, elektrischen Strom im Haus hat und Geld in der Tasche – und für viele dieser Menschen wurde diese Transformation begleitet von wachsender Gerechtigkeit zwischen Männern und Frauen und mehr politischer Teilhabe. Doch die globale wirtschaftliche Entwicklung hat auch zu einem dramatischen Anstieg der Ressourcennutzung auf der Erde geführt, zunächst durch die mit starkem Ressourcenverbrauch verbundene Lebensart der heutigen hochentwickelten Industrieländer und in jüngerer Zeit verdoppelt durch die Herausbildung einer globalen Mittelschicht. Diese ökonomische Epoche wurde aufgrund der außerordentlichen Zunahme der menschlichen Aktivität auch als Große Beschleunigung bezeichnet. Zwischen 1950 und 2010 hat sich die Weltbevölkerung nahezu verdreifacht, und das reale Welt-Bruttoinlandsprodukt wurde versiebenfacht. Weltweit ist der Süßwasserverbrauch um das Dreifache gestiegen, der Energieverbrauch um das Vierfache und der Einsatz von Düngemitteln um mehr als das Zehnfache.

Die ökologische Decke

Die Große Beschleunigung der menschlichen Aktivität hat unseren Planeten stark unter Druck gesetzt. Wie viel Druck kann er ertragen, bevor die lebensspendenden Systeme zusammenbrechen? Mit anderen Worten, wodurch wird die ökologische Decke des Donuts bestimmt? Um diese Frage zu beantworten, müssen wir auf die vergangenen 100 000 Jahre zurückblicken. Fast die gesamte Zeit – als die ersten Menschen aus Afrika aufbrachen und sich über die Kontinente verteilten – bewegte sich die Durchschnittstemperatur der Erde in einer bestimmten Spanne. Doch in den vergangenen 12 000 Jahren ist es wärmer geworden, und die Temperaturen haben sich zudem stärker stabilisiert. Diese jüngere Periode der Erdgeschichte wird als Holozän bezeichnet. Das ist ein Wort, das man sich merken sollte, denn diese Periode hat uns Menschen die beste Heimat beschert, die wir je besaßen.

Die Landwirtschaft wurde im Holozän auf mehreren Kontinenten gleichzeitig erfunden, und viele Forscher halten das für keinen Zufall. Die neu gewonnene Stabilität des Erdklimas ermöglichte es den Nachfahren der Jäger und Sammler, sich niederzulassen und ihr Leben nach den Jahreszeiten auszurichten: auf den Regen zu warten, Pflanzensamen auszusuchen und anzusäen und die Ernte einzubringen.[16] Es ist auch kein Zufall, dass alle großen menschlichen Zivilisationen – von der Kultur im Industal, dem Alten Ägypten und der Shang-Dynastie in China bis zu den Maya, den Griechen und den Römern – in dieser geologischen Epoche entstanden und aufblühten. Sie ist die einzige bekannte Phase in der Geschichte unseres Planeten, in der Milliarden Menschen leben können.

Wissenschaftler nehmen an, dass die günstigen Bedingungen des Holozäns, wenn sie nicht beeinträchtigt werden, noch weitere 50 000 Jahre anhalten könnten. Grund dafür ist die ungewöhnliche kreisförmige Bahn, in der sich die Erde gegenwärtig um die Sonne bewegt – ein sehr seltenes Phänomen, das sich zuletzt vor 400 000 Jahren ereignete.[17] Darüber kann man durchaus einen Augenblick nachdenken. Wir befinden uns auf dem einzigen bekannten Planeten, auf dem es Leben gibt, und sind in eine höchst gast-

---

16 Jared Diamond, Evolution, Consequences and Future of Plant and Animal Domestication, in: „Nature", 8/2002, S. 700–707.
17 Anna Berger und Marie-France Loutre, An Exceptionally Long Interglacial Ahead?, in: „Science", 8/2002, S. 1287.

freundliche Epoche hineingeboren, die dank der ungewöhnlichen Bahn, in der wir um die Sonne kreisen, noch lange fortdauern kann. Wir müssten verrückt sein, wenn wir uns selbst aus diesem „Sweet Spot" des Holozäns hinauskatapultieren würden, doch genau das tun wir. Durch den wachsenden Druck, den wir auf den Planeten ausüben, sind wir, die Menschheit, zur größten Triebkraft eines planetarischen Wandels geworden. Durch die immensen Ausmaße unseres Einflusses haben wir das Holozän hinter uns gelassen und sind auf unbekanntes Terrain vorgedrungen, das man als Anthropozän bezeichnet: die erste geologische Epoche, die von der menschlichen Aktivität bestimmt wird.[18] Wie wird es möglich sein, jetzt, wo wir uns im Anthropozän befinden, die günstigen Bedingungen aufrechtzuerhalten, die wir in unserem Holozän-Heim kennengelernt haben: das stabile Klima, ausreichend Süßwasser, florierende Artenvielfalt und gesunde Weltmeere?

Im Jahr 2009 befasste sich eine Gruppe von Erdsystem-Forschern unter Leitung von Johan Rockström und Will Steffen mit dieser Thematik und identifizierte neun kritische Prozesse – wie beispielsweise das Klimasystem und den Süßwasserzyklus –, die in ihrem Zusammenwirken die Fähigkeit der Erde regulieren, Holozän-ähnliche Bedingungen aufrechtzuerhalten. Für jeden dieser neun Prozesse fragten sie, wie viel Druck er verkraften kann, bevor die Stabilität, die jahrtausendelang das Wohlergehen der Menschheit ermöglichte, in Gefahr gerät und die Erde in einen neuen, bislang unbekannten Zustand übergeht, in dem plötzliche, unerwartete Veränderungen wahrscheinlich werden. Das Problem besteht natürlich darin, dass man nicht genau angeben kann, wo die Gefahr lauert, und da viele dieser Veränderungen unumkehrbar sein könnten, wäre es töricht, dies auf die harte Tour herausfinden zu wollen. Daher arbeiteten die Wissenschaftler einen Komplex von neun Grenzen heraus, eine Art von Leitplanken, wo ihrer Ansicht nach die Gefahrenzone beginnt – ähnlich Warnschildern an einem Fluss, die vor heimtückischen, aber verborgenen Stromschnellen angebracht werden.

Die planetaren Grenzen

Was steht auf diesen Warnschildern? Um zum Beispiel den gefährlichen Klimawandel zu verhindern, muss die Konzentration des Kohlendioxids in der Atmosphäre unter 350 ppm (parts per million) gehalten werden. Um die Flächenumwandlung einzudämmen, muss sichergestellt werden, dass mindestens 75 Prozent der früher bewaldeten Flächen auch bewaldet bleiben. Und was den Einsatz chemischer Düngemittel betrifft, sollten im Jahr höchstens 62 Millionen Tonnen Stickstoff und 6 Millionen Tonnen Phosphor auf die Böden der Erde ausgebracht werden. Diese Höchstgrenzen sind natürlich mit zahlreichen Unsicherheiten versehen – einschließlich der Frage nach regionalen Auswirkungen solcher globalen Festlegungen –, und die wissenschaftliche Forschung ist noch lange nicht abgeschlossen. Doch im Kern lie-

---

18 Will Steffen u.a., The Anthropocene: From Global Change to Planetary Steward-ship, in: „AMBIO", 11/2011, S. 739-761.

fern diese planetaren Grenzen das bislang anschaulichste Bild dessen, was erforderlich sein wird, um die angenehmen Lebensbedingungen des Holozäns zu erhalten, und wie dies im vom Menschen beherrschten Anthropozän zu bewerkstelligen ist. Diese neun planetaren Grenzen definieren auch die ökologische Decke des Donuts: die Grenzen, über die hinaus wir keinen weiteren Druck auf den Planeten ausüben sollten, wenn wir die Stabilität unseres Heims nicht in Gefahr bringen wollen.

Zusammen bilden das gesellschaftliche Fundament der menschlichen Rechte und die ökologische Decke der planetaren Grenzen die inneren und die äußeren Begrenzungen des Donuts. Beide sind natürlich eng miteinander verbunden. Wenn man mit Pfeilen rund um den Donut veranschaulicht, wie sich diese Grenzen gegenseitig beeinflussen, bekommt man einen guten Eindruck von der Problematik – und dann wird der Donut bald aussehen wie eine Schüssel Spaghetti. Zudem mag es verlockend erscheinen, politische Konzepte zu entwickeln, die jeweils auf eine dieser planetaren und sozialen Grenzen ausgerichtet sind, doch das würde nicht funktionieren: Ihre wechselseitige Verflechtung verlangt, dass man sie jeweils als Teil eines komplexen sozio-ökologischen Systems begreift, sodass sie nur als ein größeres Ganzes behandelt werden können.[19]

Konzentriert man sich auf die zahlreichen wechselseitigen Verbindungen im Donut, wird klar, dass das menschliche Wohlergehen vom Wohlergehen des Planeten abhängig ist. Ausreichende, gesunde Nahrungsmittel für alle zu erzeugen, erfordert nährstoffreiche Böden, genügend Süßwasser, vielfältige Anbaukulturen und ein stabiles Klima. Sauberes und sicheres Trinkwasser ist abhängig vom lokalen und globalen hydrologischen Kreislauf, der für genügend Niederschläge sorgt und die Flüsse und Wasserreservoire der Erde kontinuierlich wieder auffüllt. Reine Luft zum Atmen setzt voraus, dass die Emission von toxischen Partikeln eingeschränkt wird, die lungenschädigenden Smog verursachen.

Der Fortschritt der Zukunft

Der Donut bietet uns einen Kompass für das 21. Jahrhundert, doch wovon wird es abhängen, ob wir tatsächlich in diesen sicheren und gerechten Raum gelangen können? Fünf Faktoren sind von zentraler Bedeutung: die Bevölkerungsentwicklung, die Distribution, die Ansprüche der Menschen, die Technologie und die Regierungsführung.

Dass die Bevölkerungsentwicklung eine wichtige Rolle spielt, ist offenkundig: Je mehr Menschen es gibt, umso mehr Ressourcen werden benötigt, um deren Bedürfnisse und Ansprüche zu befriedigen, und deshalb ist es entscheidend, dass die Bevölkerungszahl stabilisiert wird. Doch in diesem Zusammenhang gibt es auch eine gute Nachricht: Zwar wächst die Weltbevölkerung weiterhin, aber seit 1971 hat sich die Wachstumsrate stark abge-

---

19 Carl Folke u.a., Reconnecting to the Biosphere, in: „AMBIO", 11/2011, S. 719.

flacht. Und was noch wichtiger ist, zum ersten Mal in der Menschheitsgeschichte ist dieser Rückgang nicht durch Hungersnöte, Seuchen oder Kriege verursacht worden, sondern durch die Erfolge des Menschen.[20] Jahrzehntelange öffentliche Investitionen in die Verringerung der Kindersterblichkeit, die Schulbildung von Mädchen, die reproduktive Gesundheitsvorsorge und die Frauenförderung haben zumindest die Frauen in die Lage versetzt, selbst mitzuentscheiden über die Größe ihrer Familie. Aus dem Blickwinkel des Donuts betrachtet, ist die Botschaft klar: Am besten lässt sich die Weltbevölkerung auf einem bestimmten Niveau stabilisieren, wenn sichergestellt wird, dass jeder Mensch ein Leben ohne Nöte und Entbehrungen führen kann, oberhalb der Grenze des sozialen Fundaments.

Die Verteilung ist mindestens ebenso wichtig wie die Bevölkerungsentwicklung, denn extreme Ungleichheit treibt die Menschheit über die beiden Grenzen des Donuts hinaus. Aufgrund des Ausmaßes der globalen Ungleichheit ist auch die Verantwortung für die globalen Treibhausgasemissionen ungleich verteilt: Die oberen zehn Prozent der Verursacher – man könnte sie als die globalen „Karbonisten" bezeichnen, die auf allen Kontinenten leben – erzeugen rund 45 Prozent der globalen Emissionen, während die unteren 50 Prozent der Menschen nur 13 Prozent verursachen.[21] Auch der Konsum von Nahrungsmitteln ist sehr ungleich verteilt. Rund 13 Prozent der Menschen auf der Welt sind mangelernährt. Wie viel Nahrung wird benötigt, um ihren Kalorienbedarf zu decken? Es sind nur 3 Prozent der global erzeugten Nahrungsmittelmenge. In diesem Zusammenhang ist darauf hinzuweisen, dass 30 bis 50 Prozent der global erzeugten Nahrungsmittel nach der Ernte verloren gehen, weil sie in den weltumspannenden Lieferketten verderben oder nach dem Essen als Reste im Küchenabfall landen.[22]

Der dritte Faktor sind die Ansprüche der Menschen, sprich, was die Menschen als notwendig für ein gutes Leben erachten. Am stärksten werden unsere Ansprüche dadurch beeinflusst, wie und wo wir leben. Im Jahr 2009 lebte zum ersten Mal in der Geschichte mehr als die Hälfte der Menschen in Städten, bis 2050 sollen es 70 Prozent werden. Das Leben in der Stadt verstärkt die Einflüsse durch die Mitmenschen und die Werbung, deren Bilder ein besseres Leben versprechen, das sich angeblich mit Geld erkaufen lässt, und die das Verlangen nach schnelleren Autos und dünneren Laptops schürt, nach exotischeren Urlaubsreisen und den neuesten technischen Spielzeugen. Wie es der Ökonom Tim Jackson treffend ausdrückte, werden wir „dazu gebracht, mehr Geld auszugeben, das wir nicht haben, für Dinge, die wir nicht brauchen, um Leuten zu imponieren, die uns gleichgültig sind".[23] Aufgrund einer rasch wachsenden Mittelschicht wird die Lebensweise, die die Menschen anstreben, zweifellos unseren kollektiven Druck auf die planetaren Grenzen verstärken.

Die Verstädterung wird den Konsumismus weiter antreiben, aber sie bietet auch die Möglichkeit, die Bedürfnisse vieler Menschen – die Versorgung mit

20 Danny Dorling, Population 10 Billion, London 2013, S. 303-308.
21 Lucas Chancel und Thomas Piketty, Carbon and Inequality: From Kyoto to Paris, Paris 2015.
22 Institute of Mechanical Engineers, Global Food: Waste Not, Want Not, London 2013, www.imeche.org.
23 Tim Jackson, An Economic Reality Check, TED Talk, www.ted.com.

Wohnungen, Transportmitteln, Wasser, sanitären Einrichtungen, Nahrung und Energie – auf wesentlich effizientere Weise zu befriedigen. Ungefähr 60 Prozent jener Flächen, die bis 2030 mit Städten belegt sein werden, müssen erst bebaut werden, sodass die Technologie, die dafür eingesetzt wird, weitreichende soziale und ökologische Auswirkungen nach sich ziehen wird.[24]

Auch die Regierungsführung spielt eine Schlüsselrolle, sowohl im lokalen als auch im regionalen, nationalen und globalen Rahmen. Eine Regierungsführung, die den Herausforderungen gerecht wird, mit denen wir es heute zu tun haben, wirft tiefreichende politische Fragestellungen auf, die den etablierten Interessen und Erwartungen von Ländern, Unternehmen oder auch Gemeinschaften zuwiderlaufen. Auf globaler Ebene beispielsweise müssen Regierungsstrukturen entwickelt werden, die den Druck des Menschen auf die planetaren Grenzen vermindern können, und zwar in einer Art und Weise, die auch dessen regionalen und nationalen Auswirkungen berücksichtigen. Zugleich müssen sie in der Lage sein, auch komplexen Interaktionen Rechnung zu tragen, wie etwa dem untrennbaren Zusammenhang zwischen dem Nahrungs-, dem Wasser- und dem Energiebereich. Und sie müssen imstande sein, wesentlich effektiver auf unerwartete Ereignisse zu reagieren, wie beispielsweise eine globale Krise der Nahrungsmittelpreise, während sie gleichzeitig die Entwicklung der neuen Technologien umsichtig vorantreiben. Viel wird davon abhängen, ob es im 21. Jahrhundert gelingt, auf allen administrativen Ebenen effizientere Formen der Regierungsführung hervorzubringen, als wir sie bislang kennen.

Alle diese fünf Faktoren – Bevölkerungsentwicklung, Verteilung, Ansprüche, Technologie und Regierungsführung – werden maßgeblich die Chancen der Menschheit beeinflussen, in den sicheren und gerechten Raum des Donuts zu gelangen, und aus diesem Grund stehen sie auch im Mittelpunkt der politischen Debatten. Doch sie werden die Transformation nicht im erforderlichen Ausmaß vorantreiben können, solange wir nicht auch das ökonomische Denken transformieren, das unser Handeln leitet.

Wir sind alle Ökonomen

Diese Transformation beginnt mit der Erkenntnis, dass jede Wirtschaft – im lokalen wie im globalen Rahmen – eingebettet ist in die Gesellschaft und in die lebende Welt. Ich bin zutiefst überzeugt, dass es genügend Menschen gibt, die eine Alternative sehen, eine Zukunft, in der das Glas wieder halb voll ist, und die entschlossen sind, diese Zukunft herbeizuführen. Ich zähle mich zu diesen Menschen. Unsere Generation ist die erste, die in vollem Umfang erfasst, welchen Schaden wir unserem Planeten zufügen, und sie ist wahrscheinlich auch die letzte Generation, welche die Chance besitzt, etwas dagegen zu unternehmen. Als internationale Gemeinschaft wissen wir sehr gut, dass wir über die Technologie, das Know-how und die finanziellen Mit-

---

24 Secretariat of the Convention on Biological Diversity, Cities and Biodiversity Outlook, Montreal 2012, www.cbd.int.

tel verfügen, um extreme Armut in allen ihren Formen zu beenden, wenn wir uns gemeinschaftlich dazu entschließen.

Man denke an die Studenten, die sich jedes Jahr an den Universitäten der Welt einschreiben, um Ökonomie zu studieren. Viele von ihnen haben sich wahrscheinlich für dieses Fach entschieden, weil auch für sie das Glas halb voll ist und sie dabei mitwirken wollen, die gemeinsame Heimat der Menschheit im Interesse von uns allen besser zu verwalten. Und sie glauben – wie auch ich –, dass sie sich am besten auf diese Aufgabe vorbereiten können, wenn sie die Muttersprache der öffentlichen Ordnung beherrschen.

Gleichzeitig kommen viele der anregenden Erkenntnisse eines neuen ökonomischen Denkens aus den unterschiedlichsten Bereichen, selten jedoch aus der Sphäre der Wirtschaft selbst. Zweifellos gibt es einige wichtige Ausnahmen, doch diese sind sehr dünn gesät. Viele transformative Gedanken werden auf anderen Feldern des Denkens hervorgebracht, wie etwa in der Psychologie, der Ökologie, der Physik, der Geschichte, der Erdsystemwissenschaft, der Geografie, der Architektur, der Soziologie und der Komplexitätswissenschaft. Die Wirtschaftstheorie wäre gut beraten, die Angebote dieser anderen Disziplinen anzunehmen. Im „Tanz" der intellektuellen Ideen ist es für die Ökonomen an der Zeit, wieder einen Schritt aus dem Rampenlicht zurückzutreten und sich in die Gruppe einzureihen. Weniger Lord of the Dance, mehr Tanz um den Maibaum, mehr aktives Verknüpfen der eigenen Theorien mit den Erkenntnissen der anderen Disziplinen. Diese Sicht teilen auch einige bekannte Ökonomen der heutigen Zeit, wie zum Beispiel Joseph Stiglitz, der angehenden Studenten empfiehlt, „Wirtschaft zu studieren, es jedoch mit einer gewissen Skepsis zu studieren und dies innerhalb eines größeren Kontexts zu sehen".[25]

Wir müssen die Macht der Experten brechen

Mit anderen Worten: Wir müssen auch die Macht des Experten brechen. Eine aussichtsreiche Möglichkeit, die Bedeutung des Begriffs „Ökonom" neu zu definieren, besteht darin, sich mit jenen Menschen zu beschäftigen, die über das neue ökonomische Denken hinausgegangen und zu neuem ökonomischem Handeln gelangt sind: jene Erneuerer, die mit jedem Experiment die Ökonomie ein Stück weit voranbringen. Ihre Wirkung spiegelt sich bereits in der Entstehung neuer Geschäftsmodelle wider, in der nachgewiesenen Dynamik der kollaborativen Allmende, in dem enormen Potential von Digitalwährungen und in den ermutigenden Möglichkeiten einer regenerativen Ausrichtung der Wirtschaft. Wie Donella Meadows dargestellt hat, ist die Macht der Selbstorganisation – die Fähigkeit eines Systems, etwas aufzunehmen, sich zu verändern und seine Struktur weiterzuentwickeln – ein hochwirksamer Ansatzpunkt für eine umfassende Systemveränderung. Und dies befördert einen revolutionären Gedanken: Es macht uns alle zu Ökonomen.

25 Joseph E. Stiglitz, Questioning the Value of Economics (2002), Video-Interview mit „World Business of Ideas", www.mindfulmoney.co.uk.

Wenn Ökonomen durch Entwicklung Veränderungen herbeiführen, dann trägt jedes Experiment dazu bei, eine neue ökonomische Zukunft zu ermöglichen, zu bestimmen und voranzutreiben. Wir alle sind an der Gestaltung dieser Entwicklung beteiligt, denn unsere Entscheidungen und Handlungen erneuern die Ökonomie immer wieder, und zwar nicht allein durch die Produkte, die wir kaufen oder nicht. Wir erneuern sie: durch die Verlagerung unserer Spargelder auf ethische Banken; durch die Nutzung von Peer-to-Peer-Komplementärwährungen; indem wir den Unternehmen, die wir aufbauen, einen Lebenszweck zuschreiben; durch die Wahrnehmung unseres Rechts auf Elternurlaub; indem wir einen Beitrag zur Wissens-Allmende leisten; und indem wir politische Bewegungen unterstützen, die unsere ökonomische Vision teilen.

Natürlich stehen diese Innovationen vor der Herausforderung, sich in einem ökonomischen Umfeld behaupten zu müssen, das nach wie vor vom ökonomischen Denken und Handeln des vergangenen Jahrhunderts bestimmt wird. Unternehmen, die einen großzügigen Ansatz verfolgen, mögen sich manchmal schwertun, wenn sie mit Firmen im Wettbewerb stehen, für welche die Steigerung des Gewinns für die Anteilseigner die oberste Priorität darstellt. Ein regenerativ ausgerichtetes Finanzwesen muss Kunden, die kurzfristige Gewinne anstreben, als ein höchst ehrgeiziges Unterfangen erscheinen. Ein Gebäude zu entwerfen, das der Stadt etwas zurückgibt, ist schwer zu vermitteln, wenn die erste Reaktion des Auftraggebers lautet: „Warum sollte ich das tun?" Von den Händlern der Pesa-Gemeinschaft in Kenia und den von Woelab wiederaufbereiteten 3D-Druckern in Togo bis zu den aus Methan erzeugten Plastikprodukten von Newlight in Kalifornien und dem weltweiten Potential von Peer-to-Peer-Komplementärwährungen sind genau diese ökonomischen Erneuerer erfolgreich damit beschäftigt, die Evolution der Wirtschaft voranzutreiben, sie schon im Ansatz distributiv und regenerativ auszurichten.

„Lebe die Veränderung selbst vor, die du auf der Welt verwirklichen willst", lautet einer der berühmtesten Sätze von Mahatma Gandhi, und im Hinblick auf die Neugestaltung der Wirtschaft machen ihm die heutigen ökonomischen Erneuerer alle Ehre. Doch bei allem gebührenden Respekt möchte ich Gandhis These noch etwas weiterführen. In Bezug auf ein neues ökonomisches Denken ist es wichtig, die Veränderung, die man anstrebt, auch *zeichnerisch* darzustellen – beispielsweise in Form eines Donuts. Indem wir die wohlbekannte Kraft des verbalen Framings mit der verborgenen Macht des visuellen Framings verbinden, können wir uns eine wesentlich größere Chance erschließen, eine neue ökonomische Erzählung zu schreiben – jene Erzählung, die wir so dringend für ein sicheres und gerechtes 21. Jahrhundert benötigen.

Gerechtigkeit im Treibhaus

Für eine Neuausrichtung der Klimapolitik

Von **Wolfgang Sachs**

„What do we want? – Climate Justice! – When do we want it? – Now!", heißt es, wenn die jungen Klimaschützerinnen und -schützer von Fridays For Future auf die Straßen gehen. Die Parole „Climate Justice" ist in den 2000er-Jahren nicht nur zur Fanfare der Zivilgesellschaft geworden, die die internationale Klimapolitik bis heute begleitet. Längst fordern auch die vom Klimawandel besonders betroffenen Staaten, die Hauptverursacher der Erderwärmung – und damit vorwiegend die Staaten des globalen Nordens – stärker in die Pflicht zu nehmen. Doch was hat es mit der „Climate Justice" auf sich? Wie verändert sich der Klimadiskurs, wenn man die Gerechtigkeitsperspektive einnimmt? Und welche Folgen hat das für die Entwicklungspolitik?

Gerechtigkeit, so hat der Kirchenvater Augustinus gesagt, sei das, was eine Gesellschaft von einer Räuberbande unterscheide. In der Epoche der Globalisierung ist die Welt zusammengerückt, und ob aus ihr eine Weltgesellschaft oder eine globale Willkürgesellschaft hervorgeht, entscheidet sich an der Gerechtigkeit. Die zukünftige Gestalt der Welt hängt davon ab, ob auf lange Sicht die Stärkung des Rechts oder aber das Recht der Stärkeren die Oberhand gewinnt.[1]

Aber es ist ein Fehler, Gerechtigkeit mit Gleichheit gleichzusetzen. Vielmehr geht es häufig um *Gerechtigkeit als Anerkennung.* Man denke nur an die Unabhängigkeitsbewegungen, an die Anti-Apartheid-Bewegung oder an den Kampf indigener Völker. Megakonflikte wie zwischen Islam und Christentum, Frauen und Männern, Nord und Süd sind viel stärker Konflikte um Anerkennung als um Verteilung. Schlimmer noch als Ausbeutung ist Herabwürdigung. Die Menschenrechte sind das herausragende Beispiel für eine Politik der Anerkennung. Im Dezember 1948, drei Jahre nachdem die Welt aus den Schrecken von Krieg und Holocaust wiederaufgetaucht war, verkündeten die Vereinten Nationen jene Grundsätze, die sich seither wie politische Sprengsätze ausnehmen: Alle Menschen sind frei und gleich an Würde und Rechten geboren und jeder hat das Recht auf Leben, Freiheit und Sicherheit der Person. Vor allen Dingen aber ist die Welt ein zerklüfteter Ort. Noch immer ist die Ungleichheit zwischen den Nationen ausgeprägter als innerhalb der Nationen. Dass Lebensaussichten so unerbittlich auseinanderdrif-

---

[1] Vgl. zum Folgenden: Wuppertal Institut, Fair Future. Begrenzte Ressourcen und globale Gerechtigkeit, München 2005.

ten, dagegen wendet sich die *Gerechtigkeit als Verteilung*. Wer auch immer für Respekt kämpft, wird früher oder später als Unterpfand der Anerkennung eine Teilhabe an den materiellen Besitztümern einer Gesellschaft einfordern. In diesem Sinne lässt sich weder Verteilung von Anerkennung noch Anerkennung von Verteilung trennen. Doch kann man die zwei Formen von Gerechtigkeit gut unterscheiden: Die eine dreht sich um (Gruppen-)Identität und klagt Würde ein, die andere orientiert sich am Vergleich und fordert Gleichheit ein. Ohne den Vergleich mit anderen ergäbe die Forderung nach Verteilungsgerechtigkeit keinen Sinn. Das gilt auch für die Klimafrage: Wären alle Länder gleich, müssten alle ihre Emissionen gleichermaßen senken; doch die Welt ist gespalten, sowohl bezüglich der ausgestoßenen Emissionen als auch der wirtschaftlichen Macht. Das lässt die Klimapolitik zu einer Kampfzone der Verteilungsgerechtigkeit werden.

Dieser Kampf wirkt sich auf ein weiteres Feld der internationalen Gerechtigkeit aus, jenes der *Gerechtigkeit als Wiedergutmachung*. Dabei kommt hinzu, dass die wirtschaftlich Stärkeren aufgrund der Kolonialgeschichte für die schlechte Ausgangslage der Schwächeren eine historische Mitverantwortung tragen. Der Norden hat gegenüber dem Süden ökologische Schulden angehäuft, indem er Anteile des Umweltraums verzehrt hat, die heute dem Süden für seine Entwicklung fehlen. Eine Vielzahl von Ressourcen – vom Silber aus Bolivien über den Kaffee aus Kenia bis zum Bauxit aus Jamaika – wurde in den Norden gebracht, ohne einen angemessenen Preis dafür zu bezahlen. Auch globale Gemeinschaftsgüter – Urwälder, Öl – wurden so weit aufgebraucht, dass heute kein gleicher Anteil mehr für die damals Benachteiligten zur Verfügung steht. Nur in Ausnahmefällen stehen die altindustriellen Länder zu dieser historischen Verantwortung. Doch in der Klimapolitik rückt diese Flucht aus der Verantwortung zunehmend auf die Tagesordnung.

Der Klimawandel als Angriff auf die Menschenrechte

Nehmen wir das Beispiel Kiribati. Tarawa, das Hauptatoll der Inselrepublik Kiribati, erscheint aus der Ferne wie ein Paradies: weiße Strände, Mangroven und von Palmen umstandene Dörfer. Doch seine Bewohner kämpfen gegen den Untergang, sie spüren die Auswirkungen der Erdüberhitzung schon lange. Weltweit lässt sich ein Anstieg des Meeresspiegels beobachten, doch in der tropischen Südsee steigt der Pegel besonders schnell. Die Erosion frisst an den Korallenriffen, das Grundwasser versalzt, Krankheiten breiten sich aus, Sturmfluten wüten immer heftiger. Größtenteils ragt das Land nicht einmal zwei Meter aus dem Ozean heraus. Präsident Tong aber hat bereits Land auf den 2000 Kilometer entfernten Fidschiinseln gekauft. Es ist ein allerletzter Ausweg: Falls nichts Kiribati rettet, müssten seine rund 100 000 Bewohner nach Fidschi umsiedeln.

Mittlerweile ist es schon ein Gemeinplatz: Wenn sich die Erdatmosphäre erwärmt, wird die Natur instabil. Unversehens ist kein Verlass mehr auf Regen, Grundwasserspiegel, Temperatur, Wind oder Jahreszeiten – alles

Faktoren, die seit undenklichen Zeiten für die Gastlichkeit der Lebensräume von Menschen und anderen Lebewesen gesorgt haben. So liegt es auf der Hand, dass ein steigender Meeresspiegel ganze Küstenstriche – zum Beispiel in Nigeria, Ägypten, Bangladesch, Vietnam oder in der Südsee – unbewohnbar machen wird. Weniger offen liegt zutage, dass sich Veränderungen bei Niederschlag, Luftfeuchtigkeit und Temperatur auf Vegetation, Artenvielfalt, Bodenfruchtbarkeit und Wasserläufe auswirken werden. Die Nahrungsproduktion wird gerade in trockenen und halbtrockenen Gebieten in Mitleidenschaft gezogen, Mangelernährung und Hunger werden zunehmen. Zudem werden Ernten von Ungeziefer befallen, Menschen werden an Malaria und Denguefieber erkranken und Tiere aussterben. Dem „Global Humanitarian Forum" zufolge hat der Klimawandel bereits vor dem Jahr 2009 jährlich 300 000 Menschen das Leben gekostet, 300 Millionen Menschen in Mitleidenschaft gezogen und 125 Mrd. US-Dollar wirtschaftlichen Verlust verursacht – eine Summe, die höher ist als die gesamte jährliche Entwicklungshilfe. Und dies alles trat schon bei einer relativ geringen Erderwärmung von 1 Grad Celsius ein; alle jene Zahlen steigen auf das Doppelte bis 2030 – mit unabsehbaren Folgen für die Menschheit.[2]

So wird der Klimawandel zur unsichtbaren Hand hinter wirtschaftlichem Niedergang, sozialer Erosion und Vertreibung. Bereits heute sind beispielsweise die Inuit (ein Teil der Eskimo) aufgrund des Klimawandels in ihrer wirtschaftlichen Sicherheit und in ihrer Kultur gefährdet. Jäger verschwinden auf der Jagd, da die herkömmlichen Routen über das Eis nicht mehr tragfähig sind; Vorräte verderben, weil der Permafrostboden auftaut; Iglus verlieren ihre isolierende Schutzfunktion, wenn der Schnee schmilzt und wieder gefriert. Die Inuit in der Arktis ebenso wie die Reisbauern im Mekong-Delta oder die Viehhüter am Turkuna-See in Kenia sind doppelt verwundbar: Einerseits sind sie fragilen Naturbedingungen ausgesetzt, andererseits darben sie wirtschaftlich so, dass sie kaum in der Lage sind, sich an die neuen Risiken anzupassen. Der klimabedingte wirtschaftliche Schaden steigert die menschliche Not: Obdachlosigkeit, Nahrungsmangel und Gesundheitsprobleme nehmen zu. Damit stellt der Klimawandel einen Angriff auf die wirtschaftlichen, sozialen und kulturellen Menschenrechte großer Bevölkerungsgruppen dar.

Mit seiner Geburt erwirbt jeder Mensch ein fundamentales Gastrecht auf der Erde. Das ist der Kern der Menschenrechte. Denn ohne Schutz der körperlichen Integrität, ohne Existenzgrundlage und Äußerungs- und Handlungsfreiheit ist kein Mensch in der Lage, ein würdiges Leben zu führen. Außerdem gelten die Menschenrechte absolut. Sie können nicht, was manche Ökonomen immer noch tun, gegen einen übergeordneten Nutzen für eine größere Anzahl Menschen ausgespielt werden. Das Privileg, einen SUV zu fahren, kann das Recht auf Nahrung nicht außer Kraft setzen. So wird eine rechtsbasierte Klimapolitik mit Nutzenkalkülen vorsichtig umgehen: Der Untergang der Malediven kann nicht mit Wohlstandsgewinnen anderswo erkauft werden. Das Recht setzt Grenzen für eine wirtschaftskonforme Klimapolitik.

2 Global Humanarian Forum, Human Impact Report: Climate Change – The Anatomy of a Silent Crisis, Genf 2009, www.ghf-ge.org.

Aus diesem Grund hat das Pariser Abkommen vom Dezember 2015 historischen Rang. Es sieht vor, den Anstieg der weltweiten Durchschnittstemperatur auf weniger als 2 Grad Celsius, möglichst 1,5 Grad, gegenüber dem vorindustriellen Niveau zu begrenzen. Im Jahr 2015 hat die globale Temperaturerhöhung bereits 1,3 Grad erreicht, eine Marke, ab der jede weitere Erwärmung gemäß UN-Rahmenkonvention gefährlich ist. Das Pariser Abkommen war ein eindeutiger Erfolg der Inselstaaten, die 2009 das „Climate Vulnerable Forum" ins Leben gerufen haben und in Paris bereits mit 43 Staaten aus der südlichen Hemisphäre aufwarten konnten. Dieses Forum legte das Gerüst für die „High-Ambition-Coalition" in Paris, in der sich schließlich auch die EU, die USA und Brasilien zusammenfanden. Das 1,5-Grad-Ziel ist eindeutig menschenrechtlich begründet, auch wenn die Menschenrechte im Vertrag nur in der Präambel erwähnt werden. Allerdings kommt es entscheidend auf die Umsetzung an; die eingereichten Planungsziele der Staaten in Paris reichen allenfalls aus, die Erwärmung unter 3,5 Grad zu halten. Immerhin ist endlich die Zeit vorbei, da Klimapolitik ohne Grundrechte gemacht wurde, sondern nur nach Kosten-Nutzen-Kalkülen.

Die Auflösung des althergebrachten Nord-Süd-Schemas

Die Ungerechtigkeit des Klimawandels ist himmelschreiend: Er scheidet die Welt in Gewinner und Verlierer. Die Klimasünder des Nordens haben die fossilen Schätze der Erde verbraucht, während die menschenrechtsverletzenden Folgen der Erdüberhitzung den Süden weitaus stärker treffen als den Norden. Die Verursacher sind die Gewinner, die Unschuldigen die Opfer. Diese Entkoppelung von Ursachen und Wirkungen – geographisch gesehen zwischen Nord und Süd, sozial gesehen zwischen Reich und Arm und zeitlich gesehen zwischen heutigen und späteren Generationen – ist Skandal und Tragik zugleich und verleiht der Forderung nach klimapolitischer Gerechtigkeit besonderen Nachdruck.

Als die Klimarahmenkonvention 1992 in Rio de Janeiro verabschiedet wurde, war die Frontlinie noch klar: hier die Industriestaaten, dort die Entwicklungsländer. Ersteren wurde Klimaschutz aufgebrummt, die zweiten kamen ohne Verpflichtungen davon. So steht es im Kyoto-Vertrag von 1997. Doch das Prinzip „common but differentiated responsibilities" ließ sich in der Folgezeit nicht mehr aufrechterhalten, weil sich die globale Wirtschaftsgeographie verschoben hatte. Auf der Klimakonferenz von Durban 2011 und der Nachfolgekonferenz „Rio+20" mussten die Schwellenländer daher bereits einen Teil der Verantwortung für die Klimaschäden auf sich nehmen. Weltpolitisch am spektakulärsten ist der rasante Aufstieg Chinas: Seit 2014 ist China die leistungsfähigste Wirtschaftsmacht der Erde und weist mittlerweile höhere CO_2- Emissionen auf als die USA, die EU und Japan zusammen. Die sieben größten Schwellenländer sind inzwischen wirtschaftlich stärker als die traditionellen Industriestaaten, die als Gruppe der G7 so tun, als hätten sie weiterhin die Hegemonie in der Weltwirtschaft. Doch die Globalisierung hat das althergebrachte Nord-Süd-Schema inzwischen fast aufgelöst. So nutzten beispielsweise im Jahr 2016 3,4 Milliarden Menschen, also die Hälfte der Weltbevölkerung, das Internet. Privatleute surfen mit Computer, Tablet oder Smartphone, Unternehmen unterhalten riesige IT-Abteilungen, Milliarden Menschen sind tagtäglich in sozialen Netzwerken online. Das Internet ist zum zentralen „Nervensystem" der Weltgesellschaft geworden. Aber die digitale Infrastruktur mit Datenzentren usw. benötigt enorm viel Strom, etwa sieben Prozent der global verbrauchten Elektrizität.[3] Das entspricht dem jährlichen Stromverbrauch Großbritanniens. Da der Strom meist aus Kohle-, Gas- und Ölkraftwerken stammt, ist der „carbon footprint" enorm. An der geographischen Verteilung der Internetnutzer zeigt sich indes bereits klar die Auflösung des Nord-Süd-Schemas: Die meisten leben in Ost- (867 Millionen) und Südasien (480 Millionen); Westeuropa (345 Millionen) und Nordamerika (341 Millionen) liegen im Mittelfeld.[4]

Ähnliches gilt für den Auto- und Flugverkehr, Wohn- und Bürokomplexe sowie den Fleischkonsum. Von jenen 10 Prozent der globalen Bevölkerung, die am meisten CO_2-Emissionen generieren, wohnen 40 Prozent in Nordamerika, 19 Prozent in der EU und bereits 7 Prozent in Russland, 10 Prozent in China, 5 Prozent in Asien außerhalb Chinas, 5 Prozent in Lateinamerika und 5 Prozent im Mittleren Osten – Tendenz steigend, was die Schwellenländer betrifft.[5] In Sachen Ressourcenverbrauch hat die Oberschicht Chinas, Indiens, Malaysias und Saudi-Arabiens mit der US-amerikanischen und europäischen Mittelschicht bereits gleichgezogen.

Damit hat sich die Aufteilung der Emissionen nach Nord und Süd erledigt. Die Fairness-Frage stellt sich nunmehr innerhalb der alt- und neu-industrialisierten Länder, zwischen deren Oberschicht und Unterschicht, zwischen deren städtischen und ländlichen Regionen. Sämtliche industriellen Länder, ob alt oder neu, haben einen starken Hang zu imperialen Lebensweisen. Sie leben auf Kosten des globalen Südens, sei es innerhalb oder außerhalb der eigenen Landesgrenzen. Somit dreht sich die Forderung nach Gerechtigkeit im Treibhaus nicht darum, die Armen auf das Niveau der Reichen hochzupäppeln, sondern vielmehr darum, den Reichen Schranken zu setzen. Der Rückbau der Emissionen aus fossilen Quellen in einigen Jahrzehnten auf fast null ist ein Gebot der Fairness auf Seiten des globalen Nordens. Das aber impliziert nichts weniger als den grundlegenden Umbau des Energie-, des Verkehrs- und des Landwirtschaftssystems – jedes für sich stellt eine Herkulesaufgabe dar. Ebenso ist es ein Gebot der Fairness, den wirtschaftlich eher schwachen Ländern durch Kooperation und Finanzhilfen beizustehen.

Allerdings kann ein Klimaschutz ohne drastische Minderung des Energieverbrauchs auch die Rechte der Bürgerinnen und Bürger beeinträchtigen, ja sogar die Menschenrechte verletzen. Warum sollte ein Bürger beispielsweise die „Verspargelung" der Landschaft durch Windkraftanlagen ertragen,

---

[3] Greenpeace Deutschland, Grüner Klicken. Zusammenfassung, Hamburg 2016, www.greenpeace.de.
[4] Kemp, Simon, Digital in 2016. We Are Social, London 2016, http://wearesocial.com.
[5] Lucas Chancel und Thomas Piketty, Carbon and Inequality: From Kyoto to Paris, Paris School of Economics (Hg.), Paris 2015, S. 31

wenn auf der anderen Seite zu wenig dafür getan wird, den Energiebedarf insgesamt abzusenken? Und wieso müssen die Menschenrechte der indigenen Völker darunter leiden, wenn ihre Land- und Waldgebiete als CO_2-Senken herhalten müssen? Gerade klimapolitische Programme wie „REDD+" und „BECCS" (Bioenergie in Kombination mit CO_2-Bindung und -Speicherung) bedrohen das Selbstbestimmungsrecht indigener Völker, wenn deren vegetations- und damit CO_2-reichen Territorien als Instrument für die Erzeugung „negativer" Emissionen herhalten müssen, weil anders die „Klimaneutralität" nicht zu erreichen ist. Es wäre sicherlich auch ein Minimalgebot der Fairness, die Lebensaussichten der Bevölkerungen des globalen Südens nicht gleich doppelt zu schmälern: durch den Klimawandel einerseits und durch den Kampf gegen den Klimawandel andererseits.

David gegen Goliath: Der Kampf um Entschädigung

Doch noch ein weiterer Aspekt ist im Sinne der Klimagerechtigkeit zentral: die Frage der Wiedergutmachung für erfolgte Klimaschäden. Das verdeutlicht exemplarisch der Fall des peruanischen Kleinbauern und Bergführers Saúl Luciano Lliuya. Er verklagte kürzlich den Energiekonzern RWE vor dem Landgericht Essen auf Schadensersatz, weil dieser mitschuldig sei am Klimawandel, der seine Heimat bedrohe. Lliuya kommt aus Huaraz, einer kleinen Stadt in den Anden, die von einem Gletscherriesen, dem Huascarán, überragt wird. Da dieser rapide schmilzt, ist das Tal von Huaraz von einem Dammbruch bedroht. RWE fördert und verstromt Kohle in betriebseigenen Kraftwerken in Deutschland und trage daher eine Mitverantwortung für die Erderwärmung; also sollte der Konzern anteilsmäßig für den Schaden aufkommen. Doch das Gericht entschied im Dezember 2016, die Klage nicht zuzulassen; es konnte keinen direkten Zusammenhang zwischen den Aktivitäten des Energiekonzerns und der Gletscherschmelze in Peru feststellen. Sarkastisch lässt sich festhalten: Die Welt geht unter und niemand ist juristisch haftbar.

Von alters her gehört zur Praxis der Gerechtigkeit die Kunst der *iustitia correctiva*, der ausgleichenden Gerechtigkeit. Wer einen Schaden erleidet, muss dafür entschädigt werden. Deshalb ist der Grundsatz „the polluter pays" zu einem berühmt-berüchtigten Prinzip in der Umweltpolitik geworden. Denn gemessen an den Emissionen in der Gegenwart, ist der globale Norden der Verursacher der Erdüberhitzung. Aber auch die historischen Emissionen sind von Belang, weil allein der Norden das Gemeinschaftsgut der Atmosphäre so weit aufgebraucht hat, dass kaum etwas davon übrig ist.

Trotz der grundsätzlichen Anerkennung des Verursacherprinzips ist es nicht gelungen, die Wiedergutmachung von Klimaschäden im Sinne von tatsächlicher Kompensation im Pariser Abkommen zu regeln. Das ist skandalös, erstaunt aber nicht wirklich. Denn die Industriestaaten scheuen den Gedanken der Entschädigung wie der Teufel das Weihwasser. Obwohl die ärmeren Staaten seit Jahren darauf drängen und obwohl die Häufigkeit von Hurrikanen und Dürren dramatisch zunimmt, lehnen sie jede Form der Haftung ab. Bis jetzt findet Wiedergutmachung in der Klimapolitik daher nicht statt. Ähnliches gilt für die Frage der Klimaflüchtlinge. Wiewohl bereits Millionen von Menschen vor Überschwemmungen und Trockenheit fliehen müssen, genießen die aus ihrem Land Geflohenen keinen völkerrechtlichen Flüchtlingsstatus. Kein Staat ist verpflichtet, die Vertriebenen jenseits der Landesgrenzen aufzunehmen – auch nicht die Flüchtlinge eines untergehenden Inselstaates. Ohne internationale Kooperation und Vereinbarungen über feste Schutzkontingente und eine faire Kostenteilung wird die Aussicht massiv steigender Flüchtlingszahlen – im Jahr 2050 könnte es Schätzungen zufolge weltweit bis zu 200 Millionen Migranten aus Klimagründen geben[6] – erst recht zum Horrorszenario. Sonst wird das alte Lied stets seine Fortsetzung finden: Die Unschuldigen werden doppelt getroffen, und das ist potenzierte Ungerechtigkeit.

Immerhin gibt es Fortschritte bei der Anpassung an die Erderwärmung. Paris hat es nochmals bestätigt: Klimaanpassung ist ebenso wichtig wie Klimaschutz. Für diese beiden Aufgaben haben die alten (und sogar einige der neuen) Industrieländer den „Green Climate Fund" eingerichtet mit dem Ziel, bis 2020 jährlich 100 Mrd. US-Dollar zu beschaffen. Doch bislang fließen die Gelder spärlich und haben nur einige Staaten einen Finanzierungsplan vorgelegt. Dabei haben die französischen Ökonomen Thomas Piketty und Lucas Chancel ausgerechnet, dass es ausreichen würde, die Business-Class-Flüge weltweit mit 180 und die Economy-Class-Flüge mit 20 Euro zu besteuern, um einen Fonds in Höhe von 150 Mrd. Euro jährlich finanzieren zu können.[7]

Nichtsdestotrotz sind sich alle darin einig, dass kein Weg an einer proaktiven Anpassung an den Klimawandel vorbeiführt. Ingenieurtechnische Maßnahmen wie der Bau von Deichen und Abwasserkanälen sind dabei ebenso nötig wie eine dem Klimawandel Rechnung tragende Siedlungs- und Flächennutzungsplanung. Dabei können leicht Menschenrechte – das Recht auf Nahrung und eine Wohnung – oder Fragen der Verteilungsgerechtigkeit – wer profitiert von den Anpassungsmaßnahmen? – tangiert werden. Die ganz große Frage ist, wie man eine Politik für die Armen in der Stadt und auf dem Land entwickelt, die zugleich eine größere „climate resilience" einschließt. Investitionen in verdichteten Wohnungsbau und nachhaltige Mobilität in den Städten, Innovationen für eine kleinbäuerliche Landwirtschaft und gesunde Ernährung könnten eine Antwort darauf sein. In einer klugen Politik können sich Dekarbonisierungs- und Anpassungsstrategien ergänzen.

Aber man sollte sich keiner Augenwischerei hingeben: Wer sich für globale Gerechtigkeit einsetzt, wird sich wappnen müssen. Ungerechtigkeit im eigenen Land hat anstelle von Solidarität Fremdenhass und Autoritarismus Auftrieb gegeben, und auf Wohlstandschauvinismus lässt sich keine globale Solidarität aufbauen. Umso dringender ist es, eine breite Allianz für Klimagerechtigkeit zu schmieden und auch die Hauptverursacher der Klimakrise von einem grundlegenden Wandel zu überzeugen – denn die Folgen der Erderwärmung werden letztlich auch auf sie zurückfallen.

---

6 Wissenschaftlicher Beirat der Bundesregierung Globale Umweltveränderungen, Entwicklung und Gerechtigkeit durch Transformation. Sondergutachten, Berlin 2016, S. 37, www.wbgu.de.
7 Chancel/Piketty, a.a.O., S. 39.

Nutzen wir unsere letzte Chance!

Alexandria Ocasio-Cortez und der Kampf für einen Green New Deal

Von **Naomi Klein**

„Ich kann sie nicht ausstehen, diese Leute, die dir dein Auto wegnehmen wollen, deine Flugreisen; die dir Vorschriften machen wie ‚Nimm nach Kalifornien gefälligst den Zug‘ oder dir sagen ‚Du darfst keine Kühe mehr halten'!" So tönte US-Präsident Donald Trump im Frühjahr 2019, als er in El Paso im Wahlkämpferstil seine erste Salve gegen den „Green New Deal"-Entschließungsantrag abfeuerte. Eingebracht wurde die Vorlage von der Abgeordneten Alexandria Ocasio-Cortez und Senator Ed Markey, beide gehören der Demokratischen Partei an.

Diesen Auftritt Trumps sollte man sich merken. Er könnte im Nachhinein berühmt werden, als die sprichwörtlich letzten Worte eines Präsidenten, der dann nicht wiedergewählt wurde. Weil er nämlich maßlos unterschätzte, wie sehr die Öffentlichkeit nach Wandel geradezu hungert, nach entschlossenem Handeln gegen die dreifache Krise unserer Zeit: die sich anbahnende ökologische Katastrophe, die schreiende wirtschaftliche Ungleichheit (einschließlich der gewaltigen Einkommensunterschiede aufgrund der „Rassen"- oder Geschlechtszugehörigkeit, die unser Land spalten) und die grassierende Wahnvorstellung einer „white supremacy" (weißen Vorherrschaft).

Ebendiese Worte Trumps könnten aber dereinst auch auf dem Grabstein einer vormals bewohnbaren Erde stehen, sollte es dieser Präsident mit seinen Lügen und Einschüchterungstaktiken schaffen, die dringend gebotene Klimawende zu hintertreiben. Gelingt ihm dies, könnte es entweder zu seiner Wiederwahl beitragen oder uns einen ängstlichen Demokraten im Weißen Haus bescheren, der weder den Mut noch das Mandat zu tiefgreifenden Veränderungen hat. Beide Szenarien laufen darauf hinaus, die wenigen Jahre zu vergeuden, die uns für die ökologische Wende noch bleiben. Ohne sie aber nähme der Temperaturanstieg katastrophale Ausmaße an.

In einem wegweisenden Bericht vom Oktober 2016 gab der UN-Weltklimarat (IPCC) bekannt, dass uns für die erforderliche Halbierung der weltweiten Emissionen nicht einmal mehr zwölf Jahre bleiben. Dieses Ziel ist schlichtweg unerreichbar, wenn die weltgrößte Volkswirtschaft, deren Verhalten letztlich den Ausschlag gibt, keine Führungsrolle übernimmt. Selbst wenn es im Januar 2021 eine neue Regierung geben sollte, die tatsächlich in diese

Rolle schlüpft, wäre es immer noch außergewöhnlich schwierig, dieses Ziel zu erreichen. Es bliebe aber immerhin technisch möglich – besonders dann, wenn große Städte und Staaten wie Kalifornien und New York sich stärker engagieren, und zwar jetzt, ab sofort. Weitere vier Jahre an einen Republikaner oder einen konzernhörigen Demokraten zu verlieren und erst 2026 an den Start zu gehen – das wäre ganz einfach ein Witz.

Also hat entweder Trump recht und der Green New Deal ist ein Verlierer-Projekt, dem er auf seine schmierige Art den Garaus machen kann. Oder er täuscht sich gewaltig und ein Kandidat, der den Green New Deal ins Zentrum seines Wahlprogramms rückt, gewinnt die Präsidentschaftskandidatur der Demokraten, um dann Trump aus dem Weißen Haus zu werfen. Er oder sie zöge dort mit einem klaren demokratischen Mandat ein, vom ersten Tag an gegen unsere Dreifachkrise mit derart massiven Investitionen anzugehen, wie man sie sonst nur in Kriegszeiten kennt. Sehr wahrscheinlich würde das den Rest der Welt inspirieren, dem Beispiel zu folgen und sich ebenfalls zu einer energischen Klimapolitik durchzuringen. Dann hätten wir alle in diesem Kampf wenigstens noch eine Chance.

Das sind die – so oder so folgenschweren – Optionen, vor denen wir stehen. Wie die Sache ausgeht, hängt davon ab, welche Aktionen die sozialen Bewegungen in den nächsten beiden Jahren unternehmen. Es geht hier nämlich um Fragen, die nicht allein durch Wahlen geklärt werden. Im Kern geht es darum, politische Macht zu entwickeln – genug Macht, um möglich zu machen, was bislang unmöglich scheint. Darin bestand schon die Lehre des ursprünglichen New Deal, und es wäre klug, wenn wir uns hier und heute auf sie besinnen.

Der Impuls sozialer Bewegungen

Alexandria Ocasio-Cortez hat sich dafür entschieden, den Green New Deal nach dem Vorbild des historischen Programmpakets von Präsident Franklin D. Roosevelt zu gestalten. Dabei war ihr durchaus klar, dass die Mobilisierung diesmal dem gleichnamigen Vorbild insofern nicht folgen darf, als dieses viele gefährdete Gruppen ausschloss und weiter marginalisierte. So übergingen diverse New-Deal-Programme Landarbeiter und Hausangestellte (darunter viele Schwarze), mexikanische Einwanderer (von denen in den 1930er Jahren rund einer Million die Abschiebung drohte) und die indigene Bevölkerung (für die es zwar einige Verbesserungen gab, deren Landrechte aber gleichzeitig sowohl durch massive Infrastrukturvorhaben als auch durch bestimmte Naturschutzmaßnahmen verletzt wurden).

Tatsächlich fordert Ocasio-Cortez' Entschließungsantrag die Behebung dieser und anderer Ungerechtigkeiten. Eines seiner Hauptziele sei es, „bestehende Formen der Unterdrückung zu beenden, künftigen vorzubeugen und historisches Unrecht wiedergutzumachen". Als Betroffene nennt die Resolution „indigene Menschen, farbige und Migranten-Communities, die Bewohner deindustrialisierter Gebiete und entvölkerter ländlicher Gemeinden, Arme, schlecht bezahlte Arbeiter, Frauen, Alte, Obdachlose, Behinderte und Jugendliche".

Ich habe schon früher darüber geschrieben, warum der alte New Deal trotz aller Mängel ein nützlicher Prüfstein für die umfassende klimapolitische Mobilisierung ist, in der unsere einzige Hoffnung auf einer rechtzeitigen Absenkung der Emissionen besteht. Das liegt großenteils daran, dass es dafür so wenige historische Präzedenzfälle gibt (abgesehen von militärischen Mobilisierungen, die sich von oben anordnen lassen). Es fehlen Beispiele, die zeigen, wie jeder Lebensbereich – vom Forstwesen über den Bildungssektor und die Künste bis zum Wohnen und zur Elektrifizierung – unter dem Schirm einer zentralen, die ganze Gesellschaft mobilisierenden Aufgabenstellung transformiert werden kann.

Ebendeshalb ist es so wichtig, daran zu erinnern, dass auch seinerzeit ohne den massiven Druck sozialer Bewegungen nichts erreicht worden wäre. Roosevelt entschied sich für den New Deal angesichts einer historischen Welle von Arbeitskämpfen: Da gab es 1934 die Rebellion der Transportarbeiter, der Teamsters, und den Generalstreik in Minneapolis; den Streik der Hafenarbeiter an der Westküste im gleichen Jahr, der 83 Tage dauerte und die Häfen dort faktisch stilllegte; schließlich auch die Sitzstreiks der Automobilarbeiter von Flint 1936 und 1937. Im gleichen Zeitraum forderten Massenbewegungen umfassende Sozialprogramme wie Social Security und Arbeitslosenversicherung, womit sie auf das Elend der Großen Depression reagierten. Sozialistische Stimmen plädierten in jenen Jahren sogar dafür, stillgelegte Fabriken den Beschäftigten zu übergeben und in Kooperativen umzuwandeln. Upton Sinclair, der Verfasser des sozialkritischen Enthüllungsromans „Der Dschungel", kandidierte 1934 für das Gouverneursamt in Kalifornien. In seinem Wahlprogramm erklärte er, der Schlüssel zur Überwindung der Armut sei die staatliche Finanzierung von Arbeiterkooperativen. Sinclair erhielt fast 900 000 Stimmen, aber nach bösartigen Angriffen der Rechten verfehlte er, vom demokratischen Establishment hängen gelassen, knapp das Gouverneursamt.

Roosevelt entschied sich für den New Deal also in einer Zeit enormer progressiver und linker Militanz, die seine – nach heutigen Maßstäben radikalen – Programme seinerzeit als das einzige Mittel erscheinen ließen, eine ausgewachsene Revolution aufzuhalten.

Das erinnert uns auch daran, dass der New Deal nicht allein als Projekt, sondern ebenso sehr als Prozess zu verstehen ist. Unter dem sozialen Druck sowohl von rechts wie von links veränderte er sich ständig und weitete sich dabei immer mehr aus. So beschäftigte beispielsweise das Civilian Conservation Corps anfangs 200 000 Arbeiter. Aber als sich zeigte, wie populär dieses Arbeitsbeschaffungsprogramm war, wurde es schließlich auf mehrere Millionen Menschen ausgeweitet. Aus ebendiesem Grund fallen die Schwächen der Resolution von Ocasio-Cortez und Markey – von denen es einige gibt – weit weniger ins Gewicht als die Tatsache, dass sie so vieles exakt auf den Punkt bringt. Schließlich bleibt jede Menge Zeit, einen Green New Deal zu verbessern und zu korrigieren, wenn er erst einmal in Gang gesetzt ist.

(Wichtig wäre beispielsweise, ausführlicher auf die unterirdische CO_2-Speicherung einzugehen oder darauf, dass Kernenergie und Kohle niemals „sauber" sein können.) Aber die Chance, diese Wende überhaupt erst einzuleiten, bekommen wir wohl kein zweites Mal.

Unauflösbar verbundene Krisen

Ernüchternd ist allerdings eine andere Lektion: Die Macht massenhafter Mobilisierung, die die Siege der New-Deal-Ära zustande brachte, liegt weit jenseits der Möglichkeiten, über die progressive Bewegungen derzeit verfügen, selbst wenn sie alle vereint vorgingen. Ebendeshalb kommt es so dringend darauf an, das Rahmenwerk des Green New Deal als starkes Mittel zu nutzen, um vergleichbare Macht zu entwickeln – als eine Vision, wie die Bewegungen zugleich vereint und dramatisch ausgeweitet werden können.

Eine der dringendsten Aufgaben ist dabei folgende: Was heute noch als Sammelsurium linksradikaler Phantasien oder bloße Wunschliste lächerlich gemacht wird, muss in eine zugkräftige Zukunftsstory umgewandelt werden. Es gilt, die Verbindungslinien zwischen den vielen veränderungsbedürftigen Aspekten des täglichen Lebens herauszuarbeiten – vom Gesundheitswesen zu den Arbeitsverhältnissen, von der Kinderbetreuung zu Haftbedingungen, sauberer Luft und Freizeitverhalten.

Dass die Resolution von Ocasio-Cortez und Markey sich auf den ersten Blick wie eine Wunschliste liest, liegt daran, dass Entschließungen des Repräsentantenhauses nun einmal listenförmig strukturiert sind – buchstabenweise sortierte und durchnummerierte Sequenzen, die stets mit Formeln wie „In Anbetracht dessen" oder „Entschlossen, dies oder jenes zu tun" beginnen. Der Resolution ist auch vorgeworfen worden, sie sei zusammengewürfelt wie der Inhalt einer Grabbelkiste. Das liegt wohl daran, dass man den meisten von uns beigebracht hat, eine systemische und historische Analyse des Kapitalismus zu vermeiden und so ziemlich jede Krise, die unser System erzeugt, in sauber getrennte Fächer zu sortieren – von wirtschaftlicher Ungerechtigkeit über Gewalt gegen Frauen bis zu „white supremacy", nicht enden wollenden Kriegen und Umweltzerstörung. Wer so engstirnig denkt, hat natürlich kein Problem damit, eine umfassende und bereichsübergreifende Vision wie den Green New Deal abzutun als grün eingefärbte „Einkaufsliste" für alles, was die Linke je gefordert hat.

Aber nachdem es die Resolution jetzt gibt, müssen ihre Unterstützer zur Klärung darüber beitragen, dass – und wie – unsere einander überlappenden Krisen tatsächlich unauflösbar miteinander verknüpft und nur mit einer ganzheitlichen Vision sozialer und ökonomischer Transformation zu überwinden sind. Genau das geschieht bereits. So gab beispielsweise Rhiana Gunn-Wright, politische Leiterin einer neuen, hauptsächlich mit dem Green New Deal befassten Denkfabrik, im Frühjahr 2019 einen wichtigen Hinweis: So wie im Zuge der ökonomischen Mobilisierung während des Zweiten Weltkriegs Tausende umzogen, um Arbeit zu finden, würden voraussichtlich wiederum viele Menschen den Wohnort wechseln, um bei der Revolution erneuerbarer Energien mitmachen zu können. Und wenn das geschieht, „bedeutet die Entkopplung der Gesundheitsversorgung vom Beschäftigungsverhältnis, dass die Menschen auf der Suche nach besseren Jobs tatsächlich umziehen können, um den schlimmsten Auswirkungen der Klimakrise zu entkommen *und* zugleich wieder Arbeit finden, ohne sich schlechter zu stellen."

Massiv in das öffentliche Gesundheitswesen zu investieren, ist also auch deshalb so wichtig, weil wir, gleichgültig wie schnell wir die Emissionen senken, mit immer höheren Temperaturen und immer heftigeren Stürmen rechnen müssen. Wenn diese Stürme auf Gesundheitseinrichtungen und Stromnetze prallen, die jahrzehntelang kaputtgespart wurden, müssen Tausende mit ihrem Leben dafür bezahlen, so wie 2017 in Puerto Rico.

Und es lassen sich zahlreiche weitere Verbindungslinien ziehen. Wer sich etwa darüber beklagt, die Klimapolitik würde durch vermeintlich sachfremde Forderungen nach verbessertem Zugang zu Gesundheits- und Bildungseinrichtungen beeinträchtigt, täte gut daran, sich an folgendes zu erinnern: Sorge- und Pflegeberufe, in denen zumeist Frauen arbeiten, verursachen relativ wenig CO_2-Emissionen, die sogar noch weiter verringert werden könnten. Sie verdienen es also, als „grüne Jobs" betrachtet zu werden und sollten in den Genuss der gleichen Schutzvorkehrungen, der gleichen Investitionen und gleich auskömmlicher Entlohnung kommen wie die vorwiegend männlichen Beschäftigten in Sektoren wie Erneuerbare Energien, Effizienzsteigerung und öffentliche Verkehrsmittel. Und um die männliche Dominanz in diesen Sektoren zu verringern, sind, wie Gunn-Wright betont, bezahlte Elternzeit und gleiche Entlohnung unverzichtbar. Auch deshalb enthält die Resolution diese Forderungen.

Es wird gewaltiger Anstrengungen in Sachen partizipatorische Demokratie bedürfen, diese Verbindungslinien so zu verdeutlichen, dass sie die Phantasie der Öffentlichkeit wecken. Ein erster Schritt wäre, dass jeder vom Green New Deal betroffene Bereich – darunter Krankenhäuser, Schulen und Universitäten – seinen eigenen Plan zur beschleunigten Dekarbonisierung ausarbeitet und gleichzeitig die erstrebte Abschaffung der Armut, die Schaffung guter Jobs und die Schließung der durch „Rassen"- und Genderzugehörigkeit bedingten Wohlstandskluft fördert.

Mein Lieblingsbeispiel für eine solche gelungene Verbindung stammt von der kanadischen Postgewerkschaft. Die hat einen kühnen Plan entwickelt, der vorsieht, alle Postämter in Kanada in Aktionszentren für eine gerechte grüne Transition zu verwandeln. Stellt euch vor: Sonnenkollektoren auf dem Dach, Ladestationen draußen vor der Tür, eine Flotte elektrisch angetriebener Fahrzeuge aus heimischer Produktion, mit denen die Gewerkschaftsmitglieder nicht nur Post zustellen, sondern auch lokale Produkte und Medizin ausfahren, verbunden mit Hausbesuchen bei Senioren – das alles subventioniert aus den Postbankgewinnen.

Um die Machbarkeit eines Green New Deal – der ja ausdrücklich zu solchen dezentralen Initiativen aufruft – zu demonstrieren, sollten Beschäftigte jetzt überall in den Vereinigten Staaten ähnlich visionäre Pläne für ihre

Arbeitsstätten entwickeln. Wenn das die Leute dann 2020 nicht in Scharen an die Wahlurnen bringen wird – ja was denn sonst?

Die Gewerkschaft und die Brennstoff-Lobby

Man hat uns beigebracht, unsere Probleme in Schubladen zu sortieren, aber da haben sie nie hineingehört. In Wirklichkeit sind die Auswirkungen des Klimawandels auf buchstäblich jeden Aspekt unseres Lebens derart weitgehend und umfassend, dass ich hier gar nicht erst anfangen kann, sie aufzuzählen. Doch einige eklatante Zusammenhänge, die eigentlich ins Auge springen, aber dennoch von vielen übersehen werden, muss ich zumindest andeuten.

Arbeitsplatzgarantien beispielsweise sind durchaus kein willkürlich in den Green New Deal hineingeschmuggelter sozialistischer Sonderwunsch, sondern ein entscheidend wichtiger Bestandteil desselben, wenn eine rasche, gerechte Transition gelingen soll. Sie würden sofort den ungeheuren Druck vermindern, der Arbeiter nötigt, jene Art von Jobs anzunehmen, die unseren Planeten destabilisieren. Alle könnten sich dann die Zeit nehmen, die sie für eine Umschulung brauchen – und dafür, Arbeit in einem der vielen Sektoren zu finden, die durch den Green New Deal enorm expandieren werden.

Dies wiederum würde den Einfluss schädlicher Akteure wie der Laborers' International Union of North America (LIUNA) mindern, die entschlossen sind, die Arbeiterbewegung zu spalten und die Erfolgsaussichten dieser historischen Kraftanstrengung zu sabotieren. LIUNA hat sich von Anfang an gegen den Green New Deal gewandt. Dabei enthält der Entschließungsantrag nicht nur das Recht, sich zu organisieren, sondern auch stärkere Schutzbestimmungen für Gewerkschaften als irgendein anderer Vorstoß, der in den letzten drei Jahrzehnten aus Washington kam. So spricht er Arbeitern kohlenstoffintensiver Branchen das Recht zu, an der Umstellung demokratisch zu partizipieren und Arbeitsplätze in sauberen Sektoren bei gleicher Entlohnung und gleichem Sozialleistungsniveau zu erhalten.

Für eine Gewerkschaft wie die LIUNA, die Bauarbeiter organisiert, gibt es keinerlei vernünftigen Grund, sich gegen das absehbar größte Infrastrukturprojekt des Jahrhunderts zu wenden. Es sei denn, LIUNA ist – und genau danach sieht es aus – tatsächlich eine als Gewerkschaft verkleidete Abteilung der Fossile-Brennstoffe-Lobby oder bestenfalls eine „gelbe", unternehmerkontrollierte Gewerkschaft. Hier haben wir es mit der gleichen Sorte Gewerkschaftsführer zu tun, die rücksichtslos für den Bau der extrem umweltschädlichen Keystone-XL-Pipeline kämpften und die sich (zusammen mit diversen anderen Baugewerkschaftsführern) mit Trump an dessen erstem Arbeitstag im Weißen Haus zusammentaten, dort für ein Erinnerungsfoto posierten und den Amtsantritt des neuen Mannes als „großartigen Augenblick für werktätige Männer und Frauen" feierten.

Es ist an der Zeit, dass die übrige Arbeiterbewegung sie stellt und isoliert, bevor sie noch mehr Schaden anrichten können. Je mehr sich gewerkschaftlich organisierte Bereiche wie Bildungswesen, Pflege und Industrieproduktion den Green New Deal zu eigen machen, indem sie zeigen, wie er die betreffenden Arbeitsstätten zum Besseren wandeln kann, und je mehr alle Gewerkschaftsführer begreifen, welchen Mitgliederzulauf der Green New Deal ihnen bringen könnte, desto besser werden sie für diese unvermeidlich bevorstehende Auseinandersetzung gewappnet sein.

Ein Ethos der Heilung

Eine Verbindungslinie, die ich hier aufzeigen möchte, hängt mit dem Begriff „repair" zusammen, im Sinne von Reparatur, Heilung, Wiedergutmachung. Die Resolution von Ocasio-Cortez und Markey fordert die Schaffung gut bezahlter Jobs mit der Aufgabe, „bedrohte, gefährdete und fragile Ökosysteme wiederherzustellen und zu schützen". Zugleich sollen „vorhandener Gefahrenmüll entsorgt und aufgegebene Standorte gesäubert werden, um wirtschaftliche Entwicklung und Nachhaltigkeit der betreffenden Gebiete zu gewährleisten".

In den Vereinigten Staaten gibt es viele derartige Standorte, ganze Landschaften, die der Verödung überantwortet wurden, als es für Fracker und Bergbaubetreiber dort nichts mehr zu bohren, nichts mehr zu holen gab. Das entspricht ziemlich genau der Art und Weise, wie diese Kultur mit Menschen umgeht. Genau das hat man in neoliberalen Zeiten so vielen Arbeitern angetan: Man hat sie ausgenutzt, abgenutzt und am Ende verzweifelt und suchtkrank zurückgelassen. Der gesamte *carceral state*, unser ausuferndes Haftsystem, funktioniert so: Hier werden große Teile der Bevölkerung eingesperrt, Menschen, die als Häftlingsarbeiter und als Nummer in der Kalkulationstabelle eines Privatgefängnisses ökonomisch nützlicher sind als in Freiheit. Selbst der alte New Deal verfuhr so, als er schwarze, braune und weibliche Arbeitskräfte in großer Zahl ausschloss und einfach ihrem Schicksal überließ.

Hier wartet eine großartige Geschichte über die Pflicht „zu heilen" und „wiedergutzumachen" darauf, erzählt zu werden – über die Heilung unseres Verhältnisses zur Erde und unseres Umgangs miteinander, die Heilung der tiefen Wunden, die schon seit der Gründung unseres Landes schwären. Denn es stimmt zwar, dass der Klimawandel durch den exzessiven Ausstoß von Treibhausgasen in die Erdatmosphäre verursacht wird. Aber in einem tieferen Sinne resultiert diese Krise aus einer extraktivistischen Geisteshaltung – aus einer Einstellung, die sowohl die Natur als auch die Mehrheit derer, die in ihr leben, als bloße Ressourcen betrachtet, die man verbraucht und anschließend auf den Müll wirft. Ich nenne das die „gig and dig"-Ökonomie[1] und bin zutiefst überzeugt, dass wir aus dieser Krise nicht ohne eine grundlegend veränderte Weltsicht herausfinden werden. Wir brauchen einen Wandel, der an die Stelle des „gig and dig" einen Ethos der Sorge und der Heilung setzt.

---

1 „Gig" steht für verschiedene Kleinaufträge, beispielsweise als Uber-Fahrer, und „dig" für das Ausgraben endlicher Ressourcen. – Anm. d. Red.

Bioökonomie: Wie eine grüne Idee gekapert wird

Von **Christiane Grefe**

Bioökonomie: Von der Öffentlichkeit kaum bemerkt, macht sie seit einigen Jahren Karriere, in den USA, in Europa und zunehmend weltweit. Wenn Politiker und Manager darüber reden, dann greifen sie regelmäßig tief ins Repertoire der politischen Superlative – und reden von der „Wirtschaftsform des 21. Jahrhunderts", einer „neuen Welle zur Globalisierung der Wirtschaft", der „nächsten Stufe der industriellen Revolution". So viel immerhin ist sicher: Die Bioökonomie-Strategien stehen im Mittelpunkt zentraler Zukunftsfragen. Ihr Kernziel sei, die „wissensbasierte Erzeugung und Nutzung nachwachsender Ressourcen, um Produkte, Verfahren und Dienstleistungen in allen wirtschaftlichen Sektoren im Rahmen eines zukunftsfähigen Wirtschaftssystems bereitzustellen",[1] so lautet die offizielle Definition der Bundesregierung. Alles was wächst und lebt, soll mit Hilfe einer Vielzahl neuer Technologien besser erforscht und effizienter, intelligenter, gesünder, mit neuen Eigenschaften und Vorteilen für die Verbraucher genutzt werden.

Dabei will die Bioökonomie zugleich die ökologisch schädlichen Folgen des Wirtschaftens begrenzen, ja beseitigen. Zentrales Ziel ist es, fossile Rohstoffe zu ersetzen. Und das heißt auch: riskante Agrargifte und Ressourcen zu sparen, die Ernährung verantwortungsvoll zu verändern, dem Klimawandel entgegenzuwirken, Ackerbau und Viehzucht tiefgreifend umzugestalten.

In einer „umfassenden Neugestaltung des Wirtschaftssystems" soll eine ganze Vielzahl von Schlüsselbranchen rundum erneuert werden: Land- und Forstwirtschaft, Energie-, Chemie- und Nahrungsmittelindustrie. Laut jüngsten Zahlen des agrarwissenschaftlichen Beratergremiums der Europäischen Union, SCAR, arbeiten in der EU in allen Bereichen der Bioökonomie rund 19 Millionen Menschen.[2] Zwei Billionen Euro setzten ihre Branchen schon heute jedes Jahr um, behauptet die Kommission. Zwar ist diese Zahl womöglich bewusst hoch angesetzt, um das Thema aufzuwerten, doch sie zeigt die ganze Breite des angestrebten Wandels.[3] Tatsächlich sehen auch einige Kritiker

---

1 Bundesministerium für Bildung und Forschung und Bundesministerium für Ernährung und Landwirtschaft: Bioökonomie in Deutschland. Chancen für eine biobasierte und nachhaltige Zukunft, Berlin 2014.
2 Sustainable Agriculture, Forestry and Fisheries in the Bioeconomy: A Challenge for Europe. 4th SCAR Foresight Exercise, Generaldirektion für Forschung und Innovation der EU, Brüssel 2015.
3 European Commission, Strategy for „Innovating for Sustainable Growth: A Bioeconomy for Europe", http://ec.europa.eu, Februar 2012; „Da wird noch jeder Getränkekastenlieferant mitgezählt", frotzelt Benedikt Härlin von der Zukunftsstiftung Landwirtschaft.

bereits „das neue große Ding" auf sich zukommen: Auf pflanzlicher Grundlage sollen „bioraffiniert" Kraftstoffe für Fahr- und Flugzeuge entwickelt werden, die Erdöl vielleicht doch noch mit geringeren Emissionen ersetzen können. Grüne Baumaterialien, zum Beispiel aus dem von Natur aus faserverstärkten Holz, sollen global wachsende Städte klimafreundlich errichten, neue biotechnologische Verfahren und Materialien Umweltschäden und sozialer Ausbeutung in den Warenströmen der Weltgesellschaft entgegenwirken. Ein Gerbstoff zum Beispiel, der aus Olivenblättern gewonnen und optimiert wurde, könnte das hochgiftige Chrom ersetzen und künftig verhindern, dass die Armen in der Leder- und Schuhindustrie Bangladeschs weiter an Lungenschäden, Hautkrankheiten und Krebs erkranken. Diesen Wandel in Richtung einer Wirtschaftsweise, die von der Mobilität bis zur Ernährung „Nachhaltigkeit und Wachstum versöhne", gelte es „zu beschleunigen und in der Breite zu verankern", kündigt die Forschungsministerin Johanna Wanka an. Die Botschaft des Ministeriums: Das fossile Zeitalter lassen wir hinter uns.

Noch gründet unser Wohlstand auf Kohle, Gas und vor allem Erdöl. Doch künftig sollen sich alle Ressourcen- und Energiequellen erneuerbar wandeln. Wind und Photovoltaik werden dabei zwar die wichtigste Rolle spielen, doch auch Biomasse wird bedeutsam bleiben. Derzeit leistet sie in Deutschland mit 61 Prozent den größten Beitrag zur Endenergie aus erneuerbaren Quellen. Der hohe Anteil ergibt sich daraus, dass 87 Prozent der regenerativen Wärme aus Biomasse kommt, vor allem aus Holz. Beim Verkehr liefern Pflanzen sogar rund 91 Prozent der erneuerbaren Energie.[4] Auch bei Materialien für Bau oder Kleidung setzt die Bundesregierung stärker auf biogene Ressourcen. Und in der chemischen Industrie: Da werden in Deutschland immer noch 71 Prozent der Grundstoffe aus Naphta und Erdölderivaten und 14 Prozent aus Erdgas erzeugt, und nur 13 Prozent stammen aus nachwachsenden Rohstoffen. Mit der Energiewende soll also nach dem Willen der Bundesregierung zugleich eine Chemiewende, eine stoffliche Wende, auch eine Agrar- und Ernährungswende gestaltet werden. Und nicht nur im eigenen Land, sondern in weltweitem Handels- und Technologieaustausch.

»Peak Everything«: Die zentrale Herausforderung der Bioökonomie

Wie dringlich der Abschied von den fossilen Energieträgern ist, muss man nach dem klima- und nachhaltigkeitspolitischen Schlüsseljahr 2015 kaum mehr beschreiben. Der G7-Gipfel, die neuen Nachhaltigkeitsziele der Vereinten Nationen, das UN-Klimaschutzabkommen von Paris: Nach Jahrzehnten, die viele politische Abkommen und Initiativen brachten und dennoch ökologischen Rückschritt, standen die großen Umweltkrisen mit gleich mehreren Großkonferenzen ganz oben auf der politischen Agenda.

Allem voran der Klimawandel, der immer noch im Futur beschrieben wird, dabei ist er längst bitter erfahrene Gegenwart. Ohne Ausnahme lie-

---

4 Umweltbundesamt: Erneuerbare Energien in Zahlen, www.umweltbundesamt.de.

gen die globalen Temperaturen seit den 1980er Jahren jeweils über dem Durchschnitt der Vorjahre. Ob in Pakistan, Indien oder Mosambik, ob in Kalifornien oder an der Elbe: In vielen Regionen erleben die Menschen Jahrhundertstürme, Jahrhundertdürren, Jahrhundertfluten in immer kürzeren Abständen. An die alten Bauernregeln kann man sich nicht mehr halten, weil saisonale Rhythmen wie Regenzeiten und Temperaturschwankungen von Indien bis Irland unberechenbar geworden sind. Auch Konflikte um schwindende Wasserressourcen sind bereits Realität. Viele Wissenschaftler sehen uns auf dem Weg zu einer Drei- oder Vier-Grad-Anarchie.

Um sie noch abzuwenden, fordert der Weltklimarat IPCC nicht mehr nur, CO_2-Emissionen zu vermeiden, sondern der Atmosphäre sogar Kohlenstoff zu entziehen. Den größten Teil der Vorräte an fossilen Energieträgern müsse die Menschheit dort lassen, wo die Evolution sie deponiert hat: im Boden. Daran halten sich bislang jedoch nicht mal die Staaten, die es sich leisten können, wie die USA oder Kanada. Im Gegenteil: Dort ist seit Jahren ein neuer fossiler Industrialisierungsrausch in Gang. Doch dass Öl und Gas mit gigantischem Aufwand aus dem Meeresgrund gepresst, aus tiefen Gesteinsschichten gesprengt, mit Helikoptern aus den entlegensten Dschungeln geholt oder in den Naturschutzgründen der Arktis gesucht werden muss, zeigt, dass der Peak Oil mit höchster Wahrscheinlichkeit hinter uns liegt. Selbst wenn der Klimavertrag von Paris die Kehrtwende einleitet: Noch setzen sich die unmittelbaren Umweltzerstörungen durch das Erdöl fort. Auch deshalb muss sich die Suche nach Alternativen zu den fossilen Quellen beschleunigen.

Zentralbereich Landwirtschaft

Das will die Bioökonomie, und es ist besonders herausfordernd bei dem innersten Stamm, der sie trägt: der Landwirtschaft. Wie sehr diese im Zentrum aller Krisen steht, bekam die Weltgemeinschaft 2007 zu spüren. Damals stiegen die Preise für Nahrungsmittel in unerwartete Höhen auch aus dem Grund, dass der hohe Ölpreis, niedrige Lagerbestände und Dürren in mehreren Weltregionen zusammentrafen. Kunstdünger und Agrarchemie auf fossiler Grundlage, energieintensive Landmaschinen: Alles wurde teurer. Regelrechte Hungerrevolten von Mexiko über Ägypten bis nach Indien rückten die Feldarbeit nach jahrzehntelanger urbaner Naturvergessenheit wieder ins Bewusstsein der Weltöffentlichkeit. Weltweit leiden zudem Bauern unter dem Klimawandel, aber die Agrarproduktion ist zugleich einer seiner wichtigsten Treiber. Mehr als ein Drittel der Treibhausgas-Emissionen gehen auf die Landwirtschaft und die Entwaldung zurück. Laut der Welternährungsorganisation FAO sind die Emissionen vom Acker allein zwischen 2000 und 2010 von 4,7 Mrd. Tonnen sogenannter CO_2-Äquivalente um 14 Prozent auf 5,3 Mrd. Tonnen im Jahr 2011 gestiegen[5] und seither immer weiter. Der Klimawandel sei „die Summe aller Fehler", so hat es die indische Umwelt-

---

5 Food and Agriculture Organisation of the United Nations, Agriculture's greenhouse gas emissions on the rise, www.fao.org.

schützerin Sunita Narain formuliert, die Komplexität erfassend und doch ganz einfach. In der Landbewirtschaftung konnte man die Folgen dieser Fehler schon materiell in Augenschein nehmen und messen, lange bevor die unsichtbaren Zusammenhänge des Treibhauseffektes verstanden und offiziell anerkannt wurden. Es waren und sind Fehler wie die Entwaldung, der Mais- und Sojarausch für eine hochkonzentrierte Tierzucht, die Trockenlegung der Moore oder die Übernutzung der Böden, die an manchen Orten bis zu 16 Mal schneller erodieren, als sie sich wieder erneuern können.

Und ein Gipfel nach dem anderen rückt näher: Peak Phosphor, Peak Boden, Peak Wasser, Peak Agrarland. Peak Forest: Auch Wälder schrumpfen noch immer, allein im Jahr 2014 gingen 18 Mio. Hektar verloren und damit ihre Fähigkeit, zu kühlen, Tausenden von Arten einen Lebensraum zu bieten und Wasser zu speichern. Bei vielen Ressourcen des Planeten sind die Grenzen überschritten. Der „Earth Overshoot Day",[6] zu Deutsch: „Erdüberlastungstag", an dem die Menschheit die ökologisch vertretbare Menge an Wasser, Biodiversität oder fossiler Energie in Anspruch genommen hat, wurde 2014 bereits im August markiert und 2019 sogar schon im Juli. 795 Millionen Erdbewohner haben nicht genug zu essen; ja wahrscheinlich sind es mehr, denn die FAO hat ihre Schätzungen seit 2011 auch durch neue Berechnungsgrundlagen gesenkt.

Kurzum: Mit welchen Anbaumethoden und Produkten, in welchen Versorgungsstrukturen sollen die ländliche Bevölkerung und die wachsende Zahl anspruchsvoller Städte von China bis Mexiko ernährt werden?

Einseitiger Fokus auf neue Technologien

Für diese Herausforderungen wollen die Visionäre der Bioökonomie Lösungen finden, und zwar so, dass alle Wechselwirkungen gesehen werden: Der Mensch soll die Natur nachhaltig nutzen und dabei gleichzeitig Klima und Umwelt schützen. Der Fokus bei den Auswegen der Bioökonomie liegt auf neuen Technologien. So sollen Hochschulen und Saatgutkonzerne neue Sorten von Nahrungspflanzen entwickeln, die anspruchslos auf salzigen, trockenen oder verarmten Böden gedeihen. Die Landwirtschaft richten sie mit „Präzisionsfarming" neu aus, „Nutraceuticals" sollen Lebensmittel gezielt mit Nährstoffen anreichern. Andere Forscher experimentieren mit einer vegetarischen Ernährung, die nach richtigem Fleisch schmeckt.

Zudem wird weltweit mit Bioraffinerien experimentiert. Ähnlich wie Ölraffinerien wandeln sie jedoch Feldfrüchte wie Mais, Weizen oder Zuckerrübe, dazu Abfälle in niedermolekulare Kohlenwasserstoffe um. Daraus werden Aromen für die Nahrungsmittelindustrie, Pflanzenfasern für Dämmstoffe, Möbel oder Kleidung, Ausgangsstoffe für Medikamente, die Kunststoff- und Plastikproduktion und andere Bereiche der Chemieindustrie zusammengebaut, und wie nebenbei soll zugleich CO_2-frei Energie entstehen. Auch

---

6 Earth Overshoot Day, www.footprintnetwork.org.

daran, dass diese Vision sich verwirklicht, arbeiten die Pflanzenzüchter im Vorfeld mit. Bei ihrer Suche nach den besten Sorten wählen sie nicht mehr nur die ertragreichsten aus, sondern Eigenschaften, die der späteren Verarbeitung nützen. Was die Natur nicht schon selbst im Repertoire hat, das soll auf biotechnologischem Wege von einer Art auf eine andere übertragen oder mit Methoden der „synthetischen Biologie" im Labor optimiert werden.

Als Helfer für die „industrielle Biotechnologie" werden überdies die kleinsten Lebensformen entdeckt und zielstrebig umgebaut. Mikrobiologen erobern immer mehr Hefe-, Bakterien- und Pilzstämme und ihre Fähigkeiten wie einen neuen Kontinent. Solche Mikroorganismen sollen alles können: Insekten aus dem Feld verscheuchen, dem Boden oder dem menschlichen Darm mehr Abwehrkräfte verleihen, vergiftete Gelände sanieren oder Kohlenhydrate in Treibstoff verwandeln. Beim „Pharming" will man billige Medikamente in Nutzpflanzen herstellen, aus Mikroalgen eine ganze Palette von Grundstoffen für die Chemie- und Ernährungsindustrie entwickeln. So umfasst die Bioökonomie – in den Ländern jeweils unterschiedlich gewichtet – alle Facetten der Biotechnologie und der Gentechnik: Die „rote" Biotechnologie im Bereich der Medizin; sie ist am weitesten fortgeschritten. Die „weiße" Biotechnologie, welche die Herstellung industrieller Produkte vielfältig optimieren soll. Schließlich die „grüne" Biotechnologie, also ihren Einsatz in der Pflanzenzucht. Die Bioökonomie reiche, sagte der belgische Bioökonomie-Forscher Erik Mathijs bei der Vorstellung des SCAR-Reports der EU in Brüssel, „von Parmaschinken bis Abfall, von Mais bis Mikroorganismus".

Von der Gentechnik-Promotion zum nachhaltigen Ressourcenmanagement

Dabei erweist sich die Bioökonomie als eine Art Begriffschamäleon, das sich, getrieben vom Innovationsstreben privater Industrien, öffentlicher Wissenschaftsorganisationen und staatlicher Forschungs- und Wirtschaftslenkung, immer wieder an wechselnde Vorgaben anpasst. Ohne Bezug zur ökologischen Vorgeschichte aus den 1980er Jahren definierten die Genetiker Juan Enriquez-Cabot und Rodrigo Martinez die Bioökonomie in den 1990ern bei einem Kongress in den USA erstmals ganz neu als „Bereich der Wirtschaft, der neues biologisches Wissen zu kommerziellen und industriellen Zwecken nutzt". Der Name des Unternehmens, das Enriquez betrieb, spiegelt, wie sehr das biotechnologische Denken damals vorherrschte: „Biotechonomy". 2004 nahm die EU-Kommission diesen Anstoß auf. Die Fortschritte der Lebenswissenschaften ließen die Vorhersage Wirklichkeit werden, „dass dies das Jahrhundert der Biotechnologie sein wird", heißt es in Papieren aus jenem Jahr. Der neue Titel Bioökonomie überdeckte auch die in Europa so ungeliebte grüne Gentechnik-Forschung. Kritikern galt er deshalb als trojanisches Pferd für die umstrittenen „Life Sciences". Zudem hatte gerade die „Wissensgesellschaft" politische Konjunktur. Im September 2005 legte daher der damalige Wissenschafts- und Forschungskommissar Janez Potočnik ein erstes Grundsatzpapier zur „Knowledge Based Bioeconomy" vor.[7] Der „wissensbasierten Bioökonomie".

Die „Kölner Erklärung" zur Bioökonomie, die auf einer Konferenz unter der deutschen EU-Ratspräsidentschaft 2007 formuliert wurde, trieb das Projekt weiter voran. Geradezu schwärmerisch wurde vor allem der industriellen Biotechnologie bei diesem Treffen am Rhein ein weltweites Umsatzvolumen von rund 300 Mrd. Euro bis zum Jahr 2030 und damit transformierender Einfluss auf ein Drittel der gesamten industriellen Produktion prophezeit. Seither gewinnt die Bioökonomie unaufhaltsam an Bedeutung, obgleich von der Öffentlichkeit kaum bemerkt, „sozusagen klammheimlich", wie der damalige Programmdirektor in der Generaldirektion Forschung und Spiritus Rector der Bioökonomie, Christian Patermann, in einem Aufsatz schreibt.[8]

Die Suche nach dem »systemischen Ansatz«

Auf der bundespolitischen Ebene ist man in der Bioökonomie um einen „systemischen Ansatz" bemüht. Kurz vor der Bundestagswahl, im Sommer 2013, stellte die damalige CSU-Landwirtschaftsministerin Ilse Aigner gemeinsam mit ihrer Forschungskollegin im Kabinett, Johanna Wanka, die „Nationale Politikstrategie für die Bioökonomie" vor.[9] Sie wird nicht mehr allein von diesen beiden Ressorts getragen, sondern von gleich sechs Ministerien.

Wenn man in die Abteilungen hineinlauscht, dann gibt es gute Gründe, zu bezweifeln, ob die damit angestrebte Kohärenz zwischen Forschungs-, Agrar-, Umwelt-, Wirtschafts-, Entwicklungs- und Außenpolitik plus dem Bundeskanzleramt gelingt. Eine „gemeinsame Vision" werde „noch nicht richtig gelebt", sagt der zuständige Abteilungsleiter aus dem Agrarministerium. Immerhin liegen die Widersprüche und Konflikte zumindest auf dem Tisch, wenn sich zum Beispiel der Agrarminister immer wieder mit finanzieller Unterstützung für den Export von Fleisch und Milchprodukten aus deutschen Landen in alle Welt starkmacht – während das Umweltministerium die anhaltend überhöhten Stickstoff-Emissionen anprangert, die ebendiese Fleischproduktion mit sich bringt. Oder wenn sich Forschung (pro) und Umwelt (contra) über die Gentechnik streiten.

In der Europäischen Union stehen Nachhaltigkeit, die Förderung der Regionen und eine Rolle als grüner Teil der Kreislaufwirtschaft im Mittelpunkt der Bioökonomie-Förderung. Ein zentrales Förderinstrument der EU-Kommission ist die 2014 gegründete, öffentlich-private Partnerschaft zwischen Union und Industrie namens *Bio-Based Industries Joint Undertaking* (BBI); auf Deutsch heißt sie „GUBBI".[10] Eine Milliarde Euro fließen aus

---

7 Vgl. Europäische Kommission – Generaldirektion Forschung und Innovation, The Knowledge Based Bioeconomy, https://ec.europa.eu.
8 Deutscher Biotechnologie-Report 2015, www.biodeutschland.org.
9 Bundesministerium für Ernährung und Landwirtschaft, Nationale Politikstrategie Bioökonomie. Nachwachsende Ressourcen und biotechnologische Verfahren als Basis für Ernährung, Industrie und Energie, Berlin 2013.
10 Vgl. www.bbi-europe.eu.

dem EU-Haushalt in dieses „Gemeinsame Unternehmen Biobasierte Industriezweige". Industriepartner ist das *Bio-Based Industries Consortium* (BIC). 48 große und vor allem kleinere europäische Firmen aus unterschiedlichen Sektoren haben in dieser Gesellschaft ihrerseits mehr als 2,7 Mrd. Euro für die Finanzierung von Bioökonomie-Innovationen innerhalb der nächsten zehn Jahre zugesagt. Als „assoziierte" Mitglieder nehmen zugleich zahlreiche Universitäten, aber auch die Verbände der Pflanzenschützer und Biotechnologie-Firmen Einfluss darauf, welche Projekte im BBI gefördert werden können. Diese sollen dazu beitragen, die „Landnutzung und Nahrungsmittelsicherheit durch eine nachhaltige, ressourceneffiziente und weitgehend abfallfreie Nutzung von Europas nachwachsenden Ressourcen für industrielle Verfahren zu optimieren". Innovationen sollen bei Biokraftstoffen neuer Generationen, Chemie, Materialien, Futtermitteln und Energieversorgung mobilisiert werden. Zugleich will man den Firmen mit den Finanzspritzen Brücken über das „Tal des Todes" bauen. So nennt man jene Investitionslücke, die oft dazu führt, dass Forschungserfolge nicht praktisch umgesetzt werden. Größere Demonstrationsanlagen der Bioökonomie würden meist eher außerhalb Europas in den USA oder in Asien gebaut, hatten die Unternehmen kritisiert. Sie sprachen vom „welkenden Pflänzchen" – und wurden in Brüssel erhört. Jetzt wolle man „die Investitionen nach Europa holen", sagt der geschäftsführende Direktor des BCI, Dirk Carrez.

Teufel versus Beelzebub: Wie nachhaltig ist die Bioökonomie?

Trotz des politischen Wandels, den das Bioökonomie-Projekt durchlaufen hat, vom Fokus auf Biotechnologie und der schieren Substitution fossiler Quellen zum Bemühen um ein globales Ressourcenmanagement: Viele Kritiker sehen die Bioökonomie noch immer als Teil des Problems. Denn was in den neuen, nachdenklicheren Papieren des Bioökonomierates, der Bundesregierung und auch der EU-Kommission steht, ist eine Sache – eine andere aber ist die Realität der Märkte und durchsetzungsfähiger ökonomischer Interessen, vor allem des globalen Agrobusiness, aber auch anderer Industrien und Forschungsinstitute. Diese werden von Räten und Regierungen öffentlich kaum thematisiert. So löst, was für die Verfechter der Bioökonomie den weitsichtigen Durchbruch ins postfossile Zeitalter verheißt, vor allem bei Umwelt- und Entwicklungsorganisationen und auch bei vielen Wissenschaftlern noch immer erhebliche Befürchtungen aus. Biomasse sei keineswegs vorbehaltlos „der Stoff, aus dem die Zukunft wächst", heißt es in einem kritischen Kommentar der Welthungerhilfe.[11]

Das liegt vor allem an den Erfahrungen mit dem ersten praktischen bioökonomischen Großversuch: Biosprit. Dessen Einführung mit pauschalen Beimischungsquoten brachte fatale Folgen mit sich: ökologisch und ästhetisch verheerende Mais- und Rapswüsten, galoppierende Pachtpreise für Ackerland,

---

11 Sophie Zwosta und Raphael Schneider, Biomasse – Der Stoff, aus dem die Zukunft wächst?, in: „Welthungerhilfe – Brennpunkt", 34/2013, www.welthungerhilfe.de.

die Kleinbauern ausbooten, Landnahmen von Brandenburg bis Mosambik, den Aufschub einer ernsthaften Verkehrswende. Der Teufel wurde mit dem Beelzebub ausgetrieben, ohne dass die Klimabilanz entscheidend verbessert worden wäre. Seither hat die schöne Vorsilbe „bio" ihre Unschuld verloren. Schmerzhaft mussten gerade viele Partei-Grüne im Biospritrausch ihren Irrtum erkennen: Ökologische Zerstörung gibt es auch im Namen der Nachhaltigkeit. Im „Bodenatlas" der Heinrich-Böll-Stiftung wurde bioökonomischen Ansätzen daher eine kategorische Absage erteilt: „Diese Wachstumsstrategie würde alle Gerechtigkeits-, Biodiversitäts- und Klimaziele zunichte machen, auf die sich die Regierungen in den letzten Jahrzehnten verständigt haben."[12]

Einige Umwelt- und Entwicklungsorganisationen halten sie überdies für die Ummantelung einer langfristigen Einführung neuer gentechnischer Verfahren. Tatsächlich drucksen Regierung und Bioökonomierat bei diesem Thema bislang herum. In anderen Ländern werden neue Gentechnik-Methoden offensiv vorangetrieben und in den USA auch offen debattiert. Dort gibt es insbesondere Streit um das sogenannte *Genome Editing* und die synthetische Biologie. Bei dieser Fortschreibung gentechnischer Verfahren werden, Pflanzen, Tiere und Mikroorganismen neu konzipiert. Kritiker laufen dagegen Sturm: Eine Bioökonomie, die diese Richtung einschlägt, verstärke die fatale Entwicklung, das Lebendige zum Material zu degradieren. „Totalitär" drohe die Bioökonomie die Natur und sämtliche Industrien zu beherrschen, befürchtet hierzulande Franz-Theo Gottwald von der Schweisfurth Stiftung.[13]

Fest steht: Das Nachdenken über Funktionalisierung und Machbarkeit, über plurale Blicke auf eine romantisierte, künstliche, ursprüngliche oder authentische, in jedem Fall gestaltete „Natur" und unsere Beziehungen zu ihr wird mit den ökologischen Engpässen zunehmend zum Politikum, das auch die Wirtschaft ereilt. Dabei werde in der propagierten Bioökonomie bisher weitgehend die „lange Tradition" fortgesetzt, „mit Ingenieurskunst und technischem Fortschritt all die Probleme lösen zu wollen, die aus technischem Fortschritt und einem verengten Verständnis von Natur und Umwelt resultieren", meint Steffi Ober, forschungspolitische Referentin beim Naturschutzbund Deutschland (NABU). Die Hightech-Blütenträume würden der eigentlichen Herausforderung nicht gerecht: ein grundlegend anderes Wirtschafts- und Gesellschaftsmodell zu entwickeln, in dem weniger verbraucht wird.

Ein solches Wirtschaftsmodell käme auch der Vorstellung näher, die dem ursprünglichen Wegbereiter einer Bioökonomie, Nicholas Georgescu-Roegen, schon vor mehr als vierzig Jahren vorschwebte. Dieser rumänische Wirtschaftswissenschaftler und Mathematiker, ein Schüler Schumpeters, stritt dafür, dass sich alle Formen der Produktion in biophysische Grenzen fügen müssten.[14] Doch bei den Neo-Bioökonomen sucht man seinen Namen meist vergeblich. Auch die „Steady State Economy" des Amerikaners Herman Daly,[15] dessen Wirtschaftskonzept sich vom Wachstum verabschiedet

---

12 Heinrich-Böll-Stiftung, Bodenatlas. Daten und Fakten über Acker, Land und Erde, Berlin 2015, S. 15.
13 Er hat gemeinsam mit der „Spiegel"-Journalistin Anita Krätzer 2014 ein Buch über die Bioökonomie veröffentlicht, für beide ist sie „ein Irrweg".
14 Nicholas Georgescu-Roegen, The Entropy Law and the Economic Process, Cambridge 1971.
15 Herman E. Daly, Steady-State Eonomics, Washington 1991.

und nach einem Zustand des Gleichgewichtes sucht, kommt so gut wie nirgends vor. Ob blind für seine Geschichte oder mit Absicht haben die Innovations-Bioökonomen den sympathisch klingenden Begriff einfach gekapert, mit der Bedeutung als Wachstumsmotor neu aufgeladen – und zumindest in dieser Hinsicht glatt in sein Gegenteil verkehrt.

Begriffsgrabbing: Wie die Bioökonomie anfangs gedacht war

„Jeder heute neu gebaute Cadillac verkürzt die Lebenschancen künftiger Generationen." Diesen Satz schrieb Georgescu-Roegen 1971, ein Jahr, bevor der Club of Rome sein folgenreiches Buch *Die Grenzen des Wachstums* veröffentlichte. Den Cadillac von damals hätte der Rumäne heute vermutlich durch einen SUV ersetzt. Doch auch der Bioconcept-Car als Metapher für grünes Wachstum fiele bei diesem ökologischen Vordenker durch, denn er verstand Bioökonomie ganz anders. Georgescu-Roegen, der bis zu seinem Tod im Jahr 1994 an der Vanderbilt-Universität in Nashville forschte, machte sich mit seiner Wirtschaftstheorie der Selbstbegrenzung schon damals zu einem Außenseiter seiner Zunft – so wie es Wachstumskritiker in der Mainstream-Wissenschaft und auch bei den Mainstream-Bioökonomen bis heute tun. Georgescu-Roegen machte darauf aufmerksam, welch grundlegende Bedeutung die Energie für die Volkswirtschaft hat; unter anderem, indem er die Gesetze der Thermodynamik auf wirtschaftliche Prozesse anwandte. Am bedeutsamsten schien ihm der zweite Hauptsatz. Er besagt, dass die Konzentration der Energie in einem geschlossenen System unweigerlich immer mehr abnimmt. Entsprechend wird jener Anteil der Energie größer, der nicht mehr genutzt werden kann. Durch Verbrennen würden Kohle, Öl und Gas in nicht verfügbare Energie umgewandelt, und zwar weil sie endlich seien, für immer. Der Energie-Verlust beschleunigte sich dramatisch durch den Prozess der Industrialisierung und den explodierenden Einsatz fossiler Rohstoffe. Doch diese physikalischen Tatsachen blende die gängige, wachstumsorientierte Wirtschaftswissenschaft zukunftsblind aus.

Von der Energie übertrug Georgescu-Roegen seine Entropie-These auch auf die Welt der Stoffe und Materialien. Eisen rostet, Textilien oder Reifen verschleißen. Deshalb war der Ökonom davon überzeugt: „Es ist unmöglich, Stoffe komplett zu recyceln." Damit werde Entropie höchstens verzögert. Der gesamte Wirtschaftsprozess sei kein Kreislauf, wie es die meisten Theorien behaupten. Er bestehe „aus der kontinuierlichen Umwandlung von niedriger in hohe Entropie, also in nicht wiederverwertbaren Abfall, oder, um einen geläufigen Begriff zu verwenden, in Umweltverschmutzung".

Georgescu-Roegens Kritiker, allen voran die Schule des russisch-belgischen Physiko-Chemikers Ilya Prigogine, warfen ihm einen Denkfehler vor: Physik und Wirtschaft seien ganz unterschiedliche Sphären, deshalb könne man die Entropie-Gesetze der einen nicht ohne Weiteres auf die andere anwenden. Sie beschrieben die Fähigkeit von Systemen, aus Unordnung neue Ordnung zu erzeugen und dadurch Entropie in „Negentropie" zu verwandeln.

Manches hat Georgescu-Roegen später auch selbst relativiert. Gleichwohl hielt er am Kern seiner Theorien fest, dass das Wachstum der Weltbevölkerung in Verbindung mit der Ausbreitung einer konsumistischen Wirtschaft eine grenzenlose Maximierung der Entropie-Erzeugung bewirke, die auf die Dauer zerstörerisch sei und künftigen Generationen die Lebensgrundlagen raube. Auch der 2013 vorgelegte Schlussbericht der Enquetekommission des Bundestages „Wachstum, Wohlstand, Lebensqualität"[16] nimmt darauf Bezug: „Rohstoffe tendieren – teils beschleunigt durch wirtschaftliche Prozesse – zu einer immer stärkeren räumlichen Verteilung", schreiben die Abgeordneten. „Vollständiges Recycling ist daher nicht möglich."

Für Georgescu-Roegen waren also Ökonomie und Ökologie nicht zu versöhnen – jedenfalls nicht, solange immer mehr Menschen mit Kohle und Öl nicht erneuerbare Energiequellen verheizen. Deshalb plädierte er für eine stärkere Bevölkerungskontrolle – und für die Nutzung der Sonnenenergie, auch in Form von Holz und Pflanzen. Diese nachwachsenden Rohstoffe wären in einer konsequenten Kreislaufwirtschaft zwar theoretisch ohne Grenzen nutzbar, raisonnierte Georgescu-Roegen, doch praktisch könne man auch sie auf begrenzten Böden nicht unendlich vermehren. Deshalb trage die Menschheit Verantwortung dafür, die Entropie-Zunahme merklich zu verlangsamen – einerseits durch Ökolandbau, andererseits durch den Verzicht auf Mode, Luxuskonsum und Autos, „die von null auf hundert beschleunigen, noch bevor der Zigarettenanzünder glüht".[17]

Georgescu-Roegens Ideen sind heute von brennender Aktualität. Überhaupt scheint die Dringlichkeit der Entwicklung jene Ideen, die in den 1970er Jahren eher am Rand der Gesellschaft entwickelt wurden, ganz allmählich in den Mainstream zu treiben. Seinerzeit machte sich auch ein Zeitgenosse Georgescu-Roegens, der amerikanische Technikphilosoph Lewis Mumford, Gedanken über sinnvolle Innovationen in einer „Biotechnics Economy". Diese strebt statt nach permanentem Wachstum nach einem Gleichgewichtszustand zwischen begrenzten Ressourcen und Bedürfnissen – und nach einer Fülle („Plenitude"), wie sie die Natur beständig hervorbringen kann. Eine Vielfalt ihr entlehnter „Biotechnics" sah Mumford im Gegensatz zu einer Technikforschung, die zum Diener der konsumistischen Verschwendungswirtschaft wird oder hermetisch in den eigenen wissenschaftlichen Ritualen verharrt. Er schrieb: „Alles Denken, das diesen Namen verdient, muss jetzt ökologisch sein, in dem Sinne, dass es die Komplexität des Organischen wertschätzt und nutzt; dass es zudem jeden Wandel nicht nur den Bedürfnissen des Menschen oder einer einzigen Generation anpasst, sondern allen organischen Partnern und jedem Teil des Lebensraumes."[18]

In diesem Sinne sehen heute auch Kritiker Chancen in der Bioökonomie. So arbeiten immer mehr Experten gemeinsam mit Bauern in aller Welt

---

16 Schlussbericht der Enquetekommission des Bundestages: „Wachstum, Wohlstand, Lebensqualität – Wege zu nachhaltigem Wirtschaften und gesellschaftlichem Fortschritt in der Sozialen Marktwirtschaft", Berlin 2013.
17 Nicholas Georgescu-Roegen, The Entropy Law and the Economic Process in Retrospect, Schriftenreihe des IÖW 5/87.
18 Lewis Mumford, The Pentagon of Power, Harcourt, Brace, Jovanovich, New York 1971.

an ganz neuen Formen, die Erträge in der Landwirtschaft zu steigern und zugleich Ressourcen wie Wald, Boden und Wasser wieder aufzubauen. In ihrem Mittelpunkt steht nicht nur das Bemühen, die Erträge zu erhöhen, sondern der Wunsch, die Vielfalt der Agrikulturen und mit ihnen den sozialen Zusammenhalt ländlicher Gemeinschaften zu erhalten. Andere Ökologen suchen nach einer regional unterschiedlich geprägten Stoffstromwirtschaft, in der sich die Produktion von Energie, Wärme und Materialien auf eine Vielfalt neuer Anbausysteme gründet. Auch eine grüne Chemie beginnt, unzählige Pflanzen jenseits der normierten Alleskönner Zucker, Mais und Raps zu untersuchen. Sie könnte neue Vielfalt – und damit Schönheit – auf dem Acker schaffen und zugleich Technologien, um sie dezentral zu nutzen.

Welche Bioökonomie wollen wir?

Die heutige Gesellschaft steht somit vor der Weggabelung: Welchen Pfad der Bioökonomie wollen wir wählen?

Den eines mit – auch umstrittenen – Technologien beflügelten, von Experten entwickelten „grünen" Wirtschaftswachstums, wie es in den offiziellen Bioökonomie-Strategien teilweise noch immer anklingt? Oder die „Plenitude": ein Wachstum der Vielfalt innerhalb biophysischer Grenzen, das auf Agrikulturen gründet, bei denen die Gesellschaft mitredet? Oder sind die beiden Pfade der Bioökonomie gar nicht so unvereinbar? Könnten sie sich hinter der Biegung immer wieder kreuzen oder parallel verlaufen?

Im Ergebnis geht es bei der Bioökonomie wie bei der Energie- und der Agrarwende um einen Strukturwandel – und damit um einen Machtkampf zwischen alten und neuen Industrien, Technik-Dominanz und gesellschaftlicher Erneuerung, Dezentralität und globalen Einheitslösungen. Wer hat wie viel Macht und Einfluss, darüber zu bestimmen? So lautet die entscheidende Frage. Und da gibt es bei der Bioökonomie noch eine Menge Leerstellen. Denn vieles, was ihre Protagonisten verheißen, wird erst noch in seinen Grundlagen erkundet oder in frühen Stadien erprobt. Und besonders in der Forschungs- und Technologiepolitik, welche die Optionen für unterschiedliche Zukünfte so elementar vorbestimmt, sind die Einflussmöglichkeiten höchst ungleich verteilt. Da handeln Politik, Wissenschaft und Industrie vieles hinter den Kulissen bereits aus, ehe andere gesellschaftliche Gruppen Einfluss nehmen können.

Die Leerstellen zu füllen und mehr Biowirtschaftsdemokratie zu wagen, ist daher die zentrale Herausforderung. Wenn das nicht gelingt, wird auch die Transformation nicht gelingen, die Klima- und Ressourcenschutz vereint. Wie hätte der Publizist Mathias Greffrath dann zu Recht gesagt: „Es gibt nicht nur einen Peak Oil, einen Peak Soil, einen Peak Water, es gibt auch einen Peak Democracy."[19]

---

[19] Mathias Greffrath, Wider die globale Unvernunft, in: „Le Monde Diplomatique", Atlas der Globalisierung: Weniger wird mehr, Berlin 2015.

Die fünf Klimawandel

Progressive Politik in Zeiten des Umbruchs

Von **Anton Hofreiter**

Die Menschheit bewegt sich derzeit auf einem schmalen und brüchigen Grat, hin zu etwas völlig Neuem. Allerdings liegen Weg und Ziel heute noch im Nebel. Fest steht bloß: Das alte Wohlstandsversprechen der industriellen Gesellschaft, nach dem es den eigenen Kindern einmal besser gehen sollte als einem selbst, trägt nicht mehr. Jahrzehntelang geltende Grundkonstanten sind ins Wanken geraten und weitere Umbrüche zeichnen sich ab. Die Widersprüchlichkeit der aktuellen Veränderungen schürt berechtigte Hoffnungen auf eine bessere Zukunft und stellt sie zugleich in Frage. Begriffe wie digitale oder auch nachhaltige Revolution beschreiben den aktuellen Prozess jedoch nur unzureichend, denn es finden derzeit mehrere Umbrüche gleichzeitig statt, die in ihrer tektonischen Kraft jede für sich schon gewaltiges Potential bergen – sowohl zum Guten als auch zum Schlechten. Speziell im Kampf gegen die Klimakrise zeigt sich eine erschütternde Behäbigkeit: Während Forschung und Wissenschaft seit Jahrzehnten warnen, bleiben die notwendigen politischen Reformen aus.

Was also folgt? Rutschen wir ab in eine Klima-Katastrophe, durch die Hunderte von Millionen Menschen ihre Heimat verlieren werden? Auch im Fall der digitalen Revolution kann kaum jemand ihr Ausmaß und ihre Auswirkungen heute konkret vorhersagen. Ist sie der Beginn der totalen Überwachung, das Ende jeder Privatsphäre und verschärft eine global digitalisierte Wirtschaft die ohnehin schon enorme Ungleichverteilung der Wohlstandsgewinne? Die wirtschaftliche Globalisierung hat jedenfalls nicht nur im globalen Süden, sondern auch in den westlichen Gesellschaften tiefe Spuren hinterlassen und setzt Beschäftigte massiv unter Druck. Steht uns also eine Revolte der sogenannten Globalisierungsverlierer bevor, die zu einer immer autoritäreren Politik führt?

Solche Fragen sind Ausdruck von Umbrüchen, die unsere Umwelt und unsere Gesellschaft fundamental verändern werden. Fest steht dagegen bei alledem auch: Die Welt ist besser als ihr Ruf. Die unterschiedlichen Gesellschaften der Welt sind in den vergangenen Jahren zusammengerückt und bewegen sich zunehmend in dieselbe Richtung. Weltweit wurden hunderte Millionen Menschen aus der Armut geführt – ein enormer zivilisatorischer Erfolg, denn welthistorisch betrachtet waren die meisten Menschen immer arm. Gleichzeitig entstand eine neue, rasant wachsende globale Mittelschicht, der bis 2030 fünf Milliarden Menschen angehören werden und die langfristig ein enormes transformatives Potential entfalten wird.

Genau das aber macht die Dialektik der Gegenwart aus: Was der Menschheit Fortschritt bringt, gefährdet den gesellschaftlichen Zusammenhalt – und ist doch zugleich notwendige Bedingung, um den gesellschaftlichen Zusammenhalt zu sichern. Faktisch hat die Widersprüchlichkeit der Gegenwart eine Dimension erreicht, in der wir ungefähr gleich weit entfernt sind von einem drohenden Zivilisationsbruch auf der einen Seite und einer Realisierung eines Versprechens von Frieden, Freiheit und Wohlstand für Milliarden von Menschen auf der anderen. Einerseits kann die Menschheit mit dem ökologischen Umbau scheitern, weil die strukturellen Brüche zu groß werden und die notwendige Transformation verpasst wurde. In einer solchen Welt wären zahlreiche Ökosysteme unwiderruflich zerstört, mehrere hunderte Millionen Menschen auf der Flucht und die bekannte Weltordnung wahrscheinlich passé. Und nicht weniger verstörend ist jenes Szenario, bei dem es im wahrsten Sinne des Wortes zu einer Ökodiktatur kommt, wie es sich in China teilweise bereits abzeichnet. Andererseits stehen wir nach den enormen zivilisatorischen Erfolgen der letzten Jahrzehnte kurz davor, uns als Menschheit von einigen Grundübeln zu befreien: Wenn die Energiefrage zugunsten von bezahlbaren sauberen Energiequellen geklärt ist, werden zahlreiche Konfliktgründe verschwinden. Durch den technologischen Fortschritt kann die Lohnarbeit für die meisten weltweit besser und menschenwürdiger werden. Und die Globalisierung, wenn sie denn nach solidarischen Regeln funktioniert, kann durch wirtschaftlichen Austausch und engere Vernetzung einen Beitrag zu mehr Frieden leisten.

Die Zeit drängt

Wir befinden uns also an einer historischen Wegscheide. Das hat weitreichende Konsequenzen für progressive Politik. Mit einer Politik der Trippelschritte sind die globalen Herausforderungen nicht zu bewältigen; ihre inhärente Logik lässt keinen weiteren Aufschub zu. Denn sie verstärken und beschleunigen sich gegenseitig. Speziell die Klimakrise schafft bereits heute erschütternde Fakten: Wenn es uns nicht gelingt, bis 2030 umzusteuern und die Emissionen bis zum Jahr 2050 vollends herunterzufahren, werden sich daraus katastrophale Folgen für die Weltgemeinschaft ergeben. Es sind unterschiedliche Kipppunkte, an denen wir ganze Ökosysteme wie Korallenriffe, die Permafrostböden oder sogar den Amazonas-Regenwald zu verlieren drohen. Jedes Mal wird dies verheerende Folge haben – für diejenigen, die in den betroffenen Regionen leben, wie für das globale Klima und damit für uns alle. An jedem einzelnen Kipppunkt der Klimakrise werden sowohl die globale als auch die Generationengerechtigkeit immer kleiner werden.

Hier zeigt sich, dass die ökologische und die soziale Frage, obwohl es zwischen beiden zahlreiche Zielkonflikte gibt, untrennbar miteinander verwoben sind, so dass uns auch für die Lösung der sozialen Frage nicht mehr viel

Zeit bleibt. Die Umbrüche der vergangenen Jahrzehnte haben materielle Verlierer erzeugt, gepaart mit Abstiegsängsten, Kränkungserfahrungen und Gefühlen von kultureller Entwertung. In einer Gesellschaft jedoch, die die Hoffnung zu verlieren droht, machen sich Mutlosigkeit, Wut und Abwehr alles Progressiven breit. Das ist nicht nur im Hinblick auf die soziale Frage problematisch, sondern auch, weil es ein besonders destruktives, irrationales und explosives Potential darstellt, wie es der Brexit exemplarisch zum Ausdruck gebracht hat. Dieser könnte jedoch nur der Vorbote einer drohenden gesellschaftlichen Massenhysterie gewesen sein, die sich bei den tatsächlichen Verlierern und gefühlt Bedrohten entzündet und dann in einer Kettenreaktion die breite Mittelschicht erfasst. Bei einer derartigen Absage an die Vernunft wären die notwendigen politischen Maßnahmen für den ökologischen Umbau unserer Weltgemeinschaft endgültig nicht mehr umsetzbar.

Mehr technologischen Fortschritt wagen

Die gesellschaftliche Linke kann sich darum heute nicht mehr darauf verlassen, dass irgendwann der gesellschaftliche Umsturz hin zu mehr Gerechtigkeit kommt. Sie muss heute unter einem großen Zeitdruck agieren – doch dafür hat sie durchaus nicht ganz so schlechte Voraussetzungen, wie viele vermuten. Denn der technologische Fortschritt hat der Menschheit enorme Errungenschaften beschert. Gleichzeitig hatte er immer schon auch Schattenseiten, mit denen die Gesellschaft lernen musste umzugehen. Heute stehen wir an einem Punkt, an dem das Lernerfordernis im Umgang mit der Technik so hoch ist, wie vielleicht noch nie zuvor, genau wie der Bedarf an Reflexion über die ethischen, sozialen und ökologischen Technikfolgen.

Unsere momentane Art der Energiegewinnung, Mobilität und Landwirtschaft schaden dem Klima; Automatisierung und Digitalisierung gefährden ganze Branchen und verunsichern die Menschen; Überwachung und Hackerangriffe bedrohen die Demokratie. Und dennoch: Wir können die Herausforderungen nur dann meistern, wenn wir den technologischen Fortschritt noch entschiedener vorantreiben. Denn den schnellen ökologischen Umbau erreichen wir nicht durch weniger Stromverbrauch oder weniger Fliegen alleine. Die aufstrebenden Mittelklassen in China, Indien und Teilen Afrikas werden sich nicht nehmen lassen, was die westlichen Mittelklassen seit Jahrzehnten genießen. Außerdem müssen wir mit einer weiterhin wachsenden Weltbevölkerung umgehen. Der technologische Fortschritt ist daher eine zentrale Voraussetzung zur Bewältigung des Zeitdrucks angesichts einer Klima- und Gerechtigkeitskrise, die sich derzeit rasant beschleunigt.

Eine weitere Voraussetzung ist die zielgerichtete Gestaltung der Globalisierung. Auch hier stehen wir mitten in einem Lernprozess, um die Vorteile der Globalisierung zu sichern und gleichzeitig deren enorme Verwerfungen aufzufangen. Fest steht: Die vielfältigen Herausforderungen der Gegenwart sind nur auf globaler Ebene lösbar. Es braucht die globale Vernetzung und große Hebel im wirtschaftlichen Bereich, um die notwendigen Maßnahmen zur Bewältigung der Klimakrise und der Beseitigung der globalen Ungleichheit in der Kürze der Zeit umzusetzen.

Eine neue Karte für die Weltmoderne

Notwendig dafür ist eine Neu-Verortung progressiver Politik entlang der veränderten Koordinaten der heutigen Zeit. Erste Voraussetzung dafür ist die Analyse der großen Umbrüche und ihrer Kreuzungspunkte, eine Debatte über ein neues soziales Versprechen und schließlich über die Maßnahmen, die dorthin führen. Die Folge einer Politik ohne Zielbeschreibung ist dagegen eine Politik des Durchwurschtelns. Also genau das, was wir seit Jahren erleben.

Derzeit finden zahlreiche Modernisierungsprozesse in Wirtschaft, Gesellschaft, Ökologie, Technik und Politik zugleich statt, und – das ist eine neue Qualität – an unterschiedlichsten Orten der Welt, parallel und in gegenseitiger Dependenz. War die europäische Moderne noch geprägt von einem Wandel in der europäischen Gesellschaft, ausgelöst je nach Denkschule durch Industrialisierung, Säkularisierung und/oder Aufklärung, so erleben wir heute das Ende einer vom europäischen Westen geprägten Welt und den Übergang zu einer von der Welt geprägten Welt. Es könnte die Entstehung einer Weltmoderne bedeuten.

Der Weg dorthin ist gezeichnet von massiven Umbrüchen. Thomas L. Friedman beschrieb im April 2019 in der „New York Times", wie derzeit mehrere Klimawandel gleichzeitig passieren. Friedmans treffendes Bild aufgreifend und darauf aufbauend stellt sich für mich der Weg durch den Nebel hin zu dieser neuen Epoche wie folgt dar: Fünf in sich widersprüchliche Klimawandel charakterisieren den aktuell stattfindenden Epochen-Übergang und fünf gesellschaftliche Konfliktlinien prägen die heutigen Gesellschaften, entlang derer unsere Zukunft verhandelt wird. Diese Konfliktlinien laufen durch die Widersprüchlichkeit der fünf großen Klimawandel. Alle kennzeichnet eine immense Gleichzeitigkeit des Ungleichzeitigen. Ob es gelingt, diese Herausforderungen unter dem enormen Zeitdruck zu meistern, entscheidet sich an den Kreuzungen dieser Achsen, vor allem an den sozialen Bruchstellen.

Der erste Klimawandel, nämlich der Klimawandel der Globalisierung, befindet sich im Übergang von einer vernetzten zur interdependenten Welt. Einerseits profitieren wir von globaler Arbeitsteilung, steigen immer mehr Menschen zur globalen Mittelklasse auf, nimmt die absolute Armut ab, während „gleichzeitig ungleichzeitig" die Höhe unserer Renten von den Finanzkrisen in den USA und unsere Jobs von Wachstumskrisen in China bedroht werden, während die soziale Ungleichheit immer weiter steigt und Konzerne zu Machtkonzentrationen gelangen, von denen die meisten Regierungschefs nur träumen können. Durch den Klimawandel der Globalisierung verläuft die Konfliktlinie „Lohnarbeit versus Kapital". Diese konzentriert sich auf die Frage: Wie gleich und gerecht gestalten wir die Gesellschaft nach ökonomischen Gesichtspunkten und im internationalen Vergleich? Auf dieser Koordinate wird verhandelt, in welchem Maße Wirtschaftsinteressen gegenüber Arbeitnehmerinteressen gewichtet werden und in welchem Maße sich eine Gesellschaft feudalisieren oder egalisieren soll. Dies ist die ökonomische Achse bzw. die soziale Frage.

Der zweite, nämlich gesellschaftliche Klimawandel lässt die Gesellschaften der Welt einerseits weltoffener, bunter, selbstbestimmter und gleichberechtigter werden, wo nämlich immer mehr Menschen glauben, denken, lieben und beten können, wie sie wollen, während „gleichzeitig ungleichzeitig" viele Menschen vereinsamen, überfordert sind und wo Hass und Hetze wieder Raum gewinnen – in den Köpfen, im Netz und auf den Straßen. Die neue Konfliktlinie entlang des gesellschaftlichen Klimawandels wird als „kosmopolitisch versus kommunitaristisch" beschrieben; sie fokussiert sich auf die Frage, inwieweit die Grenzen – primär des Nationalstaats – geöffnet oder geschlossen werden sollen. Die „Grenzfrage bezieht sich dabei umfassend auf Güter, Dienstleistungen, Kapital, Arbeitskräfte, Flüchtlinge, Menschenrechte oder aber die Abgabe nationalstaatlicher Kompetenzen zugunsten supranationaler Regime und transnationaler Politik" (Wolfgang Merkel). Dies ist die kulturelle Achse bzw. die Frage der Weltoffenheit.

Die fünf Klimawandel und ihre Bruchstellen

Da, wo die soziale Frage mit der Frage der Weltoffenheit zusammenstößt, entscheidet sich, ob die wirtschaftliche Globalisierung protektionistisch gebremst oder gar zurückgedreht wird – oder ob die Welt enger zusammenwächst. Dies ist die Bruchstelle, an der sich manifestiert, welche Art der wirtschaftlichen Globalisierung wir verfolgen – inwiefern sie fair und solidarisch gestaltet wird oder ob sie weiterhin im Sinne des Neoliberalismus zu einer exklusiven „Hyperglobalisierung" (Dani Rodrik) ausartet. (Der Verlust von Arbeitsplätzen in der Textil- und Elektrobranche in Deutschland durch die Abwanderung der Produktion in asiatische Länder, ist hier nur ein klassisches Beispiel.)

Der dritte Klimawandel ist der, den wir klassischerweise darunter verstehen, nämlich der „Klimawandel des Klimas". Einerseits ist hier saubere Energie schon längst Realität, wächst die ökologische Landwirtschaft rasant, leben im Rhein wieder Fische und in den Wäldern wieder Wölfe – während wir aber „gleichzeitig ungleichzeitig" die Klimaziele verfehlen und in der Folge ganze Ökosysteme zu verlieren drohen und mit ihnen die Heimat hunderter Millionen von Menschen. Die Konfliktlinie entlang der Widersprüchlichkeit der Klimakrise beschreibe ich als „umweltbewusst versus umweltignorant". Diese Konfliktlinie betrifft die Frage: Wie stark soll der ökologische Umbau vorangetrieben werden und welche gesellschaftlichen Kosten nehmen wir dafür in Kauf? Dies ist die ökologische Achse bzw. die ökologische Frage.

Genau dort aber, wo die soziale Frage auf die ökologische prallt, wird sich sehr bald entscheiden, ob der ökologische Umbau gelingt oder ob er scheitert – letztlich im kurzsichtigen Interesse des Profits großer Konzerne, aber auch aufgrund von gesellschaftlichem Druck, mit Blick auf Arbeitsplätze. Ein Beispiel an dieser Schnittstelle sind die über 800 000 Arbeiter und Arbeiterinnen in der deutschen Autoindustrie, die Sorge um ihren Arbeitsplatz haben, wenn künftig nur noch abgasfreie Autos vom Band laufen dürfen. Hier wird darum auch verhandelt, ob der ökologische Umbau, wenn er denn gelingt, im Interesse der Arbeiterinnen und Arbeiter gestaltet wird, also inklusiv ist, oder ob sich eine „grüne Ökonomie" im Interesse der Konzerne durchsetzt und dabei zahlreiche Verlierer produziert.

Der vierte Klimawandel ist der der Technologie. In diesem befreien uns Maschinen von der Mühsal schwerer Arbeit, steigt unsere Lebensqualität um ein Vielfaches dank überall verfügbarer Kommunikation, Information und Unterhaltung, während „gleichzeitig ungleichzeitig" der Wegfall von Arbeitsplätzen und eine weitere Vergrößerung des Niedriglohnsektors droht, wo unsere Daten zur Ware werden und demokratische Verfahren von ausländischen Mächten gehackt werden können.

Die Konfliktlinie des technischen Klimawandels bezeichne ich als „fortschrittsoptimistisch versus fortschrittspessimistisch". Sie betrifft die Frage: Leistet der technische Fortschritt einen Beitrag dazu, unsere gesellschaftlichen Probleme zu lösen oder dazu, sie zu verschärfen? Dies ist die Grundhaltungsachse oder die Fortschrittsfrage.

Da, wo die soziale Frage mit der Fortschrittsfrage kollidiert, entscheidet sich die Geschwindigkeit und Ausrichtung des Fortschritts. Vor allem entscheidet sich an dieser Bruchstelle, ob die Teilhabe am technologischen Fortschritt für alle, also Zukunftsgerechtigkeit gesichert ist – oder ob er vornehmlich den Interessen von Großkonzernen und Überwachungsmaschinerien dient. Die Situation in der Paketbranche, wo in einem hoch kompetitiven Markt vor allem durch Subunternehmer Beschäftigte unter schlimmsten Arbeitsbedingungen schuften, die keiner Form betrieblicher Mitbestimmung oder Tarifverträgen unterliegen, ist nur ein Beispiel dafür, wie die Digitalisierung Prekarität und Ungleichheit verstärkt.

Der Klimawandel des Politischen

Der fünfte Klimawandel schließlich, nämlich der des Politischen, ist auch eine Reaktion auf die vier zuvor genannten. Einerseits haben Demokratie und Menschenrechte in den letzten Jahrzehnten einen historisch einmaligen Siegeszug erlebt, ist die Weltgemeinschaft so nah wie noch nie zusammen gerückt, während „gleichzeitig ungleichzeitig" mit Großbritannien erstmals ein Land die Europäische Union verlassen will, Rechtspopulisten weltweit den Rechtsstaat aushebeln und China der Welt vorzumachen gewillt ist, wie wirtschaftliche Entwicklung ganz ohne Demokratie funktioniert. Die Konfliktlinie entlang des politischen Klimawandels bezeichne ich als „demokratisch versus autoritär". Sie betrifft die Frage: Welche Form der Konfliktaustragung ist am besten geeignet, um die globalen Herausforderungen der Gegenwart zu bewältigen? Da, wo die soziale auf die demokratische Frage trifft, entscheidet sich, wie autoritär und exklusiv eine Gesellschaft ist – oder ob es gelingt, Dominanzbeziehungen abzubauen, seien sie nun ökonomischer, gesellschaftlicher oder institutioneller Natur. An dieser Bruchstelle entscheidet sich der gesellschaftliche Zusammenhalt, wie auch die Frage der Gleichberechtigung und der ökonomischen Teilhabe – und zwar weltweit, von der anhaltenden Diskriminierung von Frauen in der Arbeitswelt des Westens bis hin zu den hunderten Millionen von chinesischen Wanderarbeitern.

Alle diese fünf Klimawandel und ihre sozialen Bruchstellen verstärken und beschleunigen sich wechsel- und gegenseitig, so dass die Rückstöße aus den Bruchstellen zunehmen und immer größere gesellschaftliche Blessuren entstehen. Was aber wäre dagegen zu unternehmen?

Was tun?

Immerhin sind die großen politischen Herausforderungen der Gegenwart – Globalisierung, Klimakrise, technologischer Fortschritt und gesellschaftlicher Umbau – in den demokratischen Parteien inzwischen angekommen und entsprechende Maßnahmen eingeleitet worden. Allerdings: Der Kurs stimmt nicht. Denn bei den zentralen Entscheidungen setzen sich heute immer noch die Interessen von Großkonzernen gegenüber denen der Menschen durch, wird das Kapital der Arbeit vorgezogen. Progressive Politik muss darum eine radikale Kurskorrektur vornehmen. In jedem der großen Umbauprojekte geht es darum, eine neue Geschichte ausgehend von der Perspektive der arbeitenden Menschen und der betroffenen Regionen zu entwickeln. Ins Zentrum rückt dabei auch die Debatte über ein neues Verständnis von Arbeit und die Herstellung von Beschäftigungssicherheit durch Qualifizierung, Absicherung und Investitionen. Im Urban Slang würde man dies als „flip the script" bezeichnen, als Tausch der Rollen im Drehbuch. Es kommt darauf an, den Menschen die Hauptrolle in der Politik zurückzugeben und sie den Konzernen zu nehmen. Das bedeutet letztlich nichts anderes, als die demokratische Souveränität des Staates an den jeweiligen Bruchstellen zurückzugewinnen. Dafür gilt es erstens, die Form der Globalisierung zu ändern, weg von der Hyperglobalisierung, hin zu einer solidarischen Globalisierung. Die Globalisierung ist, allen nationalistischen Retroträumen zum Trotz, der wahrscheinlich einzige Weg, das Ziel einer immer weiter zusammenwachsenden, aber auch gerechteren Weltgesellschaft zu verfolgen und die globale Klimakrise zu meistern. Verheerend sind jedoch die Auswüchse der neoliberalen Hyperglobalisierung. Es geht also darum, die Globalisierung sozial und ökologisch umzugestalten, „einzubetten", um mit Karl Polanyi zu sprechen, indem etwa Klimavereinbarungen verpflichtende Bestandteile von Handelsabkommen werden.

Wenn es aber auf multilateraler Ebene nicht gelingt, solche Regeln durchzusetzen, müssen sie auf der staatlichen Ebene, bzw. in der EU, unilateral umgesetzt werden. Dies erfordert die Einführung von Klima- und Sozialzöllen auf europäischer Ebene, um sicherzustellen, dass Konzerne aus Staaten, die weiterhin auf entfesselte Marktkräfte setzen, keine Vorteile gegenüber Unternehmen haben, die sozial-ökologischen Regeln folgen. Solche Maßnahmen schränken damit unfaire Formen des Handels ein, richten sich aber nicht gegen den internationalen Austausch an sich.

Weg von der grünen Ökonomie hin zum inklusiv ökologischen Umbau

Beim ökologischen Umbau müssen wir uns verabschieden von der einseitigen Lehre einer kapitalismuskompatiblen grünen Ökonomie und hinbewegen zu einem inklusiv-ökologischen Umbau der Industriegesellschaft. Innerhalb dieses globalen Umbauvorhabens braucht es soziale Antworten entlang seiner sechs zentralen Wenden: Energie, Verkehr, Industrie, Landwirtschaft, Chemie und Wärme. Das Problem dabei: Der enorme Zeitdruck an dieser Bruchstelle erschwert die soziale Abfederung des Umbaus, da es nur wenig Spielraum bei seinen Fristen gibt (auch aufgrund unserer klimapolitischen Verpflichtungen). Daraus ergibt sich eine Priorität für technische Lösungen, da diese tendenziell die geringsten sozialen Härten beinhalten. Ordnungsrechtliche Maßnahmen sind demzufolge gegenüber marktwirtschaftlichen vorzuziehen. Wird der ökologische Umbau einseitig durch Preiserhöhungen betrieben, betrifft er die Einkommensschwachen ungleich schwerer. Da wo es nicht ohne Preiserhöhungen geht, braucht es darum einen sozialen Ausgleich und eine faire Verteilung der entstehenden Einnahmen, wie etwa beim Schweizer Energiegeld. In der Fortschrittsfrage muss progressive Politik wegkommen von einem marktgetriebenen Fortschrittsmodell, hin zu einem Modell, das Zukunftsgerechtigkeit sichert. Dabei geht es im Kern um die Teilhabe an den Technologien der Zukunft (und ihren Infrastrukturen), was zu einem Bestandteil der staatsbürgerlichen Grundversorgung wird. Der Ausbau von Breitband oder Fernverkehr, als ein Kernbereich der Verkehrswende, kann dann nicht nach ökonomischen Gesichtspunkten erfolgen, sondern muss staatlich garantiert werden. Dafür ist eine Verstaatlichung der dafür notwendigen Infrastruktur, etwa von Schienen- und Glasfasernetz, zentral.

In der Frage des Ausmaßes von Gleichheit muss progressive Politik gesellschaftliche und ökonomische Dominanzbeziehungen überwinden, um so soziale Freiheit und faire Marktbeziehungen herzustellen. Dabei geht es um die Zerschlagung von Monopolen, das Austrocknen von Steuersümpfen und eine Ausweitung der Steuereinnahmen. Die Durchsetzung von gleichen Chancen und Löhnen für Frauen sowie die Einführung von wirksamen Frauenquoten in Politik und Wirtschaft sind dabei Instrumente, um bestehende Machtstrukturen nachhaltig zu durchbrechen. Zudem erhebt progressive Politik die Demokratisierung der Wirtschaft zum Programm. Dies beginnt bei der Stärkung betrieblicher Mitbestimmung und dem demokratischen Engagement im Unternehmen. Hier gibt es für progressive Politik natürliche Koalitionspartner: Denn Gewerkschaften und Betriebsräte sind den Konzernspitzen beim Thema soziale und ökologische Verantwortung nicht selten (wenn auch nicht immer) weit voraus.

Insgesamt braucht es die Rückgewinnung demokratischer Souveränität gegenüber dem blinden Marktprinzip. In den letzten Jahrzehnten wurde die öffentliche Daseinsvorsorge zunehmend privatisiert und die öffentliche Verwaltung von Unternehmensberatungen durchleuchtet und teilweise „übernommen". Dabei ist schon lange klar, dass der Markt keine Antwort auf die komplexen Problemlagen in unseren Gesellschaften bietet. Im Gegenteil: Die sozialen Verwerfungen des neoliberalen Weges, die spätestens mit der globalen Finanzmarktkrise vor zehn Jahren offenbar wurden, haben gezeigt, dass der Markt nicht als ein politisches Ordnungsprinzip taugt.

Demokratische Souveränität durch einen starken Staat

Um demokratische Souveränität zu sichern bzw. zurückzuerobern, braucht es einen starken Staat – von der kommunalen über die nationale bis hin zu einer immer weiter zu stärkenden europäischen Ebene. Ein solcher Staat gestaltet eine solidarische Globalisierung und den ökologischen Umbau inklusiv, er sichert die soziale Freiheit und stellt Zukunftsgerechtigkeit her. Er unterscheidet sich fundamental von autoritären Konzepten, denn er verwirklicht demokratische Souveränität. Die Demokratie ist das einzige politische System, das in der Lage ist, langfristig eine Antwort auf die wachsende Komplexität unserer Weltgemeinschaft zu geben, denn sie ist ein lernendes System. Mit ihren zahlreichen *Checks and Balances* auf verschiedenen Ebenen stellt sie Partizipations- und Korrekturmechanismen verlässlich und dauerhaft zur Verfügung. Auch deshalb braucht es eine weitere Demokratisierung der Wirtschaft.

Es braucht jedoch auch einen Staat, der Orientierung gibt und Komplexität reduziert. Durch eine durchsetzungsfähige Verwaltung, aber auch durch mehr Personal in der Justiz und bei der Polizei werden nicht nur Stabilität und Sicherheit, sondern auch effektive Steuereintreibung und Rechtsdurchsetzung gegenüber multinationalen Konzernen garantiert. In zentralen Bereichen der Grundversorgung muss der Staat als Akteur oder sogar Monopolist auftreten, wie beispielsweise in der Verkehrsinfrastruktur oder bei der Wasserversorgung. Gestärkte Institutionen sind aber auch unabdingbar für die transformativen Infrastrukturmaßnahmen im Rahmen der großen Umbauprojekte, für den Bau von Energie- und Verkehrsinfrastruktur oder für Bildungseinrichtungen. Gerade um diese Maßnahmen unter dem bestehenden Zeitdruck umzusetzen, braucht es effektive und effiziente Steuerungsfähigkeiten des Staates. Wenn nationaler Politik hier Grenzen gesetzt sind, wie in der Finanz- und Währungs-, aber auch in der der Haushaltspolitik, bedarf es dafür der Vergemeinschaftung auf europäischer Ebene. Die Übertragung von Kompetenzen auf die europäische Ebene dient damit der Gewinnung von demokratischer Souveränität – gegenüber Großkonzernen, Multimilliardären und globalen Finanzmarktakteuren. Eine derart progressive Politik kann in Zeiten von multiplem Marktversagen und zunehmender Komplexität mit dem Staat demokratische Souveränität gewinnen. Progressive Politik kümmert sich um die Bruchstellen des fünffachen Klimawandels im Nebel der Gegenwart. Sie kittet diese sozial gerecht und gestaltet so die gleichzeitig stattfindenden Strukturwandelprozesse. Und sie verfolgt eine solidarische Globalisierung, gestaltet den ökologischen Umbau inklusiv und garantiert soziale Freiheit und Generationengerechtigkeit. Dieses positive Szenario im Blick, ist es für die politische Linke inhaltlich und strategisch geboten, die sozialen Bruchstellen der fünf großen Klimawandel unserer Zeit neu zu politisieren. Links-progressive Politik entscheidet sich heute eben nicht mehr allein im Konflikt zwischen Arbeit und Kapital, sondern sie muss die Herausforderungen des ökologischen Umbaus, der Globalisierung, des gesellschaftlichen Wandels und des technologischen Fortschritts zusammenbringen. Sie muss eine Antwort darauf geben, dass gerade fünf massive Umbrüche gleichzeitig geschehen, während der Zeitdruck angesichts der Klimakrise schon jetzt dramatisch hoch ist und immer mehr wächst. Nur wenn es der politischen Linken gelingt, an dieser für die Zukunftsfähigkeit der menschlichen Zivilisation zentralen Stelle eine überzeugende Antwort zu entwickeln und Orientierung zu geben, wird sie auch neue Relevanz entfalten.

Bleibt am Ende eine zentrale Frage – nämlich die Frage des „Wie?". Warum erfolgt genau diese progressive Politik nicht – obwohl wir alle Fakten kennen, obwohl wir eigentlich wissen, was zu tun ist? Was bringen alle fortschrittlichen Analysen, Ansätze und Visionen, wenn genau jetzt, da es globale Kooperation braucht wie nie zuvor, breitbeinige Machotypen wie Donald Trump, Viktor Orban, Narendra Modi und Jair Bolsonaro das Weltgeschehen zu dominieren scheinen? Tatsächlich ist es der politischen Rechten in nur wenigen Jahren gelungen, eine globale autoritäre Achse zu errichten. Alle progressiven Vorschläge, die über die nationale Ebene hinausgehen, werden darum gerne als naiv verspottet, weil sie international ohnehin nicht umsetzbar seien. Aber: Die Entwicklung zeigt, wie schnell es gehen kann – allerdings auch in die andere Richtung. In den allermeisten Demokratien wird in den nächsten fünf Jahren gewählt. Das strategische Ziel der gesellschaftlichen Linken muss es daher sein, auf eine Situation hinzuarbeiten, in der progressive Regierungsmehrheiten in mehreren relevanten Staaten gleichzeitig an der Macht sind. Diese progressive Achse hätte gegenüber der populistischen Achse einen entscheidenden Vorteil: Sie könnte tatsächlich eine nachhaltige internationale Allianz bilden. Die Rechten werden dagegen genau daran scheitern, weil sie sich früher oder später an den jeweiligen nationalen Interessen zerstreiten. Nationalisten können keine Internationale bilden.

Um eine solche internationale progressive Allianz zu bilden, braucht es jedoch neben den Parteien eine progressive Zivilgesellschaft aus Verbänden, NGOs und Gewerkschaften. Sicherlich wird dies nicht überall gelingen, aber vielleicht in mehreren Schlüsselländern. So könnte innerhalb der nächsten Jahre eine Situation entstehen, von der aus Veränderungen in der Welt ausgehen, hin zu einer neuen Epoche, die vielleicht tatsächlich einmal Weltmoderne genannt werden wird. Als eine Epoche, die für ein neues „gutes Leben" steht – mit Frieden, Freiheit und nachhaltigem Wohlstand.

Der alltägliche Kommunismus
Eine neue Ökonomie für eine neue Linke

Von **Wolfgang Streeck**

Die Eigentumsfrage ist die offene Wunde der kapitalistischen Gesellschaft; in ihr liegen die Nerven blank. Wer in sie hineinfasst, wie der Jungsozialist Kevin Kühnert, darf sich nicht wundern, wenn der Kranke beginnt, um sich zu schlagen. „Kollektivierung!" Auch wenn es dem Nachwuchsmann nur um BMW ging, den skrupellosen Dealer sinnfreier Glitzerprämien für selbstlose Aufopferung im Dienste nicht enden wollender Kapitalakkumulation, so weckte doch sein „Zeit"-Interview, Nebenprodukt hektischer politischer Umtriebe, im Frühjahr 2019 nicht totzukriegende Erinnerungen an den alltäglichen Kommunismus, der unserem alltäglichen Kapitalismus unterliegt und ihn faktisch überhaupt erst ermöglicht. Gemeint sind die großen Netze der physischen und sozialen Infrastruktur, die moderne Gesellschaften zusammenschließen und ihre Mitglieder produktiv machen. Zu den ersteren zählen die fest installierten Leitungs- und Schienensysteme, die uns mit Wasser, Strom, Heizung und Transportleistungen versorgen; zu den letzteren kollektiv institutionalisierte Leistungsbeziehungen, die Gesundheit, Bildung, Pflege und soziale Sicherheit liefern.[1] Kommunistisch sind diese in gleich mehrfacher Hinsicht. Zum einen schaffen sie Wohlstand durch Anschluss, durch Mitgliedschaft, durch Inklusion – also „Wohlstand für alle" –, indem sie, wie Robert J. Gordon für die in der ersten Hälfte des 20. Jahrhunderts endausgebauten großen kommunalen Versorgungsnetze gezeigt hat, die Produktivität der Industriegesellschaft weit über ihre eigenen Errichtungskosten hinaus gesteigert haben.[2] Zum anderen erfordern sie, um ihre volle Wirksamkeit zu entfalten, einen Umgang mit ihren Kunden, oder besser Klienten, nach Maßgabe gesellschaftlicher Solidarität, auf der Grundlage und als Ausdruck der Anerkennung ihrer Bedürfnisse und Rechte als Mitmenschen, also nicht als Mittel zum Zweck einer nach oben offenen Steigerung kapitalistischer Profitabilität.

Sektoren, oder „Industrien", die umso mehr zum gesellschaftlichen Wohlstand beitragen, je weniger sie nach kapitalistischen Prinzipien organisiert sind und funktionieren, werden heute unter dem Begriff der *foundational economy* zusammengefasst, hier übersetzt als Fundamentalökonomie. Auch

---

1 Für die meisten von diesen steht in der Ökonomik der Begriff des Kollektivguts zur Verfügung. Am konkretesten dazu Lutz Wingert, Kollektivgüter jenseits des Kapitalismus?, in: Smail Rapic (Hg.), Jenseits des Kapitalismus, Freiburg 2019.
2 J. Robert Gordon, The Rise and Fall of American Growth: The U.S. Standard of Living since the Civil War, Princeton und Oxford 2016.

der amerikanische Begriff *utilities* – von Nutzen für die Gesellschaft insgesamt, nicht für sich selbst oder ihre Eigentümer – ließe sich verwenden, wäre er nicht in der Praxis im Wesentlichen auf Energie oder Wasser liefernde, oft sehr große Unternehmen beschränkt. Fundamentalökonomische Infrastrukturen lohnen sich, indem sie die Gesellschaft als Gesellschaft gleicher Bürger zusammenbringen, zum Zweck gesteigerter einzelwirtschaftlicher Produktivität ebenso wie als humaner Selbstzweck. Dazu bedarf es langfristiger Investitionen mit niedrigen Renditen, die jedoch durch ein geringes Risiko aufgewogen werden – und natürlich durch ihren allgemeinen, der Gesellschaft frei zur Verfügung gestellten Wert.

Am besten rechnet sich Fundamentalökonomie, wenn sie eine öffentliche ist, also vor allem vom Staat oder unter strenger staatlicher Aufsicht und staatlichem Schutz betrieben wird. So sehr sie nämlich zum Funktionieren und zur demokratischen Legitimität der auf ihr aufsitzenden kapitalistischen Profitwirtschaft beiträgt, so wenig ist sie davor geschützt, dass diese versucht, in sie einzudringen und sie sich einzuverleiben. Kapitalismus muss wachsen – und kann dies nur, indem er sich vorkapitalistische wirtschaftliche Zusammenhänge anverwandelt, sie durchkapitalisiert, entweder seitwärts oder nach unten, in seine noch nicht kapitalistisch organisierte soziale Grundlage hinein. Dass er dadurch seine eigene Funktionsfähigkeit in Frage stellt, und je länger, desto mehr, kann den Kapitalismus deshalb nicht stören, weil er kein zu rationalem Handeln fähiger kollektiver Akteur ist, sondern ein aus dem individuellen Handeln vieler rationaler Akteure und seinem historischen Kontext sich ergebender aggregierter Prozess.

Die Entbettung der Fundamentalökonomie

Die Eingliederung der Fundamentalökonomie in den Kapitalismus, von diesem blind betrieben, kann als Variante jener kapitalistischen Selbstzerstörung gelten, die Karl Polanyi als „Entbettung" beschrieben hat – als Versuch, Ressourcen zu vermarkten, die durch Vermarktung zerstört oder aufgezehrt werden.[3] Für den wachstums- und renditehungrigen Kapitalismus der Gegenwart erscheint die weite Welt der Fundamentalökonomie als riesiger unerschlossener Jagdgrund, als Reservoir ungenutzter Verwertungschancen, als aufreizende Gelegenheit zur Fortsetzung der „ursprünglichen Akkumulation"[4] mit ihrer Umwandlung von Gemein- zu Privateigentum und von Allmenden in Profitzentren. Wasserleitungen und Sozialwohnungen, Straßen und Pflegeheime, Krankenversorgung und Rentenversicherung, Schie-

---

3 Zu Polanyi sind kürzlich gleich mehrere interessante Bücher erschienen, darunter Michael Brie und Claus Thomasberger (Hg.), Karl Polanyi's Vision of a Socialist Transformation, London 2018, Michele Cangiani und Claus Thomasberger (Hg.), Karl Polanyi. Economy and Society: Selected Writings, Cambridge 2018, Gareth Dale, Karl Polanyi: A Life on the Left, New York 2016, ders., Reconstructing Karl Polanyi, London 2016, und Tim Rogan, The Moral Economists: R. H. Tawney, Karl Polanyi, E. P. Thompson, and the Critique of Capitalism, Princeton und Oxford 2017.
4 Siehe Karl Marx, Das Kapital, Bd. I, Kapitel 24. Zu einer neueren Auslegung mit zahlreichen Querverweisen siehe Wolfgang Streeck, Niemand wird freiwillig Arbeiter, in: Mathias Greffrath (Hg.), RE: Das Kapital: Politische Ökonomie im 21. Jahrhundert, München 2017, S. 111-128.

nenverkehr und öffentliche Verwaltung warten in seinen Augen nur darauf, endlich durchkapitalisiert – „privatisiert" – und auf die Höhe einer profitsuchenden Zeit gebracht zu werden, die an „säkularer Stagnation" leidet. Dies zwingt die „Plusmacher" (Marx), auf Dauersuche nach immer neuen Möglichkeiten zu gehen, den ihnen vor Augen stehenden tendenziellen Fall der Profitrate wenigstens noch für ein paar Jahre aufzuschieben, unter anderem indem sie einen durch wachsende Schulden und fallende Steuersätze für „Gutverdiener" ausgezehrten Staat von seiner Pflicht zu öffentlicher Daseinsvorsorge durch Abkauf und Kommerzialisierung entlasten. Ein Altersheim nach dem anderen kann so in international operierende Altersheimketten eingefügt werden, die dann von einem zentralen, für die Bewohner unerreichbaren Management durch Kostensenkung – konzipiert von frisch ausstudierten, unendlich kreativen Betriebswirten in den zuständigen Abteilungen – auf Rendite getrimmt werden, als dauerhafte Einnahmequellen oder zum raschen Weiterverkauf. Ähnliches gilt für Wohnsiedlungen. Investitionen werden aufgeschoben oder ganz unterlassen, Preise erhöht, Produkte verschlechtert, Qualifikations- und Lohnniveaus gesenkt, um die anspruchsvoll kurzfristig orientierten Geldgeber zufriedenzustellen: mehr privater Profit bei höherem gesellschaftlichem Risiko, das nennt man Effizienz, und nach uns die Sintflut. Sicherheit für die Kunden und Bürger ist langweilig für das nach „schöpferischer Zerstörung" lechzende Kapital. Diffuser Nutzen für „die Gesellschaft" verwandelt sich in speziellen, quantifizierbaren Nutzen für Anteilseigner und Kreditgeber, der sich dann irgendwann – versprochen! – auf Umwegen in diffusen Nutzen zurückverwandeln wird, auch wenn man vorab nicht wissen kann, wie, denn das wäre ja Sozialismus.

„Wohnung ist keine Ware" – das sagt sich leicht. Tatsächlich aber ist, was als Indikativ ausgegeben wird, zunehmend nichts anderes als ein frommer Wunsch. „Wohnung sollte keine Ware sein, wird es aber immer öfter" – so wäre es richtig, und hinzuzufügen wäre: „wenn nichts dagegen getan wird". Dekommodifizierung ist Sache staatlicher Politik, aber diese tut sich schwer. Wir haben von der Fiskalkrise des Staates gehört,[5] von steigenden Vorbereitungs-, Flankierungs-, Reparatur- und Legitimationskosten des Kapitalismus bei näher rückenden Grenzen der Besteuerung einer privatkapitalistischen Ökonomie und der Verschuldung öffentlicher Hände bei einem ins Gigantische gewachsenen kapitalistischen Finanzsektor. Was tun? Verlockend erschien es da, die Halter des herumliegenden überhängenden Kapitals einzuladen, sich zu bereichern, und damit vielleicht auch die Gesellschaft als Ganze – so jedenfalls das Versprechen der Akquisespezialisten der nach Anlagemöglichkeiten suchenden einschlägigen Unternehmen, beeindruckt staunenden Kommunal- und Finanzpolitikern vorgetragen. Damit begann die Hebung der Bodenschätze des Kapitalismus, als Verwandlung seiner nichtkapitalistischen Grundlagen in grundlagenbedürftige kapitalistische Geschäftsfelder: als Kommerzialisierung dessen, was besser unkommerzialisiert bliebe. Dass dies mehr Probleme schafft als löst, wird allmählich

---

5 Für eine neuere Übersicht siehe Wolfgang Streeck, Gekaufte Zeit: Die vertagte Krise des demokratischen Kapitalismus, Berlin 2013.

erkannt. Wir beobachten angestrengtes Nachdenken unter Staatstechnokraten über gemeinwirtschaftlich wirksame Methoden der Regulierung privatisierter Sektoren der Fundamentalökonomie, die die privaten Investoren nicht vertreiben. Dies vor dem Hintergrund wachsenden Unmuts der Bürger über steigende Preise und sinkende Qualität, bei Wohnungen, im Nahverkehr, im Bildungswesen. Oft denunziert als „Populisten",[6] setzen Protestierende Staaten und Gemeinden unter Druck, indem sie fordern, dass diese sich zu ihrer öffentlichen Verantwortung bekennen, statt sie an private Gewinnmaschinen zu delegieren und zuzusehen, wie sie von diesen pervertiert wird. Man denke an die französischen Gelbwesten, von oben als „Kettenraucher und Dieselfahrer" identifiziert, deren Protest sich zunächst auf den Verfall der staatlichen Eisenbahn in ländlichen Gebieten bezog, der die Menschen dort gezwungen hat, auf private Autos umzusteigen. Deren Nutzung wurde dann von staatlicher Seite, angeblich wegen der von ihnen verursachten Umweltschäden, höher besteuert, während etwa gleichzeitig die Gewinnsteuern privater Unternehmen und die Einkommensteuern der „Besserverdienenden" gesenkt wurden. Gefährlich und gefürchtet sind derartige Proteste, weil sie sich im Kern, ohne dies notwendigerweise zu wissen, gegen ein Wirtschaftssystem richten, dessen Ansprüche an öffentliche Vor-, Neben- und Nach-, also Basisleistungen ständig weiter steigen, ohne dass es bereit und in der Lage wäre, der Allgemeinheit die zur Befriedigung dieser Ansprüche erforderlichen Mittel zur Verfügung zu stellen.

Großbritannien als Vorreiter und abschreckendes Beispiel

Vorreiter und abschreckendes Beispiel dieser Entwicklung ist Großbritannien. Unter den Regierungen Thatcher über Blair und Brown bis Cameron verwandelte sich das Vereinigte Königreich in das Exerzier- und Experimentierfeld par excellence eines losgelassenen Privatisierungsfanatismus, in die Dystopie einer planmäßig betriebenen Einverleibung der Basis- in die Profitwirtschaft mit ihren verheerenden Folgen für bürgerliche Gleichheit wie für wirtschaftliche Effizienz. In Großbritannien war zu beobachten, wie die unersättliche Fresslust des Kapitals eine Gesellschaft aufzehren kann, die auch nur für einen kurzen historischen Moment in ihrer Wachsamkeit nachgelassen hat. Zugleich zeigt es aber auch, wie eine derart verwundete Gesellschaft nach einer Weile zur Besinnung zu kommen und zurückzuschlagen vermag. Forderungen nach einer Rücknahme des Ausverkaufs der Grundlagen solidarisch-bürgerlichen Wirtschaftens – der Verkehrsnetze, der Wasserwirtschaft, der Alterssicherung – kommen heute aus allen Ecken und Enden der britischen Gesellschaft und sind längst nicht mehr auf die altsozialdemokratische Restgeneration beschränkt. Am eindrucksvollsten erscheint die entschiedene Verteidigung des Nationalen Gesundheitsdiens-

---

6 „Populist" ist heute überwiegend eine feindselige Fremd- und keine freiwillige Selbstbezeichnung. Dabei wird zwischen links und rechts meist nicht mehr unterschieden; Orbán wie Corbyn, Salvini wie Sanders. Ich verwende den Begriff daher nur noch in Anführungsstrichen.

tes als einer öffentlichen, von der politischen Gemeinschaft zu finanzierenden Einrichtung, gegen deren finanzielle Aushungerung durch den britischen Austeritäts- und Konsolidierungsstaat, als Symbol gesellschaftsweiter, mit dem berechnenden Neoliberalismus unserer Tage, oder vielleicht doch schon vergangener Tage, unvereinbarer Koste-es-was-es wolle-Solidarität.

Nicht dass die Kapitalisierung der Fundamentalökonomie nicht auch anderswo versucht worden wäre. Man denke an die Auflagen der Europäischen Union für die kapitalistische „Sanierung" Griechenlands, oder an Chile, wo die aus dem neoliberalen Bandenmilieu Chicagos angereisten Berater Pinochets alles haben privatisieren lassen, was eigentlich hätte niet- und nagelfest sein und bleiben sollen, von der Wasser- über die Bildungs- bis hin zur Gesundheits- und Altersversorgung. Heute gehört Chile zu den Ländern, die in den verfügbaren Statistiken des Ausmaßes sozialer Ungleichheit ganz oben liegen. Aber warum in die Ferne schweifen, wenn das Schlechte doch so nah liegt? Noch nicht ganz vergessen, glücklicherweise, sind jene oberbauernschlauen Kämmerer deutscher, unter ihrer Schuldenlast zusammenbrechender Gemeinden, die ihre örtlichen Abwasserkanäle an amerikanische Finanzinvestoren verkauften *(pecunia non olet!)*, um sie dann von ihnen zurückzumieten – mittels Verträgen von mehreren hundert Seiten Länge, die von den kommunalen Parlamenten wegen in ihnen erkennbarer „Geschäftsgeheimnisse" nicht eingesehen werden durften.

Während hier der Spuk nur so lange währte, bis die USA ihre Steuergesetze änderten und so das Geschäft unrentabel machten, befinden sich noch immer ganze, früher kommunale oder genossenschaftliche, Wohnsiedlungen in den Händen undurchsichtigst verschachtelter internationaler Finanzunternehmen, die die Gebäude entweder verschleißen lassen – keine Reparaturen, keine Dienstleistungen mehr – oder sie luxussanieren, unter Vertreibung der eingesessenen Mieterschaft und mutwilliger Zerstörung ihrer physischen und sozialen Lebensumwelt. Und man denke auch an die sogenannte Riesterrente, den ausverkauften Teil eines sozialpolitischen Solidaritätsnetzes, das wie kein anderes für das staatsbürgerliche Vertrauen der Mitglieder einer Gesellschaft in deren versprochene Leistungen steht, dessen privatwirtschaftliche Ergänzung jedoch weder Rendite noch Sicherheit liefert, sondern vor allem undurchschaubare Bürokratie für die „Kunden" und auskömmliche Verwaltungskostensätze für die Betreiber.

Interessant ist, dass der wachsende Widerstand gegen den Ausverkauf der Fundamentalökonomie, in Großbritannien und anderswo, als Ausdruck eines neuen „Populismus" wahrgenommen oder hingestellt wird, vor allem, aber nicht ausschließlich, eines „Populismus" der Linken. (Wer den Verkauf eines kommunalen Wasserwerks an internationale Finanzinvestoren für keine gute Idee hält, kann allerdings durchaus Gefahr laufen, des Antisemitismus verdächtigt zu werden.) In der Tat kann es auf dem Weg zu politischer Einsicht hilfreich sein, nicht Betriebswirtschaftslehre oder Finanzwissenschaft studiert zu haben, solange man dabei als jederzeit abrufbares Prüfungswissen abzuspeichern hat, dass der Profit, den wir an unsere Oligarchen abtreten, am Ende auf dem Umweg eines segensreichen *trickle down* zu uns zurückfließt – Kapitalismus als „jene Kraft, die stets das Böse will und stets das Gute schafft" (Mephisto in „Faust I").

Denjenigen, die auf erschwinglichen Mieten und preiswertem Wasser bestehen, mag goethesche Dialektik tatsächlich zu hoch sein. Aus der Perspektive der Kapitalversteher macht sie das dann zu unvernünftigen, ergo „populistischen", Wilden, die starrsinnig einer ineffizienten Zivilreligion anhängen und mit kapitalismusinkompatibler Verbohrtheit glauben, dass die Kosten der Nichtprivatisierung es wert sind, weil sie die Erzeugung eines unentbehrlichen kollektiven Gutes namens Solidarität subventionieren. Dass sie auf die wohlmeinenden, mit allen Kapitalwassern gewaschenen „Eliten" so wütend sind, dass sie sie abwählen und durch „populistische" Rattenfänger mit „einfachen Lösungen" ersetzen wollen, mag damit zusammenhängen, dass sie sich von ihnen im Stich des Kapitals gelassen fühlen.

Anerkennung und Ausbau der Fundamentalökonomie als Grundlage wirtschaftlicher Prosperität und sozialer Integration erfordert ihre verstärkte Berücksichtigung in der volkswirtschaftlichen Forschung. Die Logik und die Wege zur Finanzierung langfristiger Investitionen bei niedrigen, dafür sicheren Erträgen und niedrigen Verbraucherpreisen – mit Versorgungsqualität und Versorgungsbreite statt Gewinn als Leistungsindikator –, bedürfen vertiefter theoretischer und historischer Erkundung, ebenso wie die Möglichkeiten politischer Regulierung von zur Fundamentalökonomie beitragenden Privatunternehmen.

Ökonomische Theorie darf sich daher nicht nur auf die Profitwirtschaft beschränken und die Gemeinwirtschaft zum Nebenthema degradieren; sie sollte lernen, Institutionen in ihre Betrachtungen einzubeziehen, die sich nicht allein effizienz-, sondern auch demokratietheoretisch rechtfertigen müssen. Wie kann eine vom großen Kasino des globalen Marktes abgekoppelte regionale Kredit- und Finanzierungswirtschaft aufgebaut und verteidigt werden? Wie lässt sich der Nutzen, wie die Produktivität nichtbepreister Allgemeingüter und beschäftigungsintensiver und egalitär verteilender Produktionsweisen berechnen? Welche Renditeabschläge sind als Kosten politisch-demokratischer Beteiligung und lokaler, bürgernaher, solidarischer Produktion hinnehmbar? Welche Formen, Institutionen, Methoden nichtmarktlicher, demokratischer Bedarfsermittlung im Medium öffentlicher Diskussion bieten sich an oder müssen neu erfunden werden? Wie kann öffentlicher Nutzen mehr sein als Nebeneffekt privaten Gewinns, und privater Gewinn abhängig von öffentlichem Nutzen?

Auch die Lehre ist gefordert. Damit Fundamentalökonomie sich voll etablieren und ihre sozialen Funktionen zufriedenstellend erfüllen kann, muss sie in den Hörsälen und Seminaren prominent gegenwärtig sein. Eine heterodoxe Betriebswirtschaftslehre der fundamentalökonomischen Gemeinnützigkeit könnte Studenten Perspektiven auf eine Berufstätigkeit eröffnen, die nicht nur materiell, sondern auch moralisch attraktiv wäre; sie würde der Fundamentalökonomie Zugang zu schöpferischen Fähigkeiten und Energien verschaffen, die heute nur allzu oft in den Gewinnmaschinen eines selbstzerstörerischen Profitkapitalismus verschwendet werden.

Immerhin: In der wissenschaftlich-technischen Zivilisation beginnen neue Wege oft in den Universitäten. Hier mag man sich an John Maynard Keynes' berühmtes Diktum im letzten Kapitel seiner *General Theory* von 1936 erinnern, wo er die akademische Lehre nachdrücklich an ihre langfristige gesellschaftliche Verantwortung erinnert: „[D]ie Gedanken der Ökonomen und Staatsphilosophen, sowohl wenn sie im Recht, als wenn sie im Unrecht sind, [sind] einflussreicher, als gemeinhin angenommen wird. Die Welt wird in der Tat durch nicht viel anderes beherrscht. Praktiker, die sich ganz frei von intellektuellen Einflüssen glauben, sind gewöhnlich die Sklaven irgendeines verblichenen Ökonomen. Wahnsinnige in hoher Stellung, die Stimmen in der Luft hören, zapfen ihren wilden Irrsinn aus dem, was irgendein akademischer Schreiber ein paar Jahre vorher verfaßte. Ich bin überzeugt, dass die Macht erworbener Rechte im Vergleich zum allmählichen Durchdringen von Ideen stark übertrieben wird. Diese wirken zwar nicht immer sofort, sondern nach einem gewissen Zeitraum; denn im Bereich der Wirtschaftslehre und der Staatsphilosophie gibt es nicht viele, die nach ihrem fünfundzwanzigsten oder dreißigsten Jahr durch neue Theorien beeinflusst werden, sodass die Ideen, die Staatsbeamte und Politiker und selbst Agitatoren auf die laufenden Ereignisse anwenden, wahrscheinlich nicht die neuesten sind. Aber früher oder später sind es Ideen, und nicht erworbene Rechte, von denen die Gefahr kommt, sei es zum Guten oder zum Bösen." [7]

Ein Zukunfts- oder doch eher schon Gegenwartsthema fundamentalökonomischer Aktivität und Politik, das nach wissenschaftlicher Durchdringung geradezu ruft, ist, was in einigen angelsächsischen Ländern heute als „Green New Deal" diskutiert wird. Hier geht es nicht nur um Maßnahmen zur Verhinderung, sondern längst schon um solche zur Bewältigung der Folgen unter anderem der Erderwärmung. Eine für menschliches Leben zuträgliche natürliche wie gestaltete Umwelt ist eine unentbehrliche Voraussetzung gesellschaftlich nützlicher Wirtschaftstätigkeit. Bei ihrer Schaffung und Erhaltung geht es nicht nur, wohl aber auch um zentrale Regulierungen und örtlich wirksame Beschäftigungsmaßnahmen. Zu klären wäre zudem, wie Investitionen „vor Ort" zu planen und zu finanzieren sind und wem sie im Einzelnen zugutekommen sollen.

Kommunaler Sozialismus

Was das Konzept der Fundamentalökonomie so interessant macht, ist seine Anschlussfähigkeit an ältere Vorstellungen eines kommunalen Sozialismus. Kommunaler Sozialismus ist nicht etatistisch, nicht zentralistisch, nicht abhängig von putschistischer Eroberung zentraler Machtapparate, auch wenn seine Möglichkeitsspielräume durch nationale Politik erweitert oder begrenzt werden können. In einer Zeit, in der Sozialisten darauf angewiesen sind, kleine Brötchen zu backen, könnte kommunale Fundamentalökonomie

---

[7] John Maynard Keynes, Allgemeine Theorie der Beschäftigung, des Zinses und des Geldes, aus dem Englischen von Fritz Waeger, Berlin 1966 [1936], S. 323 f.

als Grundlage und Ausgangspunkt einer neosozialistischen Programmatik fungieren, die wieder an reale Produktions- und Reproduktionsprozesse anschließt, nachdem man diese so lange den neoliberalen Marktfetischisten überlassen und sich auf (anti-)identitäre Symbolpolitik beschränkt hat.

Ein neosozialistischer Begriff von Fundamentalökonomie würde die vornehmlich redistributionistische Perspektive überwinden, in die die Linke sich hat hineinmanövrieren lassen, und es ihr ermöglichen, zu einer produktivistischen Orientierung zurückzukehren. Zugleich ließe sich mit seiner Hilfe Sozialismus als demokratisch, als von unten nach oben, und gradualistisch konzipieren, ausgehend von realen materiellen Prozessen, Strukturen und Notwendigkeiten – eben dem realen Kommunismus des wirklichen Wirtschaftslebens. Erleichtert würde dies durch das mittlerweile offenkundige Scheitern des Neoliberalismus und seines Bestrebens, die fundamentalökonomische Basis in die kapitalistische Profitwirtschaft einzugemeinden.

Ein entsprechend orientierter Sozialismus wäre als einer erkennbar, der mehr wäre als Almosen für die ausgesonderten Opfer des Kapitalismus – nämlich eine partizipative Organisationsform kollektiver Leistungserbringung zum Zweck gemeinschaftlicher Daseinsbewältigung. Eine so organisierte Fundamentalökonomie wäre demokratisch nicht nur im liberalen Sinn individuell frei gewählter Meinungen und Lebensweisen, sondern auch in Bezug auf die praktische Gestaltung tatsächlicher Lebensverhältnisse und die Gewährleistung sozialer Solidarität bei der Arbeit an gemeinsamen materiellen wie ideellen Interessen. Eine ausgebaute Fundamentalökonomie bereichert die Mitglieder einer Gesellschaft, indem sie die Gesellschaft bereichert, und sie bereichert Gesellschaften, indem sie ihnen eine kollektiv nützliche und nutzbare Infrastruktur zur Verfügung stellt. Dies macht sie per se zu einem „linken", sozialistischen Projekt. Der Wohlstand, der allen gleichermaßen aus der Teilhabe an einer solchen Infrastruktur erwächst, begründet keine individuellen Statusunterschiede und erzeugt keinen Statusneid; er ist unteilbar. Fundamentalökonomische Armut, die darin besteht, von den kollektiven Leistungsnetzen einer Gesellschaft ausgeschlossen zu sein, kann durch Einräumung und Realisierung politischer Rechte auf Eingliederung überwunden werden; ihre Fortdauer kann auch dann Verewigung von Armut bedeuten, wenn das individuelle Einkommen zunimmt.

Um eine derartige Fundamentalökonomie bereitzustellen, kommt es vor allem auf zweierlei an: Das Erste ist die Beschaffung der für eine reiche Infrastruktur nötigen Investitionsmittel. Solange die Steuerbasis einer Gesellschaft mobil ist, besteht in einer offenen Wirtschaft immer die Möglichkeit für reiche Individuen und Unternehmen, in andere, weniger anspruchsvolle Jurisdiktionen abzuwandern. Auf die Dauer kann der hiermit verbundenen Gefahr für Ausbau und Bestandssicherung fundamentaler Infrastrukturen nur dadurch begegnet werden, dass die Besteuerung des individuellen zugunsten des kollektiven Reichtums so weit als möglich auf nichtmobiles Vermögen und dessen gerade auch durch kollektive Investitionen verursachte Wertsteigerungen umgestellt wird. Land kann nicht abwandern, anders als Aktienkapital oder „Ersparnisse"; und sein Wert nimmt nicht durch individuelle Leistung zu, sondern durch seine Erschließung durch Straßen und andere Netze, die seine Produktivität erhöhen und dadurch Erwerb oder Anmietung attraktiv machen. Eine Umstellung auf Kapitalertragsteuern auf nichtmobiles (immobiles!) Kapital könnte somit helfen, ebenjene Investitionen in die Fundamentalökonomie zu finanzieren, durch welche das Vermögen von Landbesitzern aller Art unverdient steigt. Ähnliches gilt für die Erbschaftsteuer, die den nicht auf individuelle Leistung zurückgehenden Anteil eines Betriebsvermögens bei seinem Übergang an die nächste Generation für gesellschaftliche Zwecke sollte einziehen können, wenn nicht andere fundamentalökonomische Erwägungen dagegen sprechen.

Das zweite Thema, bei dem ein Fokus auf Fundamentalökonomie den Weg zu einem erneuerten Sozialismus weisen könnte, ist das der Eigentumsformen. Es wäre naiv, eine Erneuerung fundamentalökonomischer Strukturen allein auf öffentliche Unternehmen gründen zu wollen. Gewiss, einige Privatisierungen, vor allem in Großbritannien, müssen rückgängig gemacht werden, wenn Wirtschaft wieder funktional vergemeinschaftet werden soll. Zugleich aber muss eine lokale Fundamentalökonomie Partnerschaften mit örtlichen Mittel-, Klein- und Kleinstunternehmen suchen, vor allem auch mit Genossenschaften derselben. Für Familienunternehmen im Übergang an Erben oder auf der Suche nach Nachfolgern sollte es Anreize geben, am Ort zu bleiben. Großunternehmen, die in der örtlichen Fundamentalökonomie tätig werden wollen, etwa Einzelhandelsketten, sollten einer „gesellschaftlichen Lizenzierung" unterworfen werden können, die ihnen als Gegenleistung für ihren Zugang zum örtlichen Markt Beiträge zum örtlichen Gemeinschaftsleben abverlangt; so könnte, was heute einseitig und rücknehmbar als *corporate social responsibility* deklariert wird, zur Pflicht werden. Auch besteht die Möglichkeit, wichtige öffentliche Institutionen, wie Krankenhäuser und Universitäten, stärker als bisher als Ankerinstitutionen der örtlichen Fundamentalökonomie zu nutzen, etwa über (Selbst-)Verpflichtungen zu lokaler Beschaffung oder zu gemeinschaftsunterstützenden Nebenleistungen, beispielsweise in Gestalt von Ausbildung über den eigenen Bedarf hinaus.

Eine Perspektive für Deutschland?

Was könnte das konkret für Deutschland bedeuten? Eine Rückbesinnung auf eine gemeinnützige Fundamentalökonomie könnte zum Ausgangspunkt einer Erneuerung der, oder besser: einer, demokratischen Linken werden. Nichts wäre dringender nötig in einem Land, das sich im Interesse seiner Exportwirtschaft zum imperialen Dompteur einer gesamteuropäischen Austeritätspolitik aufgeschwungen hat. Ein entsprechendes Programm wäre weit über den Kreis derjenigen hinaus attraktiv, die heute noch links denken und wählen; ihre Zahl nimmt seit Jahrzehnten ab. Die Krise der nationalen Infrastruktur – erstaunlich in einem reichen Land mit zurzeit überschüssigen Steuereinnahmen – steht jedem vor Augen, der sehen will: von zerfallenden Schulgebäuden in den Städten und auf dem Land bis zu Autobahnbrücken, die für den Schwerverkehr gesperrt werden müssen. Man versuche nur einmal, an einem Montagmorgen im Raum Köln zur Arbeit zu fahren: verstopfte Straßen, überfüllte und verspätete Busse und Bahnen. Man wundert sich, wo die deutschen Gelbwesten bleiben, die gegen den Verfall der Verkehrsnetze und die Verteuerung ihrer Nutzung außerhalb der großen Städte auf die Straßen gehen. Auch hier hat man die Eisenbahn jahrelang auf Verschleiß gefahren, übrigens einschließlich der *grandes lignes*, und natürlich zur Ermöglichung und in Erwartung ihrer Privatisierung, also ihrer Umstellung von Lang- auf Kurzfristigkeit und von Gemein- auf Profitnutz.[8]

Vor diesem Hintergrund erscheint der quälend verzögerte Ausbau des Internets, das ja im Zusammenspiel mit einer anderen Arbeitsorganisation eine Entlastung der traditionellen Verkehrsnetze bringen könnte, umso dramatischer. Auch hier stehen private Interessen dem öffentlichen Interesse im Wege, wenn sich die Netzbetreiber erfolgreich dagegen wehren können, als Gegenleistung für ihre Lizenzen eine vollständige Abdeckung des Landes mit schnellem Internet „bis zur letzten Milchkanne" (eine mit den Unternehmen sympathisierende zuständige Ministerin aus dem Münsterland!) zu garantieren.[9]

Hinter all dem steht eine Steuer- und Schuldenpolitik, deren Hauptziel darin besteht, sich der Kreditwirtschaft durch ausgeglichene Haushalte und immer weiter fortschreitenden Schuldenabbau als zuverlässiger Kunde anzudienen. Mit der ins Grundgesetz eingebauten und damit (zunächst) verewigten „Schuldenbremse" hindert sich das Land daran, seine Fundamentalökonomie auf ein Niveau zu bringen, das seinen Wohlstand und die Integration seiner Bürger in die nationale Gesellschaft auf längere Frist sichern könnte.[10] Steuererhöhungen, insbesondere auf Unternehmen und sehr hohe Einkommen, erscheinen ausgeschlossen, solange es bei der derzeitigen Steuersystematik bleibt. Auch Beitragserhöhungen für die sozialen Sicherungssysteme kann es nicht geben: wegen dann endgültig zu hoher Lohnnebenkosten vor allem bei niedrigen Einkommen sowie des absehbar erfolgreichen Widerstands der „Besserverdienenden" gegen eine Anhebung der Bemessungsgrenzen, von einer Einheits- oder gar Volksversicherung nicht zu sprechen.

Die Konsequenz: Dann aber muss der unvermeidliche Anstieg der Ausgaben vor allem der Rentenversicherung aus dem, grundsätzlich gleichbleibenden, allgemeinen Steueraufkommen bestritten werden – zusammen mit

---

8 Siehe den Sonderbericht des Bundesrechnungshofs vom Dezember 2018 über die Deutsche Bahn, deren „beklagenswerter Zustand" auf einen langfristigen Investitionsstau, insbesondere bei Ersatzinvestitionen in das zunehmend marode Schienennetz, zurückgeführt wird (vgl. Kerstin Schwenn, Verheerendes Urteil über die Deutsche Bahn, in: „Frankfurter Allgemeine Zeitung", 6.12.2018).
9 Nota bene, dass nur der neue Internetstandard 5G den Betrieb selbstfahrender Autos unterstützt.
10 Zu den weitreichenden Folgen des selbst auferlegten Sparzwangs gehört im Übrigen ein langjähriger Kompetenz- und Kapazitätsverlust der öffentlichen Verwaltung. In der Bauverwaltung führt dies dazu, dass Vorhaben nur nach sehr langer Wartezeit bewilligt werden und die Planung und laufende Überwachung großer öffentlicher Projekte an Privatunternehmen übertragen werden müssen, oft mit der Folge erheblicher Termin- und Kostenüberschreitungen. Auch eine leistungsfähige öffentliche Bürokratie gehört zu der für eine moderne Gesellschaft unentbehrlichen Fundamentalökonomie; eine Privatisierung ihrer Aufgaben zum Zweck der Kosteneinsparung erweist sich immer wieder als kontraproduktiv.

der verantwortungslos zugesagten Steigerung des Militäretats von 1,1 auf 2 Prozent des Sozialprodukts, also nach heutigem Stand von 11,5 auf knapp 20 Prozent des Bundeshaushalts. Wie es so noch Investitionen in die Fundamentalökonomie geben soll, entzieht sich dem gesunden Menschenverstand. Besonnene Kreditaufnahme in einem Kapitalmarkt, der zurzeit Nullzinsen bieten muss, wäre ein Ausweg, nicht ideal, aber immerhin. Aber dann könnte man sich nicht mehr mit der magischen „schwarzen Null"[11] schmücken und lieferte obendrein den Vasallen des Euro-Imperiums eine Ausrede, wenn sie versuchen sollten, ihre Lage durch geborgte Euros statt durch „notwendige Strukturreformen" zu verbessern.

Kann also eine demographisch gestresste und dem internationalen Steuerwettbewerb ausgesetzte Demokratie überhaupt langfristige fundamentalökonomische Projekte beschließen und durchziehen, ohne dass der Konsens ihrer Bürger daran zerbricht? Kann sie Kredite zu anderen Zwecken aufnehmen als zur kurzfristigen Steigerung ihres Konsums oder gar zur Bestechung ihrer Bürger? Wie viel Basiswirtschaft kann man der Basisdemokratie anvertrauen oder ihr gar abverlangen?

Beispiele für die Vernunft staatsbürgerlicher Mehrheiten, auch von der demokratischen Linken allzu oft unterschätzt, gibt es durchaus: In Norwegen etwa, wo die Einnahmen aus den Öllizenzen in einen nationalen Fonds fließen, der sie unter parlamentarischer Aufsicht zum Nutzen und zur Sicherung künftiger Generationen langfristig und, soweit man hört, sozial- und umweltverträglich investiert; auch dies eine Art von Fundamentalökonomie, nicht zuletzt wegen des staatlich garantierten Gemeineigentums der eingesetzten Mittel. Näher liegt vielleicht die Schweiz, wahrhaftig kein Darling der libertären Linken, dafür aber ein Land, in dem langfristige, kreditfinanzierte Investitionen in das nationale Verkehrsnetz, von der Eisenbahn bis zu den Alpentunneln, regelmäßig vom abstimmenden Volk gebilligt werden, mit eindrucksvollen realisierten Ergebnissen, die ausländische Bahn- und Autoreisende immer wieder in staunende Bewunderung versetzen.

Die wachsende Kluft zwischen Stadt und Land

Wie eng die soziale Integration eines Landes mit der Ausgestaltung seiner Fundamentalökonomie zusammenhängt – Integration als praktische Realisierung des Zugangs zu einem guten Leben für alle durch bürgerlich berechtigte Mitgliedschaft in einer politisch organisierten Gemeinschaft – wird nirgends so deutlich wie an den zunehmenden Disparitäten zwischen Stadt und Land, sprich: der Verödung ganzer Regionen außerhalb der großen Ballungsgebiete.

Längst ist bekannt, dass diese Krankheit nicht nur Großbritannien und Frankreich befallen hat, sondern auch das föderalistisch verfasste Deutschland, trotz seines offiziellen Staatsziels der Schaffung gleichwertiger Lebensverhältnisse in allen Landesteilen. Dabei geht es auch – aber beileibe nicht

---

11 Lukas Haffert, Die schwarze Null: Über die Schattenseiten ausgeglichener Haushalte, Berlin 2016.

nur – um die fortbestehende, ja sich verschärfende Spaltung zwischen Westdeutschland und den immer noch „neuen" Ländern der ehemaligen DDR, deren wirtschaftlicher Rückstand trotz erheblicher finanzieller Transfers nicht kleiner wird – Ursache einer politischen Sonderentwicklung, die die AfD dort zu einer der stärksten Parteien hat werden lassen. Ähnliches gibt es aber auch im Westen, und die Symptome sind immer dieselben: Abwanderung der wirtschaftlich Leistungsfähigen in die neuen Wachstumszentren, Rückzug des Einzelhandels, Zusammenbruch der ortsnahen ärztlichen Versorgung, Rückbau der Schulen, Ausdünnung der Verkehrsanbindung, Ausbluten des Vereinswesens, der Geselligkeit, der politischen Parteien usw.

Dass ein Begriff wie „Heimat" heute so zentral für die politische Auseinandersetzung geworden ist, ist kein Zufall. Sein Aufstieg reflektiert die Bedrohung des sozialen Zusammenhalts durch fortschreitende Agglomeration – dadurch, dass die Menschen zu den Arbeitsplätzen wandern müssen statt, Utopie sozialdemokratischer Regionalpolitik in den 70er Jahren, die Arbeitsplätze zu den Menschen. Während die Netze der Fundamentalökonomie „in der Fläche" ausdünnen, weil sie sich nicht mehr „lohnen", sind sie in den Städten ebenso überlastet wie die Verkehrswege, die beide verbinden. Prototyp der heimatlos gespaltenen Gesellschaft ist der mobile Migrant, der flexible Kapitalfolger, ob von außen kommend oder von innen, Ausdruck tiefer Abhängigkeit der Arbeit vom Kapital.

Deglomeration, so hören wir, ist zu teuer, nicht rentabel genug. Aus fundamentalökonomischer Perspektive greift das zu kurz; Bürgerrechte – auf Anschluss und Einbeziehung – haben ihren eigenen Wert, abgesehen davon, dass ihre Einlösung helfen kann, zentrale Konflikte moderner Gegenwartsgesellschaften zu entschärfen, wie sie sich in der Wahl Trumps, dem Brexit, dem Aufstand der Gelbwesten in Frankreich und der Stärke der AfD in Ostdeutschland manifestieren.

Eine funktionierende Fundamentalökonomie setzt auf und baut starke Provinzen. Agglomeration, wie von neoliberalen Wirtschaftswissenschaftlern favorisiert,[12] bewirkt eine Spaltung der Gesellschaft zwischen überlasteten Groß- und Weltstädten und verödenden Dörfern und Landschaften an der Peripherie, mit einer kostspieligen, ineffizienten und nicht nachhaltigen räumlichen Reallokation von Ressourcen, einschließlich Arbeit und Kapital. Wirtschaftlich und gesellschaftlich funktionsfähige örtliche Gemeinschaften mobilisieren lokale Kenntnisse, soziale Energien und politische Handlungsfähigkeiten, die in zentralisierten Märkten und politischen Systemen nur allzu oft unentdeckt bleiben. Nicht zuletzt versorgen und unterstützen sie, entsprechende Infrastrukturen vorausgesetzt, die urbanen Zentren durch laufenden Austausch und koppeln sie so zu beiderseitigem Nutzen an die Gesellschaft zurück.[13] Zentrale Förderung, vor allem durch langfris-

---

12 Richard Florida, Cities and the Creative Class, New York 2005; Edward Glaeser, Triumph of the City: How our best invention makes us richer, smarter, greener, healthier, and happier, New York 2011.
13 Für eine fundamentalökonomische Perspektive auf das Verhältnis zwischen urbanen Zentren und ländlich-kleinstädtischer Peripherie siehe Ewald Engelen u.a., The grounded city: From competitivity to the foundational economy, in: „Cambridge Journal of Regions, Economy and Society", 3/2017, S. 407-423.

tige öffentliche Investitionen, ist unentbehrlich; aber Geld allein macht nicht glücklich. Hinzu kommen muss ein gutes Maß an Devolution, an Verlagerung von Kompetenzen nach unten, an Dezentralisierung.

Andere Eigentumsformen und lokalisierte Marktstrukturen

Fundamentalökonomische Regionalpolitik heißt daher zuallererst Aufbau von sesshaftem, unverkäuflichem, „patriotischem" Kapital, wirtschaftlich wie sozial, unter Einbeziehung örtlicher Klein- und Mikrounternehmen und ihrer Organisationen, in Deutschland etwa der lokalen Handwerkskammern und Innungen, und unter voller Ausschöpfung zu erweiternder Kompetenzen zu lokaler Selbstregierung.

Hier wäre auch Gelegenheit, vor allem für eine sich neu von unten nach oben formierende Linke, zur Erprobung anderer Eigentumsformen und lokalisierter Marktstrukturen, von der Energie- bis zur Gesundheitsversorgung, ermöglicht durch eine nationale Regionalpolitik, die auf lokale Selbstorganisation und Selbstregierung setzt. So könnte etwa ein gesamtstaatlicher Infrastrukturfonds verschuldete Gemeinden wieder handlungsfähig machen und lokal und regional verantwortliche Finanzierungssysteme überregional absichern. Soweit europäisches Wettbewerbsrecht dem im Wege stünde, müssten Ausnahmen geschaffen werden – wenn es nicht ohnehin zu einer längst fälligen Generalüberholung des sogenannten Binnenmarktes kommt, dessen Beitrag zu zentraler Agglomeration und dezentraler Ausblutung unübersehbar geworden ist.

Führt lokale Kontrolle zur Verzwergung der politischen Ökonomie? Im demokratischen Nationalstaat müsste sie durch eine entsprechende nationale Politik unterstützt werden; keine Dezentralisierung ohne zentrale Ermöglichung. Diese reicht aber nicht aus. Alles hängt davon ab, dass sich „vor Ort" engagierte Organisatoren finden, politische Unternehmer im besten Sinn, die es verstehen, die vorhandenen Kräfte zu wecken und zu bündeln – zwischen diesen, mit Schumpeter, neue Faktorkombinationen auszuprobieren, nicht zu privater Profit-, sondern zu kollektiver Nutzensteigerung. Fundamentalökonomische Strategien können so Ansatz- und Ausgangspunkt eines kommunitaristischen Produktivismus sein, dessen Organisations- und Eigentumsformen die Grenzen kapitalistischer Produktionsverhältnisse zumindest austesten könnten.[14]

---

[14] Bemerkenswerte Überlegungen zu einer fundamentalökonomischen Politik, regional wie national, die sich auf vielfältige alternative Eigentumsformen stützt und diese fördert, finden sich bei Sahra Wagenknecht, Reichtum ohne Gier: Wie wir uns vor dem Kapitalismus retten, Frankfurt a.M. 2016, S. 183-287. Zur Notwendigkeit neuer Rechtsformen für Unternehmen siehe Armin Steuernagel, Till Wagner und Benjamin Böhm, Unternehmenseigentum im 21. Jahrhundert: Warum es eine neue Rechtsform für Unternehmen braucht, Policy Brief, Arbeitsgemeinschaft Unternehmen in Verantwortungseigentum (o.D.).

> IV. WAS KONKRET ZU TUN IST

Die Entscheidung: Kapital vs. Klima

Von **Naomi Klein**

Hello, everybody. It's wonderful, to be here. – Zu Beginn möchte ich einen ganz kurzen Abschnitt aus der Einleitung meines Buches „Kapitalismus vs. Klima" vorlesen – zu Ehren meines Sohnes, der heute Abend hier ist und normalerweise nicht zu Vorlesungen geht. Es ist sogar die erste Vorlesung seines Lebens. Deshalb ist diese hier für Dich bestimmt, lieber Toma.

„Auch aus persönlichen Gründen fiel es mir sehr schwer, dieses Buch zu schreiben. Was mich am meisten bedrückt, sind nicht die wissenschaftlichen Studien über schmelzende Gletscher, um die ich früher einen Bogen gemacht habe, sondern die Bücher, die ich meinem zweijährigen Sohn vorlese. Eines seiner Lieblingsbücher trägt den Titel ‚Looking for a Moose' – ‚Auf der Suche nach einem Elch'. Es handelt von ein paar Kindern, die sich so sehr wünschen, irgendwann einmal einen Elch zu sehen: Sie suchen überall, in einem Wald, in einem Sumpf, in dornigem Gebüsch und auf einem Berg nach einem ‚langbeinigen, knollennasigen, geweihtragenden Elch'. Der Witz ist, dass sich auf jeder Seite ein Elch versteckt. Schließlich kommen alle Tiere aus ihren Verstecken, und die Kinder rufen begeistert: ‚Wir haben noch nie so viele Elche gesehen!'

Als ich ihm das Buch ungefähr zum 75. Mal vorlas, traf mich eine Erkenntnis: Mein Sohn würde vielleicht niemals einen Elch sehen. Ich versuchte, mich zusammenzureißen. Danach setzte ich mich an den Computer und begann, meine Erlebnisse in Nord-Alberta niederzuschreiben, dem Teersandgebiet, wo mir die Angehörigen der Beaver Creek Nation davon erzählten, was mit den Elchen passiert war. Eine Frau schilderte mir, dass sie auf einem Jagdausflug einen Elch erlegt hatte, dessen Fleisch schon grün war. Ich hörte auch viel von merkwürdigen Tumoren, die nach Ansicht der Einheimischen ihre Ursache darin hatten, dass die Tiere mit Teersandgiften verseuchtes Wasser tranken. Aber hauptsächlich hörte ich davon, dass die Elche schlichtweg verschwunden waren. Und nicht nur in Alberta. ‚Rapider Klimawandel verwandelt die North Woods in einen Elchfriedhof' titelte der ‚Scientific American' im Mai 2012. Anderthalb Jahre später berichtete die ‚New York Times', dass eine der beiden Elchpopulationen Minnesotas mit 4000 Tieren in den 1990er Jahren auf nur hundert geschrumpft war. Wird mein Sohn jemals einen Elch sehen? Ein anderes Mal war es ein kleines Bilderbuch, das mich betroffen machte. Es zeigte alle möglichen Tiere beim Kuscheln, und jedes Mal stand ein lustiger Satz für die jeweilige Pose darunter. ‚Wie kuschelt eine Fledermaus', hieß es beispielsweise. ‚Auf dem Kopf, auf dem Kopf.' Aus irgendeinem Grund biegt sich mein Sohn bei dieser Seite regelmäßig vor Lachen. Ich erklärte ihm, dass Fledermäuse mit dem Kopf nach unten schlafen. Aber ich musste dabei die ganze Zeit an einen Bericht denken, nach dem mitten in einer Rekordhitzewelle in einem Teil von Queensland in Australien Hunderttausende tote und sterbende Fledermäuse vom Himmel fielen. Ganze Kolonien vernichtet. Wird er jemals eine Fledermaus sehen?

Ich wusste, dass ich ein Problem hatte, als ich mich kürzlich dabei ertappte, wie ich mit einem Seestern debattierte. Rote und lilafarbene gibt es nur an der Felsküste von British Columbia, wo meine Eltern leben, mein Sohn geboren wurde und ich die Hälfte meines Erwachsenenlebens verbracht habe. Kinder lieben diese Seesterne, weil man sie richtig schön begutachten kann, wenn man sie vorsichtig hochhebt. ‚Das ist der schönste Tag in meinem Leben!', rief meine siebenjährige Nichte Miriam, die aus Chicago zu Besuch war, nach einem langen Nachmittag in den Gezeitentümpeln.

Aber im Herbst 2013 kamen Geschichten über eine merkwürdige Krankheit in Umlauf, die an der Pazifikküste Seesterne zu Zehntausenden dahinraffte. Man nannte es das *sea star wasting syndrome*, bei dem viele Arten lebendig zerfielen. Die Tiere verwandelten sich in verkrümmte Klumpen, ihre Arme fielen ab und ihre Körper schrumpften zusammen. Die Wissenschaftler standen vor einem Rätsel. Als ich diese Geschichten las, ertappte ich mich bei dem Wunsch, dass diese wirbellosen Tiere noch ein Jahr durchhielten – nur so lange, bis sich mein Sohn an ihnen erfreuen konnte. Dann kamen mir Zweifel: Vielleicht ist es besser, wenn er nie einen Seestern zu Gesicht bekommt, zumindest nicht in diesem Zustand…

Wenn früher eine solche Angst durch den Panzer meiner Klimaleugnung drang, tat ich alles, um sie wegzuschieben, ich wechselte den Fernsehkanal, klickte die Seite weg. Jetzt versuche ich, sie zuzulassen. Es scheint mir, als wäre ich es meinem Sohn schuldig, so wie wir alle es uns selbst und einander schuldig sind. Aber wie sollen wir mit dieser Angst umgehen, die daher kommt, dass wir auf einem sterbenden Planeten leben, der jeden Tag unbewohnbarer wird? Zuerst einmal: akzeptieren, dass sie nicht mehr verschwinden wird. Sie ist die vollkommen rationale Reaktion auf die unerträgliche Tatsache, dass wir in einer untergehenden Welt leben, in einer Welt, zu deren Tod viele von uns beitragen, indem sie Dinge tun wie Tee kochen und zum Lebensmittelmarkt fahren und ja, auch Kinder bekommen. Und dann müssen wir sie benutzen. Angst ist eine Überlebensreaktion. Angst lässt uns davonlaufen, hochspringen, weckt übermenschliche Kräfte in uns. Aber wir müssen ein Ziel haben, wohin wir rennen können. Ohne ein Ziel ist Angst einfach nur lähmend. Der einzige Trick, die einzige Hoffnung besteht darin, die Angst vor einer lebensfeindlichen Zukunft durch die Aussicht darauf, etwas viel Besseres zu schaffen als das, was viele von uns je zu hoffen wagten, lindern und ausgleichen zu können.

Ja, wir werden manches verlieren, werden auf manchen Luxus verzichten müssen, ganze Industriezweige werden verschwinden. Und es ist zu spät, den Klimawandel noch aufzuhalten; er ist schon da, und es werden immer schlimmere Katastrophen auf uns zukommen, egal was wir tun. Aber es ist nicht zu spät, das Schlimmste abzuwenden, und es ist immer noch Zeit, uns selbst zu ändern, damit wir nicht so grausam miteinander umgehen, wenn diese Katastrophen eintreffen. Das ist, wie mir scheint, viel wert.

Denn eine Krise von diesem Ausmaß ist allumfassend, sie ändert einfach alles. Sie ändert, was wir tun können, worauf wir hoffen können, was wir von uns und unseren Politikern verlangen können. Sie bedeutet, dass all die Dinge, die angeblich unvermeidlich sind, aufhören müssen. Und sie bedeutet, dass viele Dinge, die angeblich unmöglich sind, jetzt sofort passieren müssen.

Können wir es schaffen? Ich weiß nur, dass nichts unabwendbar ist. Bis auf die Tatsache, dass der Klimawandel alles ändern wird. Und für eine sehr kurze Zeit haben wir die Art dieser Veränderung immer noch selbst in der Hand."

Die Notwendigkeit radikaler Veränderungen

Gestern erklärte mir ein Journalist hier in Berlin, er sei nicht einverstanden mit meinen Positionen. Er ist, wie er sagte, moderat eingestellt und mag keine radikalen Veränderungen. Und er wies darauf hin, dass radikaler Wandel in Deutschland historisch belastet ist. Deshalb empfänden die meisten Deutschen wie er: Langsam und stetig, nicht durch hektische Bewegung gewinnt man das Rennen. Ich antwortete, dass ich ihn verstehe. Radikale Veränderungen machen tatsächlich den meisten von uns Angst. Und sehr oft haben sie wirklich schlimme Folgen. Aber genau in diesem Dilemma stecken wir, wenn wir im Jahr 2015 über den Klimawandel sprechen: Wir haben so lange gewartet und so oft exakt das Falsche getan, dass wir jetzt ganz ohne Optionen dastehen, die nicht radikal sind.

Aus diesem Grund habe ich die englische Ausgabe meines Buches „This Changes Everything" genannt – „Dies ändert alles"! Nicht etwa, weil ich glaube, dieses Buch werde alles verändern, sondern weil der Klimawandel es tut. Gerade wenn wir einfach weitermachen wie bisher, erwarten uns radikale Veränderungen der Welt, in der wir leben. Das ist keine Verschwörungstheorie. Diese Botschaft hören wir selbst von Institutionen des Establishments wie der Weltbank, PricewaterhouseCoopers oder der Internationalen Energieagentur. Selbst sie sagen uns, wenn wir weitermachen wie bisher, erreichen wir auf direktem Wege einen Temperaturanstieg von vier bis sechs Grad Celsius, verglichen mit vorindustriellen Wärmegraden der Erdatmosphäre.

Und erinnern wir uns, dass unsere Politiker, als sie sich 2009 in Kopenhagen zum UN-Klimagipfel trafen, eine Erderwärmung von über zwei Grad Celsius als bedrohlichen Klimawandel definierten. Schon damals zogen afrikanische Delegierte durch die Konferenzsäle des Bella Centre in Kopenhagen und nannten diese Definition genozidal. Jetzt sprechen wir über vier bis sechs Grad Temperaturanstieg, eine Erwärmung, die unsere gesamte Lebenswelt total verändern wird. Es geht darum, dass große Städte einfach verschwinden werden. Dass ganze Länder überspült werden. Es geht um massive Ernteausfälle. Ja, es kommt möglicherweise noch viel schlimmer, weil unsere Klimamodelle in Wahrheit ab etwa drei Grad Erderwärmung gar nicht mehr funktionieren. Und die meisten Klimaforscher sagen uns, wenn sie ehrlich sind, sie könnten sich überhaupt nicht vorstellen, wie es bei vier Grad Temperaturanstieg – von sechs Grad gar nicht zu reden – tatsächlich zugehen würde.

Das ist, obwohl es so klingen mag, durchaus keine Beschwörung der Apokalypse. Es ist vielmehr der überwältigende wissenschaftliche Konsens. Und alles, was wir tun müssen, um solche Aussichten wahr werden zu lassen, ist: *nichts*! Einfach so weitermachen. In der Klimamodellierung nennt man das beschönigend „business as usual", das Weiter-so-wie-gewohnt-Szenario. Das kaschiert die Tatsache, dass in Wahrheit nichts daran „wie gewohnt" ist. Nun schlagen einige Wissenschaftlerinnen und Wissenschaftler in ihrer Verzweiflung ob der furchterregenden Aussichten radikale Lösungen technischer Art vor: Schwefel in die Stratosphäre zu sprühen beispielsweise oder die Ozeane zu düngen oder künstlich Regen zu erzeugen. Es geht also um Geo-Engineering, darum, den Planeten zu „hacken". Diese sogenannten Lösungen im Science-Fiction-Stil gehen ziemlich weit. Aber wir haben auch andere Optionen. Noch ist es nicht zu spät, mit gar nicht so schlechten Erfolgsaussichten darauf hinzuarbeiten, dass die Erderwärmung unter zwei Grad Celsius bleibt, ja wir könnten, wenn wir uns anstrengen, sogar unter anderthalb Grad bleiben. Aber auch dies würde, zumindest nach unseren heutigen Maßstäben, radikale Veränderungen erfordern – radikale Veränderungen unseres politischen Systems und des Wirtschaftssystems sowie der unternehmerfreundlichen Ideologie des sogenannten freien Marktes, in deren Bann unsere Eliten immer noch stehen.

Genau diese Ideologie ist nämlich der eigentliche Grund dafür, dass wir mit der Krise, die sich immer weiter zuspitzt, bis heute nicht klarkommen. Deshalb hat man Theorien aller Art verbreitet, die erklären sollen, warum wir Menschen uns so schwer damit tun, angemessen auf den Klimawandel zu reagieren. Seit unsere Regierungen angefangen haben, Konferenzen zur Reduzierung der Emissionen abzuhalten, sind diese um 61 Prozent gestiegen. Was auch immer also getan worden ist – es hat nicht gewirkt. Sie alle kennen die diversen Erklärungsversuche. Viele Theorien machen die menschliche Natur für das Versagen verantwortlich: Wir sind ganz einfach zu selbstsüchtig, wir sind zu gierig, das Problem ist zu abstrakt oder zu weit weg; die UNO ist zu komplex, und Regierungen werden sich nie über irgendwas einig. Aber wissen Sie: Mit all diesen Theorien stimmt etwas nicht, denn schließlich haben unsere Regierungen sich auf internationalen Foren über viele Dinge verständigen können. Im gleichen Zeitraum, in dem sie es nicht schafften, verbindliche Klimaverträge zustande zu bringen, haben sie beispielsweise die Welthandelsorganisation (WTO) etabliert.

Dabei handelte es sich um ein unglaublich kompliziertes globales Arrangement mit verbindlichen Regeln und harten Strafbestimmungen. Manchmal können sie sich also durchaus verständigen. Und so furchtbar abstrakt ist der

Klimawandel heute ja nicht mehr. Anfangs hielten wir ihn für ein Problem unserer Enkel, während er heute an unsere Türen hämmert und sich überdeutlich bemerkbar macht: mit schweren Stürmen, verheerenden Dürrekatastrophen und, und, und... Ich werde das nicht weiter ausmalen, denn Sie alle wissen, wovon ich rede.

Schlechtes Timing

In meinem Buch erkläre ich nun, dass wir eine ganz offenkundige Ursache einfach übersehen haben: Wir haben es nämlich mit einem Fall von schlechtem Timing zu tun, ganz ungewöhnlich schlechtem Timing! Ich meine damit, dass das Klimaproblem uns zum denkbar schlechtesten Zeitpunkt der menschlichen Evolutionsgeschichte erwischt hat. Dieser Zeitpunkt war 1988. Im Jahr 1988 fand in Toronto – der Stadt, in der ich lebe – die erste internationale Regierungskonferenz über den Klimawandel statt, die dann zum Erdgipfel von Rio führte. Der Weltklimarat der Vereinten Nationen (IPCC) wurde ebenfalls 1988 gegründet. Bei einer Anhörung im US-Kongress sagte damals der berühmte Klimaforscher James Hansen, er sei sich jetzt so gut wie sicher, dass Treibhausgasemissionen zur Erwärmung der Erdatmosphäre führen. Ebenfalls 1988 entschied sich die Redaktion des „Time"-Magazins bei der Nominierung zum Mann des Jahres für ... den Planeten Erde!

1988 war also *das* Jahr. In dieser Zeit geschah allerdings auch anderes. Das ist den Menschen hier in Deutschland – denke ich – in seiner historischen Bedeutung wohl bewusst. 1988 war das Jahr vor dem Fall der Berliner Mauer. In diesem historischen Augenblick ruft Francis Fukuyama das Ende der Geschichte aus. Und es gibt *eine* Ideologie, die von nun an über die Welt herrschen wird. Das neoliberale Projekt erlebt die Stunde seines Triumphs. Die Grundpfeiler dieses Projekts sind uns mittlerweile nur zu vertraut: Privatisierung, Deregulierung, Beschneidung der Unternehmenssteuern um den Preis der Beschneidung öffentlicher Ausgaben, also das, was man jetzt Austeritätspolitik nennt – und das alles festgeschrieben in Freihandelsdeals zugunsten der großen Konzerne. Im ersten Teil meines Klimabuchs konzentriere ich mich deshalb auf die Erklärung, warum diese Art Politik mit dem kollidiert, was wir jetzt angesichts des Klimawandels tun müssen. Und das ist eigentlich ganz einfach: Da der Klimawandel der Kern einer *kollektiven* Krise ist, bedarf es *kollektiven* Handelns – in unseren Communities, innerhalb unserer Nationalstaaten und zwischen ihnen – in nie dagewesenen Größenordnungen. Das Ganze erwischt uns allerdings auf dem falschen Fuß, nämlich ausgerechnet in einer Zeit, in der man uns gelehrt hat, dass – wie Margaret Thatcher formulierte – so etwas wie „Gesellschaft" überhaupt nicht existiert. Deshalb erscheint kollektives Handeln verdächtig. Schließlich seien wir Menschen bloß eines: Wesen, die immer nur auf Gewinn und Belohnung aus sind.

Sie sehen: Das Timing war miserabel. Und viele Räume – kollektive Räume –, in denen wir uns hätten versammeln können, um das Problem zu lösen, befanden sich im Belagerungszustand. „Regulierung" war ein unanständiges Wort geworden. Ebenso wie „Besteuerung". Zudem kommt es teuer, sich der fossilen Brennstoffe zu entwöhnen, wenn doch die ganze Wirtschaftsweise auf ihnen beruht. Man muss das Geld dafür irgendwo hernehmen. Es bei den Umweltverschmutzern und bei den Leuten zu holen, die das meiste Geld besitzen, wäre sinnvoll gewesen. Aber genau zu dieser Zeit strichen wir die Steuern zusammen. Jede Art Regulierung von oben nach unten galt als Kommandowirtschaft, zumindest in Nordamerika. Als man endlich zugab, dass es sich beim Klimawandel um eine Krise handelt, gab es allerlei Versuche, sie in das herrschende Ideologieprojekt einzubauen, sie dafür passgenau zu machen. Besonders augenscheinlich wurde das, als eine regelrechte Obsession für „marktbasierte Lösungen", wie sie gern genannt werden, um sich griff.

Statt also dem Kohlendioxid mit Regulierungsmaßnahmen zu begegnen, mit klaren Obergrenzen, letztlich mit einem Verbot, und statt den Unternehmen zu sagen, was sie dürfen und was nicht, sollte alles auf eine Win-win-Situation hinauslaufen. Also schuf man neue Märkte – Verschmutzungsmärkte. Es waren die USA, die das bei den UN-Verhandlungen durchsetzten. Interessanterweise sprach Angela Merkel, damals deutsche Umweltministerin, sich entschieden dagegen aus. Sie wurde, glaube ich, mit dem Satz zitiert, so überantworte man das Klima dem Gesetz des Dschungels. Tatsächlich argumentierte Europa seinerzeit entschieden gegen den Emissionshandel als Antwort auf den Klimawandel. Doch die USA setzten sich durch, weil natürlich alle wollten, dass sie das Kyoto-Protokoll unterschreiben. So kam der Emissionshandel in das Abkommen. Aber als Al Gore und Bill Clinton heimkehrten, erreichten sie trotzdem keinen Beitritt der USA. Der Kongress stimmte einmütig dagegen – und Europa wurde zum Versuchsgelände des Emissionshandels. Der aber erwies sich als vollkommenes Desaster. So geht es einfach nicht. So ist dem Krieg gegen das Kollektive, dem Krieg gegen Steuern und Regulierung nicht zu begegnen.

Sie hier in Deutschland erleben dieses Spannungsverhältnis, wie mir scheint, hautnah. Einerseits befinden Sie sich mitten in einer historischen Energiewende, über die ich in meinem Klimabuch viel Lobendes schreibe, denn ich denke, sie kann uns manches lehren und ist in vieler Hinsicht ausgesprochen spannend. Andererseits fehlt trotz der Bereitschaft, gegen einige marktwirtschaftliche Regeln zu verstoßen und trotz vieler Förderungsmaßnahmen für erneuerbare Energien – und ich weiß, wie heiß umkämpft die Sache ist und dass ständig Änderungen vorgenommen werden – andererseits also fehlt der Wille, die neoliberale Grundregel zu brechen und beispielsweise den Kohleförderern klar zu sagen, dass sie den allerschmutzigsten fossilen Brennstoff dieses Planeten, die Braunkohle, nicht länger aus der Erde holen dürfen. Das wirkt sich natürlich auf die Erfolgsaussichten dieser Energiewende aus. Davon wird heute später noch die Rede sein. Man sieht hier, wie die Vorherrschaft dieser Ideologie selbst in einem Land, das – sprechen wir es ruhig aus – wegweisend ist, die Bahn für das blockiert, was wir angesichts der Klimakrise offenkundig tun *müssen*.

Blockade durch Privatisierung

Eine weitere Blockade, mit der sich wahrscheinlich viele hier nur zu gut auskennen, besteht in der Privatisierungslogik. Zur selben Zeit, als unsere Regierungen das Kyoto-Protokoll aushandelten – in den 1990er Jahren –, betrieben ebendiese Regierungen den Ausverkauf vieler jener wirtschaftlichen Schlüsselbereiche, die sie, nähmen sie den Klimawandel wirklich ernst, unbedingt würden kontrollieren wollen: die Energienetze, die Eisenbahnen, die Nahverkehrssysteme – also jene volkswirtschaftlichen Teilbereiche, die am innigsten mit fossilen Brennstoffen verbunden sind. Wenn man die an profitwirtschaftliche Interessenten ausverkauft, werden diese sich kaum dafür begeistern, ein überaus profitables Geschäftsmodell aufzugeben.

Sie hier in Deutschland wissen eine Menge darüber, weil sich hier ja diese unglaubliche Graswurzelbewegung in vielen Städten und Kreisen entwickelt hat, die sich aus genau diesem Grund dafür entschieden hat, die örtliche Energieversorgung wieder unter ihre Kontrolle zu bringen. In den USA nennt man diese Bewegung allerdings *remunipalization*, und das ist ein ganz hässliches Wort. Trotzdem geht es auch bei uns los, in kleinen Städten wie Boulder, Colorado oder Santa Fé, ganz ohne ideologischen Hintergrund. Dahinter steht keine grundsätzliche Gegnerschaft zur Privatisierung, sondern schlicht und einfach der Wunsch, sich auf erneuerbare Energien umzustellen. Doch wenn die Einwohner diese Umstellung wollen, stoßen sie auf den Widerstand gewinnorientierter Privatfirmen. Und die denken gar nicht daran, auf sie zu hören. So kommt es dann zu dieser *Local-power*-Bewegung, in der die örtliche Bevölkerung ihre Energieversorgung wieder unter öffentliche Kontrolle bringt.

Da zeigt sich dieses Spannungsverhältnis, denn gleichzeitig gibt man immer noch wirtschaftliche Schlüsselpositionen aus der Hand, die für eine Abkehr von fossilen Brennstoffen zentral wichtig sind. Nicht zufällig geht es in einer der richtungsweisenden Auseinandersetzungen, die sich gegenwärtig zwischen Griechenland und dem vormals Troika genannten Trio abspielen, genau darum: ob Griechenland am geplanten Verkauf seiner Energieunternehmen festhalten muss, ungeachtet der Tatsache, dass die Städte dort diese Privatisierung ablehnen. Auch darum, ob Griechenland sein Bahnsystem verkaufen soll, wird gerungen. In Spanien, Portugal, Italien und in Belgien gibt es gegenwärtig ebenfalls Auseinandersetzungen über Bahnprivatisierungen, immer und überall im Namen der Austeritätspolitik. Die schwersten Konflikte zwischen Markt- und Klimapolitik werden also gegen die Austeritäts- oder „Spar"-Logik auszufechten sein. Denn wenn man die Klimakrise ernst nimmt, bedarf es massiver Investitionen in den öffentlichen Sektor, um uns vor den Unwettern zu schützen, die uns schon jetzt sicher sind, und um zugleich die Infrastruktur für die Zukunft nach dem CO_2-Zeitalter aufzubauen.

Wie es aussieht, wenn ein vernachlässigter öffentlicher Sektor mit schweren Unwettern kollidiert, konnten wir ja schon sehen. So wie New Orleans nach dem Hurrikan Katrina sieht das aus. Katrina traf auf ein Deichsystem, das man trotz wiederholter Warnungen hatte verfallen und verrotten lassen.

Das System versagt also – woraufhin der Staat die Stadt einfach im Stich lässt. Drei staatliche Ebenen, und keine von ihnen – scheint es – wird tätig. Manche unter Ihnen mögen zu jung sein, aber viele werden sich an den Schock erinnern, den ihnen damals die Bilder versetzten: Bilder von Leuten in New Orleans, die auf den Dächern ihrer Häuser Schilder mit der Aufschrift „Hilfe!" hochhielten – und niemand kam; oder vom Superdome der Stadt, wo die dorthin geflüchteten Stadtbewohner fünf Tage lang ohne Lebensmittel und Wasser blieben, als die US-Bundesregierung außerstande schien, New Orleans auf der Landkarte zu finden. Genau so sieht das aus: wenn ein verrotteter öffentlicher Sektor mit dem Klimawandel kollidiert. Es sieht aus wie in New Orleans.

Sehr, sehr viel steht also auf dem Spiel. Auch bei der Hochwasserkatastrophe in Großbritannien Anfang 2014 konnten wir viele Beispiele für dieses Phänomen sehen. Mr. Cameron stand plötzlich vor einem Riesenproblem, denn als „Mr. Austerity" hatte er die Umweltbehörde, die im Vereinigten Königreich für den Hochwasserschutz zuständig ist, radikal gestutzt. Hunderte von Hochwasserschutzprogrammen waren zusammengestrichen, über tausend Beschäftigte gefeuert worden und die Entlassung weiterer tausend schon avisiert. Plötzlich fragten sich die Leute im Vereinigten Königreich, ob das wirklich eine gute Idee sei.

Doch dann geschah etwas sehr Hässliches: Auf der Titelseite der „Daily Mail" erschien eine Petition, in der die britische Regierung aufgefordert wurde, Mittel für die Entwicklungshilfe umzuwidmen und dem Heimatschutz zuzuführen. „Warum geben wir Geld für Arme in Bangladesch aus, wenn wir doch uns selbst zu Hause schützen sollten?" Genau das meine ich, wenn ich sage, dass wir von der Brutalität abkommen müssen, mit der wir miteinander umgehen. Hier stellt sich wirklich die Frage, welche Werte unsere Gesellschaft bestimmen sollen. Denn wenn wir weitermachen wie bisher, geht es nicht allein darum, dass es heißer wird. Es geht darum, welche Gestalt unser System, das den Individualismus so hoch schätzt und uns – sowohl innerhalb unserer Länder als auch zwischen ihnen – gegeneinander ausspielt, in einer heißeren Welt annehmen wird. Mir scheint, die erwähnte Petition bietet einen – schwachen – Vorgeschmack darauf.

Diese Zusammenhänge sind also klar. Im Namen der Austeritätspolitik und der Haushaltsdisziplin hat man in den letzten Jahren die Förderung der erneuerbaren Energien in Griechenland, Spanien, Portugal und Italien drastisch beschnitten. Alle genannten Länder erlebten vor der Wirtschaftskrise einen Boom der Ökoenergie. Die Umorientierung war durchaus nicht vollkommen, aber sie fand statt. Und sie gehörte zu den ersten Dingen, die verschwinden mussten – und zugleich zu denen, deren Verschwinden am wenigsten auffiel. Denn natürlich achten die Leute, wenn sie sich fragen müssen, wie sie ihre Familien noch ernähren sollen, nicht besonders auf so etwas. Zum Beispiel darauf, ob ihre Regierung gerade die Förderung eines Solarparks gestrichen oder grünes Licht für ein weiteres Braunkohlekraftwerk einer deutschen Firma gegeben hat. Genau das aber geschah in Griechenland. Über die Abkehr von der Förderung erneuerbarer Energien im

Namen der Austeritätspolitik hinaus sehen wir in allen eben genannten Ländern das massive Bestreben, in den Küstengewässern nach Öl zu bohren, und in vielen soll zugleich per Fracking Gas gefördert werden. Auch in Deutschland läuft das so.

Austeritätskritik und Klimagerechtigkeit gehören zusammen

Das ist der Grund, warum ich in Frankfurt bei den Blockupy-Protesten gegen die Europäische Zentralbank aufgetreten bin. Ich bin dorthin gegangen, um folgenden Vorschlag zu machen: Die Bewegung gegen die Austeritätspolitik und die für Klimagerechtigkeit wären gut beraten, sich zusammenzutun und einvernehmlich zu fusionieren, denn es hat keinen Sinn, beide Probleme so zu behandeln, als hätten sie nichts miteinander zu tun und sie unabhängig voneinander anzugehen.

Aber als beispielsweise in Brüssel Massenproteste gegen die Bahnprivatisierung stattfanden, wurde das Wort „Klimawandel" nicht einmal erwähnt. Es gelingt uns bisher nicht, diesen – doch auf der Hand liegenden – Zusammenhängen gerecht zu werden. Dabei ist die Austeritätslogik mit einer wissenschaftlich begründeten Klimapolitik absolut unvereinbar. Ja, die Brisanz der Klimakrise ist, glaube ich, das beste Argument, das Anti-Austeritäts-Aktivisten und die ihnen nahestehenden Parteien für einen radikal anderen Umgang mit der Wirtschaftskrise jemals ins Feld führen konnten. In einem Kapitel meines Klimabuchs erläutere ich, wie der Handel, der Freihandel, wieder und wieder den Klimaschutz aussticht.

Ich selbst komme aus der sogenannten Antiglobalisierungsbewegung, wobei wir die Zuschreibung „Antiglobalisierung" immer abgelehnt haben. Wir wehrten uns gegen ein ganz bestimmtes Modell der Globalisierung, nämlich dieses Projekt der globalen Konzernbefreiung. Nun hat sich in den letzten Jahren ja gezeigt, dass diese Freihandelsabkommen – von denen jetzt erneut eine ganze Welle auf uns zukommt – äußerst aggressiv sind. Diese Deals behindern aktiv gerade die Politikformen, die wir von unseren Regierungen angesichts des Klimawandels einfordern müssen. Ich lebe in Ontario, in Kanada. Dort wurde das anspruchsvollste Programm zur Umstellung auf erneuerbare Energien in ganz Amerika betrieben – und beschlossen. Und zwar während der Wirtschaftskrise.

Ich sehe darin ein Beispiel der Win-win-Strategie, wie ich sie in meinem Buch darlege: Ontario steckte in einer Beschäftigungskrise, weil seine Wirtschaft stark abhängig von den drei großen amerikanischen Autoherstellern ist. Die Autofirmen gerieten in Schwierigkeiten und versuchten, die US-Regierung zu Rettungsmaßnahmen zu bewegen. Das aber hieß, wenn irgendwelche Werke geschlossen werden sollten, würden ihre kanadischen Filialen daran glauben müssen. Also gingen in Ontario massenhaft Arbeitsplätze verloren. Nun legte die Regierung in Toronto einen ausgezeichneten Plan vor, der ganz klare Ziele setzte. Bis 2015 wollte man vollständig auf Kohle verzichten. Also genau die Art radikaler Maßnahmen, die wir ergreifen müssen.

Teilweise nach deutschem Vorbild entwickelte sie Einspeisetarife, wobei sie erklärte, es handele sich zugleich um ein Beschäftigungsprogramm.

In Deutschland wurden, wie wir wissen, im Bereich der erneuerbaren Energien vierhunderttausend Arbeitsplätze geschaffen. Also sah unser Energieprogramm in Ontario vor, dass jeder, der die Vorzüge des Einspeiseprogramms nutzen wollte, einen bestimmten Prozentsatz seiner Sonnenkollektoren, Windturbinen und anderer Ausrüstungsteile vor Ort in Ontario herstellen lassen musste, damit das Programm zur Unterstützung des maroden Produktionssektors beitrug. Das funktionierte: Dreißigtausend Arbeitsplätze entstanden. In meinem Klimabuch berichte ich über eine Fabrik bei Toronto, die Autoteile produziert hatte und auf dem Höhepunkt der Wirtschaftskrise geschlossen worden war. Diese Fabrik – sie heißt Silfab – wurde dann als Sonnenkollektoren-Fabrik neu eröffnet und stellte viele der arbeitslos gewordenen Autoarbeiter wieder ein. Deren Kenntnisse und Fertigkeiten erwiesen sich nämlich als voll kompatibel.

Da haben wir ein Beispiel für das, was wir *just transition* oder gerechten Übergang nennen: Wer in dem einen Sektor seinen Arbeitsplatz verlor, wurde umgeschult und erhielt im nächsten Sektor wieder Arbeit. Es funktionierte. Es war eine Erfolgsgeschichte. Aber dann zitierten die EU und Japan Kanada vor die WTO und warfen dem Land „Protektionismus" vor. Die kanadische Bundesregierung, die sich an den Öleinnahmen aus der Provinz Alberta berauscht, wehrte sich nicht stark, und wir unterlagen in dem Verfahren. Mit dem Ergebnis, dass Ontarios Konversionsplan jetzt als teilweise illegal gilt. Und es gibt viele vergleichbare Fälle. Die Vereinigten Staaten attackieren Indien und China wegen deren Subventionspolitik. Das ist doch schierer Wahnsinn: Da veranstalten wir Klimaverhandlungen, bei denen die gleichen Regierungen mit Fingern aufeinander zeigen und schimpfen, die anderen täten nicht genug – und dann laufen sie zur WTO und versuchen einander wechselseitig ihre Windkraftanlagen kaputt zu machen. Genau das sollten wir nicht tun. Hier in Deutschland haben Sie die Causa Vattenfall: Der Konzern betrieb eine Investitionsschutzklage, die sich im Kern gegen Ihre Energiewende-Politik richtete. Vattenfall verlangte atemberaubende 4,7 Mrd. Euro Schadenersatz, was in jeder Hinsicht beispiellos ist und eine ganz gefährliche Botschaft enthält. In einer Situation, in der wir möchten, dass unsere Regierungen ein Maximum an Handlungsspielraum haben, werden sie derart herausgefordert!

Das Problem der Wachstums-Ökonomie

Eine der Debatten über mein Klimabuch dreht sich darum, ob es eine Kritik des Neoliberalismus darstellt oder ob es tatsächlich von einem Konflikt zwischen Kapitalismus und Klima handelt. Auf dem Umschlag der deutschen Ausgabe steht „Kapitalismus vs. Klima", doch was ich hier heute Abend bisher beschrieben habe, ist ein Konflikt zwischen Klimaschutz und Neoliberalismus – also Privatisierung, Deregulierung, Freihandelsabkommen,

Niedrigsteuern. Da könnte die Versuchung naheliegen zu sagen: Okay, wir müssen nur zu einem sozialdemokratischen Modell à la Keynes zurückkehren und alles wird wieder gut. Doch genau da liegt das Problem, und genau da findet sich der Grund, warum es nach meiner Überzeugung eben um einen Konflikt zwischen Kapitalismus und Klima geht: Wenn wir mit der Reduzierung der Emissionen zu der Zeit begonnen hätten, als unsere Regierungen anfingen, Klimakonferenzen abzuhalten, also Ende der 1980er Jahre, dann hätten wir eine schrittweise Konversion weg von den fossilen Brennstoffen haben können. Das hätte die Empfindlichkeiten gemäßigter Journalistinnen und Journalisten, die radikalen Wandel nicht mögen, wohl nicht verletzt. Wir hätten scheibchenweise verfahren können, mit zwei, drei Prozent Reduzierung pro Jahr. In Wirklichkeit haben wir aber zweieinhalb Jahrzehnte lang gewartet und das Problem unermesslich – nein: durchaus messbar! – verschlimmert. Hören wir dazu Michael Mann, einen berühmten Klimaforscher von der Penn State University, der für das bekannte „Hockeyschläger"-Diagramm verantwortlich ist. (Es findet sich in Al Gores Klimafilm und bringt Klimawandel-Leugner zum Kochen.) Michael Mann spricht von der „Prokrastinations-Strafe", die man sich zuzieht, wenn man so lange wartet und nichts tut. Um zu verhindern, dass die Erwärmung katastrophale Ausmaße annimmt, muss man ganz anders vorgehen, denn so ist das nun mal mit dem Kohlendioxid: Man emittiert und emittiert, das Zeug verschwindet einfach nicht, und das Problem verschlimmert sich immer weiter – bis es schließlich den globalen CO_2-Haushalt sprengt. Ich stütze mich vor allem auf die Zahlen des Tyndall Centre für Klimawandelforschung in Manchester sowie der Klimaforscher Kevin Anderson und Alice Bows-Larkin, angesehene Experten für CO_2-Emissionsverminderung. Sie arbeiten mit den – inzwischen überall verwendeten – Zahlenangaben darüber, um wie viel wir unsere Emissionen Jahr für Jahr reduzieren müssen, um ein CO_2-Budget mit zwei Grad Erwärmung einhalten zu können: Es sind sechs Prozent, die wir pro Jahr weniger emittieren müssen, und das ist eine ganze Menge.

Es kommt aber noch schlimmer. Kevin Anderson und Alice Bows-Larkin nehmen nämlich unbequemerweise jene Regierungen beim Wort, die versprochen haben, sich an den Grundsatz der historischen Verantwortlichkeit halten zu wollen. Dieser Grundsatz, der in der UN-Klimakonvention verankert ist, bedeutet, dass Länder wie Ihres und meins, die bei der CO_2-Emission in industriellen Größenordnungen einen zweihundertjährigen Vorsprung haben, den Anfang machen und vorangehen müssen. Das heißt nicht, China und Indien sind aus dem Schneider. Es bedeutet aber, dass wir als Erste und stärker reduzieren müssen. Es heißt also, dass wir unverzüglich anfangen müssen, unsere Emissionen um acht bis zehn Prozent jährlich zu vermindern. Doch für so etwas gibt es kein Modell, das mit einem auf Wachstum basierenden Wirtschaftssystem kompatibel wäre. Das bedeutet nicht, dass es in unserer Ökonomie überhaupt kein Wachstum mehr geben könnte. Es heißt aber, dass jeder, der in einem kapitalistischen System lebt, dessen Ziel in kurzfristigem Wirtschaftswachstum besteht, vor einem Konflikt zwischen Kapitalismus und Klimaschutz steht.

Der Kapitalismus zerstört die Lebensgrundlagen unserer Erde

Für Kapitalismus-Fans ist das natürlich eine ziemlich unbequeme Erkenntnis. Ich glaube allerdings, dass die Herausforderung noch weit tiefer reicht. Diese Erkenntnis stellt nicht nur den Kapitalismus in Frage. Vielmehr stellt sie die Geschichte in Frage, die wir Menschen uns seit dem 15., 16. Jahrhundert erzählen, nämlich dass der Mensch diese reaktionsträge Maschine namens Natur beherrschen und seinem Willen unterwerfen kann. Diese im ländlichen Britannien geborene Idee hat sich über die ganze Welt verbreitet. Und sie ist äußerst gefährlich. Die interessanteste Entdeckung bei meinen Recherchen war, als ich – durch die Arbeit des schwedischen Kohleexperten Andreas Malm – auf den Wortlaut der Handbücher stieß, mit denen man im 18. Jahrhundert britischen Industriellen die ersten kommerziellen Dampfmaschinen verkaufte. Was darin steht, ist im Grunde die Reklameversion der industriellen Revolution. Diese Texte werben unglaublich offenherzig für die Verheißungen des industriellen Kohleeinsatzes. Da wird die Befreiung von der Natur versprochen. Großen Schiffseignern verspricht man: Ihr werdet nicht länger der Gnade von Wind und Wellen ausgeliefert sein – ihr werdet eure Schiffe schicken können, wohin immer ihr wollt. Fabrikbesitzern gilt die Verheißung: Ihr werdet nicht länger von Wasserläufen abhängig sein und nicht mehr darüber nachdenken müssen, wo ihr eure Fabrik bauen und mit Wasserkraft betreiben könnt. Baut sie überall, wo immer ihr wollt. Ihr seid am Zuge. Ihr seid der Boss.

Der Klimawandel ist nun der Gegenschlag. Da haben wir die ganze Zeit hindurch Kohle verbrannt und uns eingeredet, wir hätten uns von der Naturwelt unabhängig gemacht. Jetzt sitzen wir obenauf – und plötzlich kommt die schallende Antwort: Ihr dachtet, Ihr wäret die Herren? Ihr seid hier Gäste! Darin besteht die eigentliche Herausforderung, in der Infragestellung der Schlüsselerzählung der westlichen Zivilisation. Deshalb fällt es eben auch manchen Parteien der Linken – machen wir uns nichts vor – ähnlich schwer wie der Rechten, sich dem Klimawandel zu stellen. Die Herausforderung ist gewaltig, und zwar für uns alle.

So mancher fühlt sich da, wie mir klar geworden ist, etwas eingeschüchtert, überrumpelt. Manche Freundinnen und Freunde aus der Umweltbewegung nehmen mich beiseite und sagen: „Naomi, der Klimawandel war schon gewaltig genug. Musstest Du da auch noch den Kapitalismus ins Spiel bringen?" Nun ja, es ist sicher einfacher, über das Auswechseln von Glühbirnen zu reden als über einen Wechsel der Wirtschaftsweise oder über die Deckelung des CO_2-Ausstoßes als über die Deckelung der Konzernmacht. Aber eines sollten wir uns dabei klarmachen: Es ist ja nicht so, als sprächen wir über eine Wirtschaftsweise, die wunderbar funktioniert – von der Kleinigkeit einmal abgesehen, dass sie die Meere anschwellen lässt. Vielmehr ist es doch so, dass wir den Anstieg der Meeresspiegel zulassen, um ein Wirtschaftssystem zu schützen, das den Bedürfnissen der überwiegenden Mehrheit auf diesem Planeten nicht gerecht wird – mit oder ohne Klimawandel. Ein System, dem schon die Arbeitsplatzsicherheit unzähliger Menschen geopfert wurde, ihr Recht auf ordentliche Bildung, angemessene Gesundheitsversorgung – dasselbe System, das jetzt keinen Zweifel an seiner Bereitschaft lässt, die Lebensgrundlagen unserer Erde zu zerstören. Wir können ganz einfach nicht zulassen, dass dies geschieht.

Die Macht des großen Geldes zurückdrängen

Nun glaube ich, dass die einvernehmliche Fusion, von der ich bei der Blockupy-Kundgebung in Frankfurt gesprochen habe, tatsächlich zustande kommen könnte. Nicht, dass sie unausweichlich wäre – tatsächlich unausweichlich ist meiner Meinung nach nur, dass wir die fossilen Brennstoffe ersetzen. Dagegen kommt es durchaus nicht zwangsläufig dazu, dass diese Konversion dem Grundsatz der sozialen Gerechtigkeit folgt. Für diesen Weg müssten wir uns bewusst entscheiden. Aber wenn wir diese Wahl treffen, wird es uns möglich sein, künftig, mit einer anderen Wirtschaftsweise, zahllose gute reguläre Arbeitsplätze mit allen gewerkschaftlichen Rechten zu schaffen. Jeder Dollar oder Euro, der in erneuerbare Energien, Effizienzsteigerung und öffentlichen Transport investiert wird, schafft damit sechs- bis achtmal so viele Arbeitsplätze, als wenn er in die Öl- oder Gasinfrastruktur geflossen wäre. Und die Schaffung dieser Arbeitsplätze ist zugleich Bestandteil des Wiederaufbaus eines öffentlichen Sektors, der fast überall dahinsiecht. Die Erneuerung der öffentlichen Infrastruktur wird unsere Städte bewohnbarer werden lassen, unsere Communities stärken und uns selbst gesünder machen. Wenn wir so handeln, werden wir auch der Überwindung der grotesken Gleichheitslücke ein großes Stück näher kommen, die unsere Gesellschaften entstellt, die Strafjustiz entfesselt und institutionalisierten Rassismus bewirkt hat. Das dafür nötige Geld lässt sich auftreiben, wenn wir die Umweltverschmutzer zur Kasse bitten, die Öl-, Gas- und Kohlekonzerne ebenso wie Rüstungsunternehmen oder Finanzspekulanten.

Was zu tun ist, wenn wir irgendetwas davon erreichen wollen, liegt – zumindest in Nordamerika – auf der Hand: Es gilt, die Macht des großen Geldes in der Politik zurückzudrängen. Ebenso offensichtlich ist, wie schwer das sein wird. Doch es gibt Grund zur Zuversicht: Viele Zwischenziele der Klimabewegung werden in geradezu atemberaubendem Tempo erreicht. Als ich mein Klimabuch abschloss, habe ich einmal zu bilanzieren versucht, wie viele Siege erzielt worden waren, während ich daran gesessen hatte. Ich war ziemlich verblüfft über die Zahl der Staaten – und Bundesländer und Provinzen –, die zwischenzeitlich beispielsweise das Fracking verboten hatten. Aber auch seit der englischsprachigen Erstausgabe des Buches – seit September 2014 – ist so vieles passiert, was ich als echten Fortschritt betrachten würde, und in welchem Tempo! Vierhunderttausend Menschen sind im vergangenen September durch die Straßen New Yorks gezogen und haben gefordert, dass in Sachen Klima endlich gehandelt wird. Ganz besonders ging es ihnen um Klimagerechtigkeit. Diese Demonstration war viermal größer als der bis dahin größte Klimamarsch, 2009 in Kopenhagen. Und sie fand in den Vereinigten Staaten statt! Schottland und Wales haben jüngst das Fracking verboten. In den USA beschloss der Bundesstaat New York ein Frackingverbot – ein gewaltiger Erfolg für die Anti-Fracking-Bewegung. Die Desinvestitions- oder *Fossil-fuel-divestment*-Bewegung, die es vor drei Jahren noch gar nicht gab, hat Hunderte von Städten – auch Berlin! – erfasst. Große Universitäten, die über ein gewaltiges Stiftungsvermögen verfügen, Stanford beispielsweise, haben angekündigt, dass sie sich von Kohlebeteiligungen trennen werden. Auch die Familie Rockefeller – das sind die Leute, die mit Standard Oil reich wurden – will aus der fossilen Branche aussteigen und ihr Geld stattdessen in erneuerbare Energien stecken. Das will wirklich etwas heißen! Ich selbst habe an einer Talkshow mit einer der Erbinnen des Rockefeller-Vermögens teilgenommen, und auf die Frage des Talkmasters, ob dieser demonstrative Ausstieg nicht scheinheilig wirke, weil sie doch durch Öl reich geworden sei, antwortete sie: „Nein, ich halte das nicht für scheinheilig. Ich denke, gerade weil wir unser Geld mit Öl gemacht haben, sind wir moralisch verpflichtet, zur Lösung der dadurch geschaffenen Probleme beizutragen." Ich würde meinerseits hinzufügen: Das kann nicht der individuellen Moral einiger Superreicher überlassen bleiben. Wenn es falsch ist, dass Universitäten, Kommunen und Stiftungen in fossile Energieträger investieren, dann kann man zu Recht fordern, dass die Gewinne daraus in die Finanzierung der Energiekonversion, weg von den fossilen Brennstoffen, fließen. Das kann nicht einfach freiwillig bleiben.

Der Pariser Klimagipfel und das billige Öl

Der Papst spricht oft über den Klimawandel, und das auf eine Art und Weise, die ich wirklich bedeutsam finde. Er redet darüber nämlich in der Sprache der Moral. Mir scheint, dass wir zu oft in den Kategorien der Kosten-Nutzen-Analyse über den Klimawandel reden und dabei vergessen, dass es sich wohl um *die* moralische Schlüsselfrage unserer Zeit handelt. Die chinesische Regierung hat beispielsweise die Verbreitung eines Videos mit dem Titel „Unter der Kuppel" gestoppt, aber zuvor hatten es bereits 150 Millionen Menschen gesehen. Es geht um die verheerenden Auswirkungen der Luftverschmutzung, die mit der Kohleverbrennung einhergeht. Ich finde es sehr wichtig, dass wir den Mut der beteiligten chinesischen Aktivistinnen und Aktivisten anerkennen – in einem Land, in dem Kritikern der Regierung schwere Strafen drohen. Einer der Leute, die in dem Film auftreten, an dem mein Partner Avi Lewis auf Grundlage meines Buchs arbeitet, spricht über *low-quality growth*, minderwertiges Wachstum also. Uns dient China häufig als eine Art Sündenbock. „Wir tun so viel", sagen wir, „aber was tut China?" Dabei wird in China lebhafter als irgendwo sonst über die wahren Kosten des Wirtschaftswachstums debattiert. Wir müssen uns darum kümmern, dass in *unseren* Ländern genug geschieht.

Die Klimaschutz-Bewegung befindet sich im Wandel. Sie verzeichnet große Erfolge im Kampf gegen den Abbau von Teersanden, gegen Pipelines, Fracking... Vielleicht sollten wir aber noch auf etwas anderes zu sprechen kommen. Wie Sie wissen, bin ich ziemlich kapitalismuskritisch. Aber wenn der Kapitalismus uns einmal ein Geschenk macht, will ich das auch gern zugeben. Er hat uns nämlich beschenkt. Wie das, fragen Sie? Nun, aufgrund von Spekulation und Überproduktion hat der Ölpreis sich gerade binnen dreier Monate halbiert, und das macht es für eine Weile einfach zu teuer, bestimmte Dinge zu tun – etwa in der Arktis nach Öl zu bohren. Viele Firmen ziehen sich aus der Teersand-Förderung in Alberta zurück. (Diese besonders schmutzige Form, Öl in halbfestem Zustand zu fördern, ist nämlich nicht nur unglaublich energieintensiv, sie ist auch sagenhaft teuer.) So ist eine Situation entstanden, in der wir wirklich in die Offensive kommen und weit darüber hinausgehen können, hier eine Pipeline zu verhindern oder dort das Fracking zu stoppen. Dem Pariser Klimagipfel können wir jetzt tatsächlich das Ziel „Leave it in the ground" setzen: „Lasst es im Boden!" In Paris sollten Moratorien beschlossen werden: Keine Ölbohrungen in der Arktis! Unwiderruflicher Rückzug von der fossilen Front!

Zugleich gewinnt die Anti-Austeritäts-Bewegung an Kraft, und zwar nicht nur auf der Straße, sondern, wie wir in Griechenland sehen, auch in der Politik. Hierzulande scheint das manche Leute ziemlich aus dem Häuschen zu bringen. Ich finde es unglaublich spannend, was in Griechenland geschieht. Auch dass in Spanien vielleicht bald Podemos an die Macht kommt. Das alles inspiriert die Menschen in ganz Europa. Wenn wir es schaffen, dass jeder aus seiner Ecke herauskommt und wir miteinander reden, werden wir womöglich wirklich eine Koalition begründen, die siegen kann. Gut, man hat mir kürzlich – was ich nie geglaubt hätte – vorgeworfen, Optimistin zu sein. Ich war es gewohnt zu hören: „Wogegen Du bist, wissen wir. Aber nicht: wofür!" Folglich habe ich ein paar Dinge genannt, für die ich eintrete, und schon höre ich: „Du bist ja ganz schön optimistisch!" Aber tatsächlich verhält es sich es so: Ich bin durchaus keine Optimistin, aber eben auch keine Nihilistin! Ich glaube nicht, dass alles verloren ist. Ich sehe die winzige Chance, dass wir die Dinge noch wenden können. Es geht um so viel, dass wir verpflichtet sind, wirklich alles zu tun, was in unserer Macht steht, um die Aussichten auf eine Wende zu verbessern.

Unsere letzte Chance – Der Reader zur Klimakrise

Scientists for Future: Aufklärung gegen die Klimakrise

Von **Gregor Hagedorn**

1987 wurde vom Deutschen Bundestag eine Enquetekommission „Vorsorge zum Schutz der Erdatmosphäre" eingerichtet. Die CDU hatte den Vorsitz, alle im Bundestag vertretenen Parteien sowie viele Wissenschaftler*innen waren beteiligt.

Ein Jahr später stand im ersten Zwischenbericht: „Der Temperaturanstieg wird [bis 2100] 6 ± 3 °C betragen [also zwischen 3 und 9 Grad liegen], wenn die Zunahme der Konzentrationen aller klimawirksamen Spurengase berücksichtigt wird." Und schon damals galt „eine Temperaturerhöhung von etwa 2 °C als ein Wert, der voraussichtlich katastrophale Auswirkungen auf die Menschheit und ihre Ernährungssituation und auf die Ökosysteme haben würde", verbunden mit der Warnung: „Der letzte wissenschaftliche Beweis für diese These steht zwar noch aus, doch sind sich die Klimatologen darüber einig, dass diese These mit einer sehr großen Wahrscheinlichkeit richtig ist. Darüber hinaus warnen sie davor, erst den letzten lupenreinen wissenschaftlichen Beweis für die Existenz des Treibhauseffektes abzuwarten, da es bis dahin mit ziemlicher Sicherheit für Gegenmaßnahmen zu spät sein wird."[1]

Dreißig Jahre später sind wir diesem „zu spät" besorgniserregend nahegekommen. Zweifellos gab es in den letzten Jahrzehnten tausendfache Aktivitäten – aus der Wissenschaft, aus der Politik, von Nichtregierungsorganisationen, in der Wirtschaft, von Einzelpersonen. Dennoch ließ sich die Bevölkerung letztlich immer wieder (und allzu gerne) befrieden: durch Symbolhandlungen, durch internationale Abkommen, denen keine wirksamen Handlungen folgten, aber auch durch den Verweis auf die private Verantwortung als Konsumierende.

Doch gerade ändert sich etwas. Weltweit gehen Tausende – nicht nur, aber vor allem – junge Menschen auf der Straße und fordern wirksamen Klimaschutz und eine Sicherung ihrer natürlichen Lebensgrundlagen. Wir erleben eine neue Art der politischen Willensbildung – eine Kombination von per-

---

[*] Dies ist eine Teamarbeit. Ich danke Christoph Cluse, Benedikt Fecher, Alice Chodura und Anja Köhne für Kritik und Kommentare sowie Clara Herdeanu, Franz Ossing und Josef Zens für Kritik und Unterstützung bei der sprachlichen Verständlichkeit.
[1] Vgl. den Zwischenbericht der Enquetekommission „Vorsorge zum Schutz der Erdatmosphäre" gemäß Beschluss des Deutschen Bundestages vom 16. Oktober und vom 27. November 1987, Drucksachen 11/533, 11/787, 11/971, 11/1351.

sönlicher Betroffenheit und abstrakter wissenschaftlicher Erkenntnis. Eine Bewegung von tausenden Fridays-for-Future-, Klimastreik- oder Youth4-Climate-Gruppen stellt die Frage der Generationengerechtigkeit auf der Basis wissenschaftlicher Erkenntnisse neu.

Die Reaktionen der Entscheidungsträger*innen in Gesellschaft, Wirtschaft und Politik darauf sind durchaus unterschiedlich, doch leider ist der Impuls, das Klimathema nicht wirklich ernst zu nehmen, noch immer weit verbreitet. Um angesichts der grassierenden Verniedlichung oder gar Diffamierung[2] die Klimaschutzbewegung zu stärken und den Fokus wieder auf wissenschaftlich begründete inhaltliche Fragen zu richten, haben wir im Februar 2019 die Graswurzel-Initiative Scientists for Future gegründet. Nachdem anfängliche Zweifel überwunden waren, wuchs das Kernteam schnell auf über 40 Personen. Viele weitere Ehrenamtliche unterstützten es mit unglaublichem Engagement und ermöglichten einen erstaunlichen Erfolg: In deutsch-österreichisch-schweizerischer Zusammenarbeit wurde eine allgemeinverständlich formulierte Stellungnahme zu den Argumenten der Klimastreikbewegungen entwickelt und bis zum 22. März von mehr als 26 800 Wissenschaftler*innen unterschrieben.[3]

Scientists for Future[4] versteht sich als Akteur der Wissenschaftskommunikation, der sich an Wähler*innen und Noch-nicht-Wähler*innen, Entscheider*innen in Wirtschaft und Politik, aber auch an Wissenschaftler*innen außerhalb ihrer jeweiligen Fachspezialisierung wendet. Die Initiative kommuniziert die für die Zukunft unserer Gesellschaft besonders relevanten wissenschaftlichen Erkenntnisse, die noch nicht ausreichend in der Gesellschaft angekommen sind – auch dann, wenn sie nicht mehr neu sind. Sie unterstützt engagierte Menschen mit wissenschaftlicher Expertise, nutzt moderne digitale Kommunikation zur Vernetzung und geht vom Wissen zum Handeln über.

Zu dem historischen Politikversagen bezüglich der Sicherung der natürlichen Lebensgrundlagen und der generationengerechten Gestaltung unserer Gesellschaft hat nämlich auch die unzureichende Vermittlung von Wissen beigetragen. So argumentieren viele Menschen bezüglich der Energiewende auf der Basis veralteter Informationen. In den 1970er Jahren lautete die dominante Frage: Wann gehen die fossilen Brennstoffe aus? Und da bleiben uns eventuell noch über hundert Jahre – dem entspricht das derzeitige Tempo der Energiewende.

Seit den 1980er Jahren wissen wir jedoch, dass die Frage der Erschöpfung der Vorräte sekundär ist. Wirklich knapp ist der Platz auf der Müllhalde, auf der wir den bei der Verbrennung fossiler Brennstoffe entstehenden Abfall „entsorgen". Der Abfall ist CO_2, die Müllhalde unsere Atmosphäre. CO_2 ist zwar nicht per se giftig, allerdings verändert es bedrohlich die Durchschnittstemperatur der Erde. Und es zerfällt nicht einfach von alleine in der

---

2 Vgl. Albrecht von Lucke, Fridays for Future: Der Kampf um die Empörungshoheit. Wie die junge Generation um ihre Stimme gebracht werden soll, in diesem Buch.
3 Hagedorn u.a., in „GAIA – Ecological Perspectives for Science and Society", 2/2019, S. 79-87, doi: 10.14512/gaia.28.2.3, siehe auch unter www.oekom.de.
4 Vgl. www.scientists4future.org.

Atmosphäre – was von den Ozeanen und Ökosystemen nicht aufgenommen werden kann, bleibt.

Derzeitiger Stand der Wissenschaft ist, dass wir nur noch rund 20 Prozent der verbleibenden fossilen Brennstoffreserven verbrennen können, bevor uns der Platz auf der „Müllhalde" ausgeht. Die Ressourcen der Atmosphäre sind also lange vor den Ressourcen im Boden erschöpft – die Zeit ist viel knapper, die Situation viel dramatischer. Denn selbst, wenn wir zum Beispiel die Wachstumslogik drosseln oder sogar stoppen, laufen wir fast ungebremst in eine Klimakatastrophe hinein. Das Problem ist schlicht nicht das Wachstum (welches zweifellos alles noch schlimmer macht), sondern der Status quo.

Wenn Aktivisten „Keep it in the ground!" („Lasst Kohle, Erdöl und Erdgas im Boden!") rufen, betreiben sie folglich Wissenschaftskommunikation. Es gibt viele solcher wissenschaftlichen Informationen, die für dringende und kritische politische Entscheidungen von hoher Relevanz sind. Sie sind Fachexpert*innen seit Langem gut bekannt, vielen Bürger*innen, Politiker*innen und auch Wissenschaftler*innen aber bis heute nicht.

Wie also kann Wissenschaftskommunikation (noch) besser zur Sicherung der Zukunft beitragen? Wie kann sie dabei helfen, den Informationsdschungel aus unzugänglichem Spezialwissen, Fake News, irrelevantem wissenschaftlichem Informationsmüll und korrekten Informationen besser zu durchdringen? Wie kann Wissenschaftskommunikation für all jene, die entscheiden und umsetzen, so zugänglich werden, dass sie zu Veränderungen beiträgt? Dazu sieben Vorschläge für gelingende Wissenschaftskommunikation.

Erstens: Klären wir die Relevanz von Informationen.

Wissenschaftskommunikation führt leider manchmal selbst zu Informationsüberflutung und Informationsmüll. Eine Ursache ist, dass einige Führungsetagen weiter auf Marketing und Eigenwerbung setzen. Zwar hat man sich in einem überinstitutionellen Arbeitskreis auf „Leitlinien für gute Wissenschafts-PR"[5] verständigt; diese wurden allerdings von vielen Wissenschaftsorganisationen bisher nicht institutionell etabliert.[6]

Das Setzen von Prioritäten und die Diskussion über Relevanzkriterien[7] sind zweifellos eine Herausforderung. Um aber „aus der Fülle der Informationen diejenigen herauszuarbeiten, die relevant für die Gesellschaft sind",[6] kann man pragmatisch vorgehen. Beispielsweise wäre es hilfreich, alle Beiträge bezüglich der Nachhaltigkeitsziele der Vereinten Nationen (SDGs) zu

---

5 Wissenschaft im Dialog, Leitlinien zur guten Wissenschafts-PR, 2016, www.wissenschaft-im-dialog.de.
6 Jens Rehländer, Das unterschätzte Gespräch mit Politik und Gesellschaft, in: „Frankfurter Allgemeine Zeitung" (FAZ), 16.5.2019.
7 Julian Hamann, David Kaldewey und Julia Schubert, Ist gesellschaftliche Relevanz von Forschung bewertbar, und wenn ja, wie? Österreichische Akademie der Wissenschaften (ÖAW), www.oeaw.ac, 2018.

verschlagworten und zu jedem Beitrag kurz zu kommentieren, warum die Redaktion ihn als wichtig für die Zukunftssicherung unserer Gesellschaft ansieht.[8]

Zweitens: Der Bildungsauftrag ist wichtiger als der Nachrichtenwert.

Nachrichten oder Neuigkeiten sind nicht der wichtigste Teil der Wissenschaftskommunikation. Das oben genannte Beispiel der Energiewende verdeutlicht: Es geht sehr häufig nicht um die neuesten Informationen, sondern um längerfristiges Lernen. Wir müssen Bürger*innen unterstützen, ihr Weltbild nach Schule oder Studium zu aktualisieren und mit den relevanten wissenschaftlichen Perspektivwechseln einer sich schnell verändernden Welt mitzukommen. Dafür brauchen wir eine neue Art des Lernens in einer sich immer schneller wandelnden Welt. Ob es um Frieden, Klima, Entwaldung, Biodiversitätsverlust, Nahrungssicherheit oder Bodenverlust geht: Wir müssen sicherstellen, dass alle Mitglieder der Gesellschaft weiter lernen können, dass sie nicht auf dem Wissensstand bleiben, den sie im Alter von 25 Jahren erworben haben. Zwar gibt es heute bereits ausgezeichnete Formate, die diese Mammutaufgabe erfolgreich angehen,[9] aber in der Regel erreicht Wissenschaftskommunikation zu wenige Menschen außerhalb der jeweiligen „Interessensblase".

Drittens: Stärken wir die institutionelle Zusammenarbeit.

Zweifellos trägt Wissenschaftskommunikation erheblich dazu bei, den Spielraum für Propaganda und Manipulation zu verkleinern. Neben relativ leicht erkennbaren Fake News gibt es aber auch andere, nicht so leicht zu durchschauende Fälle. So stellte beispielsweise Anfang April der Geologe und Klimawandelleugner Sebastian Lüning als einziger geladener Naturwissenschaftler im Ausschuss für Umwelt, Naturschutz und nukleare Sicherheit des Deutschen Bundestages wissenschaftlich völlig unhaltbare Behauptungen auf.[10] Auch Hans-Werner Sinn und Koautoren erregten Aufsehen mit einer fehlerhaften Studie zu den vermeintlichen Klimavorteilen von Dieselautos gegenüber Elektroautos.[11] Wissenschaftskommunikation muss derartige Fehlinformationen möglichst rasch richtigstellen.

Um diese Handlungsfähigkeiten zu stärken, sollten die verfügbaren Ressourcen stärker auf gemeinsame Ziele und Themen fokussiert werden. Es wäre ein großer Gewinn, wenn wir thematische „schnelle Eingreiftruppen"

---

8 Die Einschätzungen könnten durch Teams und Redaktionen selber geschehen und jährlich stichprobenartig mit lokalen WK-Jugendräten von unter 30jährigen Menschen aus Wissenschaft, Wirtschaft, Politik und Zivilgesellschaft besprochen werden.
9 Einige Beispiele: Quarks, Kurzgesagt, maiLab, klimafakten.de, klimareporter.de, riffreporter.de, Klimahaus Bremerhaven, Artefakte am Museum für Naturkunde Berlin.
10 Vgl. Sachverständige äußern sich kontrovers zur CO_2-Bepreisung, www.bundestag.de, 3.4.2019.
11 Christoph Buchal, Hans-Dieter Karl und Hans-Werner Sinn, Kohlemotoren, Windmotoren und Dieselmotoren: Was zeigt die CO_2-Bilanz?, in: „ifo Schnelldienst", 8/2019, www.ifo.de.

von Wissenschaftler*innen hätten, die über die Grenzen von Institutionen hinweg international zusammenarbeiten – etwa zu den Themen Klima, Friedenssicherung, Ernährungssicherheit, Landwirtschaft, Biodiversität, Bodenschutz, Medizin, Digitalisierung oder Cybersicherheit. Ohne auf die Expert*innen einzelner Institutionen beschränkt zu sein und mit der kombinierten Medienreichweite und Autorität vieler Institutionen könnten sie Fake News und Fehlinterpretationen hochwirksam korrigieren. Und um deren Flut auch langfristig einzudämmen, sollten diese Korrekturen und Übersichten über den Forschungsstand unter offenen Lizenzen und langfristig stabilen Webadressen (beispielsweise zenodo.org) erscheinen.

Viertens: Steigern wir die Verständlichkeit durch Teamarbeit.

Wissenschaftskommunikation muss weiter an ihrer sprachlichen und graphischen Verständlichkeit arbeiten. Der Idealfall einer an viele verschiedene Zielgruppen angepassten Kommunikation ist aber häufig eine Überforderung der Ressourcen. Machbar erscheint aber eine Publikation in zwei Varianten: eine auf gehobenem Sprachniveau für – auch fachfremde – Hochschulabsolvent*innen und eine in vereinfachter Sprache.

Wie wäre dies zu erreichen? Verständliche Sprache, intuitive Graphiken und fachliche Korrektheit sind heutzutage meist Spezialkompetenzen und nur wenige Autor*innen sind exzellent in allen Feldern. Sogar ausgebildete Wissenschaftsjournalist*innen sind angesichts immer differenzierterer Arbeitsfelder der Wissenschaft und einer explosionsartig wachsenden Zahl der Publikationen überfordert: Auch sie können Informationen manchmal nicht korrekt einordnen oder übersehen neue Erkenntnisse. Umgekehrt können nur wenige Wissenschaftler*innen auf Anhieb verständlich und journalistisch auf hohem Niveau schreiben.

Deshalb ein Vorschlag: Die Verantwortung wird nicht mehr informell („kannst du es einmal für mich lesen", „kannst du mir die Grafik verbessern", etc.) geteilt, sondern die Arbeit geschieht in echten, ad hoc zusammengestellten Teams. Gute Wissenschaftskommunikation hat dann mehrere Autor*innen: für die fachliche Korrektheit, für die Verständlichkeit, für die Graphiken. Alle übernehmen echte Verantwortung und können sich die Wissenschaftskommunikation für ihre jeweils eigenen Leistungsnachweise zuordnen.

Fünftens: Stellen wir Zusammenhänge her.

Wir sind eine unter der Komplexität von Informationen förmlich ächzende Gesellschaft. Niemand ist in der Lage, tausende von Spezialartikeln zu lesen, um sich das nötige Verständnis und den nötigen Überblick durch Primärliteratur zu erarbeiten. Haben wir wirklich einen Mangel an Spezialist*innen, oder fehlen nicht vor allem Generalist*innen, die die Zusammenhänge verstehen? Wissenschaftskommunikation kann eine essentielle gesellschaftliche Funktion erfüllen, indem sie Entscheidungsträger*innen und Wähler*innen ebenso wie Wissenschaftler*innen das Verständnis von Zusammenhängen ermöglicht.

Ja, auch Wissenschaftler*innen selbst: Auch diese sind ja außerhalb ihrer engen Spezialisierung Laien. Wie können wir die Nachhaltigkeitstransformation unserer Gesellschaft stemmen, wenn nicht einmal die Spezialisten sich gegenseitig verstehen? Wenn Klimaforscher*innen nicht Biodiversität, Ökonom*innen nicht das Klima, Sozialwissenschaftler*innen keine planetaren Grenzen, Biodiversitätsforscher*innen keine Gerechtigkeitsfragen begreifen? Eine Betrachtung von Wissenschaftskommunikation als Transfer zwischen einem Wissenschaftssystem und einer Laiengesellschaft ist daher ein verfehltes Konzept.

Wissenschaftskommunikation muss dafür aber auch hohe Qualitätsmaßstäbe setzen. Wenn sowohl Wissenschaftler*innen als auch Bürger*innen die Informationen nicht nur interessant finden, sondern verwenden, vergleichen und prüfen wollen, sind Hinweise auf Quellen und weiterführende Originalliteratur nötig. Erst so wird Wissenschaftskommunikation in einer komplexen Welt wirksam.

Daher mein Appell: Kommunizieren wir so, dass es für Fachfremde wie auch für Laien verständlich ist und ein Verständnis von Zusammenhängen ermöglicht. Aber seien wir dennoch sorgfältig und transparent. Unter welchen Annahmen gilt eine Aussage, auf welchen Quellen beruht diese? Wissenschaftskommunikation sollte ohne Ausnahme mindestens so gut zitieren wie das von Millionen von Bürger*innen aufgerufene Video von Rezo.[12]

Sechstens: Es gibt kein Innen und Außen der Wissenschaft.

Noch immer gibt es – weniger in den Köpfen der Wissenschaftskommunikator*innen als in denen der Auftraggeber*innen – das Zerrbild eines geschlossenen Systems der Wissenschaft auf der einen Seite und einer ahnungslosen Gesellschaft auf der anderen Seite, in die Wissen kommuniziert und transferiert werden muss. Dazwischen stehen Wissenschaftsjournalist*innen oder institutionelle Kommunikationsabteilungen, welche die schwierige und langweilige Sprache der Wissenschaft verstehen und in verständliche und spannende Artikel übersetzen.

Besser wäre ein anderes Modell ohne Innen und Außen der Wissenschaft. Es gibt Wissenschaftler*innen, welche den Stand der Wissenschaft in einem kleinen Sektor besonders gut verstehen. Die aber, genau wie andere Expert*innen mit oder ohne Hochschulabschluss, auf Unterstützung angewiesen sind, um in der Flut der Informationen Korrektes und Relevantes neu lernen zu können. Und die so ihre eigene Arbeit, wissenschaftlich oder nicht, im Kontext der wissenschaftlichen Erkenntnisse eines bestimmten Sektors einordnen und gegebenenfalls verändern können.

12 Christian Thomsen, „Rezo zitiert sauberer als so mancher Bundesminister", in: „Der Tagesspiegel", 26.5.2019.

Viele Bürger*innen und Politiker*innen wollen den Stand der Wissenschaft zu gesellschaftlichen Herausforderungen und Lösungen verstehen; auch Laien wollen und können mit Wissenschaft interagieren.[13] Sie finden Wissenschaft nicht nur einfach „spannend", sondern sie wollen sich Erkenntnisse aneignen und zur Grundlage ihres rationalen politischen Handelns in einer Demokratie machen.

Und viele Politiker*innen und ihre Mitarbeiter*innen sind Wissenschaftler*innen. Würden diese schon ohne Wissenschaftskommunikation den Stand fachfremder Wissenschaften problemlos verstehen, hätten wir sehr viel weniger Probleme. Auch sie sind also eine hoch relevante Zielgruppe.

Bei alledem zeigt sich: Wissenschaftskommunikation ist nicht Übersetzung, sondern Review von und Integration mit anderem Wissen. Sie ist unabdingbar, um die immer engeren Grenzen der Spezialisierung zu überwinden und die eigene Arbeit, ob Grundlagenwissenschaft, angewandte Wissenschaften oder Praxis, in einen gemeinsamen Kontext zu setzen. Sie ist nicht Werbung für argwöhnisch beobachtete Wissenschaft, sondern Voraussetzung inter- und transdiziplinärer wissenschaftlicher Zusammenarbeit. Sie ist Teil des Wissenschaftsbetriebes.

Siebtens: Finanzieren wir Wissenschaftskommunikation als öffentliches Gut.

All dies verlangt Ressourcen. Es geht hier schließlich darum, mit hervorragend ausgestatteten Lobbyorganisationen (wie beispielsweise der zurzeit im Auftrag von Arbeitgeberverbänden gegen Maßnahmen zum Klimaschutz agierenden „Initiative Neue Soziale Marktwirtschaft") mitzuhalten. Dies kann nicht ausschließlich durch Selbstausbeutung in der Freizeit (Scientists for Future) oder unterbezahlte journalistische Arbeit unter prekären Einkommensverhältnissen erfolgen. Hier gilt es, die erforderlichen Stellen an öffentlichen Einrichtungen aufzustocken. Die Bedingung dafür sollte aber sein, dass die Ergebnisse auch tatsächlich öffentliches Gut werden und unter offenen Lizenzen für die breite Nutzung zur Verfügung stehen, damit Texte und Illustrationen in Zukunft nicht nur den kommerziellen Schulbuchverlagen, den Zeitungen und Zeitschriften der Eliten zur Verfügung stehen, sondern in Wikipedia und offene Bildungsressourcen übernommen werden können und damit frei verfügbar sind. Auf diese Weise würde Wissenschaftskommunikation zu einem wichtigen Teil der politischen Bildung mündiger Bürger*innen.

Wir können alle voneinander lernen. Und wir müssen alle schneller lernen. Die Zeit drängt: Die alte Methode, Innovationen erst nach der Verrentung der Bedenkenträger einzuführen, kann heute nicht mehr funktionieren. Es sind nicht die Jungen, die lernen müssen, die Nachhaltigkeitskrisen zu lösen. Wir, die Älteren, müssen dazu- und umlernen. Wir haben Jahrzehnte vergeudet,

---

13 Das Video von Rezo ist dafür nur der jüngste und bekannteste Beleg.

doch es ist noch nicht zu spät, um zu lernen und zu handeln. Ja, Jung und Alt haben häufig eine unterschiedliche Bereitschaft zu lernen. Und bei manchen Älteren mögen auch Schuldgefühle eine erkenntnisverhindernde Wirkung haben. Eine Politik mit der Schuld wäre jedoch in vielerlei Hinsicht ein falsches Konzept. Die Lebensleistung einer älteren Generation muss nicht in Frage gestellt werden, auch wenn die Zukunft tatsächlich anders werden muss. Die ältere Generation hat kriegsverwüstete Länder wiederaufgebaut. Sie hat aus Kriegen[14] gelernt: Sie hat die Staaten durch Standardisierung, Abbau von Zollschranken und Handelshemmnissen, aber auch durch klimaschädliche[15] Subventionierung von Güter- und Flugverkehr in gegenseitige Abhängigkeit gebracht und sich in internationalen Friedenssicherungssystemen organisiert. Sie hat extreme Armut, Unterernährung, Kindersterblichkeit und Bevölkerungswachstum in bemerkenswerter Weise zurückgedrängt und Wohlstand, Lebenserwartung und Bildung, insbesondere von Frauen, gefördert.[16] Kein*e Braunkohlearbeiter*in muss sich für die vergangenen Jahrzehnte schämen. Aber wir alle müssen uns schämen, wenn wir uns den Erkenntnissen über Zusammenhänge und nötige Kurskorrekturen weiter verschließen. So gesehen kann erfolgreiche Wissenschaftskommunikation – quasi als geistiger Jungbrunnen – überzeugtes und zukunftsorientiertes Handeln auf neuer Basis ermöglichen. Wer aus der Vergangenheit lernt, kann in Zukunft anders handeln, ohne sich in der Rückschau zu zerfleischen.

Wissenschaft und Wissenschaftskommunikation sind daher politische Schlüsselkonzepte, um Antworten auf die Fragen nach der Sicherung der Zukunft zu finden. Sie sind Voraussetzung nicht etwa für technische und wirtschaftliche Optimierung, sondern für die Diskussion von Nachhaltigkeit als einer Gerechtigkeitsfrage. Fridays for Future hat gezeigt: Das Prinzip „Brot und Spiele auf Pump" funktioniert nicht mehr, seit die junge Generation begriffen hat, dass die Schuldscheine für die gegenwärtigen Konsumspiele auf ihren Namen ausgestellt sind.

Und es zeigt sich, dass die Kombination von Jugendbewegung, Zugang zu wissenschaftlicher Information und digitaler Vernetzung[17] die Erkenntnis ermöglicht: Der Kaiser hat keine Kleider an. Aber so muss es nicht bleiben, und wir können alle zu Schöpfer*innen unserer Zukunft werden!

---

14 Max Roser, War and Peace, https://ourworldindata.org, 2019.
15 Umweltbundesamt, Umweltschädliche Subventionen, www.umweltbundesamt.de, 25.6.2019.
16 Vgl. z.B. Our World in Data, https://ourworldindata.org und Closing the gender gap, http://uis.unesco.org, 3.3.2017.
17 Gregor Hagedorn, FridaysForFuture: Digitalisierung macht Protest wissenschaftlicher, in: „Earth System Knowledge Platform", 2019, www.eskp.de.

Die Krise des Wachstumsdogmas
Ein Plädoyer für eine intervenierende Sozialwissenschaft

Von **Ulrich Roos**

In „Die Farbe Rot", seiner beeindruckenden Rekonstruktion der Entwicklung des sozialistischen Denkens, beschreibt Gerd Koenen einige Vor-Zeichen, die in der Vergangenheit auf nahende Revolutionen hingewiesen haben: die Verrohung der politischen Kommunikation, der Verlust des Respekts vor politischen Autoritäten sowie eine als Zukunftsangst der Gesellschaft verstandene Große Angst („Grande Peur"), kombiniert mit der abnehmenden Fähigkeit der herrschenden Eliten, eine attraktive und überzeugende Vision der Zukunft zu entwickeln.

Alle diese Vorzeichen, aber vor allem das letzte, lassen sich auch in unserer Gegenwart finden. Der Glaube an die ewig während wohlstandssteigernde Wirkung von Wirtschaftswachstum zerfällt vor unser aller Augen. Insofern das Sein noch immer das Bewusstsein bestimmt, ist es die unmittelbare Erfahrung der fortschreitenden Destabilisierung der Biokreisläufe des Planeten Erde, die das bisher hegemoniale Narrativ einer immerwährenden Steigerung des materiellen Wohlstands nunmehr endgültig in Frage stellt und eine Transformation unserer Lebensweise notwendig erscheinen lässt. Hier verläuft heute die Frontlinie im neuen Glaubenskrieg zwischen der ökonomisch-politischen Orthodoxie steten Wirtschaftswachstums einerseits und den Verfechter*innen einer neuen großen Erzählung, die das Potential einer tiefgreifenden Umgestaltung der gesellschaftlichen Verhältnisse in sich trägt, andererseits.

Die in den letzten zehn Jahren infolge der globalen Wirtschafts- und Finanzkrise erstarkte und äußerst heterogene Postwachstumsbewegung, die aus mannigfaltigen und teils sehr alten ideengeschichtlichen Wurzeln Kraft bezieht, stellt den Versuch dar, ein politisches Narrativ zu entwerfen, das als neues hegemoniales Projekt eine andere Zukunft der Menschheit ermöglichen kann. Die große Stärke dieser Bewegung ist, dass sie das seit dem Überschreiten der ökologischen Regenerationskapazitäten des Planeten irrational und schädlich gewordene Programm des fortdauernden linearen Wachstumsstrebens unmittelbar attackiert und als zentrale weltgesellschaftliche Problemstellung benennt.

Zugleich ist dies ihre größte Schwäche, da die wachstumskritischen Argumente voraussetzungsreich sind und es eine immense Herausforderung darstellt, diese Gründe in eine einfache, von vielen Menschen schnell zu begreifende Form zu bringen, die als attraktive, unmittelbar eingängige und emotional berührende neue große Erzählung zum Handeln motiviert und Mut macht.

Welche Widerstände einer solchen Aktivierung im Wege stehen und wie groß die Angst der politischen Gegner*innen ist, wird in den oft polemischen und irrationalen Anfeindungen sichtbar, die beispielsweise Greta Thunberg oder Kevin Kühnert erfahren müssen, wenn sie – ganz im Sinne öffentlicher Deliberation – politische Alternativen zum hegemonialen Projekt vortragen. Dass die Andersdenkenden von den Verteidiger*innen des Steigerungsdogmas beinahe reflexhaft entweder für wahnsinnig, politisch unmündig und/oder gefährlich erklärt werden, lässt erkennen, wie intensiv der Abwehrkampf des taumelnden Narrativs entlang einer Freund-Feind-Logik geführt wird. Jedoch besteht kein Mangel an philosophischen und soziologischen Begründungen und Forderungen einer „neuen" Erzählung. Die De-Kolonialisierung des Imaginären (Serge Latouche; Cornelius Castoriadis), das initium (Hannah Arendt), die Agonistik (Chantal Mouffe) oder die Idee der konkreten Utopie (Erik Olin Wright) liefern allesamt wichtige Anregungen für die sozialwissenschaftliche Analyse und attraktive Vorstellungen zur Frage der Transformation des gesellschaftlichen Seins. In jüngerer Zeit gewinnen zudem die wachstumskritischen Ideen der Degrowth-Bewegung an Einfluss. Es sind die Überlegungen von Vandana Shiva, Alberto Acosta, Ulrich Brand, Barbara Muraca, Niko Paech, Tim Jackson, Klaus Dörre und vielen anderen, die bei aller Heterogenität doch eines gemeinsam haben: Sie alle entwerfen ein neues hegemoniales Projekt, dem das Potential innewohnt, das bisherige Narrativ vom ewigen Wirtschaftswachstum erfolgreich zu transformieren.

Wohlstandssteigerung im Diesseits statt Glaube an das ewige Leben

Schon seit langem treten die objektiven Krisenphänomene des Wachstumsnarrativs offen zu Tage. Im Zusammenspiel mit der hegemonialen Steigerungslogik hat die von Karl Polanyi beschriebene „Transformation der natürlichen und menschlichen Substanz der Gesellschaft in Waren" zu einer Vielfachkrise geführt, in welcher das Abschmelzen des Nordpolareises und die Fluidität des Politischen nicht bloß sinnbildlich verwoben sind: Wir erleben ein historisches Momentum, geprägt von besonderer Gestaltungsnotwendigkeit wie Gestaltungsmöglichkeit, bei gleichzeitiger Kontingenz der Wege seiner Realisierung.

Die große Transformation, deren Zeitzeugen wir sind, erweist sich als nicht-intendierte Handlungsfolge der jahrhundertelangen Hegemonie des immergleichen Heilsversprechens einer immer weiter gesteigerten Produktivität. Einen Vorgang, den schon Hannah Arendt in Anlehnung an Karl Marx als „Stoffwechsel des Menschen mit der Natur" beschreibt, der „so ungeheuer intensiviert" wurde, dass „seine wuchernde Fruchtbarkeit schließlich die Welt selbst und die produktiven Vermögen" bedrohen werde. Diese

Bedrohung ist heute real. Der unbedingte Wille zur Wohlstandssteigerung im Diesseits als Kompensation des Verlusts des Glaubens an das ewige Leben im Jenseits und der radikale Anthropozentrismus gefährden heute das Leben zahlreicher Arten inklusive des Menschen selbst. Die entscheidende Frage lautet daher: Werden die Gestaltungs- und Transformationsmöglichkeiten, die an diese als Vielfachkrise bezeichnete Weltlage gekoppelt sind, genutzt – und falls ja, in welcher Weise, sprich: Bringen progressive Bewegungen oder regressive Kräfte mehr Gestaltungsenergie auf?

Entscheidend dafür dürfte sein, welche Erzählung sich im öffentlichen Bewusstsein als neue Zielbestimmung und große Sinnstiftung durchzusetzen vermag. Wird es eine Erzählung sein, die eine radikale Erneuerung von weltgesellschaftlicher Demokratie sowie ökonomischer, ökologischer und politischer Gerechtigkeit gemeinsam mit tiefgreifender ökologischer und sozialer Nachhaltigkeit verbindet? Oder wird es eine Erzählung sein, welche die herrschende Kopplung von Wirtschaftswachstum und Wohlstand nicht oder nicht ernsthaft in Frage stellt?

200 Jahre lang »Ohne Wachstum ist alles nichts«

Das seit über zweihundert Jahren ungebremste exponentielle Wachstum der ökonomischen Aktivität ist nicht bloß irgendein ökonomischer Mechanismus unter vielen. Es war und ist stets die Leitreferenz aller politischen Sinnstiftungen und großen Narrative des 19. und 20. Jahrhunderts bis in unsere Gegenwart. Zwar werden in den 1970er Jahren jene schon immer vorhandenen Stimmen lauter, die auf die fatalen ökologischen Wirkungen und Grenzen dieser Ideologie verweisen. Wenn aber heute Klaus Dörre von der ökonomisch-ökologischen Doppelkrise spricht, wenn Alberto Acosta und Ulrich Brand die Notwendigkeit verspüren, bald 50 Jahre nach dem ersten Bericht des Club of Rome auf die ökologischen Grenzen des Wirtschaftswachstums zu verweisen, wenn die Vereinten Nationen den kausalen Zusammenhang von wachsendem Bruttoinlandsprodukt (BIP) und Naturzerstörung beschreiben, dann wird daran mindestens zweierlei deutlich: dass einerseits das Wissen über die Kopplung ökonomischer Aktivität und Beschädigung der Ökosphäre „in der Welt" ist, dass aber dieses Wissen in den politischen Entscheidungssystemen der Menschheit noch immer nicht handlungsleitend wirkt.

Bis heute werden diese ökologischen Grenzen des Wirtschaftswachstums sowohl von den politischen Zentren wie auch den allermeisten Theorien der Volkswirtschaftslehre grosso modo ignoriert. Und die heute dominanten Realo-Flügel der grünen Parteien stellen Wirtschaftswachstum ebenfalls nicht grundsätzlich in Frage, sondern glauben entgegen aller bisheriger Erfahrung an die Versöhnung von Wachstum und Nachhaltigkeit im Sinne eines „grünen" Wachstums. Trotz aller wissenschaftlichen Studien, die den unmittelbaren und bis heute fortbestehenden Zusammenhang von Wirtschaftswachstum und Umweltzerstörung benennen (neben dem Klimawandel sind das beschleunigte Artensterben sowie die ungebremste chemische

Belastung der globalen Ökokreisläufe besonders akut und besorgniserregend), halten die politischen Entscheidungszentren der Welt an der Ideologie des Wirtschaftswachstums fest. Dabei liegen schon lange wissenschaftliche Studien etwa zum Problem der relativen und absoluten Entkopplung oder den verschiedenen Formen des Rebound-Effekts auf dem Tisch – wie auch das Wissen um die im Prozess der Preisfindung unberücksichtigten Verluste an Allmenden und „Naturkapital", also das Thema der „zurückgehenden Naturdienstleistungen" und der negativen Externalitäten.

Ökologie, Ökonomie und Politik als drei Dimensionen desselben Prozesses

Ökologie, Ökonomie und Politik, so ließe sich daraus lernen, sind keine getrennten, unabhängig voneinander zu behandelnden Entitäten, sondern drei Dimensionen desselben, nur noch im Gesamtzusammenhang begreifbaren Prozesses. Jede Form der Grenzziehung zwischen diesen Dimensionen ist in ihren politischen Implikationen und Motiven fragwürdig geworden. Dazu gehört auch die Trennung von Natur-, Wirtschafts- und Sozialwissenschaften. Das Versprechen von der Erkenntnismaximierung qua Arbeitsteilung und Spezialisierung der Wissenschaft hat sich nicht uneingeschränkt eingelöst. Ganz im Gegenteil: Die Zersplitterung der Wissenschaften, zumal der Sozialwissenschaften, steht der Genese eines die Disziplinen übergreifenden „Wissens von der Welt" massiv im Wege.

Die entgrenzten ökonomischen Handlungen weisen unmittelbar politische und ökologische Wirkungen auf. Eine Gesellschaftsanalyse oder eine Analyse (inter-)nationaler Politik, die über keine oder kaum ökonomische Kenntnisse und Kompetenzen verfügt, fertigt daher kaum hilfreiche Theorien für die gesellschaftliche Reflexion der Gegenwart an. Dies gilt auch für die sozialwissenschaftliche Disziplin der Volkswirtschaftslehre, wenn sie den ursprünglich politischen Charakter des Fachs vergisst. Viele Ökonomen scheinen zudem aus dem Blick verloren zu haben, dass Märkte nicht voraussetzungslos unter Bedingungen von Pareto-Gleichgewichten operieren, sondern politischen Machtmechanismen, dem Streben nach Kartellbildung oder der Beeinflussung politischer Entscheidungen zugunsten von bestimmten Marktteilnehmern unterworfen sind. Daher ist es notwendig, Märkte immer wieder auf ihre gesellschaftlich intendierten und nicht-intendierten Handlungsfolgen zu überprüfen und gegebenenfalls politisch zu regulieren.

Um die Welt zu begreifen und das Geschehen zu erklären, bedarf es daher eines Verständnisses der wesentlichen physikalischen, chemischen, biologischen, ökonomischen und politischen Mechanismen. Auf einer solcherart geteilten Übereinkunft lässt sich unter anderem erkennen, dass eine Re-Orientierung der Weltwirtschaft an den Bedürfnissen der Weltgesellschaft sowie eine Rückbesinnung der Volkswirtschaftslehre auf ihre Kritik-Funktion von großem Wert sind. Ob hierbei und angesichts der globalen Bedrohung der Ökosphäre eine sich „national" definierende Wissenschaft noch immer einem „Volk" dienen wollen sollte oder ob Wissenschaft zukünftig nicht nur supradisziplinär, sondern zugleich supranational zu fundieren wäre, scheint eine für unserer Zukunft zunehmend relevante Frage zu sein. Damit ist zugleich das Problem adressiert, wie eine verfasste Weltgesellschaft zu denken und wie das supradisziplinäre und supranationale Wissen zu demokratisieren wäre.

Terrestrische Perspektive statt Anthropozentrismus und methodologischem Nationalismus

Insbesondere die Idee einer Demokratisierung des Wissens wirft die Frage auf, wie Gesellschaft zukünftig gedacht werden kann – und welchen Blick sie auf sich und ihre Beziehung zur Ökosphäre einnimmt.

Die Analyse der ökonomisch-ökologisch-politischen Diskurse lässt hier eine Bruchlinie erkennen, die, grob skizziert, zwischen einer nationalgesellschaftlich-kommunitaristisch-anthropozentrischen und einer weltgesellschaftlich-kosmopolitisch-terrestrischen Position verläuft. Während die hegemoniale Logik des Wirtschaftswachstums an den Nationalstaat als zentrale politische Einheit und das Konkurrenzprinzip gebunden bleibt und diese Institutionen sich wechselseitig stärken, nimmt die Postwachstumsbewegung häufig eine kosmopolitische Perspektive ein, mit sehr unterschiedlichen Antworten auf die Frage, welche Funktion dem Nationalstaat zukünftig noch zukommen sollte.

Entscheidend ist jedoch zunächst die grundsätzliche Differenz zwischen einerseits der bislang hegemonialen Perspektive, die auf die Wohlstandsmehrung von Menschen innerhalb eines nationalstaatlich begrenzten Raums zielt, und dies zunächst unabhängig von Fragen der Verteilungsgerechtigkeit und Ungleichheit innerhalb und zwischen den nationalstaatlichen Räumen. Sowie andererseits einer Perspektive, die über die Frage der Zukunft der Biokreisläufe der Erde und einem guten Leben aus Perspektive der gesamten belebten wie unbelebten Natur nachdenkt.

Diese Bruchlinie lässt sich auch mit Hilfe einer Analyse der Protestbewegungen der Gegenwart nachzeichnen. Entlang der neuen zentralen gesellschaftlichen Konfliktlinie von „Wohlstandsmehrung qua grünem BIP-Wachstum" vs. „Gutes Leben als Schutz der Biosphäre und Suffizienz" formen sich unterschiedliche Protestbewegungen aus. Proteste vom Typus der Gelbwesten in Frankreich oder der Sammlungsbewegung Aufstehen in Deutschland werden zuvorderst von ökonomischen Verlustängsten und Ungleichheitserfahrungen angetrieben. Diese Protestbewegungen sind nationalgesellschaftlich definiert und organisiert, hinterfragen das hegemoniale Narrativ der Steigerungslogik nicht, sondern fordern lediglich eine „fairere" Allokation der geschaffenen Werte. Davon lassen sich etwa die „Fridays for Future"-Demonstrationen oder die Proteste rund um den Hambacher Forst unterscheiden, die zwar ebenfalls „nationalgesellschaftlich" formiert sind, aber von einer terrestrischen, umweltethischen Positionierung bestimmt werden.

Bei alledem mögen die nationalgesellschaftlichen Proteste gegen ökonomische Ungleichheit und das Ringen für den Erhalt der planetaren Ökosphäre zwar in mancherlei Hinsicht Hand in Hand gehen, identisch sind sie nicht. So wenig jeder Kampf gegen die zunehmende ökonomische Ungleichheit gleichbedeutend mit Kapitalismuskritik ist, was zahlreiche national-egoistisch, kommunitaristisch positionierte Gewerkschaften seit Jahrzehnten demonstrieren, so wenig eindeutig ist die Antwort auf die Frage, welche ökonomische Organisationsform dem Ziel des Erhalts der Ökosphäre am dienlichsten ist (was etwa die Erfahrung der massiven Umweltzerstörung durch planwirtschaftlich organisierte Ökonomien belegt). Die Kritik an der hegemonialen Logik einer fortlaufenden Steigerung des Wohlstands zu Lasten der Biosphäre ist gerade kein natürlicher Verbündeter jener Bewegungen, die eine Umverteilung (teilweise) nur deshalb verlangen, um die Konsumbedürfnisse des ansonsten als sinnlos erlebten Lebens zu befriedigen und den Fluss der Zahlungsvorgänge aufrechtzuerhalten, ohne damit zugleich die Forderung einer drastischen Entlastung der Naturkreisläufe zu verbinden. Anders ausgedrückt: Eine Reduktion der Ungleichheit muss keineswegs eine Reduktion der Umweltbelastungen bedeuten. Dies gilt jedoch auch umgekehrt. Deshalb erscheint es als keineswegs zwangsläufig, eine Position einzunehmen, die beide Kämpfe miteinander verbindet, aber doch als immerhin möglich.

Entscheidend ist dabei wohl, ob der Planet und potentiell das ganze Universum anthropozentrisch als bloße „Umwelt" verstanden werden, deren Mittelpunkt der Mensch und seine nationalen Gesellschaften bilden, oder ob der Ausgangspunkt der Betrachtung das Große und Ganze ist, also wenigstens der Planet und seine Biokreisläufe, das Raumschiff Erde, so dass der Mensch nur als Element des Systems, als einer von vielen Passagieren begriffen wird. Dies berührt die Frage, welcher Institutionen politischer Willensbildung und Entscheidungsfindung die Weltgesellschaft bedarf, angesichts der notwendigen großen Transformation.

In diesem Zusammenhang mag ein Desiderat des gegenwärtigen Postwachstumsdiskurses darin bestehen, dass dort die inter-, trans- und vor allen Dingen supranationale Dimension politischer Legitimation und Entscheidung zu selten in den Blick gerät. Angesprochen sind etwa die wohl nicht zufällig zeitgleich mit dem Wiedererstarken wachstumskritischer Perspektiven im Zuge der Weltwirtschaftskrise wiederbelebten Diskussionen um eine „United Nations Parliamentary Assembly" oder die von Jürgen Habermas vorgetragene Idee eines „Weltparlaments", das sowohl die Weltbürger*innen wie zugleich alle Staaten repräsentieren würde. Damit ist nicht gesagt, dass die große Transformation top-down erfolgen könne oder gar ausschließlich auf diesem Wege erfolgen sollte. Doch insofern die Erde ein Gesamtsystem darstellt, das einem Raumschiff ähnlich ist, dessen ökologische Stabilisierung zur Vermeidung eines „systemischen Kollapses" (Donella Meadows) ein ausschließlich supranational zu lösendes Problem darstellt, gilt es wohl erstens das schon lange transnational agierende ökonomische Weltsystem endlich wieder adäquat zu (be-)steuern und zweitens die hierzu notwendige Realisierung supranationaler Institutionen durch eine gerechte Verteilung der Ressourcen und Lebensbedingungen zwischen den gegenwärtig konkurrierenden Nationalstaaten zu erreichen.

Werkzeuge zur supranationalen Steuerung der Finanz- und Wirtschaftssysteme sind dabei von besonderer Bedeutung, wie etwa der 1944 auf der Konferenz von Bretton Woods von John Maynard Keynes vorgelegte Vorschlag einer Weltzentralbank (International Clearing Union), die unter anderem (Außenhandels-)Überschüsse von Staaten mit Strafzinsen belegen sollte. Alle Vorstellungen einer konsequenten supranationalen Vergesellschaftung müssen jedoch stets vor dem Hintergrund demokratischer Legitimationsprobleme diskutiert werden – also entlang der Frage nach der zukünftigen Ausgestaltung demokratischer Verfahren.

Über (radikale) Demokratie

Damit ist die Frage berührt, wie eine solche weltgesellschaftlich-kosmopolitisch-terrestrische Position in konkrete politische Institutionen transformiert werden kann. In diesem Zusammenhang gilt es anzuerkennen, dass die Leitideen des neuen großen Narrativs – „Akzeptanz ökologischer Grenzen", „trans- und innergesellschaftliche Umverteilung" sowie „Gutes Leben trotz unvermeidlicher Schrumpfung des BIP im globalen Norden" – grundsätzlich auch mit totalitären politischen Systemen kompatibel sein können. Oder anders formuliert: Kämpfer*innen für eine große Transformation oder eine neue Erzählung werden sich aktiv für den Erhalt und den Ausbau demokratischer Verfahren einsetzen müssen, da kein Grund zur Annahme besteht, eine demokratische Erneuerung würde sich automatisch aus einer Transformation der ökonomischen Wachstumsprämisse hin zu einer Postwachstumsperspektive ergeben.

Umgekehrt spricht jedoch einiges dafür, dass die Erneuerung der Demokratie eine notwendige Voraussetzung für das Gelingen der großen Transformation und das Durchbrechen der gegenwärtigen politischen und sozialpsychologischen Herrschaft des Wachstumsdogmas sein wird – nämlich im umfassenden Sinne als Re-Politisierung der Bürger*innen und ihres alltäglichen, kommunalen und lokalen Handelns sowie als Formierung parlamentarischer Strukturen der Postwachstumsbewegung.

Neben dem bereits skizzierten Bedarf an demokratischer Legitimation und problemlösenden Verfahren auf weltgesellschaftlicher Ebene besteht in der Degrowth-Debatte weitgehende Einigkeit darüber, dass möglichst viele Entscheidungen in lokalen Zusammenhängen getroffen werden sollten. Zu denken wäre hier unter anderem an die Demokratisierung von Unternehmen, die direkte Beteiligung der Bürger*innen an kommunalen Entscheidungen, an Experimente mit Randomocracy sowie an die positiven Erfahrungen der spanischen Indignados oder der von Südafrika ausgehenden Ubuntu-Bewegung mit direkter, konsensorientierter Demokratie.

Die Analyse der diesbezüglichen Diskurse macht aber auch das grundlegende Misstrauen vieler Debattenteilnehmer*innen – gerade auch aus dem linken Spektrum – gegenüber dem Staat offensichtlich, der dort nicht als Repräsentant der Gesellschaft, sondern als eine gegenüber dem eigentlichen Souverän verselbstständigte Macht im Gewand einer „bloß formalen", vermeintlich „repräsentativen Demokratie" verstanden wird. Diese Kritik an der liberalen, repräsentativen Demokratie wird mit Ideen einer „radikalen" Demokratie verbunden, die zuvorderst auf die Demokratisierung aller lebensweltlichen und staatlichen Institutionen zielt.

Wenig, genau genommen fast gar nicht thematisiert werden dabei die Überlegungen der Vergleichenden Politikwissenschaft etwa zu den Vorzügen und Nachteilen konsens- und konkurrenzdemokratischer Institutionen, zu Konkordanzsystemen, zur Tyrannei der Mehrheit, den Herausforderungen des Minderheitenschutzes, den Vorzügen eines Subsidiaritätssystems und vor allem anderen die Bedeutung von Bildung für Demokratie. Wenn aber der Legitimationsgrad demokratischer Institutionen von der Qualität der meinungs- und willensbildenden Deliberation unter den Bürger*innen abhängt, kommt dem Aspekt der Bildung eine Schlüsselfunktion zu.

Anders formuliert: Wer eine große Transformation wünscht, deren Kern Demokratie und Schutz der Ökosphäre darstellen, muss die „Angst vor den wilden Massen" (Ulf Bohmann und Barbara Muraca) abschütteln und das Wissen über die grundlegenden Fakten der Weltsituation auch jenseits wissenschaftlicher und zivilgesellschaftlicher Eliten (mit-)teilen. Ganz im Sinne der von immer mehr Wissenschaftler*innen geforderten „Neuen Aufklärung" (Ernst Ulrich von Weizsäcker und Anders Wijkman) könnten die bisher noch immer überwiegend skeptischen Menschen so in die Lage versetzt werden, aus freiem Entschluss Teil dieser Bewegung zu werden.

Die Krise der politischen Bildung

Kurzum: Die Saat der Demokratiekrise besteht wohl nicht allein in der ökonomischen Ungleichheit, sondern in einer damit korrelierenden Krise der politischen Bildung. Wer die Vorgänge einer komplexen Welt nicht versteht und sich zugleich ökonomisch von den staatlichen Institutionen nicht vertreten fühlt, neigt kaum zur Verteidigung der repräsentativen Demokratie.

Eine Postwachstumsbewegung kann ihre Zielsetzungen unter demokratischen Bedingungen aber nur dann erreichen, wenn die Menschen die weltumspannenden ökonomisch-ökologisch-politischen Krisenzusammenhänge nachvollziehen können. Neben der Demokratisierung der Entscheidungswege bedarf es also auch der Demokratisierung der Bildung. Erst wenn diese beiden Ziele erreicht sind und das Wissen über die Zusammenhänge von Ungleichheit, Demokratiekrise, Wachstumsstreben und ökologischer Krise demokratisiert worden ist, erscheint die demokratische Steuerung der Kapitalflüsse möglich – im Sinne echter Mitsprache über eine gerechtere Verteilung und eine sowohl ökologisch wie ökonomisch klügere, wirklich nachhaltige Allokation des Kapitals. Dies alles wird zukünftig aber wohl nur noch trans- und supranational zu erreichen sein, da die ökologische Krise des Planeten eine rapide politische Vergemeinschaftung der Menschheit notwendig macht. Insbesondere die entscheidende Frage der Verteilungsgerechtigkeit und die daran gekoppelte Herausforderung der (Be-)Steuerung des ökonomischen Systems lässt sich wohl nur noch supranational und weltgesellschaftlich beantworten. Diese Argumente sind jedoch derart voraussetzungsreich und so weit entfernt von der bislang dominierenden Logik des zwischenstaatlichen sowie innergesellschaftlichen Konkurrenzdenkens und Wachstumsstrebens, dass es zweifellos massiven Aufwands bedarf, um die Menschen von den Vorzügen einer supranationalen, weltgesellschaftlichen Verfassung zu überzeugen.

Sozialwissenschaft als Vita Activa

Im Sinne einer Erneuerung der Demokratie können die genannten Herausforderungen nur von jenen gesellschaftlichen Kräften übernommen werden, die über die hierfür entscheidenden vier Ressourcen verfügen: Wissen, Zugang zur Öffentlichkeit, demokratische Gesinnung und Überparteilichkeit.

Eine gesellschaftliche Gruppe, die im Großen und Ganzen besehen zwar über diese Ressourcen verfügt und deren berufliche Verpflichtung sogar genau darin besteht, diesen Bildungsauftrag zu erfüllen, nimmt diese Aufgabe – von schon immer vorhandenen Ausnahmen einmal abgesehen – jedoch nur äußerst zögerlich wahr: die Gruppe der (Sozial-)Wissenschaftler*innen. So es nicht doch an Überparteilichkeit und demokratischer Gesinnung mangelt, bleibt angesichts der offensichtlichen Krise der politischen Bildung zu klären, welche der anderen beiden Voraussetzungen fehlen – ob also die Wissenschaft über zu wenig Wissen verfügt oder der Zugang zur Öffentlichkeit verstellt ist.

Den weiter oben erwähnten Mangel an supradisziplinärem Denken einmal beiseitelassend, verfügen die Sozialwissenschaften doch über äußerst plausible Kenntnisse der Ursachen, Zusammenhänge, Auswirkungen und potentiellen Lösungswege der gegenwärtigen Vielfachkrise. Als zentrales Problem könnte sich daher letztlich entpuppen, dass Sozialwissenschaftler*innen sich eigentümlich zurückhalten, wenn es darum geht, überhaupt Kontakt mit der Öffentlichkeit zu suchen und dieser das erarbeitete Wissen in einer allgemein verständlichen Sprache mitzuteilen.

Verantwortlich dürfte hierfür das innerakademische Regelwerk der Anerkennungsvergabe sein. Dieses belohnt die Hinwendung zur größeren Gesellschaft kaum, das Publizieren in von nur wenigen Fachkolleg*innen gelesenen Journals hingegen stark. Tendenziell bestraft es sogar die Kommunikation mit der größeren Gesellschaft, da „gute Wissenschaft" das Rampenlicht und den Beifall der Öffentlichkeit gerade nicht suche. Das imaginierte „Publikum" sozialwissenschaftlicher Argumentation und Deliberation ist daher nach wie vor zuvorderst die *community of scientists*. Wie aber soll eine derart exklusive Kommunikation einen Beitrag zur Demokratisierung der größeren Gesellschaft leisten?

Das hier beschriebene Phänomen der Öffentlichkeitsscheu mag mit der besonderen Bedeutung der gemeinhin mit Max Weber verbundenen Position des Wertneutralitätsgebots für das kollektive Selbstverständnis der Sozialwissenschaften zusammenhängen. Die dort reproduzierte Humesche Idee einer strengen Differenzierung von Seins- und Sollens-Aussagen, die eingeforderte sterile Trennung der wissenschaftlichen Denklabore von den vermeintlich objektivitätsvernichtenden gesellschaftlichen Werten sowie die strikte Unterscheidung von Wissenschaft und Politik führen jedoch zu einer fatalen Zurückhaltung bezüglich der Kommunikation vorliegender sozialwissenschaftlicher Weltdeutungen gegenüber der Öffentlichkeit. Es dürfte aber gerade die wichtigste Aufgabe der Sozialwissenschaften sein, ihre Erkenntnisse mit der Öffentlichkeit zu teilen und dies in einer Weise zu tun, die auch Nicht-Expert*innen das Nachvollziehen und die Bewertung ermöglichen.

Dabei könnten sich die Sozialwissenschaften durchaus an der primär naturwissenschaftlichen Vereinigung Scientists for Future ein Beispiel nehmen. Diese schreckt nicht davor zurück, mit ihrem Fachwissen in allgemeinverständlicher Weise in die „Fridays for Future"-Debatte zu intervenieren.[1]

Das eigene, erarbeitete Wissen über die gesellschaftlichen (Fehl-)Entwicklungen bereitzustellen, ist das öffentliche Gut, das die Sozialwissenschaften produzieren sollten, um Demokratie zu unterstützen und den Bürger*innen ein politisch wirksames „aktives Leben" im Sinne von Hannah Arendt mit zu ermöglichen. Die seltsame Angst vor dem Austausch mit Gesellschaft, der Rückzug in die Abgeschiedenheit der wissenschaftlichen Gemeinschaft, das bequeme Festhalten am erkenntnistheoretisch kaum je plausiblen Gedanken der Wertneutralität bedeuten dagegen heute Versagen und Verantwortungslosigkeit der Sozialwissenschaften.

Webers Postulat mag nicht zuletzt einer Abwehr des Einflusses des monarchistischen Staates auf die Denklabore gedient haben. Im demokratischen Staat benötigt Wissenschaft einen solchen Abwehrmechanismus jedoch nicht mehr, da die Freiheit der Wissenschaft Verfassungsrang genießt.

Umgekehrt verwandelt sich Wertneutralität in eine Verweigerung der Verteidigung der Demokratie. Die Postwachstumsbewegung benötigt jedenfalls die Unterstützung der Sozialwissenschaften in ihrem gleichzeitigen Bemühen um eine Erneuerung der Demokratie und ein Ausbalancieren von ökonomischen Wünschen und ökologischen Realitäten. Der Wille, für bestimmte Werte jenseits von Parteifunktionen politisch tätig zu werden und hierbei die Wege einer neuen (Welt-)Gesellschaft zu erkunden, ist Teil der Selbstbefreiung von politischer Lähmung und Passivität auch der Sozialwissenschaften. Wer sich hierzu wertfrei verhalten möchte, trennt Wissenschaft von Gesellschaft und glaubt an ein richtiges Leben im falschen – zum Schaden unserer Demokratie.

---

1 Vgl. den Beitrag von Gregor Hagedorn, Scientists for Future: Aufklärung gegen die Klimakrise, in diesem Buch.

Verhindert die Heißzeit!
Wie wir den Kohleausstieg schaffen

Von **Inken Behrmann**

Mitten im Hitzesommer 2018 veröffentlichte die US-amerikanische *National Ocean and Athmospheric Administration* neue Daten zum Klimawandel: Demnach erreichte die Treibhausgaskonzentration in der Atmosphäre im Vorjahr ein Rekordhoch, die Ausdehnung des Antarktischen und Arktischen Meereises dagegen ein Rekordtief. Darüber hinaus zählen die Jahre 2015 bis 2017 zu den wärmsten seit Beginn der Wetteraufzeichnungen.[1]

Fast zeitgleich warnte ein internationales Team von Klimaforschern vor einer „Heißzeit", in der langfristig ein Temperaturanstieg um bis zu sechs Grad Celsius und ein Anstieg des Meeresspiegels um 10 bis 60 Meter drohe. Diesem Szenario legen sie mögliche Rückkopplungsprozesse zugrunde, die sich nicht mehr einfangen lassen: So könnten sich Kohlenstoffspeicher in Kohlenstoffquellen verwandeln, die in einer entsprechend wärmeren Welt unkontrolliert Emissionen freisetzen würden. Beitragen könnten dazu das Absterben des Regenwaldes im Amazonas, eine verringerte Schneedecke auf der Nordhalbkugel oder das Schrumpfen der großen Eisschilde.[2]

Schon die Dürre auf den hiesigen Feldern führte in vergangenen Sommern eindrücklich die drohenden katastrophalen Folgen des Klimawandels vor Augen. Doch die Klimastudien zeigen, dass das, was wir bislang hierzulande erlebt haben, erst der Anfang der irreversiblen Veränderungen an unseren Ökosystemen ist. Dennoch wird Deutschland die selbst gesetzten Klimaziele bis 2020 um mindestens acht Prozentpunkte verfehlen. Mit dem von der Bundesregierung vorgelegten Klimapaket können auch die folgenden Klimaziele für 2030 nicht erreicht werden. Dafür verantwortlich ist neben der schleppenden Energiewende allen voran die Kohleverstromung. In den vergangenen Jahren war der Konflikt um die Kohle in Deutschland insbesondere zwischen Klimaschützerinnen einerseits sowie der Industriegewerkschaft für Bergbau, Chemie und Energie (IG BCE) und Lokalpolitikern andererseits eskaliert. Im Frühsommer 2018 setzte die Bundesregierung zur Befriedung des Konflikts die Kommission „Wachstum, Strukturwandel und Beschäftigung" ein. Die „Kohlekommission" hat im Januar 2019 ihren Abschlussbericht an die Bundesregierung übergeben. Darin empfiehlt sie den Kohleaus-

---

1 NOAA, AMS, State of the Climate in 2017, 2.8.2018, http://ncdc.noaa.gov.
2 Vgl. Auf dem Weg in die „Heißzeit"? Planet könnte kritische Schwelle überschreiten, www.pik-potsdam.de, 6.8.2018.

stieg bis 2038 – deutlich zu spät, um das Paris-Abkommen einzuhalten – und gibt Handlungsempfehlungen für den wirtschaftlichen Strukturwandel in den vom Ausstieg betroffenen Regionen. Die Ausgestaltung des Strukturwandels verlieh der Kohlekommission eine weitreichende Bedeutung: Auf dem Weg in eine klimagerechte Gesellschaft werden Industriestaaten nicht nur aus der Kohleverstromung aussteigen, sondern auch andere klimaschädliche Großindustrien abwickeln oder grundlegend umgestalten müssen. Bei notwendigerweise schrumpfendem motorisiertem Individualverkehr[3] steht Deutschland insbesondere bei der Autoindustrie vor ähnlichen wirtschaftlichen und politischen Herausforderungen wie in der Kohleindustrie. Bisher gibt es jedoch weltweit kaum Beispiele für gelungene Transformationen. Beim Kohleausstieg stellen sich verschiedene Herausforderungen: Einerseits geht es um die energiewirtschaftliche Notwendigkeit, die Versorgung mit Strom sicherzustellen. Dazu kommen aber vor allem soziale, wirtschaftliche und kulturelle Besonderheiten in den Kohleregionen im Rheinland, im Leipziger Revier und in der Lausitz.

Klar ist schon jetzt: Deutschland muss seine Primärenergieversorgung je nach Rechnung bis 2035 oder 2040 komplett auf erneuerbare Energien umstellen.[4] Andernfalls verfehlt es seinen Beitrag zum im Pariser Klimaabkommen vereinbarten Ziel, die Erderwärmung auf möglichst 1,5 bis höchstens 2 Grad Celsius zu begrenzen. Dafür muss einerseits die Effizienz im Wärme- und Verkehrssektor deutlich erhöht werden. Da es in beiden Sektoren jedoch nicht in ausreichendem Maß alternative Brennstoffe gibt, müssen sie zudem elektrifiziert werden, beispielsweise durch Elektroautos oder Wärmepumpen – wodurch der Elektrizitätsbedarf steigt. Gleichzeitig werden in Deutschland bis 2022 die letzten Atommeiler vom Netz gehen. Scheiden dann auch noch perspektivisch Kohle und Gas aus, stellt das die Energieversorgung vor Herausforderungen. Denn momentan versorgt sich die Bundesrepublik zu rund 50 Prozent aus fossilen Energieträgern: rund 10 Prozent Gas, 13 Prozent Atomenergie, 9 Prozent Steinkohle und 20 Prozent Braunkohle.[5] Entscheidend ist deshalb zum einen, dass Energie eingespart, Effizienz erhöht und verschiedene Energieformen intelligent zusammen genutzt werden. Zum anderen muss aber auch der Anteil der Erneuerbaren im Strommix umgehend erhöht werden – der Ausbau der erneuerbaren Energien, insbesondere von Wind- und Solarenergie sowie von Geo- und Solarthermie, muss rund fünfmal so schnell erfolgen wie bisher.

Dies jedoch ist politisch offensichtlich nicht gewollt: Als die große Koalition 2017 das Erneuerbare-Energien-Gesetz (EEG) novellierte, deckelte sie deren Ausbau nach oben. In ihrem Klimapaket hat die Bundesregierung nun sogar die Abstandsregelungen so vereinheitlicht, dass auf dem Land kaum noch Windkraftanlagen zugebaut werden können. Damit einhergehend schlug die Union nun sogar vor, die EEG-Umlage ganz zu streichen – und damit die

---

3 Vgl. Verkehrswende für Deutschland. Der Weg zu CO2-freier Mobilität bis 2035", Greenpeace 2017.
4 Vgl. Volker Quaschning, Sektorkopplung durch die Energiewende. Anforderungen an den Ausbau erneuerbarer Energien zum Erreichen der Pariser Klimaschutzziele unter Berücksichtigung der Sektorkopplung, Berlin 20.6.2016, S. 3-6.
5 Fraunhofer ISE, Stromerzeugung in Deutschland in 2019, 30.09.2019, www.energy-charts.de.

finanzielle Unterstützung für den Ausbau erneuerbarer Energien. So aber wird die Bundesregierung die Ziele des Pariser Klimaabkommens klar verfehlen. Schon um das 2-Grad-Ziel zu erreichen, müsste nach Berechnungen des Umweltbundesamtes (UBA) der Anteil erneuerbarer Energien beträchtlich steigen: auf mindestens 50 Prozent im Jahr 2025 (geplant bisher: 40 bis 45), 70 Prozent bis 2035 (bisher: 55 bis 60) und auf 100 Prozent im Jahr 2050 (bisher: mindestens 80).[6] Strukturwandel heißt aber auch, den Energiebereich insgesamt neu zu denken: Es darf nicht mehr darum gehen, möglichst viel Energie zu produzieren und zu verkaufen, sondern möglichst effizient und möglichst wenig Energie zu konsumieren. Dazu könnten bereits jetzt wirksamere Maßnahmen ergriffen werden. Da die Energieproduktion aus Erneuerbaren immer weiter steigt, die Kohleverstromung aber nicht entsprechend heruntergefahren wird, erzeugte Deutschland im Jahr 2017 einen Überschuss und exportierte neun Prozent seines produzierten Stroms ins europäische Ausland. Mit dieser Überkapazität könnten bereits heute die ältesten 20 Kohlekraftwerke abgeschaltet werden, ohne die Energieversorgung des Landes zu gefährden – sogar im Falle einer „kalten Dunkelflaute", wenn also in einem dunklen, windstillen Winter keine Wind- oder Solarenergie erzeugt wird.[7]

Wirtschaftliche und soziale Abhängigkeit der Reviere

Technisch betrachtet ist der Kohleausstieg also möglich – allerdings gibt es zahlreiche politische Hürden. So wehren sich sämtliche betroffenen Landesregierungen vehement gegen einen schnellen Ausstieg. Dabei unterscheiden sich die Herausforderungen in den beiden größten Braunkohleabbaugebieten, dem Rheinland und der Lausitz, aufgrund der unterschiedlichen Geschichte und Struktur in den Revieren: In beiden Bundesländern gab es zwar bereits negative Erfahrungen mit Strukturbrüchen – im Ruhrgebiet mit dem Ende des Steinkohlebergbaus und in der Lausitz mit den Umwälzungen nach der Wende 1989/90. Doch während in der strukturschwachen Lausitz mit der Braunkohle die einzige Großindustrie wegbrechen würde, liegt das Rheinland in einem wirtschaftlich vielfältigeren Ballungsraum, der mehr Spielraum bietet. Auch laufen die Abbaugenehmigungen im Rheinland spätestens 2045 aus, während in der Lausitz bisher noch kein Enddatum festgelegt wurde.

Eine der größeren Herausforderungen des Strukturwandels und oft angeführtes Argument gegen den Kohleausstieg sind die Arbeitsplätze, die die fossile Industrie in den Regionen sichert: Insbesondere ältere Menschen, die aus der Branche wechseln, müssen mit längerer Arbeitslosigkeit und Lohneinbußen nach einer Wiederanstellung rechnen.[8] Jobverluste werden jedoch durch die günstige Altersstruktur in den Betrieben abgemildert. Denn bei

---

6 UBA, Kohleverstromung und Klimaschutz bis 2030. Diskussionsbeitrag des Umweltbundesamts zur Erreichung der Klimaziele in Deutschland, 11/2017, www.umweltbundesamt.de.
7 Kohleausstieg, Stromimporte und -exporte sowie Versorgungssicherheit. Kurz-Analyse, www.agora-energiewende.de, 10.11. 2017.
8 Simon Franke, Jan Hackforth und Luke Haywood, Arbeitsplätze in der ostdeutschen Braunkohle: Strukturwandel im Interesse der Beschäftigten frühzeitig einleiten, „DIW Wochenbericht" 6+7/2017.

einem Kohleausstieg bis zum Jahre 2030 könnten zwei Drittel der Beschäftigten bereits in Rente gehen. Die verbleibenden rund 30 Prozent könnten zunächst für den Rückbau und die Renaturierung der Tagebaue angestellt werden.[9] Ein Anstieg der Arbeitslosigkeit ließe sich so begrenzen. Vom Ende des Braunkohleabbaus sind also weniger die rund 20 900 Menschen betroffen, die direkt bei den Energieunternehmen RWE (Rheinland), der MIBRAG (Leipziger Revier) oder der LEAG (Lausitz) angestellt sind.[10] Vielmehr träfe es jene rund 52 000 Beschäftigten, die die Nachfrage nach Gütern und Dienstleistungen des Kraftwerks- und Tagebaubetriebs in den Regionen bedienen.[11] Um den Wegfall dieser „indirekten Beschäftigung" zu kompensieren, braucht es eine frühzeitige und sinnvolle Planung. Beim Ringen um die Zukunft der Beschäftigten im Braunkohlebereich fällt allerdings zumeist die Tatsache unter den Tisch, dass die Novellierungen des EEGs unter Schwarz-Rot, die den Ausbau Erneuerbarer immer weiter einschränkten, bereits um die 100 000 Arbeitsplätze im Bereich Solar-, Photovoltaik- und Windbranche gekostet haben. Für sie jedoch gab es keinerlei Anpassungshilfen.[12]

Während die Braunkohlewirtschaft mit 0,045 Prozent der Beschäftigten in Deutschland zwar insgesamt eine sehr geringe wirtschaftliche Bedeutung hat, ist ihre Bedeutung für die regionale Wertschöpfung jedoch hoch. Insbesondere Gemeinden in den strukturschwachen Regionen der Lausitz sind von Gewerbesteuereinnahmen sowie Entschädigungszahlungen der Energieunternehmen abhängig. Das stellt sie teilweise schon jetzt vor Probleme. Denn die Gewerbesteuereinnahmen durch die Energieunternehmen sind gekoppelt an den Strompreis und die Erträge aus der Kohleverstromung. Allerdings wird Braunkohlestrom mit dem Sinken des Börsenstrompreises immer unrentabler, weshalb Lausitzer Kommunen schon für 2014 gut 20 Mio. Euro Steuern an Vattenfall zurückzahlen mussten und sich ihre Einnahmen für 2015 halbierten. Die Gewerbesteuern werden auch weiterhin sinken und machen diese Kommunen somit zunehmend abhängig von Zuweisungen der Bundesländer. In den betroffenen Gemeinden bricht daher die gesellschaftliche Infrastruktur weg, freiwillige Leistungen werden gestrichen, Kita- und Hortgebühren erhöht. Erschwerend kommt in der Lausitz hinzu, dass Vattenfall dort als „Partner der Region" viele Vereine finanziell unterstützte – eine Imagekampagne, die die tschechische Nachfolgegesellschaft EPH bzw. LEAG nicht länger für notwendig hält. Im Rheinland dagegen leiden Kommunen vor allem unter dem schlechten Kurs der RWE-Aktie. Viele Städte und Kommunen sind Anteilseignerinnen des Energiekonzerns, ihre Haushaltseinnahmen hängen daher weniger an Gewerbesteuern als an Dividenden.[13] Im Zuge der Energiewende verlor das Kerngeschäft des Konzerns mit fossilen Energieträgern jedoch immer weiter an Wert. RWE verpasste zudem den Sprung zur

9 UBA, Beschäftigungsentwicklung in der Braunkohleindustrie: Status quo und Projektion, August 2018.
10 DEBRIV Bundesverband Braunkohle, Beschäftigtenzahlen, www.braunkohle.de.
11 Laut Zahlen aus dem Jahr 2009. Entsprechend des Rückgangs der direkt Beschäftigten um rund 4000 Arbeitnehmerinnen und Arbeitnehmer ist inzwischen wahrscheinlich auch die Zahl indirekt Beschäftigter gesunken. Vgl. Öko-Institut, Die deutsche Braunkohlenwirtschaft. Historische Entwicklungen, Ressourcen, Technik, wirtschaftliche Strukturen und Umweltauswirkungen, Mai 2017, S. 86-88.
12 Aribert Peters und Louis-F. Stahl, Erneuerbare gewinnen, www.energieverbraucher.de, 2.8.2018.
13 Vgl. Inken Behrmann, Vattenfall: Kohle vs. Klima, in: „Blätter", 5/2016, S. 29-32.

Gewinnung erneuerbarer Energien. Die Folge war eine tiefe Konzernkrise, in der RWE Milliarden abschreiben musste und wiederholt die Dividende für Stammaktionäre aussetzte. Viele Städte gerieten dadurch in Schwierigkeiten, da die Erträge in den knappen Haushalten schon eingeplant waren. Seitdem prüfen zahlreiche Städte den Ausstieg aus den RWE-Aktien und nutzten 2017 die Gunst des gestiegenen Börsenkurses, um ihre Aktien zu verkaufen und gleichzeitig verschuldete Haushalte zu sanieren.[14] Alle drei Faktoren – wegbrechende Gewerbesteuereinnahmen, fehlende freiwillige Finanzierung von Vereinen und fallende RWE-Aktienkurse – stellen die Kommunen in beiden Kohleregionen vor große finanzielle Herausforderungen.

Vom geachteten Kohlekumpel zum Klimasünder

Neben den wirtschaftlichen stehen die Braunkohlereviere jedoch auch vor großen sozialen Herausforderungen: Arbeit generiert nicht nur privates Einkommen und öffentliche Mittel, sondern ist nicht zuletzt auch ein gesellschaftlich integrativer und identitätsstiftender Faktor. Traditionell erfüllte die Braunkohleindustrie als Motor der deutschen Wirtschaft und einziger heimischer Energieträger eine wichtige Aufgabe. Gerade die Schwerindustrie im Rheinland hing – und hängt womöglich bis heute – am billigen und zuverlässigen Kohlestrom. Entsprechend hoch war das gesellschaftliche Ansehen der Branche, aber auch der Kohlekumpel. Mit dem Diskurs um die „dreckige" Kohle und ihre Klimaschädlichkeit jedoch wandelte sich das positive Bild des Versorgers in das des Klimasünders. Dieser Imagewandel verärgert die Beschäftigten, betrifft aber darüber hinaus ganze Regionen in Teilen der Lausitz und des Rheinlands, für die die Braunkohle identitätsstiftend ist. Damit geht es nicht mehr nur darum, neue Arbeitsplätze zu schaffen, sondern auch das Selbst- und Fremdbild der Regionen neu zu entwickeln und in diesem Wandel die Würde der Menschen zu wahren.

Den Wandel zu gestalten, ist ohne Frage nicht leicht. Wenig hoffnungsfroh stimmt aber auch, dass ihn ausgerechnet jene Lokalpolitiker*innen, die sich jahrzehntelang dagegen gestellt haben, nun vor Ort umsetzen sollen. Denn in den Braunkohleregionen herrschen politisch-wirtschaftliche Strukturen vor, die eine Debatte über Braunkohlenutzung im Keim erstickten. Das lag auch daran, dass politisch Verantwortliche sich klar als Kohlebefürworter positionierten und bis heute enge Kontakte zu den Unternehmen pflegen. So kam es in der Lausitz und im Rheinland beispielsweise 2011 und 2015 zur Gründung der Astroturf-Initiativen „Pro Lausitzer Braunkohle e.V." sowie „Unser Revier – Unsere Zukunft – An Ruhr und Erft e.V.". Beide Vereine wurden nicht von zivilgesellschaftlich Aktiven gegründet, sondern von Lokalpolitikern der Linken und der CDU in der Lausitz sowie von SPD-Politikern im Rheinland gemeinsam mit Vattenfall- bzw. RWE-Funktionären.[15]

14 Jürgen Flauger, Warum die Stadt Bochum ihre Aktien verkauft, in: „Wirtschaftswoche", 13.6.2017.
15 Daniel Häfner, Pro Kernkraft, Pro Braunkohle – Initiativen von oben?, in: Rosa-Luxemburg-Stiftung, Konzern. Macht. Protest. Über künstliche Bürgerinitiativen, Berlin 2016, S. 33-38.

Lausitz: Tiefsitzender Groll über die Strukturbrüche nach der Wende

Die politische und wirtschaftliche Vernetzung in der Lausitz ist dabei nur vor dem Hintergrund der wirtschaftlichen Struktur sowie der DDR-Geschichte zu verstehen. Scheinbar stehen sich im Revier heute Pro- und Anti-Braunkohle-Initiativen gegenüber. Tatsächlich aber sammeln sich die politisch Verantwortlichen geschlossen hinter der Kohle und entwickeln in Gremien wie der „Lausitzrunde" regelmäßig gemeinsam mit den Unternehmen Pläne für die Region. Mehr noch: Sie schüren mit Bildern der „zerstörten Industrieregion Lausitz" Angst vor den Braunkohlegegnern. Politisch Verantwortliche und der Verein „Pro Lausitzer Braunkohle" haben dabei schon früh Greenpeace als den politischen Feind ausgemacht. Der Wandel kommt nach ihrer Darstellung „von außen", während die Braunkohle doch „heimisch" sei. Sie etikettieren die notwendigen Veränderungen damit permanent als fremd und aufgezwungen. Das Bild des von außen oktroyierten Strukturwandels ist in der Lausitz vor dem Hintergrund der Wende besonders anschlussfähig. Denn den ersten großen Strukturbruch gab es hier schon ab 1990, als etwa 70 000 Beschäftigte ihre Arbeitsplätze verloren.[16] Gleichzeitig erfuhren die Menschen keinerlei Wertschätzung für die geleistete Arbeit und ihre Kultur, stattdessen wurde ihnen vermittelt, hinter dem Westen der Republik zurückgeblieben zu sein. Die Kränkung durch die fehlende Anerkennung der eigenen Lebensleistung sitzt noch immer tief, ebenso wie die Verlusterfahrungen durch Umsiedlungen. Wenn nun junge westdeutsche Aktivistinnen und Aktivisten oder Politikerinnen und Politiker die Kohleregionen als klimaschädlich abstempeln, erinnert das viele Menschen an ebenjene Erfahrungen. Sie sind einem Wandel unterworfen, den sie nicht verantworten und in dem einige einmal mehr die Ohnmacht der Nachwendezeit empfinden.

Dies betrifft allerdings nicht nur jene, die den Verlust ihres Arbeitsplatzes befürchten: Als nach der Wende die Braunkohleindustrie trotz der Strukturbrüche die unangefochtene wirtschaftliche – und damit auch politische – Basis der Region blieb, setzte sich für alle jene, die umgesiedelt wurden, eine andere Erfahrung aus der DDR fort, nämlich politisch keinen Einfluss zu haben. Heute spaltet die Braunkohle ganze Dörfer: Die einen sind wirtschaftlich abhängig, die anderen fürchten den Verlust ihres Hauses durch Abbaggerung. Allerdings wird dieser Konflikt nicht offen ausgetragen, weil eine politische Ermutigung zur offenen Debatte ausbleibt. Stattdessen wird Braunkohlegegnern bisweilen der Briefkasten gesprengt oder das Leben schwer gemacht, etwa durch die Entziehung von Baugenehmigungen seitens der Behörden.[17] Dieses autoritäre Politikverständnis liegt auch an der personellen Kontinuität der Akteure: Nach der Wende etablierten sich sowohl in Brandenburg als auch in Sachsen mit Linken und SPD respektive CDU erneut nahezu unangefochtene Staatsparteien, deren Spitzenpolitiker bekennende

---

16 Gunther Markwardt und Stefan Zundel, Strukturwandel in der Lausitz – Eine wissenschaftliche Zwischenbilanz, in: „ifo Dresden berichtet", 3/2017, S. 17-22.
17 Vgl. Marion Bergermann, Die Zukunft vor der Schaufel retten. Nominierte für den taz-Panter-Preis 2016, www.taz.de.

Braunkohlebefürworter sind. Diese Kontinuitäten in den (lokal-)politischen Strukturen sichern bis heute deren Kohleloyalität und verhindern den so dringend erforderlichen grundlegenden Wandel. Ähnliche Resignationserfahrungen gab es auch im westlichen Rheinland, als auch die mitregierenden Grünen dort ab 1995 ihr Versprechen keiner weiteren Umsiedlungen nicht einlösen konnten. Immerhin haben sich in den Braunkohlerevieren inzwischen Innovationsprojekte oder -regionen gegründet, um die anstehenden Veränderungen wirtschaftlich umzusetzen. In diesen Projekten, die maßgebliche Adressaten von Bundeszuwendungen im Rahmen des Strukturwandels werden, sitzen allerdings viele altbekannte Gesichter. So ist die Vorsitzende der Innovationsregion Lausitz die Spremberger Bürgermeisterin Christine Herntier, eine bekennende Verfechterin der Braunkohle – und obendrein Kohlekommissionsmitglied. Als Geschäftsführer wurde 2016 Hans Rüdiger Lange gewählt, langjähriger Leiter der Energiewirtschaft bei der Vattenfall Europe Generation AG, die den absehbaren Strukturwandel in der Lausitz jahrzehntelang verschlafen, wenn nicht gar mutwillig behindert hat. Ziel der Innovationsregion ist es, neue – und wenn möglich digitale – Industrien anzusiedeln. Das Verhältnis zu den Bürgerinitiativen, die bereits Ideen für einen sozial-ökologischen Wandel gesammelt haben, ist jedoch zerrüttet. Ausgerechnet mit jenen Aktiven, mit denen man nun neue Ideen für die Regionen entwickeln könnte, steht die etablierte Politik somit auf Kriegsfuß. Das ist auch insofern ein Problem, als der Strukturwandel in all seinen Facetten – der energiewirtschaftlichen Umstellung, der Frage von Arbeitsplätzen und Gewerbesteuereinnahmen, aber auch von neuer regionaler Identität – wohl kaum „von oben" erfolgen kann. Stattdessen müsste es einen partizipativen Prozess geben, in dem Menschen ihre eigenen Ideen entwickeln können – und in dem politisch Verantwortliche nicht bestimmen, was passiert, sondern Initiativen unterstützen. Das kollidiert jedoch zumeist mit dem autoritären Politikverständnis der etablierten Politiker*innen sowie dem auch von ihnen kultivierten Bild, der Strukturwandel werde der Region von außen aufgedrückt.

Einzelne Vorreiter – und eine große Unbekannte

Erste Schritte in diese Richtung werden dennoch getan. In der Lausitz etwa leisten einzelne Orte bereits seit Jahrzehnten Widerstand. So entstanden im noch immer von der Abbaggerung bedrohten Dorf Proschim zahlreiche Initiativen für erneuerbare Energien sowie ein Windpark. Mit dem „Zentrum für Dialog und Wandel" hat die evangelische Landeskirche eine Anlaufstelle für die Verständigung zwischen verschiedenen Akteuren geschaffen. Die Zukunft der Region sieht der Generalsuperintendent der Region, Martin Herche, im Dreiländereck Polen-Tschechien-Deutschland, in dem auch die Lausitz liegt. Auch die erwähnte Innovationsregion Lausitz bietet zwar wenig Unterstützung für alternative Wirtschaftsmodelle, fördert aber immerhin regionale Kleinunternehmen. Und im Rheinland leitet die Innovationsregion Rheinisches Revier unter anderem ein Projekt zum ressourcenschonenden

Rückbau und zur Kreislaufwirtschaft im industriellen Bausektor. Dennoch sind all dies nur kleine Schritte, wo längst große Sprünge gefordert sind.

Auch die Kohlekommission legte in ihrem Abschlussbericht keinen klimagerechten Ausstiegsplan vor. Mit Matthias Platzeck und Stanislaw Tillich wurde die Kommission von zwei ehemaligen Ministerpräsidenten der östlichen Kohlebundesländer Brandenburg und Sachsen geleitet, die zudem bekannte Kohlebefürworter sind. Kaum ein halbes Jahr nach dem Ende der Kohlekommission gab Tillich zudem bekannt, dass er in den Vorstand der MIBRAG, des Kohlekonzerns im Leipziger Revier, wechselt. Einzig die Berliner Wissenschaftlerin Barbara Praetorius brachte Energiewende- und Klimakompetenz in das vierköpfige Leitungsgremium ein. Die Fokussierung auf wirtschaftliche Faktoren des Strukturwandels spiegelte sich bereits auch in ihrem Arbeitsauftrag wider, der sich in den ersten drei Punkten mit Beschäftigung und Wirtschaftsstruktur in den Regionen befasst, Klimaschutz jedoch erst an vierter, dem Kohleausstieg an fünfter Stelle und die Forcierung der Energiewende gleich gar nicht benennt. Grüne und Linke waren in der Kommission nicht vertreten, dafür aber die etablierte Lokal- und Landespolitik, die von der anstehenden Fördergeldverteilung profitieren, dabei aber die Kohle möglichst lange fördern und neue Großindustrien bei sich ansiedeln will. So beschloss die Kommission im Wesentlichen ein Infrastrukturprogramm für die Kohleregionen, flankiert von einem viel zu langsamen Ausstiegspfad und Entschädigungen für die Kohlekonzerne. Die Infrastrukturgelder sind zudem in ihrer Verwendung nicht an Klimaschutz-Bedingungen geknüpft – in der Lausitz etwa wird von dem Investitionsgeld in den Klimaschutz eine neue Autobahn gebaut. Die Aussichten sind somit alles andere als rosig: Die Kohleregionen sind im klassisch wirtschaftlichen Sinne „strukturschwach", und wahrscheinlich werden sie es auch bleiben. Dabei böte gerade ihre Lage an der Semi-Peripherie in der Nähe großer Städte eine Chance: In den Regionen könnten kreative, regionale und internationale Projekte entstehen, neue ökologische Wirtschaftsformen versucht, Kreislaufwirtschaft oder Permakulturprojekte gefördert werden. Sie würden dann zu Leuchttürmen einer neuen Wirtschaft avancieren, die regional konzentriert und weniger klimaschädlich wäre – und damit auch Großstädter anziehen, die sich nach Entschleunigung und Landluft sehnen. Das aber setzt voraus, dass gutes Leben nicht nur als individueller Wohlstand, sondern auch anders verstanden werden kann. Bislang aber interessieren sich die wirtschaftlich und politisch Verantwortlichen einmal mehr nur für Großindustrien. Damit aber drohen sie erneut in jene Falle zu tappen, die soeben zugeschnappt ist: Sie machen sich und die Region mit Blick auf Steuereinnahmen, Beschäftigung und Image von einer zentralen Branche oder Unternehmen abhängig. Was dabei jedoch zu kurz kommt, sind Partizipation und eine stabile wirtschaftliche Bewegung von und mit den Menschen als aktive Bürgerinnen und Bürger. Ein gelungener Strukturwandel hin zu einer klimagerechten Gesellschaft sieht so gewiss nicht aus.

Mobilität ohne Auto

Plädoyer für eine umfassende Verkehrswende

Von **Winfried Wolf**

Spätestens seit dem Dieselgate ist klar: Die Mobilität, wie wir sie kennen, steckt in der Krise. Durch die Enthüllungen wurde offenbar, dass die deutschen Autokonzerne, angeführt von VW, ein Jahrzehnt lang die Software der Dieselmotoren derart manipuliert haben, dass die Schadstoffgrenzwerte nur auf dem Prüfstand eingehalten werden. In „freier Wildbahn" hingegen blasen die Dieselautos das Vielfache des Erlaubten in die Luft – mit erheblichen Konsequenzen für die menschliche Gesundheit. Zugleich spitzt sich die Klimakrise dramatisch zu – davon zeugt nicht zuletzt die in den vergangenen Sommern besondere Häufung von Starkregen, Stürmen und Sintfluten weltweit. Dass es sich hierbei nicht um Ausnahmeerscheinungen handelt, sondern um Indizien für die sich beschleunigende Klimaerwärmung, wird zunehmend auch von der europäischen Politik anerkannt. An dieser bedrohlichen Lage hat die Art und Weise, wie wir uns gegenwärtig fortbewegen und Güter transportieren, einen erheblichen Anteil. Doch die Politik scheint angesichts all dessen hilflos, ein Ausweg aus der Krise ist nicht in Sicht.

Dabei lagen beim Dieselgate konkrete Beweise für organisierte Kriminalität vor. So wird in einem elfseitigen Dokument aus dem Audi-Konzern mit der Überschrift „Risikoeinschätzung" aus dem Jahr 2013 detailliert der Code zur Manipulation der Dieselmotoren beschrieben. Auch heißt es dort, es handele sich um eine illegale Betrugssoftware, die im Fall der Aufdeckung massive juristische und finanzielle Konsequenzen nach sich ziehen würde.[1]

Im Zuge der Dieselgate-Enthüllungen wurde auch bekannt, dass es mehr als zwei Jahrzehnte lang geheime, bis ins Detail durchorganisierte Treffen aller deutschen Autokonzerne gab, auf denen offensichtlich die gemeinsame Diesel-Strategie abgesprochen wurde. Die Kartell-Geheimtreffen fanden just zu der Zeit statt, als die Manipulation der Dieselmotoren ihren Ursprung nahm. Da inzwischen auch bei Daimler und Porsche Manipulationen an den Dieselmotoren festgestellt wurden, deutet vieles darauf hin, dass die Betrugssoftware ein essenzielles Element – wenn nicht gar Kernbestandteil – der Kartellabsprachen war. Dafür spricht auch, dass die Verkaufszahlen von Diesel-Pkw ziemlich genau seit zwei Jahrzehnten explosionsartig ansteigen. 1995 lag deren Anteil bei Neuzulassungen noch bei 14,5 Prozent. Bis 2016

---

[1] Vgl. Kartellvorwurf gegen Daimler, VW, BMW & Co., in: „Handelsblatt", 21.7.2017.

war dieser Wert bereits auf 45,9 Prozent hochgeschnellt. Die absoluten Zahlen bezogen auf den Gesamtbestand an Pkw sind nicht minder drastisch: Im Jahr 1998 waren in Deutschland 41,4 Mio. Pkw zugelassen, darunter 5,4 Mio. Dieselautos – ein Anteil von 13 Prozent. 2016 fuhren auf deutschen Straßen bereits 45,1 Mio. Pkw, darunter 15,1 Mio. oder 33,5 Prozent Dieselfahrzeuge.

Für den engen Zusammenhang von Dieselgate und Autokartell sprach auch die Tatsache, dass die deutschen Hersteller sich spätestens im Jahr 2010 darauf einigten, in ihren Diesel-Pkw nur kleine sogenannte AdBlue-Tanks einzubauen. AdBlue ist ein Harnstoff-Wassergemisch, mit dem die Stickoxide in den Motoren zu einem großen Teil neutralisiert werden können, was den Ausstoß dieser stark gesundheitsschädlichen Emissionen reduziert. Das „Handelsblatt" zitierte jüngst aus einem Papier der deutschen Autohersteller mit dem Titel „Clean Diesel Strategie" aus dem Jahr 2010, in dem explizit von einem „Commitment der deutschen Automobilhersteller auf Vorstandsebene" die Rede ist, „künftig kleine AdBlue-Tanks" zu verwenden.[2] Und tatsächlich sind diese seither mit zwischen 8 bis 12 Litern so gering dimensioniert, dass das AdBlue bei normalem Dauereinsatz spätestens nach 5000 bis 6000 Kilometern oder nach rund acht Tankfüllungen verbraucht wäre. Doch alle deutschen Hersteller von Diesel-Pkw beruhigten ihre Kunden damit, dass ein Nachfüllen der AdBlue-Behälter mit der klebrigen Flüssigkeit nur alle rund 30 000 Kilometer erforderlich wäre und somit im Rahmen der Kundendienstintervalle stattfinden könne. In der zitierten Präsentation steht sogar explizit: „Kunde darf mit AdBlue nicht in Berührung kommen." Das kann jedoch nur heißen: Der Einbau illegaler Abschaltvorrichtungen war von vornherein fest eingeplanter Teil des Systems. Denn nur mit einer geheimen Software, die die AdBlue-Einspritzung erheblich reduziert oder gar ganz abschaltet, wenn der Pkw nicht gerade geprüft wird, kann der viel zu geringe Vorrat an Harnstoff-Flüssigkeit über die 30 000-Kilometer-Distanz gestreckt werden. Mit dieser Abmachung der Automobilhersteller wurde damals stillschweigend die Maxime formuliert: Der Schutz der Motoren geht vor – auf Kosten der menschlichen Gesundheit.

Verkehr als Klimakiller

Doch nicht nur über die Gesundheit der Menschen setzt sich die Autoindustrie hinweg. Auch der Klimaschutz ist für ihre Geschäfte ein ärgerliches Hindernis. Dabei wissen wir seit drei Jahrzehnten: Es gibt die menschengemachte Klimaerwärmung – und der Straßen- und Luftverkehr treiben sie zunehmend entscheidend an. Setzt sie sich fort, werden sich die Bedingungen für menschliches Leben auf dem Planeten massiv verschlechtern; Millionen Menschen werden zu Klimaflüchtlingen. Um durchschnittlich drei Grad Celsius wird sich der jährliche Mittelwert der Welttemperatur bis zum Ende des Jahrhunderts erhöhen, wenn die

---

2 Hier und folgende Zitate vgl. ebd.

200 Unterzeichner des Pariser Abkommens nur bei den vor zwei Jahren beschlossenen Maßnahmen bleiben und nicht kräftig nachlegen. 2018 wurde damit erstmals offiziell, nämlich durch das Umweltprogramm der Vereinten Nationen (UNEP), ausgesprochen, dass die als notwendig erachtete Beschränkung der Klimaerwärmung auf maximal zwei Grad Celsius nicht mehr mit den beschlossenen Maßnahmen eingehalten werden kann. Dabei ist der UNEP-Bericht noch zurückhaltend formuliert; andere Indikatoren legen eine deutlich drastischere Negativ-Bilanz nahe.[3] Der ständig wachsende Autoverkehr, der sich explosionsartig steigernde Flugverkehr und die globalisierte Seeschifffahrt sind für gut ein Viertel der Treibhausgasemissionen verantwortlich – Tendenz in allen drei Bereichen stark steigend.

Das Problem bei der Automobilität sind dabei gar nicht primär Dieselfahrzeuge. Zwar sind sie für einen beträchtlichen Anteil der klimaschädigenden Kohlendioxide verantwortlich, da Dieselautos überwiegend schwere Fahrzeuge mit einem hohen Kraftstoffverbrauch sind. In der Summe sind es jedoch in erster Linie die Benziner, die in einem wachsenden Maß zur Klimabelastung beitragen. Und auch hier ist Betrug im Spiel: Vor 15 Jahren lag der reale Kraftstoffverbrauch von Diesel- und Benzin-Pkw noch um knapp 10 Prozent über dem offiziell ausgewiesenen. Heute beträgt diese Diskrepanz bereits 40 Prozent. Grund dafür ist, dass die offiziell behaupteten Reduktionen des durchschnittlichen Spritverbrauchs in den letzten 20 Jahren – Klimaanlagen und andere technische Neuerungen berücksichtigt – fast nur auf dem Papier stattfanden. Das heißt auch: Die realen Treibhausgasemissionen aller Pkw (und auch diejenigen der Lkw) sind deutlich höher als behauptet, die Schädigung des Klimas ist entsprechend größer.

Die Politik des »Weiter so«

Auf Einsicht kann man bei den Autokonzernen jedoch nicht hoffen: Deren Top-Vertreter haben wiederholt deutlich gemacht, dass sie nur dann zu Konzessionen bereit sind, wenn der Druck auf sie massiv steigt und ihr Profit bedroht ist. Ausgerechnet in den USA war dies beim Dieselgate tatsächlich der Fall: Hier mussten VW und Porsche viele zehntausend Diesel-Pkw mit extrem hohen Stickoxid-Emissionen zurücknehmen; die Kunden in den USA erhielten dafür neue Pkw mit niedrigeren Emissionen oder auch bares Geld. Viele dieser Pkw landeten jedoch in anderen Regionen der Welt, etwa in Russland und in anderen osteuropäischen Ländern. Ein Hersteller deutscher Luxuskarossen ging sogar dazu über, seine deutschen Mitarbeiter, darunter auch Betriebsräte, mit auf diese Weise repatriierten Dieselautos zu versorgen – oder sollte man schreiben „zu bestechen"? Was in den USA wegen massiver Beeinträchtigung der menschlichen Gesundheit verboten ist, ist bei uns

---

[3] So vermeldete die Weltmeteorologiebehörde WMO jüngst einen Rekordanstieg der Kohlendioxid-Konzentration und warnte vor beispiellosen Klimaveränderungen. Vgl. „Wir vererben einen unwirtlichen Planeten", www.zeit.de, 30.10.2017.

schließlich erlaubt. Und es geht in Europa nicht, wie in den USA, um einige zehntausend Fahrzeuge, die diese extrem gesundheitsschädigenden Abgaswerte aufweisen. Vielmehr handelt es sich um einige Millionen Dieselautos – oftmals weitgehend typengleich mit den in den USA nicht mehr zugelassenen Modellen –, die auf unserem Kontinent mit nur minimalen „Software-Updates" weiter verkehren dürfen.

Auch auf politischer Ebene war man weit davon entfernt, die Autoindustrie tatsächlich in die Pflicht zu nehmen. Angela Merkel, immerhin Ex-Umweltministerin und nach eigenem Verständnis „Klimakanzlerin", tönte: „Der Dieselmotor ist unverzichtbar für den Klimaschutz." Und auch Winfried Kretschmann, der grüne Ministerpräsident Baden-Württembergs, will den Diesel nicht missen: „Ich hab' mir einen Diesel zugelegt [...] Neulich habe ich für meinen Enkel eine Tonne Sand geholt: Da brauche ich einfach ein gescheit's Auto."[4] Der alte und neue niedersächsische Ministerpräsident Stephan Weil (SPD) ließ die Entwürfe seiner Dieselgate-Landtagsreden jeweils vorab dem VW-Vorstand zukommen, der die Reden entsprechend den Konzerninteressen umschrieb. Dennoch entrüstete sich Weil zu Recht darüber, dass man sich überhaupt entrüstet. Schließlich besteht die enge Zusammenarbeit zwischen der niedersächsischen Landesregierung und VW seit vielen Jahren. Man muss davon ausgehen, dass sich die Investor-Relation-Abteilungen der Autokonzerne oft bauchrednerisch betätigen – nicht nur bei Äußerungen der Ministerpräsidenten in Hannover, Mainz, Stuttgart, München und Erfurt, sondern wohl auch bei der Kanzlerin.

Angesichts dieser engen Verflechtung von Politik und Autoindustrie verwundert es kaum, dass die Beschlüsse des Dieselgipfels im September 2018 viel zu zaghaft ausfielen. Laut Einschätzung von Experten werden die dort vereinbarten Softwareupdates nie und nimmer ausreichen, um die Stickoxid-Grenzwerte bei Diesel-Pkw einzuhalten. Zudem soll es auch weiter den systematischen Betrug geben: Auch in Zukunft sind sogenannte Thermofenster bei Motoren erlaubt, in denen die Abgasreinigung abgeschaltet bleibt. Und das neue, EU-weite Verfahren zur Messung der Abgaswerte (Real Driving Emissions, RDE) im Straßenverkehr erlaubt deutlich höhere Grenzwerte für Schadstoffe als auf dem Prüfstand. Demnach fahren auch zukünftig angeblich saubere Diesel-Pkw bei entsprechend kalten Temperaturen überwiegend im „Schmutzmodus". Nicht Jürgen Resch von der Deutschen Umwelthilfe, sondern die „Auto-BILD" kommentierte dies wie folgt: „Die Beschlüsse des Diesel-Gipfels sind wertlos, solange [...] Thermofenster und andere Abschalteinrichtungen die Abgasreinigung außer Kraft setzen."[5]

Wer die Debatten zur Verkehrspolitik im Allgemeinen und diejenigen zum Dieselskandal im Besonderen verfolgt, der nimmt erstaunt zur Kenntnis: Es scheint längst eine Lösung für all die neu aufgetauchten Probleme der Pkw-Mobilität zu geben. Diese Lösung trägt das grüne Label „e-mobility". Und es sind dieselben Top-Manager der Autobranche, die über ein Jahrzehnt

---

4 Merkel-Zitat nach: „Süddeutsche Zeitung", 15.9.2017; Kretschmann-Zitate nach: „Stuttgarter Zeitung", 9.4.2017 und „swr aktuell", 21.5.2017.
5 „Auto-BILD", 35/2017.

mit Motoren-Betrugssoftware hunderttausende Menschen weltweit gesundheitlich schwer schädigen ließen, die nun behaupten, mit dem Elektroauto gewissermaßen die eierlegende Wollmilchsau gefunden zu haben.

Der Mythos vom klimafreundlichen Elektroauto

Es stellen sich hier jedoch drei interessante Fragen: Warum kommt, erstens, die Idee mit den Elektroautos erst und gerade jetzt? Gibt es das Elektroauto nicht seit mehr als hundert Jahren? Scheiterte es nicht immer wieder an just denselben Problemen, die auch heute seiner Verbreitung im Wege stehen, nämlich an der Reichweite und dem Gewicht der Batterien?

Wie ist, zweitens, zu erklären, dass es Anfang der 1990er Jahre einen ähnlichen Hype um Elektroautos gab wie heute, der dann jedoch ein Vierteljahrhundert lang in Vergessenheit geriet? So war schon 1991 in der vom ökologischen Verkehrsclub VCD herausgegebenen Zeitschrift „fairkehr" zu lesen: „Bei den Elektromobilherstellern herrscht Goldgräberstimmung. Die Marktprognosen versprechen bis zu einer Million verkaufter E-Mobile in den nächsten fünf Jahren."[6] Wohlgemerkt: In Deutschland gibt es Ende 2017 weniger als 50 000 Elektroautos, das entspricht 0,1 Prozent aller zugelassenen Pkw. Dennoch wird auch heute wieder das Ziel von „einer Million" ausgegeben, offiziell bis 2020, realistisch bis 2025.

Drittens ist zu fragen: Gibt es nicht seit mehr als einem Jahrhundert mit der Eisenbahn (ergänzt um S-Bahnen, Tram und Bus) eine erprobte, sinnvolle und effiziente Elektromobilität? Warum wird diese real existente und bewährte Elektromobilität nicht in erster Linie ausgebaut? Ja, warum wird sie nicht einmal erwähnt?

Tatsächlich wird den Menschen mit der Rede von der E-Mobilität in Form der Elektroautos Sand in die Augen gestreut. Denn fast alle Systemnachteile herkömmlicher Autos gibt es auch bei Elektroautos: Da ist, erstens, der krasse Flächenverbrauch: Dieser ist beim Individualverkehr mit dem Auto mindestens viermal größer als beim Personenverkehr mit Bus, Tram oder S-Bahnen. Es ist das Auto als solches – gleichgültig ob Benziner, Diesel oder Elektroauto –, das Raum einnimmt, Städte betoniert und Urbanität zerstört.

Da ist, zweitens, die geringe Effizienz. Selbst wenn alle Autos in Los Angeles – die Stadt mit der höchsten Pkw-Dichte und dem dichtesten Highwaynetz – Tesla-Modelle wären, blieben die Dauerstaus und eine Durchschnittsgeschwindigkeit im Straßenverkehr von rund 15 Stundenkilometern, was dem Niveau eines unsportlichen Fahrradfahrers entspräche. So gesehen besteht der vermeintliche Fortschritt im Autoverkehr der letzten 25 Jahre in erster Linie darin, dass die Pkw des Jahres 2017 mit durchschnittlich 1,3 Tonnen Gewicht um rund 50 Prozent schwerer sind als diejenigen des Jahres 1990 und dass sie mit im Schnitt 1,2 Personen je Fahrt noch weniger Menschen transportieren als 1990 mit 1,4 Personen.

---

6 Vgl. „fairkehr", 3/1991.

Da ist, drittens, der erschütternde Blutzoll. In der EU werden Jahr für Jahr rund 35 000 Menschen im Straßenverkehr getötet; in einem Jahrzehnt wird so die Bevölkerung einer Großstadt ausgelöscht. Weltweit sind es jährlich eine Million Straßenverkehrstote. Hinzu kommt eine rund 30 Mal größere Zahl an Menschen, die im Straßenverkehr schwer verletzt werden. Nur die Pkw-Mobilität ist mit einem derart hohen Blutzoll verbunden. Bei der Bahn und dem öffentlichen Nahverkehr liegt die Zahl der Verkehrstoten im Vergleich zum Straßenverkehr bei weniger als einem Dreißigstel.[7]

Da ist, viertens, die miese Öko- und Klimabilanz. Diese ist bei Elektro-Pkw ähnlich schlecht wie bei Benzin- und Dieselautos. Bezogen auf den gesamten Produktions- und Lebenszyklus gibt es nach Berechnungen des Umweltbundesamtes hinsichtlich der klimaschädigenden Emissionen keine Vorteile für das Elektroauto. Zumal der Strom, mit dem sie gespeist werden, zu einem großen Teil aus klimaschädigender Kohle stammt. Ausgerechnet für China, das bei der Elektromobilität als führend gefeiert wird, trifft das im besonderen Maße zu. Hinzu kommen neue, nicht lösbare Probleme wie die Entsorgung der Batterien und vor allem der gewaltige Verbrauch von weltweit knappen Stoffen, vor allem von Lithium und Kobalt, womit auch Kinderarbeit und kriegerische Auseinandersetzungen verbunden sind.[8]

Und schließlich zeichnet sich für die gesamte EU ab, was für Norwegen – das Land mit der europaweit höchsten Subventionierung von Elektro-Pkw – bereits bewiesen wurde: Elektroautos führen zu einer nochmals höheren Pkw-Dichte. Denn bei 60 bis 75 Prozent der Elektroautos handelt es sich um Zweit- und Drittwagen. Diese werden zudem vor allem ausgerechnet dort eingesetzt, wo der massenhafte Pkw-Verkehr wegen des enormen Flächenverbrauchs besonders zerstörerisch ist: im urbanen Raum. Außerhalb der Städte hingegen wird es beim Einsatz von herkömmlichen Pkw bleiben oder es verkehren dort Hybridautos, die jedoch – wie beim Toyota-Modell Prius – bei Überlandfahrten zu 95 Prozent als Benziner unterwegs sind.

Seit in Deutschland vor zehn Jahren eine sogenannte Elektro-Pkw-Strategie verabschiedet wurde, ist die Autodichte von Jahr zu Jahr gestiegen – und damit vor allem die Zahl der herkömmlichen, mit fossiler Energie betriebenen Fahrzeuge. In Helmstedt-Wolfsburg kamen 2016 ganze 977,4 Fahrzeuge auf 1000 Einwohner, womit die Zahl der registrierten Kraftfahrzeuge auf dem Niveau der Einwohnerzahl lag – Greise und Kinder inbegriffen. In der Bundesrepublik insgesamt stieg die Zahl von 527 Pkw im Jahr 2010 auf 548 je 1000 Einwohner im Jahr 2016. Die Rolle, die dem Elektroauto als Zweit- und Drittwagen sowie als Stadtwagen zukommt, ist im Wesentlichen Resultat der technischen Schwächen dieser Art der E-Mobilität. Die Reichweite von Elektro-Pkw wird auch in einem Jahrzehnt noch deutlich geringer sein als die herkömmlicher Autos. Der Preis eines Elektroautos liegt heute – trotz Subventionierung – noch um rund 50 Prozent über dem Preis eines vergleichba-

---

7 Diesen Blutzoll des motorisierten Individualverkehrs ins Zentrum gestellt und detailliert berechnet zu haben, ist das Verdienst von Klaus Gietinger. Vgl. ders., Totalschaden, Frankfurt a.M. 2010.
8 Vgl. dazu Achim Brunnengräber und Tobias Haas, Die falschen Verheißungen der E-Mobilität, in: „Blätter", 6/2017, S. 21-24.

ren Pkw mit herkömmlichem Antrieb. Zudem stellt sich die Frage, wie all die neuen Elektroautos aufgeladen werden sollen. Selbst im reichen Deutschland wird es nach den aktuellen Plänen 2025 an den Hauptverkehrsachsen bestenfalls alle 120 Kilometer eine Ladestation geben. Auf das gesamte Straßennetz umgerechnet, gäbe es dann alle 200 Kilometer eine Ladestation. Selbst bei den zukünftigen, als „hocheffizient" bezeichneten „Schnell-Ladesäulen", die mit 350 Kilowatt deutlich leistungsfähiger sein werden als die aktuellen „Supercharger" von Tesla, wird das Aufladen eines Elektromobils volle zehn Minuten in Anspruch nehmen – mit Wartezeiten dauert ein Tankvorgang dann durchschnittlich 20 Minuten. Hinzu kommt das ungelöste Problem der Stromnetz-Kapazitäten. Da heißt es dann schlicht: „Die Ladeleistung wird nicht allen Autobesitzern gleichzeitig zur Verfügung stehen […] Durch eine intelligente Vernetzung sollen Elektroautos dann aufgeladen werden, wenn viel Strom erzeugt wird."[9] Man vergleiche das mit dem Versprechen allumfassender individueller Mobilität! Dabei reden wir hier ausschließlich vom hochmodernen Deutschland. In vielen Regionen der EU, so in Süditalien, Portugal, Rumänien und Bulgarien, ganz zu schweigen von Russland, China, Indien oder Lateinamerika, ist es absolut unvorstellbar, wie dort in den nächsten 15 Jahren ein Stromnetz aufgebaut und Elektrizitätskapazitäten zur Verfügung gestellt werden könnten, um auch nur ein Fünftel der aktuellen Pkw-Flotten auf Elektroautos umzustellen. Völlig offen ist auch, wer ein solches Investitionsprogramm in Höhe mehrerer hundert Mrd. Euro bezahlen soll.

Schließlich und endlich stellt sich erneut die zentrale Frage: Wie soll eine solche Steigerung der Stromkapazitäten bewerkstelligt werden, ohne den massiven Ausbau von Kohle- und Atomstrom? Das aber würde das Klima zusätzlich dramatisch belasten und die Gefahren für ein Fukushima II in unverantwortlicher Weise erhöhen.

Zehn Punkte für eine umfassende Verkehrswende

All das zeigt: Eine Mobilität, die auf Diesel-, Benzin- und Elektroautos setzt, weist grundsätzlich in die falsche Richtung. Notwendig ist vielmehr eine umfassende Verkehrswende. Diese müsste im Wesentlichen aus zehn Elementen bestehen: Erstens gilt es, die Verkehrsmarktordnung, die aktuell massiv den umwelt- und klimaschädigenden Luft- und Straßenverkehr sowie die Schifffahrt fördert, neu zu ordnen. Grundsätzlich müssen die „grünen", umweltfreundlichen Verkehrsarten – Bahn und ÖPNV – begünstigt und die drei genannten „roten" Verkehrsarten verteuert und eingeschränkt werden.

Zweitens muss der motorisierte Verkehr drastisch reduziert werden. Dazu bedarf es einer Strukturpolitik der kurzen Wege. Wir erleben derzeit eine absurde, strukturell begünstigte und oftmals erzwungene Verkehrsinflation. Legte ein Westeuropäer in den 1970er Jahren im Jahr rund 7000 Kilometer motorisiert zurück, sind es heute rund doppelt so viele. Dabei hat die Zahl

---

9 Christian Hunziker, „Die Ladestation im Wohnzimmer", in: „Frankfurter Allgemeine Zeitung" (FAZ), 27.10.2017.

der einzelnen Wege (im Beruf, beim Einkaufen, in der Freizeit, im Urlaub) nicht zugenommen. Zugenommen haben in erster Linie die Entfernungen bei jedem einzelnen Weg. Diese gilt es zurückzunehmen. Die Zauberworte heißen: Priorisierung von Nähe, Dezentralisierung von Strukturen und Entschleunigung. Modellversuche für die „autofreie" oder „autoarme Stadt" müssen auf die Tagesordnung.

Drittens müssen die nichtmotorisierten Verkehrsarten massiv gefördert werden. Das Zufußgehen und Radfahren macht heute in Städten bereits wieder bis zu 30 Prozent aller Personenwege aus. Dieser Anteil kann nochmals deutlich erhöht werden. Das verdeutlichen Städte wie Kopenhagen, Amsterdam, Njimegen und Münster.

Viertens muss der öffentliche Verkehr ausgebaut und optimiert werden. Dabei sollten vor allem oberirdisch geführte und schienengebundene Verkehrsmittel (S-Bahnen und vor allem Straßenbahnen) im Zentrum stehen, denn unterirdische Bahnen kosten je verbauten Streckenkilometer das Zehnfache und sind – die längeren Fußwege zu den weiter auseinanderliegenden Haltestellen eingerechnet – für die Fahrgäste auch nicht schneller.

Fünftens muss die Eisenbahn zu einer Flächen- und Bürgerbahn ausgebaut werden. Die EU-weit betriebene Konzentration auf Hochgeschwindigkeitszüge ist ein Irrweg; wichtig sind integrierte Netze, in denen die maximale Geschwindigkeit 200 Kilometer pro Stunde nicht übersteigt und in denen der Grundsatz des integralen Taktfahrplans, optimal als Halbstundentakt, gilt: Damit wird nicht nur Energie gespart, sondern die kurzen Umsteigezeiten reduzieren überdies die Fahrtzeiten drastisch. Was die Schweiz seit zwei Jahrzehnten praktiziert, sollte im übrigen Europa auch machbar sein.

Sechstens gilt es, die Eisenbahn zu 100 Prozent zu elektrifizieren – wobei Teilstrecken im Akkubetrieb befahren werden können. Weil es dann auf der Schiene nur noch eine Antriebsart gibt, würden enorme Synergien erzielt. Erst auf dieser Basis kann das Ziel einer Eisenbahn mit 100 Prozent Ökostrom erreicht werden. Auch die vollständige Elektrifizierung des Schienennetzes ist in der Schweiz seit Jahrzehnten Standard.

Siebtens gilt es, den Flugverkehr massiv zu reduzieren. Ein erster Schritt dazu sind die Besteuerung von Kerosin, der Stopp jeglicher Subventionierung von Flughäfen und die Beendigung des Sozialdumpings bei den Airlines. Eine Verlagerung des größten Teils des Flugverkehrs auf die Schiene wäre auch strukturell gut machbar: So liegen mehr als 50 Prozent aller Flüge von Berliner Airports unterhalb einer Distanz von 750 Kilometern. Mit einem europaweiten, dichten Netz von Nachtzügen – was weitgehend heißt: mit der Wiederherstellung eines solchen Netzes! – könnte ein großer Teil des innereuropäischen Flugverkehrs auf die Schiene verlagert werden. Das würde sich auch finanziell rechnen: Während die Deutsche Bahn (DB) im Dezember 2016 den Nachtzugverkehr komplett einstellte und damit eine mehr als 100jährige Tradition beendete, weitete die österreichische Bahn (ÖBB) ihre Nachtzugverbindungen erheblich aus – mit Erfolg. Ende 2017 gab die ÖBB bekannt, dass ihr Nachtzugverkehr gewinnbringend ist und weiter ausgebaut werden soll. Warum leistet die DB nicht das, was die ÖBB überzeugend vormacht?

Achtens müssen die Tarife der umweltfreundlichen Verkehrsarten Bahn und ÖPNV deutlich gesenkt werden. Optimal im ÖPNV sind Modelle mit Nulltarif (wie in der estnischen Hauptstadt Tallinn praktiziert). Mobilitätskarten wie die BahnCard müssen so deutlich im Preis sinken, dass sie ein Massenprodukt werden.

Neuntens muss der Güterverkehr massiv reduziert werden: auf weniger als ein Drittel des aktuellen Umfangs. Ähnlich wie im Personenverkehr wurde die Transportintensität im Güterverkehr in den letzten 25 Jahren um mehr als 50 Prozent erhöht. In einer Ware von ein und derselben Qualität stecken heute also 50 Prozent mehr Transportkilometer als 1990. Die krasse Subventionierung aller Transportarten hat zur Herausbildung einer absurden, global vernetzten Arbeitsteilung geführt. In einer Flasche Wein aus Chile, Südafrika oder Kalifornien, die in Madrid, Zürich oder Stuttgart im Regal steht, stecken weniger als 10 Cent Transportkosten – womit dieser Wein mit einem spanischen Rioja, einem Dole aus dem Schweizer Wallis oder einem württembergischen Kerner konkurriert. Um den Güterverkehr wieder auf ein dem realen Transportpreis entsprechendes Maß zu reduzieren, ist nicht nur der Abbau von Subventionen notwendig, sondern auch die Besteuerung von Diesel, Schweröl (für Schiffe) und Kerosin oder Auflagen hinsichtlich Lkw-Größen sowie Nachtfahr- und Wochenendfahrverbote für Lkw.

Nur der verbleibende Rest des Güterverkehrs ist zu 75 oder mehr Prozent auf Schienen (Eisenbahn und Güter-Tram) zu verlagern. Denn die schlichte Forderung, Straßengüterverkehr auf die Schiene zu verlagern, ist falsch und unrealistisch; sie stößt zu Recht auf Proteste der Anwohner gegen wachsenden Schienenlärm. Zudem wird ein solcher Abbau des globalisierten Güterverkehrs regionale Ökonomien und kleinere Wirtschaftseinheiten fördern und auf diese Weise hunderttausende Arbeitsplätze schaffen.

Geprüft werden müssen schließlich – angesichts der Widerstände aus Politik und Automobilindustrie – zehntens Strukturen, die eine solche Verkehrswendepolitik stützen. Denkbar ist etwa ein „Fahrgasttag", vergleichbar dem Städte- und Gemeindetag, in dem Umweltverbände und fortschrittliche Verkehrsorganisationen vertreten sind.

Eine andere Mobilität ist möglich

Gegen eine solche Verkehrswende werden in der Regel drei zentrale Argumente vorgebracht: Sie koste hunderttausende Jobs, sie sei nicht bezahlbar und in einem Autoland wie Deutschland nicht mehrheitsfähig. Doch all diese Argumente lassen sich entkräften – oder zumindest relativieren. Tatsächlich würde eine Verkehrswende zwar zu Arbeitsplatzverlusten in der Autoindustrie führen. Doch deren Anteil an allen Jobs ist vergleichsweise gering: Den weltweit rund zehn Millionen Jobs in der Autoindustrie stehen rund eine Milliarde Kleinproduzenten in der Landwirtschaft gegenüber, die jedoch im Zuge der Globalisierung – auch durch den großflächigen Anbau von Agrosprit-Kulturen – ihre Jobs verlieren. Selbst in der EU als Ganzes machen die rund zwei Millionen Arbeitsplätze in der Autoindustrie nur einen Bruchteil der rund 150 Millionen Jobs aus.

Und während in anderen Sektoren neue Arbeitsplätze entstehen – beispielsweise im Umweltbereich –, bleibt die Zahl der Autojobs seit fast einem halben Jahrhundert weltweit konstant, und das, obwohl die Autoindustrie wächst. Angesichts der zunehmenden Automatisierung wird es hier zumindest in Westeuropa in Zukunft ohnehin einen drastischen Stellenabbau geben – Detroit weist die Perspektive.

Auch das Preisargument überzeugt nicht: Schon heute ist der öffentliche Verkehr wesentlich preiswerter als der Autoverkehr. Denn dieser ist mit extrem hohen externen Kosten verbunden: bei den Kranken- und Rentenkassen (wegen gesundheitlicher Schäden und Frühverrentungen) oder in den städtischen Haushalten (für Straßenbau und -erhalt, für Parkhäuser und Stellplätze). Wäre der ÖPNV Hauptverkehrsmittel, würde sich dessen aktuelles Defizit selbst bei reduzierten Tarifen schnell in eine positive Bilanz verwandeln. Eine alternative Transportorganisation würde zudem ausschließlich Geld einsetzen, das schon heute für Mobilität und Transport ausgegeben wird. Doch dieses Geld würde jetzt in einen Sektor fließen, in dem der Anteil an menschlicher Arbeitskraft deutlich höher liegt als in der kapitalintensiven Autoindustrie. So sind beispielsweise in der Bahnindustrie je eingesetzte Kapitaleinheit rund dreimal mehr Menschen beschäftigt als in der Autobranche; zugleich ist der Trend zur Automatisierung hier geringer.

Schließlich wäre eine Verkehrswende hierzulande durchaus mehrheitsfähig. Seit Mitte der 1970er Jahre gibt es in Deutschland beispielsweise Mehrheiten für ein Tempolimit. Auch auf kommunaler Ebene gibt es fast immer Mehrheiten für eine Einschränkung des Autoverkehrs, wenn Alternativen geboten werden und das eigene Wohnumfeld sowie das Wohl von Menschen im Zentrum stehen. Und auch die Praxis zeigt: Je besser das ÖPNV-Angebot ist, desto niedriger ist die Autodichte: In Stuttgart mit einem schlechten ÖPNV-Angebot haben knapp 30 Prozent der Haushalte kein Auto, in Hamburg sind es 45 Prozent und in Berlin sogar 50 Prozent.

Doch gegen die Autoindustrie und ihre mächtige Lobby in Parlament und Regierung ist eine Verkehrswende derzeit nicht durchsetzbar. Ihr oberster Lobbyist, Matthias Wissmann, Präsident des Verbandes der deutschen Autoindustrie (VDA), lässt daran keinen Zweifel: „Die Feinde des Automobils schießen jetzt den Diesel an. Die werden sich in Zukunft den Benziner vornehmen. Und übermorgen vermutlich das E-Auto [...] Gegen solche Fanatiker müssen wir uns wehren."[10]

Fest steht: Der Ausstieg aus dem Autowahn ist aus Sicht der Menschen, der Natur und der Gesamtwirtschaft ein Win-win-Projekt. Es lohnt sich dafür zu kämpfen – und die Macht der Lobbyisten endlich zu brechen.

10 FAZ, 11.9.2017.

Die klimaneutrale Stadt

Von **Paul Chatterton**

Der Klimanotstand ist auch ein Notstand der Stadt. Dass die Klimakrise kein Naturereignis ist, wissen wir. Es handelt sich um ein menschengemachtes Problem und zwar eines, das Hand in Hand geht mit dem Wachstum unserer industriell-urbanen Welt. Bald schon wird der größte Teil der Weltbevölkerung in Städten leben. Diese wiederum verbrauchen Unmengen von Energie. Sie erzeugen rund drei Viertel der weltweiten Treibhausgase, ihr ökologischer Fußabdruck reicht weit über ihre Stadtgrenzen hinaus – und letztlich sind sie es, in denen das Herz unserer wachstumstreibenden und -getriebenen, konsumgesättigten Lebensweise schlägt.

Es sollte daher einleuchten, dass wir die Art und Weise, in Städten zu leben, von Grund auf umgestalten müssen. An eben dieser Front können die großen Schlachten gegen die heraufziehende Klimakatastrophe gewonnen werden. Der Kampf um die klimaneutrale Stadt lohnt sich aber nicht allein deshalb. Wir müssen die Klimakrise in unseren Städten so bewältigen, dass auch andere, altbekannte Probleme urbanen Lebens gelöst werden – Armut, Entfremdung, Segregation, Gewalt, Profitgier und die Ohnmacht gegenüber alledem. Wie Städte auf den Klimanotstand reagieren, wird letztlich sogar über das Schicksal der Menschheit entscheiden. Es geht buchstäblich darum, die Stadt vor ihren Exzessen bei Energieverbrauch, Emissionen und sozialer Ungleichheit zu retten. Konzentrieren wir uns an dieser Stelle auf vier Handlungsfelder, die im Folgenden näher ins Auge gefasst werden sollen.

Die alles überwölbende Herausforderung besteht zunächst einmal darin, die städtischen Lebensverhältnisse, Infrastrukturen und Institutionen so grundlegend umzugestalten, dass die Zielvorgabe des Pariser Klimavertrages von 2015 – den globalen Temperaturanstieg auf 1,5 Grad Celsius zu begrenzen – eingehalten werden kann. Mit welchen Schritten sich dies auf globaler und nationaler Ebene erreichen lässt, wird inzwischen intensiv diskutiert, aber davon, was es für die Städte und insbesondere konkret für die Lebenszusammenhänge ihrer Bewohner bedeutet, haben wir bisher kaum eine Vorstellung. Um wie viel Kohlenstoffemissionen geht es jeweils genau, was konkret muss sich ändern, bis wann, durch wen und wie? Wir tappen da noch weitgehend im Dunkeln.

Immerhin gibt es bereits ambitionierte Zielvorstellungen. Überall auf der Welt beeilen sich große Städte, Pläne vorzulegen, wie sie ihre Kohlenstoffemissionen auf Null reduzieren können. Weltstädte wie New York, Paris und London orientieren auf 2050, während im Vereinigten Königreich Bristol und

Manchester die 2030er Jahre anpeilen, Nottingham sogar 2028. Über die Wege dorthin herrscht allerdings beträchtliche Konfusion. Geht es darum, durch Emissionshandel via Netto-Null und Karbonneutralität bequemer ans Ziel zu gelangen? Oder planen wir echte Zero-Emissionen, bei denen Null tatsächlich auch Null bedeutet – ja mittlerweile, realistisch gesehen, Absenkung unter Null? Wir müssen nämlich inzwischen mehr anstreben als das Zero-Karbon-Ziel und uns daran machen, den CO_2-Gehalt der Erdatmosphäre drastisch zu reduzieren.

Eine echte Energierevolution

Die große Aufgabe besteht darin, den Karbon-Ausstieg in den Städten auf der Grundlage sozialer Gerechtigkeit zu schaffen. Im Durchschnitt wird jeder Erdenbürger seine Emissionen bis zum Jahr 2030 um fast drei Tonnen CO_2 pro Person reduzieren müssen. Klar ist dabei, dass die Mehrheit der Stadtbewohner weltweit, vor allem im globalen Süden, diese Schwelle schon heute deutlich unterschreitet. Noch gar nicht berücksichtigt sind dabei Emissionen, die Verbrauch und (Reise-)Verkehr jenseits der Stadtgrenzen betreffen. Bezieht man diese aber in die Städtebilanz ein, so verändern sich Wesen und Dimension der Aufgabe total. Dann gilt es, sich auf die Abkehr von fast allen aus externen Quellen gespeisten Verbrauchsgewohnheiten zu konzentrieren. Wir haben es nicht länger mit bloßen Anpassungsmaßnahmen zu tun, sondern mit der Grunderneuerung von buchstäblich allem, was wir als städtisches Leben und Wirtschaften kennen.

Eben darin besteht die Herausforderung, die Zero-Carbon-City zu schaffen. Es geht darum, sich von einem in die Jahre gekommenen, zentralisierten, von Großkonzernen beherrschten und von externen Quellen abhängigen Energiesystem zu verabschieden, das den vor uns liegenden Problemen durchaus nicht gewachsen ist. Diese reichen von Bauweise und Wohnverhältnissen, von Freizeitgewohnheiten, Tourismus und Einzelhandel über Verkehr, Arbeitsstätten, Produktions- und Konsumdienstleistungen bis hin zum enormen Verbrauch nicht erneuerbarer Energien in Produktion und Konsum. Die heutigen Energiesysteme der Städte ketten die Stadtbewohner an eine „braune" Energie, deren Kalkulation sich an der Konzentration von Wohlstand und globaler Politikmacht statt am Gemeinwohl orientiert – statt daran also, allen ein gedeihliches Leben zu ermöglichen. Die schädlichen Folgen zeigen sich überall: lokale Umweltkatastrophen mit überregionalen, ja globalen Auswirkungen, vermehrter Ausstoß von Treibhausgasen, Brennstoffmangel sowie hohe Energie- und Wasserpreise, um nur einige zu nennen.

Zur Überwindung dieser Situation brauchen wir bürgerschaftliches Engagement für eine echte Energierevolution durch Dezentralisierung, intelligente Stromnetze vor Ort *(smart grids)*, gemeindeeigene emissionsfreie Energieerzeuger und partizipative Entwicklungsprogramme. Das schließt gesetzliche Neuregelungen und umfangreiche staatliche Umrüstungsprogramme ein, die sicherstellen sollen, dass ein jedes Gebäude das Zero-Carbon-Ziel erreicht; ferner die Schaffung kommunaler Energieunternehmen nach dem Muster der deutschen Stadtwerke, die hundertprozentig erneuerbare Quellen nutzen und kommerzielle Energiegiganten unterbieten; und schließlich das Engagement der Bevölkerung für ein definitives Moratorium gegen fossile Brennstoffe und Fracking. Eine gewaltige Umschichtung von Fördermitteln sollte all dies untermauern.

Schluss mit der Autokultur

Vom Bürgerengagement getragene Innovationen, wie beispielsweise Repower London sie entwickelt, florieren, besonders in Sachen Kraft-Wärme-Koppelung, Onshore-Windenergienutzung, photovoltaische Solarenergie, anärobische Vergärung, lokale Smartgrids, Energiespeicherungstechnologien sowie im Hinblick auf die neuen Kenntnisse und Fertigkeiten, die mit diesen einhergehen. Der neue kommunale Energiesektor könnte tatsächlich darauf hinauslaufen, dass eine Konstellation dezentralisierter, aber hochgradig vernetzter emmissionsfreier Energieversorger kleiner und mittlerer Größenordnung das Zeitalter der Großkraftwerke ablöst. Jede Wohnung, jedes Haus, jeder Garten und jede Straße verwandelt sich in ein Mikrokraftwerk. Das Potential ist enorm. Aber wird man auch konzertiert und schnell genug handeln, um die immer bedrohlicheren Auswirkungen eines Weiter-so auf dem bisher eingeschlagenen Entwicklungspfad – des emissionsgeprägten Urbanismus – vermeiden zu können? Das hängt wesentlich davon ab, ob das Stadtleben durch Nachfragedämpfung stärker lokalisiert und weniger energievergeudend gestaltet wird. Im Grunde tragen die Zero-Carbon-Ziele dazu bei, die Stadt zu retten, indem diese sich schrittweise von einem Energiesystem befreit, das den Kapitalismus – und unser Paradigma vom Wachstum ohne Ende – am Leben erhält. Darin besteht die erste große Herausforderung.

Die zweite betrifft das Verkehrswesen, nämlich die Frage, warum wir der städtischen Autokultur Herr werden müssen und wie das geschehen soll. Fast alle Übel unserer Zeit lassen sich mit dem Aufkommen des privaten, brennstoffgetriebenen Automobils erklären: der vermeidbare Tod im Straßenverkehr, die globale Pandemie urbaner Luftverschmutzung, die Zunahme der Treibhausgasemissionen, geopolitische Kriege, die unternehmerische Vermögenskonzentration bei wachsender Verschuldung der Verbraucher, Depression, Statusangst, Fettleibigkeit, unwirtliche Straßen und Plätze, der Schwund pulsierenden Lebens in der Öffentlichkeit und die zersetzenden Auswirkungen des Individualismus.

Mit dieser städtischen Autokultur müssen wir schlichtweg Schluss machen: mit der privatisierten, von Konzerninteressen getriebenen, brennstoffsüchtigen Automobilabhängigkeit, ja ganz generell mit dem wachstumsbasierten Denken und Planen. Dabei geht es nicht bloß darum, die technischen Aufgaben anzupacken und so greifbare Lösungen wie Radschnellwege und schnelle Massentransportmittel zu verwirklichen, so essentiell diese ersten Schritte auch sind. Wir müssen für autofreie, sozial gerechte, karbonfreie

Mobilität sorgen, und zwar in öffentlichem Eigentum. Die Autos los zu werden heißt, sich aus den Verhältnissen zu befreien, derentwegen wir heute Autos brauchen. Es geht um ein neues Mobilitätsparadigma auf der Grundlage der Bekämpfung von Klimakollaps und sozialer Ungleichheit, im Streben nach dem guten Leben. All dies ist durchaus erreichbar. In kaum mehr als hundert Jahren haben wir erlebt, wie die Zahl der Autos sich von einer Handvoll auf bald eine Milliarde vermehrte. Die Geschichte des Autos ist so kurz, dass sie durchaus revidiert werden kann. Doch dazu müssen wir auf vielen Feldern gleichzeitig handeln – von der Kultur, der Infrastruktur und der Arbeit über Organisationen, Verhaltensweisen, Finanzwesen und Marketing bis zu Macht und Politik. Insbesondere erfordert es gewaltige Subventionsumschichtungen zugunsten grüner und erschwinglicher Reisemöglichkeiten sowie Planungsentscheidungen, die neuen autobasierten Aktivitäten vorbeugen.

Wie wir uns in der Stadt bewegen wollen und können, das berührt einen ganzes Bündel von Entscheidungen darüber, welche Zukunft die Stadt als solche hat. Fahrerlose Autos mögen geringfügig zur Emissionsreduzierung beitragen, aber wenn die Städte sich mit fahrerlosen Google- und Tesla-Autos füllen, wird dies den Niedergang nicht aufhalten, den wir als Verkümmerung des Straßenlebens, Statusangst und konzerngesteuerten Konsumrausch auf Pump nur zu gut kennen. Die Stadt der fahrerlosen Autos ist in Wahrheit nichts anderes als der nächste große Schritt zur automobilen Überwältigung der urbanen Welt.

Uns selbst massiv für die autofreie Stadt zu engagieren, ist eine der wichtigsten, aber auch der schwierigsten Aufgaben. Wir stecken nicht im Stau – wir selbst sind der Stau! Doch unsere ganz individuelle Verstrickung in die Autokultur und den Schaden, den diese anrichtet, wollen wir nicht wahrhaben. Das täte weh. Weil wir so viel in sie investiert haben, ist es bequemer, ihre Konsequenzen zu ignorieren. Vielen von uns verkörpert das Auto möglicherweise das letzte Stück Selbstsicherheit, Freiheit und Kontrolle in einer ansonsten von Kontrollverlust gezeichneten Zeit. Vielleicht ist der PKW für uns in einer Welt komplizierter, teurer und gefährlich erscheinender Optionen die einzige Möglichkeit, Lebensmittel zu beschaffen, unsere Kinder zur Schule zu fahren und unseren Arbeitsplatz zu erreichen. Doch was wir jetzt brauchen, ist ein Entwicklungssprung. Nur, indem wir das Auto mitsamt der kommerziellen Strukturen und der Netzwerke fossiler Brennstoffinteressen, die ihm dienen – und denen es dient –, konsequent ausmustern, können wir die Stadt retten.

Ein neuer Gesellschaftsvertrag

Als drittes Handlungsfeld nenne ich die Bio-Stadt. Es bedarf dringend der Abkehr von den umweltschädlichen Tendenzen des Stadtlebens. Die Ökosysteme, von denen Städte abhängig sind – ob Luft, Wasser oder Boden – werden massiv geschädigt, Ressourcen kommodifiziert und bis zur Erschöpfung ausgebeutet. Es gibt riesige Todeszonen, zersiedelt und heruntergekommen, Gewerbegebiete und Einkaufszentren, Autobahndschungel, Industriegebiete und -brachen, in denen die dort Lebenden mit den Ökosystemen, auf denen menschliches Wohlergehen beruht, kaum noch Kontakt haben. Schlimmer noch – zwischen uns Menschen und der Natur „da draußen" scheint eine Zweiteilung zu bestehen. Das veranlasst uns dazu, die Natur als etwas Externes zu behandeln statt als ein lebenspendendes und -erhaltendes System, von dem wir existenziell abhängen.

Wir brauchen daher eine Art neuen Gesellschaftsvertrag zwischen Mensch, Stadt und Natur. Restaurative und regenerative Praktiken im Umgang mit urbaner Natur bewirken tatsächlich, dass sich so etwas allmählich herausbildet. Bahnbrechende Neuerer und Ideen, darunter Renaturierung, Permakultur, urbane und stadtnahe Landwirtschaft (CPUL) sowie blau-grüne Infrastrukturen (BGI) wirken in diese Richtung zusammen. Dem liegt ein umfassenderer Wandel im Stadt-Natur-Verhältnis zugrunde – weg von Ressourcenextraktion, privatem Profit und linearen Vorstellungen von Fortschritt und Privatisierung, hin zu Gleichheit, Verantwortung und naturbasierter Regeneration.

Indem sie materielle und soziale Ungleichheiten und das individuelle Profitstreben mindern, können die Menschen auch anfangen, einander und die natürliche Welt wieder miteinander zu verknüpfen und wertzuschätzen. Allzu lange wurden Natursysteme als ersetzbar, als kostenlose Ressource betrachtet, dem menschlichen Streben, individuelle Vorteile in vermeintlich unbegrenzt wachsenden Ökonomien zu erlangen, beliebig verfügbar und zu Diensten.

Biophilie und Biomimikry

Was die urbane Natur angeht, ist ein tiefer greifendes Umdenken in Gang gekommen. Zwei Ideen erweisen sich hier als hilfreich – „Biophilie" und „Biomimikry". Erstere bezieht sich auf die angeborene emotionale Zuwendung der Menschen zu anderen Lebewesen und auf den großen emotionalen und psychischen Nutzen, den Naturverbundenheit vermitteln kann. Als Stadtplanungsprinzip vermag Biophilie an Naturerlebnisse anzuknüpfen, um das Verhältnis der Städter zu ihrer natürlichen Umwelt zu verbessern.

Biomimikry wiederum meint die Nachbildung oder Imitation der vielfältigen Design- und Konstruktionsprinzipien, die wir im Reich der Natur vorfinden. Erkenntnisse darüber, wie die Natur Probleme löst, können bei der Bewältigung gravierender gesellschaftlicher Probleme, etwa der Klimakrise oder der Luftverschmutzung, behilflich sein. In natürlich-künstlichen Mischformen finden sie bereits praktische Anwendung: Wandbegrünung, Pflanzenbau auf Hausdächern (*rooftop farms*), Dachbegrünung und atmende Häuser. Die große Aufgabe hierbei bleibt es, eine nachhaltige Rückbesinnung auf die Natur und unsere Nähe zu anderen Lebewesen zu erreichen. Ohne diese Rückbesinnung werden die meisten Menschen ganz einfach nicht einsehen, warum wir die Ökosysteme, von denen wir existenziell abhängen, schützen und regenerieren müssen.

Die Trendumkehr, der es zur Überwindung des industriellen Urbanismus bedarf, konfrontiert uns, sozial wie politisch, mit einer vielschichtigen, unentrinnbar erscheinenden Geschichte, in der Kolonialismus, Imperialismus, Kapitalismus und technischer Fortschritt sich miteinander verquicken. Wollen wir die Stadt retten, müssen wir uns auf einen ganz anderen Mensch-Natur-„Vertrag" besinnen – einen, der die Natur und die Einsicht, wie eng wir mit ihr verbunden sind, wieder in ihre Rechte einsetzt. Bleibt die Frage, ob schnell genug gehandelt wird, um der brennenden Probleme der Klimakatastrophe, der Wasserkrise, der Umweltverschmutzung und des Verlusts so vieler tierischer Spezies und der Biodiversität noch Herr werden zu können.

Das vierte Handlungsfeld bezeichne ich als „Stadt für alle" (common city). Dem heutigen Stadtleben ist etwas Wesentliches abhanden gekommen. Es ist alles andere als gemeinschaftlich orientiert. Seine eigentliche Signatur besteht heute in der beträchtlichen, ständig tiefer werdenden Kluft zwischen Besitzenden und Besitzlosen, dem tief verwurzelten, anhaltenden Empfinden großer Teile der Einwohnerschaft, das, was in ihrer Stadt geschieht, geschehe nicht um ihretwillen, ja, es betreffe sie um Grunde gar nicht. Das demokratische Geschehen erscheint abgehoben, überbürokratisiert, im Silodenken versteinert und verliert immer mehr das Vertrauen der Öffentlichkeit. Kommunale Wirtschaftskonzepte bemühen sich nicht länger darum, Reichtum umzuverteilen, für höhere Einkommen und die Entschärfung sozialer Gegensätze zu sorgen. Stattdessen dienen sie vor allem dazu, große Kapitalgesellschaften zu begünstigen, so dass diese von lokaler Wertschöpfung profitieren, Reichtum absaugen und jenseits der städtischen Strukturen in überörtliche Konzernbahnen lenken können. Was wir hingegen brauchen, ist die Orientierung am Gemeinwohl der Stadt.

Eine Stadt für alle

Die Zivilgesellschaft birst geradezu vor Potential, Ideen und Kompetenz für den Kampf gegen die Klimakrise und für kommunale Resilienz. Die Beispiele für urbane Gemeinschaftsbildung, Platz- und Raumgestaltung häufen sich: vielfältige Initiativen, die die gemeinschaftsfremde Kommerzstadt in Frage stellen und neue Formen urbanen Lebens erahnen lassen – beispielsweise in Sachen Wohnungsbau, Gemeinschaftseigentum, Sozial- und Solidarökonomie, öffentliches Eigentum, Bürgerforen, ziviler Ungehorsam, Revitalisierung lokaler Räume, Wohngebiete, Straßen und Plätze – , und nicht zuletzt das Recht auf (Bau-)Land einfordern. Das Cleveland-Modell, Cooperation Jackson, die Bewegung der Slumbewohner, Rentnervereine, Wohnungsgenossenschaften, Open-source-Digitalfirmen und Vorstellungen einer Crowd Sourced City – sie alle zeigen, wie städtische Communities und lokale Demokratie zu Räumen der Sicherheit und Gleichberechtigung werden können.

Um die Stadt zu retten, müssen wir eine Common City schaffen, eine Stadt für alle, welche die vermeintlich alternativlose Entwicklung zur wachstumsorientierten kapitalistischen Stadt umzukehren vermag.

Worauf also soll dies alles in allem hinauslaufen? Auf eine autofreie, emissionsnegative, auf Gemeinwohl und Gemeingütern beruhende Bio-Stadt. Es muss sich um eine positive Vision handeln – von einem wunderschönen Ort mit blühenden Gemeinschaften, Gemeingütern im Überfluss, angenehmer Mobilität, ausreichender Energie – sprich: um eine klimasichere Zukunft miteinander.

Aber wir müssen realistisch vorgehen. Wir müssen die strukturellen Ursachen erkennen, die der urbanen Nicht-Nachhaltigkeit zugrunde liegen, und diese Schritt für Schritt beseitigen. Die Schwierigkeit besteht – wie immer – darin, strategische Klarheit darüber zu gewinnen, was genau das bedeutet. Wie können Mikro-Exempel miteinander verknüpft werden und wachsen, ohne an Wirkungsmacht zu verlieren? Wie verankern wir in den Städten, während wir die Klimakrise zu bewältigen versuchen, zugleich soziale Gerechtigkeit? Auf welche Weise sorgen wir dafür, dass die Krisenbewältigung inklusiv erfolgt und die existierende Stimmenvielfalt repräsentiert? Welche Koalitionen welcher Akteure werden uns in diese Richtung voranbringen?

Es sind vor allem drei Dinge, die wir jetzt brauchen. Erstens benötigen wir ein neues Postwachstums-Drehbuch, um sicher und gerecht handeln zu können. Zweitens brauchen wir ein ambitioniertes Post-Karbon-Ziel – und ein klares Verständnis davon, was die Einhaltung der Pariser 1,5-Prozentmarke tatsächlich bedeutet. Und schließlich bedarf es post-kapitalistischer Interventionen mit dem Ziel, gemeinwohl-orientierte Ökonomien zu schaffen, die unseren gemeinschaftlichen Reichtum bewahren und klimagerechte Lösungen finden. Um all dies in Gang zu setzen, brauchen wir gewaltige Subventionsumschichtungen und Rahmengesetze zur stärkeren Besteuerung der Konzerne und zur Beschneidung ihrer Macht. Generell sollte die Steuerlast von Geldeinkommen auf Grundbesitz verlagert werden. Hierzu bedarf es einer starken politischen Bewegung, die Macht erobern und radikal umverteilen kann. Und es bedarf anspruchsvoller Koalitionen städtischer Akteure, die bereit sind, sich von herkömmlichen Praktiken zu lösen: abtrünnige Unternehmer, kritische Wissenschaftler, widerständige Beamte, rebellische Bürgerinnen und Bürger.

Wir müssen breit angelegte Experimente wagen – und zwar schnell, und wir brauchen sowohl die finanziellen Mittel als auch den politischen Rückhalt hierzu. Wir befinden uns in einem Klimanotstand und in einem Notstand der Stadt. Um das eine wie die andere zu retten, müssen wir groß denken, klein anfangen – vor allem aber: jetzt handeln!

Klima der Extreme:
Die Risiken des Geo-Engineering

Von **Jürgen Scheffran**

Ist der Klimawandel noch aufzuhalten? Diese Frage stellt sich nach den vergangenen Hitzesommern umso mehr. Seit Jahren beherrschen Wetterextreme die Medien, etwa bei den immer häufigeren Waldbränden in Kalifornien – oder bei denen Brandenburg.[1] Klimaforscher warnen, durch einen weiteren Temperaturanstieg könnten sich die Folgen des Klimawandels gegenseitig verstärken und wie bei einem Dominoeffekt das Erdklima zum Kippen bringen. In der neuen „Heißzeit" wären Natur und Mensch extremen Belastungen ausgesetzt wie seit der letzten Eiszeit nicht mehr. Um dies zu verhindern, sei eine umfassende Transformation erforderlich.[2]

Doch davon sind wir weit entfernt: Trotz dutzender Weltklimakonferenzen sehen einige Beobachter die Gefahr, dass die Klimapolitik scheitern könnte. Seit auf dem Klimagipfel in Rio de Janeiro 1992 die Klimarahmenkonvention vereinbart wurde, um das Weltklima auf einem ungefährlichen Niveau zu stabilisieren, ist mehr als ein Vierteljahrhundert vergangen – doch aus den vielen Absichtserklärungen folgte bislang wenig. So ist es fraglich, ob das 2015 im Klimaabkommen von Paris vereinbarte Ziel erreicht wird, die globale Erderwärmung auf 1,5 bis 2 Grad Celsius zu begrenzen. Die Selbstverpflichtungen aller Staaten, die Treibhausgasemissionen zu mindern, reichen dazu längst nicht aus. Selbst das frühere Musterland Deutschland verfehlt seine Ziele, derweil die Energiewende und der Kohleausstieg auf Widerstände stoßen.[3] In anderen Ländern sieht es nicht viel besser aus, von den USA ganz zu schweigen, die unter Präsident Donald Trump aus dem Klimavertrag ausgestiegen sind. Der größte Emittent China wiederum investiert zwar massiv in erneuerbare Energien, baut aber gleichzeitig Kohle und Kernenergie aus.

Um das globale Ziel noch zu erreichen, müssten die Treibhausgasemissionen in den nächsten beiden Jahrzehnten gegen null gehen und sogar negativ werden. Dies macht der im Oktober 2018 vorgestellte Sonderbericht des Weltklimarats deutlich, der ein Bündel von Maßnahmen vorschlägt, um die Temperaturzunahme auf 1,5 Grad zu begrenzen, darunter auch negative

---

1 Vgl. den Beitrag von Jürgen Tallig, Earth First: Der Preis des Lebens, in diesem Buch.
2 Will Steffen, Johann Rockström et al, Trajectories of the Earth System in the Anthropocene, in: „PNAS", 8/2018, S. 8252-8259. Vgl. auch Jürgen Scheffran, Kettenreaktion außer Kontrolle. Vernetzte Technik und das Klima der Komplexität, in: „Blätter", 3/2016, S. 101-110.
3 Vgl. den Beitrag von Inken Behrmann, Verhindert die Heißzeit! Wie wir den Kohleausstieg schaffen, in diesem Buch.

Emissionstechnologien (NET). Gelingt dies nicht, werden katastrophale Folgen und Sicherheitsrisiken erwartet.[4]

Während die Klimapolitik in der Sackgasse zu stecken scheint, wird in Teilen der Wissenschaft zunehmend diskutiert, gezielt in das Klimasystem einzugreifen. Durch die künstliche Stabilisierung des Erdklimas mit Hilfe technischer Maßnahmen – Geo-Engineering oder Klimaintervention – hofft man, trotz anhaltender Emissionen die Klimakatastrophe abwenden zu können. Gleichsam wie mit einer globalen Klimaanlage soll der Thermostat der Erde gezielt beeinflusst werden, um extreme Temperaturen zu verhindern oder gar ein gewünschtes Klima zu konstruieren. Droht das Klima außer Kontrolle zu geraten, würde ein Notfallplan bereitgehalten, um einen „planetaren Rettungsschirm" aufzuspannen.[5] Hier aber wird die Zweischneidigkeit des Katastrophendiskurses deutlich: Auf die Zunahme extremer Bedrohungen wird mit extremen Gegenmaßnahmen reagiert, die selbst unkalkulierbare Risiken in sich bergen.

Die Grenzen der technischen Machbarkeit

Lange Zeit war die Diskussion über die absichtliche Manipulation des Erdklimas tabuisiert, weil sie von der dringend notwendigen Emissionsminderung ablenkte. Inzwischen aber ist sie neu entfacht: Seit der Chemie-Nobelpreisträger Paul Crutzen, der auch den Begriff des Anthropozän[6] prägte, im Jahr 2006 Geo-Engineering als eine Möglichkeit bezeichnete, das „politische Dilemma" des Klimawandels zu bewältigen, hat die Forschung dazu weltweit stark zugenommen.[7] Im Kern geht es darum, trotz Freisetzung von Kohlendioxid (CO_2) und anderen Treibhausgasen eine gefährliche Erwärmung der Atmosphäre zu verhindern. Dies kann geschehen, indem diese Gase aus der Atmosphäre entfernt werden oder die wärmende Wirkung der Sonneneinstrahlung abgeschwächt wird.

Dazu soll etwa das CO_2 aus der Atmosphäre gefiltert und gespeichert werden. Als potentielle Deponien kommen alle natürlichen Speichermedien und Aufnahmeprozesse im globalen Kohlenstoffkreislauf in Frage, insbesondere Biomasse und Böden, Gesteine, geologische Formationen und das Meer. Doch die Kohlenstoffspeicherung ist bislang kostspielig, und es ist nicht erwiesen, wie gut und sicher sie funktioniert. Es geht dabei um Milliarden von Tonnen Kohlenstoff, die bewegt und gelagert werden müssen. Da CO_2 klimaschädlich und in hoher Konzentration giftig ist, muss eine versehent-

---

4 Intergovernmental Panel on Climate Change, Global Warming of 1.5 °C, Special Report, Oktober 2018.
5 Daniel Wetzel, Der planetare Sonnenschirm soll jetzt das Klima retten, in: „Die Welt", 17.10.2018.
6 Als Anthropozän wird die derzeitige erdgeschichtliche Epoche bezeichnet, in der die Menschheit einen wesentlichen Einflussfaktor für die Umweltprozesse der Erde darstellt.
7 Paul Crutzen, Albedo Enhancement by Stratospheric Sulfur Injections: A Contribution to Resolve a Policy Dilemma?, in: „Climatic Change", 8/2006, S. 211-220; unter den zahlreichen Berichten siehe: Royal Society, Geoengineering the climate, 2009; Stefan Schäfer et al., Removing Greenhouse Gases from the Atmosphere and Reflecting Sunlight away from Earth, EuTRACE Report, Potsdam 2015; Claudio Caviezel und Christoph Revermann, Climate Engineering, Endbericht, Büro für Technikfolgenabschätzung beim Deutschen Bundestag, 2014.

liche oder absichtliche Freisetzung aus Speichern oder beim Transport ausgeschlossen werden. Es ist allerdings unklar, wo und wie so große Mengen CO2 sicher gelagert werden können.

Als natürlich daherkommende Alternative wird der Anbau von Biomasse angepriesen, die beim Wachsen Kohlenstoff aufnimmt und speichert. Naheliegend ist dabei die Aufforstung von Wäldern, da diese natürliche Kohlenstoffspeicher sind und ökologische Vorteile bieten. Um zu verhindern, dass Kohlenstoff freigesetzt wird, sobald die Pflanzen absterben, könnte die Biomasse in unterirdische Lager gebracht oder als Biokohle länger in Böden gespeichert werden. Dies ist traditionell als Terra Preta (schwarze Erde) bekannt. Die systematische Nutzung von Bioenergie mit Kohlenstoffabscheidung und -speicherung verwendet dazu effiziente Energiepflanzen. Solche Verfahren werden als Win-Win-Lösung dargestellt, da die Biomasse auf dem Weg in die Speicher verschiedentlich genutzt werden kann: von der Bioenergiegewinnung über den Einsatz von Gasen beim Fracking von Erdöl und Erdgas, in der organischen Chemie, als Baustoff, als Futter- und Düngemittel in der Landwirtschaft oder beim Algenanbau.

Wirksame Verfahren und Technologien sind allerdings bislang nicht in großem Umfang vorhanden. Sie stoßen auch aufgrund ihres hohen Flächenverbrauchs und fehlender Speicherkapazitäten schnell an ihre Grenzen. Denn um die Temperatur um ein halbes Grad Celsius zu senken, müsste rund ein Viertel der weltweit landwirtschaftlich genutzten Flächen oder ein Fünftel der bisherigen Naturflächen entsprechend aufgeforstet werden.[8] In einer ohnehin dicht bevölkerten Welt, in der Land als knappe Ressource gilt und Landinvestitionen im globalen Süden umstritten sind, konkurriert der Bedarf an geeigneten Landflächen und Kohlenstoffspeichern mit anderen Nutzungen, etwa für Naturschutz und Nahrungsmittelproduktion, und verschärft somit Landnutzungskonflikte.

Neben der Aufnahme von CO_2 in Pflanzen könnte die künstlich verstärkte Verwitterung von Gesteinen Kohlenstoff aus der Atmosphäre binden. Allerdings wäre dafür ein relevanter Energieeinsatz erforderlich. Das Endmaterial könnte in Speichern verbleiben, für die Düngung in der Landwirtschaft verwendet werden oder über Flüsse in den Ozean transportiert werden, wodurch sich die Wasserchemie verändert. Konkret wird vorgeschlagen, große Mengen an Mineralien im Meer auszubringen oder in feuchtwarmen Gebieten an Land zu verteilen.

Bei der direkten Ozeandüngung wiederum würden eisenhaltiger Staub oder andere Nährstoffe ins Meer geschüttet, um das Wachstum von Algen und Plankton zu fördern, die zusammen mit dem gebundenen Kohlenstoff auf den Meeresgrund sinken. Kleinere Experimente, Feldversuche und Computersimulationen wecken jedoch Zweifel an der erhofften Wirkung. Erste Schätzungen, wonach eine Schiffsladung Eisen von 10 000 Tonnen ausreicht, um die jährlichen CO_2-Emissionen Deutschlands aus der Atmosphäre in die Ozeane zu überführen, haben sich als falsch erwiesen. Selbst bei einem groß-

---

8 Ulrike Niemeier, Climate-Engineering: Ein Wundermittel gegen den Klimawandel?, in: Jose L. Lozán et al. (Hg.), Warnsignal Klima: Extremereignisse, Hamburg 2018, S. 357-361.

flächigen und langfristigen Einsatz würde nur rund ein Zehntel der globalen CO_2-Emissionen in die Tiefsee transportiert.[9] Ein solch massiver Eingriff in das sensible Gefüge der marinen Stoffströme und Ökosysteme könnte gleichwohl weitreichende Folgen für die Meeresumwelt zeitigen, die bislang kaum vorauszusehen sind. So steht zu befürchten, dass durch die Zufuhr von CO_2 die Ozeane weiter versauern und im Wasser durch den geringeren Sauerstoffgehalt Zonen ohne Leben entstehen.

Als besonders verheißungsvoll gelten Verfahren, die den Strahlungshaushalt der Erde zwischen eingehender und ausgehender Solarstrahlung verändern sollen, um so die Erderwärmung abzuschwächen und die Atmosphäre zu kühlen. So soll mit dem sogenannten Solaren Strahlungsmanagement mehr Strahlung der Sonne ins All reflektiert oder weniger Strahlung in Wärme umgewandelt werden. Eine künstliche Schicht aus Sulfataerosolen und anderen Schwebeteilchen in der Stratosphäre würde die Intensität des ankommenden Sonnenlichts am Boden verringern. Auf natürliche Weise geschieht das durch Vulkanausbrüche, die in der Geschichte immer wieder den Planeten abkühlten, teils mit katastrophalen Folgen. Die größte bekannte Eruption der letzten Jahrhunderte, die des indonesischen Mount Tambora im Jahr 1815, verursachte eine so drastische Abkühlung, dass sie als „Jahr ohne Sommer" in die Geschichtsbücher einging. Da die freigesetzten Stoffe zudem nur zeitweilig in der Stratosphäre bleiben, müssten die Emissionen in bestimmten Abständen wiederholt werden. Werden diese Maßnahmen ausgesetzt, droht bei weiterhin hohem CO_2-Gehalt der Atmosphäre gar ein abrupter Klimawandel.

Während hier Emissionen durch Emissionen bekämpft werden, kann alternativ die Reflexion der Erdoberfläche verstärkt werden. Hierzu gehören die Aufhellung von Oberflächen (etwa durch weiße Bemalung von Dächern und Straßen), künstliche Wolkenbildung (etwa durch das Ausbringen von Seesalz) oder große Reflektoren im Weltraum.

Konkurrenz um knappe Ressourcen

Die Forschung und Entwicklung für die meisten Geo-Engineeringverfahren steckt noch in den Kinderschuhen und geht bislang über Messungen, Konzeptstudien und Modellrechnungen kaum hinaus. Was realistisch und was Science-Fiction ist, lässt sich derzeit aufgrund großer Unsicherheiten kaum sagen. So bestehen noch erhebliche Wissenslücken hinsichtlich Geschwindigkeit, Effizienz, Kosten und Folgen für Ökosysteme, Bodenorganismen oder das globale Klimasystem. Auch unterscheiden sich die vorgeschlagenen Optionen teilweise grundlegend hinsichtlich ihrer Mechanismen und Realisierbarkeit sowie der potentiellen Folgen und Risiken. Nach Expertenmeinung wären kohlenstoffbasierte Verfahren weitgehend machbar, aber zugleich langsam, kostspielig und ressourcenintensiv. Demgegenüber

---

9 Vgl. Caviezel/Revermann, a.a.O.

erscheinen einige der strahlungsbasierten Verfahren kostengünstiger und rascher wirksam, aber zugleich riskanter und nur von begrenzter Dauer.

Die Folgen eines Einsatzes – oder eines Abbruchs – von strahlungsbasierten Maßnahmen sind in Ausmaß und regionaler Verteilung für Wetter, Biodiversität, Landwirtschaft und Ökosysteme noch unbekannt und schwierig zu simulieren. Es macht einen Unterschied, ob es sich um lokale Technologien handelt, die gebietsbezogen und mit räumlich eingrenzbaren Umweltnebenfolgen verbunden sind (so wie Biomasseverfahren mit CO_2-Lagerung), oder um globale Technologien mit weltweiten Wirkungen und Umweltfolgen (so wie die ozeanbasierte CO_2-Speicherung und strahlungsbasierte Technologien in der Atmosphäre oder im Weltraum).

Eine Beurteilung der gesellschaftlichen Implikationen, von Kosten, Nutzen und Risiken befindet sich noch in den Anfängen und basiert auf einer unsicheren naturwissenschaftlichen Wissensbasis, auf unterschiedlichen Zukunftsprojektionen sowie verschiedenen Interessenlagen und gesellschaftspolitischen Kontexten. Im Vordergrund stehen die Konkurrenz um knappe Ressourcen und mögliche Risiken.

Wenn zusätzlich zum bisherigen Industriesystem, das auf der Extraktion fossiler Brennstoffe basiert und Emissionen freisetzt, eine weitere Infrastruktur zur Rückspeicherung von Kohlenstoff und Abschwächung der Erderwärmung aufgebaut wird, bedeutet es eine Duplizierung der Kohlenstoffströme. Wie bei der Klimaanlage in Gebäuden gibt es eine globale Klimaanlage nicht ohne zusätzliche Ressourcen und Emissionen. Und um eine nennenswerte globale Wirkung durch Biomasse zu erzielen, müssten Millionen von Hektar Land mit Bäumen und Kulturpflanzen bepflanzt werden, was Monokulturen und industrielle Landwirtschaft begünstigt. Anbau, Ernte, Transport und Speicherung von Biomasse wären verbunden mit dem Transport von Milliarden Tonnen Material, einem erheblichen Einsatz von Energie, Land, Wasser, Düngemitteln und anderen Ressourcen sowie Emissionen und Belastungen für Ökosysteme, Biodiversität und Böden. Die benötigten Mittel und Investitionen würden für andere gesellschaftlich relevante Zwecke und klimapolitische Strategien fehlen, die sich von einer vorbeugenden Emissionsvermeidung zu einer nachsorgenden Klimareparatur verschieben.

Zudem sind auch lokale und regionale Auswirkungen von Geo-Engineering zu bedenken, die global ungleichmäßig verteilt sind. So können Maßnahmen zur Veränderung der Sonnenstrahlung durch Aerosolemissionen in bestimmten Gebieten die Wolkenbildung beeinflussen und Niederschlagsmuster verändern, Trockenheit und Dürre verstärken, Veränderungen in Ökosystemen, der Vegetation und von Ernteerträgen auslösen. Die Wirkungen können zudem widersprüchlich sein. So würde die Aufforstung von Wäldern zwar mehr Kohlenstoff binden, aber zugleich nehmen Forste auch mehr Sonnenenergie auf als blanke Bodenflächen wie Wüsten, die Strahlung reflektieren. Die grundsätzlichen Fragen lauten daher: Sind die Risiken dieser vermeintlichen Lösungen tatsächlich geringer als die Gefahren des Klimawandels – oder entstehen nicht gar zusätzliche Risiken? Wird durch die Technik eine gesellschaftliche Lösung erschwert oder erleichtert?

Klimaskeptiker als Vorreiter des Geo-Engineerings

Die Fixierung auf technisch konstruierte Welten ist nicht neu. Schon zu Zeiten des Kalten Krieges gab es Vorschläge, Wetter und Klima zu kontrollieren und zu manipulieren, auch für militärische Zwecke. Beide Supermächte unterstützten in geringem Umfang Forschungen zur Wetterkontrolle.[10] Ein früher Befürworter von Geo-Engineering war Edward Teller, bekannt als „Vater der Wasserstoffbombe", der Atomwaffen als Mittel der Landschaftsgestaltung vorschlug. Auf seine Initiative rief US-Präsident Ronald Reagan 1983 die Wissenschaft auf, einen Abwehrschirm gegen die nukleare Bedrohung zu errichten, unter anderem mit Hilfe von Strahlenwaffen im Weltraum. Auch wenn die meisten Wissenschaftler die Machbarkeit bezweifelten und hohe Kosten und Risiken eines Wettrüstens befürchteten, investierten die USA Milliardensummen in die *Strategic Defense Initiative*. Nach Ende des Kalten Krieges propagierten Teller und andere Wissenschaftler die Idee eines planetaren Schutzschirms gegen die globale Erwärmung.

Heute unterstützen in den USA konservative Denkfabriken die Erforschung des Geo-Engineerings. Dazu zählen das American Enterprise Institute, die Hoover Institution, das George C. Marshall Institute und das Heartland Institute, die zum Teil von der fossilen Industrie gefördert werden und den menschgemachten Klimawandel bezweifeln. Damit schützen sie die fossile Industrie vor dem Druck zur Emissionsminderung und eröffnen womöglich zugleich ein weiteres profitables Geschäftsfeld. Dieses Vorgehen passt in ein konservatives Weltbild, in dem technikfixierter menschlicher Einfallsreichtum es erlaubt, den Siegeszug des Menschen über die Natur fortzusetzen.

In den letzten Jahren hat sich beim Geo-Engineering zunehmend ein Dreiecksverhältnis zwischen Wissenschaft, Wirtschaft und Politik herausgebildet.[11] Hierzu gehören etwa Björn Lomborg, bekannt durch seine Skepsis gegenüber den globalen Umweltproblemen, Steve Koonin, Kernphysiker, ehemals Chef-Wissenschaftler beim Ölkonzern BP und Autor eines Berichts der JASON-Gruppe zum Geo-Engineering, oder Peter Eisenberger, der von ExxonMobil zu einem Unternehmen mit dem bezeichnenden Namen Global Thermostat wechselte. Besonders rührig ist David Keith, der neben zahlreichen wissenschaftlichen Veröffentlichungen auch wirtschaftliche Verbindungen pflegt, unter anderem über eine Förderung durch Bill Gates oder in seinem Unternehmen Carbon Engineering, das aus der Umgebungsluft CO_2 gewinnen und fossile Ressourcen kohlenstoffneutral machen will. In dem erwarteten Geschäft mit der Klimarettung tummeln sich auch etliche kleine Unternehmen.[12]

Auf der politischen Bühne gibt es bislang erst eine kleine Schar von meist konservativen Unterstützern, darunter Newt Gingrich, früherer Sprecher des

---

10 Vgl. James R. Fleming, Fixing the sky. The checkered history of weather and climate control, New York 2010.
11 Vgl. hierzu Manuel Kreutle, Klimainterventionen und Geopolitik, IMI-Studie, Tübingen, 9.10.2018.
12 Vgl. etc Group und Heinrich-Böll-Stiftung, Geoengineering Map, https://map.geoengineering-monitor.org.

US-Repräsentantenhauses, der ehemalige US-Außenminister, und Exxon-Mobil-Präsident Rex Tillerson und der Republikaner Randy Weber aus Texas, Vorsitzender des Unterausschusses Energie im Hausausschuss für Wissenschaft, Raumfahrt und Technologie. Während Tillerson im Klimawandel vor allem ein Ingenieursproblem sieht, hofft Weber auf eine zunehmende politische Akzeptanz für die „globale Abkühlung" durch himmlische Konzepte wie Weltraumspiegel oder Wolkenaufhellung.

Nach der Wahl Donald Trumps zum US-Präsidenten wurde über einen Impuls zugunsten des Geo-Engineerings spekuliert, doch abgesehen von Fördermitteln für die Erforschung und Steuervergünstigungen für Technologien zur CO_2-Abscheidung zeigte sich die Trump-Regierung klimapolitisch bislang erwartungsgemäß zurückhaltend. Im Oktober 2018 bezeichnete Trump in einem Interview den Klimawandel erstmals als eine Tatsache, auch wenn er weiterhin eine menschliche Ursache bezweifelte. Hier könnte sich ein mögliches Einfallstor öffnen, um eine technische Lösung zu präsentieren, die mit Trumps Ideologie kompatibel ist: Jobs, Business, Technikfixierung und „America First!". Je mehr sich die Klimakrise zuspitzt und als Bedrohung erscheint, desto mehr Unterstützung ist für einen „Geo-Engineering-Club" zu erwarten. Neben Macht- und Kapitalinteressen dürften dabei auch militärische Interessen eine Rolle spielen.

Die Militarisierung der Klimapolitik

Die Folgen des Klimawandels sind mit erheblichen Sicherheitsrisiken und Konfliktpotentialen verbunden, von Fluchtbewegungen bis hin zu Konflikten um Wasser und Ernährung. Auch politische Maßnahmen zur Emissionsminderung sind nicht konfliktfrei, wie sich schon an den deutschen Auseinandersetzungen um den Kohleausstieg und die Energiewende zeigt. Und massive technische Eingriffe in das Klimasystem lassen neue Konflikte erwarten, die die internationale Stabilität gefährden und zur Militarisierung der Klimapolitik beitragen können.[13]

Ähnlich wie andere Formen gezielter Umweltveränderung stoßen Geo-Engineering-Maßnahmen auf gesellschaftliche Proteste angesichts der immensen Kosten und Risiken – beispielhaft dafür stehen die anhaltenden Widerstände gegen die Kohlendioxidspeicherung in Deutschland. Proteste gegen lokale Maßnahmen können sich mit Spannungen zwischen Staaten verbinden und zu komplexen Wechselwirkungen auf verschiedenen Ebenen des internationalen Systems aufschaukeln.

Hinzu kommt, dass das Geo-Engineering die Risiken und Konflikte des Klimawandels noch verstärken könnte: Denn wer diese Techniken anwendet, könnte für katastrophale Wetterextreme und damit zusammenhän-

---

[13] Vgl. Achim Maas und Jürgen Scheffran, Climate Conflicts 2.0? Climate Engineering as a Challenge for International Peace and Security, in: „Sicherheit und Frieden", 4/2012, S. 193-200; Jürgen Scheffran und Thomas Cannaday, Resistance to Climate Change Policies: The Conflict Potential of Non-Fossil Energy Paths and Climate Engineering, in: Achim Maas et al (Hg.), Global Environmental Change: New Drivers for Resistance, Crime and Terrorism?, Baden-Baden 2013, S. 261-292.

gende Schäden an anderen Orten oder zu späteren Zeiten verantwortlich gemacht werden, ob das gerechtfertigt ist oder nicht. Dies öffnet Tür und Tor für Verschwörungstheorien, wie das Beispiel der vermeintlichen Chemtrails zeigt.[14]

Wenn Staaten eigenmächtig versuchen, ein bestimmtes Klima zu konstruieren, provoziert dies Widerstände anderer Staaten, die Nachteile befürchten, etwa wenn die USA Geo-Engineering gegen Russland oder China durchsetzen wollen. Streitigkeiten schaffen ein Sicherheitsdilemma, in dem die Reaktionen sich gegenseitig aufschaukeln. Dies provoziert Gegenmaßnahmen (Counter-Geo-Engineering) wie gezielte Emissionssteigerungen, Wirtschaftssanktionen, Terroranschläge oder militärische Gewalt, die auch gegen die Infrastruktur von Geo-Engineering gerichtet sein können.[15]

Geo-Engineering kann zudem als Machtinstrument für geopolitische Ziele eingesetzt werden. Einige Techniken sind für zivile und militärische Anwendungen geeignet, insbesondere Flugkörper, Fahrzeuge oder Schiffe für den Transport bestimmter Stoffe. Ihr Einsatz könnte als feindselige Handlung angesehen werden, wenn sie die Nahrungsmittelproduktion beeinträchtigen, die Leistung erneuerbarer Energien verringern oder das Wetter in einer bestimmten Region für destruktive Zwecke manipulieren. Auch wenn die Klimaintervention für militärische Vorhaben schwierig zu nutzen ist, könnten Wahrnehmungen, hypothetische Bedrohungen und der Streit um die Schuldfrage zu internationalen Verwerfungen und Informationskriegen führen. Dadurch würden die Unsicherheiten und Komplexitäten des Klimawandels noch multipliziert und könnten am Ende vollends ins Klimachaos führen. Dann dürfte der Ruf nach Notfallplänen und extremen Politiken zunehmen, bis hin zu einer weiteren Militarisierung der Klimapolitik.

Internationale Regulierung tut not

Das Abenteuer Geo-Engineering in einer konfrontativen Welt zu beginnen, wäre ein Spiel mit dem Feuer. Wenn überhaupt, wäre es sinnvoller, einen globalen Aushandlungsprozess in Gang zu setzen, in dem alle Staaten gemeinsam nach einer Lösung suchen. Doch selbst bei einem kollektiven globalen Governance-System zur Regulierung von Geo-Engineering ergeben sich komplexe Fragen und Zielkonflikte: Wie wahrscheinlich ist angesichts dieser eine Einigung aller Staaten? Welches Klima soll angestrebt werden? Wer darf am globalen Thermostaten drehen und die gewünschte Temperatur für den Planeten einstellen? Wer finanziert solche Eingriffe, und wer trägt welche Risiken? Wie können Vorteile, Kosten und Risiken zwischen Gewinnern und Verlierern auf faire Weise ausgeglichen werden? Welche Konsequenzen werden als akzeptabel beurteilt? Wie können verbotene Handlungen überprüft werden und wie groß ist der Schaden durch Abweichler?

14 Vgl. Saskia Gerhard, Hilfe, die Regierung will uns vergiften!, www.zeit.de, 16.8.2016.
15 David Keith et al, Stopping Solar Geoengineering Through Technical Means: A Preliminary Assessment of Counter-Geoengineering, in: „Earth's Future", 8/2018, S. 1058-1065.

Bislang gibt es keine eigenen Mechanismen zur Regulierung von Geo-Engineering. Die 1992 vereinbarte UN-Klimarahmenkonvention richtet sich zwar gegen gefährliche menschliche Eingriffe in das Klimasystem, was auch für Geo-Engineering gelten würde. Was darunter zu verstehen ist, wurde jedoch nicht spezifiziert. In ähnlicher Weise beschränkt die ENMOD-Konvention von 1978 die militärische oder andere feindliche Veränderungen der Umwelt, nicht jedoch die friedliche Nutzung. Die Ausbringung von Substanzen in die Umwelt könnte im Widerspruch stehen zu nationalem Recht und internationalen Umweltschutzabkommen, wie das Seerechtsabkommen und das Londoner Übereinkommen und Protokoll zur Verhütung der Meeresverschmutzung durch Abfälle.

Angesichts der Befürchtungen, die Büchse der Pandora zu öffnen, haben die Mitgliedstaaten der Biodiversitätskonvention 2010 ein Moratorium für Geo-Engineering-Aktivitäten empfohlen. Eine international verbindliche Regulierung liegt derzeit jedoch noch in weiter Ferne. Bislang wurden Projekte, die einen relevanten Klimaeingriff bedeuten, zurückgestellt, doch ist es bei weiterem Klimawandel nur eine Frage der Zeit, bis das Tabu gebrochen wird.

Mit Blick auf die hohe Komplexität des Klimasystems sind massive Eingriffe allerdings ein Experiment mit ungewissem Ausgang. Anstatt auf unbekanntes Terrain vorzustoßen, ist die Politik gut beraten, sich dem jeweiligen Kenntnisstand anzupassen und innerhalb tolerabler Schranken zu bleiben. Gegenüber einer nachträglichen Reparatur ist es allemal sicherer, den Klimawandel frühzeitig durch Einschnitte bei den Treibhausgasemissionen zu vermeiden.[16]

---

[16] Mark G. Lawrence et al, Evaluating climate geoengineering proposals in the context of the Paris Agreement temperature goals. Nature Communications, 13.9.2018.

V. WIDERSTAND STATT RESIGNATION

»Wir haben keine Ausreden mehr«

von **Greta Thunberg**

Nach ihren viel beachteten Reden auf der UN-Klimakonferenz im Dezember 2018 und beim Weltwirtschaftsforum im Januar 2019 ist die schwedische Klimaschutzaktivistin Greta Thunberg zahlreichen weiteren Einladungen für öffentliche Auftritte gefolgt, unter anderem bei Papst Franziskus. Wir dokumentieren nachfolgend in deutscher Erstveröffentlichung einen Vortrag, den Thunberg am 23. April 2019 im britischen Parlament gehalten hat und in dem sie ihre klimapolitischen Vorstellungen ausführlich darlegt. Die Übersetzung stammt von Steffen Vogel. – D. Red.

Mein Name ist Greta Thunberg. Ich bin 16 Jahre alt. Ich komme aus Schweden. Und ich spreche im Namen der kommenden Generationen.

Ich weiß, dass viele von Ihnen uns nicht zuhören wollen – Sie sagen, wir wären bloß Kinder. Aber wir wiederholen nur die Botschaft der vereinten Klimaforscher. Viele von Ihnen scheinen besorgt, dass wir kostbare Unterrichtszeit verpassen. Aber ich versichere Ihnen, wir gehen wieder in die Schule, sobald Sie auf die Wissenschaft hören und uns eine Zukunft geben. Ist das wirklich zu viel verlangt?

Im Jahr 2030 werde ich 26 Jahre alt sein und meine kleine Schwester Beata 23, so wie viele Ihrer Kinder und Enkel. Das ist ein tolles Alter, hat man uns gesagt, wenn man das ganze Leben noch vor sich hat. Ich bin mir aber nicht sicher, dass es für uns so toll werden wird. Ich hatte das Glück, zu einer Zeit und an einem Ort geboren zu werden, wo uns jeder sagte, wir sollten nach den Sternen greifen: Ich konnte werden, was immer ich wollte. Ich konnte leben, wo immer ich wollte. Menschen wie ich hatten alles, was sie brauchten – und mehr. Dinge, von denen unsere Großeltern nicht einmal zu träumen wagten. Wir hatten alles, was wir uns jemals wünschen konnten. Doch jetzt haben wir vielleicht gar nichts.

Jetzt haben wir möglicherweise nicht einmal mehr eine Zukunft. Denn diese Zukunft wurde verkauft, damit eine kleine Zahl von Menschen unvorstellbar viel Geld verdienen konnte. Sie wurde uns jedes Mal gestohlen, wenn Sie sagten, der Phantasie seien keine Grenzen gesetzt und dass man ja nur einmal lebe.

Sie haben uns belogen. Sie haben uns falsche Hoffnungen gemacht. Sie haben uns erzählt, die Zukunft sei etwas, worauf wir uns freuen könnten. Und das Traurigste ist, dass sich die meisten Kinder nicht einmal bewusst sind, welches Schicksal uns erwartet. Wir werden es nicht begreifen, bevor es zu spät ist. Und doch gehören wir noch zu den Glücklichen. Jene, die es besonders hart treffen wird, leiden schon jetzt unter den Konsequenzen. Aber ihre Stimmen werden nicht gehört.

Ist mein Mikro an? Können Sie mich hören?

Um das Jahr 2030 – in zehn Jahren, 252 Tagen und zehn Stunden von heute aus – werden wir eine irreversible Kettenreaktion jenseits menschlicher Kontrolle ausgelöst haben, die höchstwahrscheinlich zum Ende unserer Zivilisation, wie wir sie kennen, führen wird. Es sei denn, dass in diesem Zeitraum permanente und beispiellose Veränderungen in allen gesellschaftlichen Bereichen stattgefunden haben, darunter eine Reduktion der CO_2-Emissionen um mindestens 50 Prozent. Beachten Sie bitte, dass diese Kalkulationen von Erfindungen abhängen, die noch nicht in größerem Umfang gemacht wurden, Erfindungen, die die Atmosphäre von astronomischen Mengen an Kohledioxid befreien sollen. Außerdem beinhalten diese Kalkulationen keine unvorhergesehenen Kipppunkte und Rückkopplungsschleifen wie das extrem starke Methangas, das aus dem rapide tauenden arktischen Permafrost entweicht. Überdies enthalten diese wissenschaftlichen Kalkulationen nicht die verborgene Erderwärmung, die derzeit durch die toxische Luftverschmutzung verhindert wird. Nicht zuletzt fehlt in ihnen der Aspekt der Fairness – oder Klimagerechtigkeit –, der überall im Pariser Klimavertrag deutlich zu finden ist und der absolut notwendig ist, damit das Abkommen global funktionieren kann.

Wir müssen auch berücksichtigen, dass es sich hierbei nur um Kalkulationen handelt. Schätzungen. Das heißt, diese „Punkte, an denen es kein Zurück mehr gibt" können etwas früher oder später als 2030 auftreten. Niemand kann das sicher wissen. Wir können uns allerdings sicher sein, dass sie etwa in diesem Zeitraum auftreten werden, da diese Kalkulationen keine Meinungen oder ins Blaue hinein geraten sind. Diese Projektionen stützen sich auf wissenschaftliche Tatsachen, auf die sich alle Länder über den IPCC geeinigt haben. Nahezu jede einzelne bedeutsame wissenschaftliche Organisation auf der Welt unterstützt die Arbeit und die Ergebnisse des IPCC vorbehaltlos.

Haben Sie gehört, was ich gerade gesagt habe? Ist mein Englisch okay? Ist das Mikro eingeschaltet? Denn langsam beginne ich mich zu wundern.

In den letzten sechs Monaten bin ich hunderte Stunden mit Zügen, Elektroautos und Bussen durch Europa gereist und habe diese lebensverändernden Worte unzählige Male wiederholt. Aber niemand scheint darüber zu sprechen und nichts hat sich verändert. Tatsächlich steigen die Emissionen nach wie vor. Bei meinen Reisen durch verschiedene Länder wird mir immer Hilfe angeboten, um über die spezifische Klimapolitik spezifischer Länder zu schreiben. Aber das ist nicht wirklich nötig. Denn das grundlegende Problem ist überall das gleiche. Und das grundlegende Problem besteht darin, dass im Grunde nichts getan wird, um den klimatischen und ökologischen Zusammenbruch aufzuhalten – oder wenigstens abzuschwächen –, trotz all der schönen Worte und Versprechungen.

Großbritannien ist allerdings sehr speziell, nicht nur wegen seiner atemberaubenden historischen Kohlenstoff-Schuld, sondern auch wegen seiner aktuellen, sehr kreativen Kohlenstoffberechnung. Seit 1990 hat Großbritannien laut dem Global Carbon Project eine 37prozentige Reduktion seiner territorialen CO_2-Emissionen erreicht. Und das klingt sehr eindrucksvoll. Aber diese Zahlen beinhalten nicht die Emissionen aus Luft- und Schifffahrt sowie jene aus dem Im- und Export. Bezieht man diese Nummern ein, liegt die Reduktion laut dem Rechercheverbund Tyndall Manchester bei rund zehn Prozent seit 1990 – oder bei durchschnittlich 0,4 Prozent im Jahr. Und diese Reduktion resultiert nicht zur Hauptsache aus den Konsequenzen von Klimapolitik, sondern eher aus einer EU-Direktive zur Luftqualität von 2001, die Großbritannien im Grunde zwang, seine sehr alten und extrem schmutzigen Kohlekraftwerke zu schließen und sie durch weniger schmutzige Gaskraftwerke zu ersetzen. Der Wechsel von einer desaströsen Energiequelle zu einer etwas weniger desaströsen bringt natürlich sinkende Emissionen mit sich.

Aber vielleicht ist das gefährlichste Missverständnis bei der Klimakrise, dass wir unsere Emissionen „senken" müssen. Denn das ist bei weitem nicht genug. Wenn wir unter einer Erwärmung von 1,5 bis 2 Grad bleiben wollen, müssen wir unsere Emissionen stoppen. Das „Senken der Emissionen" ist natürlich notwendig, aber es ist nur der Anfang eines schnellen Prozesses, der innerhalb von ein paar Jahrzehnten oder früher zu einem Stopp führen muss. Und mit „Stopp" meine ich Netto-Null – und dann schnell weiter zu negativen Zahlen. Dann ist der größte Teil der heutigen Politik nicht mehr möglich.

Der Umstand, dass wir über das „Senken" statt über das „Stoppen" der Emissionen sprechen, ist vielleicht die größte Kraft hinter dem Business as usual. Großbritanniens gegenwärtige Unterstützung für die neue Ausbeutung fossiler Brennstoffe – beispielsweise Großbritanniens Schiefergas-Fracking-Industrie, die Erweiterung seiner Öl- und Gasfelder in der Nordsee, den Ausbau von Flughäfen sowie die Planungserlaubnis für eine brandneue Kohlenmine – ist mehr als nur absurd. Dieses anhaltende unverantwortliche Verhalten wird in der Geschichtsschreibung zweifellos als eines der größten Versagen der Menschheit erinnert werden.

Die Leute sagen mir und den anderen Millionen Schulschwänzern immer, dass wir stolz auf uns sein sollten, für das, was wir erreicht haben. Aber das Einzige, worauf wir schauen müssen, ist die Emissionskurve. Und so leid es mir tut, aber sie steigt immer noch. Diese Kurve ist das Einzige, worauf wir schauen sollten. Jedes Mal, wenn wir eine Entscheidung treffen, sollten wir uns fragen: Wie wird diese Entscheidung diese Kurve beeinflussen? Wir sollten unseren Wohlstand und Erfolg nicht länger am Diagramm, das das Wirtschaftswachstum anzeigt, messen, sondern an der Kurve, die die Emission von Treibhausgasen anzeigt. Wir sollten nicht länger nur fragen: „Haben wir genug Geld, um damit weiterzumachen?", sondern auch: „Haben wir ausreichend freies Kohlenstoffbudget, um damit weiterzumachen?" Das sollte und muss das Zentrum unserer neuen Währung werden.

Viele Leute sagen, wir hätten keine Lösung für die Klimakrise. Und sie haben recht. Denn wie sollten wir auch? Wie „löst" man die größte Krise, der sich die Menschheit jemals gegenübersah? Wie „löst" man einen Krieg? Wie „löst" man es, zum ersten Mal zum Mond zu fliegen? Wie „löst" man es, etwas Neues zu erfinden? Die Klimakrise ist sowohl das einfachste als auch das schwerste Problem, dem wir uns jemals gegenübersahen. Leicht ist es deshalb, weil wir wissen, was wir tun müssen. Wir müssen die Emission von Treibhausgasen stoppen. Schwer, weil unsere aktuelle Wirtschaft immer noch völlig abhängig von der Verbrennung fossiler Energieträger ist und damit Ökosysteme zerstört, um immerwährendes Wirtschaftswachstum zu schaffen.

„Wie genau lösen wir das also?", fragen Sie uns – die Schulkinder, die für das Klima streiken. Und wir sagen: „Das weiß niemand genau. Aber wir müssen aufhören, fossile Energieträger zu verbrennen, und die Natur wiederherstellen und viele andere Dinge tun, die wir noch nicht ergründet haben mögen." Dann sagen Sie: „Das ist keine Antwort!" Also sagen wir: „Wir müssen anfangen, die Krise wie eine Krise zu behandeln – und handeln, selbst wenn wir noch nicht alle Lösungen haben." „Das ist immer noch keine Antwort", sagen Sie. Dann sprechen wir über Kreislaufwirtschaft und Renaturierung und die Notwendigkeit eines gerechten Übergangs. Und dann verstehen Sie nicht, worüber wir reden. Wir sagen, dass niemandem alle benötigten Lösungen bekannt sind und wir uns deshalb hinter der Wissenschaft versammeln müssen und diese Lösungen auf dem Weg finden müssen. Aber Sie hören nicht darauf. Denn dies sind die Antworten zur Lösung einer Krise, die die meisten von Ihnen nicht einmal vollständig begreifen – oder begreifen wollen.

Sie hören nicht auf die Wissenschaft, weil Sie sich nur für Lösungen interessieren, die Sie in die Lage versetzen, weiterzumachen wie bisher. So wie jetzt. Und diese Antworten gibt es nicht mehr. Weil Sie nicht rechtzeitig gehandelt haben.

Um den Zusammenbruch des Klimas zu verhindern, braucht es ein Kathedralen-Denken: Wir müssen den Grundstein legen, obwohl wir noch nicht genau wissen, wie genau wir das Dach bauen sollen. Manchmal werden wir einfach einen Weg finden müssen. Sobald wir uns entscheiden, etwas zu erfüllen, können wir alles erreichen. Und ich bin mir sicher: Sobald wir uns verhalten, als hätten wir einen Notstand, können wir die klimatische und ökologische Katastrophe vermeiden. Die Menschen sind sehr anpassungsfähig: Wir können das immer noch in Ordnung bringen. Aber die Möglichkeit dazu wird nicht mehr sehr lange gegeben sein. Wir müssen heute beginnen. Wir haben keine Ausreden mehr.

Wir Kinder opfern nicht unsere Ausbildung und unsere Kindheit, damit Sie uns sagen, was Sie für politisch möglich halten, in dieser Gesellschaft, die Sie geschaffen haben. Wir gehen nicht auf die Straße, damit Sie Selfies mit uns machen und uns erzählen, dass Sie wirklich bewundern, was wir tun.

Wir Kinder tun dies, um Sie, die Erwachsenen, aufzuwecken. Wir Kinder tun dies, damit Sie Ihre Differenzen beiseite schieben und endlich so handeln, wie Sie es in einer Krise tun würden. Wir Kinder tun dies, weil wir unsere Hoffnungen und Träume zurückhaben wollen.

Ich hoffe, mein Mikrofon hat funktioniert. Ich hoffe, Sie alle konnten mich hören.

»Fridays for Future«: Der Kampf um die Empörungshoheit

Wie die junge Generation um ihre Stimme gebracht werden soll

Von **Albrecht von Lucke**

Seit Jahren ist es dasselbe Ritual: Ende des Jahres, in der Regel Anfang Dezember, findet eine Weltklimakonferenz statt, um die dramatische globale Lage festzuhalten und zu beklagen. Doch schon nach Weihnachten ist das Thema wieder vergessen, um dann erst zum nächsten Jahresende wieder aufgerufen zu werden.[1] „The same procedure as every year": Das ist ungemein bequem für all jene, die von der Ausbeutung fossiler Ressourcen profitieren, ob als Produzenten durch gewaltige Gewinnmargen oder als Konsumenten durch billige Energiepreise – doch verheerend für jene, denen schon heute das Wasser bis zur Brust steht, insbesondere für die Staaten des globalen Südens. Doch seit dem vergangenen Jahr ist die Lage eine andere: Erstmals ist das Thema über den Jahreswechsel – und darüber hinaus bis heute – nicht aus den Schlagzeilen verschwunden. Dafür spielen zwei Faktoren eine entscheidende Rolle, ein objektiver und ein subjektiver. Zu danken ist dies erstens dem „Jahrhundertsommer" 2018. Die außerordentliche Dürre hat auch die nördlichen Breiten spüren lassen, wie fragil das Klima geworden ist – und wie sehr auch wir jenseits der gewaltigen Ernteausfälle bereits unwiederbringliche Einbußen erleiden, wenn man nur an das massive Insektensterben und den Rückgang zahlreicher Vogelarten denkt.[2] Dennoch wäre dieser objektive Faktor wahrscheinlich bereits verblichen, wenn nicht zweitens das hinzugekommen wäre, was man den subjektiven Faktor, ja vielleicht sogar ein neues „politisches Subjekt" nennen kann.

Am Anfang stand das Aufstehen und Hinsetzen der jungen Schwedin Greta Thunberg, die über Monate alleine vor dem schwedischen Parlament in Stockholm mit ihrem Plakat gegen den Klimawandel demonstrierte und anschließend auf der Weltklimakonferenz in Kattowitz mit einer beeindruckenden Rede an das Umweltgewissen der Welt appellierte. Doch längst hat ihr Bei-

---

1 Die erste Weltklimakonferenz fand 1979 in Genf, dem Sitz der Weltklimaorganisation, statt, damals noch vom 12. bis 23. Februar. Doch seit der dritten UN-Klimakonferenz in Kyoto 1997 hat es sich eingespielt, dass die Konferenz in der Regel am Ende jeden Jahres stattfindet.
2 Dass das Volksbegehren „Artenvielfalt – Rettet die Bienen" mit über 900 000 Unterzeichnerinnen und Unterzeichnern das erfolgreichste je in Bayern durchgeführte ist, ist nur der jüngste Beweis für diesen Bewusstseinswandel.

spiel Schule gemacht, ist daraus, wie die anhaltenden Proteste der Jugendlichen und Schüler zeigen, eine neue Generationsbewegung geworden. Ihr Anliegen ist denkbar klar, einfach und berechtigt: Der Welt geht, wie die IPCC-Berichte Jahr für Jahr belegen, in der Klimapolitik die Zeit aus. Also, so die Aufforderung an die Politiker: Handelt endlich! Erfüllt das Pariser Klimaabkommen! Denn sonst verspielt ihr unsere Zukunft! „Wir können eine Krise nicht lösen, ohne sie als eine Krise zu behandeln", lautete Greta Thunbergs Kernbotschaft in Kattowitz. Und daran anschließend forderte sie bei ihrer zweiten, nicht weniger eindrucksvollen Rede auf dem Weltwirtschaftsforum in Davos: „Ich will, dass ihr handelt wie in einer Krise. Ich will, dass ihr handelt, als würde euer Haus brennen. Denn es brennt." Damit bringt Greta Thunberg die Dramatik der Lage auf den Punkt. Früher sprach man in Sonntagsreden stets von der Zukunft kommender Generationen, heute wissen wir: Die Generationen, die von der Klimaveränderung massiv betroffen sein werden, sind längst geboren. Eigentlich, so sollte man daher meinen, hätten die Sorgen der jüngeren Generation allgemeines Verständnis verdient, angesichts der immensen Diskrepanz zwischen globaler Krise und politischer Untätigkeit. Doch genauso stark wie der Protest war von Anfang an der Protest gegen den Protest. Mit allen Mitteln wurde der aufkommenden Bewegung ihre Legitimation abgesprochen. „Das Establishment", zugespitzt formuliert, schoss zurück, und zwar mit dem denkbar größten Kaliber.

»Arme Greta«: Delegitimierung durch Infantilisierung

Von Anfang an richtete sich die Delegitimierung vor allem gegen die junge Schwedin als dem Gesicht der Bewegung; sofort wurde herausgearbeitet, „was an der Rede der jungen Greta nicht stimmt".[3] Weil sie sich auf eine Umweltorganisation berufen hatte – „Ich spreche im Auftrag von *Climate Justice Now"* – wurde insinuiert, dass die Rede überhaupt nicht von ihr stammen könne, ihr sogar von Erwachsenen eingeflüstert worden sein musste. Greta Thunberg wurde als bloße Marionette diffamiert, die von egoistischen Erwachsenen politisch instrumentalisiert, ja fremdgesteuert werde.[4] All das gipfelte in dem absurden Vorwurf, dass man es mit einem Fall von Kinderarbeit zu tun habe.[5]

Die dahinter stehende Strategie liegt auf der Hand: Anstatt sich mit den Inhalten von Greta Thunbergs Rede wie auch mit dem Anliegen der Jugendproteste auseinanderzusetzen, wird deren Glaubwürdigkeit radikal infrage gestellt. Das geschieht in zweifacher Weise: erstens durch gezielte Infantilisierung – weil es sich um Kinder und Jugendliche handelt, können deren Argumente nicht erwachsen sein, müssen also nicht ernst genommen wer-

---

3 Ansgar Graw, Was an der Rede der jungen Greta nicht stimmt, in: „Die Welt", 17.12.2018.
4 Als Beleg dafür diente ein Text des schwedischen Wirtschaftsjournalisten und Kenners der PR-Branche, Andreas Henriksson, wonach Gretas Schulstreik eine bloße Kampagne für ein neues Buch von Gretas Mutter, der Opernsängerin Malena Ernman gewesen sei. Und hinter dieser Kampagne stehe wiederum der PR-Profi Ingmar Rentzhog.
5 So u.a. Ansgar Graw, a.a.O.

den – und zweitens, in noch gesteigerter Stufe, durch laienpsychologische Deutung bis hin zur Pathologisierung der jungen Akteure.

„Es sei die These gewagt", so der Publizist Sebastian Sigler auf „Tichys Einblick", „Kinder und Jugendliche, die gegen ganz bestimmte Industrieprojekte oder ganz allgemein für Frieden, Klima und Weltverbesserung auf die Straße gehen, erhoffen sich eine Belohnung durch ‚Erwünschtheit'". Damit wird den Jugendlichen jede Autonomie abgesprochen, denn die eigentlichen Motive und Hintergründe liegen für Sigler auf der Hand: „Sie folgen den Vorgaben einer zahlenmäßig starken Gruppe von Erwachsenen, die politisch sehr weit links steht und deren Mitglieder unzufrieden sind, weil sich ihre sozialistischen und kommunistischen Blütenträume angesichts des Alltags in einer funktionierenden Marktwirtschaft aus diesem oder jenem Grund in Luft aufgelöst haben." Um die derart fehlgeleiteten Jugendlichen, insbesondere die „arme Greta", so ihre schon gängige abwertende Bezeichnung, vor bösen Mächten zu schützen, endet die Argumentation in wohlmeinendem Paternalismus: „Greta verdient Mitleid. Sie strahlt nicht jene Fröhlichkeit aus, die für eine glückliche Kindheit steht, sondern wirkt getrieben, fremdgesteuert." Indem Greta Thunberg derart fürsorglich in Schutz genommen wird, wird der Inhalt ihrer Aktionen völlig negiert und entwertet. Doch nicht nur das, gleichzeitig wird eine Verschwörung verheerenden Ausmaßes behauptet: „Das Kind Greta, das auszog", zitiert Sigler zustimmend einen seiner Leser, „um kreuzzugmäßig Scharen anderer Kinder zu erleuchten und zu illuminieren, die Schule zu schwänzen und für die ‚Religionen des Klima' zu kämpfen', diese ‚Greta Pippi Langstrumpf' habe alles, um das Zeitalter dieser Religion beginnen zu lassen: die Geschichte, die Zöpfe, den ‚Ernst', den bedingungslosen Fanatismus und die Strahlkraft einer überzeugten ‚Heiligen'".[6]

Mehr an „Deutung", genauer: Diffamierung, einer engagierten Jugendlichen geht nicht. Doch so sehr diese „Argumentation" gleichermaßen infam wie überzogen erscheint, so sehr ist sie doch gerade in ihrer Überzogenheit entlarvend. Denn darin wird der eigentlich Vorwurf vieler sogenannter „Klimaskeptiker" auf den Punkt gebracht: dass wir es bei sämtlichen Ergebnissen der Klimaforschung, die seit Jahren den immer verheerenderen Klimawandel belegen, letztlich mit einem neuen Totalitarismus in Form einer Klimareligion zu tun haben. Alle diese Vorwürfe, ob sie auf den Charakter Greta Thunbergs oder die angeblichen Absichten vermeintlicher „Hintermänner" abstellen, verfolgen letztlich das gleiche, sehr durchschaubare Ziel: die junge Frau mundtot zu machen und sich so ihren Argumenten erst gar nicht aussetzen zu müssen. Auf diese Weise immunisiert man sich gegen jede Kritik an der eigenen, ressourcenverschlingenden Produktions- und Konsumtionsweise. Doch, und das ist das Bemerkenswerte, alle diese Vorwürfe – so radikal sie daherkommen – haben bisher nicht verfangen. Ja, mehr noch: Der Protest hat sich längst verselbstständigt und von seiner Urheberin gelöst, ist über Greta Thunberg hinausgewachsen. Die junge Schwedin war nur die Auslöserin, doch die Art und der Inhalt ihres Protests stehen heute

---

6 Sebastian Sigler, Greta Thunberg – Ikone der Klimareligiösen und Opfer ihrer Eltern, www.tichys-einblick.de, 11.2.2019.

für sich: Inzwischen demonstrieren schuleschwänzend Schülerinnnen und Schüler in ganz Europa, am stärksten in Deutschland, unter dem Slogan „Fridays for Future". Ihr implizites Grundmotiv lautet: „Warum für die Zukunft lernen, wenn wir keine Zukunft haben!"

Eine neue Protest- und Generationsbewegung

Offensichtlich war die Zeit schlicht reif für diese Protestbewegung (auch wenn sogar die Kanzlerin „äußere Einflüsse" dahinter vermutete).[7] Allerdings hat inzwischen auch der Protest gegen den Protest eine zweite, noch radikalere Stufe erreicht. Mittlerweile zielt er auf alle, die sich für den Umweltschutz verwenden. Dabei wird kein Unterschied mehr gemacht zwischen der Deutschen Umwelthilfe, die auf die Einhaltung von Stickoxid-Grenzwerten klagt, oder grünen NGOs, die für den Ausstieg aus der Kohleförderung plädieren, alle seien Teil eines neuen ökologisch-medialen Komplexes. Und um den Anliegen der genannten Organisationen ihre Berechtigung abzusprechen, wird mit allergrößtem Kaliber, nämlich geschichtsphilosophisch operiert.

Zu besonderer Meisterschaft hat es in dieser Disziplin der Chefredakteur der „Welt"-Gruppe, Ulf Poschardt, gebracht. Seiner Ansicht, oder genauer: seiner Insinuation nach „braut sich im Reich der Anständigen ein noch größerer Tugendorkan zusammen: der säkularisierte Calvinismus".[8] Auch für Poschardt hat die Umweltbewegung keinen rationalen, sondern nur religiösen Charakter – und wie jede Religion habe auch diese ihre Priester: „Wie im Calvinismus bestimmen die sündenfreien Eliten, was richtig und falsch ist", so Poschardt. Der Staat werde letztlich zum Vollzugsorgan der auserwählten Moral als einer neuartigen „Umerziehungskultur". Hinter dieser „säkularcalvinistischen Gemeinde" entdeckt Poschardt einen gewaltigen Verschwörungszusammenhang, nämlich eine „Verklumpung grüner Politik, subventionsnaher NGOs und eines medial-kulturellen Komplexes, dem die wechselseitige Anerkennung als Zeichen einzigartiger Auserwähltheit genügt."

Die aktuellen Umfragen der Grünen habe diese Gemeinde auf neue Gipfel des Hochmuts entführt, auf denen über die sittliche Unreife der anderen gestaunt wird, die weder bei Dieselfahrverboten noch beim Tempolimit, beim Fleischessen oder beim Silvesterböllern Einsicht zeigen. Die Haltung der neuen Hohepriester sei klar: „Sie haben immer recht, sie sind nur gut, sie wissen, was richtig und falsch ist, sie wissen auch alles besser, und sie haben keine Probleme, sich selbst über die sündigen anderen zu stellen." Diese hingegen, also alle anderen, würden „für unmündig und diskursdeviant erklärt". Kurzum: Laut der Poschardtschen Umerziehungsdiagnose wird nicht mehr nur der Einzelne, sondern die ganze Gesellschaft in missionarischer Weise auf grün gepolt.

7 Merkel lobte auf der Münchener Sicherheitskonferenz das „wichtige Anliegen" und sagte dann: „Aber dass plötzlich alle deutschen Kinder – nach Jahren, ohne jeden, würd' sagen, äußeren Einfluss – auf die Idee kommen, dass man *diesen* Protest machen muss, das kann man sich auch nicht vorstellen."
8 Ulf Poschardt, Das alte Gift Calvins, in: „Die Welt", 26.1.2019 (Ironischerweise ist der eigentliche säkularisierte Calvinismus nach Max Weber der von Poschardt so geschätzte Kapitalismus.)

So absurd der Vorwurf des Missbrauchs einer angeblich grünen Religion erscheint, erinnert er in seiner Schärfe doch an die hoch ideologisch aufgeladenen Debatten der 1970er Jahre. Schon damals behauptete der konservative Soziologe Helmut Schelsky eine neue „Priesterherrschaft". Allerdings richtete sich sein Vorwurf der Instrumentalisierung des Religiösen nicht gegen ehrlich betroffene, demonstrierende Jugendliche, sondern in einer Debatte auf Augenhöhe gegen die Intellektuellen des anderen, nämlich linken Lagers.[9] Schelskys Kampfanordnung gleicht aber durchaus der von Poschardt inszenierten: Schelsky meinte einen Machtkampf zu erkennen, der sich als neuartiger Klassenkampf darstellt, aber nur „den in der Geschichte Europas uralten Widerstreit von weltlicher und geistlicher Herrschaft in einem modernen Gewande" widerspiegele.[10] Auf der einen Seite stünden die Priester, nämlich die – natürlich linken, kapitalismuskritischen – Intellektuellen als die Klasse der demagogischen „Sinn- und Heilsvermittler". Sie werden bei Schelsky zu „Träger[n] einer neuen sozialen Heilsverkündigung"[11], die sie dem Rest der Gesellschaft aufoktroyieren – in erster Linie den Arbeitern, die die lebenswichtigen Güter überhaupt erst produzieren und damit auf der anderen, der weltlichen Seite stehen.

Da die Intellektuellen mittels Manipulation und Indoktrination die Herrschaft anstrebten, sieht Schelsky die Gefahr der Entstehung einer neuen Heilsreligion, die letztlich zu Lasten derer geht, die den Reichtum des Landes überhaupt erst erwirtschaften. Deshalb komme es darauf an, die Errungenschaften der Aufklärung zu verteidigen – gegen „die neuen sozial-religiösen ,Dunkelmänner'", so Schelsky, „die die Ressentiments der Zeit missionarisch zur Begründung einer neuen Glaubenshysterie benutzen, um ihre eigene sozial-religiöse Herrschaft durchzusetzen."[12]

Alter Wein in neuen Schläuchen: Von Helmut Schelsky zu Ulf Poschardt

Schelsky behauptete damals, „dass die in diesem Buch entwickelten Thesen nicht so schnell veralten, wahrscheinlich Generationen überdauern werden."[13] Denn schon (der Antidemokrat) Georges Sorel habe vor zwei, drei Generationen die gleichen Beobachtungen gemacht und daraufhin die allein entscheidende Frage gestellt: „Wovon werden wir morgen leben?"

Tatsächlich kehren Schelskys Thesen heute in aufgewärmter Form wieder. Das schon klassische Versatzstück jedes reaktionären Konservatismus – der Ressentimentverdacht gegen die Zukurzgekommenen, die den Reichen ihre „verdienten Privilegien" absprechen – taucht als Sozialneid-Vorwurf gegen all jene auf, die etwa die Legitimität immer höher motorisierter SUVs in Frage stellen. Und was bei Schelsky „säkularisierte Religiosität als gesellschaft-

---

9 Helmut Schelsky, Die Arbeit tun die anderen. Klassenkampf und Priesterherrschaft der Intellektuellen, Opladen 1975.
10 Ebd., S. 13.
11 Ebd., S. 142.
12 Ebd., S. 354.
13 Ebd., S. 11 f.

liche Religion" heißt, ist für Poschardt „säkularisierter Calvinismus", also alter Wein in neuen Schläuchen. Auch die dahinterstehende Absicht ist dieselbe, nämlich die Delegitimierung jeglicher Kritik. Zu diesem Zweck wird ein neuer Interessengegensatz konstruiert: Standen in Schelskys Schema den „produktiven Kräften" Intellektuelle gegenüber, sind es bei Poschardt Grüne, NGOs und Schüler, und zwar ungeachtet dessen, wofür sich Letztere einsetzen, nämlich für die ökologischen Lebensgrundlagen aller, also auch der Arbeiterinnen und Arbeiter. Und zudem unabhängig davon, dass gerade die Gutsituierten die Umwelt besonders stark belasten, also nach dem Bestreben der Schülerinnen und Schüler am stärksten ihr Lebens- und Konsummodell ändern müssten. Hinzu kommt der kleine Unterschied, dass wir es in den 1970er Jahren tatsächlich mit starken links-intellektuellen Bataillonen zu tun hatten, während heute die Poschardts Schülerinnen und Schüler aufs Korn nehmen, die alles andere als ideologisch gerüstet sind. Stattdessen halten sie der alten Sorel-Frage – „Wovon werden wir morgen leben?" – ihre existenzielle Angst entgegen: „Wie werden wir das Morgen überhaupt er- und überleben?"

»Freiheit statt Ökodiktatur«

Worum es Poschardt und seinen Mitstreitern primär geht, sind dagegen weniger die Arbeitsplätze der Arbeiterinnen und Arbeiter, als vielmehr das Wohl und Wehe der deutschen Automobilkonzerne. „Die deutsche Autoindustrie soll enthauptet werden", man wolle „eine Schlüsselindustrie kriminalisieren", stößt FDP-Chef Christian Linder ins gleiche Horn und sekundiert damit Andreas Scheuer (CSU). Für den „Minister für Verkehrspolemik" („Süddeutsche Zeitung") sind höhere Dieselsteuern und ein Tempolimit auf Autobahnen schlicht „gegen jeden Menschenverstand".

Der Zufall will es, dass es sich bei allen dreien – Poschardt, Lindner, Scheuer – um ausgewiesene „Petrolheads" und bekennende Sportwagen-Fans handelt. Und so erklärte denn auch Poschardt die freie Raserei auf der deutschen Autobahn zum angeblich letzten Freiheitsrefugium des Mannes in einer total verwalteten Welt. Auch dafür steht ein alter, aber unvermindert dummer Slogan aus den 1970er Jahren Pate: „Freie Fahrt für freie Bürger!"

Poschardts Neocalvinisten kennzeichne dagegen ihr „Negativverhältnis zu jeder Form von Freiheit – und noch bemerkenswerter: die Liebe zum Verbot". Ihnen ginge es nicht mehr um „Freiheit vor dem Staat, sondern durch den Staat". Damit werde diese Gesinnung tendenziell totalitär.

Auch mit dieser Meinung steht Poschardt nicht allein, sieht doch der neoliberale Rainer Hank von der „Frankfurter Allgemeinen Zeitung" bereits „ein Bündnis von Verbotsrhetorikern und Verzichtspredigern" am Werk, „die den staatlichen Eingriff in die individuelle Bürgerfreiheit mit übergeordneten moralischen Zielen legitimieren. Um die Gattung zu retten, wird das einzelne Individuum bevormundet, erzogen und am Ende entmachtet." Diesem Gedanken spendet wiederum Christian Lindner umgehend Beifall und twittert gegen das Tempolimit: „Innovation statt Umerziehung". Dieser Begriff allerdings impliziert ebenfalls eine gewaltige Unterstellung: Denn natürlich, das lehrt die Geschichte, ist es vom Willen zur Umerziehung nicht weit bis zur Umerziehungsdiktatur. Auch dieser ideologische Schlagabtausch ist keineswegs neu, sondern aus den Gründungsjahren der Grünen allzu bekannt. Hieß es noch in den 70er Jahren gegen „die Roten" „Freiheit statt Sozialismus" heißt es heute gegen die Grünen „Freiheit statt Ökodiktatur". Die Ironie der Geschichte: Indem gerade jene Seite, die sich angeblich für die Freiheit jedes Einzelnen verwendet, so eine neue Totalitarismustheorie erfindet, dämonisiert sie die andere Seite, um sie zum Schweigen zu bringen.

Wer bestimmt, worüber das Land sich aufregt?

Warum aber wird gegen die Argumente der Jugendlichen mit derart harten Bandagen gekämpft? Dahinter verbirgt sich zweierlei: Zum einen ist der Protest der Jugendlichen so offensichtlich berechtigt – Sinnbild dafür ist die ersatzlose Streichung der deutschen Klimaziele 2020 –, dass die gegnerische Seite meint, den Protest bereits im Keim ersticken zu müssen. Zum Anderen aber geht es dabei immer auch um die harte Verteidigung eigener Interessen. „Das Schreckgespenst der ‚Öko-Diktatur' wird stets dann bemüht, wenn Profiteure der Zerstörung ihre Privilegien verlieren", stellt die Umweltjournalistin Kathrin Hartmann im „Freitag" fest. Daher werde der für den Erhalt unserer Lebensgrundlagen unabdingbare Klima- und Umweltschutz nicht als Frage der Gerechtigkeit diskutiert, für den globalen Süden wie für jüngere Generationen, sondern als Zumutung, Verzicht, ja sogar im Extrem als antidemokratische Gewaltherrschaft. „Eine erstaunliche Täter-Opfer-Umkehr", so Hartmann.[14] Exemplarisch für die herrschende Täter-Opfer-Umkehr ist es, wenn Peter Altmaier den Aktivistinnen und Aktivisten von „Fridays for Future" erklärt, er sehe die Wirtschaft in Deutschland durch den Klimaschutz gefährdet. Offensichtlich ist das Gegenteil der Fall, schützt die herrschende Politik doch primär die Interessen der deutschen Wirtschaft wie all jener, die von billigen Energiepreisen profitieren.

Die Massivität der Protest-Unterdrückung zeigt jedoch auch, dass es in der Debatte um etwas noch Grundsätzlicheres geht, nämlich um einen Kampf um die Deutungshoheit – oder genauer gesagt: um die Empörungshoheit. Wer bestimmt und definiert, worüber man sich in dieser Gesellschaft am meisten aufregt? So lautet die Gretchenfrage. Früher hätte man von der Lufthoheit über den Stammtischen gesprochen, heute geht es dabei auch und nicht zuletzt um die Echokammern im Internet.

Von 1968 an über die 1970er und 80er Jahre bis zur Jahrtausendwende und der Gründung von Attac kam die Empörung im Lande, zumal als Protest auf der Straße, zumeist von links. Und noch das „Empört Euch!", das der französische Résistance-Kämpfer und Diplomat Stéphan Hessel zum Ende seines Lebens verlangte, war eine scharfe, linke Kritik des internationalen Finanz-

---

14 Kathrin Hartmann, Der Gärtner wird zum Bock, in: „Der Freitag", 30.1.2019.

kapitalismus, gerichtet gegen „die Werte des Geldes und der Verschwendung". Doch in den letzten Jahren – spätestens seit dem Aufkommen von Pegida 2014 und der großen Wutwelle im Gefolge der globalen Flucht – ist der Protest nach rechts gewandert, hat die Empörung die Seiten gewechselt. Das linke „Empört Euch!" wurde von einem rechten verdrängt. Zu hören waren nur noch die „besorgten Bürger". Gleichzeitig wurde die linke Kritik immer stärker marginalisiert. Und ein Weiteres kam hinzu: Angesichts der massiven Angriffe von rechts sahen sich die linken wie liberalen Kräfte in den letzten Jahren vor allem zur Verteidigung der demokratischen Institutionen aufgerufen. Jede weiterreichende Gesellschafts- oder gar Kapitalismuskritik trat demgegenüber in den Hintergrund. Auch deshalb waren die letzten drei Jahre klimapolitisch verlorene Jahre.

Selbst wenn der rechte Höhenflug der AfD eines Tages abflauen sollte, heißt das keineswegs, dass die Verteidiger des Status quo ihre Privilegien aufgeben. Im Gegenteil: Gerade wenn sie sich in der Defensive sehen, wird der Kampf um die kulturelle Hegemonie umso mehr mit aller Härte ausgetragen – auch als Kampf um Gehör und Sichtbarkeit in der medialen Aufmerksamkeitsökonomie. Zu diesem Zweck bringt man gegen die Empörung der Jungen sogar die Wut der Dieselfahrer präventiv in Stellung. Mit der (selbsterfüllenden) Prophezeiung – „Treibt es mit den Verboten nicht zu bunt, sonst ziehen die Arbeiter die gelbe Weste an und halten es wie in Frankreich" –, wird, um jeden ökologischen Gedanken schon im Ansatz zu unterbinden, in regelrecht erpresserischer Weise die Gefahr brennender deutscher Innenstädte beschworen und zugleich ein neuer rechtsradikaler Aufschwung an die Wand gemalt. Am prägnantesten, aber auch am bizarrsten, brachte diese Logik erneut Ulf Poschardt auf den Punkt: „Wenn Andi Scheuer als großer deutscher Antifaschist das nicht gemacht hätte [das Veto gegen Dieselfahrverbote], hätte sich die AfD dieses Thema geholt und hätte gesagt: Wir sind die Sprecher der Dieselfahrer", so der „Welt"-Chef in der ARD-Sendung „Maischberger".[15] Auf diese Weise werden Autolobbyisten kurzerhand zu Antifaschisten umetikettiert.

Die ewige Pubertät der Spaßgesellschaft

Neben alledem gibt es aber noch einen weiteren Grund für die Defensive der jüngeren Generationen. Mit ihrer stark ironischen Haltung hat sich die Jugend in den vergangenen Jahrzehnten selbst entwaffnet und ihrer vielleicht wichtigsten Ressource begeben – nämlich des moralischen Rechts, mit vollem Ernst im Namen und als Vertreter der Zukunft zu sprechen.

Hierin aber besteht gerade die Stärke der Auftritte von Greta Thunberg. Sie spricht in einem seit Langem nicht mehr gehörten Ton der existenziellen Ernsthaftigkeit, der allein der gegenwärtigen Lage angemessen ist. Indem sie, wie auch die Jugendlichen bei „Fridays for Future", verlangt, die Pro-

---

15 Siehe „Maischberger", www.ard.de, 13.2.2019.

bleme in ihrer ganzen Dramatik zur Kenntnis zu nehmen, setzt sie Moral und Ernst gegen die herrschende Haltung, die sich mit Ironie gegen die Angst vor der Zukunft immunisiert. Auch aufgrund der eigenen Betroffenheit beendete Greta Thunberg ihre Rede auf dem Weltwirtschaftsforum mit dem Eingeständnis ihrer eigenen Angst und den eindringlichen Worten: „Erwachsene sagen immer: ‚Wir schulden es den jungen Leuten ihnen Hoffnung zu geben.' Aber ich will eure Hoffnung nicht. Ich will nicht, dass ihr hoffnungsvoll seid. Ich will, dass ihr Panik habt. Ich will, dass ihr die Angst empfindet, die ich jeden Tag spüre. Und dann will ich, dass ihr handelt."

Greta Thunberg fordert – mit allem ihr zur Verfügung stehendem Ernst – das einzig Vernünftige: das „Erkenne die Lage" und, daraus resultierend, das gebotene Handeln. Doch seit den 80er Jahren, den Anfangszeiten der Grünen, sind wir diese Schärfe, diesen moralhaltigen Ton, nicht mehr gewohnt, weil sich längst alles aufgelöst hat im Säurebad der banalisierenden Ironie. Der neue radikale Ernst, diese Unbedingtheit der Jungen steht in totalem Kontrast zum Ironiegebot einer pubertären Spaßgesellschaft.

Deswegen ist es infam, Greta Thunberg und ihre Mitstreiterinnen als pubertär abtun zu wollen. Pubertär ist die herrschende Gegenwart der rasenden Spaßgesellschaft, die ihr „erwachsenes" TV-Publikum jeden Abend aufs Neue infantilisiert.[16] Auch auf diese Unfähigkeit der Erwachsenen, die radikale Lage in aller Klarheit zu benennen, gibt Greta Thunberg die richtige Antwort. „Sie sind nicht erwachsen genug, um das so zu formulieren. Selbst diese Bürde überlassen Sie uns Kindern." Und weiter heißt es: „Sie reden nur deswegen vom ewigen Wirtschaftswachstum, weil Sie Angst haben, unpopulär zu sein. Sie sprechen immer nur davon weiterzumachen, mit denselben schlechten Ideen, die uns in diese Misere gebracht haben. Dabei wäre es das einzig Sinnvolle, die Notbremse zu ziehen."

Ziehen wir die Notbremse

Dieses Bild der Notbremse ist ein altbekanntes. Bei Karl Marx heißt es: „Die Revolutionen sind die Lokomotiven der Geschichte." Walter Benjamin hielt dagegen: „Aber vielleicht ist dem gänzlich anders. Vielleicht sind die Revolutionen der Griff des in diesem Zug reisenden Menschengeschlechts nach der Notbremse."[17]

Benjamin wollte damit nicht die Notwendigkeit der radikalen Veränderung leugnen, aber bei ihm nimmt die Idee der Revolution einen anderen Charakter an. Die Idee einer linearen Fortschrittsgeschichte ist für Benjamin gescheitert. Die Trümmer der Geschichte, speziell des Faschismus, vor Augen, ging Benjamin aus Sicht der Unterdrückten davon aus, „dass der Ausnahmezustand, in dem wir leben, die Regel ist". Damit aber verändert

---

16 Insofern zieht sich ein bemerkenswertes Band der widerständigen Ernsthaftigkeit von der Rede Greta Thunbergs zu jener legendären Philippika des greisen Marcel Reich-Ranicki gegen die herrschende TV-Spaßkultur.
17 Walter Benjamin, Über den Begriff der Geschichte. Werke und Nachlass, Kritische Gesamtausgabe Bd. 19, Berlin 2010, S. 153.

sich auch das Bild der Revolution. Die Katastrophe wäre der Fortgang der Geschichte – dass alles so weitergeht wie bisher. Worauf es ankommt, ist der Griff nach der Notbremse, der die fatale Kontinuität unterbricht. Diese Erkenntnis, dass es so wie bisher nicht weitergehen kann und darf, ist von bestechender Aktualität. Ohne eine radikale Veränderung werden wir weiter das Klima anheizen, werden sich immer mehr Menschen im Süden in Bewegung setzen. Ohne eine Politik des Zurück, des Weniger, bei der alle unsere Preise – von Benzin und Kerosin bis zu den Lebensmitteln – die ökologische Wahrheit sagen, werden wir die Herausforderungen nicht bewältigen, und schon gar nicht mit den My-country-first-Methoden der Rechtspopulisten und Klimaleugner. „Solange wir uns nicht solidarisch erklären mit allen anderen auf diesem Planeten, werden wir globale Ausgleichsströmungen haben. Das wird das Problem der Zukunft sein. Zusammen mit dem Klimawandel, der ja auch ein Migrationsproblem ist", stellt der populäre Astrophysiker Harald Lesch fest. „Wir dachten immer, wir könnten unsere Abfälle in die Meere, die Atmosphäre oder den Boden entsorgen, jetzt kommt die Retourkutsche. Wir haben auf viel zu großem Fuß gelebt und merken allmählich, dass die Party vorbei ist".[18] Doch so sehr speziell die Aufgeklärten unter den Jugendlichen merken, dass die Party vorbei ist, geht diese faktisch unvermindert weiter – denn Tausende wollen weiter feiern und damit glänzende Geschäfte machen. Alles mit dem Ziel, dass sich nichts an unserem ressourcenverschlingenden Konsummodell ändert.

Fest steht aber schon heute: Wenn wir so weitermachen wie bisher, untergraben wir die Möglichkeiten, die ökologische Wende auf demokratischreformerischem Wege zu schaffen. Das ist die eigentlich autoritäre Gefahr: Wenn es den demokratischen Staaten in den nächsten Jahren nicht gelingt, den Nachweis zu erbringen, dass sie die ökologische Frage zu bewältigen in der Lage sind, dann könnte es tatsächlich zu jenen ökodiktatorischen Verhältnissen kommen, die Poschardt und Co. gegen „Fridays for Future" drohend an die Wand malen. Schon heute zeichnet sich die neue große Systemauseinandersetzung der Zukunft ab: zwischen westlichen Demokratien, die sich auf dem schwierigen und schwerfälligen Weg der demokratischen Kompromiss- und Konsenssuche ökologisch reformieren müssen, und einem in der Tat ökodiktatorischen chinesischen Modell, dass von oben Maßnahmen dekretiert und diese in aller Brutalität durchsetzt, notfalls gegen die individuellen Menschenrechte der Betroffenen. Um den Triumph dieses Modells zu verhindern, müssen unsere Demokratien auf allen Ebenen radikale ökologische Reformen in Gang setzen. Nur so wird das Bewahrenswerte noch zu bewahren sein. Daher müssen wir Greta Thunberg und ihren Mitstreiterinnen von „Fridays for Future" dankbar sein. Und wir sollten die junge Generation nicht allein lassen gegenüber all jenen, die sie mit allen Mitteln zu diffamieren versuchen. Momentan tragen die Jungen jene Probleme auf die Straße, die uns alle schon jetzt betreffen. Ja, „das Haus brennt". Fangen wir an zu löschen, bevor es zu spät ist – für die globale Umwelt wie auch für unsere Demokratie.

18 „Die Vernunft ist gerade auf der Toilette", Harald Lesch im Gespräch mit Reto Hunziker, in: „Berner Zeitung", 2.2.2019.

Buen Vivir – auch im globalen Norden?

Von **Julia Fritzsche**

Jairo Fuentes liegt in einer Hängematte, als eine Handvoll Soldaten auf ihn zukommen. „Wir sind hier, um die Einwohner zu zählen", sagt einer der Soldaten zu ihm. Er meint die Dorfgemeinschaft Tamaquito, rund 32 Familien, die in Häusern aus Holz und Lehm im Urwald leben. Tamaquito zählt sich zu den Wayúu, einer indigenen Kultur in der Region La Guajira im Nordosten Kolumbiens. Die Menschen hier leben von Fischfang und Jagd, bauen Mais, Melonen und Bohnen an, sammeln wilde Früchte und halten Hühner, Schweine, Kühe, Ziegen, Pferde.

Fuentes weiß, in wessen Auftrag die Soldaten hier sind. Vier Kilometer entfernt liegt der Krater des größten Kohletagebaus der Welt, er frisst sich mit Sprengungen täglich zwei bis drei Hektar voran, um Kohle freizulegen, die nach Deutschland, England, Japan, in die USA ausgeführt wird. Tamaquito und Fuentes' Hängematte sind dem Betreiberunternehmen Cerrejón im Weg.

„Das müssen wir erst intern diskutieren", antwortet Fuentes dem Soldaten. „Dann sehen wir weiter", sagt er. Der Soldat zieht ab. Und die Gemeinschaft Tamaquito kommt zu dem Urteil: „Wir können nicht zulassen, dass ein Konzern unseren Reichtum aus dem Land schafft." Die Dorfgemeinschaft verweigert den Dialog mit dem Kohleunternehmen, denn sie sagen sich: „Wir haben hier alles, was wir zum Leben brauchen."

Es ist eine der ersten Szenen aus dem Dokumentarfilm „La buena vida – Das gute Leben" des Münchner Filmemachers Jens Schanze. Eineinhalb Jahre hat er mit der Kamera begleitet, wie Fuentes und die anderen Mitglieder von Tamaquito ihr Leben und die Natur, von der sie leben, vor der Zerstörung durch den Tagebaubetreiber zu bewahren versuchen. Der Titel des Dokumentarfilms sagt, worum es ihnen geht: um *das gute Leben.*

Das gute Leben, oft auch mit der spanischen Form *El Buen Vivir* bezeichnet, in der Sprache der Indigenen *Sumak Kawsay,* meint ein in Lateinamerika verbreitetes Konzept des Zusammenlebens von Menschen und Natur. Indigene, vor allem im Andenraum, haben es entwickelt. Diese Weltanschauung beschreibt ein sozial gerechtes und ökologisch nachhaltiges Leben, in dem der Mensch sich verantwortungsvoll um die anderen kümmert, die Gemeinschaft stärkt, in möglichst großer Harmonie mit seinen Mitmenschen und der Natur lebt und ein jahrhundertealtes Wissen über Gemeinschaft und Natur weiterträgt. Das *Buen Vivir* ist durch regionale Lebensversorgung geprägt,

Ideen von Wirtschaftswachstum und dem Anhäufen von Gütern sind ihm fremd, insbesondere der großindustrielle Abbau von Rohstoffen. Das Konzept sieht vielmehr vor, sich gegen ebenjenen Extraktivismus zu wehren, und gilt als Alternative zum Neoliberalismus. In Bolivien und Ecuador wurde das *Buen Vivir* 2007 und 2008 in den Verfassungen verankert, sie garantieren unter anderem Anspruch auf ausreichende Ernährung, Gesundheit, Erziehung und Zugang zu sauberem Wasser. Die Natur verfügt über eigene Rechte, Privatisierungen von natürlichen Gemeingütern wie Wasser sind verboten. Ähnliche Ideen indigener Kulturen gibt es auch an anderen Orten des Globalen Südens, wie das Konzept der *Radikalen ökologischen Demokratie* in Indien oder das südafrikanische *Ubuntu*, was übersetzt etwa „Ich bin, weil wir sind" bedeutet, also dass eine Person erst durch andere Menschen und Lebewesen zu einer Person wird.

Im weiteren Verlauf von Jens Schanzes Film bekommt Jairo Fuentes anonyme Drohanrufe, das Militär taucht immer wieder in Tamaquito auf und Fuentes und die anderen kommen zu dem Schluss, dass sie sich gegen die „Macht, die (sie) jederzeit auslöschen kann" nicht gewaltvoll werden verteidigen können. Sie nehmen den Dialog mit dem Kohleunternehmen wieder auf. Von da an preist eine Cerrejón-Vertreterin ihnen regelmäßig in Workshops auf dem Dorfplatz die Umsiedlung und neue „Geschäftskonzepte" an: Der neue Ort, die neue Lebensweise seien „sehr viel angenehmer" („das Projekt eures Lebens"). Sie könnten in Zukunft, statt nur für sich, für viel mehr Menschen produzieren und das Übrige als „Ware" auf den „Markt" tragen, auch ins Ausland („Melonen müssen eine bestimmte Größe haben"), und einen „Lebensunterhalt" erwirtschaften.

Dass das ein besseres Leben wäre, davon kann die Vertreterin Fuentes und die anderen nicht überzeugen. Vor allem, weil der neue Ort, an den sie ziehen sollen, nicht wie Tamaquito im üppigen Wald, sondern in der Steppe liegt, kein Wasser, kein Fluss, kein Brunnen. Zwar baut Cerrejón ihnen dort Ziegelhäuser mit Strom und Gasherd, sie stehen aber auf staubigem Feld. Mit Widerwillen und erst, als sie dem Unternehmen eine schriftliche Versicherung abringen können, Wasser hinzuleiten und Teiche anzulegen, stimmen die Mitglieder von Tamaquito der Umsiedlung zu. Am 13. August 2013 werden sie abgeholt. Ehe die Bagger kommen, schlagen sie selbst ihre Häuser aus Lehm und Pflöcken ein, die zu kleinen Haufen Erde und Holz zusammenfallen. Auch sechs Monate später gibt es in ihrem neuen Wohnort noch kein Wasser, die Mitglieder von Tamaquito können keine Ernte einbringen, sie müssen regelmäßig Überbrückungsgelder von Cerrejón erstreiten, um Wasser und Nahrung besorgen zu können. In den neuen Häusern mit kaltem harten Fliesenboden halten sie sich kaum auf, viele kochen draußen statt auf dem Gasherd, manche haben sich neue Lehmhäuser auf dem staubigen Feld gebaut.

Ein Jahr später und zum Schluss des Films reist Jairo Fuentes mit Hilfe einer NGO in die Schweiz, zur Hauptversammlung des für das Steinkohlebergwerk zuständigen Rohstoffkonzerns *Glencore*, wo Verwaltungsratspräsident Tony Hayward den Aktionären berichtet, wie ihr Unternehmen 2013 seine Größe verdoppelt hat. Als Publikumsfragen zugelassen werden, erhebt sich Jairo Fuentes aus den Stuhlreihen. Die Gemeinschaft Tamaquito sei in einer schwierigen Lage, habe kein Trinkwasser und keine Produktionsmöglichkeiten mehr. Belustigt von Jairo Fuentes' Auftreten wimmelt Hayward seine Schilderungen ab.

Was Jens Schanze anhand von Tamaquito zeigt, passierte in der Region in großem Maßstab. Der Bergwerkbetreiber baggerte weitere Dorfgemeinschaften weg, teilweise verdrängte das kolumbianische Militär sie gewaltsam.[1] Durch die Region La Guajira fahren heute alle 90 Minuten Kohlezüge, sie transportieren 100 000 Tonnen Kohle pro Tag. Die Wayúu haben vom Staub der Sprengungen Ernteausfälle sowie Haut- und Atemwegserkrankungen. Der Fluss Río Ranchería, von dem 250 000 Menschen abhängen und der eine wichtige spirituelle Bedeutung für die Wayúu hat, wird über 26 Kilometer umgeleitet, um die 500 Mio. Tonnen Kohle unter dem Flussbett abzubauen. Viele der Wayúu kommen jetzt nicht mehr einfach an den Fluss, Subsistenzwirtschaft und Jagen ist in Teilen der Region verboten. Wie die Wayúu werden weltweit jedes Jahr rund 1,5 Millionen Menschen durch den Abbau von Bodenschätzen gezwungen, ihren Wohnort zu verlassen.

Unsere imperiale Lebensweise

Kohlekonsum und seine Auswirkungen im Globalen Süden sind nur ein Beispiel der *imperialen Lebens- und Arbeitsweise*, die unter anderem Forscherinnen und Aktivisten um den Göttinger Agrarökonomen Thomas Kopp analysieren und in dem Buch und Online-Dossier „Auf Kosten anderer?" mit Fakten und Beispielen zusammentragen, auf die ich auf hier zurückgreifen möchte.[2] Dabei geht es ihnen nicht nur um individuelles Verhalten, sondern vor allem um die Strukturen unserer Lebens- und Produktionsweise: einerseits um handfeste Strukturen wie Gesetze, Infrastrukturen und Produktionsabläufe, andererseits um geistige und narrative Strukturen wie Verhaltensweisen und Denkmuster. Gemeinsam ermöglichen sie dem Globalen Norden ein Leben auf Kosten des Globalen Südens: Supermarktketten liefern uns das ganze Jahr Mangos; wir halten es für angemessen, alle zwei Jahre ein neues Handy mit Bestandteilen aus Coltan-Minen zu kaufen; moderne Putztruppen auf den Philippinen müssen acht Stunden täglich Enthauptungsvideos und Dokumente sexualisierter Gewalt betrachten, um das Erscheinungsbild von Facebook und Google reinzuhalten; internationale Finanzeinrichtungen zwingen über Kredite und Währungspolitik dem Globalen Süden ihre Vorstellungen von politisch sinnvollen Maßnahmen auf; und westliche Regierungen verzichten darauf zu verlangen, dass ihre Unternehmen Arbeitsschutzstandards im Ausland einhalten.

---

1 Hintergrundinfos zum Dokumentarfilm „La buena vida – Das gute Leben" (2015) von Jens Schanze, www.dasguteleben-film.de.
2 I.L.A.-Kollektiv, Auf Kosten anderer? Wie die imperiale Lebensweise ein gutes Leben für alle verhindert, München 2017, sowie als Online-Dossier: www.aufkostenanderer.org.

Lange machte die kapitalistische Erzählung die Menschen im Globalen Norden glauben, Fortschritt und Wohlstand lägen in erster Linie an Fleiß, Willenskraft und Innovationsfähigkeit der dort lebenden Menschen, wie unter anderem der Münchner Soziologe Stephan Lessenich in Vorträgen und in seinem Buch „Neben uns die Sintflut. Die Externalisierungsgesellschaft und ihr Preis" beschreibt.[3] Tatsächlich waren auch die arbeitenden Klassen des Globalen Nordens daran beteiligt, vor allem aber die Landnahme in einem nichtkapitalistischen Außen. Die imperiale Lebensweise fußt auf der europäischen Expansion und der Kolonialisierung großer Teile des Globalen Südens im 15. und 16. Jahrhundert sowie auf der späteren Industrialisierung und dem Imperialismus im 18. und 19. Jahrhundert. Mit rassistischen Argumenten wie der Vorstellung vom *Wilden* und von der Überlegenheit der christlichen Religion weiteten die konkurrierenden europäischen Mächte ihren Zugriff auf Land, Arbeitskraft und Rohstoffe weltweit aus, teilten die Erde gewaltsam untereinander auf und machten sich die Techniken und das Wissen der Unterjochten zu eigen. Hatten zu Beginn des 19. Jahrhunderts die rohstoffreichen Länder des Globalen Südens, die zum Teil, wie Indien, in der Textilherstellung technisch führend waren, noch über zwei Drittel des weltweiten Einkommens verfügt, war es Mitte des 20. Jahrhunderts nur noch ein Viertel.[4]

Heute, da mehr Menschen als je zuvor auf der Flucht sind, da die Folgen der Klimaerhitzung auch im Norden langsam zu spüren sind, da auch europäische Meere, Flüsse und Wasserleitungen voller Mikroplastik sind, erkennen immer mehr Menschen im Norden, dass ihre Lebensweise imperial und die Landnahme eines Außen auf einem Planeten endlich ist.

Dschungel statt Öl: Eine bahnbrechende Idee...

Kann die Idee des *Buen Vivir* der Weltgemeinschaft und insbesondere dem Globalen Norden einen Ausweg aus dieser bedrängenden Gegenwart aufzeigen?

Ecuador, 2008: Esperanza Martinez kommt zum ersten Mal mit dem *Buen Vivir* in Kontakt und merkt, dass die Idee und der Kontakt zu den Indigenen ihr Leben verändern. Die Biologin berät damals die ecuadorianische Regierung, die ein neues Entwicklungsmodell und eine neue Verfassung für Ecuador vorsieht. Das *Buen Vivir* und die Rechte der Natur sollen darin eine große Rolle spielen. Esperanza Martinez begleitet den Prozess, wie sie mir 2017 auf der internationalen Konferenz *Buen Vivir* in München erzählt.

Die Indigenen hatten damals einen revolutionären Vorschlag zur Rettung der Natur entwickelt: „Dschungel statt Öl". Die ecuadorianische Regierung

---

3 Stephan Lessenich, Neben uns die Sintflut. Die Externalisierungsgesellschaft und ihr Preis, München 2016. Vgl. auch: ders., „Weil wir es uns leisten können". Wie und warum wir über die Verhältnisse anderer leben, in: „Blätter", 11/2016, S. 91-102.
4 Angus Maddison, The World Economy – A Millenial Perspective. Paris OECD 2011; Deepak Nayyar, The South in the World Economy: Past, Present and Future, in: K. Malik und M. Kugler (Hg.), Human Progress and the Rising South, New York UNDP 2013; beides zit. nach: I.L.A.-Kollektiv, Auf Kosten anderer, a.a.O., S. 13.

solle staatlichen und privaten Unternehmen in bestimmten Regionen des Yasuní-Nationalparks im Osten Ecuadors das Abholzen von Regenwald und die Förderung des darunterliegenden Erdöls verbieten. Denn das Erdöl dort in der Erde und den Regenwald weiter gedeihen und CO_2 binden zu lassen würde 400 Mio. Tonnen CO_2-Emissionen verhindern. „Lasst es im Boden", forderten deshalb damals die Indigenen, „wir wollen kein besseres Erdölgeschäft, wir wollen gar keines." Der damalige sozialistische Staatschef Rafael Correa springt auf die Idee der Indigenen an: Er bietet der Weltgemeinschaft an, das Ölvorkommen im Boden zu lassen, wenn diese dafür Ausgleichszahlungen leistet. Für den Erhalt von Yasuní solle Ecuador über 13 Jahre verteilt 3,6 Mrd. Dollar erhalten, das ist in etwa die Hälfte des Geldes, das es mit dem Verkauf des Öls verdienen könnte. „Das ist ein neuer Weg in der wirtschafts- und energiepolitischen Logik. Länder, die bisher ihre Rohstoffe plünderten, etwa indem sie ihr Öl verkauften, können jetzt dafür entschädigt werden, dass sie ihr Öl nicht fördern und der Umwelt einen Dienst erweisen. Sie werden damit zu Umweltdienstleistern. Der Yasuní-Nationalpark wird zum Inbegriff der unterlassenen Umweltzerstörung", sagt Correa.[5] Die UNESCO hatte ihn 1989 zum Biosphärenreservat ernannt, dort leben so viele Tierarten wie in keinem anderen Regenwald Lateinamerikas und mehr Baumarten als in Nordamerika und Kanada zusammen. Auch zwei indigene Kulturen leben dort, die Taromenane und die Tagairi. „Wir kennen sie nicht sehr gut, wir wissen aber: Sie wollen in Ruhe gelassen werden", sagt die ecuadorianische Umweltschützerin Yolanda Karabatse. Auf den Deal „Dschungel statt Öl" lassen sich viele Staaten ein.

…scheitert an der FDP

2008 berät auch der Deutsche Bundestag darüber, Union und SPD regieren damals. Wird der Bundestag dem radikalen Projekt zum Schutz von Menschen und Natur zustimmen? Esperanza Martinez, aber auch viele Indigene und die ecuadorianische Regierung schauen auf die Entscheidung der Staatengemeinschaft und der Bundesregierung. Martinez beginnt zu diesem Zeitpunkt schon, ihre Perspektive zu ändern. „Meine Sicht auf die Natur wurde durch die Idee des *Buen Vivir* immer vollständiger. Die Beschäftigung mit dem Erdöl spielte dabei eine große Rolle. Es ist das Blut der Erde. Das stellt die westliche Sicht auf den Kopf. Denn Respekt für die Erde sorgt dafür, dass wir uns als abhängig und als zerbrechlicher wahrnehmen."

Der Deutsche Bundestag stimmt 2008 dem Naturschutzprojekt zu. Das ist bahnbrechend, denn es ist eine neue Art von Entwicklungspolitik, die dazu dient, Menschen, Natur und Planeten zu erhalten. „Doch es kam kaum Geld", erklärt Esperanza Martinez, die internationale Staatengemeinschaft zahlte nicht genug. Auch nicht Deutschland? Dort sind, als es so weit ist, dass erste Beiträge für das Projekt eingehen müssten, nicht mehr Union und SPD, son-

[5] Julio Segador, Dschungel statt Öl. Ecuador wartet auf Spenden für den Yasuní-Nationalpark, Deutschlandfunk, 10.10.2011.

dern Union und FDP an der Regierung. Umweltbewegte Unionsabgeordnete sprechen sich für das Projekt aus. Doch Entwicklungsminister ist jetzt Dirk Niebel von der FDP. Er will die zugesagten Beiträge nicht zahlen. Er schaffe ganz bewusst keinen Präzedenzfall, der in immer neue Forderungen münden würde, finanzielle Mittel für das Unterlassen von Umweltschädigungen bereitzustellen, sagt er.[6] Niebel versteht offenbar, dass es bei dem Projekt „Dschungel statt Öl" nicht einfach darum geht, Beiträge einzusammeln, sondern einen tiefgreifenden Veränderungsprozess anzustoßen.

2011 beugen sich die Abgeordneten der Union der Koalitionsdisziplin. Auch aus Deutschland kommt also kein Geld, das Projekt droht zu scheitern. Hinzu kommt, dass während der gesamten Laufzeit der Initiative Informationen durchgesickert sind, dass in einer Nachbarregion nach Öl gebohrt wird – was nur dann rentabel ist, wenn auch im entsprechenden Gebiet von Yasuní gefördert wird. So kamen Zweifel auf, wie ernst es die Regierung wirklich damit nimmt, das Öl nicht zu extrahieren. Schließlich erklärt Raffael Correa die Initiative für beendet und begründet das mit dem wenigen eingegangenen Geld. Die Idee der Indigenen ist gescheitert. Das passt zur grundsätzlichen Politik der sozialistischen Regierungen, die das Konzept des *Buen Vivir* wenige Jahre nach der Einführung wieder ausgehöhlt hatten. Heute verfügen in Ecuador zwei Unternehmen über den Ölmarkt, drei Eigentümer über 91 Prozent des Zuckermarktes, ein Konzern über 62 Prozent des Fleischmarktes sowie die staatliche Brauerei und Coca-Cola Ecuador über 71 Prozent des Getränkemarktes.[7] Im Dschungel von Yasuní begannen 2016 die Bohrungen. Ist damit die Idee „Lasst es im Boden" tot?

»Lasst die Kohle im Boden!«

Im Mai des gleichen Jahres, 2016, setzen sich Aktivistinnen und Aktivisten im Lausitzer Braunkohlerevier auf Schienen, Bagger, Förderbänder. Auf einem ihrer Banner steht: „Lasst es im Boden." Sie demonstrieren dafür, Kraftwerk und Tagebau schnell und sozialverträglich zu schließen. Die 3500 Demonstrierenden sehen sich als Teil einer globalen Bewegung gegen fossile Infrastrukturen, stammen aus Anti-Kohle- und Anti-Atomkraft-Bewegungen. Attac, Grüne Jugend, Linksjugend und Interventionistische Linke unterstützen die Aktion – und auch Anhänger des Yasuní-Projekts. Grundlegende Ideen des *Buen Vivir* in einem internationalen Vertrag zu verankern ist zwar gescheitert, doch gibt es auch im Globalen Norden Menschen, die sie weitertragen – nicht auf Regierungsebene, sondern außerparlamentarisch. Sind die Lebensweise und die Philosophie der Indigenen aber auf den Globalen Norden übertragbar? Das sind sie nicht. So das Urteil von Alberto Acosta auf der Konferenz in München. Er arbeitete damals wie Martinez für die ecuadorianische Regierung, er war 2007 Correas Energieminister und für

---

6   Dirk Niebel, Dschungel statt Öl?, in: „die tageszeitung", 23.9.2011.
7   Johannes Süßmann, „Buen Vivir": Mutiges Verfassungskonzept droht zu scheitern, www.adveniat. de, 16.6.2016.

die Verankerung der Idee der Indigenen zuständig. „Die Menschen in den westlichen Industrienationen können nicht im Dschungel leben", sagt Acosta. Sie sollen das Konzept des *Buen Vivir* auch nicht idealisieren.[8]

Sie können aber, so Acosta, einige Prinzipien übernehmen, vor allem drei. Zum einen die Verbundenheit mit der Natur. So wie die Menschen in Peru und Ecuador beschlossen, das Wasser nicht privatisieren zu wollen, könnten auch Menschen im Norden die Privatisierung von natürlichen Ressourcen verhindern. Beim „Berliner Wassertisch" geschah genau das, sagt er. 1999 hatte eine kleine Gruppe von Berlinern herausgefunden, dass 50 Prozent der Anteile der Berliner Wasserwerke als Public Private Partnership an Veolia und RWE verkauft worden waren. Nachdem sie ein Referendum erstritten hatten, sodass sie den für geheim erklärten Vertrag einsehen durften, war der Druck auf die Berliner Regierung so groß, dass sie die Anteile zurückkaufte und die Wasserversorgung wieder vergemeinschaftete. Der Globale Norden könne außerdem, so Acosta, die Idee des Gemeinsinns vom *Buen Vivir* übernehmen, von Kooperation statt Konkurrenz, Suffizienz statt Effizienz, Genügsamkeit statt Wachstum. Drittens könnte der Norden eine Art Spiritualität übernehmen, die vor allem darin besteht, ein harmonisches Leben zu lehren – zum Beispiel in der Schule –, statt Menschen als Zentrum der Welt zu begreifen und die Beziehung zwischen ihnen und der Natur weiter als Marktbeziehung zu verstehen.

Landwirtschaftskooperativen, Urban Gardening und Ernährungsräte

Passiert das tatsächlich irgendwo, jenseits von Eine-Welt-Läden und Baumhäusern im Hambacher Forst? Verfangen die von Acosta genannten Grundsätze des *Buen Vivir* irgendwo im Globalen Norden? Und können sie bei so vielen Menschen verfangen, dass sie einen Ausweg aus der Dauerkrise von Natur und Menschen im Globalen Süden aufzeigen? Einen Ausweg, den die Aufforderungen zu Spenden und bewusstem Konsum nicht liefern?

Wenige beziehen sich explizit auf das *Buen Vivir*: ein paar soziale Initiativen, kirchliche und kulturelle Einrichtungen, linke politische Stiftungen mit den erwähnten Veranstaltungen zum Thema. Nicht explizit, wenngleich im Sinne des *Buen Vivir* aber handeln viele Menschen im Globalen Norden. Vor allem in den Bereichen Landwirtschaft und Ernährung, Konsumgewohnheiten, Energie und Technologie erproben einige Menschen und Bewegungen andere, neue, weniger imperiale Lebensweisen und pflegen Naturverbundenheit, Gemeinsinn und eine Lebensweise, die die Abhängigkeit des Menschen anerkennt. Oft tun sie das aber ohne Label, oder unter einem anderen als *Buen Vivir*.

Eines dieser anderen Labels ist die *Solidarische Ökonomie*. Die Idee stammt ebenfalls aus Lateinamerika, aus Brasilien, wo Arme sich insolvente Betriebe aneigneten und Gemeinschaftsunternehmen daraus machten. Im

---

8 Vgl. auch: Alberto Acosta, Vom guten Leben. Der Ausweg aus der Entwicklungsideologie, in: „Blätter", 2/2013, S. 91-97.

Globalen Norden übernahmen Menschen die Idee und gründeten Landwirtschaftskooperativen: Ein Betrieb oder eine Gärtnerei schließt sich mit privaten Haushalten zu einer Wirtschaftsgemeinschaft zusammen. Sie schätzen im Voraus, wie viel sie erzeugen werden, die Haushalte zahlen auch im Voraus und ermöglichen so den Landwirten, zu guten Bedingungen für sich selbst und die Natur zu wirtschaften, den Boden vor allem fruchtbar zu halten statt abhängig vom Markt zu wirtschaften. Dieses Verhalten schafft andere materielle Grundlagen und prägt das Denken. Denn dadurch, dass die Mitglieder Gemüse, Obst oder weiterverarbeitete Produkte wie Käse oder Brot direkt beziehen, erleben sie, wie ihre Ernährungsentscheidung sich auf Natur, Kulturlandschaft und Arbeitsbedingungen auswirkt und eine nachhaltige Landwirtschaft ermöglicht.

Ähnlich ändert auch die seit einigen Jahren populär gewordene Bewegung der urbanen Gemeinschaftsgärten das Erleben von Natur, Versorgung und Gemeinschaft. So vernetzen sich einige Urban-Gardening-Projekte international, unterstützen Kleinbäuerinnen und Landlose und stellen politische Forderungen nach einer globalen „Ernährungssouveränität", wie es auch die großen Demonstrationen gegen die industrialisierte Landwirtschaft mit dem Motto „Wir haben es satt" tun. Nicht nur bei den urbanen Gärtnern selbst – in München ohne Schrebergärten 50 000 Menschen –, auch bei Unbeteiligten ändert sich so der Blick auf Versorgung und Natur: Die Gärten im urbanen Raum irritieren und machen Menschen ökologisch sensibel. Sie sehen, dass das, was sie nährt, nicht sie selbst sind, sondern die Natur und die Arbeit Anderer, wie Urban-Gardening-Expertin und Autorin Christa Müller erklärt – was im neoliberalen Paradigma überhaupt nicht vorkommt. Die häufig geäußerte Kritik, mit urbanen Gärten lasse sich nicht die ganze Welt ernähren, ist – unabhängig davon, ob das stimmt, ein Teil jedenfalls ließe sich so ernähren – als Einwand an sich interessant. Denn der Einwand übernimmt schon eine neue Denkweise: Es geht darum, die Menschen zu versorgen, nicht darum, Land zu verwerten oder den Menschen noch mehr Produkte anzudrehen.[9]

Eine souveräne, global verantwortliche Ernährung wollen auch die in Deutschland seit 2014 entstehenden „Ernährungsräte", die von Verbraucherinnen, Landwirten und Ernährungswissenschaftlerinnen ins Leben gerufen werden. Sie wollen „die lokale Lebensmittelversorgung optimieren und einen Baustein zur Gesamtlösung beitragen", sie fördern urbane und regionale Landwirtschaft sowie Gemeinschaftsküchen und Hilfen für ökonomisch Benachteiligte. Im deutschsprachigen Raum gibt es mittlerweile 15 Ernährungsräte, ein weiteres Dutzend gründet sich gerade, in Nordamerika sind es rund 300. Im Sinne einer *Solidarischen Ökonomie* versuchen noch viele weitere Projekte zu leben und zu wirtschaften: Repair Cafés, faire Läden, selbstverwaltete Betriebe, Kitas, Geburtshäuser, Kulturzentren, freie Radios, Kneipen-

---

9 Christa Müller, Urban-Gardening-Bewegung: Auf der Suche nach einem neuen Natur-Kultur-Verhältnis, in: Konzeptwerk Neue Ökonomie & DFG-Kolleg Postwachstumsgesellschaften (Hg.), Degrowth in Bewegung(en), München 2017, S. 392 ff. Vgl. auch: dies., Urban Gardening: Die grüne Revolte. Warum Gärtnern in der Stadt politisch ist, in: „Blätter", 8/2012, S. 103-111.

kollektive und Wohnprojekte sowie progressive Genossenschaften und die weltweit 4000 möglichst nachhaltig wirtschaftenden *Transition Towns*.

Die Commons-Bewegung: Gemeinsames Nutzen, Besitzen und Teilen

Auch die wachsende *Commons*-Bewegung versteht sich als ökonomisch solidarisch, ihre Anhänger schaffen und pflegen Produkte und Ressourcen zusammen. Oft geschieht das im Bereich Wissen und Technologie, wie bei freier Software oder Wikipedia – was in Fragen der Erzählung nicht unerheblich ist, denn in frei zugänglichen Enzyklopädien können wir alle mitlesen und mitschreiben und uns so am Erzählen und am Faktencheck der Erzählungen Anderer beteiligen. Vor allem teilen *Commons*-Vertreter auch materiell bedeutsame Techniken und Know-how: Beim Projekt *Open Source Ecology* wurden 50 industrielle Maschinen entwickelt, die ein Dorf braucht, damit die Bewohnerinnen und Bewohner relativ autark und gut leben können.[10] Gemeinsames Nutzen, Besitzen und Teilen strahlt auf Unbeteiligte aus, wie mir eine Studentin aus Augsburg erzählt, die *Foodsharing* macht, also übriggebliebenes Essen verteilt: Wenn sie sich über die Sharing-Plattform dafür anmeldet, dass sie Semmeln vom Bäcker abholt, erkundigt sie sich vorab in WG, Nachbarschaft, Freundeskreis und Familie, wer was braucht. Sie regt außerdem an, an dem Tag möglichst keine Backwaren anderswo zu kaufen. Mit einigen Nachbarn wäre sie nie ins Gespräch gekommen, wenn sie nicht öfter mit belegten Brötchen vor der Tür gestanden hätte. Auch sie selbst kam nur zum Foodsharing, weil eine Kommilitonin sie und ein Dutzend andere zum Abendessen einlud, da sie 20 Pizzen aus dem Bio-Supermarkt übrig hatte. Eine andere Studentin und sie versorgen sich heute häufiger gegenseitig mit Foodsharing-Brotzeiten, anstatt in die Mensa zu gehen. Aus der ökologischen Idee, Lebensmittel vor dem Wegwerfen zu bewahren, wird so eine soziale Erfahrung: Menschen erkundigen sich nach dem Bedarf anderer, planen und kochen für mehr als sich selbst.

In einem etwas größeren Rahmen lässt sich die *Solidarische Ökonomie* auch mit dem Konzept der *Gemeinwohl-Ökonomie* umsetzen. Danach lassen sich Unternehmen oder Gemeinden „gemeinwohlbilanzieren": Sie prüfen, ob sie ökologisch, transparent, gerecht und mitbestimmungsoffen sind. Diese Kriterien fehlen in den bislang üblichen Bilanzen, die den Wert von Einrichtungen und Unternehmen vor allem am ausgewiesenen Gewinn festmachen – unabhängig davon, ob sie nachhaltig wirtschaften oder Steuerbeiträge verweigern. 250 Einrichtungen, Organisationen und Unternehmen, wie die Sparda-Bank München, die Diakonie Deutschland, Bioland, die *taz*, Greenpeace und der Bergsportausstatter Vaude haben sich gemeinwohlbilanzieren lassen. Universitäten in Barcelona und Valencia haben Lehrstühle zu diesem Thema, und das österreichische Bildungsministerium will das Konzept an Schulen lehren lassen.

---

[10] Gualter Barbas Baptista, Freie-Software-Bewegung: Re-Dezentralisierung des Internets und beispielhafte Entwicklung neuer Besitzverhältnisse, in: ebd., S. 154 ff.

Auf in ein maßvolles Leben

Selbstverständlich dürften von strukturellen Änderungen nicht diejenigen unter uns getroffen werden, deren Konsum ohnehin nur darin besteht, den Bedarf zu erfüllen, zu heizen, den Strom zu bezahlen und den Kindern Essen, Schulranzen und Kinokarten zu kaufen. Vielmehr müssten diejenigen strukturell zu einer weniger imperialen Lebensweise angehalten werden, die heute viel dazu beitragen, also vor allem Unternehmen und Wohlhabende. So müssten wir Vielfliegen durch gesetzliche Maßnahmen wie hohe Besteuerung sowie durch *flight shaming* unattraktiv machen, statt Vielflieger als Kosmopoliten zu feiern und ein Bonusmeilen-System zu tolerieren, das viele erst zu Wochenendtrips veranlasst. Zur Müllvermeidung müsste es andere Maßnahmen geben als Pfand auf Flaschen und Kosten für Plastiktüten, die nur diejenigen vom Gebrauch abhalten, denen 20 Cent was ausmachen. Wer allerdings schon auch individuell haushalten müsste, sind jene in der ökonomischen Mitte sowie sehr Reiche. Bei einigen von ihnen könnte die Idee von Reduktion tatsächlich anschlagen: In alternativen, aber auch in bürgerlichen und konservativen Milieus wollen viele heute maßhalten. Sie wollen Entschleunigung und Zeitwohlstand, lesen *Simplify-your-life*-Ratgeber und entrümpeln ihren Kleiderschrank lieber, als ihn zu füllen. Bei manchen trifft das auf eine schon lange bestehende, bislang aber wenig konsequente, religiös geprägte Perspektive eines maßvollen Lebens. Noch viel mehr Menschen haben darüber hinaus das Bedürfnis nach mehr Zeit als bisher für Freundschaften, Kinder, pflegebedürftige Eltern oder anderes. Sie alle könnten langfristig dem Konsum als Statussymbol die Bedeutung nehmen.

Damit sich gute Lebens- und Arbeitsweisen, eine solidarische Ökonomie und alternative Entwicklungszusammenarbeit tatsächlich ausbreiten, müssen natürlich langfristig Regierungen – lokale wie nationale – die zerstörerischen Produktionsweisen planmäßig zurückfahren und andere stärken. Die gegenwärtigen Zusammensetzungen der meisten Parlamente verheißen aber nichts in der Richtung. Erforderlich ist deshalb Druck aus dem außerparlamentarischen Raum. Auch Atomausstieg und Energiewende waren in der Bundesrepublik nur möglich, weil hunderttausende Menschen entschlossen und gemeinschaftlich handelten, sich gegenseitig Sonnenkollektoren aufs Dach bauten und jahrelang gemeinsam gegen AKWs und Wiederaufbereitungsanlagen ins Feld zogen. Zwar erfolgte der Ausstieg erst nach der nuklearen Katastrophe in Fukushima, doch ohne Jahrzehnte des Anti-AKW-Protests hätte die Regierung Merkel den GAU als weiteres „beispielloses" Unglück abtun und die AKWs am Laufen halten können. Entscheidend für die breitenwirksame Vermittlung einer *guten Lebensweise* ist also auch, zu erkennen, dass es nicht sinnvoll ist, auf Regierungshandeln zu warten, solange Regierungen nicht ansatzweise darlegen, dass sie im Sinne der Mehrheit der Menschen und der Natur handeln wollen, sondern weiter nach einer nationalen Logik, in der sie die Kosten auslagern – zum Teil eben nur vermeintlich. Doch selbst die Aussicht auf progressive Regierungen verspricht nicht immer global verantwortungsvolle Politik, denn, wie das Beispiel Griechenland in den letzten Jahren gezeigt hat, vermögen es internationale Einrichtungen wie die EU in ihrer gegenwärtigen Verfassung immer wieder, auch progressiv antretende Regierungen zu einer Fortsetzung der bisherigen Politik zu zwingen.

„Wenn wir auf Regierungen warten, wird es zu spät und zu wenig sein, wenn wir allein handeln, wird es zu wenig sein, aber wenn wir in Gemeinschaft handeln, dann könnte es gerade noch ausreichen und gerade noch rechtzeitig sein", sagt der Begründer der *Transition-Town*-Bewegung Rob Hopkins. Darüber hinaus müsste eine neue linke Erzählung vermitteln, dass diese vielen Nischen in einem Kontext stehen. Dabei handeln selbst die Beteiligten nicht notwendigerweise im Sinne einer *guten Lebensweise* im größeren Rahmen. In „Repair Cafés" gehen Leute auch deshalb, weil sie Spaß an Technik oder keine Kohle für Neues haben, in urbane Gärten gehen sie auch, weil sie sich egoistisch einfach nur gesund ernähren wollen, in Entschleunigungs-Seminare, weil sie sich zwischen Kids und Karriere wieder mental fit machen wollen. Um diese Nischen Teil einer Erzählung werden zu lassen, können wir alle, Beteiligte sowie Beobachtende in Medien, Politik, Kunst, Aktivismus oder Wissenschaft mehr als bislang klarmachen, dass die Projekte in einem globalen Zusammenhang stehen und das Anliegen eines guten Lebens für alle teilen. Unterschiede müssen benannt, mögliche Widersprüche mit anderen Konzepten aufgezeigt, vor allem aber die gemeinsamen Ziele erkannt und konkretisiert werden.

Wolfgang **Abendroth**
Elmar **Altvater**
Samir **Amin**
Katajun **Amirpur**
Günther **Anders**
Franziska **Augstein**
Uri **Avnery**
Susanne **Baer**
Patrick **Bahners**
Egon **Bahr**
Etienne **Balibar**

Ernst **Fraenkel**
Nancy **Fraser**
Norbert **Frei**
Thomas L. **Friedman**
Erich **Fromm**
Georg **Fülberth**
James K. **Galbraith**
Heinz **Galinski**
Johan **Galtung**
Timothy **Garton Ash**
Bettina **Gaus**

Paul **Kennedy**
Navid **Kermani**
Ian **Kershaw**
Parag **Khanna**
Michael T. **Klare**
Naomi **Klein**
Alexander **Kluge**
Jürgen **Kocka**
Eugen **Kogon**
Otto **Köhler**
Walter **Kreck**
Ekkehart **Krippendorff**
Paul **Krugman**
Adam **Krzeminski**
Erich **Kuby**
Jürgen **Kuczynski**
Charles A. **Kupchan**
Ingrid **Kurz-Scherf**
Oskar **Lafontaine**
Claus **Leggewie**
Gideon **Levy**
Hans **Leyendecker**
Jutta **Limbach**
Birgit **Mahnkopf**
Peter **Marcuse**
Mohssen **Massarrat**
Ingeborg **Maus**
Bill **McKibben**
Ulrike **Meinhof**
Manfred **Messerschmidt**
Bascha **Mika**
Pankaj **Mishra**
Robert **Misik**
Hans **Mommsen**
Wolfgang J. **Mommsen**
Albrecht **Müller**
Herfried **Münkler**
Adolf **Muschg**
Gunnar **Myrdal**
Wolf-Dieter **Narr**
Klaus **Naumann**
Antonio **Negri**
Oskar **Negt**
Kurt **Nelhiebel**
Oswald v. **Nell-Breuning**
Rupert **Neudeck**
Martin **Niemöller**
Bahman **Nirumand**
Claus **Offe**
Reinhard **Opitz**
Valentino **Parlato**
Volker **Perthes**
William **Pfaff**
Thomas **Piketty**

Jan M. **Piskorski**
Samantha **Power**
Heribert **Prantl**
Ulrich K. **Preuß**
Karin **Priester**
Avi **Primor**
Tariq **Ramadan**
Uta **Ranke-Heinemann**
Jan Philipp **Reemtsma**
Jens G. **Reich**
Helmut **Ridder**
Rainer **Rilling**
Romani **Rose**
Rossana **Rossandra**
Werner **Rügemer**
Irene **Runge**
Bertrand **Russell**
Yoshikazu **Sakamoto**
Saskia **Sassen**
Albert **Scharenberg**
Fritz W. **Scharpf**
Hermann **Scheer**
Robert **Scholl**
Karen **Schönwälder**
Friedrich **Schorlemmer**
Harald **Schumann**
Gesine **Schwan**
Dieter **Senghaas**
Richard **Sennett**
Vandana **Shiva**
Alfred **Sohn-Rethel**
Kurt **Sontheimer**
Wole **Soyinka**
Nicolas **Stern**
Joseph **Stiglitz**
Gerhard **Stuby**
Emmanuel **Todd**
Alain **Touraine**
Jürgen **Trittin**
Hans-Jürgen **Urban**
Gore **Vidal**
Immanuel **Wallerstein**
Franz **Walter**
Hans-Ulrich **Wehler**
Ernst U. von **Weizsäcker**
Harald **Welzer**
Charlotte **Wiedemann**
Rosemarie **Will**
Naomi **Wolf**
Jean **Ziegler**
Moshe **Zimmermann**
Moshe **Zuckermann**

In den »Blättern« schrieben bisher

Wolf Graf **Baudissin**
Fritz **Bauer**
Yehuda **Bauer**
Ulrich **Beck**
Seyla **Benhabib**
Homi K. **Bhabha**
Norman **Birnbaum**
Ernst **Bloch**
Norberto **Bobbio**
E.-W. **Böckenförde**
Thilo **Bode**
Bärbel **Bohley**
Heinrich **Böll**
Pierre **Bourdieu**
Ulrich **Brand**
Karl D. **Bredthauer**
Micha **Brumlik**
Nicholas **Carr**
Noam **Chomsky**
Daniela **Dahn**
Ralf **Dahrendorf**
György **Dalos**
Mike **Davis**
Alex **Demirovic**
Frank **Deppe**
Dan **Diner**
Walter **Dirks**
Rudi **Dutschke**
Daniel **Ellsberg**
Wolfgang **Engler**
Hans-M. **Enzensberger**
Erhard **Eppler**
Gøsta **Esping-Andersen**
Iring **Fetscher**
Joschka **Fischer**
Heiner **Flassbeck**

Günter **Gaus**
Heiner **Geißler**
Susan **George**
Sven **Giegold**
Peter **Glotz**
Daniel J. **Goldhagen**
Helmut **Gollwitzer**
André **Gorz**
Glenn **Greenwald**
Propst Heinrich **Grüber**
Jürgen **Habermas**
Sebastian **Haffner**
Stuart **Hall**
H. **Hamm-Brücher**
Heinrich **Hannover**
David **Harvey**
Amira **Hass**
Christoph **Hein**
Friedhelm **Hengsbach**
Detlef **Hensche**
Hartmut von **Hentig**
Ulrich **Herbert**
Seymour M. **Hersh**
Hermann **Hesse**
Rudolf **Hickel**
Eric **Hobsbawm**
Axel **Honneth**
Jörg **Huffschmid**
Walter **Jens**
Hans **Joas**
Tony **Judt**
Lamya **Kaddor**
Robert **Kagan**
Petra **Kelly**
Robert M. W. **Kempner**
George F. **Kennan**

...und viele andere.

Unsere letzte Chance – Der Reader zur Klimakrise

Resignation oder Widerstand

Wie wir durch unser Verhalten das Klima retten können

Von **Jonathan Safran Foer**

Am Morgen des 14. April 2018 betrat der Bürgerrechtsanwalt David Buckel einen Teil des Prospect Park in Brooklyn, in dem ich selbst Tausende Male war. Als ich in der Gegend wohnte, ging ich dort oft mit dem Hund spazieren, spielte mit meinen Kindern oder sammelte meine Gedanken. Um 5.55 Uhr morgens schickte er eine E-Mail an mehrere Nachrichtensender, in der er die Entscheidung begründete, die er kurz darauf treffen würde. Dann übergoss er sich mit Benzin und zündete sich an.

Seinem Mann und seinen Freunden zufolge war er nicht depressiv. Und er war gedanklich auch klar genug, um neben der E-Mail mindestens drei verschiedene Abschiedsbriefe zu hinterlassen, in denen er seine Tat erklärte. Der kürzeste davon war handgeschrieben: „Ich heiße David Buckel und habe mich aus Protest gerade selbst verbrannt."

Ein zweiter Brief befand sich in einem Umschlag, der in eine Mülltüte eingewickelt in einem Einkaufswagen in der Nähe gefunden wurde. Darin stand: „Umweltverschmutzung verwüstet unseren Planeten und macht Luft, Boden, Wasser und Wetter immer lebensfeindlicher. Unsere Gegenwart wird immer verzweifelter, und für unsere Zukunft ist mehr nötig, als wir bisher getan haben."

Buckel war Bürgerrechtsanwalt und hatte allen Grund zu glauben, dass Fortschritt mehr als nur eine Phantasie ist. Er war ein landesweit anerkannter Pionier für Schwulen- und Transgender-Rechte. Dass die Ehe zwischen Gleichgeschlechtlichen zu Buckels Lebzeiten legalisiert wurde, war nicht zuletzt seinem Einsatz zu verdanken. In einer Atmosphäre von Apathie und Resignation wirkte er hoffnungsvoll und motiviert. Jene, die seinen Selbstmord als schwarzseherischen Akt bezeichnet haben, lassen außer Acht, dass sein Tod explizit ein Protest war. Und es gibt keine Tat, die mehr auf der Überzeugung fußt, dass Dinge anders sein könnten, als der Protest. „Ehrbares Wirken zu Lebzeiten legt ehrbares Wirken im Tod nahe", schreibt Buckel in seinem Abschiedsbrief.

Drei Monate später veröffentlichte die „New York Times" einen Essay, „Raising my child in a doomed world". Ein halbes Dutzend Freunde schickten ihn mir. Beim ersten Lesen fand ich ihn treffend. Geschrieben hatte ihn Roy Scranton, derselbe Autor, der auch schon zuvor „Learning how to die in the Anthropocene" geschrieben hatte. Scranton beschreibt die intensive

Gefühlsmischung bei der Geburt seines ersten Kindes: „Als meine Tochter geboren wurde, habe ich zweimal geweint." Zuerst kamen Freudentränen, dann Tränen der Trauer: „Meine Partnerin und ich hatten unsere Tochter in unserem Egoismus zu einem Leben auf einem dystopischen Planeten verdammt, und ich sah keine Möglichkeit, sie vor der Zukunft zu beschützen."

Ich war dankbar, dass sich noch jemand in die Diskussion über die Krise des Planeten einmischte. Scranton ist nicht nur ein reflektierter, sondern auch ein leidenschaftlicher, gebildeter und verdammt guter Schriftsteller. Er fasste etwas in Worte, das ich als Vater oft empfunden hatte. Und es war kein Zufall, dass mir so viele Menschen seinen Essay weiterleiteten, allesamt selbst Eltern. In diesem Essay (und anderen) wendet sich Scranton der Umweltkrise mit einer philosophischen Präzision zu, die der gegenwärtigen Debatte fehlt – eine Denkweise, die wir dringend brauchen, um unsere Krise verstehen zu können. Wie David Wallace Wells in seinem Artikel „Die unbewohnbare Erde" bemerkt: „Wir haben kaum eine sinnstiftende Religion rund um den Klimawandel entwickelt, die uns angesichts unserer möglichen Auslöschung Trost spenden oder Entschlossenheit verleihen könnte." Scranton beginnt, eine solche Religion zu entwickeln, aber das Problem ist, dass sie uns angesichts der Auslöschung keine Entschlossenheit verleiht – sie gibt auf. Als ich den Essay noch einmal las, war ich frustriert, ja sogar wütend. Je öfter ich ihn las, desto mehr kam er mir wie eine Art Abschiedsbrief vor.

Im Zusammenhang mit der „moralischen Haltung dazu, in einer CO_2-basierten Konsumgesellschaft zu leben", bemerkt Scranton, dass sich viele Menschen für einen verantwortungsvolleren Lebensstil aussprechen. „Nehmen Sie zum Beispiel das viel zitierte Forschungspapier des Geographen Seth Wynes und des Umweltforschers Kimberly Nicholas, in dem sie argumentieren, das Wichtigste, was der Einzelne tun könne, um seinen CO_2-Ausstoß zu verringern, sei sich pflanzlich ernähren, Flugreisen vermeiden, autofrei leben und ein Kind weniger bekommen." Er bezieht sich dabei auf den Aufsatz „The Climate Mitigation Gap: Education and Government Recommendations Miss the Most Effective Individual Actions", in dem dargelegt wird, dass das meiste, was zur Begrenzung des Klimawandels gelehrt und empfohlen wird, vergleichsweise unbedeutend ist. Das eigentlich Problematische an diesem Vorschlag, so Scranton weiter, seien nicht die Empfehlungen, sparsam zu sein, weniger zu fliegen oder sich vegetarisch zu ernähren, was alles gut und schön sei, sondern vielmehr das Gesellschaftsmodell, auf dem solche Empfehlungen beruhen: „die Vorstellung, wir könnten die Welt durch individuelle Verbraucherentscheidungen retten. Das können wir nicht." Warum nicht? Weil die Welt eine „komplexe und rekursive Dynamik" mit „internen und externen Antriebskräften" sei.

Ich bin mir nicht hundertprozentig sicher, was das bedeutet, aber egal wie komplex die Welt auch sein mag, es sind doch die Menschen, die recyceln, protestieren, wählen gehen, Müll aufsammeln, bei ethischen Unternehmen kaufen, Blut spenden, eingreifen, wenn jemand in Gefahr ist, sich gegen rassistische Bemerkungen wehren und den Weg für den Krankenwagen frei machen. Diese Taten dienen nicht nur dem individuellen Wohl desjenigen, der sie ausführt, sondern sind wichtig für das gesellschaftliche Wohlergehen: Verhalten wird wahrgenommen und nachgeahmt.

Millionen einzelner Entscheidungen verändern die Welt

In ihrem Buch „Die Macht sozialer Netzwerke" bezeichnen Nicholas A. Christakis und James Fowler soziale Netzwerke als „eine Art menschlichen Überorganismus". Was sie herausfanden, war: „Wenn ein Freund eines Freundes Ihres Freundes zunimmt, dann nehmen Sie zu. Wenn ein Freund eines Freundes Ihres Freundes mit dem Rauchen aufhört, dann hören Sie mit dem Rauchen auf. Und wenn ein Freund eines Freundes Ihres Freundes glücklich ist, dann sind Sie glücklich." Obwohl wir Übergewicht häufig als „Epidemie" bezeichnen, halten wir es kaum für ansteckend. Christakis und Fowler zeigen allerdings, dass Fettleibigkeit – und dasselbe gilt für Rauchen und Nichtrauchen, sexuelles Fehlverhalten und dessen Ablehnung – genau wie Fitness ein Trend ist: „Mit Hilfe von mathematischen Modellen gelang es uns jedoch zu beweisen, dass diese Häufungen von normal- und übergewichtigen Personen kein Zufallsprodukt, sondern tatsächlich statistisch relevant sind. Nicht nur das, die Konzentration gehorchte außerdem unserem Gesetz der drei Schritte: Die Wahrscheinlichkeit, dass krankhaft übergewichtige Menschen Freunde, Freunde von Freunden und Freunde von Freunden von Freunden hatten, die ebenfalls unter Übergewicht litten, war so groß, dass es sich nicht um einen Zufall handeln konnte. Ganz ähnlich hatten normalgewichtige Personen in einem Radius von drei Schritten mit größerer Wahrscheinlichkeit normalgewichtige Personen in ihrem persönlichen Umfeld. Nach drei Schritten endete diese Konzentration."

Es scheint also, als würden Menschen innerhalb des Netzwerks Nischen besetzen, in denen Über- und Normalgewicht eine Art regionale Norm darstellen. Wenn es um die Gesundheit geht, legt diese Studie nahe, dass individuelles Verhalten deutlich einflussreicher ist als offizielle Ernährungsempfehlungen, an die sich die meisten Amerikaner nicht halten. Während Strukturen zwar eine wichtige Rolle spielen – Nahrungswüsten, Subventionen oder ungesundes Kantinenessen –, sind die ansteckendsten Normen die, die wir selbst leben.

Wir sind nicht machtlos innerhalb unserer „komplexen, rekursiven Dynamik" mit „internen und externen Antriebskräften" – wir *sind* die Antriebskräfte. Ja, es gibt mächtige Systeme – den Kapitalismus, die industrielle Tierhaltung oder die Erdölindustrie –, die schwer zu beeinflussen sind. Ein einzelner Autofahrer kann keinen Stau verursachen. Aber ohne einzelne Autofahrer gibt es keinen Stau. Wir stecken im Verkehr fest, weil wir der Verkehr *sind*. Die Art und Weise, wie wir leben, was wir tun und was wir nicht tun, kann im System begründete Probleme verstärken, sie aber auch verändern: Gerichtliche Klagen von Einzelnen veränderten die Boy Scouts, die Aussagen Einzelner brachten die #MeToo-Bewegung ins Rollen, und Einzelne, die am Marsch auf Washington für Arbeit und Freiheit teilnahmen, ebneten den Weg für den Civil Rights Act von 1964 und den 1965 folgenden Voting Rights Act. Genau wie Rosa Parks dabei half, die Rassentrennung in öffentlichen Verkehrsmitteln zu beenden, und Elvis dabei half, die Kinderlähmung zu besiegen.

Scranton schreibt weiter: „[W]ir können ebenso wenig frei wählen, wie wir leben wollen, wie wir uns über die Regeln der Physik hinwegsetzen können. Wir wählen aus möglichen Optionen, nicht ex nihilo."

Ja, unsere Handlungen unterliegen gewissen Beschränkungen, es gibt Konventionen und strukturelle Ungerechtigkeiten, die die Parameter des Möglichen festlegen. Unser freier Wille ist nicht omnipotent – wir können nicht tun, was wir wollen. Aber, wie Scranton sagt, wir können zwischen verschiedenen Optionen wählen.

Und eine unserer Optionen ist es, bei unseren Entscheidungen die Umwelt zu berücksichtigen. Man braucht sich nicht über die Regeln der Physik hinwegzusetzen – noch nicht einmal einen grünen Präsidenten zu wählen –, um von dem, was auf der Karte steht, etwas Veganes auszuwählen oder im Supermarkt pflanzliche Lebensmittel zu kaufen. Und während es ein neoliberaler Mythos sein mag, dass die Entscheidungen Einzelner grenzenlose Macht haben, ist es ein schwarzseherischer Mythos, dass sie überhaupt keinen Einfluss haben. Handeln kann sowohl auf Makro- als auch auf Mikroebene etwas bewirken, und wenn es darum geht, die Zerstörung unseres Planeten zu bremsen, ist es unmoralisch, eins von beiden abzutun oder zu sagen, man brauche es im Kleinen gar nicht zu versuchen, weil es im Großen nicht zu schaffen sei.

Ja, wir brauchen einen strukturellen Wandel – wir müssen weltweit weg von fossilen Brennstoffen und hin zu erneuerbarer Energie. Wir müssen eine Art CO_2-Steuer durchsetzen, uns für eine Kennzeichnungspflicht der Umweltverträglichkeit von Produkten starkmachen, Plastik durch nachhaltige Lösungen ersetzen und fußgängerfreundliche Städte bauen. Wir brauchen Strukturen, die uns in Richtung der Entscheidungen stupsen, die wir schon jetzt treffen wollen. Wir brauchen einen ethischen Umgang des Westens mit dem globalen Süden. Wir brauchen vielleicht sogar eine politische Revolution. Für diese Veränderungen sind Umbrüche nötig, die ein Einzelner allein nicht auf den Weg bringen kann. Doch einmal abgesehen davon, dass große Revolutionen sich aus Einzelnen zusammensetzen, von Einzelnen angeführt und durch Tausende individueller Revolutionen verstärkt werden, haben wir keine Chance, unser Ziel einer Begrenzung der Umweltzerstörung zu erreichen, wenn Einzelne nicht sehr individuell für sich entscheiden, sich anders zu ernähren. Es stimmt natürlich, dass ein Einzelner, der sich ab sofort vegan ernährt, die Welt nicht verändern wird, aber genauso wahr ist, dass Millionen solcher Entscheidungen in Summe sie verändern *werden*.

In Bezug auf den veränderten Lebensstil, den Wynes und Nicholas vorschlagen, schreibt Scranton: „Sich [ihre] Empfehlungen zu Herzen zu nehmen, würde bedeuten, sich vom modernen Leben abzuschneiden. Es würde bedeuten, eine abgeschiedene, isolierte Existenz zu führen und jede tiefere Verbindung zur Zukunft aufzugeben. Wynes' und Nicholas' Argumente wirklich ernst zu nehmen, würde bedeuten, sich einzugestehen, dass die einzige wirklich moralische Reaktion auf den Klimawandel darin besteht, sich umzubringen. Es gibt einfach keine effektivere Weise, um den eigenen CO_2-Fußabdruck zu verkleinern. Wenn man tot ist, verbraucht man keine Energie mehr, isst kein Fleisch mehr, verbrennt kein Benzin mehr und bekommt auch sicher keine Kinder mehr. Wer den Planeten wirklich retten will, sollte sterben."

Das ist ein extremer Sprung. Stellen Sie sich vor, Sie nehmen vor dem Abendessen keine tierischen Produkte mehr zu sich und fliegen pro Jahr zweimal weniger. Einmal abgesehen davon, ob Ihnen das möglich wäre, klingt es nach einer „abgeschiedenen, isolierten Existenz"? Oder eher nach einer Anpassung an ein leicht gesunkenes Einkommen?

Verabschieden wir uns vom Hedonismus

Es stimmt schon: Wenn wir Entscheidungen zugunsten der Gesundheit unseres Planeten treffen, müssen wir uns von zügellosem Hedonismus verabschieden, aber ist das unsere Definition von „modernem Leben"? Wenn ja, sollte es eine Erleichterung sein, uns davon zu verabschieden. Nur, indem wir solche Entscheidungen treffen, solche Anpassungen vornehmen, *sorgen* wir für eine „tiefere Verbindung zur Zukunft".

Es mag zwar stimmen, dass es nichts Effektiveres gibt, als zu sterben, um die eigene CO_2-Bilanz zu reduzieren, aber es impliziert, dass die CO_2-Bilanz jedes Einzelnen unabhängig wäre. Aber sofern Sie Ihre Nahrungsmittel nicht heimlich kaufen und im stillen Kämmerlein zu sich nehmen, essen Sie nicht allein. Unsere Essensauswahl ist gesellschaftlich ansteckend und hat immer einen Einfluss auf andere um uns herum – Supermärkte erfassen jeden verkauften Artikel, Restaurants passen ihre Karte der Nachfrage an, Catering-Services sehen sich an, was liegen bleibt, und wir bestellen „dasselbe wie sie". Wir essen als Familien, Gemeinschaften, Generationen, Nationen und immer mehr auch als Welt. Individuelle Verbraucherentscheidungen können eine „komplexe, rekursive Dynamik" in Gang bringen – kollektives Handeln, das produktiv ist, nicht lähmend. Ein Suizid kann andere zwar beeinflussen, nur ist es ein endgültiger Einfluss. Aber dass unsere Ernährungsweise auf andere abstrahlt und sie beeinflusst, dagegen könnten wir, selbst wenn wir wollten, gar nichts tun.

Noch wichtiger ist die Frage, was wir zu retten versuchen. „Wenn Sie den Planeten wirklich retten wollen, sollten Sie sterben", schreibt Scranton. Aber es ist gar nicht *der Planet*, den wir retten wollen. Wir wollen das Leben auf dem Planeten retten – die Pflanzen, die Tiere und den Menschen. Zu akzeptieren, dass wir durch unsere Existenz zwangsläufig etwas zerstören, ist der erste Schritt, um diesen Einfluss zu minimieren: Wir müssen Ressourcen verbrauchen, um zu überleben. Das wäre in jeder politischen Utopie der Fall. Aber viele Spezies, darunter der Mensch, schaffen es, im Einklang mit der Natur zu leben, aber nicht, indem sie Selbstmord begehen. Sie schaffen es, indem sie weniger nehmen, als der Planet hervorbringen kann, und den Erhalt der Ökosysteme fördern. Sie schaffen es, indem sie leben, als hätten wir nur eine Erde, nicht vier. Indem sie den Planeten wie unser einziges Zuhause behandeln.

Scranton beschreibt dann David Buckels Selbstmord und kommt zu dem Schluss, dass „seine Selbstopferung die Logik der persönlichen Wahl auf die Spitze treibt". Ich billige weder Buckels Selbstmord noch den von jemand anderem. Aber man darf nicht vergessen, dass er sich nicht seiner CO_2-Bilanz wegen umgebracht hat. Seine Selbstverbrennung in der Tradition buddhistischer Mönche, die sich aus Protest gegen den Vietnam-Krieg öffentlich anzündeten, war ausdrücklich so angelegt, dass sie gesehen werden sollte: sich ins öffentliche Gewissen einbrennen, ein Umdenken anstoßen sollte. Sie machte einen Akt der Selbstzerstörung zur Waffe, um uns daran zu erinnern, dass wir nicht selbst zerstören wollen.

Die entscheidende Frage: Haben wir das Nötige getan?

„Die eigentliche Wahl, vor der wir stehen, ist nicht die, was wir kaufen, ob wir fliegen oder Kinder bekommen, sondern ob wir uns zu einem moralischen Leben in einer kaputten Welt verpflichten wollen, einer Welt, in der die Menschheit für ihr Überleben auf eine Art ökologische Gnade angewiesen ist." Was aber bedeutet moralisch leben, wenn nicht, moralische Entscheidungen zu treffen? Unter anderem die, was man kauft, ob man fliegt oder wie viele Kinder man bekommt. Was ist ökologische Gnade, wenn nicht die Summe der täglichen, stündlichen Entscheidungen, weniger zu nehmen, als die Hände fassen können, etwas anderes zu essen als das, wonach es uns am meisten verlangt, und sich selbst Grenzen zu setzen, damit wir alle uns teilen können, was noch bleibt?

„Ich kann meine Tochter nicht vor der Zukunft bewahren", so Scranton, „ich kann ihr noch nicht einmal ein besseres Leben versprechen. Nur beibringen kann ich ihr etwas: nicht gleichgültig zu sein, freundlich zu sein und die Grenzen der Gnade der Natur nicht zu überschreiten. Ich kann ihr beibringen, hart, widerstandsfähig, anpassungsfähig und besonnen zu sein, denn sie wird um das kämpfen müssen, was sie braucht. Aber ich muss ihr auch beibringen, für das zu kämpfen, was richtig ist, denn das hier geht uns alle an. Ich muss ihr beibringen, dass alles einmal stirbt, selbst sie und ich und ihre Mutter und die Welt, wie wir sie kennen, aber dass es der Beginn der Weisheit ist, sich mit dieser schwierigen Wahrheit zu arrangieren." Das aber ist nicht der Beginn der Weisheit. Es ist das Ende der Resignation.

Wen interessiert es, ob seine Tochter gleichgültig war oder nicht? Ihre Enkel wird es nicht interessieren. Am wichtigsten wird für sie nicht sein, ob sie freundlich war oder hart, widerstandsfähig, anpassungsfähig und besonnen. Ihre Enkel wird am meisten interessieren, ob sie das Nötige getan hat. Die Zukunft hängt nicht von unseren Gefühlen ab; in großem Maße hängt sie sogar davon ab, dass wir unsere Gefühle endlich einmal beiseitelassen.

Scranton hat recht damit, dass das hier uns alle angeht. Warum bringt er seiner Tochter nicht bei, anders zu essen und auch andere davon zu überzeugen, wodurch sie – *alle* – *wir* dazu beitragen können, den Planeten zu retten? Wie wäre es, wenn er ihr beibringen würde, darum zu kämpfen, was wir alle brauchen, statt darum, „was sie braucht"? Weniger Fleisch essen, weniger fliegen, weniger Auto fahren, weniger Kinder bekommen – das alles sind keine leichten Entscheidungen. Wenn sie es wären, hätten wir sie längst getroffen.

Ich habe es immer noch nicht geschafft, Eier und Milchprodukte von meinem Speiseplan zu streichen. Wäre ich irgendein anderes Tier, würden meine Verpflichtungen da enden, wo mein Appetit beginnt. Aber ich bin ein Mensch, und genau da fangen meine Verpflichtungen an. Wenn wir beschließen, für das Richtige zu kämpfen, müssen wir uns von dem verabschieden, was falsch ist.

Ich habe Roy Scranton nie kennengelernt und auch seine Tochter nicht, aber ich habe ihnen gegenüber Verpflichtungen, genau wie sie Verpflichtungen gegenüber meiner Familie haben. Genau wie die Amerikaner Verpflichtungen gegenüber den Bangladeschern haben. Genau wie wohlhabende Vorstädter Verpflichtungen gegenüber jenen haben, die in städtischen Wärmeinseln und Nahrungswüsten leben. Genau wie die heute Lebenden Verpflichtungen gegenüber künftigen Generationen haben.

Ich stimme Scranton darin zu, dass wir die Umweltkrise erst dann richtig erfassen können – und sie uns wohl auch erst dann ernsthafte Sorgen bereitet –, wenn wir anerkennen, dass sie uns umbringen kann. Die Umweltkrise ist unser eigenes Werk, folglich müssen wir anerkennen, dass wir in der Lage sind, uns umzubringen. Wir müssen uns des uns umgebenden Todes bewusst sein, selbst wenn er noch nicht da ist, selbst wenn er leicht zu übersehen ist und selbst wenn unser Suizid zuerst andere das Leben kostet.

Resignation oder Widerstand – die zwei Reaktionen auf den Klimawandel

Vor ein paar Monaten hat ein Mann in seinem Wagen Selbstmord begangen, nur ein paar Blocks von meinem Büro an der New York University entfernt. Obwohl wir alles Mögliche teilen und in einem voyeuristischen Zeitalter leben und obwohl ich in einer Stadt wohne, in der zahllose Menschen unterwegs sind und an jeder Ecke Überwachungskameras hängen, blieb seine Leiche eine Woche lang unbemerkt. Ein Makler, der sein Büro in der Nähe hat, parkte sein Motorrad vor dem Wagen. Er konnte nicht glauben, dass eine Leiche darin war und wie lange schon. Verkehrspolizisten, die Strafzettel wegen Parkens auf der falschen Straßenseite verteilen, drücken oft ein Auge zu, solange jemand am Steuer sitzt. Vermutlich sahen mehrere Polizisten den toten Mann, glaubten aber, er würde noch leben. Ein Kind beklagte sich über den Gestank, als es an dem Wagen vorbeiging, und übergab sich auf den Gehweg. Seine Mutter bemerkte nichts. Jemand, der mit seinem Hund spazieren ging, bemerkte auf dem Fahrersitz eine Gestalt, nahm aber an, es sei ein schlafender Uber-Fahrer. Als er zwei Tage später immer noch da war, verständigte er die Polizei.

Es gibt nur zwei mögliche Reaktionen auf den Klimawandel: Resignation oder Widerstand. Wir können uns dem Tod ergeben oder wir können die Aussicht auf den Tod nutzen, um das Leben wertzuschätzen. Wir werden nie erfahren, wie sich der Autor des „Gesprächs eines Lebensmüden mit seiner Seele" entschieden hat. Wir wissen noch nicht, wie wir uns entscheiden werden.

Es ist eine schreckliche Vorstellung, auf David Buckels verkohlte Leiche zu stoßen. Noch schrecklicher ist die Vorstellung, viele Male an einer Leiche vorbeizugehen, ohne sie zu bemerken. Aber eines ist noch schlimmer: nicht zu merken, dass wir am Leben sind.

Vier Tage nach David Buckels Selbstmord schrieb eine der Joggerinnen, die seine Leiche fanden, einen wunderschönen kurzen Essay über das Laufen im buchstäblichen und im metaphorischen Sinne. Eingeprägt hat sich mir jedoch ihre Beschreibung des Parks an jenem Morgen, der ersten Minuten, bevor sie auf die Leiche stieß. Sie war gerade von einer Reise zurückgekommen, und ihr Körper lechzte nach Bewegung. „Die Vögel sangen, die Sonne schien, und während ich die baumgesäumten Wege entlanglief, fühlte ich mich ganz durchtränkt von der Freude darüber, wieder zu Hause und am Leben zu sein."

Wenn alles so läuft wie von der Natur vorgesehen, werden Buckels Tochter, Scrantons Tochter und meine Söhne eines Tages ohne ihre Eltern auf diesem Planeten leben. Ich hoffe, sie werden sich durchtränkt fühlen können von der Freude darüber, zu Hause und am Leben zu sein. Ich hoffe, ihre Eltern werden auf ihre Weise und nach bestem Wissen und Gewissen getan haben, was dafür nötig war. Ich hoffe, dass wir ihnen – nicht nur durch Worte, sondern durch unsere Entscheidungen – beigebracht haben werden, wo der Unterschied zwischen In-den-Tod-Laufen, Vor-dem-Tod-Weglaufen und Auf-das-Leben-Zulaufen liegt.

Earth first:
Der Preis des Lebens

Von **Jürgen Tallig**

Der extreme Sommer 2018 hat den Jahrhundertsommer 2003 in den Schatten gestellt – und er wird sicher nicht der letzte seiner Art gewesen sein. Auch im Sommer 2019 verzeichneten Meteorologen europaweit Temperaturrekorde. Und in diesem Jahrhundert liegen noch 80 weitere Sommer vor uns, von denen viele voraussichtlich noch weitaus heißer werden als der diesjährige. Die Ausnahme dürfte somit schon bald zur Regel werden und sich als Beginn eines endlosen Sommerjahrhunderts erweisen, in dem nichts mehr so sein wird, wie es einst war.

Die Erde ist heute schon dabei, in einen lebensfeindlichen Systemzustand überzugehen und die Schwelle zur Heißzeit unwiderruflich zu überschreiten. Eine im August 2018 erschienene internationale Klimastudie hat schwindende CO_2-Senken und Rückkopplungen im Klima- und Erdsystem berücksichtigt und weist eindringlich auf die Gefahr eines Abrutschens in eine sich selbst verstärkende Erderwärmung hin, die auch bei Einhaltung der Verpflichtungen des Pariser Klimaabkommens drohen könnte. Es sei deshalb eine viel schnellere, entschlossene Minderung der Treibhausgasemissionen sowie die Sicherung und Erweiterung der biologischen CO_2-Senken – wie etwa Wälder – notwendig. Andernfalls besteht die Gefahr eines dauerhaften Supertreibhausklimas mit 4 bis 5 Grad höheren Temperaturen als in der vorindustriellen Zeit und einem Meeresspiegelanstieg um bis zu 60 Meter.[1]

Unsere derzeitige Wirtschafts- und Lebensweise bedroht demnach das Leben von vielen Milliarden Menschen. Sie ist Ausdruck einer erschreckenden Gleichgültigkeit gegenüber der Zukunft und einer völligen Missachtung und Verkennung des Eigenwertes vielfältigen Lebens auf der Erde. Unsere Lebensweise ist eine „imperiale Lebensweise", die auf der Ausplünderung und Ausbeutung des Planeten beruht und ihre Folgen, in Form von Abfällen und Treibhausgasen, exportiert bzw. externalisiert. Sie ist zutiefst lebensfeindlich und destabilisiert die Biosphäre und das Erdsystem.[2]

Energie und Rohstoffe sind viel zu billig, „billig wie Dreck" (Elmar Altvater), weshalb aus dem Vollen geschöpft wird – ohne Rücksicht auf Verluste.

---

1 Willi Steffen, Johann Rockström und andere, Trajectories of the Earth System on the Anthropocene, in: „PNAS", 8/2018, S. 8252-8259.
2 Vgl. Ulrich Brand und Markus Wissen, Imperiale Lebensweise. Zur Ausbeutung von Mensch und Natur in Zeiten des globalen Kapitalismus, München 2017.

Diese treten ohnehin bisher vor allem im Süden bzw. in der fernen Zukunft auf und werden deshalb in unseren Breiten nicht ausreichend wahrgenommen. Die Marktpreise haben bisher ein völlig verzerrtes Bild der Wirklichkeit vermittelt und den wahren Wert der Natur und ihrer Leistungen nicht widergespiegelt – also auch den Preis ihrer Zerstörung nicht deutlich gemacht. Wir bezahlen derzeit keinen auch nur annähernd angemessenen Preis für die Güter und Leistungen der Natur. Obwohl diese Leistungen das Leben auf der Erde überhaupt erst möglich machen, taucht die Zerstörung der Natur in den Bilanzen nicht einmal auf, sondern steigert sogar das Bruttosozialprodukt. Unsere Wirtschafts- und Lebensweise beruht somit auf falschen Annahmen und Voraussetzungen. Sie ist somit auch nicht zukunftsfähig, sondern längst ein „Todesprojekt", das die Fähigkeit des Systems Erde, lebensfreundliche Umweltbedingungen aufrechtzuerhalten, gerade endgültig zerstört.

So hat sich die überlebenswichtige Fähigkeit der Biosphäre, Kohlendioxid aufzunehmen und in Sauerstoff umzuwandeln, bereits erheblich verringert. Doch der übermächtige fossil-globalistische Machtkomplex in den westlichen Industrieländern verhindert seit Jahrzehnten das notwendige Umsteuern und will auch jetzt noch einfach weitermachen wie bisher. Ein anschauliches Beispiel dafür liefert die Auseinandersetzung um den nordrhein-westfälischen Hambacher Forst, auf dessen Rodung der Energiekonzern RWE beharrt – wohlwissend, dass die Tage der klimaschädlichen Braunkohle gezählt sind. Das ist ein verantwortungsloses Verbrechen – begangen ohne Not. Wir entscheiden gerade irreversibel über Leben und Tod der kommenden Generationen und der Schwachen und Armen dieser Erde. Sie haben zwar das Recht, aber nicht die Möglichkeit, unsere Entscheidung gegen das Leben anzufechten und rückgängig zu machen.[3]

Der Stand der Dinge

Die Wissenschaft belegt nahezu einhellig: Die menschliche Zivilisation überlastet und destabilisiert das System Erde in vielfältiger Weise. Man spricht deshalb heute auch vom Anthropozän – also einem Zeitalter, in dem der Mensch zu einem der wichtigsten Einflussfaktoren auf die biologischen, geologischen und atmosphärischen Prozesse auf der Erde geworden ist. In nun schon fünf Sachstandsberichten hat der Weltklimarat (IPCC) die Öffentlichkeit und die politisch Verantwortlichen über die bedrohlichen Entwicklungen informiert. Der Fortbestand des Lebens auf der Erde ist existenziell bedroht. Die Bedrohung resultiert maßgeblich aus der exzessiven Nutzung fossiler Brennstoffe und der damit verbundenen Aufheizung des Planeten. Deshalb hat sich die Weltgemeinschaft im Pariser Klimavertrag völkerrechtlich verbindlich verpflichtet, die Erderwärmung auf 1,5 bis 1,8 Grad zu begrenzen und die Emissionen entsprechend zu senken.

---

3 Felix Eckardt, Jutta Wieding et al., Pariser Abkommen, Menschenrechte und Klimaklagen, Rechtsgutachten im Auftrag des Solarenergie-Fördervereins Deutschland e.V., 2018. Vgl. auch die Beiträge in: „Blätter", 2/2016, S. 89-104.

Doch die Menschheit ist weiter dabei, die „Planetaren Leitplanken" zu durchbrechen. Die bisherigen Selbstverpflichtungen sind völlig unzureichend. Sie würden eine Erderwärmung von mindestens 3,2 Grad verursachen, die sich aber eher als eine von fünf Grad und mehr erweisen dürfte.[4] Wenn man bedenkt, dass jedes Grad Temperaturerhöhung langfristig zu einem Meeresanstieg von mindestens drei Metern führt, wird man sich der dramatischen Lage bewusst. Und je länger eine substanzielle Reduzierung der Treibhausgasemissionen hinausgezögert wird, desto weiter schreiten auch die Kippprozesse im Klima- und Erdsystem voran. Überschreiten die Kippprozesse bestimmte Punkte, kann man diese Entwicklung nicht wieder rückgängig machen. Diese Kipppunkte sind laut Hans Joachim Schellnhuber vom Potsdam-Institut für Klimafolgenforschung (PIK) bereits viel näher als bisher gedacht. „Die roten Linien für einige der Kippelemente liegen wohl genau im Pariser Korridor zwischen 1,5 und 2 Grad Erwärmung."[5]

Die von der Menschheit verursachten Treibhausgasemissionen dürften inzwischen bei insgesamt über 80 Gigatonnen CO_2- Äquivalent liegen (eine Gigatonne (Gt) entspricht einer Milliarde Tonnen).[6] Das ist etwa 15 bis 20 Mal so viel wie beim schnellsten natürlichen Klimawandel der Erdgeschichte, dem Paläozän/Eozän-Temperatur-Maximum (PETM). Damals, vor etwa 55,5 Mio. Jahren, kam es zu einer Gesamtfreisetzung von 4 bis 6 Gt pro Jahr, und das bei einer voll funktionsfähigen Biosphäre, was die Temperatur der Erde aber dennoch binnen 20 000 Jahren um fünf Grad erhöhte. Das entspricht 0,025 Grad – also einem vierzigstel Grad – in 100 Jahren. Jetzt werden es im selben Zeitraum voraussichtlich mindestens drei und wahrscheinlich sogar fünf Grad und mehr sein. Damit läuft die heutige Erwärmung der Erde mit erdgeschichtlich beispielloser Geschwindigkeit ab, nämlich mindestens hundertmal so schnell wie natürliche Klimaänderungen.

Die immer weiter abnehmende Kapazität der natürlichen Kohlenstoffsenken – schwindende Wälder und zu warme bzw. versauerte Ozeane – limitiert weitere menschliche Emissionen zusätzlich und treibt zusammen mit den zunehmenden natürlichen Emissionen – auftauender Permafrost, verrottende, brennende Biomasse, auftauende unterseeische Methanhydrate – den CO_2-Gehalt der Atmosphäre immer rasanter in die Höhe. Mit 410 parts per million (ppm) ist er heute so hoch wie seit 800 000 Jahren nicht mehr.[7] Diese blitzartige Erwärmung macht eine Anpassung der Biosphäre nahezu unmöglich, was das weitgehende Aussterben des Lebens auf der Erde zur Folge haben könnte. Die dramatischen Veränderungen des Systems Erde würden mehrere tausend bis zehntausend Jahre andauern und sich noch weiter verstärken. Dabei ist völlig ungewiss, ob sich das System überhaupt jemals wieder stabilisieren kann.

[4] Tobias Friedrich und andere, Nonlinear climate sensitivity and its implications for future greenhouse warming, Science Advances, http://advances.sciencemag.org.
[5] Gefahr für die Menschheit: Klimasystem könnte in Heißzeit kippen, in: „Neue Westfälische Zeitung", 6.8.2018.
[6] Für 2010 gibt Ottmar Edenhofer bereits 67 Gt an, vgl. Ottmar Edenhofer, Den Klimawandel stoppen, Es gibt nicht zu wenig, sondern zu viel fossile Ressourcen – sie müssen in der Erde bleiben, in: „Atlas der Globalisierung: Weniger wird mehr", Berlin 2015, S. 90-93.
[7] Den natürlichen Schwankungsbereich zwischen 250 und 300 ppm hat er damit längst verlassen.

Das politische Ziel, die Erderwärmung auf 1,5 bis 1,8 Grad zu begrenzen, wird mit jedem Tag des „Weiter so" schwieriger und dürfte bald unmöglich sein. Die einzig mögliche Realpolitik angesichts der drohenden Klimakatastrophe bedeutet den sofortigen, entschlossenen Übergang von einer symbolischen Klimapolitik der Problemvertagung zu einer realen Klimapolitik der Problemlösung.

Die Anpassung an das System Erde und seine Stabilisierung

In kürzester Zeit müssen von der Menschheit zwei Aufgaben bewältigt werden: Sie muss, erstens, ihre hochgefährliche Veränderung planetarer Kreisläufe und Regelmechanismen beenden. Das erfordert vor allem, die CO_2-Emissionen der Menschheit von derzeit über 40 Gt allein aus Verbrennung schnellstmöglich auf maximal 2 Gt zu senken. Dafür muss das globalisierte Entwicklungsmodell der westlichen Industriegesellschaften, das auf der excessiven Nutzung fossiler Brennstoffe beruht, grundlegend umgebaut werden. Die Welt muss zu einer erdsystemverträglichen und zukunftsfähigen Lebensform übergehen, die den Planeten nicht weiter destabilisiert, und sich gleichzeitig an den unvermeidlichen Klimawandel anpassen.

Zweitens und gleichzeitig muss ein großangelegtes Programm zur Stabilisierung des Klima- und Erdsystems auf den Weg gebracht werden, um die Schere im Kohlenstoffkreislauf wieder zu schließen. Dabei geht es um die Stabilisierung, Wiederherstellung und Erweiterung der natürlichen Kohlenstoffsenken. Die Photosynthese betreibende Pflanzenmasse muss möglichst verdoppelt werden und zusätzlich eine aktive Entfernung von CO_2 aus der Atmosphäre erfolgen. Kernpunkt wäre ein gigantisches Programm zur Wiederaufforstung. Im Moment ist die Klimapolitik allerdings damit beschäftigt, die derzeitige enorme Waldvernichtung möglichst zu halbieren. Auch die CO_2-Rückholung durch einzelne sinnvolle Maßnahmen von Geoengeneering wird angesichts der dramatischen Lage notwendig sein, um den Kohlenstoffkreislauf zu stabilisieren und die Erderwärmung zu begrenzen. Das A und O ist aber die sofortige, drastische Reduzierung der Treibhausgasemissionen, sonst bleiben alle Bemühungen, den Kohlenstoffkreislauf zu stabilisieren, wirkungslos.

Das Umweltbundesamt hat bereits 1997 die Notwendigkeit einer Verteuerung „umweltbelastender Tatbestände" ausführlich begründet: „Ohne die verstärkte Nutzung von Umweltabgaben als ökologisches Lenkungsinstrument dürfte eine Anpassung der bestehenden Produktions- und Konsummuster an die Erfordernisse einer nachhaltigen Entwicklung nicht zu bewältigen sein."[8] Doch einen angemessenen Preis für Energie und Rohstoffe und die Leistungen der Natur bezahlen wir bis heute nicht, obwohl wir schon seit Anfang der 1980er Jahre von der Substanz des Planeten leben. Mit unserem exzessiven, unverändert viel zu hohen Energie- und Rohstoffverbrauch haben wir bereits, in Form von Treibhausgasen, eigentlich untilgbare

---

8   Umweltbundesamt, Nachhaltiges Deutschland, 1997, Kap. VII 3.5.2.

Schulden zulasten der kommenden Generationen verursacht. Selbst wenn die Emissionen sofort auf null reduziert würden, würde sich die Erde um mindestens weitere 0,6 Grad erwärmen. Und wir können nur hoffen, dass der planetare *Point of no return* noch nicht erreicht ist. Die Ozeane sind durch Erwärmung und Versauerung bereits für Jahrtausende geschädigt.

Dass die Industrieländer um den Faktor 10 über ihre Verhältnisse leben, war in den 1990er Jahren bereits einmal ökologisches Allgemeinwissen.[9] Auch das Kyoto-Protokoll verpflichtete die Industrieländer, ihre Treibhausgasemissionen bis 2050 um 90 Prozent, also um den Faktor 10, zu reduzieren. Abgesehen davon, dass Einsparungen durch das beständige Wachstum schnell wieder aufgebraucht sind, verhindern bis heute die nach wie vor viel zu niedrigen Kosten von Rohstoffen und Energie ein energisches Umsteuern.

Wenn Fliegen billiger ist, als mit der Bahn zu fahren, dann stimmt etwas nicht. Wenn ein Bund Radieschen aus Spanien, noch dazu neuerdings in einem Plastikbecher, mit den einheimischen Anbietern konkurrieren kann, dann stimmt auch hier etwas nicht. Was zu billig ist, wird verschwendet und hat scheinbar keinen Wert. Dass die fossilen Brennstoffe und viele andere Rohstoffe nach wie vor viel zu billig sind, beweist eben auch die kaum noch einzudämmende Plastikflut.

Auch das Emittieren von CO_2 ist viel zu billig, obwohl seine begrenzte Aufnahme durch die Natur sich längst als die eigentliche Wachstumsgrenze erweist. Könnten die westlichen Industrieländer nur ihre eigenen CO_2-Senken nutzen, wäre ihr fossiles Wachstumsmodell schon längst nicht mehr möglich. So liegen die deutschen CO_2-Emissionen bei weit über 800 Mio. Tonnen jährlich, der deutsche Wald kann allerdings nur ein Zehntel davon absorbieren.[10] Somit externalisieren wir weitgehend kostenfrei über 90 Prozent unserer Emissionen und nehmen gratis die globalen Leistungen der Biosphäre in Anspruch. Das ist ökologischer Imperialismus.

Vom Wert der Natur

Wie wertlos die Natur für uns ist, zeigt sich auch am menschlichen Umgang mit Flora und Fauna: Zwischen 1970 und 2012 hat sich der Wildtierbestand (Wirbeltiere) laut Global Living Planet Index (LPI) um 58 Prozent reduziert.[11] Bereits 75 Prozent aller Insekten und mehr als die Hälfte aller Vögel in Europa sind verschwunden. Die Ozeane sind in weiten Teilen leergefischt und das Great Barrier Reef vor der Nordostküste Australiens bereits zu einem Drittel abgestorben.

Was aber kosten uns – Wissenschaftler sprechen vom größten und schnellsten Artensterben der Erdgeschichte – diese Verluste? Bisher offensichtlich viel zu wenig oder schier rein gar nichts, sonst würde es diese welt-

---

9 Ernst Ulrich von Weizsäcker, Amory und Hunter Lovins, Faktor vier. Doppelter Wohlstand – halbierter Naturverbrauch, München 1997, S. 269f.
10 Friedrich-Wilhelm Gerstengarbe und Harald Welzer (Hg.), Zwei Grad mehr in Deutschland, Frankfurt a. M. 2013, S. 101.
11 World Wide Fund for Nature (WWF), Living Planet Report, 2016.

weite ökologische Zerstörung nämlich nicht geben. Jede In-Wert-Setzung im ökonomischen Sinne ist eine Außer-Wert-Setzung im ökologischen. Deshalb ist eine adäquate Wertzuschreibung an die endliche Natur erforderlich, um deren Übernutzung und Zerstörung zu verhindern. Denn: Die Nutzung der Erde hat Grenzen. Der wahre Preis des Lebens müsste die Endlichkeit und die Belastbarkeitsgrenzen des Planeten zum Ausdruck bringen und durch entsprechende Preise die Nutzung der Natur regulieren. Ziel wäre es, die Selbsterhaltungsfähigkeit der Ökosysteme und der gesamten Biosphäre zu gewährleisten – das würde dann auch die Bezeichnung Nachhaltigkeit tatsächlich verdienen.

1997 errechnete ein Forscherteam, dass die jährlichen erneuerbaren globalen Ökosystemleistungen einem Wert 44 Billionen Dollar entsprechen, etwa dem Vierfachen des Bruttoinlandsprodukts der USA.[12] Wenn man den wirklichen Wert der Natur berechnen und einen realen Preis für ihre Güter und Leistungen festlegen will, muss man allerdings ihre eventuelle Unersetzlichkeit und die berechtigten Ansprüche aller nach uns kommenden Generationen berücksichtigen, insofern ist ihr Wert eigentlich unermesslich.

Nicholas Stern, ehemaliger Chefökonom der Weltbank, errechnete bereits 2006, dass durch den Klimawandel enorme Folgekosten verursacht werden, die bald ein Fünftel des globalen Bruttosozialprodukts ausmachen könnten.[13] Das sind enorme Schäden und Leistungseinbußen, die heute und in der Zukunft ersetzt werden müssen. Durch die extreme Dürre im Sommer 2018 kam es laut vorläufigen Schätzungen allein in den Wäldern Sachsens zu Schäden in Höhe von 360 Mio. Euro.[14] Es erfolgt eine stetig zunehmende Schwächung der Natur und damit eine fortgesetzte Entwertung des Naturkapitals – ein toter Wald ist weniger wert als ein lebender und vor allem kann er Kohlendioxid nicht mehr in Sauerstoff umwandeln. Der Klimawandel gerät überdies immer mehr außer Kontrolle und erweist sich zusehends als Klimakatastrophe. Ohne Eisbären können wir überleben, doch nicht ohne das Polareis oder den Regenwald im Amazonasgebiet, der seit 2005 schon fünf schwere Dürren und den Verlust von Milliarden Bäumen ertragen musste.[15]

Viele Leistungen der Natur sind unersetzlich. Ihre Verluste betreffen die Menschheit existenziell, denn hier reduzieren sich elementare, grundlegende Leistungen der Biosphäre, wie die CO_2-Aufnahme, die Biomasse- und Sauerstoffproduktion sowie die Temperaturregulierung. Das heißt, die Reproduktion der Lebensgrundlagen ist zunehmend gefährdet und entscheidende Regelkreise des Systems Erde, wie der Kohlenstoffkreislauf, geraten vollends aus dem Gleichgewicht. Die menschliche Zivilisation steht vor einem beispiellosen Niedergang, der sich durch technische Mittel vermutlich nur beschränkt und befristet aufhalten lassen wird.[16] Ohne intaktes Leben, also

---

12 Al Gore, Wir haben die Wahl. Ein Plan zur Lösung der Klimakrise, München 2009, S. 335.
13 Claudia Kemfert, Die andere Klima-Zukunft, Hamburg 2010, S. 56 ff.
14 Vgl. „Antenne Brandenburg", 12.9.2018.
15 Vgl. den Beitrag von Julia Schweers, Bolsonaros Brasilien: die Vernichtung der grünen Lunge, in diesem Buch.
16 Jürgen Tallig, Die tödliche Falle, in: „Umwelt Aktuell", 11/2017; ders., Die Erde im Jahr 2035, in: „Tarantel", 81, S. 24 ff., Juni 2018.

ohne eine funktionierende, die Lebensvoraussetzungen aufrechterhaltende Biosphäre, ist die weitere Existenz der Menschheit jedoch massiv gefährdet. Wie viel ist uns die Kohlendioxidaufnahme durch die Natur und die Begrenzung der Erderwärmung also wert? Sind wir bereit, für lebensfreundliche Umweltbedingungen noch rechtzeitig etwas zu bezahlen – oder sind wir bereit, für die Aufrechterhaltung unseres westlichen Lebensmodells buchstäblich unsere eigene Existenz in Kauf zu nehmen?

In den verkürzten betriebs- und volkswirtschaftlichen Rechnungen taucht die Zerstörung der Natur selbst als Verminderung des Naturkapitals kaum auf. Daher ist das bisherige Bruttoinlandsprodukt bzw. Bruttosozialprodukt nicht mehr zeitgemäß. Es bilanziert selbst den Rohstoffverbrauch, etwa das Verbrennen fossiler Brennstoffe, nur positiv, ohne dass der Rückgang der Rohstoffreserven und die Belastung des Klimas irgendwo negativ zu Buche schlagen. Naturverbrauch erscheint so als Wachstum. Bereits 1995 konstatierte Wouter van Dieren in seinem Bericht an den Club of Rome, „Mit der Natur rechnen", dass das Produktionswachstum längst zu Wohlstandsminderungen führt, weshalb er für die genaue Erfassung der Wertminderungen des Naturvermögens plädiert und die Einführung eines Ökosozialprodukts vorschlägt. Der Umweltökonom Hermann Daly hat mit dem „Genuin Progress Indicator"(GPI) einen synthetischen Index entwickelt, der das Bruttoinlandsprodukt um die durch Umweltverschmutzung verursachten Verluste korrigiert. In den USA stagniert dieser Index schon seit Anfang der 1970er Jahre, obwohl das allgemeine BIP weiterhin zunimmt. Somit ist unser „Wachstum" faktisch ein Mythos, dem längst immer größere Umwelteinbußen gegenüberstehen.[17]

Hier zeigt sich die ganze Absurdität der derzeitigen volkswirtschaftlichen Gesamtrechnung. Sie betrachtet die Wirtschaft als losgelöst von der Natur bzw. die Natur nur als ausbeutbare Ressource und damit als einen Teilbereich der Wirtschaft. Die permanenten unersetzlichen Wertverluste, die wir derzeit der Natur zufügen, müssen daher endlich in den Bilanzen auftauchen und damit die Wahrheit über die Kosten unserer Lebensweise darlegen.

Bleiben wir im Rahmen!

Heute stehen wir vor einer grundlegenden Entscheidung: Entweder wir kehren zu den lebensfreundlichen Rahmenbedingungen zurück, die das Klima- und Erdsystem seit Jahrmillionen aufrechterhält, oder „wir fallen (weiter) aus dem Rahmen". Die Welt muss sich einen „Klimarahmen" geben, der die natürlichen Begrenzungen des Systems Erde als nicht überschreitbare Leitplanken gesellschaftlichen Handelns setzt. „Earth first" müsste die Devise lauten: Die Stabilität des Systems Erde muss den subsystemischen Interessen von Staaten, Konzernen und sonstigen Akteuren übergeordnet werden. Die bisherige falsche Prioritätensetzung, erst Wirtschaft und Wachstum, dann

---

17 Vgl. Serge Latouche, Es reicht!, Abrechnung mit dem Wachstumswahn, München 2015.

Soziales und dann Ökologie und Klimaschutz, muss umgekehrt werden. Denn sie hat die Welt an den Rand des Abgrunds geführt.

Es gilt, den Stoffwechsel der menschlichen Zivilisation mit der Erde zu regeln und dafür zu sorgen, dass die „planetarische Leitplanken" nicht überschritten werden und so die erdsystemischen Regelkreise nicht noch weiter destabilisiert werden. Doch erst wenn die planetarischen Begrenzungen, die unser Handeln limitieren, als reale finanzielle und ökonomische Faktoren in Erscheinung treten, werden sie auch reale Verhaltensänderungen und realen Klimaschutz erzwingen. Es braucht daher neue globale politische und wirtschaftliche Spielregeln, die die Akteure aus eigenem finanziellem und ökonomischem Interesse zu nachhaltigem Handeln veranlassen. Auf der Grundlage des Pariser Klimaabkommens muss daher eine weit machtvollere Durchsetzung der planetaren Rationalität erfolgen als bisher. Unverbindliche Versprechungen, deren Einhaltung von vornherein nicht zu erwarten war, verhindern keine Emissionen. Doch das Vorsorgeprinzip muss endlich durchgesetzt werden. Ein verbindliches, durchsetzbares Klimarahmenabkommen sollte sowohl sanktionieren – etwa durch die Einrichtung eines internationalen Klimagerichtshofes –, als auch die globalen Rahmenbedingungen ändern können.

Hinzu muss eine globale Preis- und Steuerreform treten, die den Naturverbrauch und die Naturbelastung schrittweise verteuert. Dadurch müssten den bisher unverbindlichen Selbstverpflichtungen endlich Taten folgen und den nationalen Bemühungen zur Emissionsreduzierung so einen enormen Schub verleihen. Das würde vielleicht doch noch rechtzeitig den bisherigen Kurs der menschlichen Zivilisation in den entropischen Abgrund ändern und der Erde die dringend benötigte Atempause verschaffen.

Die globale ökologische Preis- und Steuerreform

Eine Weltpreisreform für Energie und Rohstoffe und eine CO_2-Steuer stehen längst auf der globalen Tagesordnung. Schon 1992 hat die EU-Kommission entsprechende Vorschläge für Europa gemacht und die Einführung einer Energiesteuer vorgeschlagen. Ökologisches, klimaverträgliches Handeln, so der Leitgedanke, müsse sich lohnen und belohnt werden. Klimaschädliches Verhalten müsse dagegen erheblich teurer werden.

Die Folgekosten unseres verschwenderischen Umgangs mit Rohstoffen und Energie, der eigentlich unbezahlbare Preis der Klimakatastrophe und ihrer Folgen, müssen einberechnet werden, wie auch die Rechte der kommenden Generationen an den Gütern der Erde.

Es werden, jenseits des bisherigen Prinzips von Angebot und Nachfrage, wissenschaftlich begründete Preise ermittelt und vorgegeben, die den Verbrauch und die Emissionen schrittweise auf ein erdsystemverträgliches Niveau senken sollen.

Das nötige Ausmaß der Preis- bzw. Steuererhöhungen muss innerhalb des Klimarahmes festgelegt werden – und es müssen klare Vorgaben über die stufenweise Umsetzung gemacht werden. So würde der Ölpreis sofort von rund 75 auf 100 US-Dollar pro Barrel und dann jährlich um weitere 25 Dollar ansteigen, so dass sich der Preis in fünf Jahren auf 200 Dollar erhöht. Der Kohlepreis müsste sich noch schneller erhöhen, um die nötigen Steuerungswirkungen zu erreichen. Die so erzielten Mehreinnahmen werden für den notwendigen ökologischen Umbau und nötige Anpassungsmaßnahmen verwendet.

Klimaschutz als Gewinn für alle

Zur konkreten Ausgestaltung einer solchen ökologischen Preis- und Steuerreform gibt es eine Vielzahl von Studien und Vorschlägen. Verwiesen sei hier nur auf die Studie der Umweltverbände von 1998, „Die ökologische Steuerreform",[18] und aktuell auf das Modell des „Forum Wissenschaft & Umwelt" in Österreich, in dem eine Energie- und CO_2-Abgabe und ihre Funktionsweise klar und verständlich dargestellt werden.[19]

Interessant ist, dass Deutschland die Einführung einer EU-weiten CO_2-Steuer blockiert,[20] gleichzeitig aber die deutsche Wirtschaft der Einführung eines globalen CO_2-Preises durchaus positiv gegenübersteht.[21] Der Grund dafür: Wenn sich die Rahmenbedingungen für alle gleichermaßen ändern, würden den ökologischen Vorreitern keine Wettbewerbsnachteile entstehen, da sich die Kosten für alle gleichermaßen ändern. Sollte sich ein Land diesem „Klimarahmen" entziehen, würde es sich dagegen selbst isolieren. Seine Produkte wären bald nicht mehr weltmarktfähig, da sie den ständig steigenden ökologischen Standards nicht mehr genügen würden. Damit dieser Ansatz Erfolg hat, muss es letztlich vorteilhafter sein, in diesem Klimarahmen zu handeln, als sich außerhalb seiner zu stellen. Die steigenden Preise und Steuern würden die Weltwirtschaft sofort in eine nachhaltigere und klimaverträglichere Richtung lenken, nämlich auf den Weg der Dekarbonisierung, Regionalisierung und Demokratisierung. Energie- und emissionsintensive, klima- und umweltschädliche Geschäftsstrategien würden sich zunehmend nicht mehr rechnen, regional orientierte, arbeitsintensive und energiesparende dafür aber umso mehr. Nicht zuletzt wäre das auch der Weg zu neuen Arbeitsplätzen, da menschliche Arbeit günstiger würde. Arbeitsintensive Produktionsweisen vor Ort wären dann wieder konkurrenzfähiger.

Die energie- und ressourcenfressende, vergegenständlichte, „tote Arbeit" würde dagegen steuerlich und preislich stark belastet. Roboter, Automaten, Fließbänder und globalisierte Wertschöpfungsketten würden sich dadurch weniger rechnen. Kohlekraftwerke und spritschluckende, große Autos wären alsbald Auslaufmodelle. Die derzeitigen sozialen, ökonomischen und finanziellen Ungleichgewichte würden abgemildert: Die weltweite Transportla-

---

[18] Carsten Krebs, Danyl T. Reiche und Martin Rocholl, Die Ökologische Steuerreform – was sie ist wie sie funktioniert was sie uns bringt, Basel 1998.
[19] Michael Getzner, Mit Steuern steuern!, Wien 2017.
[20] Jörg Staude, CO_2-Preis: Europa wartet auf Deutschland, www.klimaretter.info, 20.3.2018.
[21] Dax-Konzerne wohl für strenge Regeln beim Klimaschutz, www.spiegel.de, 19.2.2018.

wine ließe sich so eindämmen. Regionale, nachhaltige und kleinteilige Strukturen würden geschützt und wieder konkurrenzfähig. Somit würde genau der Strukturwandel befördert, den wir jetzt brauchen. Der Kapitalstock der fossilen Industrien würde nach und nach entwertet, was den fossil-globalistischen Machtblock schwächen und allmählich zurückdrängen würde. Die zukunftsorientierten, postfossil orientierten Kapitalfraktionen würden dagegen gestärkt, wodurch sich die gesellschaftlichen Kräfteverhältnisse allmählich verschieben würden. Die heute kaum noch kontrollierbaren Strukturen der global agierenden Großkonzerne würden eingedämmt und ausgetrocknet. Sie wären irgendwann nicht mehr rentabel, wodurch sich der bisherige Enteignungs- und Konzentrationsprozess wieder umkehren würde.

Das bedeutete zugleich einen globalen Demokratisierungsprozess, denn es würde wieder Macht nach unten zurückgegeben. Die geänderten Terms of Trade würden überdies zu einer gerechteren Weltwirtschaft führen und den Rohstoffländern Entwicklungschancen und Anpassungsmöglichkeiten an den Klimawandel geben. Die sehr armen Länder müssten Ausgleichszahlungen erhalten, auch dafür, dass sie das Klimasystem nur minimal geschädigt haben, aber am stärksten von den Veränderungen betroffen sind. Die fortschreitende Preissteigerung wäre gleichzeitig eine beständige Kapitalentwertung und -vernichtung auf friedlichem Wege, was die enorme Anhäufung unproduktiven, spekulativen Kapitals allmählich reduzieren und dieses stattdessen einer sinnvollen Verwendung zuführen würde. Auf diese Weise ließe sich auch die Gefahr eines gewaltsamen, kriegerischen Auswegs aus der Überakkumulation verringern.

Bei alledem zeigt sich: Die Anerkennung der Folgen und Folgekosten unserer Wirtschafts- und Lebensweise ist längst überfällig – und keine Gefahr, sondern eine große Chance. Es würde uns nicht das Leben kosten, sondern im Gegenteil die Welt wieder entschleunigen und menschlicher machen. Das aber setzt voraus, dass wir noch rechtzeitig zu der Erkenntnis gelangen, dass das Leben unbezahlbar ist – und was sein Verlust bedeutet: im Großen wie im Kleinen, für die Erde wie für den Menschen, für das Individuum wie für die Gattung.

Mehr Zukunft wagen

Zeit für Wirklichkeit – aber eine andere

Von **Harald Welzer**

> »Man sollte nie aufhören, die Welt seltsam zu finden.«
> – Gero von Randow

Das vielleicht wirkmächtigste Merkmal der Moderne war, dass sie von einer imaginierten Zukunft getrieben war: Die Gesellschaft würde sukzessive bessere Lebensbedingungen für alle ihre Bewohnerinnen und Bewohner bereithalten. Und diese besseren Bedingungen würden sich in individuelle Lebenspläne, berufliche Aufstiege, Ehe- und Kinderwünsche übersetzen lassen: Wenn ich mich qualifiziere, kann ich aufsteigen; meine Kinder und Enkel werden einmal besser leben, als ich es konnte. Diese Zukünftigkeit nahm, je nach technischer Entwicklung und gesellschaftspolitischem Fortschritt, unterschiedliche Gestalt an – die westliche Nachkriegsepoche versprach Zukunft durch dynamische Technikentwicklung einerseits und soziale Marktwirtschaft andererseits und löste sie durch Mondlandung, Mitbestimmung und Öffnung des Bildungssystems ein, unter anderem. Solche Zukünftigkeit war erlebbar, ein Element realer Erfahrung und Hoffnung, eine soziale Produktivkraft. Das Morgen, das war der Sound jener Epoche, würde jedenfalls besser sein als das Heute. Und es war erreichbar.

Inzwischen ist dieser Sound verklungen, und die Gegenwart hat sich nach vorn gedrängt – in einer Verschränkung von auf den ersten Blick sehr disparaten Gründen: Zum einen wurden in Zeiten des Hyperkonsums künftige individuelle und gesellschaftliche Ziele durch einen Sofortismus der unverzögerten Bedürfnisbefriedigung ersetzt; was ich sein will, bin ich in den sozialen Netzwerken und im Selfie, und zwar jetzt; was ich haben will, kann ich sofort bekommen, ohne Triebaufschub.

In der Diktatur der Gegenwart treten Bürgerinnen und Bürger fast ausschließlich nur noch in der Verbraucherrolle auf und beanspruchen Lieferung – von Produkten, Dienstleistungen, Informationen und Politikangeboten. In Echtzeit, *same day delivery*. Wie verzogene Kinder bekommen sie sie auch.

Zweitens hat die Digitalwirtschaft den Mangel an Zukünftigkeit kaschiert und ist wie der Igel im Märchen immer schon da, wo die Zukunft mit Namen Hase hinhetzt. Sie ersetzt, was unbestimmte Möglichkeit hätte sein können, durch Berechenbares, vom künftigen Konsum- und Wahlverhalten bis zur vorhergesagten politischen oder kriminellen Abweichung. Die digitale

Zukunft ist *nicht* offen; sie besteht lediglich aus dem, was in einem binären Universum berechnet werden kann.

Und drittens schließlich hat seit dem Aufkommen der Umweltwissenschaften, der Erdsystem- und Klimaforschung, der Ökologiebewegung das Wissen um die erwartbare Zukunft des Planeten die Gestalt einer Dystopie angenommen, die auf keinen Fall eintreten darf. Diese Abwehr von Zukünftigkeit geht übrigens so weit, dass auch dort, wo wissenschaftlich nachgewiesen wird, dass „planetare Grenzen" bereits überschritten seien, nicht die brennende Frage auftaucht, was es denn heißt, dass sie überschritten sind. Was folgt daraus für künftiges Handeln, künftige Möglichkeiten der Weltgestaltung? Die Uhr ist für Ökos seit Jahrzehnten auf „fünf vor zwölf" stehengeblieben. Weitergehen darf sie nicht, denn nach High Noon folgt – was? Möglicherweise etwas, was man noch nicht kannte.

Die drei apokalyptischen Reiter – totaler Konsumismus, totale Berechenbarkeit und totale Katastrophe

Diese drei apokalyptischen Reiter aus totalem Konsumismus, totaler Berechenbarkeit und totaler Katastrophe führen in ihrem Zusammenwirken zur Ersetzung der optimistischen Zukunftserwartung der Nachkriegsmoderne durch die Diktatur der Gegenwart von heute, zum Schwinden eines Horizonts, den man erreichen wollen würde. Nein, im Gegenteil, dieser Horizont soll einen bitte nicht erreichen, wer weiß, was da kommt? Zukunft soll sein wie jetzt, nur mehr und kontrollierter. Oder schlimmer noch: „Zukunft ist das, was nicht passieren darf. [...] Das Ziel ist es, den Status quo, und wäre er noch so übel, zu retten vor dem Angriff einer dystopischen Zukunft."[1]

So wie die Zivilreligion des Wachstums die materiellen Voraussetzungen der Zukunft beschränkt, so baut die Digitalwirtschaft Deiche gegen alle unberechenbaren Träume einer offenen Zukunft. Und die Ökos untermauern all das in bester Absicht mit der Dystopie einer unausweichlichen Zerstörung in planetarem Maßstab, so dass sich das Heil ausschließlich um den Augenblick zentriert und das Unheil nur abzuwenden ist, wenn die Zukunft verhindert wird.

Nur vor diesem Hintergrund kann es als sinnhaft erscheinen, nicht zum Beispiel über eine autofreie Welt nachzudenken, sondern über den Austausch von diesel- und benzinbetriebenen Autos durch solche mit E-Antrieb. Nur so kann man es „innovativ" finden, wenn die Welt und der Geist mit sprechenden und spionierenden Geräten wie Alexa vollgestellt wird, anstatt Raum zu schaffen für autonomes Denken, Urteilen und Entscheiden. Und jede Optimierung erfüllt nur den Zweck, dass alles bitte so weitergehen kann wie bisher: „Wenn wir die Häuser dämmen und Energieausweise erstellen, dann geht es um das Recht, auch weiterhin die Landschaft zersiedeln zu dürfen. Es ist, als wären wir, die Gesellschaft, die Politik und die Wissenschaft,

---

1 Claudius Seidl, Der Mann aus der Zukunft, in: Dana Giesecke u.a. (Hg.), Welzers Welt. Störungen im Betriebsablauf, Frankfurt a. M., S. 374 ff.

vor allem damit beschäftigt, Dämme zu bauen, immer weiter, immer höher, um den Einbruch einer Zukunft zu verhindern, die wir uns nur als Chaos und Katastrophe vorstellen können. Wir sind nicht unbedingt glücklich mit unserer Art zu leben. Aber alles andere stellen wir uns noch schlimmer vor."[2]

Die Wirksamkeit einer solchen Kultur der Zukunftsverhinderung zeigt sich allenthalben: nicht nur in der neuen Sehnsucht nach altem Nationalismus, nach Autokratie und Geführtwerden, sie zeigt sich auch in der bei genauerer Betrachtung ja äußerst trüben Erneuerungspotenz all der Start-ups und Innovationsangeber: Was außer irgendeiner weiteren Funktion ist denn neu an der immer wieder allerneuesten Generation von Smartphones oder Kühlschränken oder Autos? Wenn man, und das ist der ernüchterndste Befund, junge Menschen nach ihren Träumen und Zukunftsvorstellungen befragt, wie wir es im vergangenen Jahr in einem kleinen Forschungsprojekt getan haben, antworten sie: „Ja, eine nachhaltige Welt, in der die Menschen friedlich leben und gut miteinander auskommen, die wäre schön!" Und dann folgt das große „Aber" von Artensterben über Klimawandel bis Trump, und man sieht: Sie gestatten sich das Träumen nicht. Nicht mal mehr das Träumen.

Wie wir die Zukunft der Kommenden verbraucht und die Produktivkraft Träumen ruiniert haben

Dies ist das Verdienst der Vorgängergeneration, also meiner eigenen. Nicht nur, dass wir schon mal de facto die Zukunft jener verbraucht haben, die nach uns noch lange leben werden, zu allem Überfluss haben wir ihnen die Zukunft auch noch visionär madig gemacht, sie als dystopisch, negativ, bedrohlich gezeichnet. Deshalb verbieten sich die Jugendlichen das Träumen. Wir haben, anders gesagt, die *Produktivkraft Träumen* ruiniert.

Man kann das zivilisatorische Projekt der Moderne aber nicht fortsetzen, ohne die Idee von einer Zukunft zu haben, die ein besseres Leben vorsieht als das, das heute zu haben ist. Ja, eigentlich ist der Traum vom guten Leben die Voraussetzung, dafür einzutreten, dass die Ungerechtigkeit und die Destruktivität der menschlichen Lebensform erfolgreich weiter zivilisiert und eben nicht weiter vertieft werden. Im Ruhrgebiet tragen Leute T-Shirts, auf denen steht: „Scheiße ist es anderswo auch!" Einen radikaleren Verzicht auf Änderung und auf Verantwortung für Veränderung kann man sich kaum denken.

Zukunft lässt sich negatorisch nicht entwerfen, das geht nur mit positiven Bestimmungen. Und warum nicht? Eine Stadt ohne Autos ist auch ohne Klimawandel gut. Eine nachhaltige Almwirtschaft auch. Wälder zu pflanzen auch. „Was käme heraus", fragt Claudius Seidl, „wenn wir mit größerem Aufwand daran arbeiten würden, uns ein besseres Leben vorzustellen? Wie wäre es, wenn wir an Zukunftsvisionen nicht deshalb arbeiteten, weil wir den Wald oder den Thunfisch oder das Klima retten wollen. Und auch nicht, weil wir uns verteidigen müssen gegen die Macht der großen Daten. Sondern

---

2 Ebd., S. 375.

weil wir uns ein besseres Leben als das, was wir führen, allemal vorstellen und mit aller Kraft anstreben können."[3]

Da ist dieses starke Wort: Können. Ja, können wir, und weil wir es können, haben wir auch die Verantwortung, es zu machen. Jedenfalls wenn wir nicht dümmer sein wollen, als wir müssten.

Klar: Wir befinden uns in einem Epochenwechsel. Aber der ist nicht definiert von ominösen Dingen wie „Globalisierung" oder „Industrie 4.0" oder „Anthropozän". Sondern von der Frage, ob er von rückwärtsgewandten, menschenfeindlichen, antimodernen Kräften gestaltet wird oder von jenen, die den Normalbetrieb zwar auch nicht fortführen wollen, aber die Moderne für ein entwicklungsfähiges Projekt halten. Und ihre zivilisatorischen Errungenschaften als Ausgangspunkt dafür nehmen möchten, *mehr* soziale Gerechtigkeit, *mehr* persönliche Autonomie, *mehr* verfügbare Zeit, *weniger* Gewalt und Zwang auf der Basis eines nachhaltigen Umgangs mit den natürlichen Voraussetzungen des Überlebens zu realisieren.

Sagen wir es mal so: „Die fetten Jahre sind vorbei" könnte ja auch als frohe Botschaft verstanden werden, in einer Welt, in der mehr Menschen an Übergewicht als an Unterernährung leiden, in der die Autos, die Schiffe, die Häuser immer fetter werden. Jetzt kommen leichtere, schlankere, sportlichere Zeiten. Der einzige Grund, aus dem ein Weiterbauen am zivilisatorischen Projekt nicht attraktiv sein sollte, ist Phantasielosigkeit. Die allerdings ist in jeder Hinsicht auf dem Vormarsch, weshalb die Wiedereinführung der Zukunft eine dringliche Sache ist, des guten, des besseren Lebens wegen. Können wir, machen wir.

Die Produktivkräfte des guten Lebens und die Idee von Zukünftigkeit

Damit das alles nicht im üblichen Konjunktiv – schöner wär's, wenn's schöner wär – verbleibt, muss nun die Suche nach den subjektiven Voraussetzungen für das Weiterbauen am zivilisatorischen Projekt folgen.

Die komplette Nachhaltigkeits- und Klimaschutzszene verzweifelt ja hochprofessionell an der Frage, warum Menschen nicht zu Veränderungen ihrer Lebensweise bereit sind, obwohl sie doch so viel darüber wissen, dass es so nicht weitergeht. Vielleicht wäre es einfach besser, statt *noch mehr* Information und Wissen anzubieten, mal darüber nachzudenken, wo denn wohl Veränderungsbereitschaften zu finden sind – im Wissen liegen sie nämlich nicht.

Solche Bereitschaften müssen in der Lebenswelt der Menschen existieren und eine Rolle spielen. Wird das nicht berücksichtigt, landet man wieder beim unvermeidlichen Lamento darüber, dass die Menschen einfach nicht tun, was sie wissen, weshalb man sich den Rest seines Lebens damit beschäftigen kann, ihnen sein Wissen immer weiter aufzudrängen. Während Wissen aber etwas Abstraktes ist und unabhängig von den Anforderungen des Daseins existiert, ist Handeln immer konkret – also von der Lebenswelt im

---

3 Ebd., S. 377.

Allgemeinen und ihren Situationen im Besonderen abhängig. Wenn jemand sich also auf den Weg zu einer Veränderung machen soll, muss das ganz einfach mit ihr oder ihm zu tun haben, sonst kann man auf sie oder ihn einreden wie auf ein totes Pferd. Vor allem muss es interessant sein.

Die wirklichkeitsschaffende Kraft des Utopischen

Mir ist die wirklichkeitsschaffende Kraft des Utopischen einmal schlagartig klar geworden, als ich in einer Ausstellung das Kinderbuch „Zwei Quadrate gehen um die Welt" des deutsch-russischen Revolutionskünstlers El Lissitzky gesehen habe. Er stellte sich die Kinder in einer kommunistischen Gesellschaft konsequenterweise anders vor als die Kinder, wie sie im Kapitalismus aufwachsen. Also brauchten sie auch andere Bilder und andere Geschichten, eine „suprematistische Erzählung".

Die russische Revolutionskunst unmittelbar nach der Oktoberrevolution ist bis heute interessant und stilbildend, weil die Künstlerinnen und Künstler davon ausgingen, dass nun eine neue Zeit beginne und entsprechend eine andere Ästhetik, eine andere Ansicht der Welt und ihrer Zukünftigkeit geschaffen werden müsse. Diese Idee, dass alles anders sein könnte und nun auch würde, hatte kurzzeitig durchaus die Kraft, die Massen zu erreichen und zu begeistern.

Man könnte sagen: Das war revolutionär, Rock'n'Roll als bildende Kunst, Jahrzehnte vor Elvis. Aber schon wenig später galt das als gefährlich – aus gutem Grund, hätte es doch dazu führen können, dass die Massen womöglich selbst etwas hätten denken können. Der Stalinismus führte lieber den sozialistischen Realismus ein, voller entschlossen und tatkräftig blickender Arbeiterinnen und Arbeiter auf Kornfeldern und an Hochöfen, und auch die Architektur, von Lissitzky und seinen Kolleginnen revolutionär gedacht, sank ins Angeberische oder aber funktionalistisch Menschenfeindliche ab – übrigens genauso wie heute in China oder in arabischen Scheichtümern. Warum? Weil es keine Idee gab, dass die Welt als andere erst entworfen, ertastet, erfühlt und errungen werden müsste, sondern weil es plötzlich die Macht gab, sie mit Gewalt zu gestalten. Und zwar nach dem eigenen Spießerhorizont.

Auch wir im Westen leben in einer gestalteten Welt, die deshalb die Alleinherrschaft beansprucht, weil sie da ist. Nehmen wir die Infrastrukturen, die am Auto gebildet sind. Autos sind keine Mittel, um Raum zu überwinden, sondern um Raum zu gestalten – und so sehen die Städte und Gemeinden auch aus. Und die Architektur besteht oft aus Geld. Gehen Sie mal in Frankfurt spazieren. Die Europäische Zentralbank besteht aus einem Architektursymbol für die Macht des Geldes, aggressiv, klotzig und ignorant gegenüber anderem Daseienden (und lustigerweise von dem vor ein paar Jahrzehnten mal linken und revolutionären Architektenkollektiv „coop Himmelblau" gebaut). Und wenn Sie in die Innenstadt gehen, finden Sie eine aus Geld bestehende künstliche Altstadt vor, die aussieht wie die sogenannten Designer-Outlets an den Autobahnen, die perfekte Geschichtslosigkeit; gebaut nicht aus irgendeinem lebensdienlichen Grund, sondern weil man es sich leisten kann.

Das ist die alte Welt. Die, die in stoischer Rücksichtslosigkeit gegen alles, was keinen Mehrwert schafft, mit ihrem monolithischen Credo, dass mehr besser und damit im Recht sei, alles niederwalzt, was auch nur einen kleinen Augenblick denkt, dass es auch anders sein könnte. Ihre neueste Erscheinungsform hat die alte Welt in der Digitalwirtschaft bekommen, die nicht müde wird zu behaupten, sie sei unfassbar neu, obwohl sie doch hauptsächlich neue und perfidere Formen der Ausbeutung, Überwachung und Naturzerstörung liefert. Das ist bloß die Zukunft von gestern, glauben Sie denen, die Ihnen das alles als seligmachend verkaufen wollen, kein Wort. Sie wirken nur zukünftig, weil es nirgendwo anders Zukunft zu geben scheint.

Auch nicht dort, wo so gedacht und gewirtschaftet wird, dass sich ein anderer, weniger zerstörerischer Umgang mit der Welt in ersten Spuren abzuzeichnen beginnt. Denn überall, wo heute „nachhaltig", „postwachstumsökonomisch", „gemeinwohlorientiert", „grün" gedacht, gewirtschaftet und gelebt wird, hat man den Eindruck einer erstaunlich genügsamen Selbstzufriedenheit damit, dass die gegenwärtige Welt nun mal so aussieht, wie sie aussieht. Die Ökologiebewegung hat es nie geschafft, eine eigene Ästhetik zu entwickeln. Ihre Zukunftsbilder sehen aus wie in der Rama-Reklame: gutgelaunter kinderreicher Mittelstand auf grünen Wiesen unter Windrädern. Das, liebe Ökos, reicht nicht. Da muss eine andere Zukunft her.

Die gegenwärtige Wirklichkeit bloß als einen Vorschlag betrachten

Betrachten wir also die gegenwärtige Wirklichkeit bloß als einen Vorschlag. Neben ihr gibt es jede Menge andere Vorschläge, die wir gründlich erwägen sollten. Denn den gegebenen Vorschlag anzunehmen, nur weil er da ist, hieße: Wir lassen uns auf ein Experiment ein, von dem sicher ist, dass es scheitern wird. Obwohl das Klima längst aus dem Takt ist, die Insekten sterben und mit ihnen die Vögel, obwohl Teile der Ozeane sich in tote Zonen verwandelt haben, noch bevor sie überhaupt erforscht worden sind, läuft das Experiment weiter, mit dem herausgefunden werden soll, ob man auf einer endlichen Welt unendlich expandieren kann. So betrachtet ist die gegebene Wirklichkeit und die mit ihr vorgeschlagene Lebensweise eine Illusion, und zwar eine gefährliche. Wir müssen daher endlich beginnen, realistisch zu werden. Und uns eine andere Wirklichkeit vorstellen.

Wie gesagt: Momentan sieht unsere Wirklichkeit wie folgt aus: Weltweit läuft dieses gigantische Experiment, das von der Hypothese ausgeht, grenzenloses Wachstum sei auf einem begrenzten Planeten möglich. Experimente sind, wissenschaftstheoretisch gesprochen, dazu da, Hypothesen zu falsifizieren oder zu verifizieren, also in diesem Fall nachzuweisen, ob grenzenloses Wachstum möglich (verifiziert) oder unmöglich (falsifiziert) ist. Eine verantwortliche Versuchsleitung hätte schon vor längerer Zeit gesagt: „Super, wir können das Experiment jetzt abbrechen, es ist falsifiziert." Aber obwohl Dennis Meadows und seine Kollegen schon 1972 mit den „Grenzen des Wachstums" eine überzeugende Falsifizierung vorgelegt haben, wird das Experiment fortgeführt, jedes Jahr mit größerer Intensität.

Dabei wäre ein Pfadwechsel in eine nachhaltige moderne Gesellschaft vor vier, fünf Jahrzehnten ja genau dadurch einzuleiten gewesen, dass man eine weltweite Suche nach den ressourcenschonendsten Lebensstilen und Wirtschaftsweisen gestartet hätte. Damals gab es noch weit mehr davon. Dann hätte man vom Pekinger Fahrradverkehr so lernen können wie vom kubanischen Energiesystem, von indischer Ernährungsweise wie vom samoanischen Fischfang, von Appenzeller Almwirtschaft genauso wie vom Bregenzerwälder Holzbau. Auf diese Weise wäre tatsächlich eine Wissensgesellschaft entstanden. Aber anstatt sich an vorhandenen Wissensformen zu orientieren und sich durch Kombinatoriken von Wissensbeständen global klüger zu machen, hielt man am phantasiefreien Wachstumsdogma so lange fest, bis noch das allerletzte Land der Erde auf den wachstumskapitalistischen Weg eingeschwenkt war. Und alle börsennotierten Unternehmen finden es völlig unbekümmert um Zukünftigkeit super, wenn sich immer noch mal neue Märkte auftun, die man mit längst antiquierten Verkehrsmitteln und patentiertem Saatgut fluten kann. Und damit vorhandene Lebens- und Wirtschaftsweisen und das damit verbundene Wissen zum Verschwinden bringt.

Wie wir illusionäre Welten aufbauen

Dass wir in einer Gesellschaft leben, in der man darüber hinaus lernt, seinem Wissen nicht zu glauben, hat damit zu tun, dass Macht und Interessen ungleich sind, vor allem aber ungleiche Durchsetzungschancen haben. Denn natürlich haben reiche Gesellschaften, ihre wirtschaftlichen und politischen Eliten, aber auch ihre im Weltvergleich sehr gut gestellten Bewohnerinnen und Bewohner keinerlei Interesse an Umverteilung. Sie haben auch wenig Interesse an Veränderung, wenn sie Geld kostet. Und schon gar kein Interesse haben sie an Störungen ihrer Weltbilder, weshalb sie erheblichen Aufwand treiben, illusionäre Welten aufzubauen.

Solche Welten werden zum Beispiel errichtet, indem man Jahr für Jahr Klimakonferenzen veranstaltet und dort fiktionale Ziele einer ebenso fiktionalen „Weltgemeinschaft" verabredet. Oder indem man Institute, Thinktanks, Lehrstühle und Ministerien erfindet, von denen man sagen kann, dass sie sich mit dem Klimawandel befassen. Klar: Alle diese Aktivitäten, die zum Teil sehr ressourcenaufwendig sind (wie beispielsweise die Klimakonferenzen), wirken nicht positiv auf die Entwicklung des Klimasystems, aber sie schaffen die Illusion, dass das Problem bearbeitet wird. Und während alle diese Aktivitäten stattfinden, die die Illusion erzeugen, dass ein Problem bearbeitet wird, wird exakt dieses Problem (in Gestalt von kontinuierlich anwachsenden CO_2-Emissionen) von Jahr zu Jahr größer.

Mojib Latif, ein Meteorologe und Klimaforscher, hat im Hitzesommer 2018 gesagt, dass es de facto keine Klimaschutzpolitik gebe. Gäbe es sie, müssten die Emissionen ja sinken oder wenigstens nicht mehr ansteigen. Das ist eine einfache, klare, nachvollziehbare Aussage, mit jeder Emissionsstatistik belegbar. Sie steht gegen jede Reklame, man arbeite intensiv daran, den gefährlichen Klimawandel abzuwenden. Man könnte auch sagen: Es ist eine realistische Aussage, sie beschreibt einen existierenden Sachverhalt. Damit kündigt sie das Einverständnis mit der großen Illusion auf, die gemeinsam aufrechterhalten wird, ein Akt psychologischer Selbstermächtigung. „Den Wahn", hat Sigmund Freud einmal gesagt, „erkennt natürlich niemals, wer ihn selbst noch teilt." Und Ivan Illich hat noch einen draufgesetzt: „Wenn Verhalten, das zum Wahnsinn führt, in einer Gesellschaft als normal gilt, lernen die Menschen, um das Recht zu kämpfen, sich daran zu beteiligen."[4]

Für eine Art Wirklichkeitsgymnastik – gegen unser herrschendes Wahnsystem

Gesellschaften unseres Typs und insbesondere die zugehörigen Wirtschaften haben tatsächlich ein Wahnsystem entwickelt, dem die allermeisten zustimmen und das sich durch die ungebrochene Zustimmung weiter und weiter bestätigt. Wer noch nicht dabei ist, kämpft darum, dabei zu sein. Aussteigen aus dem Wahn kann man nur, wenn man einen Betrachterstandpunkt findet, der nicht innerhalb des Wahnsystems liegt, sondern außerhalb. Lassen Sie uns diesen Standpunkt einnehmen und die Sache mit therapeutischem Blick betrachten. Wir sehen die Illusionen, die die Akteure aufrechterhalten, wir sehen die Suchtstrukturen, wir sehen die unablässigen Trainings in Jobs, Werbung, Freizeit, die die Menschen für die Sucht konditionieren.

Lassen Sie uns das als etwas betrachten, was man therapieren kann. Den Menschen kann geholfen werden, da wieder herauszukommen. Dafür braucht es ein anderes Trainingsprogramm, eine Art Wirklichkeitsgymnastik. Das liegt im Aussteigen aus dem großen Experiment und im Entwerfen anderer, kleinerer Experimente. Solche Erprobungen gelingender Zukunft haben den Realismus auf ihrer Seite: Denn viele von ihnen *können* ja gelingen, was das große Experiment nicht kann. Deshalb ist es unrealistisch, es fortzusetzen, und realistisch, andere Dinge zu versuchen.

Und noch etwas: Man kann dabei auf vielem aufbauen. Die Vorstellung, man müsse erst mal den Kapitalismus abschaffen, die weltweite Ungerechtigkeit beseitigen, das Klimaproblem lösen, bevor man beginnen kann, Dinge zu verändern, ist komplett blödsinnig. Viel eher kann man den Kapitalismus bändigen, die Ungerechtigkeit abmildern und das Klimaproblem entschärfen, wenn man sich nicht zu viel vornimmt, das dann aber konkret angeht und zur Wirklichkeit werden lässt. Realismus heißt auch: im Rahmen seiner Möglichkeiten und seiner Reichweite Dinge verändern.

In öffentlichen Diskussionen fragt immer jemand: Wollen Sie den Chinesen und den Indern verbieten, sich Autos zu kaufen? Wollen Sie zurück in

---

4 Zit. nach Marianne Gronemeyer, Die Grenze, München 2018, S. 117.

die Höhle? Brauchen wir eine Ökodiktatur? Das sind Geisterdiskussionen. Wenn hunderte Millionen Chinesen in die Mittelklasse aufsteigen und die Konsumstile der reichen Länder übernehmen, dann kann ich das nicht ändern. Warum nicht? Weil es die Chinesen nicht interessiert und sie ihre eigene Geschichte machen. Genauso wenig steht es in meiner Macht, die Menschheit zurück in die Steinzeit zu beamen oder die Ökodiktatur einzuführen. Über Dinge zu diskutieren, die niemand veranlassen kann, ist reine Zeitverschwendung. Wohl aber kann man an einem Pfad arbeiten, der vor dem Desaster abbiegt. Das ist ein politisches und kulturelles Projekt, das sich nicht an der naturwissenschaftlichen Mitteilung orientieren kann, dass „wir" keine Zeit mehr für einen solchen Pfadwechsel haben. Soziale Prozesse haben ihre eigenen Zeitlogiken, die lassen sich nicht wissenschaftlich beschleunigen, auch wenn man es noch so gerne hätte.

Plädoyer für die kleinstmögliche Zustandsveränderung – statt der Großen Transformation

Statt also Menschen damit zu entmutigen, dass es eh zu spät sei, was immer sie auch unternehmen, sollte man sie zur Veränderung gerade anstiften – sie haben ja Handlungsspielräume. Das eigene Handeln muss dafür seinen Bezug im tatsächlich Veränderbaren haben und nicht irgendwo sonst. Wenn es diesen – realistischen – Bezug nicht gibt, führt man jahrelang Geisterdiskussionen, verändert aber währenddessen null Komma gar nichts, und schon überhaupt nicht zum Besseren. Große Utopien sind dagegen gefährlich, wie die Geschichte gezeigt hat, weil es immer Menschen gibt, die sich Beglückungen von oben nicht fügen wollen oder können. Und wenn sie nicht per Staatsstreich, Machtergreifung oder Revolution in die wirkliche Welt übersetzt werden, bleiben sie oft seltsam losgelöst – ein Gedankenspiel im Konjunktiv: Schöner wär's, wenn's schöner wär.

Wenn es übrigens eine postrevolutionäre Lehre gibt, dann liegt sie darin, dass auch revolutionäre Ordnungen immer auf das bauen, was an Mentalitäten, Infrastrukturen, Ressourcen vorhanden ist. Revolutionen thematisieren, was umgestürzt wird, nicht, was diesen Umsturz trägt. Aber Sprache, Gewohnheiten, Traditionen, informelle Ordnungen werden ja ebenso wenig wie Infrastrukturen einfach ausgetauscht, wenn ein neues Regime die Macht antritt (es sei denn, man versucht, wie die Roten Khmer, ein „neues Volk" zu schaffen, und endet in einem Inferno archaischen Mordens).

Aus dieser Grundierung der sozialen Welt, dem Eigensinn der Menschen und ihrer Geschichte, kann das utopische Denken etwas lernen: dass genau darin nämlich eine wichtige Ressource für eine Gesellschaft für freie Menschen liegt. Man muss darauf schauen, auf und mit was man weiterbauen kann, und darf sich nicht auf das fixieren, was einem so dringend veränderungsbedürftig erscheint. Was viel hilfreicher ist: zu sortieren, was vom bisherigen Verlauf des zivilisatorischen Projekts sich als brauchbar und weiterführend erwiesen hat, was man neu dazukombinieren muss und was man dringend loswerden muss. Es kommt auf eine neue Kombinatorik an, nicht auf eine „neue Gesellschaft", schon gar nicht auf den „neuen Menschen".

Einer der Begriffe, die in der Gegenwart am meisten falsch verwendet werden, ist der des „Quantensprungs". Man benutzt diesen Begriff, um anzuzeigen, dass jetzt aber etwas ganz Gravierendes, Disruptives, Grundstürzendes eingetreten ist; auf keinen Fall weniger! In der Quantentheorie bezeichnet dieser Begriff aber die *kleinstmögliche* Zustandsveränderung, die zu einem „Sprung" in einem System führt. Physikalisch handelt es sich dabei eher um Überlagerungen von Zuständen und um Übergänge als um Sprünge, weshalb der Begriff dort gar nicht mehr in Gebrauch ist, dafür aber inflationär im Marketing, in der Werbung und in der Politik verwendet wird. Die kleinstmögliche Zustandsveränderung: Das hat doch eine ganz andere Poesie als die „Große Transformation", die „Große Utopie", die „Große Revolution". Sie macht das eigene Handeln angesichts der großen Aufgabe nicht klein; sie entwertet auch nicht, was man mit begrenzter Reichweite macht, was nicht gleich „skalierbar" auf Weltniveau ist.

Kleinstmögliche Zustandsveränderung kann jede und jeder, sofern Freiheit und Handlungsspielräume gegeben sind. Und das sind sie. Dafür hat das zivilisatorische Projekt gesorgt, auf dessen Geschichte wir stehen und aufbauen können. Wir müssen nicht von vorn anfangen. Wir müssen nur anfangen.

Die vier Gesetze der modularen Revolution

Dafür müssen wir vier Dinge beherzigen.
1. Die Verbesserung der Welt kann man nicht delegieren, die muss man selbst machen.
2. Im Unterschied zum Kauf einer Ware bekommt man für Weltverbesserungsversuche keine Quittung; man kann sie nicht zurückgeben, wenn sie nicht funktioniert haben.
3. Mehrheiten gehen immer mit dem Wind. Sie schließen sich an, wenn man das Richtige überzeugend vorführen kann.
4. Um etwas Richtiges überzeugend vorführen zu können, muss man es überzeugend vorführen können.

Das sind die vier Gesetze der modularen Revolution. Was aber heißt „modulare Revolution"? Das Weiterbauen am zivilisatorischen Projekt ist eine kombinatorische Arbeit, keine Revolution – schließlich bauen wir ja auf vielen Elementen auf, die – wie die Gewaltenteilung, das Wahlrecht oder die Rechtsstaatlichkeit usf. – bewahrt und gerade nicht verändert oder gar aufgegeben werden sollen.

Deshalb geht es auch um keine „große Transformation", sondern um ein modulares Projekt aus sehr vielen kleinen Transformationen, die im Idealfall zusammenwirken und konkrete Utopien bilden. Zudem haben uns das 20. Jahrhundert genauso wie technische Großutopien (wie etwa die zivile Nutzung der Atomenergie) darüber belehrt, dass Masterpläne zur Beglückung der Menschheit in der Regel tödliche Folgen haben. Das zivilisatorische Projekt ist nicht geschlossen, sondern offen, und es hat weder ein vorab fixiertes Endziel noch gar eine Endlösung. Es muss unter sich verändernden Bedingungen und Anforderungen flexibel weiterbaubar sein, mit Fehlern und Kollateralschäden rechnen, also korrigierbar sein.

Daher darf es, im Unterschied zur alten Moderne, kein Expertenprojekt sein, das technische und wissenschaftliche Eliten entwerfen und das die Politik dann über die Lebenswelt legt, sondern es muss in den Lebenswelten entworfen und erprobt werden. Fünftens überzeugen die einzelnen Entwürfe und Erprobungen nicht dadurch, dass es schön wäre, wenn es sie gäbe, sondern dadurch, dass es sie *gibt*, dass man sie anschauen, ausprobieren, erleben *kann*. Die Gesamtheit dieser angewandten „kleinen Transformationen" oder konkreten Utopien ergibt modulare Revolutionen, ein Mosaik gelingender Verbesserungen der Welt – eben nicht *die* Verbesserung der Welt. Und die eine große Utopie wird zur Heterotopie – zu vielen Geschichten an vielen Orten.[5]

Für mehr attraktive Bilder, die an Träume und Geschichten anknüpfen

Das alles ist machbar. Es gibt nur noch ein Problem: Die Utopie bleibt eben blutleer, wenn sie nicht in ein Zukunftsbild, oder besser: viele Zukunftsbilder, übersetzt und anschaulich und damit erstrebenswert wird. Man muss ja dort hinwollen können, und dafür braucht es attraktive, reizvolle, anziehende Bilder und Vorstellungen, die an Träume und Geschichten anknüpfen, die Menschen sowieso haben.

Die Raumfahrt der 1960er Jahre war deshalb faszinierend, weil sie an das Zeitalter der Entdeckungen, an die Sehnsucht nach Ferne und Abenteuer andockte, die immer schon Quelle von Faszination war, seit der Odyssee. Das Space-Age prägte auch eine eigene, technoide Ästhetik aus. Die 68er-Kulturrevolution konnte an jene Träume vom besseren und friedlicheren Zusammenleben anknüpfen, die im 19. und 20. Jahrhundert aus Romantik, Naturbewegung, bündischer Jugend und Friedensbewegung hervorgegangen waren. Besonders die Hippie-Bewegung entwickelte einen Lebensstil, der sich extrem von der Normalgesellschaft absetzte; eine zentral wichtige Rolle spielten die Musik und die Festivals: große, international kommunizierte Anlässe von Vergemeinschaftung. Währenddessen und danach kamen die postkolonialen Befreiungsbewegungen, ebenfalls mit einer eigenen Ikonographie, die Anti-Apartheits-Bewegung in Südafrika und die Bürger-

---

5 Der im Stalinismus zum Tode verurteilte und hingerichtete sowjetische Ökonom Nikolai Kondratieff (der die Theorie aufgestellt hatte, dass die kapitalistische Entwicklung jeweils in Zyklen von etwa 50 bis 60 Jahren verläuft [„Kondratieff-Zyklen"]), hat die folgenden Notizen hinterlassen: „1. Ein goldenes Zeitalter des Kapitalismus gibt es nicht. 2. Die meisten Organisationen, in denen sich Menschen kollektiv wehren können, besitzen keine eigene Produktionsstruktur. Im Ernstfall sind sie erpressbar. 3. Wir müssen nach Organisationen der Solidarität suchen, die eine eigene Produktionsstruktur besitzen. Es gibt sie. In ihnen können Menschen sich nicht nur verteidigen, sondern [ohne ein System direkt anzugreifen] autonome Alternativen dagegensetzen. Nicht Utopie, sondern Heterotopie." Zitiert nach Alexander Kluge, „Wer ein Wort des Trostes spricht, ist ein Verräter." 48 Geschichten für Fritz Bauer, Berlin 2013.

rechtsbewegung in den USA, die Ökobewegung und, natürlich, die Frauenbewegung. Sie alle konnten an jene Freiheits- und Gerechtigkeitsideale anknüpfen, wie sie seit der Aufklärung nicht nur in den Wunschhaushalten, sondern auch in modernen Verfassungen formuliert waren, aber nicht für alle auch Wirklichkeit geworden waren.

Und genau hier findet sich ein entscheidendes Bewegungsmoment: Dort, wo die Widersprüche zwischen den Selbstansprüchen einer Gesellschaft und ihrer Praxis zu groß werden, dort entwickelt sich Widerstand. Das ist ein Anknüpfungspunkt für die Politik des Utopischen – in den reichen Gesellschaften am ehesten dort, wo das Ökologische dem Ökonomischen immer nachgeordnet wird und, wie beim Klimawandel, konkrete Überlebensgefährdungen sichtbar und erfahrbar werden. In diese Widersprüche muss man hinein und zeigen, wie es anders geht. In den Formen solchen Widerstands gegen die Fortschreibung des Bestehenden ergibt sich zugleich die gelebte Erfahrung von Veränderung – man bewegt sich ja selbst, zusammen mit anderen, und erlebt dabei die Normalgesellschaft von einer neuen Warte aus: Alles könnte anders sein.

AUTORINNEN UND AUTOREN

Elmar Altvater, geb. 1938 in Kamen, gest. 2018 in Berlin, Dr. oec. publ., Prof. em. für Politische Ökonomie an der Freien Universität Berlin.

Inken Behrmann, geb. 1993 in Berlin, Politikwissenschaftlerin und Campaignerin für Klimaschutz bei Campact e.V.

Ulrich Brand, geb. 1967 auf der Insel Mainau im Bodensee, Dr. phil., Professor für internationale Politik an der Universität Wien, Mitherausgeber der „Blätter".

Tanja Busse, geb. 1970 in Bad Driburg, Journalistin und Autorin.

Paul Chatterton, PhD, Geograph, Professor für Urbanistik an der University of Leeds/Großbritannien.

Jonathan Safran Foer, geb. 1977 in Washington, D.C., Roman- und Sachbuchautor, Träger des Guardian First Book Award und des National Jewish Book Award.

Julia Fritzsche, geb. 1983 in München, Rechtswissenschaftlerin, Autorin u.a. für den Bayerischen Rundfunk und arte, Trägerin des Deutschen Sozialpreises.

Christiane Grefe, geb. 1957 in Lüdenscheid, Politikwissenschaftlerin, Publizistin, Redakteurin und Reporterin im Berliner Büro von „Die Zeit".

Gregor Hagedorn, geb. 1965 in Gelsenkirchen, Dr. rer. nat., Begründer von Scientists For Future.

Anton Hofreiter, geb. 1970 in München, Dr. rer. nat., Biologe, Vorsitzender der Bundestagsfraktion von Bündnis 90/Die Grünen.

Naomi Klein, geb. 1970 in Montréal/Kanada, Autorin und Journalistin, u.a. für „The Nation" und „Harper's Magazine".

Eckart Kuhlwein, geb. 1938 in Schleswig, Volkswirt und Politiker, MdB von 1976 bis 1998 (SPD), Bundesfachgruppenleiter für Naturschutz, Umwelt und sanften Tourismus des Naturfreunde Deutschlands e.V.

Albrecht von Lucke, geb. 1967 in Ingelheim am Rhein, Jurist und Politikwissenschaftler, „Blätter"-Redakteur.

Bill McKibben, geb. 1960 in Palo Alto/Kalifornien, Umweltaktivist und Publizist, Distinguished Scholar für Umweltstudien am Middlebury College in Vermont/USA.

Josiane Meier, geb. 1979 in Liechtenstein, Dr. Ing., Ingenieurswissenschaftlerin, ehem. wissenschaftliche Mitarbeiterin im BMBF-geförderten Forschungsprojekt Verlust der Nacht.

Wolfgang Meyer-Hentrich, geb. 1949 in Leverkusen, Historiker, Politikwissenschaftler und Soziologe, Publizist und Autor.

Michael Müller, geb. 1948 in Bernburg/Saale, Bundesvorsitzender der Naturfreunde Deutschlands e.V., von 2005 bis 2009 Staatssekretär im Bundesumweltministerium, von 1983 bis 2009 Mitglied des Bundestages (SPD).

Kai Niebert, geb. 1979, Professor für Didaktik der Naturwissenschaften und der Nachhaltigkeit an den Universitäten Zürich und Lüneburg, stellvertretender Bundesvorsitzender der Naturfreunde Deutschlands e.V.

Kate Raworth, geb. 1970, Wirtschaftswissenschaftlerin, Senior Visiting Research Associate an der Universität Oxford sowie Senior Associate am Cambridge Institute for Sustainability Leadership.

Ulrich Roos, geb. 1973 in Kelkheim/Taunus, Dr. phil., Politikwissenschaftler, Akademischer Rat am Lehrstuhl für Friedens- und Konfliktforschung der Universität Augsburg.

Wolfgang Sachs, geb. 1946 in München, Dr. rer. soc., Soziologe und Theologe, Honorarprofessor im Fach Gesellschaftswissenschaften an der Universität Kassel.

Jürgen Scheffran, geb. 1957 in Weyerbusch, Dr. rer. nat., Professor für Integrative Geographie am Institut für Geographie der Universität Hamburg.

Julia Schweers, geb. 1991 in Berlin, Sozialwissenschaftlerin, „Blätter"-Redakteurin.

Florian Schwinn, geb. 1954 in Frankfurt a.M., Germanist und Politologe, ständiger freier Mitarbeiter des Hessischen Rundfunks.

Wolfgang Streeck, geb. 1946 in Lengerich, Prof. Dr. Dr. h.c., Soziologe und Direktor Emeritus am Max-Planck-Institut für Gesellschaftsforschung in Köln.

Jürgen Tallig, geb. 1956 in Halle, Maschinenbauingenieur und Sozialwissenschaftler, Mitbegründer des Neuen Forum in Leipzig.

Greta Thunberg, geb. 2003 in Stockholm/Schweden, Schülerin, Klimaschutzaktivistin, Mitinitiatorin von Fridays for Future.

Steffen Vogel, geb. 1978 in Siegen, Sozialwissenschaftler, „Blätter"-Redakteur.

David Wallace-Wells, Historiker, Journalist, stellvertretender Chefredakteur des „New York Magazine".

Harald Welzer, geb. 1958 in Bissendorf/Osnabrück, Dr. phil., Professor für Transformationsdesign an der Universität Flensburg und Geschäftsführender Vorstand der Stiftung „Futurzwei".

Markus Wissen, geb. 1965 in Neuwied/Rhein, Dr. phil., Professor für Gesellschaftswissenschaften an der Hochschule für Wirtschaft und Recht (HWR) Berlin.

Winfried Wolf, geb. 1949 in Horb am Neckar, Politikwissenschaftler, Journalist und Chefredakteur der Zeitschrift „Lunapark21" sowie Mitglied im wissenschaftlichen Beirat von Attac.

Nadja Ziebarth, geb. 1965, Meeresbiologin und Leiterin des BUND-Meeresschutzbüros.

NACHWEISE

Bill McKibben, Der schrumpfende Planet, aus: „Blätter", 1 & 2/2019, die englische Fassung erschien zuvor in: „The New Yorker", 26.11.2018. Die Übersetzung stammt von Andreas G. Förster.

David Wallace-Wells, Ausblick auf das Höllenjahrhundert. Warum wir im Kampf gegen die Klimakrise keine Sekunde mehr verlieren dürfen, aus: „Blätter", 11/2019; basiert auf dem Buch des Autors: „Die unbewohnbare Erde. Leben nach der Erderwärmung" (336 Seiten, 18 Euro), Ludwig-Verlag 2019. Die Übersetzung stammt von Elisabeth Schmalen.

Florian Schwinn, Raubbau an der Erde: Unser Krieg gegen den Boden, aus: „Blätter", 10/2019; basiert auf: „Rettet den Boden! Warum wir um das Leben unter unseren Füßen kämpfen müssen", Westend Verlag 2019.

Tanja Busse, Die Artenvielfalt stirbt – und wir schauen zu, aus: „Blätter", 11/2019; basiert auf: „Das Sterben der anderen. Wie wir unsere ökologische Vielfalt retten können", Blessing Verlag 2019.

Julia Schweers, Bolsonaros Brasilien: Die Vernichtung der grünen Lunge, aus: „Blätter", 12/2018.

Nadja Ziebarth, Ein Meer aus Plastik: Die Vermüllung unserer Ozeane, aus: „Blätter", 7/2017.

Wolfgang Meyer-Hentrich, Kreuzfahrt in die Klimakatastrophe. Wie Megaliner Natur und Mensch bedrohen, aus: „Blätter", 8/2019; basiert auf: „Wahnsinn Kreuzfahrt. Gefahr für Natur und Mensch", Christoph Links Verlag 2019.

Steffen Vogel, Welterfahrung und Weltzerstörung. Tourismus in Zeiten des Klimawandels, aus: „Blätter", 7/2018.

Josiane Meier, Schmutziges Licht: Die Abschaffung der Nacht, aus: „Blätter", 1/2016.

Markus Wissen und Ulrich Brand, Unserer schöne imperiale Lebensweise. Wie das westliche Konsummodell unseren Planeten ruiniert, aus: „Blätter", 5/2017; basiert auf: „Imperiale Lebensweise. Zur Ausbeutung von Mensch und Natur im globalen Kapitalismus", Oekom Verlag 2017.

Michael Müller, Eckart Kuhlwein und Kai Niebert, Schicksalsfrage Anthropozän: Wie wir die Erde aufs Spiel setzen, aus: „Blätter", 10/2016.

Naomi Klein, „Lasst sie doch absaufen". Umweltrassismus und die Ausweitung der Opferzone, aus: „Blätter", 11 & 12/2016, die englische Fassung erschien zuvor unter dem Titel „Let Them Drown. The Violence of Othering in an Warming World" in der „London Review of Books". Die Übersetzung stammt von Karl D. Bredthauer.

Elmar Altvater, Zerstörung und Flucht. Von der Hierarchie der Märkte zur Migrationskrise in Europa, aus: „Blätter", 1/2016.

Jürgen Scheffran, Kettenreaktion außer Kontrolle. Vernetzte Technik und das Klima der Komplexität, aus: „Blätter", 3/2016.

Kate Raworth, Ökologisch und sozial: Eine Ökonomie des guten Lebens, aus: „Blätter", 5/2018", basiert auf: „Die Donut-Ökonomie", Carl Hanser Verlag 2018. Die Übersetzung aus dem Englischen stammt von Hans Freundl und Sigrid Schmid.

Wolfgang Sachs, Gerechtigkeit im Treibhaus. Für eine Neuausrichtung der Klimapolitik, aus: „Blätter", 9/2017.

Naomi Klein, Nutzen wir unsere letzte Chance! Alexandria Ocasio-Cortez und der Kampf für einen Green New Deal, aus: „Blätter", 4/2019; die englische Fassung erschien zuvor auf „The Intercept", www.theintercept.com, 13.2.2019. Die Übersetzung stammt von Karl D. Bredthauer.

Christiane Grefe, Bioökonomie: Wie eine grüne Idee gekapert wird, aus „Blätter", 8/2016; basiert auf: „Global Gardening. Bioökonomie – Neuer Raubbau oder Wirtschaftsform der Zukunft", Verlag Antje Kunstmann 2016.

Anton Hofreiter, Die fünf Klimawandel. Progressive Politik in Zeiten des Umbruchs, aus: „Blätter", 3/2019.

Wolfgang Streeck, Der alltägliche Kommunismus. Eine neue Ökonomie für eine neue Linke, aus: „Blätter", 6/2019, basiert auf der Einleitung zu „Die Ökonomie des Alltagslebens. Für eine neue Infrastrukturpolitik" des Foundational Economy Collectiv, Suhrkamp Verlag 2019.

Naomi Klein, Die Entscheidung: Kapital vs. Klima. Democracy Lecture der „Blätter" vom 22. März 2015, aus: „Blätter", 5/2015. Die Übersetzung aus dem Englischen stammt von Karl D. Bredthauer.

Gregor Hagedorn, Scientists for Future: Aufklärung gegen die Klimakrise, aus: „Blätter", 9/2019.

Ulrich Roos, Die Krise des Wachstumsdogmas. Ein Plädoyer für eine intervenierende Sozialwissenschaft, aus: „Blätter", 6/2019.

Inken Behrmann, Verhindert die Heißzeit! Wie wir den Kohleausstieg schaffen, aus: „Blätter", 9/2018.

Winfried Wolf, Mobilität ohne Auto. Plädoyer für eine umfassende Verkehrswende, aus: „Blätter", 12/2017.

Paul Chatterton, Die klimaneutrale Stadt, aus: „Blätter", 2/2020. Die Übersetzung stammt von Karl. D. Bredthauer.

Jürgen Scheffran, Klima der Extreme: Die Risiken des Geoengineering, aus: „Blätter", 12/2018.

Greta Thunberg, „Wir haben keine Ausreden mehr", aus: „Blätter", 6/2019; Rede vor dem Britischen Parlament am 23. April 2019. Die Übersetzung stammt von Steffen Vogel.

Albrecht von Lucke, „Fridays for Future": Der Kampf um die Empörungshoheit. Wie die junge Generation um ihre Stimme gebracht werden soll, aus: „Blätter", 3/2019.

Julia Fritzsche, Buen Vivir – auch im globalen Norden?, aus: „Blätter", 4/2019; basiert auf: „Tiefrot und radikal bunt. Für eine neue linke Erzählung", Edition Nautilus 2019.

Jonathan Safran Foer, Resignation oder Widerstand. Wie wir durch unser Verhalten das Klima retten können, aus: „Blätter", 9/2019; basiert auf: „Wir sind das Klima! Wie wir unseren Planeten schon beim Frühstück retten können", Verlag Kiepenheuer & Witsch 2019.

Jürgen Tallig, Earth first: Der Preis des Lebens, aus: „Blätter", 10/2018.

Harald Welzer, Mehr Zukunft wagen. Zeit für Wirklichkeit – aber eine andere, aus: „Blätter", 4/2019; basiert auf: „Alles könnte anders sein. Eine Gesellschaftsutopie für freie Menschen", S. Fischer Verlag 2019.